KRÖNERS TASCHENAUSGABE BAND 106

Der Theologe, Philosoph, Historiker, Kulturkritiker, Dichter, Erzähler und Essayist **Joseph Bernhart** (1881–1969) gilt als eine der großen Gestalten christlicher Geistigkeit des 20. Jahrhunderts, als Meister der deutschen Sprache und als brillanter Übersetzer. Wegen seiner Schriften 1941 von den Nationalsozialisten mit einem Publikationsverbot belegt, widmete er sich nach dem Krieg vor allem der ehrlichen Verarbeitung der jüngsten Vergangenheit und dem Wiederaufbau des gesellschaftlichen Lebens auf christlichem Fundament. Seine Übersetzung der *Summa Theologica* von Thomas von Aquin wurde von der katholischen Kirche autorisiert und gilt bis heute als die maßgebliche.

Thomas von Aquino

SUMME DER THEOLOGIE

Zusammengefaßt, eingeleitet und erläutert von

Joseph Bernhart

Zweiter Band

DIE SITTLICHE WELTORDNUNG

Veränderter Nachdruck der
3., durchgesehenen und verbesserten Auflage

ALFRED KRÖNER VERLAG STUTTGART

Thomas von Aquino, Summe der Theologie
Bd. 2: Die sittliche Weltordnung
Hrsg. von Joseph Bernhart
Veränderter Nachdruck der
3., durchgesehenen und verbesserten Auflage
Stuttgart: Kröner 1985
(Kröners Taschenausgabe; Bd. 106)
ISBN 978-3-520-10604-9

IMPRIMATUR

Budissae, die 3. Ianuarii 1935

Dr. Soppa

Vicarius Generalis

Klimaneutral
Druckprodukt
ClimatePartner.com/12514-2104-1003

Gesamtherstellung: Friedrich Pustet, Regensburg

Inhalt

1 F = Feststellung (s. Bd. I, S. XXXIV).

Vorrede

Den Grundsätzen der Gestaltung des ersten Bandes folgt auch dieser zweite. Er bringt den Teil der Theologischen Summe, der die allgemeine Ethik behandelt. Vor die Wahl gestellt, unsere Auswahl auf zwei Bände zu beschränken, dann aber allzu fragmentarisch zu verfahren, oder durch die Herausgabe eines dritten den Einblick in das riesenhafte Werk zu erweitern und zu vertiefen, habe ich den letzteren Weg gewählt.

An der Arbeit des Übersetzers habe ich nur weniges geändert.

Der dritte und letzte Band wird die Verwirklichung des menschlichen Heils zum Gegenstande haben. Er bietet ein System der Antworten auf die Fragen, wie und wodurch das Sittliche Erfüllung wird, sei es für die Gesamtheit der Menschen oder gewisse Lebensstände und Wirkungskreise im besonderen. Gegenstände aus Recht und Gesellschaft werden abermals, aber in der Wendung auf das Inhaltliche der Handlungen, erscheinen.

Daß die Kenntnis des ersten Bandes für das Verständnis dieses zweiten notwendig ist, brauche ich niemandem zu sagen, der weiß, was ein System ist. Ungezählt sind die Rückgriffe des Aquinaten selbst auf sein Fundament.

Joseph Bernhart

Vorrede zur zweiten Auflage

Durch plötzlich gesteigerte Nachfrage ist in dieser Kriegszeit die zweite Auflage auch des vorliegenden Bandes nötig geworden. Um sein Neuerscheinen nicht zu verzögern, auch wegen mancher Erschwernisse durch die Zeitlage, mußte ich mich auf wenige Änderungen im Text beschränken. Ein Nachtrag bringt einige Zusätze, für welche ich auch dem Übersetzer zu danken habe.

Weihnachten 1940. J. B.

Einführung

VORBEMERKUNGEN

Unter den Fragen der Philosophie dürfen die ethischen am ehesten auf Freunde rechnen. Sie handeln von dem, was jeden angeht, was jeder aus der eigenen Erfahrung kennt, und worüber er, weil es im individuellen und allgemeinen Menschenleben vom Bewegenden das Bewegendste ist, sich am besten beschlagen glaubt. Aber auch ethische Verhandlungen können im Seichten bleiben oder ins Tiefe gehen, und je nachdem haben sie ihren größeren oder kleineren Kreis von Freunden. Macht man in diesen Gegenständen vollen Ernst, so wie Kant oder Spinoza, die weitab vom Geläufigen in die scheinbar fruchtlose Welt des Begrifflichen führen, so harren die wenigsten aus. »Die andern«, sagt Aristoteles, »fühlen sich durch die strenge Form beängstigt, teils darum, weil sie nicht folgen können, teils aber weil die Haarspalterei sie langweilt.« Aber auch der Inhalt der Antworten auf ethische Fragen entscheidet über den Erfolg der Denker. Sicherlich haben Rousseau und Nietzsche in einem Menschenalter mehr Leser gefunden als in Jahrhunderten Platon, der mit seiner Altersvorlesung Über das Gute zu seiner Zeit schon von Mal zu Mal die Hörer immer mehr verscheuchte.

In beiden Hinsichten, der Form wie des Inhalts, ist die Ethik des Thomas von Aquin alles eher als die Sache einer großen Leserschaft. Im Ernst des Eindringens in die Welt des Sittlichen wird sie von keiner andern, auch nicht der Kantischen, übertroffen, in der Strenge des Aufbaus und der Darstellung aber, in der Schärfe und Feinheit des Begrifflichen, in der Dichtigkeit der gedanklichen Sammlung wie in der Verästelung des systematischen Reichtums ist ihr kein zweiter Entwurf einer Ethik überlegen.

Es wäre verlorene Mühe, um ihr volles Verständnis als eines Ganzen zu ringen, ohne mit den Grundzügen der Weltauslegung vertraut zu sein, in der sie wurzelt, steht und lebt. Nicht der kleinste Teil dieses für den ersten Blick so weitläufigen Kosmos steht außer dem Zusammenhang mit der Metaphysik des Autors. »Verliert man sie aus dem Auge, so wird man die Schätze menschlicher Wahrheit nicht einmal ahnen, die dieser große Geist in seiner Lehre vom Sittlichen erschließt – dieser Ozean von Einsicht und dieser Abgrund von Naivität, das Wort im reinsten und edelsten Sinn gefaßt«.[1] Es ist schwer zu sagen, ob man die tiefste Leidenschaft dieses heiligen Denkers Erkenntnis oder Liebe nennen soll. Er dringt mit allen Organen in die Wirklichkeit und wird in der Fühlung mit ihr ein Liebender Gottes, die Liebe Gottes aber treibt und erleuchtet ihn auf seinen Wegen durch die Ordnung der Dinge. Viele schrecken zurück vor dem kalten, schneidigen Stahl in seinen Händen, aber dieser Verstand ist das Schwert des mildesten Eroberers, der Pflug des lebensnächsten Landanbauers und das Messer des pflegsamsten aller Gärtner. Er sah im Intellekt die höchste natürliche Kraft des Gottebenbildes, und er gebrauchte sie bis zum äußersten, aber er kannte auch ihre Grenze, an der das Wort auf eine andere überging. »Keiner«, sagt er, »der vorchristlichen Philosophen konnte mit der ganzen, vollen Anstrengung seines Denkens von Gott und von den Dingen, die zum ewigen Leben notwendig sind, so viel wissen, als nach der Ankunft Jesu Christi eine einfältige alte Frau durch den Glauben weiß.«

Das eigentümliche Verhältnis von Denken und Glauben, die (in unserm ersten Bande schon behandelte) Grundvoraussetzung der scholastischen Methode, bestimmt der Theologischen Summe des Thomas von Aquin ihr inneres Gesetz. Es ist von solcher Art, daß sowohl dem Denken wie dem Glauben, der Philosophie wie der Theologie verstattet ist, vollen Ernst zu machen und je zu ihrem ganzen Recht zu kommen. So ist von vornherein zu erwarten, daß innerhalb des Ganzen auch die Welt des Sittlichen im Geiste strenger Wissenschaft betrachtet wird.

Ein Blick auf den Aufbau der Summe läßt bereits auch den wesentlichsten Zug der Ethik erkennen. Von den drei Hauptteilen hatte Thomas den ersten Pars naturalis genannt, weil er das Wirkliche als solches, nämlich als Gott und als Geschaffenes, behandelt; den zweiten Pars moralis; den dritten, der das Werk der Erlösung und Heiligung betrachtet, Pars sacramentalis. Nachdem der erste Teil die Erhaltung und Regierung der Dinge (gubernatio rerum) erörtert und als Zweck der Weltregierung die Zurückführung des Geschaffenen zu Gott bestimmt hat, eröffnet die Anwendung dieser Bestimmung auf den Menschen den zweiten Teil. Wir treten in den Bau der Ethik ein und lesen über dem Portal: De motu rationalis creaturae in Deum. Diese Secunda zerfällt in zwei Unterteile, von denen der erste (Prima Secundae) die Theorie des sittlichen Lebens im allgemeinen zeichnet, der zweite (Secunda Secundae) die Anwendung auf das Besondere der sittlichen Verwirklichung.

Jene Überschrift »Von der Bewegung der vernünftigen Kreatur zu Gott hin« ist der knappste und tiefste Aufschluß über die Ethik des hl. Thomas. Es zeigt sich etwas schlechthin Seiendes, Festes, Gültiges als Ziel eines unvollendet Verlangenden, das auch des Weges und der Kraft zum Ziele nicht ermangelt. Man tut gut daran, dieses einfache Bild des menschlichen Wanderns zur Ewigkeit nicht aus dem Auge zu lassen, damit man über der Weitläufigkeit des Ganzen das Innige seines Zusammenhalts begreife und die schneidigen Grate der Seinslehre wie die Tiefen der Psychologie aus ihrer inneren Notwendigkeit berechtigt finde. Tatsächlich hängt hier alles mit allem zusammen, und das Ganze genügt, wie wenige Erzeugnisse des Menschengeistes, unserm Anspruch, daß eine dialektische Behandlung der Wirklichkeit sich zu einem Kosmos schließe, der hierdurch gerade dem Kosmos der Wirklichkeit nachzuarten scheint. »Alles aus einem Prinzip ableiten zu können« ist nach Kant »das unvermeidliche Bedürfnis der menschlichen Vernunft, die nur in einer vollständig systematischen Einheit ihrer Erkenntnisse völlige Zufriedenheit findet.«[2] Aber die Einheit des Baugesetzes ist, wie immer, auch in unserm Falle nur der natürliche Ausdruck einer mit sich selber einigen Sinnesweise, welche Einigkeit aber für Thomas nicht nur die Zustimmung der Person zu sich selbst und ihrem geistigen Entscheide ist, vielmehr in der Überzeugung besteht, daß der in der Geistseele sich einzeichnende ordo universi echte Erkenntnis, d.h. die Wahrheit der Entsprechung zwischen Begriff und Ding begründet. Man wird sich also einer Ethik versehen müssen, in der sich die Ordnung des Sollens aus der Ordnung des Seins erhebt, aus einer in ewigen Ideen gründenden Wirklichkeit, die den Charakter des schlechthin Gegebenen und allgemein und unausweichlich Gültigen gerade auch dann und darin bewahrt und bewährt, daß wir Menschen, die wir nicht mit einer fertigen Moral zur Welt kommen, erst im Laufe der Erfahrung von Welt und Ich die sittlichen Begriffe, so wie alle andern, allmählich entwickeln, aber doch als Begriffe, in denen das Wirkliche sich zu Griff und Erfahrung gibt, als eine Ordnung, die etwas anderes als eine Setzung unserer Willkür ist.

Ist nun die ethische Theorie des Aquinaten im Wesen der Aufweis eines Sachverhalts, so ist sie eben hierdurch auch ein wissenschaftliches Unternehmen. Als solches macht sie zu ihrem Gegenstand das Allgemeine, erfaßt an der Wirklichkeit, so eng sie auch ihr sich anlegt, das Bleibende und zieht das Individuelle und zeitlich Bedingte nur soweit in ihren Betracht, als sie Träger und Beispiele typischer Verhältnisse sind. Mit anderen Worten gesagt, stellt Thomas die Moral auf die höchste Naturkraft ihres Trägers, die Vernunft des Menschen (creaturae rationalis), auf die große Tatsache der allgemeinen Zweckbewegtheit (des motus in –) und auf die Überweltlichkeit des innerweltlich waltenden, alles in geheimnisvoller Gravitation zu sich als dem Endziel ziehenden Bewegers (in Deum).

Fragt man nach den historischen Einflüssen auf dieses System, so sind billig die biblische Offenbarungswelt und das christliche Dogma an der ersten Stelle zu nennen. Nicht nur das transzendente Element, auch das Recht der natürlichen Ethik, das Thomas mit Nachdruck vertritt, gründet im Evangelium und in der Theologie des Paulus wie im Lehrbegriff der Kirchenväter, vor allem des Augustinus. Paulus hatte gesagt, daß die Heiden ohne Gesetz in natürlicher Weise die Werke des Gesetzes erfüllen, indem ihr Gewissen ihnen Zeugnis gibt. Augustinus hatte gesagt: »Die menschliche Seele erkennt in sich wie die Gesetze der Zahlen und der Schönheit so auch die Gesetze des Guten, der sittlichen Ordnung.« »Sie gibt sich selbst Bescheid aus dem Lichte Gottes heraus durch das vernünftige Denken; von da empfängt sie den Bescheid als unverrückbar festgegründet in der Ewigkeit seines Urhebers. Sie liest dort etwas, was ihr Schauer weckt, was ihr Lob, was ihr Liebe, was ihr Sehnsucht und Verlangen weckt. Noch hat sie's nicht, noch faßt sie's nicht. Wie ein Glanz streift es über sie; es liegt nicht in ihrer Kraft, darin zu verweilen. So sammelt sie ihren Sinn auf das Rechte und spricht: Lobe den Herrn, meine Seele.« Thomas aber sagt: »Zu den Werken der Sittlichkeit leitet uns die Vernunft an, welche die Regel des menschlichen Handelns ist.«

Mächtiger fast, so scheint es auf den ersten Blick, als die christliche Vorzeit haben sich Quellen der griechischen, hellenistischen und römischen Antike in das Werk des Scholastikers ergossen. Ungezählte Male erteilt er vor allen Aristoteles das Wort; seine Metaphysik, die Nikomachische Ethik, die Rhetorik und die logischen Schriften bestimmen die Gedanken und den Ausdruck oft auch dort, wo der Name des Gewährsmannes nicht genannt ist. Daneben wirkt mit erheblichem Gewicht die stoische Schule herein, zuweilen auf dem Weg über Cicero, desgleichen neuplatonische Entwürfe, von andern und schwächeren Ursachen aus der Sphäre des Platon und Aristoteles zu schweigen.

Daß sich Thomas in der Gefolgschaft seines Lehrers, Alberts des Großen, aufs engste mit Aristoteles verband und darüber auch den Unwillen der ganz zu Augustinus (und seinem Platonismus) geneigten Zeitgenossen ertrug, auf diese Tatsache ist seither aus der Geschichte des Aristotelismus selbst ein erklärendes Licht gefallen. Es war etwas anderes als Neuerungssucht, wenn sich das 13. Jahrhundert auf die von neuplatonisch-arabischer Zumischung gereinigten Schriften des Denkers warf, der nun mit einem Schlag der große Lehrer wurde. Bei keinem andern fand sich Philosophie als wissenschaftlich entwickeltes Verhältnis zu allem Sein in reinerem Anschluß des systembedürftigen Denkens an das System der Wirklichkeit. Diese Betrachtung der Welt als eines Ordnungsgefüges, einer durch und durch von Zweckstrebigkeit beherrschten und von einer in sich unbewegten geistigen Ursache bewegten organischen Ganzheit empfahl sich der natürlichen Vernunft, im wesentlichen auch dem christlichen Glauben, der das Abweichende entbehren oder nach dem eigenen Bedürfnis verändern und sich einverleiben konnte.

Die Herrschaft des Aristotelismus in der katholischen Lehrentwicklung ist manchmal angefochten, aber nie erschüttert worden. Regte sich zuweilen der Wunsch, sie auszutilgen oder, wenn der christliche Lehrgehalt schon mit der Vernunft konfrontiert oder gar legiert werden sollte, sie durch eine andere Philosophie zu ersetzen, so mochte das kräftige Wiederaufleben des Stagiriten in der Renaissance, gegen Luthers Widerwillen auch in der Reformation und im reformatorisch gerichteten Geistesleben darüber belehren, daß die große Rezeption im Mittelalter keine unnatürliche Verbindung noch eine Versündigung an der christlichen Religion gewesen ist. Hat ein Kopf wie Aristoteles seine Gedanken eher der Natur der Dinge abgenommen als die Dinge nach seinen Gedanken gebogen, so werden ihn Jahrtausende nicht stürzen. Er war und bleibt ein Damm gegen unreife Einfälle, er ist der Meister des Sichtens und Scheidens, der Windmühle gleich, welche Hülsen und Staub vom gewichtigen Korn entfernt. Unsere eigene Gegenwart, sogar das jüngste Philosophieren in Deutschland, legt nach manchem Abenteuer wieder Zeugnis ab für den »Meister derer, die da wissen«.[3]

Seine Nikomachische Ethik gilt als das ethische Grundbuch des Altertums. Sie ist kein Werk aus Einem Guß, sie verarbeitet widerstreitende Stoffe von nachweisbarer oder unbekannter Herkunft mit eigenen Erkenntnissen und Erfahrungen des Verfassers, aber die großen Linien einer zur Systematik strebenden Zusammenfassung werden trotz dem »Eindruck konzilianter Vereinigung von an und für sich diskrepanten Dingen«[4] sichtbar. Man darf als ihre Grundvoraussetzung den metaphysischen Gedanken ansehen, daß allem Werden ein Seiendes voransteht und der Weltprozeß auf der unerschütterlichen Grundlage einer schon vorhandenen, niemals gewordenen Wirklichkeit verläuft. Eine ewige Seinsordnung ist normierend in der Welt des Geschehens, der Bewegung, Veränderung und des Strebens wirksam. Alles Bestimmbare und Mögliche, in der Potenz Befindliche, geht auf ein vorausseiendes Wirkliches und Bestimmendes, das Voll-Sein des Aktes. Mit dieser letzten Wirklichung erreicht jedes Ding den seiner Natur gemäßen Vollendungszustand – seine Entelechie, die Form, die nicht seine reine Leistung, nicht Ergebnis oder Erzeugnis seiner Tätigkeit ist, sondern vorweg als zielhafte Kraft für das Werden des Dinges oder seine volle Wirklichung bestimmend war. Hat nun alles sein Telos, einen letzten Erfüllungsstand in der Entelechie, so auch der Mensch. Sein oberster Zweck und seine eigentümliche Aufgabe ist das tätige Leben der Vernunftseite seiner Seele, die Entfaltung des Nus, seiner geistigen Persönlichkeit in der Richtung des vernünftigen Denkens und des in der Führung solchen Denkens stehenden Wollens. Aus der gegebenen Zweckordnung erhebt sich natürlich eine Ordnung der Werte oder Güter, unter denen das höchste Gut eben der beglückende Erfüllungsstand des geistigen Telos ist, aus der Güterordnung wiederum die Tugendordnung, die Regelung des sittlichen Verhaltens im Hinblick auf das Gefüge der Zwecke und die Stufung der Güter nach ihrer inneren Wertigkeit. Das Leben des Individuums ist auf das Ziel der Glückseligkeit gerichtet, in welcher und mit welcher die höchste Tugend und das höchste Gut übereinkommen, nämlich die im Sinne der besten Tugend beschaffene Tätigkeit der Seele, kurz das anschauend lebendige Wirken unseres Geistes (ϑεωρητικὴ ἐνέργεια). Das Potentielle des ethischen Verhaltens besteht in der Aufgabe, daß die natürlichen Triebe und Anlagen durch die Kraft und nach dem Maße der erkennenden Vernunft in wirkliche Tugend überführt werden, und zwar auf dem Wege der Übung, die auf Grund der wechselweise sich bedingenden und aufeinander wirkenden Faktoren Charakter und Handlung eine dauernde Zuständlichkeit des Gutverhaltens bewirkt.

Man wird bei Thomas alles dieses wiederfinden und dennoch nicht als das gleiche. Der geistige Raum erweitert sich über die Natur hinaus, ein anderes Klima menschlichen Seins gibt dem aristotelischen Erbe anderes Licht und andere Farbe, neue Kräfte und Beweggründe des Handelns erscheinen, die

Nikomachische Ethik tritt in die Konstellation mit der Bergpredigt, mit dem christlichen Dogma, mit einer dem Griechen fremden Veranschlagung von Natur, Innenwelt und Geschichtlichkeit. Dennoch darf man, wie es oft geschehen, von Synthese sprechen, weil Vereinbares so vereinigt wird, daß das Ergebnis eine Ganzheit ist. Bei den griechischen Denkern und Dichtern mutet vieles wie Frage und Ausschau nach Wahrheiten und Geschehnissen an, die im Christentum verwirklicht scheinen, anderseits setzt dieses selbst als Offenbarungsreligion Lehre und Ereignis an eben die Natur des Menschen und der Dinge an, die von den Griechen getreu der Tatsächlichkeit der Seinsverhältnisse so gesehen und ausgesprochen war, daß christliches Denken von ihnen vieles als ein Stück natürlicher Offenbarung in seine natürliche Theologie übernehmen konnte.

Thomas im besondern war nicht der Bahnbrecher der Rezeption des Aristoteles in die Scholastik, aber durch die Schärfe seines Eindringens, durch die Breite seiner Anlehnung und den hohen Grad einer wohl auch von Wahlverwandtschaft geförderten Hingabe an den Griechen ist er sein wirksamster Vermittler an die mitteleuropäische Kultur und der eindrucksvollste Gestalter der heute von vielen als christlicher Humanismus des hohen Mittelalters bezeichneten menschlichen Verfassung und Weltanschauung. Zeigt sich auch außerhalb der philosophischen Theorie, etwa in der großen höfischen Dichtung Deutschlands, die »wahre Kontinuität zwischen Antike und christlichem Mittelalter«, in der »das christliche Tugendsystem aufs engste mit dem antiken aristotelisch-stoischen Tugendsystem zusammenhängt und wiederum ein engster Zusammenhang zwischen christlicher und ritterlicher Morallehre besteht«,[5] so ist doch gerade durch die Theoretiker, wie Alanus ab Insulis, Alexander von Hales, Bonaventura, Albert, Thomas, Duns Skotus u. a. der höfisch-kulturelle Usus auch lehrbegrifflich verfestigt und wiederum auf die Praxis rückläufig geworden.

Will man die geistesgeschichtliche Stellung der thomistischen Ethik bestimmen, so hat man die hundertfältige Verknüpfung mit antiken Vorläufern, mit den urchristlichen

Quellen, mit Augustinus, mit juristischen Sammelwerken, mit der zeitgenössischen Scholastik selbst ins Auge zu fassen und wird das in seinen Tagen schon bewunderte Werk als einen Berg im Gebirge verstehen, freilich als den am breitesten der Erde vergründeten und doch zugleich die Nachbarn an Höhe und an reiner Schönheit der Form übertreffenden. Zieht man aber den Vergleich mit späteren Systemen, so scheint es, als sei ihr bester Gehalt von Thomas schon vorweggenommen, das aber, worin sie etwas anderes und besonderes sind, mit Nutzen auch im Lichte seiner Ethik zu betrachten.

GRUNDBEGRIFFE DES SYSTEMS

I. Die zweckbewegte Welt

Omne agens agit propter finem: alles Tätige ist zweckhaft tätig. Dieser Satz der Seinslehre des Thomas ist die Grundlage für die Betrachtung des Zweckes im Sittlichen, die seine Ethik eröffnet. Man muß sich von Anfang klar darüber sein, daß seine Teleologie, also die Lehre, nach welcher die Bewegung des Weltgeschehens von Zweckursachen beherrscht wird, nicht nur als Prinzip des menschlichen Denkens (wie bei Kant und anderen) gemeint ist, sondern als konstitutiv für die Außenwelt selbst, wonach also der Zweck objektiv von innen heraus das Werden der Dinge bestimmt. Er behauptet in der Ordnung der Ursachen den höchsten Rang, er ist die Ursache der Ursachen, er ist als ein Ziehen (trahere) wirksam in allem, was sich regt und wegt, ja er ist »das Beste bei jedem Ding«.

Eine Teleologie des Sittlichen losgetrennt von der allgemeinen Teleologie der Seinswelt überhaupt ist also bei Thomas schon deshalb nicht zu erwarten, weil ihm der Zweckgedanke nicht nur eine subjektive Angelegenheit des Menschen ist. Wird aber das Dasein und die Wirksamkeit von Zweck auch für die außermenschliche Dingwelt angenommen, so ist zunächst die Anschauung möglich, daß das Zweckliche in der Natur der Dinge selbst gelegen ist. Bei dieser immanentistischen oder monistischen Auffassung hat sich die wissenschaftliche Naturerklärung, wenn sie schon den Zweckgedanken wenigstens methodisch als menschlich gemäßen Erklärungsgrund nicht entbehren wollte oder konnte, in alter wie in neuer Zeit beruhigt. Von den Griechen bis heute erhob sich immer wieder ein aus tiefer Abneigung oder aus wissenschaftlichen Beweggründen hervorgehender Einspruch gegen die teleologische Betrachtung des Weltprozesses überhaupt. Aber trotz Bacon, Descartes und Spinoza war sie im 18. Jahrhundert, so mit Leibniz, wieder zur Stelle, und auch das Jahrhundert Darwins und Nietzsches hat ihre Geltung so wenig gebrochen, daß die jüngste Wissenschaft von den Lebensvorgängen mit Anaxagoras, Platon und Aristoteles wiederum auf gutem Fuße steht.

Die genannte monistische Auslegung des Zweckhaften sträubt sich gegen Folgerungen, die eben jene Griechen schon gezogen haben, daß nämlich Teleologie notwendig eine transzendente, d. h. eine über die Dinge als solche hinausgehende sein müsse. Sie sagten sich: wenn in der Welt eins nach anderm strebt, weil es ihm taugt, wenn Teile sich zu einem Ganzen finden, wie Arm und Bein und Aug und Ohr beim Lebewesen, so muß irgendwie die Ganzheit vor dem Gliedlichen bestehen, muß etwas Vorgegebenes mitbestimmend sein für gerichtetes und zielendes Geschehen in der Gegenwart, muß es nicht nur Dinge neben Dingen, sondern die Dinge als Dinge einer sie verbindenden, unter sich befassenden Ordnung geben, die notwendig als aus Geist entspringende zu denken ist. Mag auch nichts ohne Ursache geschehen und das Gesetz der Kausalität ohne Ausnahme gelten, so erklärt doch die Ursachenkette nicht die Richtung und Zweckverfolgung und bedarf es über der kausalen Betrachtung, obzwar die Ursächlichkeit als für sich allein wirksam gedacht werden kann, zum vollen Verständnis der Natur auch der teleologischen, von der die kausale ja nicht aus-, sondern eingeschlossen wird, so allen Ernstes, daß sie auch vor der Tatsache der Zweckstrebigkeit selbst die Frage nach der Ursache stellt. Darauf hat nun Aristoteles geantwortet, daß die innerhalb der Dinge wirksame Zweckläufigkeit auch in einem an und für sich seienden, dem Weltganzen selbständig gegenüberstehenden Urheber enthalten sein müsse. Die Zweckordnung, die den Dingen der bewegten Welt inneliegt, hat ihre letzte Ursache in einem geistigen Prinzip. Es ist, sagt er, wie bei einem Heere. »Denn hier liegt das Heil in der Ordnung, und zugleich ist der Feldherr das Heil des Ganzen. Und zwar ist es dieser in höherem Grade; denn nicht er besteht durch die Ordnung, sondern die Ordnung besteht durch ihn. In der Welt nun ist schließlich alles aufeinander angelegt, wenn auch nicht alles in gleicher Würdigkeit: Fische, Vögel, Pflanzen. Und dabei ist es nicht so, daß eines ohne Beziehung zum andern da wäre: ganz im Gegenteil, alles ist zu Einem Ziele geordnet.« Wie die Reihe der Ursachen auf ein Erstes führt, so die Reihe der Zwecke auf ein Letztes. Dieses Erste und Letzte ist das göttliche Denken. Diese teleologische Anschauung der Welt war dem christlichen Denken natürlich angemessen und liegt auch der Metaphysik des Thomas zum Grunde, bei dem sie nun freilich auch ihre eigentümliche Erweiterung und Vertiefung erfährt, wie dies von der christlich-theologischen Auffassung der Wirklichkeit, die sich nicht in Natur allein erschöpft, notwendig gefordert wird.[6] Er betrachtet den auf Ziel und Zweck gerichteten Zug der Schöpfung in allen seinen Formen und auf allen ihren Stufen. Ein voranleuchtendes Denken beherrscht die ganze Welt der Dinge, mögen auch der Grad und die Art ihres Teilnehmens daran verschieden sein. In ihm gründet die Schwerkraft des Steins, die unbewußte Regung und Gestaltung der Pflanze, der Lebensvorgang jedes Organismus, der Instinkt des Tieres, das menschliche Denken nach Gesetzen, schließlich auch der Zug des Geistes und Herzens nach Gott. Deus convertit omnia ad seipsum. Jegliches hat seinen natürlichen Trieb und Drang in sich, den appetitus naturalis, ihm selbst unbekannt oder weniger oder mehr bewußt. Zum Streben und Wollen wird diese Hinordnung auf Ziel erst auf der Stufe, wo sinnliches oder geistiges Erkennen vorhanden ist, im Tier und im Menschen. Das vernunftlose Wesen hat ein endgerichtetes Wirken nur im Sinne des »auf etwas zu« (agere ad finem), dem vernünftigen allein ist es eigen, mit Bewußtsein des Zweckes, »wegen etwas«, zu handeln (agere propter finem).

Der Mensch hat gerichtete Bewegtheit im niederen wie im höchsten Sinne. Er ist nach seinen animalischen Funktionen Träger rein physischer sinnvoller Tätigkeiten, als Wesen von sinnlicher Wahrnehmung Träger zielbestimmten psychischen Geschehens, als vernünftig Wollender aber, nicht nur seines Begehrens bewußter, sondern über den Grund der Begehrbarkeit seiner Ziele und Zwecke mit Einsicht begabter Beweger seiner selbst im Besitz der höchsten Art und Form geschaffenen Seins. Er steht nicht nur passiv in der allgemeinen Bewegtheit auf Ziele hin, er verfolgt auch nicht nur diese und jene Ziele als beabsichtigte Zwecke, er ist vor die Frage nach dem Zweck aller seiner Zwecke, die Frage nach dem finis finalis gestellt. Indem er aber in einer Vielheit von Zwecken sich befindet, sieht er sich gezwungen, sie nach ihrem Wert gegeneinander abzuwägen und sie in eine Ordnung zu bringen oder ihre Ordnung zu erkennen. In dieser Lage scheidet sich ihm zunächst und von selbst die Ordnung der physischen, in welcher die Wirksamkeiten aus Notwendigkeit gesetz- und zweckmäßig verlaufen, von den frei erfolgenden, den moralischen. Sofern auch diese als einer Ordnung zugehörig sich erweisen, indem sie nämlich irgendwie mit der Seinsordnung verbunden sind, etwa durch ein Gesetz von naturhaftem Charakter, ist der Wille auch von außen mit Zwekken versehen, mit einer Bindung seiner Dynamik, die sich der Persönlichkeit als ordnendes und zwecksetzendes Prinzip aus der ihrer Willkür entrückten Welteinrichtung her zu erkennen gibt. Alsdann ist ihrem Wollen das Zweckhafte nicht nur inwendig eigen, sondern steht ihr objektiv gegeben da, als etwas außer ihr Gewolltes, das also nicht nur Idee, sondern auch Gebot ist.

Demnach setzt Thomas die Zweckfrage, genauer die Frage nach der Bestimmung des Menschen an den Anfang seiner Ethik. Er beginnt mit der Folgerung aus der in der Seinslehre grundgelegten Erkenntnis, daß alles Handeln des vernünftigen Wesens, es heiße Bauen, Kriegführen oder die Lösung einer wissenschaftlichen Aufgabe, von einem die ganze Tätigkeit beherrschenden Zweck her bestimmt sein muß, um das Handeln eines vernünftigen Wesens zu sein. Er erscheint mit diesem Verfahren, das von der Natur des Menschen selbst auferlegt wird, bereits als ein Fall und Beispiel der allgemeinsten Lage, in der sich jeder Handelnde befindet: daß nämlich ein beabsichtigtes Ende, das im voraus irgendwelche Art von Dasein hat, die Form unseres Handelns ist. Indem er das tatsächlich Letzte, die Endbestimmung des Menschen, zum gedanklich Ersten macht, d. h. zum Ausgangspunkt seiner ethischen Betrachtung, handelt er selbst im Anschluß an die Zweckordnung, die aus den Dingen, die er anfaßt, ihm als Weisung und Gebot entgegentritt. So ist sein erster Schritt der theoretischen Erörterung allein schon als Frage und Eröffnung ein Bekenntnis zur Teleologie in der Auffassung des Sittlichen.[7]

II. Der Zug zur Vollendung

Agit unumquodque ratione formae. Jegliches ist tätig in Bezogenheit auf seine Form; die Natur der Dinge ist die Richtschnur ihrer Tätigkeit. Alle Naturwesen verraten die Bestimmung, die in ihnen angelegte Gestaltlichkeit, eidos oder species, zu verwirklichen, vielmehr die Wirklichkeit dieses ihres höchsten Seinszweckes voll und rein zu erlangen. Die Natur des Dings ist in allem das Erste, und wie jede Bewegung von einem Unverweglichen ausgeht, ist das Natürliche und Unverwegliche der Form oder Wesenheit Grundlage, Prinzip und Richte für alles andere, auch die Tätigkeit, das Wollen und Streben.[8]

Die Bewegung der Dinge, den Menschen inbegriffen, ist Tätigkeit des Unvollendeten, d. h. in Möglichkeit Befindlichen als eines solchen (I 18, 1; 1 II 31, 2 zu 1); denn was in Möglichkeit ist, ist immer unvollendet. Die Bewegung selbst ist ein Mittleres zwischen Möglichkeit und Wirklichkeit. Ihre Art und Wesenheit aber empfängt sie nicht von ihrem Ausgangs-, sondern von ihrem Zielpunkt. Diese Bestimmungen des Bewegten gelten auch in der Metaphysik des Verlangens nach Wirklichung und Vollendung bei den mit solchem Verlangen begabten Wesen. Ihre Vollendung ist einerseits gegeben, andrerseits nicht gegeben. Das erstere trifft zu von ihrer naturgegebenen, der Zwecktätigkeit vorschwebenden und ursächlich wirkenden Bestimmung, das andere von eben dieser Tätigkeit zu Ziel und Zweck. Von diesem Vollendungsweg (via perfectionis) gilt der Satz, daß eines jeglichen Vollendung hauptsächlich in der Hinsicht auf das, was es seiner Natur nach sein soll, betrachtet wird (1 II 55, 1). Um so näher reicht es an seine ihm gemäße Vollkommenheit, je mehr es seine eigentümliche Bestimmung bis zum höchsten Maße der ihm eigentümlichen Kraft erfüllt, sei es der zügig schwingende Hammer, der vollauf fruchtende Baum oder der Steuermann, der sein Schiff im Sturme meistert. Angelangt in diesem Erfüllungsstande ist das Ding in seiner Wirklichkeit, sein Sein ist gediehen bis zu seinem Sollen, es ist nicht nur ein esse, sondern ein bene esse, es hat, indem es so »in Form« ist, sein Gutsein: man kann ihm gleichbedeutend die Namen Vollkommenheit (perfectio), Gutheit (bonitas) und Tucht oder Tugend (virtus) zuerkennen.

Nun zeigt sich, wie bei der Betrachtung von Möglichkeit und Wirklichkeit, von Abzwecken und Zweck, so auch beim Vollendungsweg ein eigentümliches Verhältnis zur Zeit. Sieht man auf den Werdegang eines Dings in der Ordnung des tatsächlichen Geschehens, so ist das Unvollendete früher als das Vollendete; allmählich erhebt sich der Bau und wächst in den Stand des Fertigseins. Umgekehrt geht nach der Ordnung der Natur das Vollkommene dem Unvollkommenen voran, denn es muß irgendwie schon bestehen, wirklich und wirksam sein, damit ihm das Werdende entgegenarten kann; die Wesenheit Haus ist fertig im Entwurfe da, bevor es im Stofflichen zustande kommt. In Verfolg und Ausführung steht der Zweck als Letztes, im Meinen und Wollen aber ist er und muß er das Erste sein.

Wir sind mit diesen ontologischen Einsichten zu einem Prinzip gelangt, das Thomas von Aristoteles übernimmt: jedes Daseiende findet sein Gut in einer seiner Natur entsprechenden Wirklichung. Demnach fallen die Natur und das Ziel in der Vollendung zusammen, woraus sich für den Menschen die heischende Formel des Pindar ergibt: Werde, der du bist! Sein urgezeichnetes Inbild verlangt von ihm, daß er zu dieser verborgenen Wirklichkeit vorgesetzter Form als zum Ziel und zum Maß sich verhalte und sein Werden secundum naturam, d. h. in der Treue zu seinem wahren Sein und echten Selbst besorge. (Des weiteren kommt nun alles darauf an, daß und wie das Wesen von Natur und Mensch bestimmt wird, und ob die Natur allein und ausschließlich das ganze Reich des Seins ausmache. Davon wird also noch zu handeln sein.)

Wir hatten bislang, als für die Ethik am nächsten liegend, nur den Vollendungszug des Einzelwesens vor Augen. Aber dieses Einzelne teilt ihn mit andern, und alle zusammen stehen, langen und streben als ergriffen von dem Einen Zuge des Alls ins Vollkommene.[9] Vor der Vielheit der in Unterschiedlichkeit gesetzten, in beschränkter Seinsteilhabe notwendig auch zu einer nur relativen Vollkommenheit bestimmten und befähigten Dinge ist das schlechthin Eine und schlechthin Vollkommene anzunehmen (I 44, 1). Aber in dieser Welt des unterschiedlichen und mannigfaltigen Seins (distinctio rerum) sind die so und so geprägten Formen nicht nur die Ursachen, daß ihre in die Spannung von Möglichkeit zu Wirklichkeit gestellten Träger in die Formreife streben, sind vielmehr auch Ursache des Wirkens von Wesen zu Wesen und des Zuges der unteren Seinsstufen in die höheren (wobei dann die Gesetzlichkeit der niederen Stufe gewahrt bleibt und von der höheren nur bereichert, nicht erdrückt wird). Aber die Bewegung zur Eigenvollendung ist einbegriffen von der Gesamtbewegung des Natürlichen, das als Ganzes den Drang ins inbegrifflich Eine und Vollkommene, den aufwärts gehenden Zug nach dem Ersten Beweger und dem Endzweck hat, nach Gott, zu dem hin jegliches auf seine Weise in Nachahmebewegung ist.[10]

III. Gut und höchstes Gut

Omne agens agit propter bonum. Alles Tätige ist tätig wegen Gut. Dieser Satz gilt in der Ausdehnung auf die natürliche und die sittliche Welt. Zu seiner tieferen Erfassung ist es notwendig, auf andere Grundsätze der Seinslehre zurückzugreifen.

Mit der Urerfahrung Seiend ist zugleich das Urteil gegeben, daß es dies, ein Seiend, in Wahrheit ist. Darum läßt sich sagen: jedes Seiend ist ein Wahr; ebenso umgekehrt: jedes Wahr ist ein Seiend. Seiend und Wahr sind vertauschliche Begriffe, und die Vertauschlichkeit hat ihren Grund in den Verhältnissen der tatsächlichen Welt.[11] Wie aber steht Seiend zu Gut? Kommt zu Sein etwas anderes, Neues und Eigenes hinzu, wenn ich von Seiendem »Gut« oder »Wert« aussage?

Die Antwort auf diese Frage ist in der Geschichte des Denkens nicht einhellig ausgefallen. Platon glaubte, Gut sei die allgemeinste aller (selbständig wesenden) Ideen, ohne die kein Ding gut sein könnte; Kant sah zwischen Sein und Gut keinen ursprünglichen Zusammenhang, so daß er auch die verpflichtende Natur der sittlichen Ordnung nicht weiter zu begründen und von nichts anderem abzuleiten vermochte; in der modernen Wertauffassung ist die vermeinte Unabhängigkeit der »Werte« vom Sein und von der Wahrheitserkenntnis – weiß Gott, sie stammen aus unerklärlichem Gefühl, aus unserm Willen von dieser und jener Art und Richtung, aus physischen und geschichtlichen Bedingungen – in den Pragmatismus ausgeschlagen, der das Denken unserm Wünschen und Wollen unterwirft und Wert und Gut in wechselndem Spiel von den Dingen und Handlungen aussagt, die den je und je verfolgten Zwecken, den Bedürfnissen des Augenblicks und der Gelegenheit, kurz dem »Leben« oder der »Praxis« dienen.

Anders die Antwort bei Thomas. Allerdings, sagt er, sprechen wir von Seiend und von Gut bei einem Ding unter verschiedenem Gesichtspunkt. Das eine Mal stellen wir als Erkennende sein Dasein, sein Sosein oder seine Wirklichkeit fest – wir nehmen die Beziehung der Wahrheit ein; das andere Mal berührt und bewegt uns das Ding als ein Begehrbares, es ist Gegenstand unseres Gutheißens, unseres Verlangens, der Liebe und Freude – wir finden uns in der Beziehung der Gutheit. Aber warum ist etwas solcherart bewegend und erstrebenswert? Der Grund liegt im Ding, in seiner Wirklichkeit, Vollkommenheit und Seinsfülle. Soweit es seiend ist, seinen wesensmäßigen Seinsgrad erfüllt, ist es gut, ein perfectum, und teilt sich als ein Gut mit, indem es auf den Empfangenden als ein perfectivum wirkt, auf welche Weise immer ihn bereichernd, beglückend, erhöhend. »Daher sind deutlich Gut und Seiend ein und dasselbe dem Ding nach, aber Gut besagt die Beziehung von Begehrbar, welche Seiend nicht besagt.«[12] Der Vernunft nach unterscheiden sich Sein und Wert, aber jenseits und abgesehen von aller Erfahrung, bestimmenden Aussage oder Willenshaltung ist das Ding, von dem sich wegen seiner vollnatürlichen Wirklichkeit sagen ließe, daß es seiend ist, insoweit auch gut. Mit andern Worten, wie die Gleichung Seiend = Wahr gilt, so auch die Gleichung Seiend = Gut. Das Sein einer vollkommenen Rose ist wahr durch die Übereinstimmung mit ihrer Wesensnatur oder mit der Gestaltnis in Gottes schöpferischem Gedanken, sie ist als Erkannt-Seiendes Gegenstand der Wahrheit im Sinne der Beziehung zwischen Ding und Verstand, sie ist gut bei sich als seiendes, d. h. als seine Seinsform erfüllendes Ding, und sie ist Wert und Gut in Beziehung auf einen Menschen, der ihrer sich freut. Jene metaphysische oder objektive Gutheit ist der Grund der psychologischen oder subjektiven (wobei denn schon Fehlschätzung durch unser praktisches Urteil ins Spiel kommen kann).

Mit einiger Umständlichkeit haben wir etwas scheinbar Selbstverständliches gesagt. Aber dieser Schritt vom esse zum verum, von da zum bonum ist gerade in dieser Abfolge von großer Bedeutung. Das bonum, Wert und Gut, hängt nicht in der Luft, es ist nicht ein Sein für sich, es hat seinen festen Boden, und viel eher, als es tragen kann, ist es selbst getragen. Die Welt der Werte steht auf dem Sein, nicht umgekehrt; alle Werterkenntnis hat zu gründen auf der Seinserkenntnis, nicht umgekehrt.[13] (Auf gesetzhaften Seinsverhältnissen baut die Harmonielehre auf, auf dieser die Komposition, auf dieser das Spiel. So wenig wie hier, kann es in der Ethik gelten, daß rückwärts auch gefahren ist.)

Der Sachgrund der Gutheit also, das dingseits vorhandene Vollkommensein, begründet die Tatsache, daß etwas Gegenstand des Verlangens oder Ziel des Handelns ist. Dieser Charakter der Begehrbarkeit aber gestattet die (aristotelische, von Thomas so oft wiederholte) Formel: Gut ist, wonach alles begehrt (bonum est quod omnia appetunt). In ihr ist als Voraussetzung die Wahrheit einbeschlossen: alles begehrt nach Gut und Best. So ist es mit der Seinsordnung schlechthin und unveränderlich gegeben. Was aber notwendig hierin mitgegeben ist, ist die Tatsache, daß Gut den Begriff des Zweckes enthält, wo immer das Erstrebende ein sich selbst Bestimmendes, also mit Intellekt Begabtes ist. Wenn nun alles Tätige, wie wir gesehen, auf Zweck hin tätig ist, Zweck aber – denn anders würde er nicht erstrebt – etwas Zupassendes (conveniens) und das Streben Stillendes (in quo quiescit appetitus) ist, so läßt sich (auf der Stufe Mensch) mit gleichem Rechte sagen, daß der Zweck unter dem Gesichtspunkt Gut verfolgt wird, wie daß Gut (wahres oder vermeintes) in der Form des Zweckes bewegt. »Alles Tätige«, sagt Thomas, »strebt durch sein Tätigsein nach Gut.«[14] (Diese Einrichtung des Seins ist grundlegend für die Beurteilung des sogleich zu erörternden Eudämonismus.)

Solange wir uns in der Ordnung des Geschöpflichen bewegen, wo Ding neben Ding, Gut und Wert neben Gut und Wert oder auch in der Stufung des Oben und Unten, des Mehr und Weniger an Seinsgehalt erscheinen, ist die Gestücktheit des Seins auch der Grund, daß Zweck und Gut nur im Sinne der Relativität in Rede stehen. Deshalb gerade erhebt sich die Frage nach der Absolutheit, dem höchsten Zweck als dem höchsten Gut und umgekehrt.[15] Man kann sie von zwei Seiten her, von der Verfassung des dinglichen Seins und vom Verlangen des Menschen (desiderium hominis) ins Auge fassen. Auf dem einen wie dem andern Weg gelangt Thomas zu seiner Antwort. Von den Dingen her kommt die Auskunft, daß die Kreatur, auch die vollkommene, weder kraft ihrer selbst ist, noch als diese oder jene geprägte, gegrenzte, mit bestimmtem Seinsmaß versehene Form alles Sein in sich sammelt, also auch nicht das absolute und nicht das universale Gut sein kann. Vom Menschen her aber kommt der Bescheid, daß ebenso, wie sein Geist auf das allenthaltende Wahr (universale verum), so auch sein strebender Wille auf das allenthaltende Gut (bonum universale) gerichtet ist.[16] So weist ihn gerade der Zug zur Vollendung, den er mit allen

Wesen teilt, über sich und alle Welthabe hinaus auf die Erstursache und den Endzweck Gott als höchstes Gut. Danach ergibt sich folgerecht die Bestimmung des Menschen als die Verähnlichung mit Gott, welchen Sinn und Inhalt der sittlichen Bewegung die Ethik ins Einzelne darzulegen hat. (Daß sie auf dem bezeichneten Boden nicht eine rein formale ist, wie die kantische, die das Wesen des Guten in der reinen, zweckfreien Gesetzlichkeit als solcher sieht, vielmehr eine materiale, an die Objektivität von Ding und Wert gebundene, ist bereits deutlich geworden.)

IV. Die Glückseligkeit

Homo naturaliter desiderat beatitudinem. Der Mensch verlangt von Natur nach Glückseligkeit. Sie besteht in der Erreichung des Endzwecks, in der Erkenntnis und Liebe Gottes, des höchsten Guts, an dem allein die intellektuale Natur ihre Vollwirklichkeit und der Wille sein Vollgenügen erlangt. Ist nun dieses Glückstreben allem Seelischen ohne Ausnahme eigen, so unterscheidet sich vom rein naturhaften Langen nach dem Endziel der Weg des Menschen zu seinem höchsten Zielgut. Nicht alle, sagt Thomas, wissen, worin ihr letztes Glück liegt, weil die Vernunft nicht die Sicherheit des Instinktes hat. Daher kommt es auch, daß es von der (sittlichen) Beschaffenheit eines Menschen abhängt, worauf als auf Gut und Zweck sein Streben gerichtet ist.[17] Die Ethik aber kann bei diesem Sachverhalt nicht stehen bleiben; er gerade ist ihr ein Anlaß, die Frage der beatitudo einer denkenden Betrachtung zu unterwerfen.

Die schon angedeutete, von Thomas breit und tief entwickelte Antwort[18] führt uns auf ein altes Streitgebiet der Moral. Ist unser sittliches Wollen ein unreines Wollen, wenn es von Zwecken und Gütern bestimmt wird? Liegt das Sittliche nur in einer gewissen Form des Wollens, ohne daß ihm das Sittengesetz einen konkreten Inhalt aus der Erfahrungswelt, wie Zwecke und Güter, geben oder verstatten könnte ? Dies war die Meinung Kants, aus hoher Strenge und Noblesse der sittlichen Empfindung entsprungen, aber in sich zu der Unhaltbarkeit verurteilt, die ihr das nachkantische Denken in zunehmendem Maße bestätigt hat. Gegen diese formalistische Ethik steht die materiale im Gegensatz, d. h. jede, die das Sittliche als verknüpft mit Gegenständen, Zwecken oder sonstwelchen Inhalten auffaßt, es seien dies Güter, wie Lust, Glück, Wohlfahrt, Kultur, göttlicher Wille, oder die nicht dinghaften, aber mit eigentümlicher Selbständigkeit, Kraft der Geltung und imperativischem Charakter auftretenden »Werte«, wie Liebe, Gerechtigkeit, Treue, die weder aus den Dingen stammen, noch irgendwie unsere Setzung sind. Gegenüber der kantischen Pflichtethik bedeutet die phänomenologische Feststellung, daß die »ranggeordnete« Welt der Werte »ein Reich für sich« ist, eine Rückwendung zur materialen Ethik, wenigstens im Sinne eines objektiven »ordre du cœur« (Pascal). Die grundsätzlich mögliche Verknüpfung mit der antik-scholastischen Güterethik wird um so eher gelingen, um so echter und natürlicher sein, je mehr die neue Richtung von ihrer Erkenntnis der Übersubjektivität der Werte zu der weiteren fortdringt, daß diese mit der Wirklichkeit des Seins unlöslich verbunden sind und als solcherweise verbundene, mit dem letzten Fundament der Welteinrichtung selbst vergründete allein der Natur des Willens entsprechen, der nicht nur bestimmt sein, sondern auch sein Genügen haben will, und zwar nicht nur von unbedingten Ursachen seiner Emotionen, sondern von bonum cum fundamento in re. Unterscheidet sich heute noch die Wertethik, oft mit Betonung, von der Güterethik, so schließt wenigstens die scholastische Güterethik (ebenso, wie sie auch Pflichtethik ist) eine Wertethik nicht aus, sondern ein. Der thomistischen liegt die klare, das Denken und das Handeln mit dem Sein verknüpfende Gleichung ens = verum = bonum zugrunde.

Thomas unterscheidet vom absoluten Gut, welches das absolut vollkommene Sein ist, das relative Gut, als welches nur das relativ vollkommene Sein ist. Diese Welt des Bedingten ist objektiv gut in ihrer vom Schöpfer gestifteten Seinsverfassung, subjektiv gut als Zielgut des menschlichen Strebens. Als solches aber entfaltet es sich in den drei Arten des Nützlichen (utile), des Freulichen (delectabile) und des sittlich Würdigen (honestum). Das letztere behauptet als Maß und Schranke den Vorrang vor den beiden andern Arten von Gut, es ist, im Unterschied von diesen, begehrenswert um seiner selbst willen. Was immer aber die Bewegung eines Begehrens stillend beendigt, ist auch freulich. Da nun in der Wertstufe an unterster Stelle das Nützliche steht, das nicht den Charakter des Zweckes, darum des Guten, sondern des Dienlichen trägt, über ihm das Freuliche, das bedingterweise Zweck ist und sein darf, zuhöchst aber, weil es seinen Wert in sich selbst trägt und darum Zweck schlechthin ist, das honestum, so ist es, wegen eben dieses Charakters, als erfüllter Zweck auch erfüllendes Gut, d. h. begleitet von Glückseligkeit (versteht sich einer unvollendeten, der Zeitlichkeit gemäßen). Freuung folgt immer einem Gut, und immer ist Gut von Freuung begleitet. Wie also Gut seiner selbst wegen begehrt wird, so auch Freuung insofern, als sie nämlich Stillung und Beseligung im Zielgut des Willens ist. Darum kann Thomas sagen, es laufe auf denselben Sinn hinaus, daß man nach Gut und daß man nach Freuung begehrt, die ja nichts anderes ist als die Stillung der Begehr in Gut.[19] Wenn er also an der Spitze seiner Ethik als Endzweck des menschlichen Lebens die Glückseligkeit hinstellt, so will erst die Auseinanderlegung dieses Satzes vernommen sein, bevor man das Verhältnis seiner Moral zum Eudämonismus beurteilt.

Wie Thomas das Sittliche nicht wesentlich von Nutzen und Wohlfahrt bestimmt sein läßt, also nicht Utilitarist im Sinne der bekannten englischen Moralphilosophen des 17. und 18. Jahrhunderts oder der nicht erst lange philosophierenden Praxis einer vom Nutzen regierten Zivilisation ist, so ist seine Güterethik weder individual- noch sozialeudämonistisch. Er sagt nicht: Gut ist, was einen Willen oder eine Gemeinschaft befriedigt und weil es sie befriedigt; er sagt: Gut befriedigt den Willen, und zwar weil und insofern es Gut ist. Er kennt das Lustverlangen als seelische Triebfeder des Handelns, aber er macht es nicht zum letzten Wertmaßstab, so als ob das Glück in der Tugend auch der Zweck der Tugend wäre und ihren Gutcharakter bestimmte. Er baut nicht eine

Ordnung der Dinge oder Werte auf das Ideal der Beglükkung, er hält es umgekehrt mit der Wahrheit des Augustinus: Pax est tranquillitas ordinis, aus der Ordnung kommt die Ruhe. In der Fahndung nach dem wahrhaft beseligenden Gut streicht er in seinem Güterkatalog eins ums andere als nicht vollgenügend bis zum letzten, das allein die vollkommene Glückseligkeit gewährt – und dieses liegt jenseits von Welt und Dasein: die Einung an Gott «in der Schauung seiner Wesenheit.[20]

In der psychologischen wie metaphysischen Betrachtung der Lust folgt Thomas weithin seinem Meister Aristoteles, was denn auch in der Stellung des Eudämonischen in der Ethik zutage tritt. Über das Gemeinsame aber, das vor allem in der Erkenntnis und Anerkenntnis der Tatsache besteht, daß die naturgemäße Tätigkeit, jede Art Vervollkommnung oder Seinserhöhung und auch das sittliche Handeln mit dem Gut des Freulichen verbunden ist, führt den Scholastiker das christlich-dogmatische Element seiner Anschauung von Gott und Welt hinaus. Es gibt für ihn kein Gut, das nur auf sich selbst bezogene oder selbstmächtige Natur wäre, sondern was immer gut ist oder scheint, ist es als Abbild des höchsten Gut.[21] Dieses selbst aber ist in sich die höchste Seligkeit, und von ihr, der unerschaffenen, empfängt die Kreatur auf Grund der ihr mitgeteilten »gewissen Ähnlichkeit mit dem göttlichen Sein« den Strahl ihres geschöpflichen Glücks.[22]

V. Die menschliche Natur als Trägerin des Sittlichen

Homo animal rationale. Der Mensch ist ein animalisches Wesen mit Vernunft. – Homo maxime est mens hominis. Was eigentlich den Menschen ausmacht, ist der Geist des Menschen. – Homo naturaliter animal sociale. Der Mensch ist ein Gesellwesen von Natur.

Diese drei Sätze, die Thomas von Aristoteles übernimmt, bestimmen die Menschennatur als Wesensgrundlage des sittlichen Lebens. So schlicht und selbstverständlich sie dem ersten Blick erscheinen, so schwierig erweist sich ihre organische Entfaltung und die Scheidung ihrer begrifflichen Inhalte im ethischen System. Mit der vom Gegenstand geforderten Dialektik verbindet Thomas so sehr das Bemühen um den Ausgleich seiner sachlich oft weit auseinanderstrebenden historischen Quellen, daß innerhalb des im großen so einheitlichen Gefüges gewisse Begriffe desselben Namens ihren Inhalt verändern oder Gedankengänge sich überschneiden.[23] Indessen braucht ein kurzer Überblick das Unstimmige in der gewaltigen Symphonie nicht eigens hervorzuheben, weil es ja nicht einen Bruch im Geist des Ganzen bedeutet. In der Theologischen Summe, die für die Schule geschrieben war, herrscht die anima symphonizans des Urhebers vor, die erkennend und glaubend mehr von der Einigkeit des göttlichen Weltgrundes mit sich selbst und seiner Schöpfung als von der geheimen Not des denkerischen Ringens mit dem Geheimnis alles Seins und gar des Menschen Zeugnis geben will. Die glatte Stirn des Systems verrät nicht viel von den Kümmernissen des Problematikers, als welcher Thomas in andern Schriften sich ausspricht.[24]

1. Der Mensch als Selbstzweck

Der Mensch verhält sich zum Dasein nicht wie der Kahn zum Wasser, sondern wie der rudernde, lenkende Schiffer zu seinem Kahn. Er bestimmt sich seinen Zweck, und in Eigenbewegung verfolgt er ihn. Er ist über das Tier so weit erhaben als der Verstand über den Instinkt, aber er bleibt unter Gott, weil er das Sein nicht von sich selber hat, weil ihm letzte Formen und Inhalte des Denkens von Natur vorgegeben sind, sein Verhalten zu ihnen ein unausweichlich so bestimmtes ist, und weil seinen letzten Zweck nicht zu wollen ihm unmöglich ist.[25] Aber weil dieser letzte Zweck, die Glückseligkeit in Gott, mit der Natur des Menschen übereinkommt, ist für das sittlich vollendete persönliche Wesen, in dem die Zweckbewegung des Weltganzen ihren höchsten Punkt erreicht, nicht abermals ein höherer Zweck zu suchen. Als vernünftige Natur hat es die Herrschaft, die freie Verfügung über sein

Handeln (dominium sui actus), es liegt in seiner Gewalt, sich auf seine seelischen Wallungen einzulassen oder sie zurückzuweisen. »Das geistige Wesen ist um seiner selbst willen (propter se) ins Universum gesetzt, alles andere aber seinetwegen.« Mag bei den untermenschlichen Wesen das Individuum im Dienste der Gattung stehen, nicht so ist es beim Einzelmenschen, weil er als Person in keinem Sinne »wegen eines andern«, sondern »wegen seiner selbst von Gott gewollt« und als Selbstzweck, nicht als Mittel zum Zweck, auch in der göttlichen Weltregierung steht. Sein Rang als unsterbliches Gottebenbild, begabt mit dem Intellekt, der »gleichsam alles werden kann«, als Natur, die begreifend und liebend die »Affinität zum Ganzen« hat, verbürgt ihm die freie Selbstbestimmung, das Fundament der Sittlichkeit und des Rechts.[26] Auch seine innere wesentliche Hinordnung auf Gott und Gottes Verherrlichung kommt überein mit der Vollkommenheit und Beseligung des eigenen Seins.

Danach kann es nicht zweifelhaft sein, wie Thomas das menschliche Verhältnis von Individuum und Gemeinschaft betrachtet. Die Fragestellung muß in seinem Sinne lauten: Wie stehen in der Seinsordnung Person und Gemeinschaft zueinander? Grundlegend für die Antwort ist die Erkenntnis, daß der Mensch als Natur, nicht aber als Person auf die Gemeinschaft hingeordnet ist. Die beiden Begriffe erfordern eine scharfe Scheidung. Die allen gemeinsame geistig-sinnliche Einheit Menschennatur wird von der individuellen, unmitteilbaren menschlichen Person getragen. Jene Natur ist in ihrem innersten Wesen sozial, der Gemeinschaft bedürftig, weil sie unvermögend ist, sich in allem selbst zu helfen; aus dieser Bedürftigkeit und Unvollkommenheit geht die Gemeinschaft hervor. Was ist sie? Eine »Gesamtperson«? Eine substantielle Wesenheit? Nein, sagt Thomas, sie ist nur eine Ordnungseinheit einer Vielheit mannigfaltiger, zur Gemeinsamkeit in der Verfolgung eines Zweckes hinordnungsfähiger Teile. Ihr Zweck aber ist das Gemeingut des bene vivere oder das sittliche Leben, das als solches auch das glückliche ist, genauer das Gemeingut der Gerechtigkeit und des Friedens.[27] Sie ist dem Einzelnen so nötig, daß er ohne sie ein Unmensch wäre. Und weil er zu ihr wie der Teil zum Ganzen steht, das Ganze aber in der Intention der Natur früher als der Teil und auch das Vollkommenere ist, so verpflichtet die Zugehörigkeit zur Gemeinschaft, das Einzelwohl dem Gemeinwohl unterzuordnen: dieses ist besser und göttlicher als das Gut eines Einzigen, vorausgesetzt allerdings, daß es dort wie hier sich um dieselbe Gattung handelt. Aber die Gemeinschaft ist und bleibt doch nur eine congregatio (oder adunatio) humana, eine Gesellung von akzidentellem Charakter, und steht als solche in der Seinsordnung unterhalb der Substanz Person, die »das Vollkommenste in der ganzen Schöpfung« ist.[28]

2. Die Kräfte des Innenlebens[29]

In der Weise des Geeinten und Überragenden befaßt der Mensch in seinem substantiellen Leib-Seele-Sein die in der übrigen Natur zersplittert und verstreut vorhandenen Vollkommenheiten. Das Wesen der Seele, ein principium quod, Ursprung und Trage der menschlichen Lebenswirklichkeit, offenbart und tätigt sich durch das principium quo ihrer Kräfte. Sie stehen mit der Substanz Seele im unlösbaren Lebenszusammenhang, gleichso auch unter sich selbst, aber sie sind nicht die Seele selbst, und die eine Kraft ist auch nicht die andere. Wir erfahren an uns selbst, daß Erkennen nicht Wollen und Wollen nicht Erkennen ist, obgleich sie aufs innigste ineinandergreifen, und daß sie nicht in sich und für sich bestehen, sondern einer sie tragenden Einheit, unserm Ich, angehören.

Mit der Antike unterscheidet Thomas in den Seelenvermögen das Geistige und das Sinnliche, in jedem Bezirke wiederum die nebeneinander wirkenden Grundkräfte des Erkennens und des Strebens.[30] Die eine verhält sich passiv oder aktiv, wahrnehmend oder denkend, und sie hat es mit den ins Bewußtsein tretenden Dingen nach der Seite des Ob und Was zu tun; die andere, ein »Sichneigen in etwas hinein.« (I II 8, I), sei es als sinnlich-animalische Begehr oder als vernunfthaft-willentliche Bewegung, ist Tendieren, Fühlungnehmen mit den Dingen nach ihrer werthaften Seite. Beide sind an

Natur und Rang verschieden, aber gemeinsam ist ihnen, daß sie leidentliche Vermögen sind, sofern sie von etwas Wahrgenommenem bewegt werden. Damit ist auch schon die natürliche Verflochtenheit zwischen Denken und Streben im Subjekt ausgesprochen. Zur Tätigkeit des Verstandes braucht es Wollen, das Erkennen aber ist notwendige Voraussetzung des Wollens und Strebens: es kann nichts gewollt werden, was nicht zuvor erkannt ist (nil volitum nisi praecognitum); erst als Erkanntes ist das Ding Beweggrund meiner Wertung und praktischen Verhaltung. So an sich selbst betrachtet, zeigen also die seelischen Grundkräfte eine Ordnung, nach welcher der Verstand vornehmer ist als der Wille. Aber dem Gegenstande nach ist kein Primat des einen oder andern zu begründen. Denn beide gehen auf dasselbe Sein, der Verstand in Hinsicht auf seine geistige Erkennbarkeit, das Sein als Wahr, der Wille in Hinsicht auf seine Begehrbarkeit, das Sein als Gut. Darum ist der Wille die sittliche Grundkraft, aber angewiesen auf die vorgängige Funktion des erkennenden und urteilenden Vermögens.

Voluntas est in ratione, lautet einer der wichtigsten Sätze der thomistischen Ethik: der Wille ist innerhalb der Vernunft, er ist geistige Strebekraft. Wie das Auge, bevor es sehendes Auge ist, Glied der ganzen Leibnatur ist, so hat der Wille seine natürliche Bestimmtheit aus dem ihm wesensmäßigen Verbunde mit dem erleuchtenden Verstand. Es macht seinen Unterschied gegen Trieb und Instinkt aus, daß er einem geistig erfaßten Gegenstand als der Form seines Strebens folgt. Wie das Auge von der Farbe affiziert wird, so der Wille vom erkannten Gut: keine geschaffene Substanz kann ihn bewegen, ohne daß sie durch das Mittel des bonum intellectum auf ihn Eindruck macht. In diesem Vergründetsein mit den Erkenntniskräften, die ihm die Gegenstände des Strebens und die Beweggründe des Handelns vorlegen, liegt die Wurzel seiner Wahlfreiheit, wie anderseits die unausweichlichen Notwendigkeiten des an erste Ursätze verhafteten Verstandes und die eigene unverneinbare (wenn auch nicht faktisch mit Notwendigkeit zwingende) Richtung auf das vollkommene Gut ihn normativ und natürlich beschränken.[31]

Thomas hat die Erkenntnis der menschlichen Struktur für eine Grundvoraussetzung der Moralwissenschaft gehalten. In dieser Hinsicht ist der wichtigste Gedanke, daß die Geistseele die substantiale Form des Leibes und unbeschadet ihrer von allem Stofflichen unabhängigen Selbständigkeit mit dem Leibe zu Einem Sein und Wesen verbunden ist. Daraus erfolgt, wie schon in der Erkenntnislehre, so auch in der Ethik, das volle Ernstnehmen der sinnlichen Seite des Menschen. Weit entfernt von einer spiritualistischen Unterdrückung des Affektlebens, durchforscht Thomas das Reich des Triebhaften, der Gefühle und Gemütsbewegungen. Er befaßt sie unter der schulmäßigen Bezeichnung passiones, die das Leidentliche dieser Zustände betont, weil ihr Träger, vom wahrgenommenen oder vorgestellten Gut oder Übel angezogen oder abgestoßen, eine bis in die Leiblichkeit wirkende Veränderung erfährt. Im Psychologischen hauptsächlich der Spur seines Meisters folgend, sucht Thomas in ihrer sittlichen Veranschlagung den Einklang mit dem christlichen Gesetz.[32] Er betrachtet sie als Energien der gottgegebenen Natur, die als Stoff wie als Antrieb und steigernde Kraft der sittlichen Akte im Dienste unserer Vervollkommnung stehen. Sie sind ein physisches Gut, weil zum Wesen des Menschen gehörig, aber im moralischen Sinne weder gut noch schlecht; Laster oder Tugend werden sie je nach ihrer Stellung zur Vernunft oder der Vernunft zu ihnen. Ihre Rolle im sittlichen Leben ist aktiv und passiv zugleich wie die der Krieger unter ihrem Feldherrn.

3. Die menschliche Natur als Disposition für die Übernatur

Oberflächlich scheint es, als widerstrahlte aus dem thomistischen Begriff der Natur ein nach christlichen Maßen verwunderlicher Optimismus. Kommen im System je an ihrem Ort die Tatsachen des Übels, des Defektiven in der Welteinrichtung, der Erbsünde, der persönlichen Sünde und bösen Neigung klar und gewichtig zu ihrer Geltung, so machen sie dem behenden Blick den Eindruck lagernder Wolkenschatten, die den Dingen der als Ganzes so sonnig ruhenden Landschaft nur aufliegen, ohne ihr Wesen zu berühren. Man glaubt an eine Grundverwandtschaft mit Leibniz, an eine allzu knappe Gefolgschaft hinter dem griechischen Vorbild her oder findet Luthers Vorwurf des Pelagianismus gegen die Scholastik begreiflich. Um das ganze ethische System des Thomas nicht im Grunde mißzuverstehen, sind in dieser Hinsicht einige Bemerkungen erforderlich.

Die Auslegung des Begriffes Natur bei Thomas ist so schwierig wie die des Vernunftbegriffs, weil im Gebrauch ihr Inhalt schwankt. Das aber ist kein Hindernis, die großen festen Linien seiner philosophischen und theologischen Anthropologie zu erkennen. Sicherlich ist seine allgemeine Ethik, die uns hier beschäftigt, außerhalb des gehörigen Ortes der Behandlung nicht vom stetigen Hinblick auf die Erbsünde und ihre Folgen beherrscht, auch sonst scheint sich der Philosoph nicht mit einer Erklärung der Übel aus einem Übel begnügen zu wollen und rechnet sie als Korrelate des Guten zur Weltverfassung – wie sollte es das Gut Feuer geben, wenn es nicht das Übel Zersetzlichkeit im Brennstoff gäbe –, aber seine Erkenntnis von Welt, Mensch und Dasein zeigt in der Tiefe einen tragischeren Zug als irgendein Seinsbefund bloß aus Schuld und Verhängnis her.[33]

Für das Verständnis seiner Ethik ist am Begriff der Menschennatur eine grundsätzliche Verschiedenheit von der aristotelischen Auffassung notwendig zu beachten. Bei aller Enge des Anschlusses an den Griechen und die metaphysische Erotik der Neuplatoniker verläßt er diese Systeme gerade im Wesentlichsten, indem er das Weltsein als Schöpfungstat, das Menschenziel der liebenden Gottschauung als schlechthin jenseitig, die Menschennatur als Anlage und potentielle Bereitschaft für die Aufnahme einer im echten Sinne transzendenten, in freier Gnadenhaftigkeit sich schenkenden Übernatur versteht.[34] Das Geheimnis des geschaffenen Seins, einer uns unbegreiflich über dem Abgrund des Nichts vorhandenen gottähnlichen und -unähnlichen Wirkung ihres ewigen Ursachers, ist mit den Begriffen Potenz und Akt (in ihrem extremen Sinne reine Möglichkeit und reine Wirklichkeit) mehr nur festgestellt als erklärt. Aber diese Weise, das Natursein aufzufassen, hat die Tatsächlichkeit der Seinsbewegung, wie sie unserm geistigen Auge sich darstellt, auf ihrer Seite. Wir müssen beim Vergleich der Dinge ein Mehr und Weniger an Lebensgehalt, eine Stufung der Dinge nach ihrer Kapazität für das sie umgebende, zur Teilhabe stehende Sein und auch den durchgängigen Zug der niederen Lebenskreise nach dem je höheren und so für das Ganze ein Auslangen nach der Fülle des »Alles-zugleich-in-Einem« anerkennen. Den schlummernden Möglichkeiten reicht eine vorgängige Wirklichkeit die weckende, ziehende, aufrichtende Hand, um sie zur uranfänglich gemeinten Gestalt und Vollheit heraus- und heranzubilden. Auch der Mensch steht unter diesem Gesetz des Werde der du bist. Das alles hat die Antike schon gesagt, und sie hat der metaphysischen Begründung des weltinnerlichen Eros auch noch die religiöse Beseelung des Sittlichen durch den Gedanken der Nachfolge Gottes hinzugefügt. Thomas kennt das alles und verwendet es als Stoff zu seinem Bau, der indessen als Ganzes doch ein neues und anderes Gesetz in seinen Gliedern hat.

Die Natur des Menschen, sagt er, hängt von einer höheren ab, deshalb ist sie zu ihrer Vollendung nicht sich selbst genug. Sie ist nicht fertig, solang sie nur sie selbst ist, mag sie auch alles haben, was zu ihrem Begriff gehört. Dazu braucht es eine Teilhabe an der göttlichen Gutheit, die ihr kraft des eigenen Seins nicht möglich ist. Sie ist defektiv in sich selbst, in der Natur ihres Willens, ihrer Freiheit, ihres Verstandes, des »kleinen Lichtes«, das eben ausreicht, »das Unserige« zu erkennen, aber gegen die offenbarsten Wahrheiten wie die Eule zur Sonne steht, vollends ermattet im Denken über Gott, das »unendliche Wesensmeer«.[35] Sie ist überdies von der Erbsünde verwundet, kann sich aus sich selbst nicht rechtfertigen und bedarf dazu der Gnade, die als Besitz auch nur eines einzigen Menschen vom ganzen natürlichen All nicht aufgewogen wird.

Aber dieses andern Seins ist der Mensch nicht nur bedürftig, sondern auch fähig, empfänglich, und er ist ihm zubestimmt und also pflichtig. Die Bestimmung des Ebenbildes Gottes liegt jenseits des Weltalls, als dessen Teil es da ist, und heißt – ipse Deus.[36] Nata est ferri in Deum – es ist gottzügig von Natur. Wie alle geordneten Naturen ist es der Ort zweier sich begegnender Bewegungen, des Dranges zum eigenen Mittelpunkt und des exzentrischen zur höheren Form des Seins. Thomas gebraucht das Bild des bewegten Meeres, das zugleich dem Zug nach seinem Schwerpunkt und dem vom Mondeinfluß bestimmten Zentrum der Bewegung von Ebbe und Flut gehorcht.[37]

Folgenreich für die Ethik ist aber auch der weitere Gedanke, daß die Übernatur mit ihren Kräften nur dort ansetzen und wirken kann, wo die sittliche Verfassung bereits in ihrer gehörigen Ordnung ist. Der Grundsatz, daß die Gnade die Natur nicht aufhebt, sondern sie voraussetzt, verweist das moralische Streben und religiöse Leben mit allem Nachdruck auf den göttlichen Ernst der Endlichkeit.

VI. Die Komponenten der sittlichen Erfüllung

Nach der Erörterung der ethischen Teleologie (1.–5. Unters.) betrachtet Thomas die Kräfte zur sittlichen Verwirklichung. Der erste Hauptteil bietet eine psychologische Analyse der menschlichen Handlungen (6. bis 48. Unters.), in der zunächst ihre Natur und Wertigkeit behandelt wird (6.–21. Unters.), danach die Dynamik des sinnlichen und affektiven Seelenbereichs (22. bis 48. Unters.). Der zweite Hauptteil erwägt die Prinzipien des sittlichen Handelns, zunächst die inneren, das Habituelle im Tugendlichen und Sündhaften (49.–89. Unters.), danach die äußeren, das Gesetz und die Gnade (90.–113. Unters.).

Wir begnügen uns im folgenden, die Kerngedanken des Aufbaus zu erwähnen.

1. Die menschlichen Handlungen

Thomas bestimmt sie im Unterschied gegen die allen Seelwesen gemeinsamen Tätigkeiten als die aus überlegtem Willen (ex voluntate deliberata) entspringenden. Dabei wird der Wille, wie bereits gesagt, als intellektives Strebevermögen gefaßt. Das kommt in den tragenden Begriffen der Handlungslehre, deren verwickelte historische Vergangenheit (Aristoteles, Stoa, Augustin, Boethius) auch in der Anwendung bei Thomas noch durchschlägt, zum deutlichen Ausdruck. Das Freiwillentliche (voluntarium) bedeutet ihm nicht nur einen Willensakt überhaupt, vielmehr auch im besondern eine Willenswirke, die so in unserer Gewalt steht, daß sie ausgeführt wie unterlassen werden kann, wobei denn auch die Unterlassung das Merkmal der Freiwillentlichkeit annimmt.[38] Die freie Wahl (electio), die Entscheidung, ist in sich selbst ein Willensakt, aber folgend einer Überlegung der Vernunft, deren Vorrecht es ist, dem Wollen mit dem freien Urteil (liberum arbitrium) voranzugehen, mit ihrem Lichte erst die Dinge so beleuchtend, daß sie dem Willen als Dinge von diesem Sosein und diesem Wert oder Unwert erscheinen können. So gründet die Freiheit schließlich in der Vernunft, die nun ihrerseits, wie sich zeigen wird, als weisende und gebietende wiederum die Forderungen einer höheren Instanz anmeldet.

Die Moralität einer Handlung liegt in ihrem Verhältnis zur sittlichen Ordnung, deren innermenschliches Organ die praktische Vernunft ist. Bei der Bestimmung dieses Verhältnisses zur gesollten Vollkommenheit der Handlung ist dreierlei maßgebend, der Gegenstand oder Inhalt, der Zweck oder die Intention und die Umstände. An einem Beispiel, wie »Fremdgut von heiligem Ort nehmen, um Almosen zu geben«, läßt sich die thomistische Analyse der Handlung faßlich vor Augen führen.[39] Der Kirchenraub ist moralisch ein einziger Akt, aber begrifflich zerlegbar in den inneren des Willens und den körperlich ihm folgenden äußeren. Der innere besteht aus dem aktuellen Wollen selbst und dem, worum es sich bei der Handlung dreht, der Gesamtheit ihres Inhalts (der materia circa quam). Form, Gestalt und Seele empfängt die Handlung von der Zweckbeziehung, aber auch der Wahl der Mittel. Die der Materie nach schlechte Handlung Kirchenraub wird nicht gerechtfertigt durch den guten Zweck Almosen (wie umgekehrt die materiell gute Handlung durch schlechten Zweck geschädigt wird, etwa Geschenkmachen in der Absicht, zu verführen). Sittlich differenzierend und artbestimmend wirkt beim genus Diebstahl noch der Umstand

»von heiligem Ort« im Sinne der Erschwerung von Übel und Schuld. Die Handlung als ganze hat zur Grundlage, ohne die sie nicht menschliche wäre, den Willensakt.

Man wird im Bereiche dieser Untersuchungen weder den Charakter einer materialen Ethik verkennen, noch das ihr innewohnende Gewicht des Formalen, Innerlichen und Gesinnungsmäßigen vermissen. Die Probleme, die hier auftauchen, sind in späteren Jahrhunderten – so im Moralstreit zwischen Jansenisten und Jesuiten, in den verschiedenen Haltungen der politischen Theorie zum Machiavellismus, in der Ratlosigkeit des 19. Jahrhunderts über das Fundamentale der Ethik – immer wieder der erregende Gegenstand für einzelne Denker und selbst die großen, vom Zweifel an einer objektiven sittlichen Ordnung beunruhigten Massen geworden.

2. Sittliche Zuständlichkeit

Die menschliche Handlung, die von der begrifflichen Erkenntnis als einzeln und für sich bestehender Akt erörtert werden kann, steht in der Lebenswirklichkeit im Zusammenhang mit bestimmten Dispositionen des Handelnden, mit sittlicher Sinnesrichtung, guter oder schlechter Gewöhnung, mehr oder minder dauerhaften Signaturen der Willenstätigkeiten, die unter den Begriff des Charakters fallen. Darum muß auch die ethische Theorie das Verhältnis zwischen actus und habitus ins Auge fassen, näherhin die sittliche Zuständlichkeit als vorangehenden und beeinflussenden Faktor der Handlung wie als ihr folgenden und beeinflußten. Die moderne psychologisch-medizinische Charakterologie, nach Zielsetzung und Methode noch eine schwankende Wissenschaft, wendet diesen Fragen ihr heißes Bemühen zu. Ihr Betrachtungsstoff ist unvergleichlich reicher als bei Aristoteles, Theophrast, Thomas oder La Bruyère, aber die Fülle ihrer Einblicke ins seelische Getriebe und selbst ihr Vordringen zum Begriff des selbständigen Wertes, des individuellen Wertungsgesetzes und der neuerdings bestätigten leiblich-seelischen Wesenseinheit des Menschen ist mangels eines festen metaphysischen Standorts noch ein embarras de richesse.

Man wird bei Thomas die Verknüpfung des Psychologischen mit den festen Voraussetzungen aus der allgemeinen Seinsordnung auf keiner Seite vermissen. Schon seine Auffassung des auf Handeln gerichteten Habitus als einer latenten, aber innerlich bereits geformten Energie weist auf das grundsätzliche Seinsverständnis nach Akt und Potenz zurück, zwischen welchen beiden die Qualität Habitus in der Mitte liegt, weil sie uns nicht erst vermöglich (potentes) macht, überhaupt zu handeln, sondern tüchtig oder untüchtig (habiles vel inhabiles), das, was wir kraft der Vermögen können, gut oder schlecht zu tun. Der Anteil des Unbewußten in unserm sittlichen Haushalt kommt in der Veranschlagung des Triebhaften, das unser Handeln mitbestimmt und von diesem rückläufig wieder Zufuhr oder Schwächung erfährt, zu gerechter Geltung. Die führende Rolle der praktischen Vernunft als des vorangehenden Urteilsvermögens wird von Thomas nicht intellektualistisch im Sinne des Sokrates verstanden, als vermittle und gewähre die rechte Einsicht allein schon die sittliche Form des Handelns. Dazu bedarf es überdies der lebendigen Kräfte aus der Willenssphäre, zumal der habituell gefestigten Bestimmtheit des Wollens und Begehrens.

Das Bild des Tugendideals wie das System der Tugenden weist eine mannigfaltige Herkunft auf. Aristoteles und andere antike Quellen liefern den Begriff des Habitus, der Tugend als rechter Mitte des Maßhaltens, die Unterscheidung der vier Grund- oder Kardinaltugenden (bei Thomas von cardo, Angel, abgeleitet), stoische und neuplatonische Elemente werden mit christlich-theologischen verklammert, wofür schon Augustin das Beispiel gegeben, dessen Einschlag überhaupt in diesem Teil des Systems, vor allem auch in der Begriffsbestimmung der Sünde, dem Gewicht der Alten, soweit er nicht selbst ihr Schüler ist, nahezu gleichkommt.[40]

3. Die sittliche Ordnung als Norm

Die thomistische Sittenlehre ist weder eine Moral des Erfolgs noch der objektlosen Gesinnung, noch eines das Gute dem

Glück unterordnenden Eudämonismus, noch des Primates irgendwelcher relativer und partikulärer Güter des Einzelnen oder der Gemeinschaft. Vielmehr ist sie theozentrische Moral, als solche sowohl Gesinnungsmoral, sofern sie Ursprung und Wesen des Sittlichen in die Willensrichtung verlegt, als auch Gütermoral durch ihren Anschluß an die Ordnung der Zwecke, die in einem universalen und transzendenten Zielgut ihre Quelle und Mündung hat. Diese Ordnung ist der Ausdruck des göttlichen Willens, nicht im Sinne eines der Menschennatur verhängten Diktats, sondern des ursprünglich und ein für allemal in und mit ihr selbst Festgelegten. Ihre Verkündigung erfolgt durch gesetzhafte Normen natürlicher und geschichtlicher Art.

Gesetz und Gewissen

Nur als Abschein vom Lichte des göttlichen Antlitzes kann uns die Vernunft das Gute zeigen und dem Willen auf den Weg des Rechten leuchten.[41] Gott ist das lebendige Gesetz, er hegt die Urgedanken des Geschöpflichen, die Ordnung, nach welcher die Dinge bestehen, und die Regel der Beziehungen, in die sie untereinander sich gesetzt finden. Nichts Erschaffenes, kein Atom, keine Zelle, keine chemische Verbindung entzieht sich einem letzten festen Plane seiner Bewegung. Unter dem Charakter des Gesetzes aber, sagt Thomas, gibt sich die alles bewegende göttliche Weisheit zu erkennen, und als solcherweise uns erscheinende »Vernunft der Allregierung« nennen wir sie das Ewige Gesetz (lex aeterna). Es ist die Quelle und das Maß aller anderen Gesetze, ihm unterstehen alle Geschöpfe, und alle haben je nach den Anlagen und Möglichkeiten ihres Seinsgrades Anteil an ihm, die vernunftlosen unbewußt durch ihren artentsprechenden Trieb, der Mensch aber, der den Grund und das Ziel seines Werkes kennt, frei und bewußt seine Akte setzt, auch durch eine innere Richtschnur, der eigentlich der Name des Gesetzes zukommt. Es ist die lex naturalis, das sittliche Naturgesetz, jener Reflex des ewigen Gesetzes, der die oberste Regel der Vernunft ist, eng genug mit ihr verbunden, daß sich von ihm sagen läßt: es gehört zum Wesen des Naturgesetzes, Vernunftgesetz zu sein.

Um das Naturgesetz nach Wesen und Rolle nicht zu verkennen, ist ein vierfacher Hinweis erfordert. Erstens, es heißt Naturgesetz, weil es von Natur aus erkannt wird, aus eigener Kraft der Seele, wenn auch erst mit reifendem Bewußtsein und unter der Zufuhr der lebendigen Erfahrung. Zweitens ist sein Aufleuchten in unserm Geiste nicht das wesenhafte Gotteslicht selber, sondern ein gewisses Bild (quaedam imago) des ewigen Gesetzes und der göttlichen Wahrheit als Gesetzgeberin, getragen von unserer Vernunft. »Die menschliche Vernunft aber ist nicht für sich selbst schon die Regel der Dinge, sondern naturhaft sind ihr Ursätze eingeschrieben als gewisse allgemeine Regeln und Maße alles dessen, was der Mensch zu tun hat.«[42] Die natürliche Vernunft ist das Ebenbild des ewigen Gesetzes, das wir so, wie es im Geiste Gottes selbst ist, nicht kennen.[43] Drittens, dieses ewige Gesetz teilt sich in abbildlicher Vermittlung dem endlichen Wesen in Form einer natürlichen Erkenntnis der Normen, aber auch als Neigung und Willensrichtung mit; es ist nicht nur erhellendes, auch wärmendes und belebendes Licht. Viertens endlich, es ist das Gesetz für ein freies Wesen, das dank seiner Freiheit so zu ihm gestellt ist, daß seine Teilnahme am ewigen Gesetz nicht anders zustande kommt, als daß es sich das natürliche aktiv und sich selbst bestimmend erst zum eigenen macht, nach dem Wort des Paulus »sich selbst Gesetz wird« (Röm. 2, 14). Es ist der höchste Grad von Menschenwürde, aus freien Stücken, ohne Zwang und fremden Antrieb, den Weg des Guten zu gehen.[44] Alsdann wird das Gesetz im Innern dem Gehorsamen auch zum Band der Teilhabe am Walten der Vorsehung.

Wie aber kommt das Naturgesetz zu unserer sichern Kenntnis, und welche Weisung ergeht aus ihm?

Unsere Vernunft äußert sich mit dem Charakter der Aussage und des Urteils, zugleich auch mit dem Charakter des Geheißes oder der Warnung. Sie hat vom Seienden den Begriff des Ist und des So, und wiederum den Begriff Gut und Soll oder Soll-nicht. Als eine und dieselbe in zweierlei Weise berührt und bewegt, ist sie eine erkennende und eine auf

Wollen und Handeln gerichtete – oder vielmehr ausgedehnte. Denn der Stamm der praktischen Vernunft kommt aus der Wurzel, durch die der Stamm der theoretischen mit dem Sein vergründet ist. Sage ich praktische Vernunft, so ist die theoretische von selbst mitausgesagt. Ergehen aus der praktischen gewisse Forderungen vom Charakter der Notwendigkeit, so wären sie gar nicht die Empfängnisse eines Vernunftwesens, sondern zwanghaft wirkende Instinkte, wenn sie nicht im Lichte irgendwelcher Erkenntnis sich als das, was sie sind und was sie erheischen, zu erkennen gäben. Es ist aber nicht nur ein Verhältnis des Zündens und Leuchtens von der einen zur andern, von der lichthabenden zur lichtlosen, sondern beide teilen sich in eine ursprüngliche Lichtquelle als gemeinsamen Besitz. Die theoretische Vernunft hat gewisse, von selbst einleuchtende Urgesetztheiten des Denkens (wie das Gesetz der Identität, des Widerspruchs und der Kausalität), prima principia, in denen der Verstand mit dem Sein selbst übereinstimmt, Bestimmtheiten vom göttlichen Weltgrund her (in welchem Denken und Sein schlechthin dasselbe ist), daher ist sie vom Charakter des Ewigkeitlichen, über Handel und Wandel des Menschen erhaben und unveränderlich. Nun ist im Theoretischen die Vernunft unausweichlich an ihren elementarsten Ursatz, den der Identität, gebunden: dieses ist dieses und nichts anderes. Im Praktischen aber lautet er für sie: dieses ist das Gesollte, oder dies soll das sein. So hat im Grunde auch die praktische Vernunft das Wahre zum Gegenstand, ihrerseits aber als Maßstab des Handelns und Weisung an den Willen, der nun der ursprünglichsten, ihm sowohl Urteil wie Antrieb mitteilenden Information nicht entrinnen kann: das Gute ist das, was getan und angestrebt, das Böse ist das, was unterlassen werden muß (1 II 94, 2).[45]

Dieses und die aus ihm abzuleitenden natürlichen Prinzipien des Handelns sind in einer permanenten Zuständlichkeit der Seele (Thomas nennt sie traditionell Synderesis) vorhanden. In ihr liegen die Grundforderungen des Naturgesetzes (aus denen auch die des Naturrechts erfolgen) wie in festem Verwahr, spornen zum Guten und »murren« in der sittlichen Gefahr. Hier ist die Ursache, die Quelle und das unauslöschliche Licht unseres aktuell eingreifenden Gewissens. (Die mittelalterliche Mystik, die deutsche zumal, hat den Begriff der Synderesis in den Anschauungen vom Seelenfünklein, vom Gipfel des Geistes, vom Seelengrund usw. reich entwickelt. Er wird hier zur Bezeichnung der eigentlich mystischen Örtlichkeit des Menschenwesens, wovon bei Thomas nicht die Rede ist.)[46]

Thomas meint nicht, daß wir in unsern sittlichen Überlegungen, Entschlüssen und Entscheiden am Bande einer logisch demonstrierenden Vernunft gehen müßten. Vor solcher Verkennung schützt ihn schon die Tatsache, daß er den triebhaften und unbewußten Faktoren des Handelns sein eindringendes Augenmerk geschenkt hat.[47] Dem im äußersten Sinne Potentiellen und des Eigenlichtes Baren weist er im Prozeß der Individuation die maßgebende Rolle zu, er kennt zwar seelische Unterschiede vor aller individuellen Betätigung, aber er weiß auch, daß unsere verschiedentlichen Neigungen zum sittlichen Gut von Unterschieden der leiblichen Verfassung abhängen, und findet das Seelische im Menschen, eben weil es in substantialer Einheit der unendlich lebendigen Geistigkeit verhaftet ist, selbst in »unendlicher« Begehrlichkeit (1 II 30, 4). Dennoch hält er daran fest, daß ein Urschatz sittlicher Seinserfassung die praktische Einzelvernunft ebenso zwingend normativ durchdringt, wie die logische Einsicht die Erkenntnis und Urteilsbildung in der Wissenschaft.

Das von der Vernunft verkündigte Naturgesetz enthält auch die Grundsätze des Rechts und ist insofern in sich selbst schon Naturrecht, also Inbegriff jener wenigen, aber unverbrüchlichen sozialen Normen, die gebieten, jedem das Seine zu geben, und also die Grundlage des staatlichen Rechtslebens sind und der positiven Gesetzgebung als ihre verbindende Kraft vorausgehen. Im Begriff des Naturgesetzes selbst, das in der Allgemeinheit seiner Direktiven nicht schon alle die sittlichen Normen und Regeln enthält, auf die das konkrete Zusammenleben der Menschen angewiesen ist, ist die Forderung nach positiven Gesetzen eingeschlossen.

Jedes menschliche Gesetz bedarf, sagt Thomas, einer formellen und materiellen Legitimation, um für die Gewissen verbindlich zu sein. Die formelle besteht darin, daß es von einer zuständigen Autorität und innerhalb ihrer Ermächtigung ausgeht. Inhaltlich aber muß es der naturgesetzlich objektiven Gerechtigkeit und dem Sinne der gottgewollten Rechtsordnung entsprechen. Es ist nicht verbindlich, wenn es der natürlichen Gerechtigkeit oder einem Gottesgesetz widerstreitet oder in keinerlei Verwandtschaft mit dem natürlichen steht.

Die Gnade

Naturgesetz und Menschengesetz erschöpfen nicht den Inhalt dessen, was dem Menschen zu seinem Heile geboten ist. Offenbarungsweise ist ihm durch das positive Gottesgesetz das Naturgesetz bestätigt und darüber hinaus im Fortgang geschichtlicher Führung etwas Vollkommeneres eröffnet worden, das Weg, Wahrheit und Leben in Einem ist, Gesetz und Gnade zugleich.

Mit höchstem Nachdruck muß betont werden, daß im System des Thomas die Ethik nur in organischer Verbindung mit der Moraltheologie gegeben ist, deshalb nämlich, weil er die Menschennatur im Sinne des christlichen Lebensbegriffes als den geöffneten, empfänglichen, zur Ergreiflichkeit befähigten Grund und Ansatz für eine überragende Wirklichkeit versteht. Weder die Vernunft noch der gute Wille noch die natürliche Tugend haben im Bereich des Sittlichen den Charakter des Letzten, Ab- schließlichen und Vollkömmlichen: wir sind nicht mehr der Mensch in der ursprünglichen Unversehrtheit dieses Gotteswerkes, dem zwar zur übernatürlichen Vollendung, zur Erfüllung des inneren Gesetzes ex caritate, nicht aber zum Wollen und Leisten des natürlichen Guten der besondere Beistand Gottes (über die zu aller Regsamkeit des Geschöpfes notwendigen Hilfe des Schöpfers hinaus) notwendig war; wir sind im Stande der gesunkenen, geschwächten, verwundeten Natur, doppelt bedürftig des erleuchtenden, bewegenden, heilenden und erhebenden Prinzips, das unser Innerstes ergreifen muß, um es seiner höchsten Bestimmung, dem gottförmigen Sein und Tun, zuzuführen. Dieses übernatürliche Kräftesystem ist in dem Wort Gnade (von genâden, sich niedern, niederlassen) befaßt. Wie aber der Fall des Menschengeschlechts in geschichtlicher Zeit geschehen ist, so griff und greift auch das Gnadenwirken Gottes in die von Zeit und Freiheit bedingte, von Entwicklung und Entscheidung bewegte Welt des Geschichtlichen ein. Die Tatsachen der übernatürlichen Offenbarung, des in zeitlichem Fortgang sich enthüllenden göttlichen Heilswillens, entzünden dem Erkenntnisleben ein dem Verstande überlegenes, aber ihn und den ganzen Menschen über sich hinausführendes Licht, und sie vergewissern den im Glauben sich Öffnenden einer Wirklichkeit, durch die der Mensch erst mit der innern Proportion zu dem schauend-liebenden Gottbesitz begabt wird, zu dem er seiner Natur nach in der Disposition ist, ohne daß er kraft der Natur allein jene letzte und höchste Bestimmung erfüllen könnte. Das sittliche Endziel des motus in Deum wird nicht gewonnen ohne die religiöse Ergebung in das heilschaffende Wollen und Wirken des Deus movens.

Noch einmal und einläßlicher wird von diesen Dingen im Hinblick auf den Inhalt unseres dritten Bandes die Rede sein.

PRIMA SECUNDAE

Des zweiten Teiles erste Hälfte

Vorwort

Weil nach dem Worte des Johannes von Damaskus (De Fide orth. 2, 12; vgl. De Imaginibus 3, 20) der Mensch nach dem Ebenbilde Gottes gemacht gilt, insofern mit Ebenbild »das Verstandhafte und Wahlfreie und durch sich Machthafte« bezeichnet wird, so bleibt, nachdem über das Musterbild, nämlich über Gott, gehandelt ist und über das, was aus der göttlichen Macht, ihrem Willen gemäß, seinen Ausgang hat (vgl. I 2, Einl.), als Endfolge, sein Bild zu betrachten, das heißt der Mensch, insofern auch er seiner Werke Urheit ist, so er ja freien Wahlentscheid und die Macht zu seinen Werken hat.

1. Untersuchung

DER ENDZWECK DES MENSCHEN

Hierbei stellt sich zunächst der Endzweck des Menschenlebens zur Erwägung und sodann, wodurch der Mensch zu diesem Zweck gelangen oder von ihm abwegig werden kann (6): es gehört sich nämlich, daß man vom Zweck das Gewese dessen nimmt, was auf den Zweck hingeordnet ist. Und weil als Endzweck des menschlichen Lebens die Glückseligkeit hingestellt wird, so gehört sich, daß man zuerst den Endzweck im allgemeinen, danach die Glückseligkeit betrachtet (2).

Um das erste gehen acht Fragen:

Erster Artikel

Kommt es dem Menschen zu, wegen eines Zweckes tätig zu sein? (Vgl. Art. 2; 6, 1)

Abhandlung. 1. Scheinbar kommt es dem Menschen nicht zu, eines Zweckes wegen tätig zu sein. Die Ursache ist nämlich naturhaft vorgängig ihrer Wirkung. Nun hat aber der Zweck das Gewese eines Letzten, wie schon sein Name besagt. Also hat der Zweck nicht das Gewese der Ursache. Nun aber ist der Mensch dessentwegen tätig, was die Ursache des Tuns ist: da das Verhältniswort »wegen« das Gehabe einer Ursache bezeichnet. Also kommt es dem Menschen nicht zu, wegen eines Zweckes tätig zu sein.

2. Ferner, was Endzweck ist, ist nicht eines Zweckes wegen. Nun sind aber in Einigem die Tätigkeiten Endzweck, wie durch den Philosophen 1. Ethic. (1 n 2) klargestellt ist. Also tut der Mensch nicht alles eines Zweckes wegen.

3. Ferner, der Mensch scheint etwas eines Zweckes wegen dann zu tun, wenn er überlegt. Aber vieles tut der Mensch ohne Überlegung, manchmal sogar ohne daß er sich dabei etwas denkt, so wenn er, mit anderem beschäftigt, den Fuß oder die Hand bewegt oder sich den Bart streicht. Also nicht alles tut der Mensch eines Zweckes wegen.

Ich antworte: Von den Tätigkeiten, die vom Menschen getan werden, heißen bloß jene eigentlich »menschliche«, die dem Menschen eigen sind, insoweit er Mensch ist.[1] Nun unterscheidet sich aber der Mensch von den sonstigen, unvernünftigen Geschöpfen darin, daß er Herr seiner Handlungen ist. Darum werden bloß jene Tätigkeiten eigentlich menschliche genannt, deren der Mensch Herr ist. Herr ist aber der Mensch über seine Handlungen durch die Vernunft und den Willen: deswegen heißt auch der freie Wahlentscheid eine »Vermöglichkeit des Willens und der Vernunft« (vgl. Magister 2. Sent. 24). Diejenigen Tätigkeiten heißen also eigentlich menschliche, die aus dem Willen mit Überlegung hervorgehen. Wenn aber etwelche Tätigkeiten sonst dem Menschen zukommen, können sie zwar Tätigkeiten »eines Menschen«, aber nicht eigentlich menschliche Tätigkeiten heißen, da sie nicht den Menschen angehen, insoweit er Mensch ist. – Es liegt aber auf der Hand, daß alle Tätigkeiten, die von irgend einem Vermögen ausgehen, von diesem dem Gewese seines Gegenstandes gemäß verursacht werden. Nun ist aber der Gegenstand des Willens der Zweck und das Gut. Deswegen gehört sich, daß alle menschlichen Tätigkeiten eines Zweckes wegen da sind.

Also zu 1. Wenn auch der Zweck in der Ausführung letztig ist, so ist er doch erstig im Vorhaben des Tuenden. In dieser Weise hat er das Berede von Ursache.

Zu 2. Wenn eine menschliche Tätigkeit Endzweck ist, so gehört sich für sie, daß sie willentlich ist: sonst wäre sie, wie gesagt, nicht eine menschliche. Nun heißt aber eine Tätigkeit zwiefach willentlich: in einer Weise, daß sie vom Willen befohlen wird, wie umhergehen oder reden; in der anderen Weise, daß sie dem Willen entlockt wird, wie das Wollen selber.[2] Es ist nun aber unmöglich, daß die vom Willen hervorgerufene Wirke selbst der Endzweck ist. Denn der Gegenstand des Willens ist der Zweck, wie der Gegenstand des Gesichts die Farbe ist: wie es deswegen unmöglich ist, daß das erste Sichtliche das Sehen selber ist, weil alles Sehen auf irgend einen sichtlichen Gegenstand geht, so ist unmöglich, daß das erste Begehrbare, das der Zweck ist, das Wollen selber ist. Deswegen bleibt nur übrig, daß eine menschliche Tätigkeit, wenn sie Endzweck ist, selber vom Willen befohlen ist. Und so gibt es da irgend welche Tätigkeit des Menschen, wenigstens das Wollen selber, um des Zweckes willen. Für alles also, was nur immer der Mensch tut, ist die Behauptung wahr, daß der Mensch eines Zweckes wegen tut, auch beim Tun einer Tätigkeit, die Endzweck ist.[3]

Zu 3. Derartige Tätigkeiten sind nicht eigentümlich menschliche, weil sie nicht hervorgehen aus der Überlegung der Vernunft, welche die eigentümliche Urheit der menschlichen Handlungen ist. Und deshalb haben sie gleichsam einen vorstellungshaften (imaginatum) Zweck, nicht aber einen durch die Vernunft vorgesetzten.

Zweiter Artikel

Ist das Zwecktun der vernünftigen Natur eigenbehörig? (Vgl. 12, 5)

Aus der Abhandlung. Ich antworte: Alles Tuende muß notwendig eines Zweckes wegen tun.[4] Wird nämlich von Ursachen, die gegenseitig auf sich beordnet sind, die erste weggenommen, so muß man notwendig auch die anderen wegnehmen. Nun ist aber die erste unter allen Ursachen die Zweckursache. Das hat darin seinen Grund, daß der Wesungsstoff nur demgemäß die Wesungsform erhält, daß er von einem Tuenden gewegt wird: nichts nämlich führt sich aus dem Mögestand in die Wirke. Ein Tuendes aber wegt nur aus Absicht auf einen Zweck. Wäre nämlich das Tuende nicht auf irgend eine Wirkleistung bezirkt, so würde es nicht hier-dies eher tun als das-dort: dafür also, daß es die bestimmte Wirkleistung hervorbringt, muß es notwendig auf irgend ein Gewißsicheres bezirkt werden, das das Gewese von Zweck hat. Wie diese Bestimmung aber in der vernünftigen Natur durch die vernünftige Begehr geschieht, die Wille heißt, so geschieht sie sonst durch den natürlichen Hang, der naturhafte Begehr heißt.

Freilich ist im Auge zu behalten, daß etwas mit seiner Tätigkeit oder Wegung in doppelter Weise zum Zweck strebt: in der einen, sich selber zum Zweck wegend, wie der Mensch;

in der anderen, zum Zweck gewegt von einem anderen, wie der Pfeil auf das gesteckte Ziel daher strebt, daß er vom Schützen her in Wegung ist, der seine Tätigkeit in Richt aufs Ziel hält. Das also, was Vernunft hat, wegt sich selbst zum Ziel: denn es hat die Herrschaft über seine Handlungen durch den freien Wahlentscheid, der »eine Vermöglichkeit des Willens und der Vernunft« ist (vgl. Art. 1). Das hingegen, was der Vernunft entbehrt, strebt aufs Zweckziel durch einen naturhaften Hang, sozusagen von einem anderen, nicht aber von sich selbst gewegt: da es nicht die Zweckbedeutung erkennt und deswegen nichts auf ein Zweckziel hinordnen kann, sondern bloß auf den Zweck von einem anderen hingeordnet wird. Denn die ganze unvernünftige Natur steht zu Gott im Vergleich des Werkzeugs zum Haupttuenden, wie die frühere Erörterung (I 22, 2 zu 4; 103, 1 zu 3) ergeben hat. Und deswegen ist es der vernunfthaften Natur eigenbehörig, daß sie zum Zweck hin wie sich selber treibend oder zum Ziele führend strebt: der unvernünftigen Natur hingegen [daß sie es tut], wie von einem anderen getrieben oder geführt, handle es sich nun um ein wahrgenommenes Ziel, wie bei den Tieren,[5] oder um ein nicht wahrgenommenes Ziel, wie bei dem, was gänzlich der Erkenntnis entbehrt.

Dritter Artikel

Erhalten die menschlichen Wirkheiten ihre Artung aus dem Zweck? (Vgl. 18, 6; 72, 3)

Aus der Abhandlung. Ich antworte: Jedwedem fällt die Art der Wirke nach und nicht dem Mögestand nach zu: deswegen wird, was aus Wesungsstoff und Wesungsform zusammengesetzt ist, in seine Art durch eigenbehörige Wesungsformen bestellt. Das gilt auch für die eigenbehörigen Wegungen. Da nämlich die Wegung gewissermaßen durch Tätigkeit und Leideheit eine Unterscheidung bekommt, so fällt ihnen beiden vom Wirkgeschehen die Art zu: der Tätigkeit nämlich von dem Wirkgeschehen, das die Urheit des Tuns ist, der Leideheit hingegen von der Wirke, die das Halteziel der Wegung ist. Darum ist die Tätigkeit des Erwärmens nichts anderes als eine gewisse von Wärme hervorgehende Anbewegung, die Leide des Erwarmens hingegen nichts anderes als die Bewegtheit zur Wärme: die Begriffsbestimmung gibt aber das Artberede kund.

Auf beiderlei Weise gewinnen die menschlichen Wirkheiten (actus humani), mag man sie nun über die Weise von Tätigkeiten oder über die Weise von Leideheiten ansehen, vom Zweck her die Artung. Auf beiderlei Weise kann man nämlich die menschlichen Wirkheiten erwägen: auf die, daß der Mensch sich selbst wegt und daß er von sich selbst gewegt wird. Es hieß aber vorhin (Art. 1), daß Wirkheiten menschliche genannt werden, insoweit sie mit Überlegung vom Willen ausgehen. Der Gegenstand des Willens aber ist das Gut und der Zweck. Und deswegen liegt auf der Hand, daß die Urheit der menschlichen Wirkheiten, insoweit sie menschhaft sind, der Zweck ist.[6] Und ähnlich ist es mit ihrem Haltziel: denn das, worin die menschliche Wirkheit ihr Halt findet, ist das, auf was sich der Wille als Zweckziel hinspannt; gerade wie beim naturhaften Tuenden die Wesungsform des Fortgepflanzten gleichförmig mit der Wesungsform des Fortpflanzenden ist. Und weil, wie Ambrosius über Lukas (Vorwort) sagt, »die Sitten eigentlich menschliche heißen«, so fällt den sittlichen Wirkheiten die Art eigentlich aus dem Zweck zu: denn sittliche Wirkheiten und menschhafte Wirkheiten sind ein und dasselbe.

Vierter Artikel

Gibt es Einen Endzweck des menschlichen Lebens?

Feststellung. Bei den Zwecken und bei dem, was eines Zweckes wegen da ist, gibt es kein Vorgehen ins Unendliche; wie es vielmehr etwas Erstes gibt, von dem die Wegung zum Zweck den Anfang nimmt, so gibt es auch den einen letzten Zweck.[7]

Fünfter Artikel

Kann es für den einen Menschen mehrere Endzwecke geben?

Abhandlung. 1. Scheinbar ist es möglich, daß der Wille des einen Menschen gleichzeitig auf mehreres endzwecklich getragen wird. Es sagt nämlich Augustinus 19. De Civ. Dei (1), daß einige den Endzweck des Menschen in viererlei ansetzten, nämlich »in der Lust, in der Geruhsamkeit, in den Urgütern der Natur[8] und in der Tugend«. Das ist handgreiflich eine Mehrzahl. Also kann der eine Mensch den Endzweck seines Willens in Vielem herrichten.

2. Ferner, was nicht zueinander im Gegensatz steht, schließt einander nicht aus. Man trifft nun aber vieles in den Dingen an, das zueinander keinen Gegensatz hat. Wenn also das eine als Endzweck des Willens angesetzt wird, so wird deswegen das andere nicht ausgeschlossen.

3. Ferner, dadurch, daß sich der Wille den Endzweck in etwas aufbaut, verliert er nicht sein freies Vermögen. Bevor er nun aber seinen Endzweck in dem einen bestellte, nimm an: in der Lust, konnte er seinen Endzweck im anderen, etwa im Reichtum, bestellen. So kann also auch einer, sobald er den Endzweck seines Willens in die Lust gesetzt hat, gleichzeitig einen Endzweck in den Reichtum setzen. Es ist also möglich, daß der Wille eines Menschen in der Einzahl gleichzeitig auf Verschiedenes als auf Endzwecke getragen werden kann.

Aber dagegen beherrscht das das Gemüt eines Menschen, worin er als im Endzweck Ruhe findet: denn aus dem entnimmt er die Richtschnuren seines ganzen Lebens. Deswegen heißt es von den Gaumengierigen Phil. 3, 19: »Ihr Gott ist der Bauch«: denn sie bestellen den Endzweck in den Leibesfreuden. Nun heißt es aber Matth. 6, 24, »niemand kann zwei Herren dienen«, solchen nämlich ohne Ordnung zueinander. Es ist also unmöglich, daß es für den einen Menschen mehrere Endzwecke gibt, die keine Beordnung aufeinander haben.

Ich antworte: Es ist unmöglich, daß der Wille des einen Menschen zu Verschiedentlichem das Gehaben wie zu Endzielen hat. Dafür kann eine dreifache Begründung aufgezeigt werden. Die erste liegt darin, daß einer, wo jedwedes seine Vollendung begehrt, das als Endzweck begehrt, was er als fertiges und sein Selbst ergänzendes Gut begehrt. Daher sagt Augustinus 19. De Civ. Dei (1): »Ziel-Ende von Gut heißen wir nun, nicht was verbraucht wird, daß es nicht mehr ist, sondern was vervollkommnet wird, daß es voll ist.« Es gehört sich also, daß der Endzweck die ganze Begehr des Menschen so erfüllt, daß nichts außer ihm zu begehren übrig gelassen wird. Das kann nicht der Fall sein, wenn etwas draußen Befindliches zu seiner Vollendung erheischt wird. Es kann daher nicht der Fall sein, daß auf zweierlei dergestalt die Begehr hinstrebt, als ob beides ihr vollkommenes Gut sei.

Der zweite Grund liegt darin, daß gerade wie beim Vorgehen der Vernunft das Urheit ist, was naturhaft erkannt wird, sich auch beim Verfahren der vernunfthaften Begehr, die der Wille ist, gehört, daß das Urheit ist, was naturhaft ersehnt wird. Von dem aber gehört sich, daß es nur eins ist: denn die Natur strebt nur auf ein Eines.[9] Nun ist aber die Urheit im Gang der vernunfthaften Begehr das Endziel. Deswegen gehört sich, daß, worauf der Wille unter dem Gesichtspunkte des Endzweckes hinstrebt, eins ist.

Der dritte Grund ist folgender: da die willentlichen Tätigkeiten ihre Artung aus dem Zweck gewinnen, wie vorhin (Art. 3) erörtert, so gehört sich, daß ihnen vom Endzweck, der gemeinsam ist, das Gattungsberede zufällt: gerade wie auch das Naturhafte dem gemeinsamen Wesungsberede nach in eine Gattung gesetzt wird.[10] Da nun also alles Begehrbare des Willens als solches nur einer Gattung ist, so gehört sich, daß der Endzweck einer ist. Und das zumal, weil es in jeder Gattung die erste Urheit in der Einzahl gibt: der Endzweck hat aber, wie gesagt, das Berede einer ersten Urheit.

Gerade wie sich aber der Endzweck des Menschen schlechtweg zum ganzen Menschengeschlecht verhält, so verhält sich der Endzweck hier - dieses Menschen zu diesem Menschen hier. Es gehört sich deswegen, gerade wie es naturhaft den Endzweck aller Menschen in der Einzahl gibt, daß so der Wille hier – dieses Menschen in dem einen Endzweck seinen Stand hat.

Also zu 1. All das Viele stand als das eine vollkommene Gut denen im Sinne, die darein den Endzweck verlegten.

Zu 2. Wenn man auch ein Mehreres annehmen kann, das unter sich einen Gegensatz nicht hat, so steht doch zum vollkommenen Gut in Gegensatz, daß es etwas außer ihm gibt, was zur Dingvollkommenheit gehört.

Zu 3. Der Wille hat nicht in seiner Gewalt, zu machen, daß Entgegengesetztes zugleich ist. Das würde eintreten, wenn er auf ein mehrzähliges Ungleiche als auf letzte Ziele hinstrebte, wie aus dem Gesagten klar ist.

Sechster Artikel

Will der Mensch alles, was er will, des Endzweckes wegen?

Aus der Abhandlung. Ich antworte: Notwesentlich begehrt der Mensch alles, was er begehrt, des Endzweckes wegen. Das tritt mit einer doppelten Begründung zutage. Einmal nämlich, weil der Mensch, was immer er begehrt, unter dem Berede von Gut begehrt. Und wenn dies auch nicht als das vollkommene Gut, das der Endzweck ist, begehrt wird, so ist es doch notwendig, daß es in seiner Hinlangung auf das vollkommene Gut begehrt wird: denn das Anfangen von etwas ist immer auf sein Beenden hingeordnet; wie es ja ersichtlich ist sowohl in dem, was von Natur geschieht, als auch in dem, was werkschöpflich geschieht. Und deswegen hat aller Beginn einer Vervollkommnung seine Hinordnung auf die abgeschlossene Vollkommenheit, die sich durch den Endzweck ergibt.

Zum zweiten: weil sich der Endzweck bei der Anwegung der Begehr geradeso verhält, wie sich bei den anderen Anwegungen das erste Wegende verhält. Es liegt aber auf der Hand, daß die wegenden Zweitursachen nur anwegen, je nachdem sie vom erstigen Wegenden gewegt werden.[11] Deshalb wegen die zweitstelligen Begehrbarkeiten die Begehr nur im Ordnungsbezug auf das erstige Begehrbare, das der Endzweck ist.[12]

Siebenter Artikel

Gibt es nur einen Endzweck für alle Menschen? (Vgl. Art. 5)

Abhandlung. 1. Scheinbar gibt es nicht einen einzigen Endzweck für alle Menschen. In der Hauptsache scheint nämlich der Endzweck des Menschen das unwandelbare Gut zu sein. Nun aber kehren sich einige vom wandlungslosen Gut in der

Sünde ab. Also gibt es nicht nur einen Endzweck für alle Menschen.

2. Ferner, dem Endzweck gemäß hat das ganze Leben des Menschen seine Richtschnur. Wenn es also nur einen Endzweck für alle Menschen gäbe, so würde folgen, daß es bei den Menschen keine verschiedenartigen Lebensbestrebungen gäbe. Und das ist offenbar falsch.

3. Ferner, der Zweck ist das Halteziel der Tätigkeit. Tätigkeiten eignen aber den Einzelnen. Nun stehen aber die Menschen, wenn sie auch in der Natur der Art übereinkommen, dem nach in Verschiedenheit, was zum Vereinzlichten gehört. Es gibt also nicht einen Endzweck in der Einzahl für alle Menschen.

Aber dagegen spricht, was Augustinus 13. De Trin. (3) sagt, daß alle Menschen im Begehren des Endzwecks, der die Glückgeborgenheit[13] ist, übereinkommen.

Ich antworte: Vom Endzweck können wir in doppelter Weise reden: einmal dem Berede des Endzweckes nach; sodann dem nach, worin sich das Berede von Endzweck findet.[14] Was nun das Gewese Endzweck angeht, so kommen alle in der Endzweckbegehr überein: denn alle begehren ihre Vervollkommnung zu erfüllen, die, wie gesagt (5), Sinn und Sage des Endzwecks ist. Aber was das angeht, worin sich dieses Gewese findet, so kommen nicht alle Menschen im Endzweck überein: denn die einen begehren Reichtümer als den Abschluß von Gut, die anderen aber die Lust, wieder andere was immer sonst. Gerade so ist auch das Freuliche für jeden Geschmack das Süße: aber die einen freut am meisten die Süße des Weines, die anderen die Süße des Honigs oder die von etwas derartigem. Für jenes Süße gehört sich indessen, daß es schlechthin die bessere Freulichkeit ist, woran der die meiste Freuung hat, der den besten Geschmack hat. Und ähnlich gehört sich, daß das das vollendetste Gut ist, was als Endzweck der begehrt, der eine wohlbestellte Gemutung (affectum) hat.

Also zu 1. Die sündigen, kehren sich von dem ab, worin sich wahrhaft das Wesen des Endzwecks findet: gerade nicht aber von der Bemeinung des Endzwecks, die sie falscher Weise in anderen Dingen suchen.

Zu 2. Es kommt bei den Menschen zu verschiedenartigen Lebensbestrebungen wegen der verschiedenen Dinge, in denen das Berede vom höchsten Gut gesucht wird.

Zu 3. Wenn auch die Tätigkeiten den Einzelnen zugehören, so ist doch die erstige tuige Urheit[15] in ihnen die Natur, die, wie gesagt (Art. 5), auf eins abzielt.

Achter Artikel

Kommen in diesem Endzweck alle Geschöpfe überein?
(Vgl. I 75, 6; 103, 2)

Feststellung. Obwohl Gott der Endzweck aller Dinge ist, so ist er doch nicht für den Menschen und die Geschöpfe sonst, die der Vernunft entbehren, ein und derselbe Endzweck, was seine Gewinnung [consecutionem, durch die vernünftigen Geschöpfe] und seine Erlangung [adeptionem, durch die anderen Geschöpfe] angeht.

2. Untersuchung

DAS, WORIN DIE GLÜCKRUHE DES MENSCHEN BESTEHT

Es ist nun die Glückruhe (beatitudo) zu erwägen: und zwar zuerst, worin sie liegt; zweitens was sie ist (3); drittens, in welcher Art wir sie gewinnen können (5). Um das erste gehen acht Fragen:

Feststellungen

1. Besteht die Glückruhe des Menschen in den Reichtümern?

Da die Glückruhe der Endzweck des Menschen ist, die Menschen aber die werkgeschaffenen Reichtümer der natürlichen wegen suchen und diese beiziehen, um die Natur des Menschen zu erhalten, so ist es unmöglich, daß die Glückseligkeit des Menschen in den Reichtümern besteht.[16]

2. Besteht die Glückruhe des Menschen in den Ehren?

Da der Glückruhe nach der Mensch in eine Erhabenheit bestallt wird, deren Abzeichen Ehrerweisung (honor) und Ehrfurchtsbezeigung (reverentia) ist, so kann nur folgeweise die Glückseligkeit des Menschen in den Ehren bestehen.

3. Besteht die Glückruhe des Menschen in der Geltung oder im Ruhm?

Unmöglich besteht die Glücklichkeit des Menschen in der Geltung oder im menschlichen Ruhm, der häufig trügerisch ist.

Vierter Artikel

Besteht die Glückruhe des Menschen in der Macht?

Abhandlung. 1. Scheinbar besteht die Glückseligkeit in der Macht. Alles begehrt nämlich mit Gott als dem Endzweck und der Ersturheit verähnlicht zu werden. Nun scheinen aber die Menschen, die in Mächten sind, wegen der Ähnlichkeit an Macht im höchsten Grade Gott gleichförmig zu sein: weshalb sie auch in der Schrift »Götter« genannt werden, wie aus Ex. 22, 28 hervorgeht: »Die Götter sollst du nicht verwünschen.« Also besteht die Glückruhe in der Macht.

2. Ferner, die Glückruhe ist das vollkommene Gut. Nun ist es aber das Vollkommenste, daß der Mensch auch andere leiten kann, was für die stimmt, die in Machtstellungen gesetzt sind. Also besteht die Glückruhe in der Macht.

3. Ferner, da die Glückruhe im höchsten Grade begehrbar ist, so ist sie dem entgegengesetzt, was im höchsten Grade zu fliehen ist. Nun fliehen aber die Menschen im höchsten Grade die Knechtschaft, der die Macht entgegengestellt wird. Also besteht die Glückruhe in der Macht.

Aber dagegen ist die Glückruhe das vollkommene Gut. Nun aber ist die Macht im höchsten Grade unvollkommen. Wie nämlich Boethius 3. De Consol. (5) sagt, »vermag die menschliche Macht nicht die Bisse der Sorgen auszutreiben und den Stacheln der Schrecken aus dem Wege zu gehen«. Und später: »Hältst du für einen Mächtigen, dem rings zur Seite Leibwächter streifen, einen, der selber die mehr fürchtet, die er schreckt?« Die Glückruhe besteht also nicht in der Macht.

Ich antworte: Unmöglich besteht die Glückruhe in der Macht, zweierlei wegen. Zunächst einmal, weil die Macht das Berede einer Urheit[17] hat, wie aus 5. Metaph. (Did. 4, 12) hervorgeht. Nun hat aber die Glückruhe das Berede von

Endzweck. – Zweitens, weil die Macht zu Gut und zu Übel in einem Verhältnis steht. Nun ist aber die Glückruhe das eigenbehörige und vollkommene Gut für den Menschen. Eher könnte deswegen irgendwelche Glückruhe im guten Gebrauch der Macht bestehen, der durch die Tugend statthat, als in der Macht selber.

Es können aber aus der Gattung her vier Gründe beigebracht werden, um zu zeigen, daß in gar keinem der vorgenannten äußeren Güter die Glückgeborgenheit besteht. Der erste davon ist der, daß die Glückruhe, da sie das höchste Gut für den Menschen ist, nicht ein Übel mit sich verträgt. Alles Vorgenannte aber kann man bei den Gütern und bei den Übeln finden. – Der zweite Grund ist der, daß notwendig, da es zum Wesen der Glückseligkeit gehört, »an sich zu genügen«, wie aus 1. Ethic. (7 n 6f.) hervorgeht, nach Erlangung der Glückruhe kein dem Menschen notwendiges Gut mehr fehlt. Hat man aber das einzelne Besagte erlangt, so können noch viele dem Menschen notwendige Güter fehlen, nimm an Weisheit, Gesundheit des Körpers und Derartiges. – Der dritte ist der, daß aus der Glückgeborgenheit, da die Glückgeborgenheit das vollkommene Gut ist, für einen nicht irgend ein Übel hervorgehen kann. Das trifft aber für das Vorgenannte nicht zu: es heißt nämlich Eccle. 5, 12, daß die Reichtümer zuweilen »zum Übel für ihren Herrn« aufgespeichert werden; und Ähnliches ergibt sich bei den anderen dreien. – Vierter Grund ist, daß der Mensch auf die Glückgeborgenheit durch innere Urheiten hingeordnet wird: da er zu ihr naturhaft die Hinordnung hat. Nun rühren aber die vorbesagten vier Güter mehr von äußeren Ursachen her und meistenfalls vom guten Glück: weswegen sie auch Glücksgüter heißen. Es ist deshalb klar, daß in dem Besagten in keiner Weise die Glückgeborgenheit bestehen kann.

Also zu 1. Die göttliche Macht ist ihre Gutheit: daher kann sie ihre Macht nur gut gebrauchen. Nun läßt sich das aber bei den Menschen nicht finden. Es genügt deswegen zur Glückgeborgenheit beim Menschen nicht, daß er in Anlangung der Macht gottähnlich wird, wenn er sich ihm nicht auch in bezug auf die Gutheit anähnlicht.

Zu 2. Wie es sehr gut ist, daß einer in der Regierung einer Vielheit die Macht gut gebraucht, so ist es sehr schlecht, wenn er sie schlecht gebraucht. Und dergestalt hat die Macht ein Verhältnis zu Gut und zu Übel.

Zu 3. Die Knechtschaft ist ein Hindernis für den guten Gebrauch der Macht: und deswegen fliehen sie die Menschen naturhafterweise, nicht aber, als ob in der Macht des Menschen das höchste Gut liege.

Fünfter Artikel

Besteht die Glückgeborgenheit des Menschen in irgend einem Gut des Leibes?

Aus der Abhandlung. Ich antworte: Zweierlei wegen ist es unmöglich, daß die Glückgeborgenheit des Menschen in Gütern des Leibes besteht. Zuerst nämlich, weil bei einem Ding, das auf etwas anderes wie auf seinen Zweck hingeordnet ist, unmöglich seine Erhaltung im Sein Endzweck sein kann. Deswegen hat der Steuermann als Endzweck nicht die Erhaltung des ihm anvertrauten Schiffes im Sinn; darum, weil das Schiff die Zweckbeordnung zu einem anderen hat, nämlich zur Schiffahrt. Gerade wie aber das Schiff dem Steuermann zur Lenkung überantwortet wird, so ist der Mensch seinem Willen und der Vernunft anvertraut; gemäß dem Worte, das Eccli. 15, 14 steht: »Gott hat zu Anfang den Menschen hingestellt und ihn dem Befinden seines eigenen Ratschlusses überlassen.« Es liegt aber auf der Hand, daß der Mensch die Hinordnung zu etwas wie zum Endzweck hat: der Mensch ist nämlich nicht das höchste Gut. Es ist deswegen unmöglich, daß der Endzweck der menschlichen Vernunft und des Willens die Erhaltung des menschlichen Seins ist.[18]

Zweitens, angenommen, Zweck der Vernunft und des menschlichen Willens wäre die Erhaltung des menschlichen Seins, so könnte man doch nicht sagen, Zweck des Menschen sei irgend ein Gut des Leibes. Das Sein des Menschen besteht nämlich in Seele und Leib: und wiewohl das Sein des Leibes von der Seele abhängt, so hängt doch das Sein der menschlichen Seele nicht vom Leibe ab, wie oben (I 75, 2; 76, 1 zu 5, 6;

90, 2 zu 2) dargetan worden ist; und gerade den Leib gibt es der Seele wegen, wie den Wesungsstoff wegen der Wesungsform und die Werkzeuge wegen des Bewegers, damit er durch sie seine Tätigkeiten ausübt. Deshalb sind alle Güter des Leibes auf die Güter der Seele als auf den Zweck hingeordnet. Es ist deswegen unmöglich, daß die Glückgeborgenheit, die für den Menschen der Endzweck ist, in Gütern des Leibes besteht.

Sechster Artikel

Besteht die Glückgeborgenheit des Menschen in der Lust?

Abhandlung. 1. Scheinbar besteht die Glückseligkeit des Menschen in der Lust. Die Glückgeborgenheit wird nämlich, da sie der Endzweck ist, nicht eines Anderen wegen begehrt, sondern das Andere ihretwegen. Nun aber stimmt das am meisten für die Freuung: »Es führt nämlich zu einem Lächeln, jemand zu fragen, weshalb er sich freuen will«, wie es 10. Ethic. (2 n 2) heißt. Also besteht die Glückgeborgenheit zumeist in der Lust und in der Freuung.[19]

2. Ferner, »die erstige Ursache bringt einen heftigeren Eindruck hervor als die zweite«, wie es De Causis (1) heißt. Den Einfluß des Zweckes aber wird man an der Begehr nach ihm gewahr. Das also scheint das Gewese von Endzweck zu haben, was am meisten die Begehr bewegt. Nun ist dies aber die Wollust: das Anzeichen dafür ist, daß die Freuung so sehr den Willen und die Vernunft des Menschen aufschlürft, daß sie die anderen Güter verschmähen macht. Es scheint also der Endzweck des Menschen, der die Glückseligkeit ist, zumeist in der Lust zu bestehen.

3. Ferner, da die Begehr auf Gut geht, so scheint das, wonach alle begehren, das Beste zu sein. Nun aber begehrt alles nach Freuung, die Weisen wie die Unweisen und auch, was der Vernunft entbehrt. Also ist die Freuung das Beste. In der Lust also besteht die Glückseligkeit, die das höchste Gut ist.

Aber dagegen spricht, was Boethius 3. De Consol. (7) sagt: »Die traurigen Ausklänge der Wollüste sieht ein, wer nur immer sich seiner Ausschweifungen erinnern will. Wenn die selig machen könnten, so gibt es gar keinen Anlaß, nicht auch das Vieh selig zu nennen.«

Ich antworte: »Weil die leiblichen Freuungen der Mehrzahl kund sind, haben sie sich den Namen Lust angeeignet«, wie es 7. Ethic. (13 n 6) heißt: obwohl doch die sonstigen Freuungen vorzüglicher sind. Indessen besteht in ihnen nicht die Glückgeborgenheit in hauptsächlicher Weise. Denn in jedwedem Ding ist, was zu seiner Wesenheit gehört, das eine, ein anderes ist seine eigenbehörige Beischaft: gerade wie beim Menschen, daß er ein vernünftiges sterbliches Seelwesen ist, das eine ausmacht, das andere, daß er lachen kann. Es ist also in Erwägung zu ziehen, daß alle Freuung eine Art eigenbehörige Beischaft ist, die der Glückgeborgenheit folgt, oder irgendein Teil der Glückgeborgenheit: daraus hat nämlich einer seine Freuung, daß er irgend ein auf ihn zutreffendes Gut hat, entweder in einem Ding oder in einer Hoffnung oder wenigstens in einer Erinnerung. Das richtige Gut ist nun aber, wenn es nämlich vollkommen sein soll, eben die Glückgeborgenheit des Menschen: soll es aber unvollkommen sein, so ist es eine Teilhabe an der Glückseligkeit, entweder eine nahe oder eine entfernte oder wenigstens eine anscheinende. Es liegt daher auf der Hand, daß auch die Freuung, welche auf das vollkommene Gut folgt, nicht selbst eben die Wesenheit der Glückgeborgenheit ist; sondern eine gewisse Folge zu ihr wie eine selbstverständliche Beischaft.

Leibliche Lust kann aber auch nicht in der besagten Weise auf das vollkommene Gut folgen. Denn sie folgt auf das Gut, welches das Gesinn gewahrt, das eine Seelenwirkkraft ist, die den Leib gebraucht. Ein Gut aber aus dem Leibbereich, dessen man dem Gesinn nach gewahr wird, kann nicht das vollkommene Gut des Menschen sein. Da nämlich die vernünftige Seele das Gleichmaßverhältnis des leiblichen Wesungsstoffes überschreitet, so hat der Seelenteil, der von einem leiblichen Lebenswerkzeug unabhängig ist, eine gewisse Unendlichkeit in Hinsicht gerade des Leibes und der dem Leib verwachsenen Seelenteile: gerade wie die Unstofflichkeiten in gewisser Weise unendlich sind im Hinblick auf das Stoffliche, daher, weil die Wesungsform durch den Stoff gewissermaßen zusammengezogen wird und ihr Ende findet, weswegen die vom Wesungsstoff unabhängige Wesungsform gewissermaßen unendlich ist. Und deswegen erkennt das Gesinn, das eine körperliche Kraft ist, das Einzelne, das durch den Wesungsstoff grenzbestimmt ist: der Verstand hingegen, der eine vom Wesungsstoff unabhängige Kraft ist, erkennt das Alleinsliche, das dem Wesungsstoff entlöst ist und unter sich unendliche Einzlichkeiten enthält. Es ist deshalb klar, daß das dem Leib passende Gut, das durch die Gewährung im Gesinn eine leibliche Freuung verursacht, nicht das vollkommene Gut des Menschen ist, sondern eine gewisse Kleinstheit im Vergleich zu Gut für die Seele.[20] Deswegen heißt es Weish. 7, 9: »Alles Gold ist im Vergleich zur Weisheit ein winziges Sandkorn.« Dergestalt ist also weder die leibliche Lust die Glückgeborgenheit selber, noch ist sie eine selbstverständliche Beischaft der Glückseligkeit.

Also zu 1. Es liegt im selben Berede, daß man nach Gut begehrt und daß man nach Freuung begehrt, die nichts anderes ist, als die Beruhigung der Begehr in Gut: gerade wie es aus ein und derselben Wirkkraft der Natur herrührt, daß das Schwere nach unten getragen wird und daß es dort Ruhe findet. Gerade wie deswegen Gut seiner selbst wegen begehrt wird, so wird auch die Freuung ihretwegen und nicht andert wegen begehrt, wenn das »wegen« die Zweckursache besagt. Besagt es hingegen die Bewesungsursache oder vielmehr die bewegige, so ist derweise die Freuung eines anderen wegen begehrbar, d.h. eines Gut wegen, das Gegenstand der Freuung und folgemäßig ihre Urheit ist und ihr die Wesungsform gibt: daher nämlich, daß sie die Ruhe im ersehnten Gut ist, hat die Freuung, daß sie begehrt wird.[21]

Zu 2. Die heftige Begehr bei der sinnlichen Freuung tritt daher ein, daß die Werktätigkeiten der Sinne, weil sie die Urheiten unserer Erkenntnis sind, in höherem Grade empfindbar sind. Die Mehrheit begehrt deswegen auch sinnliche Freuungen.

Zu 3. In derselben Weise begehren alle Freuung, wie sie auch Gut begehren: und dennoch begehren sie die Freuung unter dem Berede von Gut, und nicht, wie gesagt, umgekehrt.

Deswegen folgt nicht, daß die Freuung größtes und Gut an sich ist: sondern daß eine jede Freuung auf irgend ein Gut folgt, und daß etwelche Freuung die Folge von dem ist, was an sich und das größte Gut ist.[22]

Siebenter Artikel

Besteht die Glückgeborgenheit des Menschen in einem Seelengut?

Aus der Abhandlung. Ich antworte: Wie oben (1, 8) gesagt, spricht man in doppelter Weise vom Zweck: so heißt nämlich das Ding selbst, das wir zu erlangen uns sehnen, und der Gebrauch oder die Erlangung oder der Besitz des Dings. Wenn wir also vom Endzweck des Menschen in bezug auf das Ding selbst sprechen, das wir als Endzweck begehren, so ist unmöglich der Endzweck des Menschen die Seele selber oder etwas von ihr. Eben die Seele steht nämlich, in sich selbst betrachtet, wie in der Möge: sie wird nämlich vom wissenden Mögestand her in der Wirke wissend und vom tugendhaften Mögestand her in der Wirklichkeit tugendhaft. Da es nun aber die Möge der Wirke wegen wie als der Vollfüllung (complementum) wegen gibt, so ist unmöglich, daß, was sich selbst nach in der Möge da ist, das Berede von Endzweck hat. Deswegen ist unmöglich, daß die Seele selber der Endzweck ihrer selbst ist.

In ähnlicher Weise auch nicht irgend ein Etwas von ihr, mag es nun Möge oder Verhabung oder Wirke sein. Gut nämlich, das Endzweck ist, ist vollkommenes die Begehr erfüllendes Gut. Die menschliche Begehr aber, die der Wille ist, geht auf ein alleinsliches Gut. Jedwedes der Seele selbst innehaftende Gut ist ein zuteilgegebenes[23] und folglich stückhaftes Gut. Es ist deswegen unmöglich, daß davon irgend eines der Endzweck des Menschen ist.

Wenn wir dagegen vom Endzweck des Menschen in bezug auf die Erlangung oder den Besitz selber sprechen, oder den Gebrauch eben des Dings, das als Zweck begehrt wird, so fällt etwas vom Menschen auf Seiten der Seele in den Bereich des Endzwecks: denn der Mensch gewinnt durch die Seele die Glückgeborgenheit. Eben also das Ding, das als Zweck begehrt wird, ist das, worin die Glückgeborgenheit besteht und was glückselig macht: aber die Erlangung dieses Dings heißt Glückseligkeit. Deswegen muß man sagen: die Glückgeborgenheit ist etwas an der Seele; aber das, worin die Glückgeborgenheit besteht, ist etwas außerhalb der Seele.[24]

Achter Artikel

Besteht die Glückgeborgenheit des Menschen in irgend einem erschaffenen Gut? (Vgl. I 12, 1)

Aus der Abhandlung. Ich antworte: Unmöglich besteht die Glückseligkeit des Menschen in einem erschaffenen Gut. Die Glückgeborgenheit ist nämlich das vollkommene Gut, das die Begehr vollständig in Ruhe versetzt: anders wäre sie ja nicht Endzweck, wenn noch etwas zu begehren übrig stände. Der Gegenstand des Willens aber, der die menschliche Begehr ist, ist das alleinsliche Gut; gerade wie der Gegenstand des Verstandes das alleinsliche Wahre ist. Daraus erhellt, daß nur das alleinsliche Gut den Willen des Menschen in die Ruhe bringen kann. Das findet sich nicht in irgend was Erschaffenem, sondern bloß in Gott: denn alles Geschöpf hat die Gutheit in Teilhabe. Deswegen kann bloß Gott den Willen des Menschen anfüllen, gemäß dem, was Psalm 102, 5 gesagt wird: »Der in Gütern deine Sehnsucht erfüllt.« In Gott allein also besteht die Glückgeborgenheit des Menschen.

3. Untersuchung

DAS WESEN DER GLÜCKSELIGKEIT

Es ist nun zu erwägen, was die Glückseligkeit ist (2) und was zu ihr erfordert wird (4). Das erste wird in acht Fragen erörtert:

Erster Artikel

Ist die Glückseligkeit etwas Unerschaffenes? (Vgl. I 26, 3)

Feststellung. Die Glückruhe des Menschen ist in bezug auf die Ursache oder den Gegenstand etwas Unerschaffenes; dahingegen ist sie gerade in bezug auf das Wesen von Glückseligkeit etwas Erschaffenes.[25]

Zweiter Artikel

Ist die Glückseligkeit eine Werktätigkeit?

Aus der Abhandlung: Gegen [sechs Einwände] spricht, was der Philosoph 1. Ethic. (13 n 1; vgl. 7 n 15; 10 n 15) sagt: »Die Glücklichkeit ist die Tätigkeit gemäß der vollkommenen Wirkkraft.«

Ich antworte: Dem entsprechend, daß die Glückgeborgenheit des Menschen ein in ihm vorhandenes Erschaffene ist, muß man notwendigerweise sagen: die Glückseligkeit des Menschen ist ein Werktun. Die Glückgeborgenheit ist nämlich die letzte Vervollkommnung des Menschen. Jegliches ist aber insofern vollkommen, als es in der Wirke ist; denn der Mögestand ist ohne das Wirkgeschehen unvollkommen. Es gehört sich also, daß die Glückgeborgenheit im letzten Wirklichsein des Menschen besteht. Es liegt aber auf der Hand, daß Werktätigkeit das letzte Wirklichsein eines Wirkenden ist; darum wird sie auch vom Philosophen 2. De Anima (1 n 5) die »zweite Wirke« (actus secundus) genannt: denn was eine Wesungsform hat, kann im Mögestand wirkend sein, gerade wie der Wissende mögegeschehlich erwägend ist. Daher rührt, daß man auch bei anderen Dingen sagt: ein jedes Ding ist »seines Werktuns« wegen da, wie es 2. De Caelo (3 n 1) heißt. Notwendigerweise ist also die Glückseligkeit des Menschen eine Werktätigkeit.[26]

Dritter Artikel

Ist die Glückseligkeit eine Werktätigkeit der sinnenhaften oder nur der verstandhaften Seite?

Abhandlung. 1. Scheinbar besteht die Glückseligkeit auch in einer Werktätigkeit des Gesinns. Es läßt sich nämlich beim Menschen keine vornehmere Werktätigkeit als die sinnenhafte Tätigkeit finden, es sei denn die verstandhafte. Nun hängt aber die verstandhafte Werktätigkeit in uns von der sinnenhaften Werktätigkeit ab: denn »wir können ohne Vorstellungsbild nicht verstehen«, wie es 3. De Anima (7 n 3) heißt.[27] Also besteht die Glückgeborgenheit auch in einer sinnenhaften Werktätigkeit.

2. *Ferner,* Boethius sagt 3. De Consol. (2): Die Glückgeborgenheit ist »der durch die Ansammlung aller Güter vollkommene Zustand«. Nun sind aber gewisse Güter sinnfällig, wir gelangen zu ihnen durch die Werktätigkeit des Gesinns. Also scheint die Werktätigkeit des Gesinns zur Glückgeborgenheit erforderlich zu sein.

3. *Ferner,* Glückseligkeit ist »das vollkommene Gut«, wie 1. Ethic. (7 n 3) erwiesen wird: das wäre nicht der Fall, wenn nicht der Mensch durch sie allen seinen Seiten nach vollendet würde. Nun werden aber durch die sinnenhaften Werktätigkeiten gewisse Seelenteile zu einer Vervollkommnung gebracht. Also wird die sinnenhafte Werktätigkeit zur Glückgeborgenheit erheischt.

Aber dagegen stehen bei der sinnenhaften Werktätigkeit die tierischen Seelwesen mit uns in einer Gemeinschaft. Nicht aber bei der Glückgeborgenheit. Also besteht die Glückgeborgenheit nicht in einer sinnenhaften Werktätigkeit.

Ich antworte: In dreierlei Weise kann etwas in den Bereich der Glückgeborgenheit fallen: in der einen wesenhaft, in der anderen vorgängig, in der dritten folgeweise. Wesenhaft kann nun nicht die Werktätigkeit des Gesinns in den Bereich der Glückgeborgenheit fallen. Denn die Glückgeborgenheit des Menschen besteht wesenhaft in einem Anbund an das unerschaffene Gut, das, wie vorhin (Art. 1) dargetan, der Endzweck ist: mit ihm kann der Mensch nicht durch die Werktätigkeit des Gesinns in Verbund kommen. Ebensowenig, weil, wie (2, 5) dargelegt, die Glückgeborgenheit des Menschen nicht in körperlichen Gütern besteht: sie sind es doch allein, zu denen wir durch die Werktätigkeit des Gesinns hingelangen.

Es können aber Werktätigkeiten des Gesinns zur Glückgeborgenheit voraufgehend und folgeweise gehören. Voraufgehend nämlich, einer unvollkommenen Glückseligkeit nach von der Art, wie man sie im gegenwärtigen Leben haben kann: denn die Werktätigkeit des Verstandes erheischt vorher eine Werktätigkeit des Gesinns. – Folgehaft aber in jener vollkommenen Glückgeborgenheit, wie sie im Himmel erwartet wird: denn nach der Auferstehung, so sagt Augustinus im Briefe an Dioscorus (118 al. 56, 3), »erfolgt gerade aus der Glückgeborgenheit der Seele ein gewisser Rückfluß auf den Leib und die leiblichen Sinne, damit sie in ihren Tätigkeiten vollkommener werden«; wie unten sich besser herausstellen wird, wenn es sich um die Auferstehung handelt (Suppl. III 82ff.). Dann wird aber die Werktätigkeit, durch die der menschliche Besinn Gott verbunden werden wird, nicht vom Gesinn abhängen.

Also zu 1. Der Einwand beweist, daß die Werktätigkeit des Gesinns voraufgängig zur unvollkommenen Glückseligkeit erforderlich ist, wie man sie in diesem Leben haben kann.

Zu 2. Die vollkommene Glückgeborgenheit, wie sie die Engel haben, weist die Ansammlung aller Güter durch die Verbundenheit mit der alleinslichen Quelle des gesamten Gut auf; ohne der einzelnen Teilgüter zu bedürfen. Aber in dieser unvollkommenen Glückgeborgenheit hier wird die Ansammlung hinreichender Güter zur vollkommensten Werktätigkeit in diesem Leben erfordert.

Zu 3. In der vollkommenen Glückgeborgenheit wird der ganze Mensch vervollkommnet, aber im niedrigeren Teile durch den Überfluß vom höheren her. In der unvollkommenen Glückseligkeit aber des jetzigen Lebens gibt es demgegenüber den Weg von der Vollkommenheit der tiefer gelegenen Seite zur Vollkommenheit der höher liegenden.

Vierter Artikel

Ist die Glückseligkeit, wenn sie auf der verstandhaften Seite liegt, eine Werktätigkeit des Verstandes oder des Willens?
(Vgl. I 26, 2 zu 2)

Abhandlung. 1. Scheinbar besteht die Glückseligkeit in einem Wirkgeschehen des Willens. Es sagt nämlich Augustinus 19. De Civ. Dei (10f.), die Glückseligkeit des Menschen bestehe im Frieden: daher im Psalm 147, 3: »Der deiner Markung Frieden gab.« Nun fällt aber der Friede in den Bereich des Willens. Also besteht die Glückgeborgenheit des Menschen im Willen.

2. *Ferner,* Glückseligkeit ist höchstes Gut. Nun ist aber Gut Gegenstand des Willens. Also besteht die Glückseligkeit in einer Werktätigkeit des Willens.

3. *Ferner,* dem erstigen Wegenden entspricht der Endzweck: gerade wie der Endzweck des ganzen Heeres der Sieg ist, der das Ziel des Führers ist, der alle in Wegung bringt. Nun ist aber das erste Anwegende zum Wirken der Wille: denn er wegt die anderen Kräfte, wie später (9, 1 u. 3) gesagt werden wird. Also schlägt die Glückseligkeit in den Bereich des Willens.

4. *Ferner,* wenn die Glückseligkeit eine Werktätigkeit ist, so gehört sich, daß sie die vornehmste Werktätigkeit des Menschen ist. Aber eine vornehmere Werktätigkeit ist die Liebe zu Gott, die eine Wirke des Willens ist, gegenüber dem Erkennen, das eine Werktätigkeit des Verstandes ist: wie durch den Apostel 1. Kor. 13. erhellt. Also scheint es, daß die Glückseligkeit in einer Wirke des Willens besteht.

5. *Ferner,* Augustinus sagt 13. De Trin. (5): »Selig ist, der alles hat, was er will, und nichts übel will.« Und wenig später (6) fügt er hinzu: »Nahe kommt an den Seligen heran, wer gut will, was er nur immer will: die Güter machen nämlich glückselig, von den Gütern hat er schon etwas, gerade nämlich den guten Willen.« Also besteht die Glückseligkeit in einem Wirkgeschehen des Willens.

Aber dagegen spricht, was der Herr Jo. 17, 3 sagt: »Das ist das ewige Leben, daß sie dich erkennen, Gott, den wahren einen.« Nun ist aber das ewige Leben, wie gesagt (2 zu 1), der Endzweck. Also besteht die Glückgeborgenheit des Menschen in der Erkenntnis von Gott, die ein Wirkgeschehen des Verstandes ist.

Ich antworte: Zur Glückgeborgenheit wird, wie oben (2, 6) gesagt worden ist, zweierlei erfordert: eins, das die Wesenheit der Glückgeborgenheit ist, zum anderen, was gewissermaßen an sich ihre Beischaft ist, nämlich die ihr verbundene Freuung. Also sage ich: was wesenhaft die Glückgeborgenheit selbst angeht, kann unmöglich in einer Wirke des Willens bestehen. Es liegt nämlich aus dem Vorbehandelten (Art. 1; 2, 7) auf der Hand, daß die Glückgeborgenheit die Gewinnung des Endzweckes ist. Die Gewinnung des Zieles besteht aber gerade nicht in der Wirke des Willens. Der Wille wird nämlich auf das Ziel hingetragen, sowohl auf das abwesende, wann er es ersehnt, als auch auf das anwesende, wann er in ihm ruhende Freuung hat. Es liegt nun auf der Hand, daß das Verlangen selber nach dem Ziel nicht die Gewinnung des Ziels, sondern die Wegung auf das Ziel hin ist. Die Freuung aber kommt daraus zum Willen, daß das Ziel gegenwärtig ist: nicht aber wird umgekehrt daher etwas gegenwärtig, daß der Wille in ihm eine Freuung hat. Es gehört sich also, daß etwas anderes, als ein Wirklichsein des Willens, das ist, durch was das Ziel selber dem Wollenden gegenwärtig wird.[28]

Und das tritt handgreiflich bei den sinnfälligen Zwecken zum Vorschein. Wenn nämlich durch die Willenshandlung Geld zu gewinnen wäre, so würde der von vorne an danach Gierige das Geld gewinnen, sobald er es haben will. Aber von vorne an ist es doch nicht bei ihm; er gewinnt es aber dadurch, daß er es mit der Hand oder etwas derartigem ergreift; und dann hat er auch bereits Freude am Besitz des Geldes. Geradeso geht es nun auch mit dem verstehlichen Zweck. Denn von vorne an wollen wir den verstehlichen Zweck gewinnen; eben ihn gewinnen wir aber dadurch, daß er uns durch die Wirke des Verstandes gegenwärtig wird; und dann beruhigt sich der Wille mit Freuung in dem schon erreichten Zweck.

So besteht also die Wesenheit der Glückgeborgenheit in einer Wirke des Verstandes: aber in den Bereich des Willens fällt die der Glückgeborgenheit folgende Freuung; wonach Augustinus 10. Confess. (23) sagt, die Glückgeborgenheit sei »die Freude über die Wahrheit«; denn eben die Freude ist nämlich der Abschluß der Glückgeborgenheit.

Also zu 1. Der Friede gehört zum Endzweck des Menschen, nicht als ob er wesenhaft die Glückgeborgenheit selber sei, sondern weil er das Verhältnis von Voraufgang und Folge zu ihr hat. Das des Voraufgangs nämlich, insoweit vom Endziel schon alles Störende und Hindernde beseitigt ist. Das der Folge dagegen, insoweit nach erreichtem Endziel der Mensch schon befriedet verbleibt, da ja sein Verlangen zu Ruhe gekommen ist.

Zu 2. Der erstige Gegenstand des Willens ist nicht sein Wirklichsein: gerade wie auch nicht der erstige Gegenstand des Gesichts die Sehung, sondern das Sehliche ist. Deswegen folgt eben daraus, daß die Glückgeborgenheit zum Willensbereich als dessen erstiger Gegenstand gehört, daß sie eben zu ihm nicht als sein Wirklichsein gehört.[29]

Zu 3. Gegenüber dem Willen gewahrt der Verstand zuerst den Zweck: indessen nimmt die Wegung auf den Zweck hin im Willen den Anfang. Und deswegen gebührt dem Willen das, was an letzter Stelle auf die Gewinnung des Zieles folgt, nämlich die Freuung (delectatio) oder der Freuungsgenuß (fruitio).

Zu 4. Die Liebhabe ragt über das Erkennen im Anwegen hinaus, aber das Erkennen bereitet der Liebhabe im Erreichen den Weg: »nur das Erkannte hat man nämlich lieb«, sagt Augustinus 10. De Trin. (1). Deswegen belangen wir das verstehliche Ziel zuerst durch die Tätigkeit des Verstandes; gerade wie wir auch das sinnfällige Ziel zuerst durch die Tätigkeit des Gesinns erreichen.

Zu 5. Wer alles hat, was er will, ist daher glücklich, daß er hat, was er will: das ist aber durch etwas anderes der Fall, als durch die Wirkheit des Willens. Dagegen wird das Nichtsübel-wollen zur Seligkeit wie eine Art gehöriger Bereitschaftsstellung zu ihr verlangt. Der gute Wille reiht sich aber in die Zahl der seligmachenden Güter angesichts dessen ein, daß es einen gewissen Hang in ihm gibt: gerade wie sich die Wegung auf die Gattung ihres Halteziels, wie eine Änderung zu Beschaffenheit zurückführen läßt.[30]

Fünfter Artikel

Ist die Glückruhe eine Werktätigkeit des Einsichts- oder des Wirkverstandes?

Abhandlung. 1. Scheinbar besteht die Glückruhe in einer Werktätigkeit des Wirkverstandes.[31] Der Endzweck jeglichen

Geschöpfes besteht nämlich in der Anähnlichung an Gott. Nun wird aber der Mensch mehr Gott ähnlich durch den Wirkverstand, der die Ursache der verstandenen Dinge ist, als durch den Einsichtenverstand, dessen Wissen von den Dingen hergenommen wird. Also besteht die Glückruhe des Menschen mehr im Wirktum des Verstandes zum Werk als des zur Insicht.

2. Ferner, die Glückruhe ist das vollkommene Gut des Menschen. Nun hat aber der Verstand zum Werk mehr die Hinordnung zu Gut als der zur Insicht, der auf Wahr hingeordnet ist. Deswegen heißen wir auch der Vollkommenheit des Werkverstandes gemäß gut: nicht aber gemäß der Vollkommenheit des Einsichtverstandes, gemäß dieser heißen wir vielmehr wissend oder einsehend. Also besteht die Glückruhe des Menschen mehr im Wirkgeschehen des werklichen als des spähigen Verstandes.

3. Ferner, die Glückruhe ist ein gewisses Gut am Menschen selber. Nun befaßt sich der Einsichtverstand mehr mit dem, was außerhalb des Menschen liegt: der Wirkverstand aber ist mehr von dem besetzt, was am Menschen selber ist, nämlich von seinen Werktätigkeiten und von seinen Leideheiten. Also besteht die Glückruhe des Menschen mehr im Wirktum des Wirkverstandes als in dem des Spähverstandes.

Aber dagegen spricht, was Augustinus 1. De Trin. (8) sagt: »Uns wird die Beschauung verheißen, das Ziel aller Tätigkeiten und die ewige Freudenvollendung.«

Ich antworte: Die Glückruhe besteht mehr im Wirktum des Verstandes für die Insichten als des fürs Wirken. Das ergibt sich aus dreierlei. Erstig nämlich daraus, daß sich für die Seligkeit des Menschen, wenn sie eine Werktätigkeit ist,[32] gehört, daß sie das beste Wirktum des Menschen ist. Das beste Wirktum des Menschen ist aber das, was dem besten Vermögen hinsichtlich des besten Vorwurfs eignet. Nun ist aber das beste Vermögen der Verstand, dessen bester Gegenstand das göttliche Gut ist, das nun einmal nicht der Vorwurf des werklichen, sondern des insichtigen Verstandes ist. In solchem Wirktum, nämlich in der Beschauung des Göttlichen, besteht deswegen die Glückruhe zumeist. Und weil »ein jeder das zu sein scheint, was das Beste in ihm ist«, wie es 9. und 10. Ethic. (8 n 6; 7 n 9) heißt, so ist ein Wirktum solcher Art das am meisten dem Menschen zubehörige und das am meisten freuliche.

Zweitens tritt das daraus ins Auge, daß die Beschauung am meisten ihrer selbst wegen gesucht wird. Nun wird aber das Wirkgeschehen des werklichen Verstandes nicht seinetwegen gesucht, sondern wegen einer Tätigkeit. Auch haben eben die Tätigkeiten Hinordnung auf irgend einen Zweck. Deswegen liegt auf der Hand, daß der letzte Zweck nicht im tätigen Leben bestehen kann, das zum Bereich des Wirkverstandes gehört.

Drittens tritt das daraus an den Tag, daß im Beschauungsleben der Mensch mit droben, nämlich mit Gott und den Engeln, in Gemeinschaft kommt, denen er durch die Glückruhe verähnlicht wird.[33] Hingegen stehen in dem, was in den Bereich des tätigen Lebens fällt, auch die übrigen Seelwesen mit dem Menschen in irgend welcher Art von Gemeinschaft, wenn auch unvollkommen.

Deswegen besteht die letzte und vollkommene Glückruhe, die im zukünftigen Leben erwartet wird, ganz in der Beschauung. Die unvollkommene Glückseligkeit aber in einer Art, wie man sie hinieden haben kann, besteht erstig zunächst und vorab in der Beschauung: in zweiter Linie aber in der Werktätigkeit des die menschlichen Tätigkeiten und Leideheiten ordnenden werklichen Verstandes, wie es 10. Ethic. (7f.) heißt.

Also zu 1. Die genannte Anähnlichung des werklichen Verstandes liegt zu Gott in einem Verhältnisanmaß; denn er verhält sich ja zu seinem Erkannten, wie Gott zu dem seinigen. Aber die Anähnlichung des Einsichtverstandes an Gott tritt der Vereinung oder Beformung nach auf; das ist eine viel größere Verähnlichung. – Freilich kann man auch sagen, daß Gott hinsichtlich des urgreiflich Erkannten, das seine Wesenheit ist, kein werkliches, sondern nur ein einsichtiges Erkennen hat.

Zu 2. Der werkliche Verstand hat Bezugsstellung zu dem Gut, das außer ihm draußen ist: aber der einsichtige Verstand hat das Gut in sich selber, nämlich die Beschauung der Wahrheit. Und im Falle dies Gut vollkommen ist, vervollkommnet sich aus ihm heraus der ganze Mensch und wird gut: etwas, das der werkliche Verstand nicht hat, worauf er aber hinordnet.

Zu 3. Die Begründung würde gehen, wenn eben der Mensch selber sein eigener Endzweck wäre: dann nämlich wäre die Erwägung und Ordnungsreihung der Tätigkeiten und der Leideheiten bei ihm seine Glückruhe. Weil nun aber der Endzweck des Menschen ein Gut draußen ist, nämlich Gott, an den wir durch das Wirktum des einsichtigen Verstandes herangelangen, so besteht deshalb die Glückruhe des Menschen mehr in einem Wirktum des Einsichtenverstandes als in einem Wirktum des Wirkverstandes.

Sechster Artikel

Besteht die Glückruhe in der Erwägung der Einsichtwissenschaften?

Feststellung. Da die Erwägung der Einsichtwissenschaften sich nicht weiter ausdehnen kann, als die Erkenntnis des Sinnfälligen führt, die ihre Urheit ist, so wird mithin nicht die letzte und vollkommene Glückruhe des Menschen, sondern nur eine gewisse Teilhabe an ihr in den Einsichtwissenschaften angetroffen.[34]

Siebenter Artikel

Besteht die Glückruhe im Erkennen der dem Stoff fernstehenden Wesen, nämlich der Engel? (Vgl. I 64, 1 zu 1; 79, 4)

Feststellung. Weil die dem Stoff fernen Wesen alle außer Gott durch eine gewisse Teilhabe Sein haben,[35] so können sie darum weder die wahrsten Gegenstände des menschlichen Verstandes sein, noch kann in ihrer Beschauung die vollkommene Glückruhe des Menschen bestehen.

Achter Artikel

Besteht die Glückruhe des Menschen in der Schau der göttlichen Wesenheit? (Vgl. I 12, 1 u. 4; 26, 2 u. 3)

Abhandlung. 1. Scheinbar besteht die Glückseligkeit des Menschen nicht in der Schau der göttlichen Wesenheit selber. Es sagt nämlich Dionysius 1. Myst. Theol., durch das, was zu oberst im Verstand ist, werde der Mensch mit Gott wie mit einem gänzlich Unbekannten verbunden. Nun ist aber, was über die Wesenheit gesehen wird, nicht gänzlich unbekannt. Also besteht die letzte Vervollkommnung des Verstandes, d.h. die Glückruhe, nicht darin, daß Gott über die Wesenheit gesehen wird.

2. *Ferner,* je höher die Natur, desto höher ist die Vervollkommnung. Nun ist das aber die dem göttlichen Verstand eigenbehörige Vollkommenheit, daß er seine Wesenheit sieht. Also langt die letzte Vervollkommnung des menschlichen Verstandes nicht dahin, sondern kommt tiefer zum Stehen.

Aber dagegen spricht, was 1. Jo. 3, 2 gesagt wird: »Wenn es offenbar werden wird, werden wir ihm ähnlich sein, und wir werden ihn schauen, wie er selber ist.«

Ich antworte: Die letzte und vollkommene Glückruhe kann nur in der Schau der göttlichen Wesenheit bestehen. Um das ersichtlich zu haben, ist zweierlei zu erwägen. Einmal, daß der Mensch nicht vollkommen glückselig ist, solange ihm etwas zu verlangen und zu suchen bleibt. Das Zweite ist, daß man an einem jeden Vermögen die Vervollkommnung dem Gewese seines Gegenstandes nach bemerkt.[36] Der Vorwurf des Verstandes ist aber das, »was etwas ist« (quod quid est), das ist die Wesenheit des Dings, wie es 3. De Anima (6 n 7) heißt. Deswegen kommt die Vervollkommnung des Verstandes so weit, als sie die Wesenheit eines Dings erkennt. Falls also ein Verstand von einer Wirkleistung die Wesenheit erkennt, durch welche nicht das Wesen der Ursache erkannt werden kann, daß man nämlich von der Ursache zu wissen bekommt, »was sie ist« (quid est), so spricht man nicht davon, daß der Verstand an die Ursache schlechthin heranlange, obwohl man durch die Wirkleistung von der Ursache das Vorhandensein (an sit) erkennen kann. Deswegen bleibt beim Menschen naturhaft, sobald er die Wirkleistung erkennt und weiß, sie habe eine Ursache, das Verlangen zurück, von der Ursache auch zu wissen, »was sie ist« (quid est). Und dies Verlangen ist das des Staunens und verursacht die Nachforschung, wie es eingangs der Metaph. (1, 2 n 8, 11) heißt. Nimm an, es erkennt einer Sonnenfinsternis, so erwägt er, daß sie aus irgendwelcher Ursache kommt, über die er sich verwundert, weil er nicht weiß, was sie ist, und in der Verwunderung nachforscht. Diese Untersuchung kommt nicht zur Ruhe, bis sie dazu gelangt, das Wesen der Ursache zu erkennen. Falls folglich der menschliche Verstand, die Wesenheit einer geschaffenen Wirkleistung erkennend, von Gott nur erkennt, »daß es ihn gibt« (an est), so gelangt seine Vervollkommnung noch nicht schlechterdings zur Erstursache hin, sondern es verbleibt ihm noch das naturhafte Verlangen, die Ursache aufzusuchen. Deswegen ist er noch nicht vollkommen glückselig. Zur vollkommenen Glückruhe (vgl. Art. 6) wird also erheischt, daß der Verstand gerade zur Wesenheit der Erstursache durchfühlt. Und so wird er seine Vollendung durch die Einung an Gott als an den Gegenstand bekommen, in dem allein die Glückgeborgenheit des Menschen besteht, wie bereits (Art. 1; 7; 2, 8) gesagt worden ist.

Also zu 1. Dionysius spricht von dem Erkennen derer, die auf der Wegfahrt sind und zur Glückruhe hinziehen.

Zu 2. Wie oben (1, 8) gesagt, kann man Zweck zwiefach nehmen. Einmal, was das Ding selbst angeht, nach dem Verlangen herrscht: und in dieser Weise gibt es nur einen und denselben Zweck für die Natur droben und hier unten, ja sogar für alle Dinge, wie (ebd.) gesagt wurde. Die zweite Weise geht die Gewinnung dieses Dings an: und darin ist der Zweck bei der Natur droben und hier unten dem verschiedenen Verhältnis zu einem solchen Ding nach verschieden. Dergestalt ist also die Glückseligkeit Gottes, der seine Wesenheit mit dem Verstand erfaßt, höher als die eines Menschen oder Engels, der erschaut, aber nicht erfaßt.

4. Untersuchung
DIE ERFORDERNISSE DER GLÜCKRUHE

Erster Artikel
Wird Freuung zur Glückruhe erheischt? (Vgl. 3, 4)

Abhandlung. 1. Scheinbar wird Freuung nicht zur Glückruhe verlangt. Es sagt nämlich Augustinus 1. De Trin. (Enarr. in Ps. 90 serm. 2; cf. De Trin. 1, 8): »Die Schau ist der ganze Lohn des Glaubens.« Nun ist aber, was Preis oder Lohn der Tugend ist, die Seligkeit, wie durch den Philosophen 1. Ethic. (9 n 3) klar ist. Also wird nichts anderes als nur die Schau zur Seligkeit verlangt.

2. Ferner, die Glückruhe ist »das an sich zureichendste Gut«, wie der Philosoph 1. Ethic. (7 n 7) sagt. Was aber eines anderen bedarf, ist nicht an sich zureichend. Da nun also das Wesen der Glückruhe in der Schau Gottes besteht, wie (3, 8) dargetan wurde, so scheint nicht, daß zur Glückruhe Freuung erforderlich ist.

3. Ferner, »für das Wirktum der Glücklichkeit« oder der Seligkeit gehört sich, »daß sie ungehindert ist«, wie es 7. Ethic. (13 n 2) heißt. Nun aber hindert Freuung die Tätigkeit des Verstandes: »sie verdirbt« nämlich, wie es 6. Ethic. (5 n 6) heißt, »die Abwägung bei der Klugheit«. Also ist Freuung zur Seligkeit nicht erforderlich.

Aber dagegen spricht, was Augustinus 10. Confess. (23) sagt: Die Glückruhe ist »die Freude über die Wahrheit«.

Ich antworte: In viererlei Weise wird etwas zu anderem erfordert. In einer Weise wie das Voraufgängige oder es Vorbereitende: wie Schulung verlangt wird zum Wissen. In anderer Weise wie das Fertigmachende: wie die Seele zum Leben des Leibes gefordert wird. In einer dritten Weise wie das draußen Helfende: wie Freunde erheischt werden, etwas zu tun. In der vierten Weise, wie ein Begleitendes: wie wenn wir davon reden, daß Wärme zu Feuer erforderlich ist. Und in dieser Weise wird Freuung zur Seligkeit erheischt. Freuung wird nämlich daraus verursacht, daß die Begehr im erlangten Gut zur Ruhe kommt. Da die Glückseligkeit nichts anderes ist, als die

Erlangung von höchstem Gut, so kann daher die Glückseligkeit nicht ohne begleitende Freuung sein.[37]

Also zu 1. Eben daraus, daß einem der Lohn gegeben wird, kommt der Wille des Verdienenden zur Ruhe, was Freuung haben ist. Deswegen liegt Freuung im Berede von erstattetem Lohn eingeschlossen.[38]

Zu 2. Gerade aus der Schau Gottes wird die Freuung verursacht. Wer darum Gott sieht, kann an Freuung keinen Mangel leiden.

Zu 3. Freuung, welche das Wirktum des Verstandes begleitet, hindert sie nicht, sondern gibt ihr größere Stärke, wie es 10. Ethic. (4 n 6ff.) heißt: was wir nämlich freuungsweise tun, wirken wir aufmerksamer und nachhaltiger. Äußere Freuung aber hindert die Werktätigkeit: zuweilen nämlich aus Zerstreuung in der Hinspannung; denn, wie gesagt, wir haben eine größere Spannung auf das, worin wir Freuung haben; und während wir heftig auf das eine hingespannt sind, wird die Spannung von einem anderen notwendig abgezogen. Bisweilen auch aus gerader Gegensätzlichkeit: wie die der Vernunft entgegengesetzte Freuung im Gesinn mehr bei der Klugheit[39] die Abwägung hindert als jene Abwägung, die der Einsichtenverstand anstellt.

Zweiter Artikel

Ist in der Glückseligkeit die Schau hauptsächlicher als die Freuung?

Abhandlung. 1. Scheinbar ist die Freuung bei der Seligkeit hauptsächlicher als die Schau. »Freuung ist« nämlich, wie 10. Ethic. (4 n 6 u. 8) gesagt wird, »Vervollkommnung im Wirktum.« Nun ist aber die Vervollkommnung wichtiger als das Vervollkommbare. Also ist die Freuung wichtiger als die Werktätigkeit des Verstandes, als welche die Schau dasteht.

2. *Ferner,* das, weswegen etwas begehrbar ist, ist wichtiger. Nun begehrt man aber nach den Werktätigkeiten ihrer Freuung wegen: deswegen hat auch die Natur den zur Erhaltung des Einzlichen und der Art notwendigen Werktätigkeiten Freuung beigestellt, damit derartige Tätigkeiten von den

Seelwesen nicht vernachlässigt werden. Also ist in der Seligkeit die Freuung wichtiger als das Wirktum des Verstandes, das die Schau ist.

3. Ferner, die Schau entspricht dem Glauben, die Freuung aber oder der Freuungsgenuß der Liebe. Nun ist aber die Liebe größer als der Glaube, wie der Apostel 1. Kor. 13, 13 sagt. Also ist die Freuung, d. h. der Freuungsgenuß, größer als die Schau.

Aber dagegen ist die Ursache vorzüglicher als die Wirkung. Nun ist aber die Schau die Ursache der Freuung. Also ist die Schau vorzüglicher als die Freuung.

Ich antworte: Diese Frage beregt der Philosoph 10. Ethic. (4 n 11) und verabschiedet sie ungelöst.[40] Sieht aber einer achtsam zu, so gehört sich notwendig, daß die Werktätigkeit des Verstandes, welche die Schau ist, vorzüglicher dasteht als die Freuung. Die Freuung besteht nämlich in einer gewissen Beruhigung des Willens. Daß aber der Wille sich in etwas beruhigt, ist nur wegen der Gutheit dessen der Fall, worin er zur Ruhe kommt. Wenn sich also der Wille in irgend einer Werktätigkeit beruhigt, so geht die Beruhigung des Willens aus der Güte des Wirktums hervor. Dabei sucht der Wille nicht das Gut wegen der Beruhigung: derweise wäre nämlich das Wirklichsein des Willens selber der Zweck, was dem früher Bemerkten (1, 1 zu 2; 3, 4) zuwiderläuft. Vielmehr sucht er deswegen in der Werktätigkeit zur Ruhe zu kommen, weil das Wirktum sein Gut ist. Es liegt daher auf der Hand, daß das hauptsächlichere Gut gegenüber der Ruhe in ihm eben die Werktätigkeit ist, worin sich der Wille beruhigt.[41]

Also zu 1. Wie der Philosoph ebenda sagt, »vollendet Freuung das Wirktum wie die Jugend der Liebreiz«, der eine Folge der Jugend ist. Deswegen ist die Freuung eine gewisse, die Schau begleitende Vollkommenheit; sie tritt nicht wie eine Vollkommenheit auf, die macht, daß die Schau in ihrer Artung fertig gestellt ist.

Zu 2. Die sinnliche Wahrnehmung langt nicht an das allgemeine Gewese von Gut heran, sondern an irgend ein sonderteiliges Gut, das freulich ist. Deswegen werden der sinnenhaften Begehr gemäß, die es bei den Seelwesen gibt, die Werktätigkeiten der Freuung wegen gesucht. Aber der Verstand gewahrt das alleinsliche Berede von Gut, auf dessen Gewinnung die Freuung folgt. Er hat deswegen hauptsächlicher, als die Freuung, das Gut im Vorhaben. Und daher rührt es, daß der göttliche Verstand, welcher der Herrichter der Natur ist, die Freuungen der Werktätigkeiten wegen beigestellt hat. Man darf aber nicht etwas schlechthin der Ordnung der sinnenhaften Begehr nach veranschlagen, sondern eher der Ordnung der verstandhaften Begehr nach.

Zu 3. Die Liebe sucht nicht das liebe Gut der Freuung wegen: vielmehr ist es eine Folge für sie, daß sie an dem erreichten Gut, dem sie zugetan ist, Freuung hat. Dergestalt entspricht ihr nicht die Freuung als Ziel, sondern eher die Schau, durch welche zunächst das Ziel ihr gegenwärtig wird.[42]

Dritter Artikel

Ist zur Seligkeit Erfassung erforderlich? (Vgl. I 12, 7 zu 1)

Aus der Abhandlung. Ich antworte: Da die Glückruhe in der Gewinnung des Endzweckes besteht, so ist das, was zur Glückruhe erforderlich ist, gerade aus der Zweckbeordnung des Menschen zu erwägen. Zu dem verstandhaften Zweck[43] hat aber der Mensch die Hinordnung zum Teil zwar durch den Verstand, zum Teil aber durch den Willen. Und zwar durch den Verstand, insoweit im Verstand irgendeine unvollkommene Erkenntnis des Zwecks vorher da ist. Durch den Willen aber in erster Linie durch die Liebe, welche die erste Wegung des Willens auf etwas ist: in zweiter aber durch das dingliche Verhalten des Liebenden zum Geliebten, das allerdings dreifach sein kann. Zuweilen ist nämlich das Geliebte dem Liebenden gegenwärtig: und dann wird es nicht mehr gesucht. Zuweilen aber ist es nicht gegenwärtig, indes ist es nicht möglich, es zu erlangen: und auch dann wird es nicht mehr gesucht. Zuweilen ist es möglich, daß man es erlangt, aber es steht über das Vermögen des Erlangenden hinausgehoben da, so daß es nicht sofort zu haben sein kann: und das ist das Verhalten des Hoffenden zum Gehofften, dies Verhalten allein geht auf die Zielsuche. Diesem Dreierlei entspricht etwas auch in der Seligkeit. Denn die vollkommene Zielerkenntnis entspricht der unvollkommenen; die Gegenwart aber des Zieles selbst entspricht dem Hoffnungsverhalten; hingegen folgt die Freuung an dem schon gegenwärtigen Ziel der Liebhabung, wie bereits (Art. 2 zu 3) gesagt worden ist. Und deswegen muß notwendig dies Dreierlei zur Seligkeit zusammenwirken: nämlich die Schau, welche die vollkommene Erkenntnis des verstandhaften Zieles ist, die Erfassung, welche die Gegenwart des Zieles mit sich bringt,[44] die Freuung oder der Freuungsgenuß, der die Beruhigung des Liebenden im geliebten Ding besagt.

Vierter Artikel

Ist zur Seligkeit die Rechtheit des Willens erforderlich?
(Vgl. 5, 7)

Aus der Abhandlung. Ich antworte: Die Rechtheit des Willens wird zur Seligkeit sowohl im Vorauf als auch in Begleitung erfordert. Und zwar vorauf, weil es die Willensrichte gibt infolge der zugehörigen Hinordnung auf das Endziel. Das Ziel aber steht zu dem, was zielbeordnet ist, in dem Vergleich der Wesungsform zum Wesungsstoff. Gerade wie deswegen der Wesungsstoff nur die Form gewinnen kann, wenn er die gehörige Zurüste zu ihr hat, so kann nichts das Ziel gewinnen, es sei denn in gehöriger Weise darauf hingeordnet.[45] Und deswegen kann keiner zur Seligkeit kommen, außer er hat die Rechtheit des Willens.

Auch als Begleitung. Denn, wie (3, 8) gesagt, besteht die letzte Glückruhe in der Schau der göttlichen Wesenheit, welche gerade die Wesenheit der Gutheit ist. Deshalb umfängt der Wille eines die Gottwesenheit Schauenden mit Notwendigkeit, was er immer auch liebt, mit Liebe unter der Hinordnung zu Gott;[46] gerade wie der Wille eines, der nicht die Wesenheit Gottes schaut, was immer er liebt, unter der allgemeinen Gebarung von Gut liebt, die er kennen gelernt hat. Und dies ist gerade, was den Willen recht macht. Deswegen liegt auf der Hand, daß es die Seligkeit ohne rechten Willen nicht geben kann.[47]

Feststellungen

5. Ist zur Seligkeit des Menschen der Leib erforderlich?

Da die vollkommene Glückseligkeit des Menschen in der Schau der göttlichen Wesenheit besteht, die über Vorstellungsbilder nicht geschaut wird, so wird zu ihr nicht notwendig der Leib gefordert, als ob er ihr Wesen ausmache; die Seligkeit indessen, die uns in dem Leben hienieden möglich ist, erheischt (notwendig) den Leib, da sie »eine Tätigkeit des Verstandes ist, des spähigen wie des wirkigen«. [Solche Tätigkeiten des Verstandes aber, der allein ja die größte Seinsfülle, das höchste Gut, zu fassen vermag, sind ohne Vorstellungsbilder nicht möglich, diese aber nicht ohne den Leib. Vgl. I 84, 7.]

6. Ist zur Seligkeit eine Vervollkommnung des Leibes erforderlich? (Vgl. III 15, 10)

Aller Seligkeit, wie man sie auch immer nimmt, geht eine ihm zukömmliche Zurüste des menschlichen Leibes vorauf und folgt ihr als Zier und Vollendung an ihm.

7. Sind zur Glückseligkeit irgendwelche äußeren Güter erforderlich? (Vgl. 2 II 186, 3 zu 4)

Zur Glückseligkeit in der [ewigen] Heimat werden äußere Güter, die dem seelischen, nicht geistigen Leben dienen, in keiner Weise erheischt; zu der Seligkeit jedoch, welche sich in Werken des tätigen und des beschaulichen Lebens ausgestaltet, sind sie als Werkzeuge notwendig.

Achter Artikel

Ist zur Seligkeit die Gesellschaft von Freunden erforderlich?

Aus der Abhandlung. Ich antworte: Falls von der Glücklichkeit in diesem Leben die Rede ist, hat, wie der Philosoph 9. Ethic. (9 n 4ff.) sagt, der Glückliche Freunde nötig, zwar nicht des Nutzens wegen, da er sich selbst genügt; auch nicht der Freuung wegen, da er in sich selbst die vollkommene Freuung am Wirktum von Tugend hat; sondern wegen einer guten Werktätigkeit, daß er ihnen nämlich guttut und daß er im Hinblick auf sie am Guttun Freuung hat und daß er auch von ihnen im Guttun Hilfe erfahrt. Es bedarf nämlich der Mensch zum guten Wirken der Hilfschaft von Freunden, sowohl bei den

Werken des tätigen Lebens als auch bei den Werken des beschaulichen Lebens.

Aber wenn wir von der vollkommenen Glückruhe sprechen, die es in der Heimat geben wird, wird nicht von Notwegen die Gesellschaft von Freunden erfordert: denn der Mensch hat die ganze Fülle seiner Vollkommenheit in Gott.[48] Aber daß die Seligkeit in guter Weise da ist, dazu wirkt die Gesellung von Freunden. Deswegen sagt Augustinus 8. Super Gen. ad litt. (25): »Der geistigen Schöpfung hilft, daß sie selig ist, nur innerlich Ewigkeit, Wahrheit, Liebe des Schöpfers. Von draußen aber kommt, wenn man von einer Hilfe sprechen soll, vielleicht bloß hinzu, daß man sich gegenseitig sieht und seiner Gesellschaft in Gott sich freut.«

5. Untersuchung

DIE ERLANGUNG DER SELIGKEIT

Erster Artikel

Kann der Mensch die Glückgeborgenheit gewinnen?

Feststellung. Da der Mensch für das alleinsliche Gut durch den Verstand aufnahmefähig ist, es auch mit dem Willen begehren kann, so ist die Möglichkeit gegeben, daß der Mensch die Glückgeborgenheit erlangt.

Zweiter Artikel

Kann der eine Mensch seliger sein als der andere?

Feststellung. Seitens des Gegenstandes kann nicht eine Seligkeit größer sein als die andere, weil aber der eine eine bessere Bereitstellung zu ihr hat als der andere, so kann einer glückseliger sein als ein anderer.

Dritter Artikel

Kann einer in diesem Leben glückselig sein?
(Vgl. 1 II 62, 1)

Abhandlung. 1. Scheinbar ist die Glückseligkeit in diesem Leben zu haben. Es heißt nämlich im Psalm 118, 1: »Selig, die unbefleckt dahinpilgern, die wandeln im Gesetze des Herrn.« Das ist aber in diesem Leben der Fall. Also kann einer in diesem Leben glückselig sein.

2. *Ferner,* unvollendete Teilhabe an der Seligkeit hebt nicht das Berede der Seligkeit auf: sonst wäre nicht der eine seliger als der andere. Nun können aber in diesem Leben die Menschen an dem höchsten Gut teilhaben, indem sie Gott erkennen und lieben, wenn auch unvollkommen. Also kann der Mensch in diesem Leben glückselig sein.

3. *Ferner,* was die Mehrzahl sagt, scheint nicht ganz falsch zu sein: es scheint nämlich naturhaft zu sein, was es bei der Mehrzahl gibt; die Natur aber versagt nicht gänzlich. Nun aber verlegt die Mehrheit die Glückseligkeit in dieses Leben, wie aus dem Wort des Psalms 143, 15 klar ist: »Sie priesen selig das Volk, das dieses hat«, nämlich die Güter des gegenwärtigen Lebens. Also kann einer in diesem Leben glückselig sein.

Aber dagegen spricht, was Hiob 14, 1 gesagt wird: »Vom Weibe geboren, eine kurze Zeit am Leben, wird der Mensch reich versorgt mit vielen Erbärmlichkeiten.« Nun schließt aber die Glückgeborgenheit das Elend aus. Also kann der Mensch in diesem Leben nicht glückselig sein.

Ich antworte: Irgend eine Art Glückseligkeit kann man in diesem Leben in Teilhabe bekommen: die vollkommene und wahre Glückgeborgenheit kann man aber in diesem Leben nicht haben. Und das läßt sich in zweierlei Weise erwägen. Zuerst nämlich aus dem allgemeinen Gewese der Seligkeit. Denn da die Glückgeborgenheit »das vollkommene und zureichende Gut« ist (vor. Art.), so schließt sie alles Üble aus und erfüllt alles Verlangen. In diesem Leben kann aber nicht alles Üble ausgeschlossen werden. Denn das gegenwärtige Leben unterliegt vielen Übeln, die sich nicht vermeiden lassen: der Unwissenheit seitens des Verstandes und der ungeordneten Anfälligkeit auf Seiten der Begehr und den vielfältigen Strafschaften am Leibe; Augustinus geht 19. De Civ. Dei (4ff.) näher darauf ein. In ähnlicher Weise vermag auch das Verlangen nach Gut in diesem Leben nicht satt zu werden. Naturhaft verlangt nämlich der Mensch die Andauer desjenigen Gut, das er hat. Die Güter des gegenwärtigen Lebens sind aber vergänglich: da sowohl das Leben, nach dem wir ein natürliches Verlangen tragen, selber vorübergeht, als wir auch wollen möchten, daß es für immer dableibe, da der Mensch naturhaft vor dem Tode zurückweicht. Deswegen ist es unmöglich, in diesem Leben wahre Glückgeborgenheit zu haben.

Zum zweiten, wenn man das erwägt, worin sonderartlich die Glückgeborgenheit besteht, nämlich die Schau der göttlichen Wesenheit, welche für den Menschen in diesem Leben nicht aufkommen kann, wie im I. Teile (I 12, 2) dargetan worden ist. Aus diesen Stücken tritt handgreiflich hervor, daß einer in diesem Leben die wahre und vollkommene Glückgeborgenheit nicht zu erlangen vermag.

Also zu 1. Selig heißen in diesem Leben einige, entweder wegen der Hoffnung auf die im zukünftigen Leben zu erlangende Seligkeit, nach dem Worte Röm. 8, 24: »In der Hoffnung sind wir gerettet worden«, oder wegen irgend einer Teilhabe an der Seligkeit irgendwie einem Freuungsgenuß des höchsten Gutes nach.

Zu 2. Die Teilhabe an der Seligkeit kann in zweierlei Weise unvollkommen sein. Einmal von Seiten gerade des Gegenstandes der Seligkeit her, wenn er nämlich nicht seiner Wesenheit nach geschaut wird. Eine derartige Unvollkommenheit hebt das Berede wahrer Seligkeit auf. In der anderen Weise kann sie unvollkommen von Seiten des Teilhabers selber sein, wenn dieser nämlich gerade an den Gegenstand der Seligkeit an sich nicht heranlangt, nämlich an Gott, sondern unvollkommen im Hinblick auf die Weise, in der Gott den Freuungsgenuß an sich selber hat. Eine derartige Unvollkommenheit hebt das wahre Berede von Seligkeit nicht auf: denn, da die Seligkeit eine Art Werktätigkeit ist, wie oben (3, 2) gesagt wurde, so stellt sich das wahre Berede von Seligkeit aus dem Gegenstand her ins Auge, der für das Wirkgeschehen die Artung abgibt, nicht aber aus dem Träger her.

Zu 3. Die Menschen tragen sich mit der Anschauung, es gäbe in diesem Leben eine Seligkeit, irgend einer Ähnlichkeit wegen mit der wahren Seligkeit. Und dergestalt geht ihre Veranschlagung nicht im Ganzen fehl.

Vierter Artikel

Kann der Besitz der Glückseligkeit verloren gehen? (Vgl. I 64, 2; 94, 1)

Feststellung. Bei der unvollkommenen Glückseligkeit, wie man sie in diesem Leben haben kann, ist eine Einbuße möglich; nicht aber bei der vollkommenen, die alles Üble ausschließt, da sie ja in der Schau der göttlichen Wesenheit besteht.

Fünfter Artikel

Kann der Mensch mit seinem Naturgeführ die Glückgeborgenheit erwerben? (Vgl. I 12, 4; 62, 1; 1 II 62, 1)

Aus der Abhandlung. Aber dagegen [gegen drei Einwände] ist der Mensch die Urheit seiner Wirkgeschehungen naturhaft durch Verstand und Willen. Nun aber überschreitet die den Heiligen vorbereitete Glückgeborgenheit Verstand und Willen des Menschen: es sagt nämlich der Apostel 1. Kor. 2, 9: »Was kein Auge gesehen und kein Ohr gehört hat und was in keines Menschen Herz aufgestiegen ist, ist all das, was Gott denen bereitet hat, die ihn lieben.« Also kann der Mensch nicht durch sein naturhaftes Mitgeführ (naturalia) die Glückgeborgenheit gewinnen.

Ich antworte: Die unvollkommene Glückseligkeit, die man in diesem Leben haben kann, läßt sich vom Menschen mit seinem Naturgeführ in der Weise erwerben, in der es auch bei der Tugend der Fall ist, in deren Werktätigkeit sie besteht: später (63) wird davon die Rede sein. Dagegen besteht die vollkommene Glückgeborgenheit des Menschen, wie (3, 8) gesagt, in der Schau der göttlichen Wesenheit. Das Gottschauen über die Wesenheit liegt aber über die Natur nicht bloß des Menschen, sondern auch jeder Schöpfung hinaus, wie im I. Teile (12, 4) gezeigt worden ist. Das naturhafte Erkennen findet sich nämlich bei jedem Geschöpf der Weise seines Wesens nach: gerade wie es von der Verstandnatur (intelligentia) De Causis (8) heißt: »Sie erkennt das, was über ihr ist, und das, was unter ihr ist, der Weise ihres Wesens nach.« Alle Erkenntnis aber, die der Weise eines geschaffenen Wesens gemäß ist, bleibt hinter der Schau der göttlichen Wesenheit zurück, die ins Unendliche jedes geschaffene Wesen überschreitet. Deswegen kann weder der Mensch noch irgend ein Geschöpf die letzte Seligkeit durch sein Naturgeführ gewinnen.[49]

Also zu 1. (Die Natur versagt nicht im Notwendigen. Aber nichts ist dem Menschen so notwendig als das, wodurch er das Endziel gewinnt:) Gerade wie die Natur den Menschen in den Notwendigkeiten nicht im Stiche läßt, obwohl sie ihm nicht Waffe und Decke gegeben hat, wie den übrigen Seelwesen, weil sie ihm aber Vernunft und Hände[50] gab, mit denen er jene für sich gewinnen kann, so versagt sie sich auch nicht dem Menschen im Notwendigen, obwohl sie ihm nicht irgend eine Urheit gab, mit der er die Glückgeborgenheit gewinnen könnte; das war nämlich unmöglich. Aber sie hat ihm den freien Wahlentscheid gegeben, damit er sich mit ihm zu Gott hinkehren kann, auf daß der ihn glückselig mache. »Was wir nämlich durch Freunde vermögen, können wir irgendwie durch uns«, wie es 3. Ethic. (3 n 12) heißt.

Zu 2. (Da der Mensch vornehmer ist als die unvernünftigen Geschöpfe, scheint er sich eher zu genügen. Nun aber können die unvernünftigen Geschöpfe durch ihr Naturgeführ ihre Zwecke gewinnen.) In einer vornehmeren Lage ist die Natur, welche das vollkommene Gut gewinnen kann, mag sie auch äußeren Beistands bedürfen, es zu gewinnen, als eine Natur, die nicht das vollkommene Gut gewinnen kann, aber eine Art unvollkommenes Gut gewinnt, mag sie auch, es zu gewinnen, nicht der äußeren Hilfe bedürfen, wie der Philosoph 2. De Caelo (12 n 3ff.) sagt. Gerade wie eine bessere Zurüstung zur Gesundheit hat, wer die vollkommene Gesundheit gewinnen kann, mag das auch mit Hilfe der Arznei der Fall sein, als wer bloß ohne das Mittel der Arznei eine gewisse unvollkommene Gesundheit gewinnen kann. Und deswegen ist die vernünftige Natur, die das vollkommene Gut der Glückgeborgenheit zu gewinnen vermag, hierzu göttlicher Hilfe bedürfend, vollkommener als die unvernünftige Natur, die für ein derartiges Gut keinen Raum hat, aber eine Art unvollkommenes Gut kraft ihrer Natur gewinnt.

Zu 3. (Glückgeborgenheit ist nach dem Philosophen »vollkommenes Wirktum«. In denselben Bereich gehört aber, ein

Ding zu beginnen und es zu vollenden. Da nun die unvollkommene Werktätigkeit, die gewissermaßen Urheit bei den menschlichen Werktätigkeiten spielt, der natürlichen Macht des Menschen anheimgestellt ist, mit der er Herr seiner Wirkheiten ist, so hat es den Anschein, daß er durch sein naturhaftes Vermögen zu der vollkommenen Werktätigkeit durchgelangen kann, die die Glückgeborgenheit ist.) Wann Unvollkommenes und Vollkommenes zur gleichen Art gehören, können sie von ein und derselben Wirkkraft verursacht werden. Das tritt aber nicht notwendig auf, wenn es je die andere Artung hat: es kann nämlich nicht jedes Mal letzte Vollendung verleihen, was im Wesungsstoff die Bereitstellung zu verursachen vermag. Die unvollkommene Werktätigkeit aber, die der naturhaften Macht des Menschen unterliegt, ist nicht der gleichen Art mit jener vollkommenen Werktätigkeit, die die Glückgeborgenheit des Menschen ist: da die Artung einer Werktätigkeit vom Gegenstande abhängt.[51] Deswegen ist die Begründung nicht schlüssig.

Sechster Artikel

Gewinnt der Mensch die Glückgeborgenheit durch die Tätigkeit eines höheren Geschöpfes?

Abhandlung. 1. Scheinbar kann der Mensch durch die Tätigkeit eines höheren Geschöpfes, d. h. eines Engels, selig werden. Da man nämlich eine Doppelordnung in den Dingen findet, als eine die der Teile des Einalls zueinander, als andere die des ganzen Einalls zu Gut außerhalb des Einalls, so ist die erste Ordnung auf die zweite als wie auf den Zweck hingeordnet, wie es 12. Metaph. (Did. 11, 10 n 1) heißt; gerade wie die Ordnung der Heeresteile zueinander wegen der Ordnung des Gesamtheeres auf den Führer hin da ist. Nun aber stößt man demgemäß auf die gegenseitige Ordnung im Einall, daß die höheren Geschöpfe ein Tun auf die niedrigeren haben, wie im I. Teil (19, 5 zu 2; 48, 1 zu 5; 109, 2) gesagt worden ist: die Glückgeborgenheit besteht aber in der Hinordnung des Menschen auf ein Gut, das außerhalb des Einalls ist, es ist Gott. Also wird der Mensch glückselig gemacht durch die

Tätigkeit eines höheren Geschöpfes auf den Menschen, das heißt eines Engels.

2. Ferner, was im Mögegeschehen eine Beschaffenheit hat, kann durch das in die Wirke heimgebracht werden, was diese Beschaffenheit wirkgeschehlich hat: gerade wie, was warm in der Möge ist, warm in der Wirke wird durch das, was in der Wirklichkeit warm ist. Nun ist aber der Mensch in der Möglichkeit glückselig. Also kann er in der Wirklichkeit durch den Engel glückselig werden, der in der Wirklichkeit selig ist.

3. Ferner, die Seligkeit besteht in einer Werktätigkeit des Verstandes, wie oben (3, 4) gesagt worden ist. Nun kann aber der Engel dem Verstand des Menschen aufleuchten, wie sich I 111, 1 ergeben hat. Also kann der Engel den Menschen selig machen.

Aber dagegen spricht, was Ps. 83, 12 gesagt wird: »Gnade und Herrlichkeit wird geben der Herr.«

Ich antworte. Da jedes Geschöpf den Gesetzen der Natur unterworfen ist, da es doch eine gegrenzte Wirkkraft und Tätigkeit hat, so kann das, was die geschaffene Natur überschreitet, nicht durch die Wirkkraft eines Geschöpfes geschehen. Gehört sich daher, daß etwas geschieht, was über die Natur hinausliegt, so geschieht das unmittelbar von Gott; wie die Auferweckung eines Toten, die Belichtung eines Blinden und das übrige Derartige. Nun wurde (Art. 5) dargetan, daß die Glückgeborgenheit ein gewisses, die geschaffene Natur überschreitendes Gut ist. Darum wird sie unmöglich durch die Tätigkeit irgend eines Geschöpfes verliehen: sondern der Mensch wird allein durch ein Tun von Gott selig, wenn wir von der vollkommenen Glückgeborgenheit reden. – Sprechen wir aber von der unvollkommenen Seligkeit, so liegt sie und die Tugend, in deren Wirke sie besteht, im gleichen Berede.

Also zu 1. Bei den tätigen Vermögen, die in einer Ordnung zueinander stehen, ist meist der Fall, daß die Führung zum Endzweck in den Bereich des höchsten Vermögens fallt, die niederen Vermögen hingegen zur Gewinnung jenes Endzwecks durch Zurüstung beispringen: gerade wie in das Steuermannsfach, das im Schiffbau den Vorsitz hat, der Gebrauch des Schiffes einschlägt, dessentwegen das Schiff selber gemacht wird. Dergestalt erfährt auch in der Einallordnung der Mensch zwar von den Engeln Hilfe zur Gewinnung des Endzwecks irgendwelchem Voraufgängigen nach, wodurch er zu seiner Gewinnung hergerüstet wird: aber den Endzweck selber gewinnt er eben durch den Ersttuenden, der Gott ist.

Zu 2. Wann irgend eine Wesungsform in der Wirke in etwas dem vollkommenen und naturhaften Sein nach vorhanden ist, kann sie die Urheit der Tätigkeit auf das andere sein; gerade wie Warm durch Wärme warm macht. Wenn dagegen die Wesungsform in etwas unvollkommen vorhanden ist und nicht naturhaftem Sein nach, so kann sie nicht Urheit ihrer Vergemeinung mit dem anderen sein: gerade wie die Hinspannung auf Farbe, die im Augapfel ist, nicht weiß machen kann; es kann auch nicht all das, was belichtet oder erwärmt ist, anderes warm machen oder belichten; dergestalt würde es nämlich Belichtung und Erwärmung bis ans Unendliche geben. Das Herrlichkeitsgeleuchte aber, durch das Gott geschaut wird, ist in Gott freilich vollkommen und dem naturhaften Sein nach: in jedwedem anderen Geschöpf aber unvollkommen und einem ähnlichartigen oder beteiligten Sein nach. Deswegen kann kein Geschöpf mit Seligkeit seine Glückgeborgenheit einem anderen vergemeinen.

Zu 3. Der beseligte Engel belichtet den Verstand des Menschen oder auch eines unter ihm stehenden Engels in bezug auf die einen oder die andern Gründe der göttlichen Werke, nicht aber in Anlangung der Schau der göttlichen Wesenheit, wie im I. Teile (106, 1) gesagt worden ist. Diese nämlich zu schauen, erhalten alle unmittelbar von Gott das Geleuchte.

Siebenter Artikel

Werden irgend welche guten Werke dazu verlangt, daß der Mensch von Gott die Glückgeborgenheit gewinnt? (Vgl. I 62, 4. 5)

Aus der Abhandlung. Ich antworte: Rechtheit des Willens ist, wie oben (4, 4) gesagt, zur Seligkeit erforderlich, da sie nichts anderes ist als die gehörige Hinordnung des Willens auf den Endzweck; sie wird so zur Gewinnung des Endzwecks erheischt, wie die gehörige Zurüste des Wesungsstoffs zur Gewinnung der Wesungsform. Aber hieraus erweist sich nicht, daß irgend eine Werktätigkeit eines Menschen seiner Glückseligkeit vorausgehen soll: es könnte nämlich Gott gleichzeitig den Willen richtaus zielstrebend und zielgewinnend machen; gerade wie er dann und wann zugleich den Wesungsstoff zurüstet und die Wesungsform einführt. Nun erheischt aber die Ordnung der göttlichen Weisheit, daß dies nicht geschieht: wie es nämlich 2. De Caelo (12, 3) heißt, »von dem, was von Haus aus das vollkommene Gut haben soll, hat eins es ohne Wegung, eins es mit nur einer Wegung, eins es mit einer Mehrheit davon«. Das vollkommene Gut ohne Wegung zu haben, kommt aber dem zu, das es naturhaft hat. Die Glückgeborgenheit aber naturhaft zu haben, ist bloß Gottes Sache. Daher ist es Gott allein eigenbehörig, daß er zur Glückgeborgenheit nicht durch irgend eine voraufgängige Werktätigkeit hingewegt wird. Da aber die Glückseligkeit alle erschaffene Natur überschreitet, so gewinnt keine bloße Natur zukömmlicherweise Glückseligkeit ohne die Wegung einer Werktätigkeit, durch die es auf sie hinstrebt. Nun hat aber der Engel, der in der Rangordnung der Natur höher steht als der Mensch, laut Anordnung der göttlichen Weisheit sie mit nur einer Wegung einer verdienstlichen Werktätigkeit gewonnen, wie im I. Teil (62, 5) auseinandergesetzt worden ist. Die Menschen aber gewinnen sie mit vielen Wegungen an Werktätigkeiten, sie heißen Verdienste. Deswegen ist auch, dem Philosophen (Ethic. 1, 9 n 3) nach, die Glückgeborgenheit der Preis tugendhafter Werktätigkeiten.[52]

Achter Artikel

Begehrt jeder Mensch nach Glückgeborgenheit?

Aus der Abhandlung. Ich antworte: Man kann die Glückgeborgenheit in zweierlei Weise ins Auge fassen. In der einen, dem allgemeinen Berede von Seligkeit nach. Dergestalt will notwesentlich jeder Mensch die Seligkeit.[53] Das allgemeine Berede der Seligkeit ist aber, daß sie, wie gesagt (Art. 3f.), das vollkommene Gut ist. Da nun Gut der Gegenstand des Willens ist, so ist das vollkommene Gut dessen Sache, dessen Willen es ganz Genüge leistet. Glückgeborgenheit begehren, ist daher nichts Anderes, als begehren, daß der Wille satt wird. Das will ein jeder.

In der anderen Weise können wir von der Glückgeborgenheit in einem besonderartigen Berede sprechen, soweit das in Betracht kommt, worin die Glückgeborgenheit besteht. Derweise lernen nicht alle die Glückgeborgenheit kennen; denn sie wissen nicht, welchem Ding das Berede von Glückgeborgenheit zukommt. Die Folge davon ist, daß insofern sie nicht alle wollen.

Zu 3. Diese Begriffsbestimmung [welche der Einwand aus 13. De Trin. (5; vgl. De Beata Vita u. Epist. 130 al. 121 ad Probam 5) hernimmt], die einige aufgestellt haben, »Selig ist, wer alles hat, was er will«, oder» wem alles Gewünschte glückt«, ist, in gewisser Weise verstanden, gut und zureichend; in anderer Weise aber ist sie unvollkommen. Falls sie nämlich schlechthin von allem verstanden wird, was der Mensch mit der naturhaften Begehr will, so ist wahr, daß glückselig ist, wer alles hat, was er will: nichts sättigt nämlich die naturhafte Begehr des Menschen, als nur das vollkommene Gut, das die Glückgeborgenheit ist. Wird sie aber von dem verstanden, was der Mensch gemäß einer Gewahrung in der Vernunft will, so geht der Besitz von Einigem, was der Mensch will, nicht die Seligkeit an, sondern eher die Erbärmlichkeit, insoweit ein derartiger Besitz den Menschen daran hindert, jeweils zu bekommen, was er naturhaft will:[54] gerade wie auch die Vernunft als wahr zuweilen hinnimmt, was ein Hindernis für die Erkenntnis der Wahrheit ist. Und dieser Erwägung gemäß fügt Augustinus im Sinne der Vollkommenheit des Glückgeborgenseins hinzu: »und nichts Übles will«, wiewohl das erste Stück, falls es richtig verstanden würde, genügen könnte; nämlich: »Selig ist, wer alles hat, was er will.«

6. Untersuchung

DAS WILLENTLICHE UND DAS NICHTWILLENTLICHE

Weil also die Hinkunft zur Glückgeborgenheit notwendig über irgend welche Wirkheiten geht (5, 7), so gehört sich folgerichtig, Erwägungen über die menschlichen Wirkheiten anzustellen, damit wir zu wissen bekommen, durch welche Wirkheiten man zur Seligkeit gelangt oder der Seligkeitsweg (1, Vorw.) gehemmt wird. Weil aber die Werktätigkeiten und Wirklichungen[55] um das Einzliche herum sind,[56] so kommt jede auf Wirktum abgestellte Wissenschaft nur mit einer teilbesonderen Erwägung an ihr volles Ende. Die Sittenerwägung (moralis consideratio) ist also, weil sie auf die menschlichen Wirkheiten geht, zuerst alleinslich, dann aber einzelbezüglich abzuhandeln (2 II).

Im Bereich aber der alleinslichen Erörterung der menschlichen Wirkheiten stellen sich dann zuerst die menschlichen Wirkheiten selbst zur Erwägung, an zweiter Stelle ihre Urheiten (49). Von den menschlichen Wirkheiten sind aber etliche des Menschen eigenbehörige; etliche aber sind den Menschen und den übrigen Seelwesen gemeinsam. Und weil die Glückgeborgenheit eigenbehöriges Gut des Menschen ist, so haben zur Glückgeborgenheit die Wirkheiten ein näheres Verwandtschaftsverhältnis, die eigentümlich menschhaft sind, als diejenigen Wirkheiten, welche den Menschen und den anderen Seelwesen gemein sind. Zuerst ist also die Erwägung anzustellen über die Wirkheiten, die menschbehörig sind; sodann über die Wirkheiten, die den Menschen und den Seelwesen sonst gemeinsam sind, sie heißen Leideheiten der Seele (22).

Erster Artikel

Findet sich beiden menschlichen Wirkheiten Willentliches?

Abhandlung. 1. Scheinbar findet sich nicht bei den menschlichen Wirkheiten Willentliches. Willentlich ist nämlich, »wovon es die Urheit in ihm selbst gibt«, wie durch Gregor von

Nyssa (Nemesius, De Natura Hominis 32 al. 5, 3) und Johannes von Damaskus (De Fide orth. 2, 24) und Aristoteles (Ethic. 3, 1 n 20) klarsteht. Nun aber liegt die Urheit der menschlichen Wirkheiten nicht im Menschen selbst, sondern sie ist draußen: denn die Begehr des Menschen wird zum Tun von dem Begehrbaren gewegt, das draußen ist, das wie »ein nicht gewegtes Wegendes« ist, wie es 3. De Anima (10 n 6) heißt. Also wird in den menschlichen Wirkheiten Willentliches nicht gefunden.

2. Ferner, der Philosoph erweist 8. Physic. (2 n 5; vgl. 6 n 7), daß sich in den Seelwesen nicht irgend eine neue Wegung findet, der nicht eine andere äußere Wegung voraufläuft. Nun sind aber alle Wirkheiten des Menschen neu: denn keine Wirkheit des Menschen ist ewig. Also ist die Urheit aller menschlichen Wirkheiten außen-her. Es findet sich also in ihnen nicht das Willentliche.

3. Ferner, wer willentlich tut, kann durch sich tun. Nun aber kommt das dem Menschen nicht zu: es heißt nämlich Jo. 15, 5: »Ohne mich könnt ihr nichts wirken«. Also findet sich Willentliches nicht in den menschlichen Wirkheiten.

Aber dagegen spricht, was Johannes von Damaskus im zweiten Buch (a. a. O.) sagt: »Willentlich ist die Wirkheit, die eine vernünftige Werktätigkeit ist.« Dieser Beschaffenheit sind aber die menschlichen Wirkheiten. Also findet sich in den menschlichen Wirkheiten Willentliches.

Ich antworte: Es gehört sich, daß es in den menschlichen Wirkheiten Willentliches[57] gibt. Um das ersichtlich zu machen, muß man erwägen, daß es von etlichen Wirkheiten oder Wegungen die Urheit im Tuenden oder in dem gibt, was gewegt wird; von etlichen Wegungen oder Wirkheiten aber ist die Urheit draußen. Wann nämlich ein Stein sich in die Höhe bewegt, ist die Urheit dieser Bewegung außerhalb des Steins: aber wann er nach unten sich bewegt, ist die Urheit dieser Bewegung im Stein selber. Von dem aber, was von einer inneren Urheit gewegt wird, wegt einiges sich selbst, anderes aber nicht. Da nämlich jedes Tuende oder Gewegte eines Zweckes wegen tut oder gewegt wird, wie oben (1, 1) verhandelt wurde, so wird das vollkommen von einer inneren Urheit gewegt, in dem es irgend eine innere Urheit gibt, nicht bloß, daß es gewegt wird, sondern daß es auf ein Ziel gewegt wird. Dazu aber, daß etwas von Zweck wegen geschieht, wird irgendwelche Erkenntnis des Zweckes erheischt. Was immer auch also von einer inneren Urheit her, die irgend eine Kunde vom Zweck hat, dergestalt tuend oder gewegt ist, hat in sich selber die Urheit seiner Wirkheit nicht bloß, daß es tut, sondern auch, daß es eines Zweckes wegen tut. Was aber keine Kunde von einem Zweck hat, wenn es in ihm auch die Urheit der Tätigkeit oder Wegung gibt (freilich liegt zu dem, was Tun oder Gewegtwerden eines Zweckes wegen heißt, die Urheit nicht in ihm selber, sondern in dem anderen, von dem ihm die Urheit seiner Zweckwegung eingedrückt wird), bei Derartigem sagt man nicht, es bewegt sich selber, sondern es werde von Anderem gewegt. Was aber Kunde vom Zweck hat, davon sagt man, es bewege sich selber: denn in ihm ist eine Urheit da, nicht bloß, daß es tut, sondern auch, daß es eines Zweckes wegen tut. Und da beides von einer inneren Urheit herrührt, das heißt, daß es tut und daß es wegen eines Zweckes tut, so heißen deswegen seine Wegungen und Wirkheiten willentlich: denn das besagt die Benennung Willentlich, daß die Wegung und die Wirkheit von eigenbehörigem Hang her da ist. Daher rührt es auch, daß man sagt, willentlich sei, nach der Begriffsbestimmung von Aristoteles und Gregor von Nyssa und Johannes von Damaskus (a. a. O.), nicht, wovon bloß »es die Urheit drinnen gibt«, sondern es fügt sich das »Wissen« hinzu. – Da der Mensch im höchsten Grade den Zweck seines Werks erkennt und sich selber anwegt, so findet sich deswegen in seinen Wirkheiten das Willentliche im höchsten Grade.

Also zu 1. Nicht jede Urheit ist eine erstige Urheit. Mag es also auch im Berede von Willentlich liegen, daß seine Urheit drinnen ist, so widerstreitet es doch nicht dem Berede von Willentlich, daß die Innenurheit von einer Urheit draußen verursacht oder angewegt wird: denn es gehört nicht zum Gewese von Willentlich, daß die Innenurheit erstige Urheit ist.[58] – Immerhin muß man wissen, daß der Fall eintritt, daß irgend eine Urheit von Bewegung die erstige in einer Gattung ist, daß sie indessen nicht die erste schlechthin ist: gerade wie in der Gattung des Veränderbaren das erste Andersmachende der Himmelskörper ist, der freilich nicht das Erstwegende schlechthin ist, sondern in örtlicher Wegung von einem darüberstehenden Bewegenden angewegt wird. Dergestalt ist also die Innenurheit des willentlichen Wirkgeschehens, die die auf Erkennen und Begehr abgestellte Kraft ist, die erstige Urheit in der Gattung der begehrhaften Wegung, obwohl sie von etwas draußen anderen Wegungsarten nach angewegt wird.

Zu 2. Gewiß kommt der neuen Wegung irgend eines Seelwesens eine äußere Wegung in zweierlei Betracht zuvor. In einer Weise, insofern durch die Wegung draußen dem Gesinn des Seelwesens sich irgend ein Sinnfälliges vorstellt, das, wahrgenommen, die Begehr anwegt: gerade wie der Löwe, der den Hirsch durch seine Bewegung herannahen sieht, anfängt, auf ihn hin bewegt zu werden. In einer zweiten Weise, insofern durch die äußere Wegung der Körper des Seelwesens irgendwie eine naturhafte Veränderung zu erfahren beginnt, z. B. durch Kälte oder Wärme; erleidet aber der Körper eine Veränderung durch eine Bewegung am äußeren Körper, so wird auch beischaftlich die sinnenhafte Begehr verändert, die eine Wirkkraft eines körperlichen Lebenswerkzeugs ist; gerade wie dann, wenn aus irgend einem Anders des Leibes die Begehr aufgewegt wird zur Begierlichkeit nach irgend einem Ding. Aber das widerstreitet nicht, wie (zu 1) gesagt, dem Berede von Willentlich: derartige Bewegungserscheinungen nämlich von einer äußeren Urheit her schlagen in eine andere Gattung.

Zu 3. Gott wegt den Menschen zum Tun an, nicht bloß wie einer, der dem Gesinn das Begehrbare vorlegt, oder ändernd auf den Leib einwirkt, sondern auch wie einer, der den Willen selber wegt: denn jegliche Wegung sowohl des Willens wie der Natur geht von ihm wie vom erstigen Wegenden aus. Und gerade wie es nicht dem Gewese der Natur widerstreitet, daß die Wegung der Natur von Gott wie vom erstigen Wegenden da ist, insoweit die Natur eine Art Werkzeug des wegenden Gottes ist, geradeso widerstreitet es nicht dem Berede von willentlichem Wirkgeschehen, daß es von Gott her da ist, insoweit der Wille von Gott angewegt wird.[59] Allgemein freilich liegt im Berede von natürlicher und willentlicher Wegung, daß sie von einer inneren Urheit herrühren.

Zweiter Artikel

Findet man Willentlich bei den tierischen Seelwesen?

Aus der Abhandlung. Ich antworte: Wie (vor. Art.) gesagt, erheischt das Berede von Willentlich, daß die Urheit des Wirkgeschehens drinnen ist, zusammen mit irgend einer Erkenntnis vom Zweck. Es gibt aber ein doppeltes Zweckerkennen: ein vollkommenes nämlich und ein unvollkommenes. Nun liegt die vollkommene Zweckerkenntnis vor, sobald nicht bloß das Ding wahrgenommen wird, das Zweck ist, sondern auch das Berede von Zweck erkannt wird und das Anmaß dessen, was auf ihn zweckbeordnet ist. Eine solche Zweckerkenntnis kommt allein der vernünftigen Natur zu. Die unvollkommene Zweckerkenntnis aber ist die, welche in der bloßen Wahrnehmung des Zweckes besteht, ohne daß ein Zweckberede und das Anmaß des Wirkgeschehens zu dem Zweck erkannt wird. Und eine derartige Zweckerkenntnis findet sich bei den tierischen Seelwesen durch das Gesinn und die naturhafte Veranschlagung.

Die Folge der vollkommenen Zweckerkenntnis ist also das Willentliche dem vollkommenen Berede nach: d. h., es kann einer nach Wahrnehmung des Zwecks mit Überlegung des Zwecks und dessen, was es auf den Zweck hin gibt, zum Zweck sich wegen lassen oder nicht wegen lassen. Auf das unvollkommene Zweckerkennen aber folgt Willentlich einem unvollkommenen Berede nach: stellt doch der Zweckgewahrende nicht eine Überlegung an, sondern wird jählings zu ihm hingewegt. Deswegen kommt bloß der vernunfthaften Natur Willentlich dem vollkommenen Berede nach zu: aber einem unvollkommenen Berede nach kommt es auch den tierischen Seelwesen zu.

Dritter Artikel

Kann Willentlich ohne jede Wirkheit vorhanden sein?
(Vgl. 71, 5 zu 2)

Feststellung. Willentliches kann es zuweilen geben, ohne daß es eine äußere Wirkheit zusammen mit der inneren gibt. Wie dann, wenn (der Wille) will, nicht tuend zu sein; ab und zu aber ohne innere Wirke, wie, wann er nicht will, tuend zu sein.

Vierter Artikel

Kann dem Willen Gewalt angetan werden? (Vgl. I 82, 1)

Abhandlung. 1. Scheinbar kann dem Willen Gewalt angetan werden. Jedwedes kann nämlich von einem Vermöglicheren erzwungen werden. Es gibt nun aber etwas Vermöglicheres als den menschlichen Willen, nämlich Gott. Also kann er zumindest von ihm gezwungen werden.

2. Ferner, alles Leidehafte wird von seinem Tuhaften gezwungen, wenn es von ihm umgesetzt wird. Nun aber ist der Wille eine Leidekraft: er ist nämlich »ein gewegtes Wegendes«, wie es 3. De Anima (10 n 7) heißt. Da er zuweilen von seinem Tuhaften gewegt wird, so scheint er also irgendwann gezwungen zu werden.

3. Ferner, gewaltsam ist die Wegung, die gegen die Natur geht. Nun gibt es aber manchmal eine Wegung des Willens gegen die Natur, wie von der Wegung des Willens zu sündigen klar ist, die gegen die Natur ist, wie Johannes von Damaskus (De Fide orth. 4, 20) sagt. Also kann die Wegung des Willens erzwungen werden.

Aber dagegen spricht, was Augustinus 5. De Civ. Dei (10) sagt, wenn etwas mit Willen geschehe, geschehe es nicht aus Notwendigkeit. Alles Erzwungene aber geschieht aus Notwendigkeit. Also kann nicht, was aus Willen geschieht, erzwungen sein. Also kann der Wille nicht zum Tun gezwungen werden.

Ich antworte: Es gibt ein zweifaches Wirkgeschehen des Willens: eins nämlich, was unmittelbar sein ist, wie ihm selbst entlockt, nämlich Wollen; das andere aber ist ein vom Willen befohlenes Wirkgeschehen des Willens und mittels eines anderen Vermögens ausgeübt, wie Umhergehen und Sprechen, die vom Willen mittels des Wegungsvermögens befohlen werden. Die vom Willen befohlenen Wirkheiten anlangend, kann also der Wille Gewalt erleiden, insofern durch Gewaltsamkeit die äußeren Glieder gehindert werden können, den Befehl des Willens auszuführen. Hingegen was gerade die eigenbehörige Wirke des Willens angeht, kann ihm keine Gewalt angetan werden.

Der Grund davon ist der, daß Wirke des Willens nichts anderes ist als ein gewisser von der inneren erkennenden Urheit ausgehender Hang: gerade wie die naturhafte Begehr eine gewisse Neigung von der inneren Urheit und ohne Erkenntnis ist. Was aber erzwungen oder gewaltsam ist, ist da von einer äußeren Urheit her. Darum geht es gegen das Berede vom Wirkgeschehen gerade des Willens, daß er erzwungen oder gewaltsam ist: gerade wie das auch gegen das Berede von naturhafter Neigung oder Wegung geht. Es kann nämlich der Stein durch Gewalt nach oben gerissen werden: aber es kann nicht der Fall sein, daß diese gewaltsame Bewegung aus seiner natürlichen Neigung da ist. Ähnlicherweise kann auch der Mensch durch Gewalt gezogen werden: aber daß dies aus seinem Willen der Fall ist, widerstreitet dem Berede von Gewalt.

Also zu 1. Gott, der vermögender ist als der menschliche Wille, kann den menschlichen Willen wegen; nach dem Wort Spr. 21, 1: »Das Herz des Königs ist in Gottes Hand und er kehrt es, wohin immer er will.« Aber wenn das durch Gewalt der Fall wäre, so gäbe es das nicht zusammen mit der Wirke des Willens, und es würde nicht der Wille selber gewegt, sondern etwas gegen den Willen.

Zu 2. Es liegt nicht immer eine gewaltsame Wegung dann vor, wenn das Leidehafte von seinem Tuigen eine Umsetzung erfährt: sondern sobald dies gegen den inneren Hang des Leidehaften geschieht. Sonst wären alle Veränderungen und Fortpflanzungen der einschlächtigen Körper[60] unnatürlich und gewaltsam. Sie sind aber natürlich, wegen der naturhaften inneren Passung des Wesungsstoffs oder der Trage für solche Eignung. Und ähnlicherweise ist es nicht eine gewaltsame, sondern eine willentliche Wegung, sobald der Wille der eigenbehörigen Neigung nach von dem Begehrbaren gewegt wird.

Zu 3. Das, worein der Wille mit der Sünde strebt, mag es auch übel und gegen die vernünftige Natur der Wahrheit des Dings nach sein, wird doch wie Gut und Naturzukömmlich wahrgenommen, insofern es dem Menschen irgend einer Leide des Gesinns oder irgend einer verdorbenen Verhabung nach paßt.[61]

Fünfter Artikel

Verursacht Gewalt Nichtwillentliches? (Vgl. 73, 6)

Feststellung. Da es die Gewalt von einer Urheit draußen, das Willentliche aber wie auch das Naturhafte von einer inneren Urheit gibt, so verursacht notwesentlich die Gewalt Nichtwillentliches.[62]

Sechster Artikel

Verursacht Furcht Nichtwillentliches schlechthin?

Aus der Abhandlung. Ich antworte: Wie der Philosoph 3. Ethic. (1 n 6 u. 10) und ebenso Gregor von Nyssa in seinem Buch über den Menschen (Nemesius, De Nat. Hom. 30 al. 5, 1) sagt, ist Solchartiges, wie es infolge von Furcht getan wird, »eine Mischung aus Willentlichem und Nichtwillentlichem«. Das nämlich, was durch Furcht getan wird, ist, in sich gesehen, nicht willentlich: aber es wird, wenn es eintritt, willentlich, es geschieht nämlich zur Vermeidung des Üblen, vor dem man Furcht hat.

Aber wenn einer recht zusieht, ist solcherlei mehr willentlich als nichtwillentlich: es ist nämlich schlechthin willentlich, nichtwillentlich aber einer Hinsicht nach. Es heißt nämlich von jeglichem, es sei schlechthin, je nachdem es in der Wirklichkeit ist: sonach es aber in der bloßen Gewährung da ist, gibt es das nicht schlechthin (simpliciter), sondern in gewisser Hinsicht (secundum quid).[63] Das aber, was infolge von Furcht getan wird, ist demgemäß im Wirkgeschehen, sonach es geschieht: da es nämlich die Wirkheiten im Einzelnen gibt, das Einzelne aber, insoweit es derart ist, hier und jetzt ist, so ist demnach das, was geschieht, in der Wirke, sonach es hier und jetzt und unter anderen vereinzlichenden Bedinglichkeiten ist. Dergestalt ist aber das, was infolge von Furcht geschieht, willentlich, insofern es nämlich hier und jetzt ist, da es ja in diesem Falle das Hindernis für das größere Üble ist, welches befürchtet wurde: wie das Überbordwerfen der Waren willentlich zur Zeit des Sturmes geschieht wegen der Furcht vor der Lebensgefahr. Deswegen liegt auf der Hand, daß es schlechthin willentlich ist. Deswegen kommt ihm auch das Berede von Willentlich zu: denn seine Urheit ist drinnen. – Nimmt man aber das, was infolge von Furcht geschieht, wie außerhalb dieses Falles vorhanden an, so wie es dem Willen widerstreitet, so gibt es das nur der Erwägung nach. Und es ist deswegen nichtwillentlich in einer Hinsicht, das heißt, so wie es als außerhalb dieses Falles erwogen wird.

Feststellung. Was infolge von Furcht geschieht, ist schlechthin willentlich, in gewisser Hinsicht aber nichtwillentlich.

Siebenter Artikel

Verursacht Begierlichkeit Nichtwillentliches?

Abhandlung. 1. Scheinbar verursacht Begierlichkeit Nichtwillentliches. Wie nämlich die Furcht eine Leideheit ist, so auch die Begierlichkeit. Nun aber verursacht die Furcht in einer gewissen Weise Nichtwillentliches. Also auch die Begierlichkeit.

2. Ferner, gerade wie der Furchtsame infolge der Erschreckung[64] gegen seinen Vorsatz handelt, so tut es der Unenthaltsame wegen der Begierlichkeit. Nun aber verursacht die Erschreckung in irgend einer Weise Nichtwillentliches. Also auch die Begierlichkeit.

3. Ferner, zum Willentlichen ist Erkenntnis erforderlich. Nun aber verdirbt Begierlichkeit die Erkenntnis: es sagt nämlich der Philosoph 6. Ethic. (5 n 6), die »Freuung« oder die Begierlichkeit nach Freuung »verdirbt die Veranschlagung in der Klugheit«. Also verursacht die Begierlichkeit Nichtwillentliches.

Aber dagegen spricht, was Johannes von Damaskus De Fide orth. (2, 24) sagt: »Das Nichtwillentliche ist der Barmherzigkeit oder der Nachsicht wert und wird mit Verdruß getan.« Nun aber kommt keins von beidem dem zu, was infolge von Begierlichkeit getan wird. Also verursacht die Begierlichkeit nicht das Nichtwillentliche.

Ich antworte: Die Begierlichkeit verursacht nicht Nichtwillentliches, sondern macht eher etwas willentlich. Es heißt nämlich etwas willentlich daher, daß der Wille sich zu ihm hintragen läßt. Durch die Begierlichkeit neigt sich aber der Wille dazu, das zu wollen, was begehrlicht wird. Und deswegen trägt die Begierlichkeit mehr dazu bei, daß etwas willentlich ist, als daß es nichtwillentlich ist.

Also zu 1. Die Erschreckung geht auf ein Übles, die Begierlichkeit aber kehrt sich Gut zu. Das Üble steht nun an sich im geraden Gegensatz zum Willen, aber Gut steht mit dem Willen im Einklang. Deswegen hat die Erschreckung mehr das Behaben, Nichtwillentliches zu verursachen, als die Begierlichkeit.

Zu 2. Bei dem, der etwas infolge von Furcht tut, bleibt der Widerstreit des Willens, an sich gesehen, gegenüber dem, was getan wird. Aber in demjenigen, der etwas infolge der Begierlichkeit tut, wie es mit dem Unenthaltsamen der Fall ist, verbleibt nicht der frühere Wille, mit dem er das zurückwies, was begehrt wird, sondern setzt sich um, das zu wollen, was er vorher zurückwies. Und deswegen ist, was infolge von Furcht getan wird, in gewisser Weise nichtwillentlich: aber was infolge von Begierlichkeit getan wird, keineswegs. Denn wer die Begierlichkeit nicht anhält, tut dem entgegen, was er früher vorhatte, nicht aber dem, was er jetzt will: aber der Furchtsame tut dem entgegen, was er auch jetzt an sich will.

Zu 3. Wenn die Begierlichkeit ganzartig das Erkennen benähme, wie es bei denjenigen geschieht, die wegen der Begierlichkeit den Besinn verlieren, so würde folgen, daß Begierlichkeit das Willentliche aufhöbe. Und dennoch gäbe es in diesem Fall nicht eigentlich Nichtwillentliches: denn in dem, was den Gebrauch der Vernunft nicht hat, gibt es weder Willentliches noch Nichtwillentliches.[65] Dagegen wird dann und wann bei dem, was durch die Begierlichkeit getan wird, die Erkenntnis nicht ganzartig aufgehoben, denn es wird nicht die Vermögeschaft des Erkennens aufgehoben, sondern bloß die wirkliche Erwägung bei einem teilbesonderen Tulichen. Und gerade das ist doch das Willentliche, insofern willentlich heißt, was in der Macht des Willens steht, wie Nichttun und Nichtwollen, ähnlicherweise aber auch Nichterwägen: es vermag nämlich der Wille der Leidenschaft zu widerstehen, wie unten (10, 3; 77, 7) gesagt werden wird.

Feststellung. Willentlich heißt etwas daher, daß der Wille sich dazu hintragen läßt: die Begierlichkeit verursacht also nicht das Nichtwillentliche, sondern trägt eher dazu bei, daß etwas willentlich ist, als daß es nichtwillentlich ist.

Achter Artikel

Verursacht Nichtwissen Nichtwillentliches?
(Vgl. 19, 6; 76, 3. 4)

Aus der Abhandlung. Ich antworte: Nichtwissen hat es an sich, Nichtwillentliches in dem Berede zu verursachen, in welchem es die Fehle des Erkennens ist, das zu Willentlich, wie oben (Art. 1) gesagt, vorausgesetzt wird. Nicht jedes Nichtwissen jedoch beseitigt ein derartiges Erkennen. Und deswegen muß man sich damit bekannt machen, daß Nichtwissen sich in dreifacher Weise zur Willenswirke verhalten kann: einmal begleitender Weise, sodann folgeweise, drittens voraufgängig. Begleitender Weise nämlich, sobald das Nichtwissen von dem vorhanden ist, was getan wird, dies jedoch, auch wenn man Wissen davon hätte, nichtsdestoweniger getan würde. Dann nämlich verleitet das Nichtwissen nicht, zu wollen, daß dies geschieht, sondern es tritt ein, daß gleichzeitig etwas geschehen und ungewußt ist: gerade wie das Beispiel [im dritten Einwand] annimmt, daß einer zwar den Feind töten wollte, aber ihn unbewußt tötet, indem er glaubt, einen Hirsch zu töten. Solches Nichtwissen bewirkt nicht ein Nichtwillentliches (involuntarium), wie der Philosoph sagt (Ethic. 3, 1 n 13ff.), weil es nicht etwas verursacht, was dem Willen widerstreitet, sondern bewirkt etwas »Nichtwillenhaftes« (non voluntarium), weil nicht etwas wirkgeschehlich gewollt sein kann, was unbewußt ist.

Folgeweise aber verhält sich das Nichtwissen zum Willen, insofern das Nichtwissen selber willentlich ist. Und das tritt zwiefältig nach den beiden oben (Art. 3) angegebenen Weisen von Willentlich ein. In der einen Weise, weil das Wirkgeschehen des Willens sich in das Nichtwissen hineintragen läßt: wie dann, wenn einer nichtwissen will, damit er die Entschuldigung für die Sünde hat, oder damit er nicht vom Sündigen sich zurückziehen läßt nach jenem Worte Hiob 21, 14: »Die Kenntnis deiner Wege wollen wir nicht.« Sie heißt das zurechtgemachte Nichtwissen (ignorantia affectata). – In einer anderen Weise spricht man von willentlichem Nichtwissen bei dem, was einer zu wissen vermag und schuldet: dergestalt nämlich heißt, wie oben (Art. 3) gesagt, Nichttun und Nichtwollen willentlich. In dieser Weise spricht man also von Nichtwissen, entweder wenn einer, was er zu erwägen vermag und schuldet, wirkgeschehlich nicht ins Auge faßt, was das aus einer Leidenschaft oder aus einer Verhabung (ex habitu) kommende Nichtwissen übler Wahl (malae electionis) ist: oder wenn einer die Kenntnis, die zu haben sich für ihn gebührt, nicht zu erwerben sorgt; und dieser Weise nach heißt das Nichtwissen der Rechtsgrundsätze (universalium iuris), die einer zu kennen gehalten ist, willentlich als wie infolge von Nachlässigkeit aufgekommen. – Da aber eben das Nichtwissen auf eine von diesen Weisen willentlich ist, so kann es nicht schlechthin Nichtwillentliches verursachen. Es verursacht freilich in gewisser Hinsicht Nichtwillentliches, insofern es der Wegung des Willens zu einem Tun voraufgeht, die es nicht gäbe, wenn das Wissen da wäre.

In einem Vorher steht aber das Nichtwissen zum Willen, wenn es nicht willentlich ist und doch die Ursache ist, zu wollen, was sonst der Mensch nicht gewollt hätte. Gerade wie, wenn der Mensch irgend einen Umstand der Handlung nichtweiß, den zu wissen er nicht gehalten war, und daher etwas tut, das er bewußt nicht tun würde: nimm an, wenn einer bei aller Umsicht, unbewußt, daß einer des Weges vorübergeht, einen Pfeil abschießt, mit dem er den Vorübergehenden tötet. Eine solche Unwissenheit verursacht Nichtwillentliches schlechthin.

Feststellung. Das Nichtwissen von dem, was einer zu wissen gehalten ist, verursacht Willentliches schlechthin, nicht aber Nichtwillentliches: das Nichtwissen hingegen, welches das Wirkgeschehen des Willens begleitet, als (Nichtwissen) dessen, was so getan wird, daß es auch bewußt getan würde, bewirkt das Nichtwillenhafte (dagegen nicht das Nichtwillentliche); dasjenige Nichtwissen, das die Ursache ist, das zu wollen, was einer sonst nicht wollte, bewirkt schlechthin Nichtwillentliches.

7. Untersuchung
DIE UMSTÄNDE DER MENSCHLICHEN HANDLUNGEN

Erster Artikel
Ist der Umstand eine Beischaft der menschlichen Wirke?
(Vgl. 18, 3)

Feststellung. Umstand heißt, was zwar draußen um ein Ding ist, jedoch an es heranlangt; die Umstände der menschlichen Wirkgeschehungen heißen daher richtig ihre Beischaften (accidentia).

Zweiter Artikel
Hat der Theologe die Umstände der menschlichen Handlungen ins Auge zufassen?

Abhandlung. 1. Scheinbar sind die Umstände der menschlichen Handlungen vom Theologen nicht ins Auge zu fassen. Vom Theologen werden nämlich die menschlichen Handlungen nur erwogen, insofern sie irgend wie beschaffen, d. h. gut oder böse sind. Nun aber scheinen die Umstände die Wirkgeschehungen nicht irgendwie beschaffen machen zu können: denn nichts wird, wesungsförmlich gesprochen, von dem her beschaffen, was draußen von ihm ist, sondern von dem, was in ihm selber ist. Also hat der Theologe die Umstände der Handlungen nicht zu erwägen.

2. Ferner, die Umstände sind Beischaften der Handlungen. Nun aber »fällt einem Einzahligen Unendliches bei«: und deswegen, so heißt es in 6. Metaph. (Did. 5, 2 n 1ff.), »gibt es keine Werkschaft oder Wissenschaft um das beischaftlich Seiende, als bloß die trugschlüssige (sophistica).[66] Also hat der Theologe nicht die Umstände der menschlichen Handlungen zu erwägen.

3. Ferner, die Erwägung der Umstände geht den Redeerzieher an. Die Redebehandlung ist aber kein Teil der Gottesgelehrtheit, also fällt die Erwägung der Umstände nicht in den Bereich des Theologen.

Aber dagegen verursacht das Nichtwissen der Umstände Nichtwillentliches, wie Johannes von Damaskus (De Fide orth. 2, 24) und Gregor von Nyssa (Nemesius, De Nat. Hom. 31 al. 5, 2) sagen. Nun aber enthebt das Nichtwillentliche der Schuld, deren Erwägung an den Theologen gehört. Also gehört auch die Erwägung der Umstände an den Theologen.

Ich antworte: Die Umstände fallen in den Erwägungsbereich des Gotteslehrers unter einem dreimaligen Berede. Einmal nämlich, weil der Gotteslehrer die menschlichen Handlungen demnach erwägt, daß durch sie der Mensch auf die Glückgeborgenheit hingeordnet wird. Von allem aber, was Zweckbeordnung hat, gehört sich, daß es in einem Verhältnisgleichmaß zum Zweck steht. Die Handlungen aber finden ihr Verhältnisgleichmaß zum Zweck einer gewissen Abmessung nach, die durch die gehörigen Umstände geschieht. Deswegen fällt die Erwägung der Umstände in den Bereich des Gotteslehrers. – Zweitens, weil der Theologe die menschlichen Handlungen ins Auge faßt, insofern sich in ihnen Gut und Übles und Besseres und Schlechteres findet: und dies wird den Umständen nach unterschiedlich, wie unten (18, 10f.; 73, 7) sich herausstellen wird. – Drittens, weil der Theologe die menschlichen Handlungen erwägt, insofern sie verdienstlich oder mißverdienstlich sind, was für die menschlichen Handlungen zutrifft; dazu ist erforderlich, daß sie willentlich sind. Die menschliche Wirke wird aber als willentlich oder nichtwillentlich beurteilt gemäß der Kenntnis oder Unkenntnis der Umstände, wie (im »Dagegen«; vgl. 6, 8) gesagt worden ist. Und deswegen bereicht die Erwägung der Umstände den Theologen.

Also zu 1. Zweckbeordnetes Gut heißt nützlich, es besagt eine Beziehung: deswegen sagt der Philosoph 1. Ethic. (6 n 3): »Das beziehliche Gut (in ad aliquid bonum) ist das Nützliche.« In dem aber, was beziehlich genannt wird, erfährt etwas seine Benennung nicht bloß von dem, was inne ist, sondern auch von dem, was draußen beigelegen ist: wie von Rechts und Links, Gleich und Ungleich und ähnlichem klar ist. Da es nun die Gutheit der Handlungen insofern gibt, als sie nützlich zu einem Zweck sind, so hindert deswegen nichts, sie gut oder übel zu nennen je nach dem Gleichmaßverhältnis zu etwas, was draußen beigelegen ist.

Zu 2. Die Beischaften, welche sich ganz beischaftlich verhalten,[67] läßt jeder Wissens- und Schaffensbetrieb wegen ihrer Ungewißheit und Unendlichkeit beiseite. Aber solche Beischaften haben kein Umstandsgewese: denn, wie gesagt (Art. 1), sind die Umstände dergestalt beim Wirkgeschehen draußen, daß sie doch die Wirke in irgend einer Weise, auf sie hingeordnet, mit beruhren. Die Beischaften an und für sich aber fallen unter Wissenschaft.

Zu 3. Die Erwägung der Umstände geht den Sittenlehrer (moralem) und den Staatslehrer (politicum) und den Redelehrer (rhetorem) an. Den Sittenlehrer nämlich, insofern ihnen nach die Mittehaltung der Tugend[68] bei den menschlichen Handlungen und Leideheiten gefunden oder außer Acht gelassen wird. Den Staatslehrer aber und den Redelehrer demnach, als durch die Umstände die Handlungen löblich oder tadelnswert, entschuldbar oder schuldhaft werden. Freilich verschiedenerweise: denn wozu der Redner überredet, zieht, wer mit der Staatsgesellschaft zu tun hat, vor seinen Richterstuhl. In den Bereich des Gotteslehrers aber, zu welchem alles Wissen und Schaffen sonst im Lehen steht (deserviunt), fällt sie in allen aufgeführten Weisen: denn er hat zusammen mit dem Sittenlehrer die Erwägung über die tugendhaften und die lasterhaften Handlungen und unterwirft zusammen mit dem Redelehrer und dem Staatsmann die Handlungen seiner Erwägung, insofern sie Strafe oder Belohnung verdienen.[69]

Dritter Artikel

Werden die Umstände im dritten Buch der Ethik zutreffend aufgeführt?

Feststellung. Bei den menschlichen Handlungen ist darauf zu achten, wer der Täter ist, mit welchen Hilfsmitteln oder Werkzeugen, was, warum, wie, wo und wann und an was er es getan hat [Quis, quid, ubi, quibus auxiliis, cur, quomodo, quando. Cic. de Invent. Rhet. 1].

Vierter Artikel

Sind die hauptsächlichen Umstände das Weswegen und der Inhalt der Werktätigkeit?

Feststellung. An erster Stelle steht der Umstand, der das menschliche Wirkgeschehen von der Zweckseite her anlangt, nämlich: »Weswillen« (cuius gratia)? Ihm folgt der das Wirkgeschehen dem Wesen nach berührende Umstand, nämlich, »was einer getan hat«.

8. Untersuchung

DER WILLE ALS DAS GEWOLLTE

Die Erwägung geht nun zu den willentlichen Handlungen im besonderen (6, Vorw.) über, und zunächst zu den Handlungen, die unmittelbar die des Willens selber sind als dem Willen selber entlockt (eliciti), sodann zu den vom Willen befohlenen (imperati) Handlungen (17).

Der Wille aber wird in den Zweck hineinbewegt und in das, was auf den Zweck geht. Erstlich sind also die Wirkheiten des Willens in Bedacht zu ziehen, mit denen er sich zum Zweck hinbewegt, und dann seine Wirkgeschehungen, mit denen er sich in das hineinbewegt, was zum Zweck da ist (13).

Wirkgeschehungen des Willens auf den Zweck hin scheint es aber drei zu geben: nämlich Wollen, Genießen und Vorhaben. Erstlich also nehmen wir den Willen ins Auge, zum zweiten den Freuungsgenuß (11), drittens das Vorhaben (12).

Erster Artikel

Ist der Wille nur zu Gut da? (Vgl. I 19, 9)

Abhandlung. 1. Scheinbar ist der Wille[70] nicht nur zu Gut da. Denn dasselbe Vermögen geht auf das sich gerade Entgegengesetzte, wie das Gesicht auf Weiß und Schwarz.[71] Nun sind aber Gut und Bös einander entgegengesetzt. Also geht der Wille nicht bloß auf Gut, sondern auch auf Bös.

2. *Ferner,* die vernünftigen Vermögen verhalten sich zu Entgegengesetztem so, daß sie beides verfolgen, gemäß dem Philosophen (Metaph. 8, 2 n 2). Nun ist aber der Wille ein vernünftiges Vermögen: es gibt ihn nämlich »in der Vernunft«, wie es 3. De Anima (9 n 3) heißt. Also hat der Wille ein Verhältnis zu dem einander Entgegengesetzten. Nicht also bloß zum Wollen von Gut, sondern auch zum Wollen von Übel.

3. *Ferner,* Gut und Seiend lassen sich tauschen.[72] Nun aber geht der Wille nicht bloß auf das Seiende, sondern auch auf das Nichtseiende: wir wollen nämlich auch einmal nicht umhergehen und nicht reden. Wir wollen zuweilen auch Gewisses in der Zukunft, was nicht in der Wirklichkeit seiend ist. Also geht der Wille nicht nur auf Gut.

Aber dagegen spricht, was Dionysius sagt 4. De Div. Nom.: »Der Wille geht am Üblen vorbei« und: »Alles begehrt Gut.«

Ich antworte: Der Wille ist eine vernunfthafte Begehr. Alle Begehr gibt es aber nur zu Gut. Der Grund davon ist, daß die Begehr nichts anderes ist als die Neigung des Begehrenden zu etwas. Nichts aber hat eine Neigung, es sei denn auf etwas Ähnliches und Passendes. Da nun jedes Ding, insoweit es ein Seiendes und Selbstand (substantia) ist, ein gewisses Gut ist, so ist notwendig jede Neigung auf Gut da. Daher rührt es, daß der Philosoph 1. Ethic. (1 n 1) sagt, Gut sei, »wonach alles begehrt«.

Es ist aber in Erwägung zu ziehen, da jeder Hang irgend eine Wesungsform gewinnt, daß die Begehr in der Natur eine in der Natur bestehende Wesungsform gewinnt: die sinnenhafte aber oder auch die verstandhafte oder vernünftige Begehr, die Wille heißt, folgt der wahrgenommenen Wesungsform.[73] Gerade wie also das, in was die natürliche Begehr strebt, ein im Ding vorhandenes Gut ist, ebenso ist das, in was die seelwesenhafte oder willentliche Begehr strebt, das wahrgenommene Gut.[74] Dazu also, daß der Wille in etwas strebt, ist nicht erforderlich, daß es gut in der Dingwahrheit ist, sondern, daß es in Sinn und Sage von Gut (in ratione boni) wahrgenommen wird. Und deswegen sagt der Philosoph 2. Physic. (3 n 5): »Zweck ist das Gut oder das anscheinende Gut.«

Also zu 1. Dasselbe Vermögen geht auf sich Entgegengesetztes, aber es verhält sich nicht in derselben Weise zu beidem. Der Wille hat also ein Verhältnis zu Gut und zu Übel: aber zu Gut durch das Begehren nach ihm, zu Übel dagegen durch die Flucht vor ihm. Eben die wirkgeschehliche Begehr also zu Gut heißt »Wille«, insofern sie die Willenswirke benennt: so nämlich sprechen wir jetzt vom Willen. Die Flucht aber vor dem Üblen heißt eher »Neinwillen« (noluntas). Gerade wie deswegen der Wille auf Gut geht, so geht der Widerwille auf Übel.

Zu 2. Ein vernunfthaftes Vermögen hat zu dem sich Entgegengesetzten nicht das Verhältnis, daß es jedes Mal ihm folgen kann, sondern daß es das nur bei dem tut, was unter dem Gegenstand enthalten ist, der ihm liegt: denn ein Vermögen setzt ausschließlich dem ihm zukömmlichen Vorwurf nach. Nun ist der Vorwurf des Willens das Gut. Deswegen hat der Wille das Verhalten, demjenigen sich Entgegengesetzten zu folgen, das unter Gut befaßt wird, wie: sich wegen und Ruhe halten, sprechen und schweigen u. dgl.: denn dazu läßt sich beiderseits unter dem Berede von Gut Wille tragen.[75]

Zu 3. Was nicht seiend in der Natur der Dinge ist, läßt sich als ein Seiendes in der Vernunft annehmen:[76] deswegen heißen die Verneinungen und Fehlen gedacht seiend (entia rationis). In dieser Weise ist auch das Zukünftige, so wie es wahrgenommen wird, seiend. Insoweit es also derartiges Seiendes gibt, wird es unter dem Gutberede wahrgenommen: und dergestalt strebt der Wille darauf los. Deswegen sagt der Philosoph 5. Ethic. (1 n 10), »Übles zu missen hat ein Berede von Gut«.

Zweiter Artikel

Geht der Wille nur auf den Zweck oder auch wohl auf das, was es auf den Zweck hin gibt?

Aus der Abhandlung. Ich antworte: Willen nennt man einmal das Vermögen selber, mit dem wir wollen, ein andermal aber gerade das Wirkgeschehen des Willens. Reden wir also vom

Willen, insofern er das Vermögen bezeichnet, so erstreckt er sich auf den Zweck und auf das, was zum Zweck da ist. Denn auf das erstreckt sich jedes Vermögen, worin sich irgendwie ein Berede seines Gegenstandes finden läßt: gerade wie sich das Gesicht auf alles erstreckt, was nur immer in irgend einer Weise Farbe zuteil hat. Das Berede von Gut aber, das der Vorwurf des Willensvermögens ist, wird nicht bloß im Zweck, sondern auch in dem, was zum Zweck da ist, angetroffen.

Reden wir aber von Willen, insofern er eigentlich das Wirkgeschehen bezeichnet, so geht er, eigentlich gesagt, nur auf den Zweck. Jede nach dem Vermögen benannte Wirkheit nämlich bezeichnet das einfache Wirkgeschehen dieses Vermögens: gerade wie »Verstehen« die schlichte Wirke des Verstandes bezeichnet. Das einfache Wirkgeschehen eines Vermögens geht aber auf das, was an sich Gegenstand des Vermögens ist.[77] Das, was aber seiner selbst wegen Gut und Gewollt ist, ist der Zweck. Deswegen geht der Wille eigenbehörig gerade auf den Zweck. Was es aber auf den Zweck hin gibt, ist nicht seiner selbst wegen gut oder gewollt, sondern aus der Hinordnung auf den Zweck. Deswegen läßt sich der Wille in das nicht hineintragen, es sei denn, insofern er in den Zweck hineingetragen wird: deswegen ist eben das, was er in ihm will, der Zweck. Gerade wie auch das Verstehen eigentlich auf das geht, was an sich erkannt wird, d. h. die Ursätze:[78] bei dem aber, was durch die Ursätze erkannt wird, spricht man nur von Einsicht, sofern in ihm die Ursätze selbst ins Auge gefaßt werden: denn »gerade so verhält sich der Zweck bei den Begehrbarkeiten, wie das Gehaben der Ursätze bei den Verstehbarkeiten ist«, wie es 7. Ethic. (8 n 4; vgl. Physic. 2, 9 n 3) heißt.

Dritter Artikel

Wegt sich der Wille mit derselben Wirke in den Zweck und in das, was es zum Zwecke gibt? (Vgl. 12, 4)

Aus der Abhandlung. Ich antworte: Da der Zweck an sich gewollt ist, das aber, was als solches zum Zweck da ist, nur des Zweckes wegen gewollt ist, so liegt auf der Hand, daß ein

Wille zum Zweck getragen werden kann, ohne daß er auf das getragen wird, was auf den Zweck geht; in das aber, was es als solches auf den Zweck hin gibt, läßt er sich nur tragen, wenn er eben zum Zweck getragen wird. Dergestalt ist also die Fahrt des Willens in den Zweck eine doppelte: in der einen Weise eine unbedingte an sich, in der anderen Weise als wie eine in den Grund hinein, das zu wollen, was es auf den Zweck hin gibt. Es liegt also auf der Hand, daß es ein und dieselbe Wegung ist, mit der der Wille in den Zweck, insofern er die Begründung für das Wollen dessen ist, was zum Zweck da ist, fährt, und in eben dies, was es zum Zweck hin gibt. Dagegen ist es ein anderes Wirkgeschehen, mit dem er frei von jeder Bezugnahme in den Zweck selber fährt.[79] Und ab und zu geht es zeitlich voraus: so dann, wenn einer zunächst die Gesundheit will und danach, überlegend, wie er gesunden kann, den Arzt dingen will, damit er gesund werde. Gerade, wie das ja auch beim Verstand eintreten kann: denn zunächst versteht einer die Ursätze selber an sich; nachher aber versteht er sie selbst in den Schlußsätzen, insofern er den Schlüssen wegen der Ursätze zustimmt.[80]

9. Untersuchung

DER ANTRIEB DES WILLENS

Erster Artikel

Wird der Wille vom Verstand angewegt?

(Vgl. I 82, 4; 1 II 17, 1)

Abhandlung. 1. Scheinbar wird der Wille nicht vom Verstand gewegt. Es sagt nämlich Augustinus über Ps. 118, 20: »Begierig ist meine Seele, Sehnsucht zu haben nach deinen Satzungen«: »Vorausfliegt der Verstand, dahinter folgt lässig oder auch nicht die Gemutung (affectus): die Kunde von Gut ist da, aber nicht die Freuung, es zu tun.« Das gäbe es aber nicht, wenn der Wille vom Verstand getrieben würde: denn die Wegung des Weglichen folgt der Anwegung des Wegenden. Also wegt der Verstand nicht den Willen an.

2. *Ferner,* der Verstand hat zum Willen das Verhalten eines Zeigers für das Begehrbare, gerade wie die Einbildung das Begehrbare der sinnenhaften Begehr darzeigt. Nun wegt aber die das Begehrbare zeigende Einbildung die Sinnenbegehr nicht an: im Gegenteil, bisweilen stehen wir dem, was wir uns einbilden, so gegenüber, wie dem, was uns auf einem Gemälde gezeigt wird, woraus wir nicht in Wegung kommen, wie es De Anima (2, 3 n 4) heißt. Also wegt auch der Verstand nicht den Willen.

3. *Ferner,* ein und das nämliche ist nicht im selben Betracht wegend und gewegt. Nun aber wegt der Wille den Verstand: wir verstehen nämlich, wenn wir wollen. Also wegt der Verstand nicht den Willen.

Aber dagegen spricht, was der Philosoph 3. De Anima (10 n 6f.) sagt: »Das verstandene Begehrbare ist ungewegt wegend, der Wille aber ist ein gewegtes Wegendes.«

Ich antworte: Insofern bedarf etwas der Anwegung von einem, als es in der Möge zu mehrerem ist: für das nämlich, was im Mögestand ist, gehört sich, daß es in die Wirke heimgeführt wird durch etwas, was in der Wirkheit ist; und das ist anwegen.[81] In doppelter Weise wird aber eine Seelenkraft im Mögestand sich Unterscheidendem gegenüber angetroffen: in der einen, zum Tun oder Nichttun, in einer zweiten, dies oder jenes zu tun. Gerade wie das Gesicht einmal wirklich sieht und ein andermal nicht sieht, und bald Weiß und bald Schwarz sieht. Es bedarf also eines Wegenden in bezug auf zweierlei: nämlich in bezug auf die Ausübung oder den Gebrauch der Wirke und in bezug auf die Einbestimmung des Wirkgeschehens. Davon rührt das erste von seiten des Trägers her, das dann und wann tuend und nicht tuend gefunden wird: das andere aber hält sich auf Seiten des Gegenstandes, nach welchem die Wirke ihre Artung bekommt.[82]

Die Bewegtheit im Träger selber ist aber aus irgend einem Tuenden vorhanden. Und da jedes Tuende um des Zweckes willen tut, wie oben (1, 2) dargetan worden ist, so gibt es die Urheit dieser Gewegtheit aus dem Zweck. Daher rührt, daß der Betrieb von Wissen und Schaffen (ars), in dessen Bereich der Zweck fällt, mit seinem Befehl das Wissen und Schaffen antreibt, in dessen Bereich das gehört, was es zum Zweck gibt: gerade wie »das Steuermannsfach der Schiffsbaustelle Vorschriften zu geben hat«, wie es 2. Physic. (2 n 10) heißt. Gut aber insgemein, was das Gewese von Zweck hat, ist Gegenstand des Willens. Von da her wegt deswegen der Wille die anderen Vermögen der Seele zu ihren Wirkgeschehungen an: wir gebrauchen nämlich die anderen Vermögen, wann wir wollen. Denn die Zwecke und Vervollkommnungen aller anderen Vermögen sind unter dem Gegenstande des Willens wie eine Art besonderhafter Güter eingeschlossen:[83] stets aber wegt die Lehre oder das Vermögen, zu dessen Bereich der alleinsliche Zweck gehört, das Wissen und Schaffen oder das Vermögen zum Tun an, in dessen Bereich der unter jenem alleinslichen einbeschlossene Einzelzweck fällt; gerade wie der Heerführer, der das Gemeingut im Auge hat, nämlich die Ordnung des ganzen Heeres, mit seinem Befehl einen aus den Hauptleuten in Bewegung setzt, der es mit der Ordnung in seiner Gruppe zu tun hat.

Nun wegt aber der Gegenstand, indem er dem Wirkgeschehen seine Einbestimmung gibt, nach Art und Weise einer Bewesungsurheit, von der die Handlung bei den Dingen der Natur ihre Artung bekommt, gerade wie die Erwärmung von der Wärme.[84] Die erstige Bewesungsurheit aber ist das alleinsliche Seiende und Wahre, das der Vorwurf des Verstandes ist. Deswegen wegt auf diese Bewegtheitsweise der Verstand den Willen an, als einer, der ihm seinen Gegenstand vorstellt.[85]

Also zu 1. Diese Gewährstelle ergibt nicht, daß der Verstand nicht anwegt, sondern, daß er nicht aus Notwendigkeit wegt.

Zu 2. Wie die Einbildung einer Wesungsform ohne Veranschlagung von Bekömmlich oder Schädlich die sinnenhafte Begehr nicht anwegt, so tut das auch nicht die Gewahrung von Wahr ohne Sinn und Sage von Gut und Begehrbar. Es wegt deswegen nicht der sichtige (speculativus), sondern der wirkige (practicus) Verstand, wie es 3. De Anima (9 n 7; 10 n 2) heißt.

Zu 3. Der Wille wegt den Verstand im Bezug auf die Vollziehung des Wirkgeschehens: weil auch Wahr selbst, das die

Vervollkommnung des Verstandes ist, unter dem alleinslichen Gut als eine Art besonderhaftes Gut enthalten ist. Was dagegen die Einbestimmung der Wirke betrifft, die es seitens des Gegenstands gibt, so wegt der Verstand den Willen: denn auch Gut selber wird einem unter dem alleinslichen Berede von Wahr einbegriffenen artbesonderen Gewese nach wahrgenommen. Dergestalt ist klar, daß nicht dasselbe Wegende und Gewegte dem Gleichen nach vorliegt.

Feststellung. Der Verstand wegt den Willen nicht in Hinsicht der Ausübung der Wirke, sondern in Hinsicht der Artbesonderung: der Wille hingegen wegt alle Vermögen an, soweit das Wirkgeschehen in Frage kommt.

Zweiter Artikel

Wird der Wille von der sinnenhaften Begehr gewegt?
(Vgl. 9, 5; 10, 3; 77, 1)

Abhandlung. 1. Scheinbar vermag der Wille von der sinnenhaften Begehr nicht angewegt zu werden. Es steht nämlich »das Wegende und das Tuende zum Leidenden im Vorzug«, wie Augustinus 12. Super Gen. ad litt. (16; vgl. Arist., De Anim. 3, 5 n 2) sagt. Nun steht aber die sinnenhafte Begehr tiefer als der Wille, welcher die verstandhafte Begehr ist; gerade wie das Gesinn tiefer steht als der Verstand. Also wegt die sinnenhafte Begehr nicht den Willen.

2. Ferner, keine teilbeschränkte Wirkkraft kann die Leistung alleinslich machen. Nun ist aber die sinnenhafte Begehr eine teilbeschränkte Wirkkraft: sie folgt nämlich der Einzelwahrnehmung des Gesinns. Also kann sie nicht eine Wegung des Willens verursachen, die alleinslich ist, wie sie der alleinslichen Wahrnehmung des Verstandes folgt.

3. Ferner, wie 8. Physic. (5 n 9) erwiesen wird, wird ein Wegendes nicht von dem gewegt, das wegt, damit die Bewegtheit zurückkehrt.[86] Nun aber wegt der Wille die sinnenhafte Begehr, insoweit die sinnenhafte Begehr der Vernunft gehorcht. Also wegt die sinnenhafte Begehr nicht den Willen an.

Aber dagegen spricht, was Jak. 1, 14 gesagt wird: »Jeder wird versucht, von seiner Begierlichkeit fortgezogen und verlockt.« Es würde aber einer nicht von seiner Begierlichkeit fortgezogen, wenn nicht sein Wille von der sinnenhaften Begehr bewegt würde, in der es die Begierlichkeit gibt. Also bewegt die sinnenhafte Begehr den Willen.

Ich antworte: Wie oben (Art. 1) gesagt, bewegt das, was unter dem Berede von Gut und Bekömmlich wahrgenommen wird, den Willen durch die Art und Weise des Gegenstandes. Daß aber etwas gut und bekömmlich scheint, ist aus zweiem der Fall: nämlich aus dem Zustande dessen, was vorgesetzt wird, und aus dem Zustande dessen, dem es vorgesetzt wird. Bekömmlich wird nämlich gemäß einer Beziehung gesagt: deswegen hängt es von beiden Enden ab. Daher rührt es, daß der verschieden zugerüstete Geschmack nicht im Gleichen etwas als bekömmlich und als nichtbekömmlich annimmt. Wie deswegen der Philosoph 3. Ethic. (5 n 17) sagt, »kommt jeglichem der Zweck so beschaffen vor, wie er es selber ist«.

Es liegt aber auf der Hand, daß der Mensch je nach der Leide der sinnenhaften Begehr in irgend eine Bereitschaftsstellung übergeht. Je nachdem deswegen der Mensch in einer Leidenschaft steckt, scheint ihm etwas bekömmlich, was es einem außerhalb der Leidenschaft nicht scheint: gerade wie dem Zornigen gut scheint, was es dem Ruhigen nicht tut. Und solcherweise, von seiten des Gegenstandes her, wegt die sinnenhafte Begehr den Willen an.

Also zu 1. Für das, was schlechthin und an sich vorzüglicher ist, liegt gar kein Hindernis vor, in einer Hinsicht ein Gebrechen an sich zu haben. Der Wille also schlechthin ist vortrefflicher als die sinnenhafte Begehr: was aber den angeht, worin die Leidenschaft Herr geworden ist, so ragt über ihn, insoweit er der Leidenschaft unterlegen ist, die sinnenhafte Begehr hinaus.

Zu 2. Wirkgeschehungen und Wahlentscheide gehen bei den Menschen auf das Einzelne. Deswegen hat die sinnenhafte Begehr eben daher, daß sie eine besonderhafte Wirkkraft ist, dazu die große Wirkkraft, daß durch sie der Mensch so zugerüstet wird, daß ihm etwas beim Einzelnen so oder anders erscheint.

Zu 3. Wie der Philosoph 1. Polit. (2 n 11) sagt, bewegt die Vernunft, in welcher der Wille sitzt, mit ihrer Gebietung den

Zornmut und den Begehrmut, freilich nicht in einer »herrenhaften Fürstschaft«, wie der Sklave vom Herrn in Bewegung gesetzt wird, sondern in einer »königlichen, d. h. staatlichen (politico) Fürstschaft«, gerade wie freie Menschen von einem Leiter (gubernante) regiert werden, daß sie doch noch Bewegung dagegen haben können. Deswegen vermögen auch Zürn und Gier auf den Willen eine gerade entgegengesetzte Bewegung auszuüben. Und deshalb hindert nichts, daß der Wille ab und zu von ihnen in Wegung kommt.

Dritter Artikel

Bewegt der Wille sich selbst?

Abhandlung. 1. Scheinbar bewegt der Wille sich nicht selber. Alles Wegende nämlich als solches ist in der Wirke: was aber gewegt wird, ist in der Möge, denn »Wegung ist die Wirke des Mögeständlichen als solchen« (Aristot. Physic. 3, 1 n 6). Ein und dasselbe ist nun aber nicht in der nämlichen Hinsicht im Mögestand und im Wirkgeschehen. Also bewegt nichts sich selber. Also vermag auch nicht der Wille sich selber zu bewegen.

2. Ferner, Wegliches wird bei Gegenwart des Wegenden angewegt. Nun ist aber der Wille sich selber gegenwärtig. Wenn er also selber sich selbst bewegte, so wäre er immer in Wegung. Das ist offenbar falsch.

3. Ferner, wie (Art. 1) gesagt, wird der Wille vom Verstand gewegt. Wenn also der Wille sich selbst bewegt, so folgt, daß ein und dasselbe zugleich von zwei Wegern unmittelbar bewegt wird: das scheint unrichtig. Also bewegt der Wille sich nicht selbst.

Aber dagegen spricht, daß der Wille Herr seiner Wirke ist, und daß es in ihm Wollen und Nichtwollen gibt. Das wäre nicht der Fall, wenn er es nicht in der Gewalt hätte, sich selber zum Wollen zu bewegen. Also wegt er selbst sich selber an.

Ich antworte: Wie oben (Art. 1) gesagt worden ist, fällt in den Bereich des Willens, die anderen Vermögen aus dem Berede des Zweckes her, welcher der Vorwurf des Willens ist, anzuwegen. Nun verhält sich aber, wie (8, 2) gesagt, der Zweck bei den Begehrbarkeiten gerade so, wie der Ursatz bei den Verstehbarkeiten. Es liegt aber auf der Hand, daß der Verstand dadurch, daß er den Ursatz erkennt, sich selber von der Möge in die Wirke heimführt, soweit es auf die Erkenntnis der Schlußsätze ankommt: und in dieser Weise wegt er sich selber an. In ähnlicher Weise wegt der Wille dadurch, daß er den Zweck will, sich selber zum Wollen dessen an, was es zum Zwecke gibt.[87]

Also zu 1. Nicht ein und demselben gemäß wegt der Wille und wird er gewegt. Darum ist er auch nicht dem Gleichen nach in Wirke und Möge. Sondern insofern er wirkgeschehlich den Zweck will, führt er sich vom Mögestand in die Wirkheit hinsichtlich dessen, was es zum Zweck gibt, daß er nämlich das in Wirklichkeit will.

Zu 2. Das Vermögen des Willens ist sich immer wirklich gegenwärtig: aber die Wirke des Willens, womit er einen Zweck will, gibt es eben nicht immer im Willen. Durch sie aber wegt er sich selber an. Deswegen folgt nicht, daß er sich immer selber anwegt.

Zu 3. Nicht auf dieselbe Weise wird der Wille vom Verstand und von sich selber bewegt. Vielmehr wird er vom Verstand dem Gewese des Gegenstandes nach bewegt: von sich selber aber, soweit der Vollzug der Wirke in Betracht kommt, dem Zweckgewese nach.

Vierter Artikel

Wird der Wille von irgend einer äußeren Urheit angewegt?
(Vgl. I 105, 4; 106, 2; 111, 2; 1 II 80, 1; 109, 2 zu 1)

Abhandlung. 1. Scheinbar wird der Wille nicht von etwas draußen angewegt. Die Wegung des Willens ist nämlich willentlich. Nun aber liegt im Berede von Willentlich, daß es von einer inneren Urheit da ist, wie das auch beim Berede von Naturhaft der Fall ist. Es gibt also die Bewegung des Willens nicht von einem Draußen.

2. Ferner, der Wille vermag nicht Gewalt zu leiden, wie oben (6, 4) dargetan worden ist. Nun ist aber gewaltsam, »wovon es die Urheit draußen gibt« (Aristot. Ethic. 3, 1 n 12). Also kann der Wille nicht von etwas draußen angewegt werden.

3. Ferner, was hinreichend von einem Beweger in Wegung gesetzt ist, bedarf nicht der Bewegung von einem anderen. Nun aber wegt der Wille zur Genüge sich selber an. Er wird also nicht von einem Äußeren angewegt.

Aber dagegen wird der Wille vom Gegenstande angewegt, wie (Art. 1) gesagt wurde. Vorwurf des Willens kann nun aber irgend ein äußeres dem Gesinn vorgelegtes Ding sein. Also kann der Wille von etwas draußen angewegt werden.

Ich antworte: Dementsprechend, daß der Wille vom Gegenstand angewegt wird, ist handgreiflich, daß er von einem Äußeren angewegt werden kann. Aber auch noch für die Art und Weise, in der er, soweit der Vollzug der Wirke in Betracht kommt, angewegt wird, muß man die Notwendigkeit feststellen, daß der Wille von irgend einer äußeren Urheit angewegt wird. Alles nämlich, was dann und wann tuend in der Wirke und es zuweilen in der Möge ist, bedarf der Anwegung von irgend einem Wegenden. Es liegt aber auf der Hand, daß der Wille etwas zu wollen beginnt, wenn er dies vorher nicht gewollt hat. Es ist also notwendig, daß er von einem zum Wollen angewegt wird. Er selber bewegt sich nun zwar, wie (vor Art.) gesagt, selbst, insoweit er dadurch, daß er den Zweck will, sich selber zum Wollen dessen heimführt, was es zum Zwecke gibt. Das vermag er aber nur vermittels eines Ratschlags zu tun:[88] denn, wenn einer genesen will, fängt er an, nachzudenken, wie er das erreichen kann, und durch solches Nachdenken kommt er dazu, daß er durch den Arzt gesund werden kann, und will dies. Aber weil er nicht immer die Gesundheit wirklich gewollt hat, mußte er notwendig, indem er irgend etwas anwegte, anfangen, genesen zu wollen. Und wenn er (der Wille) freilich sich selber zum Wollen anwegen würde, so gehörte sich, daß er unter Vermittlung eines Rates das aus der Voraussetzung irgend eines Willens heraus täte. Damit aber kann man nicht ins Unendliche gehen. Deswegen ist notwendig, anzunehmen, daß der Wille in die erstige Willenswegung aus dem Antrieb irgend eines äußeren Wegenden vorschreitet, wie Aristoteles in einem Kapitel der Eudemischen Ethik (7, 14 n 20ff.) schlußfolgert.[89]

Also zu 1. Es gehört zum Berede von Willentlich, daß seine Urheit inwendig ist: aber es braucht diese innere Urheit nicht die erstige von einem anderen ungewegte Urheit zu sein. Wenn daher auch die willentliche Wegung als nächste Urheit eine innere hat, so ist doch die erstige Urheit von außen. Gerade so ist auch die erstige Urheit der Bewegung in der Natur von außen her da, die nämlich, welche die Natur anwegt.[90]

Zu 2. Zum Berede von Gewaltsam genügt nicht, daß es die Urheit draußen gibt: sondern es gehört sich, daß beigefügt wird, daß »der Gewaltleidende nichts beiträgt« (Arist. a. a. O.). Das ist nicht der Fall, wenn der Wille von einem Äußeren angewegt wird: denn er selber ist es, der will, freilich von einem anderen angewegt. Es wäre aber diese Wegung gewaltsam, wenn sie der Willenswegung gerade entgegengesetzt wäre. Das kann es aber bei der Annahme nicht geben: sonst wollte und wollte er nicht: ein und dasselbe.

Zu 3. In gewisser Hinsicht wegt der Wille sich genügend an und bleibt in seinem Reich, nämlich als nächstes Tuendes: aber er vermag sich nicht selbst in allem Betracht anzuwegen, wie (i. d. Antw.) dargelegt worden ist. Daher bedarf er der Anwegung von einem anderen, wie vom erstig Wegenden.

Fünfter Artikel

Wird der Wille von einem Himmelskörper angewegt?

(Vgl. I 115, 4; 2 II 95, 5)

Abhandlung. 1. Scheinbar wird der menschliche Wille von einem Himmelskörper angewegt. Alle wechselnden und vielförmigen Bewegungen nämlich werden, als auf die Ursache, auf die einformige Wegung zurückgeführt, die die Himmelsbewegung ist, wie 8. Physic. (9 n 2; vgl. 4. Physic. 14 n 5) erwiesen wird. Nun sind aber die menschlichen Wegungen wechselnd und vielformig, indem sie einen Anfang haben, nachdem sie vorher nicht da waren. Sie werden also auf die Himmelswegung als Ursache zurückgeführt, die der Natur nach einformig ist.

2. Ferner, nach Augustinus 3. De Trin. (4) »werden die tieferstehenden Körper durch die höherstehenden bewegt«. Nun könnten sich aber die Wegungen des menschlichen Leibes, die vom Willen verursacht werden, nicht auf die Bewegung des Himmels als Ursache zurückführen lassen, wenn nicht auch der Wille vom Himmel in Wegung gesetzt würde. Also wegt der Himmel den menschlichen Willen an.

3. Ferner, infolge der Beobachtung der Himmelskörper sagen die Sterndeuter von den zukünftigen menschlichen Handlungen, die vom Willen ausgehen, gewisses Wahre voraus. Das wäre nicht der Fall, wenn die Himmelskörper den Willen des Menschen nicht anzuwegen vermöchten. Es wird also der menschliche Wille von dem Körper am Himmel bewegt.

Aber dagegen spricht, was Johannes von Damaskus 2. De Fide orth. (2, 7) sagt: »Die Himmelskörper sind nicht die Ursachen unserer Handlungen.« Sie wären es aber, wenn der Wille, der die Urheit der menschlichen Handlungen ist, von den Himmelskörpern in Bewegung gesetzt würde. Es wird also der Wille nicht von den Himmelskörpern bewegt.

Ich antworte. In der Art und Weise, in welcher der Wille von dem äußeren Vorwurf bewegt wird, kann der Wille offenbar von den Himmelskörpern angewegt werden: insoweit nämlich die Körper draußen, die, vor das Gesinn gestellt, den Willen anwegen und selbst auch die Lebenswerkzeuge der sinnenhaften Vermögen den Anwegungen der Himmelskörper unterliegen.

Aber auch für die Art und Weise, in welcher der Wille, soweit es auf die Betätigung der Wirke ankommt, von irgend einem äußeren Tuenden angewegt wird, haben etliche noch einen Einfluß der Himmelskörper gradweg auf den menschlichen Willen angenommen. – Aber das ist unmöglich. »Den Willen« gibt es nämlich, wie es 3. De Anima (9 n 3) heißt, »in der Vernunft«. Die Vernunft ist aber das einem leiblichen Lebenswerkzeug nicht angebundene Seelenvermögen. Es bleibt deswegen nur übrig, daß der Wille ein ganz unstoffliches und unkörperliches Vermögen ist. Es liegt aber auf der Hand, daß kein Körper auf ein unkörperliches Ding tuend sein kann, sondern eher das Gegenteil: daher, weil die unkörperlichen und unstofflichen Dinge von einer wesensförmlicheren und alleinslicheren Wirkkraft sind, als immer welche körperlichen Dinge. Deswegen ist es unmöglich, daß ein Körper vom Himmel gradweg einen Eindruck auf den Verstand oder den Willen hat. – Und deswegen schreibt Aristoteles De Anima (3, 3 n 1) die Meinung derer, die sagen: »So ist der Wille der Menschen, wie für den Tag ihn führt der Vater der Götter und Menschen« (Homer, Odyss. 18, 135f.), (nämlich Jupiter, unter dem sie den ganzen Himmel verstehen), denen zu, die keine Verschiedenheit des Verstandes vom Gesinn annahmen. Alle sinnenhaften Kräfte nämlich können, da sie Wirkheiten der leiblichen Lebenswerkzeuge sind, beischaftlich von den Himmelskörpern in Wegung gesetzt werden, mit Anwegung nämlich der Leiber, von denen die Handlungen da sind.

Aber, weil (Art. 2) gesagt worden ist, daß die verstandhafte Begehr in gewisser Weise von der sinnenhaften Begehr angewegt wird, so gehen auf einem Umweg die Wellen von der Bewegung der Himmelskörper in den Willen über: insofern nämlich der Fall eintritt, daß durch die Leidenschaften in der sinnenhaften Begehr der Wille angewegt wird.

Also zu 1. Die vielformigen Wegungen des menschlichen Willens gehen auf irgend eine einformige Ursache zurück, die freilich höher gelegen ist als der Verstand und der Wille. Das läßt sich aber nicht von einem Körper sagen, sondern von irgend einem höher stehenden unstofflichen Wesen. Deswegen braucht nicht die Willenswegung auf eine Himmelswegung als Ursache zurückzugehen.

Zu 2. Die leiblichen Wegungen beim Menschen gehen auf die Wegung eines Himmelskörpers als Ursache zurück, soweit eben die für die Bewegung passende Bereitschaft der Lebenswerkzeuge irgendwie aus einem Eindruck seitens der Himmelskörper herrührt; und insoweit auch die sinnenhafte Begehr aus einem Eindruck der Himmelskörper aufgewegt wird; und ferner, insoweit der Bewegung der Himmelskörper gemäß die Körper draußen in Wegung kommen, aus deren Begegnung der Wille etwas zu wollen oder nicht zu wollen beginnt, gerade wie bei Eintritt der Kälte einer beginnt,

Feuer machen zu wollen. Aber diese Bewegtheit des Willens kommt von Seiten des außenher vorgestellten Gegenstandes: nicht von Seiten eines inneren Antriebs.

Zu 3. Wie gesagt (i. d. Antw.; vgl. I 84, 6f.) ist die sinnenhafte Begehr die Wirkheit eines körperlichen Lebenswerkzeugs. Nichts hindert deswegen, daß einige aus dem Eindruck von den Himmelskörpern die Neigung zum Erzürnen oder Begehren oder irgend eine derartige Leidenschaft zeigen, gerade wie es auch aus natürlicher Aufbaumischung der Fall ist. Eine Mehrzahl von Menschen folgt aber den Leidenschaften, denen bloß die Weisen Widerstand leisten. In der größeren Zahl der Fälle bewahrheiten sich deswegen bei den Handlungen der Menschen die Voraussagen nach der Beobachtung der Himmelskörper. Aber dennoch »ist der Weise Herr über die Gestirne«, wie Ptolomäus im Centiloquium (5) sagt: weil er nämlich mit dem Widerstand gegen die Leidenschaften durch den freien der Himmelsbewegung keineswegs unterworfenen Willen eine derartige Wirkung der Himmelskörper verhindert.

Oder man muß, wie Augustinus 2. super Gen. ad litt. (17) sagt, »einräumen, daß die Sterndeuter, sobald sie Wahres sagen, unter einem gewissen sehr dunklen Antrieb reden, den menschliche Besinne unbewußt erleiden. Da dies geschieht, die Menschen zu täuschen, so ist es ein Wirktum der der Verführung verfallenen Geister.«[91]

Sechster Artikel

Wird der Wille von Gott allein wie von einer Urheit draußen angewegt? (Vgl. I 105, 4; 106, 2; 111, 2)

Abhandlung. 1. Scheinbar wird der Wille nicht von Gott allein wie von einer Urheit draußen angewegt. Das Tieferstehende hat nämlich von Haus aus, von dem über ihm Stehenden angewegt zu werden; gerade wie die Körper hiernieden von den Himmelskörpern. Nun hat aber der Wille des Menschen nächst Gott etwas Höherstehendes, nämlich den Engel. Also kann der Wille des Menschen wie von einer Urheit draußen auch von dem Engel angewegt werden.

2. Ferner, die Wirke des Willens folgt auf die Wirke des Verstandes. Nun wird aber der Verstand des Menschen in sein Wirkgeschehen nicht bloß von Gott, sondern auch von dem Engel durch die Aufleuchtungen heimgebracht, wie Dionysius (Cael. Hier. 4) sagt. Mit dem nämlichen Grund also auch der Wille.

3. Ferner, Gott ist nur Ursache von Gut; gemäß dem Worte Gen. 1, 31: »Es sah Gott alles, was er gemacht hatte, und es war sehr gut.« Wenn also bloß von Gott der Wille des Menschen angewegt würde, so würde er niemals zum Bösen gewegt: da doch der Wille es ist, »womit man sündigt und recht lebt«, wie Augustinus (Retract. 1, 9) sagt.

Aber dagegen spricht, was der Apostel Phil. 2, 13 sagt: »Gott ist es, der in uns das Wollen und das Vollbringen wirkt.«

Ich antworte: Die Wegung des Willens kommt von innen, gerade wie auch die naturhafte Wegung. Wiewohl aber etwas, das nicht die Ursache des bewegten Dings ist, ein natürliches Ding in Bewegung setzen kann, so vermag doch nur eine naturhafte Wegung zu verursachen, was irgendwie Ursache der Natur ist. Es wird nämlich der Stein von dem Menschen in die Höhe bewegt, der die Natur des Steines nicht verursacht, aber diese Bewegung ist für den Stein nicht naturhaft: seine naturhafte Bewegung aber wird nur von dem verursacht, was die Ursache seiner Natur ist. Deswegen heißt es 8. Physic. (4 n 7), das Fortpflanzende bewege örtlich das Schwere und das Leichte. Dergestalt tritt also beim Menschen, der einen Willen hat, die Anwegung von einem ein, der nicht seine Ursache ist: aber, daß eine willentliche Bewegung bei ihm von irgend einer äußeren Urheit herrührt, die nicht die Ursache des Willens ist, ist unmöglich.

Die Ursache des Willens aber kann nichts anderes sein als Gott. Und das tritt auf doppelte Weise heraus. Einmal nämlich daher, daß der Wille ein vernünftiges Seelenvermögen ist, das allein von Gott durch Erschaffung verursacht wird, wie im I. Teile (90, 2f.) gesagt worden ist. – Zum zweiten aber geht es daraus hervor, däß der Wille die Hinordnung zum alleinslichen Gut hat. Deswegen kann nichts anderes die Ursache des Willens sein, denn Gott selbst, der das alleinsliche Gut ist. Alles andere Gut aber schreibt sich aus Teilhabe her und ist eine Art teilbezügliches Gut: eine teilbezügliche Ursache aber gibt nicht eine alleinsliche Neigung.[92] Deswegen kann auch nicht der Urstoff, der im Mögestand zu allen Wesungsformen liegt, von irgend einem teilbezüglichen Tuenden verursacht werden.[93]

Also zu 1. Der Engel ist nicht dergestalt oberhalb des Menschen, daß er die Ursache von dessen Willen ist …

Zu 2. Der Verstand des Menschen wird vom Engel seitens des Gegenstandes angewegt, der ihm durch die Wirkkraft des Engellichtes zum Erkennen vorgehalten wird. Dergestalt kann auch der Wille von einem Geschöpf draußen gewegt werden, wie (Art. 4) gesagt worden ist.

Zu 3. Gott wegt den Willen des Menschen wie ein alleinslicher Beweger zum alleinslichen Gegenstand des Willens hin, der Gut ist. Und ohne diese alleinsliche Bewegtheit vermag der Mensch nicht, etwas zu wollen. Aber der Mensch bestimmt sich durch die Vernunft dazu ein, dies oder jenes zu wollen, was wahrhaft oder anscheinend gut ist.[94] – Indessen wegt Gott freilich besonderartig einige, etwas bestimmtweise zu wollen, was gut ist: wie bei denen, die er durch die Gnade anwegt, wie später (109, 2) besprochen werden wird.

10. Untersuchung

DIE ANTREIBUNG DES WILLENS

Erster Artikel

Wird der Wille naturhaftig zu etwas bewegt? (Vgl. I 60, 1f.)

Abhandlung. 1. Scheinbar wird der Wille nicht naturhafter Weise[95] zu etwas bewegt. Man scheidet nämlich das naturhafte Tuende bei der Einteilung vom willentlichen Tuenden, wie eingangs 2. Physic. (1 n 1; vgl. 5 n 2) sich ergibt. Es wird also der Wille nicht naturhaftig zu etwas bewegt.

2. Ferner, was naturhaft ist, innewohnt einem immer; gerade wie dem Feuer Warmsein. Nun aber wohnt dem Willen keine Wegung immer inne. Also ist keine Wegung dem Willen naturhaft.

3. Ferner, die Natur ist auf Eins einbesteckt.[96] Nun hat aber der Wille ein Verhältnis zu den Gegensätzen. Also will der Wille nichts naturhaftig.

Aber dagegen spricht, daß die Wegung des Willens der Wirke des Verstandes folgt. Nun aber versteht der Verstand manches naturhaft. Also will auch der Wille etwelches naturhaft.

Ich antworte: Wie Boethius De Duabus Naturis (eingangs) und der Philosoph 5. Metaph. (Did. 4, 4) sagt, spricht man vielartig von Natur. Zuweilen nämlich heißt sie die innere Urheit in den weglichen Dingen. Solcherart Natur ist entweder der Wesungsstoff oder die stoffliche Wesungsform,[97] wie aus 2. Physic. (1 n 10ff.) klar ist. – In einer anderen Weise heißt Natur jedes beliebige Substantiale oder auch jedes Seiende. Demgemäß heißt das für ein Ding naturhaft, was ihm seinem Wesen nach zukommt. Und das ist, was dem Ding an und für sich innewohnt. Bei allem aber wird, was nicht an und für sich innewohnt, auf etwas zurückgeführt, was an und für sich innewohnt, als auf die Urheit.[98] Nehmen wir deshalb Natur in dieser Weise, so muß notwesentlich immer die Urheit in dem, was dem Ding zukommt, naturhaft sein. Das tritt handgreiflich beim Verstand zum Vorschein: denn die Ursätze des verstandlichen Erkennens sind naturhaftig kund. Ähnlicherweise gehört sich auch für die Urheit der willentlichen Wegungen, daß sie etwas naturhaft Gewolltes sind.

Es ist aber Gut im allgemeinen, worein der Wille naturhaftig strebt, gerade wie auch jedes Vermögen in seinen Gegenstand: und sodann der Endzweck selber, welcher sich beim Begehrhaften in der Weise verhält, wie die vordersten Ursätze der Beweisführungen beim Verstehhaften: und endlich alleinslich alles das, was auf den Wollenden seiner Natur gemäß paßt. Denn durch den Willen begehren wir nicht bloß, was in Reichweite des Willensvermögens ist, sondern auch, was in den Bereich der einzelnen Vermögen und des ganzen Menschen fällt. Naturhaftig will deswegen der Mensch nicht bloß den Vorwurf des Willens, sondern auch anderes, was den anderen Vermögen zukommt: wie die Erkenntnis von Wahr, die dem Verstand zukommt; und Sein und Lebenhaben und anderes derart, das sich dem natürlichen Fortbestand zukehrt;

das alles wird unter dem Vorwurf des Willens wie gewisse teilbesondere Güter einbegriffen.[99]

Also zu 1. In der Einteilung steht Wille gegen Natur, gerade wie eine Ursache gegen die andere: manches geschieht nämlich naturhaftig und manches geschieht willentlich. Die dem Willen, der Herr seiner Wirke ist, eigenbehörige Verursachungsweise ist aber eine andere neben (praeter) der Weise, die auf die Natur paßt, die auf Eines einbestimmt ist. Aber weil der Wille in irgend einer Natur gründet, so muß notwendig die der Natur eigenbehörige Wegung in gewisser Hinsicht im Willen einen Teilhaber finden: gerade wie, was früherer Ursache ist, von der späteren in Teilhabe genommen wird. Früher gibt es nämlich in jedem Ding das Sein selber, das durch die Natur da ist, denn das Wollen, welches es durch den Willen gibt. Und davon rührt her, daß der Wille naturhaftig etwas will.

Zu 2. Bei den natürlichen Dingen wohnt das, was gewissermaßen bloß als Folge der Bewesungsform naturhaft ist, immer wirklich inne, gerade wie das Warme dem Feuer. Was aber wie eine Folge des Wesungsstoffes naturhaft ist, wohnt nicht immer wirklich inne, sondern zuweilen nur der Möglichkeit nach. Denn die Wesungsform ist das Wirklichsein, der Wesungsstoff aber der Mögestand. Die Bewegung ist aber »die Wirke des in der Möge Vorhandenen« (vgl. Aristot. Physic. 3, 1 n 6). Was deswegen in den Bereich der Wegung fällt oder auf die Wegung folgt, wohnt bei den natürlichen Dingen nicht immer inne: gerade wie das Feuer nicht immer in die Höhe bewegt wird, sondern auch einmal außerhalb seines Ortes ist. Und ähnlicherweise braucht einer Wille, der aus der Möge in die Wirke heimgeführt wird, indem er etwas will, nicht immer wirklich zu wollen: sondern bloß, wenn er in einer einbestimmten Bereitschaft ist. Der Wille Gottes aber, der reine Wirke ist, ist immer in der Wirkheit des Wollens.

Zu 3. Der Natur entspricht immer ein Einzahliges, das freilich zur Natur verhältnisträgig ist. Gattunghaft nämlich entspricht einer Natur ein Eines in der Gattung; und der Natur, arthaft genommen, entspricht ein Eines in der Art; der vereinzlichten Natur aber entspricht das einzahlige Einzliche. Da also der Wille eine gewisse unstoffliche Kraft ist, gerade wie auch der Verstand, so entspricht ihm naturhaftig irgend ein allgemeines Eine, das heißt Gut: gerade wie auch dem Verstand irgend ein allgemeines Eine, d. h. Wahr oder Seiend oder »Was-eins-ist« (quod quid est). Unter Gut aber insgemein sind viele [nicht: alle] einzelbesondere Güter enthalten, wovon zu keinem der Wille einbestimmt wird.

Feststellung. Der Wille des Menschen trägt sich selber naturhaftig in Gut und in den Endzweck und in das, was für seine Natur richtig ist.

Zweiter Artikel

Wird der Wille mit Notwendigkeit von seinem Gegenstande gewegt? (Vgl. I 82, 1f.)

Aus der Abhandlung. Ich antworte: Der Wille wird in zweierlei Art und Weise bewegt: in der einen, was die Ausübung der Wirke angeht, in der anderen, was die Artlichung der Wirke angeht, die es aus dem Vorwurf gibt. In der ersten Weise also wird der Wille von keinem Gegenstand aus Notwendigkeit bewegt: es kann nämlich einer über was immer für einen Gegenstand kein Denken anstellen und folglich auch es nicht wirkgeschehlich wollen.

Was aber die zweite Antriebsweise angeht, so wird der Wille von dem einen Vorwurf aus Notwendigkeit gewegt, von einem anderen aber nicht.[100] Bei jeder Bewegung nämlich eines Vermögens von seinem Vorwurf ist das Berede ins Auge zu fassen, über welches der Vorwurf das Vermögen anwegt. Das Sehbare nämlich wegt das Gesicht unter dem Berede der in Wirklichkeit sichtbaren Farbe an. Falls deswegen Farbe dem Gesicht vorgelegt wird, bewegt sie das Gesicht aus Notwendigkeit, wenn nicht einer das Gesicht abkehrt: was dann die Ausübung der Wirke angeht. Wenn aber etwas dem Gesicht vorgehalten würde, was nicht in allen Arten und Weisen wirklich Farbe wäre,[101] sondern in gewisser Hinsicht solchartig, in gewisser Hinsicht aber nicht solchartig, so würde das Gesicht einen solchen Gegenstand nicht aus Notwendigkeit sehen: es könnte sich nämlich auf ihn von der Seite hin richten, auf welcher er nicht in der Wirklichkeit farbig ist, und würde ihn dergestalt nicht sehen. Gerade wie aber das Farbige in der Wirke der Gegenstand des Gesichts ist, so ist Gut der Vorwurf des Willens. Falls daher irgend ein Gegenstand dem Willen vorgehalten wird, als sei er alleinslich gut und jeder Erwägung nach, so wird der Wille aus Notwendigkeit, falls er etwas will, hineinstreben: er wird nämlich nicht das Entgegengesetzte wollen können. Falls ihm aber ein Gegenstand vorgehalten wird, der nicht jedweder Betrachtung nach gut ist, wird nicht aus Notwendigkeit der Wille in ihn hineingetragen werden. – Und weil die Fehle von jedwedem Gut das Gewese von nicht-Gut hat, deswegen ist bloß jenes Gut, das vollkommen ist und dem nichts abgeht, ein solches Gut, daß der Wille nicht vermag, es nicht zu wollen: das ist die Seligkeit. Sonst aber kann von den teilbesonderen Gütern, insoweit sie Abstand von irgend einem Gut haben,[102] jedes beliebige als nicht-Gut genommen werden: und dieser Erwägung nach können sie abgelehnt oder gebilligt werden von dem Willen, welcher in ein und dasselbe verschiedenen Betrachtungen gemäß hineingetragen werden kann.

Feststellung. Der Wille wird mit Notwendigkeit von dem Gegenstand bewegt, der das alleinsliche Gut ist, d.h. von der Glückseligkeit selbst: nicht aber von einem teilbesonderen Gut, bei dem der Wille vermag, es nicht zu wollen.

Dritter Artikel

Wird der Wille mit Notwendigkeit von der niederen Begehr bewegt? (Vgl. 77, 7)

Abhandlung. 1. Scheinbar wird der Wille mit Notwendigkeit von der Leidenschaft der niederen Begehr angewegt. Es sagt nämlich der Apostel Röm. 7, 19: »Nicht nämlich was ich will, das Gut, tue ich; sondern was ich hasse, das Üble, das wirke ich«: das sagt er wegen der Begierlichkeit, die eine Leidenschaft ist. Also wird der Wille aus Notwendigkeit von der Leidenschaft bewegt.

2. Ferner, wie es 3. Ethic. (5 n 17) heißt, »kommt einem jeden der Zweck in der Art vor, wie er sie selbst hat«. Es liegt nun aber nicht in der Macht des Willens, daß er sofort die Leidenschaft abwirft. Also steht nicht in der Macht des Willens, daß er das nicht will, wozu die Leidenschaft sich hinneigt.

3. Ferner, eine alleinsliche Ursache wird an eine teilbesondere Wirkleistung nur mittels einer teilbesonderen Ursache angesetzt:[103] deshalb wegt auch die alleinsliche Vernunft nur mittels einer teilbesonderen Veranschlagung, wie es 3. De Anima (11 n 4) heißt. Aber gerade wie die alleinsliche Vernunft sich zur teilbesonderen Veranschlagung verhält, so steht der Wille zur sinnenhaften Begehr.[104] Also wird zum Wollen eines Teilbesonderen der Wille nur mittels der sinnenhaften Begehr angewegt. Falls also die sinnenhafte Begehr durch irgend eine Leidenschaft in Bereitschaft steht, kann der Wille sich nicht ins Gegenteil wegen.

Aber dagegen spricht, was Gen. 4, 7 gesagt wird: »Unter dir wird deine Begehr sein, und du wirst über sie herrschen.« Es wird also der Wille des Menschen nicht aus Notwendigkeit von der niederen Begehr angewegt.

Ich antworte: Wie früher (9, 2) gesagt, wegt die Leidenschaft der sinnenhaften Begehr den Willen von der Seite an, auf welcher der Wille vom Vorwurf angewegt wird: insoweit nämlich der Mensch, durch die Leidenschaft in irgend einer Weise zugerüstet, urteilt, etwas sei passend und gut, was er, außerhalb der Leidenschaft stehend, nicht urteilen würde. Eine derartige Verwandlung des Menschen aber durch die Leidenschaft ereignet sich auf zweierlei Weise. Einmal so, daß die Vernunft gänzlich gebunden wird, derart, daß der Mensch den Gebrauch der Vernunft nicht hat: wie es bei denen geschieht, die wegen heftigen Zornes oder heftiger Begierlichkeit rasend oder besinnlos werden, gerade wie auch wegen irgend einer anderen körperlichen Verwirrung; denn derartige Leidenschaften geschehen nicht ohne körperliche Umsetzung. Und mit solchen hat es die gleiche Bewandtnis, wie mit den tierischen Seelwesen, die aus Notwendigkeit dem Ansturm der Leidenschaft folgen: in diesen gibt es nämlich nicht irgend eine Wegung von Vernunft und folglich auch nicht von Willen.

Zuweilen aber wird die Vernunft von der Leidenschaft nicht vollständig aufgesogen, sondern es bleibt das Urteil der

Vernunft einigermaßen (quantum ad aliquid) frei. Und demgemäß verbleibt etwas von der Wegung des Willens. Insoweit also die Vernunft frei und der Leidenschaft nicht unterworfen bleibt, insoweit strebt die Wegung des Willens, die verbleibt, nicht aus Notwendigkeit zu dem, worauf die Leidenschaft hinlenkt. Und solcherweise ist entweder die Wegung des Willens im Menschen nicht da, herrscht vielmehr die Leidenschaft allein: oder folgt die Wegung des Willens, falls es sie gibt, nicht aus Notwendigkeit der Leidenschaft.

Also zu 1. Wenn auch der Wille nicht machen kann, daß sich die Wegung der Begierlichkeit nicht erhebt, von welcher der Apostel Röm. 7, 19 sagt, »Was ich hasse, das Üble, das tue ich«, d. h. »begiere ich«, so vermag doch der Wille, nicht zu wollen, begierig zu sein, oder kann der Begierlichkeit die Zustimmung versagen. Dergestalt folgt er nicht aus Notwendigkeit der Wegung der Begierlichkeit.

Zu 2. Da im Menschen zwei Naturen sind, die verstandliche nämlich und die sinnenhafte, so ist zwar zuweilen der Mensch der ganzen Seele nach irgendwie einförmig beeigenschaftet: weil nämlich entweder der sinnenhafte Teil ganzartig der Vernunft unterworfen ist, wie es bei den Tugendhaften eintritt, oder im Gegenteil die Vernunft gänzlicherweise von der Leidenschaft aufgeschlürft wird, wie es bei den Besinnlosen sich ereignet. Aber zuweilen verbleibt doch etwas Freies an der Vernunft, mag sie auch von der Leidenschaft mit Wolken bedeckt werden. Dementsprechend kann einer entweder die Leidenschaft völlig zurückstoßen oder mindestens sich halten, daß er der Leidenschaft nicht folgt. In solch einem Bereitstand scheint dem Menschen, weil er den verschiedenen Teilen der Seele gemäß in verschiedener Weise zugerüstet ist, das eine vernunftmäßig und das andere leidenschaftsmäßig.

Zu 3. Der Wille wird nicht bloß von dem durch die Vernunft wahrgenommenen alleinslichen Gut angewegt, sondern auch von dem durch das Gesinn wahrgenommenen Gut. Deswegen kann er sich auf ein teilbesonderes Gut ohne Leidewegung der sinnenhaften Begehr hinwegen. Vieles nämlich wollen und wirken wir ohne Leidenschaft, allein durch Wahl: wie am meisten in dem sich klar gibt, worin sich die Vernunft der Leidenschaft widersetzt.

Feststellung. Da der Wille eine geistige Macht im Menschen ist, so wird er nicht notwendig und alleinslich von der niederen Begehr angewegt.

Vierter Artikel

Wird der Wille mit Notwendigkeit von einem draußengelegenen Antrieb, der Gott ist, angewegt? *(Vgl. I 83, 1 zu 3)*

Abhandlung. 1. Scheinbar wird der Wille mit Notwendigkeit von Gott angewegt. Alles Tuende nämlich, dem man nicht widerstehen kann, bewegt mit Notwendigkeit. Nun aber kann man Gott, da er von unendlicher Wirkkraft ist, nicht widerstehen: darum heißt es Röm. 9, 19: »Wer widersteht Seinem Willen?« Also wegt Gott aus Notwendigkeit den Willen an.

2. Ferner, der Wille wegt sich aus Notwendigkeit in das, was er naturhaft will, wie (2 zu 3) gesagt worden ist. Nun aber »ist das jedem Ding naturhaft, was Gott in ihm wirkt«, wie Augustinus 26. contra Faustum (3) sagt. Also will der Wille aus Notwendigkeit alles, wozu er von Gott angewegt wird.

3. Ferner, Möglich ist, auf dessen Annahme nicht Unmögliches folgt. Es folgt aber Unmögliches, falls angenommen wird, daß der Wille nicht das will, wozu Gott ihn wegt: weil demgemäß die Werktätigkeit Gottes wirkunkräftig wäre. Es ist also nicht möglich, daß der Wille das nicht will, wozu Gott ihn wegt. Notwendig ist also, daß er das will.

Aber dagegen spricht, was Eccli 15, 14 gesagt wird: »Gott hat von Anfang an den Menschen geschaffen und ihn in der Hand seines eigenen Ratschlusses gelassen.« Nicht also aus Notwendigkeit wegt er seinen Willen an.

Ich antworte: Wie Dionysius 4. De Div. Nom. sagt, »gehört nicht zum Bereich der göttlichen Vorsehung, die Natur der Dinge zu zerstören, sondern, sie zu wahren«. Deshalb wegt sie alles gemäß seiner Bedinglichkeit an: dergestalt, daß aus den notwendigen Ursachen durch die göttliche Bewegung die

Wirkungen aus Notwendigkeit folgen; aus den freifälligen Ursachen aber folgen die Wirkleistungen freifällig. Weil also der Wille eine tuige nicht auf Eines zubestimmte Urheit ist, sondern ein unverschiedenes Verhältnis zu Vielem hat, so wegt Gott ihn derart, daß er nicht aus Notwendigkeit die Bestimmung zu Einem gibt, sondern seine Wegung freifällig und nichtnotwendig verbleibt außer in dem, wozu er sich naturhaftig wegt.[105]

Also zu 1. Der göttliche Wille langt nicht bloß hin, daß etwas durch das Ding geschieht, das er anwegt, sondern daß es auch in der Weise geschieht, in der es sich mit seiner Natur deckt. Deswegen würde es mehr der göttlichen Anwegung widerstreiten, wenn der Wille aus Notwendigkeit in Wegung geriete, was seiner Natur nicht zukommt, als wenn er sich frei bewegte, wie es seiner Natur zukommt.

Zu 2. Es ist jedereinem naturhaft, daß Gott in ihm wirkt, daß es ihm naturhaft ist: solchermaßen paßt nämlich jeglichem etwas, als Gott will, daß es ihm paßt. Nicht aber will er, daß alles, was immer er auch in den Dingen wirkt, ihnen natürlich ist, nimm an, daß die Toten auferstehen. Sondern er will, daß das einem jeden naturhaft ist, daß es der göttlichen Macht untersteht.

Zu 3. Wenn Gott den Willen zu etwas anwegt, so ist mit dieser Annahme unverträglich, daß der Wille dazu nicht in Bewegung kommt. Es ist aber nicht unmöglich schlechthin. Deswegen folgt nicht, daß der Wille von Gott aus Notwendigkeit angewegt wird.

11. Untersuchung

DIE GENUSSHABE EINE WILLENSWIRKE

Erster Artikel

Ist Genießen (frui) ein Wirkgeschehen des begehrhaften Vermögens?

Feststellung. Da die Genußhabe (fruitio) zur Freuung oder Liebe hin liegt, so ist sie eine Wirkheit des begehrhaften Vermögens.

Zweiter Artikel

Kommt das Genußhaben nur dem vernünftigen Geschöpf zu oder auch den tierischen Seelwesen?

Aus der Abhandlung. Ich antworte: Wie aus dem vorher (Art. 1) Gesagten sich ergibt, ist Genußhaben nicht eine Wirkheit des Vermögens, das ausführend zum Zweck kommt, sondern eines Vermögens, das die Ausführung befiehlt: es wurde nämlich gesagt, es gehöre dem begehrhaften Vermögen an. In den die Erkenntnis entbehrenden Dingen aber findet sich zwar ein Vermögen, das über die Weise der Ausführung an den Zweck heranlangt, gerade wie (mit einem solchen) das Schwere nach unten und das Leichte in die Höhe strebt. Aber ein Vermögen, in dessen Bereich der Zweck befehlsweise fällt, läßt sich in ihnen nicht finden; wohl in einer höherstehenden Natur, die so die ganze Natur durch Gebietung bewegt, wie bei den Erkenntnisinhabern die Begehr die übrigen Vermögen zu ihren Wirkheiten anwegt. Daher liegt auf der Hand, daß in den Erkenntnislosen, obwohl sie an den Zweck herangelangen, sich nicht der Zweckgenuß findet, sondern bloß in denen, welche ein Erkennen haben. Denn zur Genußhabe braucht es nicht nur die Stillung, die dem Unbeseelten zuteil wird, sondern Erkenntnis und Freuung.

Es gibt aber eine doppelte Erkenntnis des Zweckes: eine vollkommene und eine unvollkommene. Eine vollkommene nämlich, mit der nicht bloß das erkannt wird, was Zweck und Gut ist, sondern auch das alleinsliche Berede eines Zwecks und eines Gut:[106] und eine solche Erkenntnis gehört allein der vernünftigen Natur an. Unvollkommene Erkenntnis aber ist die, womit besonderhaftig der Zweck und das Gut erkannt wird: und solche Erkenntnis gibt es in den tierischen Seelwesen. Deren begehrhafte Wirkkräfte sind auch keine freien Befehlshaber; sondern sie werden naturhaftem Antrieb gemäß zu dem bewegt, was wahrgenommen wird. Deswegen kommt der vernünftigen Natur die Genußhabe dem vollkommenen Berede nach zu: den tierischen Seelwesen aber dem unvollkommenen Berede nach: den übrigen Geschöpfen aber keiner Weise.

Dritter Artikel

Geht die Genußhabe nur auf den Endzweck?

Aus der Abhandlung. … 3. Ferner [Einwand], die Wirkheiten des Willens beugen sich über sich selber zurück: ich will nämlich, daß ich will, und liebe, daß ich liebe. Nun ist aber Genußhaben ein Wirkgeschehen des Willens: nämlich »es ist der Wille, durch den wir Genuß haben«, wie Augustinus 10. De Trin. (10) sagt. Also hat einer Genuß an seiner Genußhabe. Nun ist aber die Genußhabe nicht der Endzweck des Menschen, sondern allein das unerschaffene Gut, das Gott ist. Es geht also die Genußhabe nicht bloß auf den Endzweck.

Ich antworte: Wie (Art. 1) gesagt, gehört zweierlei zum Berede von Frucht (fructus): nämlich, daß sie das Letzte ist, und daß sie die Begehr mit einer gewissen Süßheit oder Freuung in eine Ruhe versetzt. Das Letzte aber gibt es schlechthin und gibt es in gewisser Hinsicht: schlechthin nämlich als das, was auf ein anderes nicht bezogen wird; dagegen in gewisser Hinsicht als das, was von einigem das letzte ist. Was also schlechthin Letztes ist, worin etwas wie im Endzweck Freuung hat, das heißt eigentlich Frucht (fructus): und dabei spricht man eigentlich von Genußhabe. – Was aber in sich selbst nicht freulich ist, sondern nur in Hinordnung auf anderes begehrt wird, gerade wie der bittere Trank für die Gesundheit, kann keineswegs Frucht heißen. – Was aber in sich eine gewisse Freuung hat, auf die sich etliches Voraufgängige bezieht, kann zwar in irgend welcher Weise Frucht heißen: aber nicht eigentlich und dem vollständigen Berede von Frucht nach sprechen wir von seinem Genuß. Deswegen sagt Augustinus 10. De Trin. (10): »Genuß haben wir von dem Erkannten, worin der Wille in Freuung ausruht.« Zur Ruhe schlechthin kommt er aber nur im Letzten: denn solange er etwas erwartet, verbleibt die Willenswegung in der Schwebe, mag sie auch schon zu etwas gelangt sein. Gerade wie in der örtlichen Bewegung die Mitte in der Größe, mag sie auch ein Anfang und Ende sein, doch nur als wirkliches Ende genommen wird, wann es in ihm zur Ruhehaltung kommt.

Zu 3. Wie oben (1, 8; 2, 7) gesagt, spricht man in doppelter Weise vom Zweck: in der einen als vom Ding selbst, in der anderen als von der Erlangung des Dings. Das sind freilich nicht zwei Zwecke, sondern ein Zweck: in sich betrachtet und: auf den anderen angesetzt. Gott also ist der Endzweck: wie das Ding, das letztlich gesucht wird; die Genußhabe aber: wie die Erlangung dieses Endzwecks. Gerade wie also Gott und der Gottgenuß nicht einen anderen Zweck ausmachen, so ist auch das Berede des Freuungsgenusses, den wir an Gott und den wir am göttlichen Genuß haben, ein und dasselbe. Und die gleiche Bewandtnis hat es mit der erschaffenen Seligkeit, die in Genußhabe besteht.

Vierter Artikel

Gibt es die Genußhabe bloß vom Zweckbesitz?

Aus der Abhandlung. Ich antworte: Genußhaben besagt eine gewisse Vergleichung des Willens mit dem Endzweck, je nach der Stellung, die der Wille zu etwas als dem Endzweck hat. Der Zweck tritt aber doppelt auf: in der einen Weise vollkommen, in der andern unvollkommen. Vollkommen nämlich, wenn man ihn nicht bloß im Vorhaben (in intentione), sondern auch im Ding besitzt: unvollkommen aber, wann er nur im Vorhaben besessen wird. Die vollkommene Genußhabe gibt es also bei dem Zweck, der schon dinghaft in Besitz ist. Aber auch die unvollkommene geht auf den Zweck, nicht auf den im dinghaften Besitz, sondern auf den bloß im Vorhaben.

12. Untersuchung

DAS VORHABEN

Erster Artikel

Ist das Vorhaben eine Wirke des Verstandes oder des Willens?

Aus der Abhandlung. Ich antworte: Wie das Wort selber sagt, bezeichnet Vorhaben (intentio):[107] in etwas streben (in aliquid tendere). Es strebt aber in etwas sowohl die Tätigkeit des Wegenden als auch die Bewegtheit des Weglichen. Aber daß die Wegung des Weglichen in etwas hingespannt ist (tendit), kommt von der Tätigkeit des Wegenden her. Deswegen fällt das Vorhaben zunächst und hauptsächlich in den Bereich dessen, was zum Zweck anwegt: deswegen sagen wir vom Baumeister und jedem Verordner, er wege mit seinem Gebot die anderen auf das hin, was er selber vor hat (intendit). Der Wille aber wegt alle anderen Kräfte der Seele zum Zweck hin, wie oben (9, 1) erörtert worden ist. Deswegen liegt auf der Hand, daß das Vorhaben eigentlich eine Wirke des Willens ist.

Zweiter Artikel

Geht das Vorhaben nur auf den Endzweck?

Feststellung. Wenngleich auch das Vorhaben immer auf den Zweck geht, so geht es doch nicht immer auf den Endzweck.[108]

Dritter Artikel

Kann einer zugleich zweierlei vorhaben?

Feststellung. Das Vorhaben des Willens kann gleichzeitig auf vieles gehen: auf den letzten und den nächsten Zweck und: indem er dem einen den anderen vorzieht.

Vierter Artikel

Ist das Vorhaben des Zweckes ein und dieselbe Wirkheit mit der Wollung dessen, was es zum Zweck gibt? (Vgl. 8, 3)

Aus der Abhandlung. … 3. Ferner, das Wollen dessen, was es zum Zweck gibt, heißt Wahl. Nun ist aber Wahl und Vorhaben nicht dasselbe. Also ist das Vorhaben des Zweckes nicht dieselbe Wegung mit dem Wollen dessen, was es zum Zweck gibt.

Aber dagegen [drei Einw.] spricht: Was es zum Zweck gibt, verhält sich zum Zweck wie das Mittlere zum End. Nun ist es aber in den natürlichen Dingen dieselbe Bewegung, die durch das Mittel zum Halteziel hindurchgeht. Also ist auch in den willentlichen Dingen das Vorhaben des Zwecks und die Wollung dessen, was es zum Zweck gibt, dieselbe Wegung.

Ich antworte: Die Wegung des Willens in den Zweck und in das, was zum Zwecke da ist, kann eine doppelte Betrachtung erfahren. Die eine, sonach der Wille in jedes unbedingtermaßen (absolute) und als solches für sich hingetragen wird. Dergestalt gibt es schlechthin zwei Wegungen des Willens in beides. – Bei der anders möglichen Betrachtung geht der Wille in das, was es zum Zwecke gibt, des Zweckes wegen. In der Unterlage (subiecto) ein und dieselbe Willenswegung ist solcherart zum Zwecke strebend und in das, was es zum Zwecke gibt. Wann ich nämlich sage, »ich will die Arznei wegen der Gesundheit«, so bezeichne ich nur Eine Willenswegung. Der Grund dafür ist, daß der Zweck das Berede des Wollens (ratio volendi) für das ist, was es zum Zwecke gibt. Ein und dieselbe Wirkheit aber trifft auf den Gegenstand und das Gegenstandsberede:[109] gerade wie dieselbe Sicht auf die Farbe und das Licht geht, wie oben (8, 3 zu 2) gesagt worden ist. Und ähnlich ist es mit dem Verstand: falls er bezugslos Ursatz und Schluß betrachtet, ist die Betrachtung beider verschieden; darin aber, daß er der Schlußfolgerung der Ursätze wegen zustimmt, liegt nur eine Wirke des Verstandes.

… *Zu 3.* Eine im Träger einzige Wegung kann im Berede sich nach Anfang und Ende unterscheiden, wie Aufstieg und Abstieg, so heißt es 3. Physic. (3 n 1). Dergestalt ist also die Willenswegung, sonach sie auf das geht, was es zum Zweck gibt, so wie es zweckbeordnet ist, Wahl. Die Willenswegung aber, die auf den Zweck eilt, insofern er durch das gewonnen wird, was es zum Zweck gibt, wird Vorhaben genannt. Das wird dadurch angezeigt, daß es ein Vorhaben des Zweckes geben kann, auch wenn das noch nicht bestimmt ist, was es zum Zweck gibt und in die Wahl kommt.

Fünfter Artikel

Kommt den tierischen Seelwesen ein Vorhaben zu?

Aus der Abhandlung. Ich antworte: Wie oben (Art. 1) gesagt, ist Vorhaben das Streben in ein anderes; das geht Wegendes und Bewegtes an. Sonach man nun also vom Zweckvorhaben bei dem spricht, was von einem anderen auf den Zweck hingewegt wird, sagt man, die Natur habe einen Zweck vor, gewissermaßen auf ihren Zweck hin von Gott bewegt, gerade wie ein Pfeil vom Schützen. Und in dieser Weise haben auch die tierischen Seelwesen einen Zweck vor, insofern sie vom natürlichen Innenantrieb (instinctu) auf etwas hin bewegt werden. – In einer zweiten Weise steht Zweckvorhaben beim Wegenden: insofern er nämlich die Bewegung von einem, sei es die seiner selbst oder eines Zweiten, auf den Zweck hinordnet. Das ist nur Sache der Vernunft. Deswegen haben die Tiere kein Zweckvorhaben in dieser Weise; worin doch eigentlich und hauptsächlich, wie (Art. 1) gesagt, Vorhaben besteht.

13. Untersuchung
DIE WAHL, EINE WILLENSWIRKE HINSICHTLICH DESSEN, WAS ES ZUM ZWECKE GIBT

Folgerichtig müssen die Wirkheiten des Willens erwogen werden, die es beim Vergleichsbezug mit dem gibt, was auf den Zweck hin da ist (8, Vorw.). Ihrer sind drei: Wählen, Zustimmen und Gebrauchen. Der Wahl geht aber die Beratschlagung vorher. Die Erwägung ist also zuerst über die Wahl, zweitens über die Überlegung (14), drittens über die Zustimmung (15), viertens über den Gebrauch (16) anzustellen:

Erster Artikel
Ist die Wahl eine Wirkheit des Willens oder der Vernunft?
(Vgl. 83, 3)

Aus der Abhandlung. Ich antworte: Wahl besagt etwas aus dem Bereiche der Vernunft, d.h. des Verstandes, und etwas aus dem Willensbereich ... Die Wirkheit, die wesentlich einem einzigen Vermögen oder (nur einer) Verhabung (habitus) angehört, erhält Wesungsform und Artung von dem Vermögen oder der Verhabung darüber demgemäß, als das Niedrigere seine Reihenstellung vom Höheren bekommt: falls nämlich einer eine Handlung der Tapferkeit ausübt wegen Liebe zu Gott, so ist diese Wirkheit zwar stofflich die der Tapferkeit, wesungsförmlich aber die der Gottliebe (caritatis). Es liegt aber auf der Hand, daß die Vernunft in gewisser Weise dem Willen voraufgeht und seine Wirkheit ordnet: insofern nämlich der Wille in seinen Vorwurf der Reihung der Vernunft gemäß strebt, dadurch, daß die wahrnehmige Kraft der begehrhaften ihren Gegenstand vorstellt. Solchermaßen ist also die Wirkheit, mit der der Wille in etwas strebt, was als Gut vorgelegt wird, deswegen, weil dies durch die Vernunft auf den Zweck hingeordnet ist, stofflich zwar Willenssache, wesungsförmlich aber Vernunftsache. Bei derartigem aber verhält sich der Wesensbestand (substantia) der Wirkheit wesungsstofflich gegenüber der Beordnung, die von dem höheren Vermögen auferlegt wird. Deswegen ist Wahl, im Wesen gesehen (substantialiter), nicht eine Wirke der Vernunft, sondern des Willens: die Wahl findet nämlich ihre Vollendung in einer gewissen Wegung der Seele zum Gut, das erwählt wird. Sie ist deswegen handgreiflich eine Wirke des begehrhaften Vermögens.[110]

Feststellungen

2. Kommt eine Wahl den tierischen Seelwesen zu?

Da eine Wahl bei dem, was durchaus auf ein besonderes Eine einbestimmt ist, gar nicht statthat, solcherweise aber die tierischen Seelwesen aus der sinnenhaften Begehr auf ein besonderliches Eine ihre Bestimmtheit haben (determinata), so kommt ihnen handgreiflich eine Wahl nicht zu, der nach Mehreres gewählt werden kann.

3. Geht die Wahl bloß auf das, was es zum Zwecke gibt, oder auch bisweilen auf den Zweck selbst?

Die Wahl geht nur auf das, was es auf den Zweck hin gibt; und wenn sie zuweilen auf den Zweck geht, nicht auf den letzten, sondern auf den, der auf einen weiteren Zweck hingeordnet werden kann.

4. Gibt es die Wahl bloß unter dem, was von uns getan wird?

Da die Wahl immer auf das geht, was es auf einen Zweck hin gibt, so gehört sie notwendig immer unter die menschlichen Handlungen.

5. Gibt es die Wahl bloß beim Möglichen?

Da Wahl sich immer auf menschliche Tätigkeiten bezieht, so kann es sie nur zwischen Möglichem geben.[III]

6. Wählt der Mensch aus Notwendigkeit oder frei?
(Vgl. I 83, 1)

Da die Wahl die Wirkheit der vernünftigen Natur und des Willens ist, mit der ausgewählt wird, was es auf den Zweck hin gibt, so gebrauchen sie die Menschen nicht aus Notwendigkeit, sondern frei.

14. Untersuchung

DIE BERATSCHLAGUNG VOR DER WAHL

Erster Artikel

Ist die Beratschlagung eine Untersuchung?

Aus der Abhandlung. Ich antworte: Die Wahl folgt, wie gesagt (13, 1 zu 2; 3), auf das Urteil der Vernunft über die Dinge, die zu tun sind. Bei den zu tuenden Dingen findet man aber Ungewißheit in Menge: denn die Tätigkeiten halten sich im Umkreis des einzelnen Freifälligen, das wegen seiner Wechselhaftigkeit ungewiß ist. In zweifelhaften und ungewissen Dingen gibt aber die Vernunft nicht ohne voraufgehende Untersuchung ein Urteil ab. Deswegen ist die Untersuchung der Vernunft vor dem Urteil über das Auszuwählende notwendig: und diese Untersuchung heißt Beratschlagung (consilium). Deswegen sagt der Philosoph 3. Ethic. (2 n 16f.; vgl. 6, 2 n 2), die Wahl sei »die Begehr nach dem Vorberatenen«.

Zweiter Artikel

Geht die Beratschlagung über den Zweck oder bloß über das, was es auf den Zweck hin gibt?

Feststellung. Da die Beratschlagung die Untersuchung der Vernunft über die Dinge ist, die zu tun sind, so geht sie bloß über das, was es auf den Zweck hin gibt, nicht aber über den Zweck selbst, es sei denn, daß er sich auf einen weiteren Zweck hinordnen ließe.

Dritter Artikel

Geht die Beratschlagung bloß über das, was von uns getan wird?

Aus der Abhandlung. Ich antworte: Beratschlagung besagt eigentlich einen Vergleich, den mehrere anstellen. Ein Zeichen dafür ist auch das Wort selber: man spricht nämlich von consilium gewissermaßen als einem considium deswegen, weil viele zusammen sitzen zu einer gleichzeitigen Zusammentragung. Man muß aber in Erwägung ziehen, daß beim besonderen Freifälligen dazu, daß etwas gewiß erkannt wird, mehrere Bedinglichkeiten, d.h. Umstände, betrachtet gehören, die für einen nicht leicht zu betrachten sind, die aber von mehreren sicherer aufgefaßt werden, indem der eine ins Auge nimmt, was dem anderen nicht auffällt: im Notwendigen aber und im Alleinslichen ist die Erwägung unbedingter und einfacher, so daß eher zu einer derartigen Betrachtung einer für sich genügen kann. Deswegen erstreckt sich die Untersuchung beim Beratschlagen eigentlich auf das freifällige Einzelne. In solchem aber hat die Erkenntnis der Wahrheit nicht etwas Großes, so daß sie an sich so begehrbar wäre, wie die Erkenntnis des Alleinslichen und Notwendigen: vielmehr wird sie begehrt, sonach sie zur Werktätigkeit nützlich ist, weil die Werktätigkeiten auf das freifällige Einzelne gehen. Deswegen ist zu sagen: eigentlich geht die Überlegung auf den Umkreis dessen, was von uns getan wird.

Vierter Artikel

Geht die Beratschlagung über alles, was von uns getan wird?

Feststellung. Über das, was dem Werkschaffen oder dem Lernwissen gemäß seine Bestimmtheit hat[112] oder von geringerem Gewicht ist, wird eine Überlegung nicht angestellt; sondern über das lediglich, was, bei irgend welchem Gewicht, unsicher ist oder in Zweifel gezogen wird.

Fünfter Artikel

Geht die Beratschlagung nach einer Zerlegeordnung vor?

Aus der Abhandlung. Ich antworte: Bei jeder Untersuchung gehört sich, mit irgend einem Ursatz anzufangen. Falls der freilich, wie er früher in der Erkenntnis ist, auch früher im Sein ist, so handelt es sich nicht um einen Zerlegungsvorgang, sondern mehr um einen der Zusammensetzung (compositivus): von den Ursachen nämlich in die Wirkungen zu gehen, ist ein aufbauhafter Vorgang, denn die Ursachen sind einfacher als die Wirkungen. Falls aber, was es früher im Erkennen gibt, später im Sein ist, so handelt es sich um ein zerlegendes Verfahren: urteilen wir doch über die offenkundigen Wirkungen, indem wir in die einschlächtigen Ursachen auflösen. Der Dastand (principium) aber bei der Untersuchung seitens der Überlegung ist der Zweck, der zwar früher im Vorhaben, aber nachher im Dasein ist. Dementsprechend gehört sich, daß die Untersuchung bei der Beratschlagung zerlegerisch ist (resolutiva), indem sie nämlich mit dem anfängt, was man für die Zukunft vorhat, bis sie bei dem ankommt, was sofort zu tun ist.[113]

Sechster Artikel

Geht die Beratschlagung ins Unendliche?

Feststellung. Die Untersuchung bei der Überlegung hat nur mögegeschehlich einen Verlauf ins Unendliche; wirkgeschehlich findet sie nämlich ihr Halt sowohl auf Seiten des Anfangs wie des Schlusses der Untersuchung.

15. Untersuchung

DIE ZUSTIMMUNG, EINE WILLENSWIRKE GEGENÜBER DEM, WAS AUF DEN ZWECK HIN DA IST

Feststellungen

1. Ist die Zustimmung eine Wirkheit der begehrhaften oder der wahrnehmigen Wirkkraft? (Vgl. 74, 7 zu 1)

Da Zustimmen eine gewisse Verbindung an das besagt, das die Zustimmung erfährt, so muß es im eigentlichen Sinne eher eine Wirke der begehrhaften Wirkkraft genannt werden, der das Streben in anderes obliegt, als der auf die Wahrnehmung abgestellten.[114] (S. Nachtrag S. 529)

2. Kommt Zustimmung den tierischen Seelwesen zu? (Vgl. 16, 2)

Da es in den tierischen Seelwesen keinerlei Ansatz (applicatio) der begehrhaften Wegung an irgend ein Tun gibt, so ist es unmöglich, daß ihnen irgend eine Zustimmung zukommt. (S. 529)

3. Geht die Zustimmung auf den Zweck oder auf das, was zum Zweck da ist?

Da die Zustimmung im eigentlichen Sinne des Wortes nur die Ansetzung der begehrhaften Wegung an das ist, was aus der Beratschlagung als Urteil hervorging, und die Überlegung nur auf das geht, was es auf den Zweck hin gibt, so steht fest, daß auch die Zustimmung nur auf das geht, was auf den Zweck hin da ist.

Vierter Artikel

Fällt die Zustimmung zum Wirkgeschehen bloß in den Bereich des höheren Seelenteils? (Vgl. 74, 7)

Aus der Abhandlung. Ich antworte: Die Schlußentscheidung fällt immer dem zu, der Oberer ist; in dessen Bereich gehört, über die anderen zu Gericht zu sitzen: solange nämlich über das zu richten bleibt, was vorgebracht wird, erfolgt noch nicht der Endspruch. Es liegt aber auf der Hand, daß es die obere Vernunft ist, die das Urteil über alles hat:[115] denn über das Sinnenfällige urteilen wir durch die Vernunft; über den Belang der menschlichen Grundsichten (rationes) aber urteilen wir gemäß den göttlichen Grundsichten, die in den Bereich der oberen Vernunft fallen. Solange es deswegen ungewiß ist, ob gemäß den göttlichen Grundsichten Widerstand geleistet werden soll oder nicht, hat kein Urteil der Vernunft das Berede eines abschließenden Spruchs. Die Schlußentscheidung über das zu Tuende ist die Zustimmung in die Wirke. Und deswegen gehört die Zustimmung in die Wirke zur oberen Vernunft: demgemäß freilich, als in der Vernunft, wie vorhin (Art. 1 zu 1) gesagt, der Wille einbeschlossen ist.

16. Untersuchung
DAS GEBRAUCHEN, EINE WILLENSWIRKE GEGENÜBER DEM, WAS ES AUF DEN ZWECK HIN GIBT

Erster Artikel

Ist Gebrauchen eine Willenswirke?

Feststellung. Da es das Amt des Willens ist, alle Kräfte und Verhabungen der Seele oder die Lebenswerkzeuge an die ihnen eigenbehörigen Wirkheiten anzusetzen, so fällt das Gebrauchen[116] zunächst und hauptsächlich ihm als dem ersten Wegenden zu, der Vernunft aber als dem Wegweisenden, hingegen den übrigen Seelenkräften als den ausführenden.[117]

Zweiter Artikel

Kommt das Gebrauchen den tierischen Seelwesen zu?

Aus der Abhandlung. Ich antworte: Wie vorhin (Art. 1) gesagt, ist Gebrauchen (uti): irgend eine Tätigkeitsurheit an die Tätigkeit anlegen: gerade wie Zustimmen, wie (15, 1ff.) gesagt, die Heranbringung der Begehrbewegung dazu ist, etwas zu begehren. Eins ans andere heranzusetzen, ist aber nur Amtes dessen, was hierüber den Wahlentscheid hat: der kommt nur dem zu, der das eine auf das andere zu beziehen weiß, was in den Bereich der Vernunft fällt. Und deswegen hat bloß das vernünftige Seelwesen eine Zustimmung und einen Gebrauch.

Dritter Artikel

Kann es einen Gebrauch auch vom Endzweck geben?

Feststellung. Da Gebrauchen das Ansetzen des einen zu anderem bezeichnet, so bezieht es sich nur auf das, was es auf einen Zweck hin gibt, und nicht auf den Endzweck.[118]

Vierter Artikel

Geht das Gebrauchen der Wahl voraus?

Aus der Abhandlung. Ich antworte: Der Wille zeigt ein doppeltes Behaben zum Gewollten. Eines nämlich demgemäß, daß das

Gewollte gewissermaßen im Wollenden ist, durch ein gewisses Anmaßverhältnis oder eine Hinordnung auf das Gewollte. Darum sagt man auch von den Dingen, die ein natürliches Gleichmaßverhältnis zu einem Zweck haben, sie begehrten ihn naturhaftig. – Solchermaßen einen Zweck zu haben, heißt nun aber, ihn unvollkommen haben. Alles Unvollkommene aber strebt in die Vollkommenheit. Und deswegen strebt sowohl die naturhafte als auch die willentliche Begehr, daß sie den Zweck selbst dinghaft[119] hat, was ihn vollkommen haben heißt. Und dies ist das zweite Behaben des Willens zum Gewollten.

Gewollt ist aber nicht bloß der Zweck, auch das, was es auf den Zweck hin gibt. Das letzte aber, was in den Bereich der ersten Behabung des Willens fällt, hinsichtlich dessen, was es zum Zwecke gibt, ist die Wahl: darin erfüllt sich nämlich das Gleichmaßverhältnis des Willens, daß er vollständig das will, was es zum Zwecke gibt. Nun aber fällt der Gebrauch schon in die Reichweite der zweiten Behabung des Willens, mit der er zum Gewinnen des gewollten Dings strebt. Deswegen liegt auf der Hand, daß der Gebrauch der Wahl folgt: falls freilich Gebrauch demnach genommen wird, daß der Wille das Ausführungsvermögen gebraucht, indem er es in Bewegung setzt. Weil nun aber der Wille auch zuweilen die Vernunft anwegt und sie gebraucht, so kann sein Gebrauch von dem, was es auf den Zweck hin gibt, auch demgemäß verstanden werden, als dies der Betrachtung der Vernunft unterliegt, die es auf den Zweck bezieht. In dieser Weise geht der Gebrauch der Wahl vorher.

17. Untersuchung

DIE VOM WILLEN BEFOHLENEN WIRKHEITEN

Feststellungen

1. Ist Befehlen eine Wirke der Vernunft oder des Willens? (Vgl. 2 II 83, 1)

Befehlen ist wesentlich eine Wirke der Vernunft, vorausgesetzt freilich die Wirkheit des Willens, kraft dessen eben die Vernunft durch den Befehl die Anwegung bezüglich der Ausübung der Handlung gibt. [Gegen den 2. Einwand: »Befehlen scheint in den Bereich dessen zu fallen, das in höchstem Grade frei ist. Nun ist aber die Wurzel der Freiheit zumeist im Willen«; *zu 2:* »Die Wurzel der Freiheit ist der Wille wie als Unterlage: aber als Ursache ist es die Vernunft. Deswegen kann nämlich der Wille frei auf Verschiedenes gehen, weil die Vernunft verschiedene Auffassungen vom Gut haben kann. Deswegen bestimmen die Philosophen den Betriff des freien (Wahlentscheids) Willens, daß er das freie von der Vernunft kommende Urteil (liberum arbitrium: liberum de ratione iudicium, Boeth. de Interpret. Com. Maior. 3) ist, gleich als ob die Vernunft die Ursache der Freiheit sei.«][120]

2. Liegt Befehlen in der Reichweite der tierischen Seelwesen?

Da Befehlen eine Wirke der Vernunft ist, so kommt es unmöglich den tierischen Seelwesen zu.

3. Geht Gebrauchen dem Befehlen voraus?

Der Befehl ist naturhaftig früher als das [gehorchende] Gebrauchen des Befehls.

… *Zu 1.* (Gebrauchen scheint dem Befehlen voranzugehen. Denn Befehlen ist ein Tun der Vernunft, das die Tätigkeit des Willens, nach Art. 1, voraussetzt. Aber Gebrauchen ist nach 16,1 eine Tätigkeit des Willens. Also geht Gebrauchen dem Befehlen voran.) Nicht jede Wirke des Willens geht voran dieser Wirke der Vernunft: dem Befehl; sondern eine geht voran, die Wahl, und eine folgt, nämlich der Gebrauch, weil nach dem Haltfinden der Beratschlagung, welches ein Urteil der Vernunft ist, der Wille die Wahl trifft. Und nach der Wahl befiehlt die Vernunft dem [Vermögen], dem der Vollzug des in der Wahl Entschiedenen obliegt. Und dann erst beginnt der Wille jemands mit dem Gebrauche, indem er den Befehl der Vernunft ausführt: und zwar ist es manchmal der Wille eines andern, wenn jemand einem andern befiehlt, manchmal aber der Wille des Befehlenden selbst, wenn jemand sich selber befiehlt.[121]

4. Sind Befehl und befohlene Wirkheit eine oder verschiedene Wirkheiten? (Vgl. 1 II 20, 3)

Befehl und befohlene Wirkheit sind ein und die nämliche menschliche Wirke, gerade wie eine Art Ganzes, den Teilen gemäß aber eine Vielheit. [»Gerade wie in der Gattung der natürlichen Dinge ein Ganzes sich aus Wesungsstoff und Wesungsform bildet, wie der Mensch aus Seele und Leib, der doch ein natürliches Seiendes in der Einzahl ist, mag er auch eine Vielheit von Teilen haben, gerade so steht auch in den menschlichen Wirkheiten die Wirke des unteren Vermögens wesungsstofflich zur Wirke des höheren da, insoweit das untere Vermögen in der Wirkkraft des höheren tut, dessen Wegung es erfährt: so verhält sich nämlich auch die Wirkheit des ersten Wegenden wesungsförmlich zur Wirkheit des Werkzeugs. Deswegen ist klar, daß Befehl und befohlene Wirkheit eine einzige menschliche Wirke sind, gerade wie ein gewisses Ganzes eines ist, aber den Teilen nach ist es eine Vielheit.« Aus d. Antw.][122]

Fünfter Artikel

Wird die Wirke des Willens befohlen?

Aus der Abhandlung. Ich antworte: Wie (Art. 1) gesagt, ist der Befehl nichts anderes als eine Wirke der Vernunft, die mittels (cum) einer gewissen Anwegung etwas ans Tun beordnet. Es liegt aber auf der Hand, daß die Vernunft eine Anordnung über die Wirkheit des Willens treffen kann: gerade nämlich, wie sie das Urteil abgeben kann, daß es gut ist, etwas zu wollen,[123] so kann sie auch eine Anordnung schaffen, indem sie den Befehl gibt, daß der Mensch wollen soll. Daraus ergibt sich klar, daß die Wirkheit des Willens befohlen sein kann.

Zu 2. (Befohlen zu werden eignet sich für den, für welchen es zutrifft, daß er den Befehl versteht. Nun aber ist es nicht Willenssache, einen Befehl zu verstehen: es unterscheidet sich nämlich der Wille von dem Verstand, dessen Sache das Verstehen ist.) Gerade wie bei den leiblichen Gliedern jedes beliebige Glied nicht für sich allein, sondern für den ganzen Körper wirkt, wie das Auge für den ganzen Körper sieht, so ist es auch bei den Vermögen der Seele. Denn der Verstand versteht nicht bloß für sich, sondern für alle Vermögen; und der Wille will nicht allein für sich, sondern für alle Vermögen. Und deswegen befiehlt der Mensch sich selber die Wirkheit des Willens, insofern er verstehend und wollend ist.

Sechster Artikel

Wird die Vernunftwirke befohlen?

Aus der Abhandlung. Ich antworte: Weil die Vernunft sich über sich selber zurückbeugt,[124] so kann sie auch über ihre Wirke eine Anordnung treffen, gerade wie sie die Anordnung über die Wirkheiten der anderen Seelenkräfte gibt. Deswegen kann auch ihre Wirke befohlen sein. – Aber es ist zu beachten, daß sich die Vernunftwirke zwiefach ins Auge fassen läßt. In einer Weise im Betracht der Ausübung der Wirkheit. Solcherweise kann die Vernunftwirke immer befohlen werden: wie dann, wenn einem aufgetragen wird, er soll achtgeben und die Vernunft gebrauchen. In der anderen Weise im Betracht des Gegenstandes: in seiner Hinsicht kommen zwei Wirkheiten der Vernunft ins Merk. Zunächst nämlich, daß sie die Wahrheit in etwelchem Betreff entdecke. Und das liegt nicht in unserer Macht: es tritt nämlich durch die Wirkkraft irgend einer Leuchte, entweder einer natürlichen oder einer übernatürlichen, ein. Insoweit ist deswegen die Wirke der Vernunft nicht in unserer Gewalt und kann nicht befohlen werden. Es gibt aber eine andere Wirke der Vernunft, indem sie dem zustimmt, was sie wahrgenommen hat. Ist das Wahrgenommene nun solcherart, daß ihm natürlicherweise der Verstand beistimmt, wie den ersten Ursätzen, so steht Zustimmung oder Widerspruch zu solchem nicht in unserer Gewalt, sondern bei der Ordnung der Natur:[125] und unterliegt deswegen, eigentlich gesagt, auch nicht einem Befehl. Es gibt aber gewisses Wahrgenommene, das nicht bis zu einem Grade den Verstand bezwingt, daß er nicht zustimmen oder widersprechen oder wenigstens Zustimmung oder Widerspruch in der Schwebe halten könnte, irgend einer Ursache wegen: und in solchem ist eben Beifall oder Widerspruch in unserer Gewalt und fällt unter den Befehl.[126]

Siebenter Artikel

Wird die Wirke bei der sinnenhaften Begehr befohlen?
(Vgl. I 81, 3; 1 II 56, 4; 58, 2)

Abhandlung. 1. Scheinbar wird die Wirke bei der sinnenhaften Begehr nicht befohlen. Es sagt nämlich der Apostel Röm. 7, 15: »Nicht nämlich, was ich will, das Gute, das tue ich«; und die Glosse[127] erklärt: der Mensch will nicht begierlich sein, und dennoch ist er es. Nun ist aber das Begierlichsein eine Wirke der sinnenhaften Begehr. Also untersteht die Wirkheit der sinnenhaften Begehr nicht unserem Befehl.

2. Ferner, der körperliche Wesungsstoff gehorcht Gott allein, so weit die wesungsförmliche Umsetzung in Frage kommt, wie im I. Teil (91, 2; 105, 1; 110, 2) erörtert worden ist. Nun hat aber das Wirkgeschehen der sinnenhaften Begehr eine gewisse wesungsförmliche Verwandlung für den Körper, nämlich Wärme oder Kälte. Also ist die Wirke der sinnenhaften Begehr menschlicher Gebietung nicht Untertan.

3. Ferner, der eigenbehörige Antrieb der sinnenhaften Begehr ist das dem Gesinn oder der Einbildung nach Wahrgenommene. Nun steht aber nicht immer in unserer Gewalt, daß wir etwas mit dem Gesinn oder mit der Einbildung wahrnehmen. Also ist die Wirke der sinnenhaften Begehr unserem Befehl nicht unterworfen.

Aber dagegen spricht, was Gregor von Nyssa (Nemesius, De Nat. Hom. 16 al. 4, 8) sagt: »Das der Vernunft Gehorchende teilt sich in zweierlei, in das Sehnsüchtige und das Zürnige«, die in den Bereich der sinnenhaften Begehr gehören. Also unterliegt das Wirkgeschehen der sinnenhaften Begehr dem Befehl der Vernunft.

Ich antworte: Irgend welche Wirke unterliegt demgemäß unserem Befehl, als sie in unserer Macht steht, wie oben (Art. 5, Aber dag.) gesagt worden ist. Um deshalb die Beschaffenheit der Art und Weise zu verstehen, in welcher das Wirkgeschehen der sinnenhaften Begehr dem Vernunftbefehl untergeben ist, gehört ins Auge gefaßt, nach welcher Beschaffenheit sie in unserer Macht liegt. Man muß nun wissen, daß die sinnenhafte Begehr darin von der verstandhaften Begehr, die Wille heißt, sich unterscheidet, daß die sinnenhafte Begehr die Wirkkraft eines leiblichen Lebenswerkzeuges ist, der Wille aber nicht.[128] Jede Wirke aber einer Wirkkraft, die sich eines leiblichen Lebenswerkzeuges bedient, hängt nicht bloß aus dem Seelenvermögen ab, sondern auch aus der Bereitschaftsstellung des leiblichen Lebenswerkzeuges: gerade wie das Gesicht vom sehhaften Vermögen und der Beschaffenheit des Auges, durch die es Hilfe oder Hinderung erfährt. Deswegen hängt auch die Wirke der sinnenhaften Begehr nicht bloß aus der begehrigen Kraft ab, sondern auch aus der Zurüstung des Leibes.

Was es aber auf Seiten eines Vermögens der Seele gibt, folgt der Wahrnehmung. Da nun die Wahrnehmung in der Einbildung auf das Teilbesondere geht, so hat sie an der Wahrnehmung der Vernunft, die alleinslich ist,[129] ihre Richtschnur, gerade wie die teilbesondere tuige Wirkkraft an der alleinslichen tuigen Wirkkraft. Und deswegen ist von jener Seite her das Wirkgeschehen der sinnenhaften Begehr dem Befehl der Vernunft unterworfen. – Die Beschaffenheit und Anlage des Leibes aber unterliegt nicht dem Befehl der Vernunft. Auf dieser Seite liegt deswegen das Hindernis dagegen, daß die Wegung der sinnenhaften Begehr ganzartig dem Befehl der Vernunft untergeben ist.

Es geschieht aber auch zuweilen, daß die Wegung der sinnenhaften Begehr jählings bei einer Wahrnehmung der Einbildung oder des Gesinns erregt wird. Diese Bewegung geht dann an einem Befehl der Vernunft vorbei: wenngleich er auch von der Vernunft hätte verhindert werden können, wenn sie ein Voraussehen gehabt hätte. Deswegen sagt der Philosoph 1. Polit. (2 n 11), die Vernunft stehe dem Zornmut und dem Begehrmut nicht in »herrischer Herrschaft«, die die des Herrn über den Sklaven ist, vor, sondern »mit einer staatsmännischen oder königlichen Herrschaft«, die über Freie geht, die nicht ganzartig dem Befehl Untertan sind.

Also zu 1. Daß der Mensch nicht begieren will und doch begiert, tritt aus der Zurüstung des Körpers ein, durch welche die sinnenhafte Begehr verhindert wird, ganzartig der Gebietung der Vernunft zu folgen. Deswegen fährt auch der Apostel ebenda weiter: »Ich sehe ein anderes Gesetz in meinen Gliedern, das dem Gesetz meines Besinns widerspricht.« – Das ereignet sich auch, wie gesagt, wegen einer jähen Bewegung der Begierlichkeit.

Zu 2. Die leibliche Beschaffenheit hat ein doppeltes Verhalten zu der Wirkheit in der sinnenhaften Begehr. Das eine voraufgängig: je nach der Art und Weise, in der einer dem Körper nach eine Anlage zu dieser oder jener Leidenschaft hat. Das andere als Folge: wie dann, wenn einer aus Zorn in Hitze gerät.[130] Die voraufgängige Beschaffenheit unterliegt nun nicht dem Vernunftbefehl: denn sie ist entweder aus der Natur da oder aus irgend einer voraufgehenden Bewegtheit, die nicht sofort zur Ruhe kommen kann. Hingegen folgt die folgehafte Beschaffenheit einem Befehl der Vernunft: denn sie folgt auf die örtliche Wegung des Herzens, das verschiedenartig bewegt wird gemäß den verschiedenen Wirkheiten der sinnenhaften Begehr.[131]

Zu 3. Weil zur Wahrnehmung des Gesinns ein Sinnfälliges draußen erforderlich ist, so liegt nicht in unserer Macht, etwas mit dem Sinn wahrzunehmen, außer das Sinnfällige ist gegenwärtig; seine Gegenwart liegt nicht immer bei unserer Macht. In dem Falle kann nämlich der Mensch, wenn er will, das Gesinn gebrauchen, es liege denn ein Hindernis seitens des Lebenswerkzeuges vor. – Bei der Einbildung aber unterliegt die Wahrnehmung der Anordnung der Vernunft je nach dem Maße der Wirkkraft oder Schwäche des Einbildungsvermögens. Daß nämlich der Mensch sich nicht die Inbilder von dem schaffen kann, was die Vernunft erwägt, tritt entweder daher ein, daß es nicht inbildbar ist, wie das Unkörperliche, oder wegen der Schwäche der Einbildungskraft, die aus irgend einer Unbereitschaft des Lebenswerkzeugs herrührt.

Achter Artikel

Wird in der wuchshaften Seele die Wirkheit befohlen?
(Vgl. 2 II 148, 1 zu 3; III 15, 2 zu 1; 10, 2)

Aus der Abhandlung. Ich antworte: Etwelche von den Wirkheiten gehen aus der naturhaften Begehr aus, etwelche aber aus der seelischen oder der verstandhaften Begehr:[132] alles Tuende nämlich begehrt in irgend einer Weise den Zweck.[133] Die naturhafte Begehr aber folgt nicht irgend einer Wahrnehmung so, wie die seelische und die verstandhafte Begehr folgt. Die Vernunft aber gibt ihren Befehl nach dem Verfahren einer wahrnehmigen Wirkkraft. Und deswegen können diejenigen Wirkheiten, die von der verstandhaften oder seelischen Begehr ausgehen, von der Vernunft befohlen werden: nicht aber jene Wirkheiten, die aus der naturhaften Begehr hervorgehen. Derart sind aber die Wirkheiten der wuchshaften Seele: daher sagt Gregorius von Nyssa (Nemes. 22): »Naturhaft heißt das Fortpflanzige und Nährige.« Deswegen sind die Wirkheiten der wuchshaftigen Seele dem Befehl der Vernunft nicht untergeben.

Zu 3. (»Bei den Wirkheiten des Ernährungs- und Fortpflanzungsvermögens hat Lob und Tadel statt, auch Tugend und Laster: wie sich bei der Gaumensucht und der Wollust und den entgegengesetzten Tugenden ergibt.«) Tugend und Laster, Lob und Tadel verdankt man eben nicht den Wirkheiten des Ernährungs- oder Fortpflanzungsvermögens, als welche Verdauung und Bildung eines menschlichen Leibes sind, sondern den Wirkheiten des sinnenhaften Teiles, die auf die Handlungen der Fortpflanzung oder Ernährung hingeordnet sind, beispielsweise dadurch, daß man nach Freuung an Speise und Geschlechtlichem begiert und es, wie es sich gehört oder wie es sich nicht gehört, gebraucht.

Neunter Artikel

Werden die Wirkheiten der äußeren Glieder befohlen?

(Vgl. I 81, 3 zu 2; 1 II 56, 4 zu 3; 58, 2)

Abhandlung. 1. Scheinbar gehorchen die Glieder des Leibes in bezug auf ihre Wirkheiten nicht der Vernunft. Es steht nämlich fest, daß die Glieder des Leibes von der Vernunft weiter abstehen als die Kräfte der wuchshaftigen Seele. Nun gehorchen aber die Kräfte der Wuchsseele nicht der Vernunft, wie (Art. 8) gesagt worden ist. Also um vieles weniger die Glieder des Leibes.

2. Ferner, das Herz ist die Urheit der seelischen Bewegung. Nun aber ist die Wegung des Herzens dem Befehl der Vernunft nicht untergeben: es sagt nämlich Gregor von Nyssa (a. a. O. 22 al. 4, 15): »Der Aderschlag ist nicht mit Vernunft überredbar.« Also unterliegt die Wegung der leiblichen Glieder nicht dem Befehl der Vernunft.

3. Ferner, Augustinus sagt 14. De Civ. Dei (16): »Die Bewegung der Zeugungsglieder tritt bisweilen ungebeten auf, wo niemand es verlangt; zuweilen aber läßt sie den Drängenden im Stich, und wenn im Gemüt die Begierde glüht, friert es im Körper.« Also gehorchen die Bewegungen der Glieder nicht der Vernunft.

Aber dagegen spricht, was Augustinus 8. Confess. (9) sagt: »Die Seele befiehlt, daß die Hand bewegt wird, und die Leichtigkeit ist so groß, daß Dienst und Gebot sich kaum unterscheiden.«

Ich antworte: Die Glieder des Leibes sind eine Art Lebenswerkzeuge der Seelenvermögen. Wie sich deswegen die Seelenvermögen dazu verhalten, daß sie der Vernunft gehorchen, verhalten sich gleicherweise auch die Leibesglieder. Weil also die sinnenhaften Kräfte dem Befehl der Vernunft untergeben sind, nicht aber die naturhaften Kräfte, so stehen alle Bewegungen der Glieder, die von den sinnenhaften Vermögen in Bewegung gesetzt werden, unter der Gebietung der Vernunft; die Bewegung der Glieder aber, die den natürlichen Kräften folgen, sind nicht unter den Befehl der Vernunft gegeben.

Also zu 1. Die Glieder bewegen sich nicht selbst, sondern werden durch die Vermögen der Seele bewegt; davon sind einige der Vernunft benachbarter als die Kräfte der Wuchsseele.

Zu 2. Im Bereich des Verstandes und des Willens findet sich als erstiges das, was naturgemäß ist, von dem das andere sich ableitet: wie von der Erkenntnis der naturhaftig bekannten Ursätze die Erkenntnis der Schlüsse und von dem Willen nach dem naturhaftig ersehnten Zweck die Auswahl dessen sich herleitet, was es auf den Zweck hin gibt. Dergestalt ist auch in den körperlichen Bewegungen die Urheit der Natur gemäß. Die Urheit der leiblichen Bewegung aber kommt von der Bewegung des Herzens her. Daher ist die Bewegung des Herzens der Natur gemäß und nicht dem Willen gemäß: sie folgt nämlich gerade wie eine Beischaft an sich dem Leben, das aus der Einung der Seele und des Leibes da ist. Gerade wie die Bewegung des Schweren und des Leichten seiner substantialen Wesungsform folgt: sie heißen deswegen auch, gemäß dem Philosophen 8. Physic. (4 n 7), von dem Erzeugenden bewegt. Darum heißt jene Bewegung auch die »lebensartige« (vitalis). Deswegen sagt Gregor von Nyssa (a. a. O.), wie das Fortpflanzige und das Nährige nicht der Vernunft gehorche, so auch nicht das Pulshaftige, das das Lebige ist. Das Pulshaftige aber nennt er die Bewegung des Herzens, die sich durch die Schlagadern kund tut.

Zu 3. Wie Augustinus 14. De Civ. Dei (17, 20) sagt, rührt aus der Strafe der Sünde her, daß die Bewegung der Geschlechtsglieder nicht der Vernunft gehorcht: damit nämlich die Seele für ihren Ungehorsam gegen Gott in dem Gliede vorzüglich die Strafe für den Ungehorsam erleide, durch das sich die Erbsünde auf die Nachkommen fortzieht.

Weil aber durch die Sünde der Ersteltern, wie unten (85, 1 und 3) gesagt werden wird, die Natur sich selber anheimfiel, nachdem das übernatürliche Geschenk entzogen war, das der Mensch von Gott bekommen hatte, ist daher das natürliche Berede ins Auge zu fassen, warum derartige Glieder in ihrer Bewegung besondererweise der Vernunft nicht gehorchen. Den Grund davon gibt Aristoteles im Buche »Über die Ursachen der Bewegung der Tiere« (Causae motuum animalium, c. 11) an, indem er sagt, »nichtwillentliche seien die Bewegungen des Herzens und des Schamglieds«, weil nämlich die Glieder dieser Art aus irgend einer Wahrnehmung in Bewegung geraten, insoweit nämlich der Verstand und die Vorstellungskraft irgend etwas vergegenwärtigen, woraus Leidewegungen der Seele folgen, auf welche die Bewegung dieser Glieder folgt. Sie bewegen sich indessen nicht auf Geheiß der Vernunft oder des Verstandes, weil nämlich zur Wegung dieser Glieder etwelche natürliche Veränderung erforderlich ist, die der Warmheit und Kaltheit nämlich, eine Veränderung, die ja nicht der Gebietung der Vernunft unterworfen ist. In besonderartiger Weise ereignet sich das bei diesen beiden Gliedern, weil jedes von diesen Gliedern sozusagen eine Art von seelischem Getrenntwesen ist, insofern es Lebensurheit ist: eine Urheit aber ist an Wirkkraft das Ganze. Das Herz ist nämlich die Urheit der Sinne, und aus dem Zeugungsglied geht die samenhafte Wirkkraft aus, die an Kraft das ganze Seelwesen ist. Und deswegen haben sie naturhaftig eigenbehörige Wegungen: denn es gehört sich für die Urheiten, daß sie naturhaftig sind, wie (zu 2) gesagt worden ist.

18. Untersuchung[134]

GUT UND BÖS BEI DER GATTUNG DER MENSCHLICHEN WIRKHEITEN

Die Erwägung geht zur Gutheit und Schlechtheit der menschlichen Handlungen über. Zuerst zu der Art und Weise, in der die menschliche Tätigkeit gut oder bös ist; zweitens zu den Folgen der Gutheit oder Schlechtheit der menschlichen Handlungen, z. B. Verdienst oder Mißverdienst, Sünde und Schuld. Beim ersten begegnet uns eine dreifache Überlegung: die eine über die Güte und Schlechtheit der menschlichen Wirkheiten im Bezug auf ihre Gattung; die zweite über Gut und Bös der inneren Wirkheiten; die dritte über Gut und Bös der äußeren Handlungen.

Erster Artikel

Ist jede menschliche Tätigkeit gut oder etwelche schlecht?

Abhandlung. 1. Scheinbar ist jede Tätigkeit des Menschen gut und keine schlecht. Es sagt nämlich Dionysius 4. Div. Nom., das Üble sei nur tätig in der Wirkkraft des Gut. Nun aber geschieht mit der Wirkkraft von Gut nicht Übles. Also ist keine Tätigkeit schlecht.

2. *Ferner,* nichts tut, außer sonach es wirklich ist. Es ist aber nicht etwas übel, sonach es im Wirkgeschehen ist, sondern sonach dem Mögestand Wirkheit fehlt: insoweit aber die Möge durch die Wirke zur Vollendung kommt, liegt Gut vor, wie es

9. Metaph. (Did. 8, 9 n 1, 2, 5ff.) heißt. Nichts tut also, insoweit es Übel ist, sondern bloß insoweit es Gut ist. Jede Tätigkeit ist also gut und keine schlecht.

3. Ferner, Übel kann nur beischaftlich Ursache sein, wie durch Dionysius 4. De Div. Nom. klargestellt ist. Aber jede Tätigkeit hat an sich irgend eine Wirkung. Also ist keine Tätigkeit schlecht, sondern jede Tätigkeit ist gut.

Aber dagegen spricht, was der Herr Jo. 3, 20 sagt: »Jeder der übeltut, haßt das Licht.« Es gibt also irgend welche schlechte Tätigkeit des Menschen.

Ich antworte: Von Gut und Schlecht gehört sich bei den Tätigkeiten gerade so geredet wie von Gut und Schlecht bei den Dingen: deswegen, weil jedwedes Ding eine solche Tätigkeit hervorbringt, wie es selber ist. Bei den Dingen aber hat jedeseine soviel von Gut, als es vom Sein hat: Gut nämlich und Seiend tauschen miteinander, wie I (5, 1 und 3; 17, 4 zu 2) gesagt worden ist. Gott allein aber hat die ganze Fülle seines Seins einem Einen und Einschlächtigen nach: jegliches andere Ding hingegen hat die ihm zukommende Fülle des Seiens Verschiedenem nach.[135] Daher tritt bei etlichen der Fall ein, daß sie in gewisser Hinsicht Sein haben und dennoch ihnen etwas an der ihnen gehörigen Fülle des Seiens abgeht. Gerade so ist ja zur Vollheit des menschlichen Seins erforderlich, daß es ein gewisses aus Seele und Leib Zusammengesetztes ist, das alle Vermögen und Werkzeuge der Erkenntnis und der Bewegung hat: falls deswegen etwas hievon einem Menschen abgeht, fehlt ihm etwas an der Vollheit seines Seins. Soviel es also vom Sein hat, gerade soviel hat es von Gutheit: insoweit hingegen etwas ihm abgeht an der Fülle des Seiens, soweit fällt es gegen die Gutheit ab und heißt schlecht: gerade wie ein blinder Mensch von Gutheit hat, daß er lebt, und es ein Übel für ihn ist, daß er des Gesichts entbehrt. Hätte er hingegen nichts von Seiend oder Gutheit, so würde er weder schlecht noch gut heißen können. Weil nun aber im Berede von Gut eben die Vollheit des Seiens liegt,[136] so wird etwas, dem etwelches an der gehörigen Fülle des Seiens fehlen sollte, nicht schlechthin gut heißen, sondern in gewisser Hinsicht, insofern es seiend ist: es wird freilich schlechthin seiend und in gewisser Hinsicht nicht-seiend heißen können, wie I (5, 1 zu 1) gesagt worden ist.

So lautet also die Antwort: jede Tätigkeit hat soviel von Güte, als sie etwas vom Sein hat: insoweit ihr hingegen etwas von der Fülle des Seiens abgeht, die sich für die menschliche Tätigkeit gebührt, soweit fällt sie gegen Güte ab und heißt dergestalt schlecht: nimm an, es fehlt ihr entweder ein bestimmter Grad von Vernunftgemäßheit oder der gehörige Ort oder etwas derart.

Also zu 1. Das Üble handelt kraft eines mangelnden Gut. Wenn nämlich nichts von Gut da wäre, wäre nicht ein Seiend und könnte es nicht tun. Wenn es aber nicht mit Mangel behaftet wäre, so wäre nicht Übel. Deswegen ist auch die verursachte Tätigkeit ein gewisses fehliges Gut, das in gewisser Hinsicht gut, schlechthin aber übel ist.

Zu 2. Nichts hindert etwas, in gewisser Hinsicht in der Wirklichkeit zu sein, weshalb es tun kann; und in anderer Hinsicht der Wirklichkeit beraubt zu sein, woher es die fehlerhafte Tätigkeit verursacht. Gerade wie ein blinder Mensch in Wirklichkeit die Schrittkraft hat, durch die er gehen kann: aber insoweit er des Gesichtes entbehrt, das ihn beim Gehen führt, leidet er an einer Fehle beim Gehen, indem er mit Bodensuche geht.

Zu 3. Die üble Tätigkeit kann an sich irgend eine Wirkleistung haben, gemäß dem, was sie von Gutheit und Seiung hat. Gerade wie der Ehebruch Ursache menschlicher Fortpflanzung ist, insoweit er den Verkehr von Mann und Weib mit sich bringt, nicht aber, insoweit er der Vernunftordnung entbehrt.

Zweiter Artikel

Hat die Tätigkeit des Menschen Güte oder Schlechtheit aus dem Gegenstand? (Vgl. 19, 1; 21, 1)

Abhandlung. 1. Scheinbar hat die menschliche Tätigkeit nicht Gutheit oder Schlechtheit aus dem Gegenstand. Gegenstand nämlich der Tätigkeit ist das Ding.[137] Aber »in den Dingen gibt es nicht das Übel, sondern im Gebrauch der Sündigenden«, wie Augustinus 3. De Doct. Christ. (12) sagt. Also hat die menschliche Tätigkeit nicht Gut oder Bös aus dem Gegenstand.

2. Ferner, der Gegenstand steht der Tätigkeit gegenüber wie Wesungsstoff. Die Güte eines Dings aber schreibt sich nicht aus dem Stoff, sondern eher aus der Wesungsform her, die das Wirklichsein ist.[138] Also ist Gut und Bös nicht in den Wirkheiten aus dem Gegenstand her.

3. Ferner, der Gegenstand eines tuigen Vermögens steht zur Tätigkeit in dem Vergleich der Wirkung zur Ursache. Nun aber hängt die Güte der Ursache nicht aus der Wirkung ab, sondern eher umgekehrt. Also hat die menschliche Tätigkeit nicht Güte oder Schlechtheit aus dem Gegenstand.

Aber dagegen spricht, was Ose 9, 10 gesagt wird: »Sie sind verabscheuungswert geworden, gerade wie das, was sie gern haben.« Es wird aber der Mensch Gott verabscheuungswert wegen der Schlechtigkeit seiner Tätigkeit. Also ist die Schlechtigkeit der Tätigkeit den schlechten Gegenständen nach vorhanden, die der Mensch liebt. Und die gleiche Bewandtnis hat es mit der Güte der Tätigkeit.

Ich antworte: Wie (Art. 1) gesagt, kommt Gut und Übel einer Tätigkeit, wie auch bei den übrigen Dingen, aus der Vollheit des Seiens oder seinem Mangel ins Gemerk. Das Erstige aber, was in den Bereich der Seiensfülle zu fallen scheint, ist, daß sie dem Ding die Artheit gibt. Gerade wie aber das natürliche Ding die Art aus seiner Wesungsform hat, so hat die Tätigkeit die Art aus dem Gegenstand: gerade wie auch die Bewegung aus dem Ziel. Und gerade wie daher die erstige Güte des natürlichen Dings aus seiner Wesungsform bemerkt wird, die ihm die Art gibt, geradeso tritt auch die erstige Gutheit der sittlichen Wirke aus dem passenden Gegenstand her ins Auge; deshalb wird sie auch von einigen »gut aus der Gattung her« genannt; z. B.: ich gebrauche, was mir gehört. Und geradeso wie in den natürlichen Dingen es das erste Üble ist, wenn das erzeugte Ding nicht zu der arthaften Wesungsform kommt, z. B. wenn nicht ein Mensch erzeugt würde, sondern etwas an Stelle eines Menschen, geradeso ist das erstige Üble in den sittlichen Tätigkeiten das, was aus dem Gegenstand sich ergibt, wie Fremdes nehmen. Und es heißt »schlecht aus der

Gattung her«, wenn man Gattung für Art nimmt, in einer Redeweise, in welcher wir die ganze menschliche Art das »Menschengeschlecht« nennen.[139]

Also zu 1. Mögen auch die äußeren Dinge in sich selber gut sein, so haben sie doch nicht immer das gehörige Anmaßverhältnis zu dieser oder jener Tätigkeit. Insoweit sie als Gegenstände solcher Tätigkeiten betrachtet werden, haben sie deswegen nicht das Berede von Gut.

Zu 2. Der Gegenstand ist nicht der »Woraus«-Stoff (materia ex qua), sondern der »Betreff«-Stoff (circa quam): und hat in gewisser Weise das Berede einer Form, insoweit er die Art gibt.[140]

Zu 3. Nicht immer ist der Gegenstand der menschlichen Tätigkeit Gegenstand eines tuigen Vermögens. Denn das begehrhafte Vermögen ist in gewisser Weise leidehaft, insoweit es von dem Begehrbaren angewegt wird: und es ist doch Urheit von menschlichen Handlungen. – Es haben auch nicht die Gegenstände der tuigen Vermögen immer das Gewese einer Wirkleistung. Sie sind vielmehr dann und wann auch verwandelt: gerade wie die umgesetzte Nahrung eine Wirkung des Nährvermögens ist, aber die noch nicht verwandelte Nahrung steht dem nährigen Vermögen wie der Stoff gegenüber, an dem es werktätig ist. Daher aber, daß der Gegenstand in irgend einer Weise Wirkleistung des tuigen Vermögens ist, folgt, daß er Ziel seiner Tätigkeit ist, und folglich, daß er ihm Wesungsform und Artung gibt: die Bewegung nämlich bekommt ihre Art von den Zielen. – Und wiewohl auch die Güte der Tätigkeit nicht aus der Güte der Wirkung verursacht wird, so heißt doch daher eine Handlung gut, daß sie eine gute Wirkung herbeiführen kann. So ist eben das Anmaßverhältnis der Tätigkeit zur Wirkung das Berede ihrer Güte.

Dritter Artikel

Ist die Tätigkeit des Menschen gut oder schlecht aus dem Umstand? (Vgl. 42, 6.)

Aus der Abhandlung. Ich antworte: In den natürlichen Dingen findet sich die ganze Fülle der Vollkommenheit, die sich für das Ding gehört, nicht aus der substantialen Wesungsform, von welcher die Art gegeben wird; sondern es wird vieles überdies aus Beischaften hinzugetan, wie beim Menschen aus Gestalt, aus Farbe und derartigem; falls davon etwas zu einem geziemenden Behaben fehlt, ist ein Übel die Folge. So geht es auch mit der Tätigkeit. Denn die Vollheit ihrer Güte besteht nicht ganz in ihrer Artung, sondern es wird etwas aus dem hinzugegeben, was als gewisse Beischaften dazutritt. Solcherweise treten die gehörigen Umstände auf. Wenn deswegen etwas fehlt, was für die gehörigen Umstände erforderlich ist, wird die Handlung schlecht sein.[141]

Vierter Artikel

Ist die menschliche Tätigkeit gut oder schlecht aus dem Zweck?

Abhandlung 1. Scheinbar ist Gut und Bös in den menschlichen Wirkheiten nicht aus dem Zweck da. Es sagt nämlich Dionysius 4. De Div. Nom.: »Nichts wirkt in Hinsicht auf Übles.« Wenn also aus dem Zweck sich die gute oder schlechte Werktätigkeit ableitete, so wäre keine Tätigkeit schlecht. Das ist offen falsch.

2. Ferner, die Güte der Wirkheit ist etwas in ihr Vorhandenes. Der Zweck aber ist eine Ursache von außen. Nicht dem Zweck nach heißt also die Tätigkeit gut oder schlecht.

3. Ferner, es kommt vor, daß irgend eine gute Werktätigkeit auf einen schlechten Zweck hingeordnet wird, wie wenn einer Almosen gibt wegen leeren Ruhms: und umgekehrt, daß irgend eine schlechte Werktätigkeit auf einen guten Zweck Hinordnung erfährt, wie, wenn einer stiehlt, um den Armen zu geben. Es ist also nicht aus dem Zweck die Tätigkeit gut oder schlecht.

Aber dagegen spricht, was Boethius Topic. (2) sagt: »Bei welchem der Zweck gut ist, das ist auch selber gut: und bei welchem der Zweck schlecht ist, das ist auch selber schlecht.«

Ich antworte: Die Dinge haben dieselbe Zurüstung in der Güte und im Sein. Es gibt nämlich welche, deren Sein aus anderem nicht abhängt: und bei ihnen genügt, schlicht ihr

Sein in Erwägung zu ziehen. Etwelches gibt es aber, bei dem das Sein von Fremdem abhängt: es gehört sich daher mit einer Erwägung ins Auge gefaßt, die zu der Ursache geht, von der es abhängt. Gerade wie aber das Sein des Dings vom Tuenden und der Wesungsform abhängt, gerade so hängt die Güte des Dings vom Zweck ab. Daher wird bei den Göttlichen Personen, die nicht eine von Fremdem abhängige Güte haben, nicht irgend ein Berede von Güte aus dem Zweck her ins Auge gefaßt. Die menschlichen Tätigkeiten aber und das andere, bei dem die Güte von anderem abhängt, haben Gutheitsberede aus dem Zweck, wovon sie abhängen, neben der unabhängigen Güte, die in ihnen vorhanden ist.

Dergestalt läßt sich nun in der menschlichen Tätigkeit eine vierfältige Güte in Erwägung ziehen. Eine nämlich der Gattung nach, d. h. so, wie sie eine Tätigkeit ist: denn soviel sie von Tätigkeit und Seiung hat, gerade soviel hat sie von Gutheit, wie (Art. 1) gesagt worden ist. Die andere hingegen der Artung nach. Sie tritt dem passenden Gegenstand nach ein. Die dritte gemäß den Umständen, sozusagen gewissen Beischaften gemäß. Die vierte aber dem Zweck nach, sozusagen nach dem Verhalten zur Ursache der Gutheit.[142]

Also zu 1. Das Gut, das ein Werktätiger im Auge hat, ist nicht immer wahres Gut, sondern dann wahres und wann anscheinendes Gut. Und demgemäß folgt aus dem Zweck die schlechte Tätigkeit.

Zu 2. Obwohl der Zweck eine Außenursache ist, so haftet doch das gehörige Gleichmaßverhältnis zum Zweck und der Bezug auf ihn der Tätigkeit inne.

Zu 3. Nichts hindert eine Tätigkeit, die eine von den vorgenannten Güten hat, die andere zu missen. Und demgemäß kommt es vor, daß die Tätigkeit, die ihrer Artung nach oder den Umständen gemäß gut ist, auf einen schlechten Zweck hingeordnet wird, und umgekehrt. Die Tätigkeit ist freilich nur dann schlechthin gut, wenn alle Güten zueinanderkommen: denn »jede beliebige einzelne Fehle verursacht Übel, Gut aber wird nur aus ungebrochener Ursache verursacht (bonum … ex integra causa)«. (Vgl. 2 II 110, 3. Antw.)

Fünfter Artikel

Ist irgend eine menschliche Tätigkeit gut oder schlecht in ihrer Artung? (Vgl. I 48, 1 zu 2)

Aus der Abhandlung. Ich antworte: Jede Wirkheit bekommt ihre Art aus dem Gegenstand, wie oben (Art. 2) gesagt worden ist. Deswegen gehört sich, daß irgend ein Unterschied im Gegenstand einen Unterschied der Artung bei den Wirkheiten schafft. Es ist aber zu erwägen, daß irgend eine Verschiedenheit im Gegenstand die Artverschiedenheit in den Wirkheiten demgemäß schafft, als sie auf eine einzahlige tuige Urheit zurückgehen, die eine Verschiedenheit in den Wirkheiten gemäß deren Bezug auf eine andere tuige Urheit nicht schafft. Denn nichts, was es durch Beischaft gibt, begründet die Art, sondern bloß, was an sich da ist: es kann aber irgend eine Verschiedenheit am Gegenstand an sich da sein, im Vergleich zu der einen tuigen Urheit, und beischaftlich, im Vergleich zur anderen; gerade wie das Erkennen von Farbe und Ton an sich verschieden ist im Vergleich zum Gesinn, nicht aber im Vergleich zum Verstand.

Bei den menschlichen Wirkheiten aber spricht man von Gut und Schlecht im Vergleich zur Vernunft: denn, wie Dionysius 4. De Div. Nom. sagt, ist das Gut des Menschen »vernunftgemäß sein«, das Üble aber, was »an der Vernunft vorbeigeht«. Jeglichem Ding nämlich ist Gut, was ihm seiner Wesungsform nach paßt, und Übel, was für es an der Ordnung seiner Wesungsform vorbeigeht. Es liegt also klar, daß die Verschiedenheit von Gut und Bös, am Gegenstand gesehen, an sich im Vergleich zur Vernunft auftritt: d. h. sonach, als der Gegenstand ihr passend oder nicht passend ist. Handlungen heißen aber demgemäß menschlich oder sittlich, als sie von der Vernunft sind. Daher liegt auf der Hand, daß Gut und Schlecht die Artverschiedenheit bei den sittlichen Handlungen herbeiführen: Verschiedenheiten an sich machen nämlich die Art verschieden.

Also zu 1. (Gut und Schlecht liegen beim Dinglichen des Handelns. Bei den Dingen aber macht Gut und Schlecht keinen Artunterschied: Mensch bleibt Mensch, ob gut oder schlecht.) Auch bei den natürlichen Dingen setzt Gut und Übel, das der Natur gemäß und naturwidrig ist, eine Verschiedenheit in der Naturart: ein toter Körper nämlich und ein lebendiger Körper gehören nicht zur gleichen Art. Ähnlicherweise bewirken Gut, insoweit es der Natur gemäß ist, und Schlecht, insoweit es an der Natur vorbeiliegt, eine Verschiedenheit in der Artung des Sittlichen.

Zu 2. (Übel als gewissermaßen Nicht-seiend kann auch nicht Unterschied bilden.) Übel besagt nicht eine unbedingte Fehle, sondern eine, die der Beschaffenheit (talem) des Vermögens folgt. Eine Wirkheit heißt nämlich ihrer Art gemäß schlecht nicht daher, daß sie keinen Gegenstand hat, sondern weil sie einen nicht zur Vernunft passenden Gegenstand hat, wie: Wegnehmen von Fremdem. Insofern deswegen der Gegenstand ein Etwas ist, das Dastand hat (positive), kann er die Art der schlechten Wirkheit vom Grund her aufbauen.

Zu 3. (Gut und Schlecht können die gleiche Art Wirkung haben: Kind aus Ehe und Ehebruch.) Ehewirke und Ehebruch unterscheiden sich im Vergleich zur Vernunft an Art und haben artverschiedene Wirkungen: denn das eine von ihnen verdient Lob und Lohn, das andere Tadel und Strafe. Aber im Vergleich zum Zeugungsvermögen sind sie nicht artverschieden. Solchermaßen haben sie nur eine Wirkung der Art nach.

Zu 4. (Umstand kann Handeln gut und schlecht machen. Es ist aber Beischaft, gibt darum nicht Art. Also sind auch Gut und Schlecht nicht artbildend.) Der Umstand wird zuweilen als wesentlicher Unterschied am Gegenstand genommen gemäß dem Vergleichsbezug zur Vernunft: und dann kann er der sittlichen Wirkheit die Artung geben. Das gehört sich, so oft immer der Umstand die Wirke von der Gutheit zur Schlechtigkeit umsetzt: es würde nämlich der Umstand die Wirke nicht schlecht machen, wenn nicht dadurch, daß er der Vernunft widerstreitet.

Sechster Artikel

Hat die Wirkheit die Art Gut oder Schlecht aus dem Zweck? (Vgl. 19, 1)

Aus der Abhandlung. Ich antworte: Etwelche Wirkheiten heißen menschlich, insoweit sie willentlich sind, wie oben (1,1) gesagt worden ist. In der willentlichen Wirkheit trifft man aber eine doppelte Wirkheit an, nämlich eine innere Wirke des Willens und eine äußere Wirke: und jede von diesen Wirkheiten hat ihren Gegenstand. Der Zweck aber ist eigentlich der Gegenstand der inneren Wirke des Willens: das aber, woran (circa quod) die äußere Tätigkeit vor sich geht, ist ihr Vorwurf. Gerade wie nun die äußere Wirke ihre Artung vom Betreff-Gegenstand erhält, so nimmt die innere Wirke des Wirkens die Art vom Zweck an, wie von dem eigenbehörigen Vorwurf.

Was aber auf der Willensseite liegt, verhält sich wie wesungsförmlich zu dem, was es auf der äußeren Wirkseite gibt: denn der Wille gebraucht die Glieder zum Tun wie Werkzeuge; und die äußeren Wirkheiten haben das Berede von Sittlichkeit nur, insofern sie willentlich sind. Deswegen wird die Artung der menschlichen Wirke wesungsförmlich dem Zweck nach ins Auge gefaßt, stofflich aber dem Gegenstand der äußeren Handlung nach.[143] Es sagt deswegen der Philosoph 5. Ethic. (2 n 4): »Wer stiehlt, um einen Ehebruch zu begehen, ist, an sich gesagt, mehr Ehebrecher als Dieb.«

Siebenter Artikel

Ist die Art von Gutheit, die es aus dem Zweck gibt, unter der Art enthalten, die aus dem Gegenstand da ist, als unter der Gattung, oder umgekehrt?

Abhandlung. 1. Scheinbar ist die Güteart, die es aus dem Zweck gibt, unter der Güteart enthalten, die es aus dem Gegenstand gibt, wie die Art unter der Gattung: z. B. wenn jemand stehlen will, um Almosen zu geben.[144] Die Wirkheit hat nämlich die Beartung aus dem Gegenstand, wie (Art. 2 u. 6) gesagt worden ist. Nun ist aber unmöglich, daß etwas in einer anderen Art enthalten ist, die nicht unter der eigenbehörigen Art enthalten ist: denn ein und dasselbe kann nicht in verschiedenen nicht einander untergeordneten Arten sein. Also ist die Art, die es aus dem Zweck gibt, unter der Art enthalten, die es aus dem Gegenstand gibt.

2. Ferner, immer begründet der letzte Unterschied die besonderartigste Art.[145] Nun scheint aber der Unterschied, der aus dem Zweck her auftritt, später als der Unterschied zu sein, der aus dem Gegenstand kommt: denn der Zweck hat das Berede eines Letzten. Also wird die Art, welche aus dem Zweck vorhanden ist, unter der Art enthalten, die aus dem Gegenstand herrührt, wie eine besonderartigste Art.

3. Ferner, je wesungsförmlicher ein Unterschied ist, um so viel besonderartiger ist er: denn der Unterschied verhält sich vergleichsweise zur Gattung, wie die Wesungsform zum Wesungsstoff. Nun ist aber die Art, die es aus dem Zweck her gibt, wie gesagt (Art. 6), wesungsförmlicher als die aus dem Gegenstand. Also wird die Art, die aus dem Zweck herkommt, unter der Art enthalten, die aus dem Gegenstand eintritt, wie eine besonderartigste Art unter einer Gattung, die wieder eine Unterordnung hat.

Aber dagegen gibt es für jede beliebige Gattung festbesteckte Unterschiede. Nun kann aber eine Wirkheit aus gegenständlich gleicher Art eine Hinordnung zu unendlich vielen Zwecken erfahren: z. B. der Diebstahl zu unendlich vielem Gut oder Bös. Also wird die Art, die es aus dem Zweck her gibt, nicht unter der Art enthalten, die aus dem Gegenstand da ist, wie unter der Gattung.

Ich antworte: Der Gegenstand der äußeren Wirkheit kann ein zweifaches Verhältnis zum Zweck des Willens haben: eins als das an sich auf ihn Beordnete, gerade wie gut Kämpfen an sich auf den Sieg hingeordnet ist; das andere beischaftlich, gerade wie das Nehmen eines fremden Dings beischaftlich die Hinordnung auf das Almosengeben hat. Es gehört sich aber, wie der Philosoph 7. Metaphys. (Did. 6, 12 n 5) sagt, daß die irgend eine Gattung teilenden und eine Art in dieser Gattung begründenden Unterschiede diese an sich teilen. Geschähe es aber beischaftlich, so würde die Teilung nicht richtig vor sich gehen: z. B. wenn einer sagt: »Von den Seelwesen ist das eine vernünftig, das andere vernunftlos; und von den vernunftlosen Seelwesen ist das eine beflügelt, das andere nicht beflügelt«: »beflügelt« nämlich und »nicht beflügelt« sind keine eingrenzenden Bestimmungen für das, was »vernunftlos« ist. Es gehört sich aber folgendermaßen geteilt: »Von den Seelwesen hat das eine Füße, das andere hat nicht Füße; und von den Füßehabenden hat das eine zwei, das andere vier, anderes viele«: das nämlich bestimmt an sich den früheren Unterschied.

Sobald also der Gegenstand nicht an und für sich auf den Zweck hingeordnet ist, ist der artbildende Unterschied, den es aus dem Gegenstand her gibt, nicht an sich ein bestimmender für das, was es zweckher gibt, und auch nicht umgekehrt. Deswegen ist von diesen Arten nicht eine unter der andern: vielmehr ist dann die sittliche Handlung unter zwei sozusagen auseinandergepaarten Arten. Deswegen sagen wir, daß, wer stiehlt, damit er ehebricht, zwei Schlechtigkeiten in einer einzigen Handlung begeht.[146] – Falls dagegen der Gegenstand an sich die Hinordnung auf den Zweck hat, ist einer von den genannten Unterschieden an sich bestimmunggebend für den zweiten. Deswegen ist die eine der vorliegenden Arten unter der andern enthalten.

Es ist noch zuzusehen: welche unter welcher? Um das in Sicht zu stellen, ist zunächst zu erwägen, daß irgendwelcher Unterschied um soviel mehr artbildend ist, als er von der besondereren Wesungsform genommen wird. Sodann, daß je mehr alleinslich ein Tuendes ist, daher und gerade so viel mehr die Wesungsform alleinslich ist. Zum dritten, daß irgend ein Zweck so viel einem alleinslicheren Tuenden entspricht, wieviel er hinten nach gelegen ist: gerade wie der Sieg, der der Endzweck des Heeres ist, der vom obersten Führer beabsichtigte Zweck ist; die Ordnung dieser oder jener Schlachtreihe aber ist der Zweck im Vorhaben eines der tieferstehenden Führer. – Aus dem folgt, daß der artbildende Unterschied, den es aus dem Zweck gibt, mehr ein gattunghafter ist; und der Unterschied, welcher aus dem an sich zu einem solchen Zweck hingeordneten Gegenstand rührt, ist jenem gegenüber artbildend. Der Wille nämlich, dessen eigenbehöriger Gegenstand der Zweck ist, ist der alleinsliche

Antreiber in Hinsicht aller Vermögen der Seele, deren eigenbehörige Gegenstände die Gegenstände der teilbesonderen Wirkheiten sind.[147]

Also zu 1. Seinem Wesen nach kann nicht etwas in zwei Arten sein, von denen nicht eine ihre Ordnungsstellung unter der anderen hätte. Dagegen kann etwas gemäß dem, was einem Ding hinzu kommt, unter verschiedenen Arten enthalten sein. Gerade wie hier diese Obstfrucht der Farbe gemäß unter dieser Art, nämlich dem Weißen, enthalten ist: und gemäß dem Geruch unter der Art des Wohlriechenden. Ähnlicherweise kann die Wirkheit, die ihrem Wesensbestand nach in der einen Art der Natur ist, den beitretenden sittlichen Bedinglichkeiten nach auf zwei Arten bezogen werden, wie oben (1, 3 zu 3) gesagt worden ist.

Zu 2. Der Zweck ist das letzte Hinterher in der Ausführung; aber er ist das erste im Vorhaben der Vernunft, dergemäß man Arten der sittlichen Wirkheiten annimmt.

Zu 3. Der Unterschied steht zur Gattung im Vergleich der Wesungsform zum Wesungsstoff, insoweit er macht, daß es die Gattung in Wirke gibt.[148] Nun wird aber auch die Gattung als wesungsförmlicher denn die Art angesehen demgemäß, daß sie bedingungsloser und weniger eingeengt ist. Deswegen werden auch die Teile der Begriffsbestimmung auf die Gattung der wesungsförmlichen Ursache zurückgeführt, wie es Physic. (2, 3 n 2) heißt. Und demgemäß ist die Gattung die wesungsförmliche Ursache der Art: und sie wird um so wesungsförmlicher sein, je allgemeiner sie ist.

Achter Artikel

Gibt es irgendwelche Wirkheit ohne einen Artunterschied für sie?

Aus der Abhandlung. Ich antworte: Wie (Art. 2 u. 5) gesagt, hat jede Wirke Artung vom Gegenstand; und die menschhafte Wirke, die sittlich heißt, hat Artung vom Gegenstand in bezug auf die Urheit der menschhaften Wirkheiten, die die Vernunft ist. Falls deswegen der Gegenstand der Wirke etwas einschließt, was zur Ordnung der Vernunft paßt, wird die Wirke ihrer Art gemäß gut sein, gerade wie das Almosengeben an einen Bedürftigen. Schließt sie aber etwas ein, was der Vernunft widerstreitet, so wird die Wirke der Art nach schlecht sein, wie Stehlen, was Wegnehmen von Fremdem ist. Es tritt aber der Fall ein, daß der Gegenstand der Wirke nicht etwas aus dem Ordnungsbereich der Vernunft einschließt, wie das Aufheben eines Strohhalms von der Erde, Spazierengehen u. dgl.: und solche Wirkheiten haben keinen artmäßigen Unterschied (sunt indifferentes).

Neunter Artikel

Ist irgend eine Wirke dem Einzlichen nach ohne einen Unterschied?[149]

Aus der Abhandlung. … *3. Ferner,* sittlich Gut gehört zum Tugendbereich, sittlich Schlecht aber fällt in den Bereich von Laster. Nun tritt aber zuweilen der Fall ein, daß der Mensch eine Wirkheit, die ohne einen Unterschied aus ihrer Art auftritt, nicht auf einen Laster- oder Tugendzweck hinordnet. Also ergibt sich der Fall, daß eine beeinzlichte Wirkheit ohne [sittlichen] Unterschied auftritt.

Aber dagegen spricht, was Gregor in einer Homilie (6 in Evang.) sagt: »Müßig ist ein Wort, das der Nützlichkeit, der Rechtheit oder des Grundes einer gerechten Notwendigkeit oder lieben Nützlichkeit entbehrt.« Nun aber ist das müßige Wort schlecht: denn »von ihm werden die Menschen Rechenschaft geben am Tage des Gerichtes«, wie es Matth. 12, 36 heißt. Wenn es aber nicht eines Grundes von gerechter Notwendigkeit oder lieben Nützlichkeit entbehrt, so ist es gut. Also ist jedes Wort entweder gut oder schlecht. Aus gleichem Grunde ist jede beliebige andere Wirkheit entweder gut oder schlecht. Es gibt also keine beeinzlichte Wirke ohne den Unterschied.

Ich antworte: Es begegnet zuweilen einer Wirkheit, daß sie der Art nach keinen Unterschied hat, indes sie doch gut oder schlecht, am Einzlichen gesehen, ist. Das ist deswegen der Fall, weil, wie (Art. 3) gesagt, die sittliche Handlung nicht bloß Gutheit aus dem Gegenstand hat, aus dem sie die Artung bekommt, sondern auch aus den Umständen, die sozusagen als eine Art von Beischaften auftreten; gerade wie etwas einem einzlichen Menschen einzlichen Beischaften nach zukommt, was dem Menschen nicht dem Berede der Art nach zukommt. Und es gehört sich, daß jedwede einzliche Wirke irgend welchen Umstand hat, durch den sie zu Gut oder Schlecht hingezogen wird, zum mindesten auf Seiten des Trachtens zum Zweck. Da nämlich die Vernunft das Amt hat, eine Ordnung zu geben, so widerstreitet eine von der Vernunft mit Überlegung ausgehende Wirkheit, wenn sie nicht auf den gehörigen Zweck hingeordnet ist, eben deswegen der Vernunft und hat das Berede von Schlecht. Wird sie aber auf den gehörigen Zweck beordnet, so stimmt sie mit der Ordnung der Vernunft überein: woher sie das Berede von Gut bekommt. Notwesentlich wird sie aber auf einen gehörigen Zweck hingeordnet oder nicht hingeordnet. Daher ist notwendig jede von der Vernunft mit Überlegung ausgehende Wirke des Menschen, am Einzlichen besehen, gut oder schlecht.

Wenn sie aber nicht von der Vernunft mit Überlegung hervorgeht, sondern aus einem gewissen Inbild, wie einer den Bart reibt oder Hand oder Fuß bewegt, so ist eine solche Wirkheit, eigentlich gesagt, nicht sittlich oder menschhaft; dies hat ja die Wirke von der Vernunft. Dergestalt wird sie, gewissermaßen außerhalb der Gattung der sittlichen Wirkheiten stehend, ohne den Unterschied sein.

… *Zu 3.* Jeder von der Vernunft mit Überlegung beabsichtigte Zweck fällt in den Bereich vom Gut einer Tugend oder vom Übel eines Lasters. Denn eben, daß einer geordnet zur Erhaltung oder Ruhe seines Körpers tätig ist, ist auf Gut bei dem hingeordnet, der seinen Leib auf das Tugendgut in Bezug stellt. Das gleiche gilt sonst.

Zehnter Artikel

Baut irgend ein Umstand die Wirkheit sittlich in die Art von Gut oder Schlecht ein? (Vgl. 18, 5 zu 4; 73, 7)

Aus der Abhandlung. Ich antworte: Gerade wie die Arten der natürlichen Dinge aus den natürlichen Wesungsformen begründet werden, so werden die Arten der sittlichen Handlungen aus den Wesungsformen aufgebaut, so wie diese von der Vernunft gefaßt sind, wie aus dem oben (Art. 5) Gesagten klar ist. Weil nun aber die Natur auf ein Einzahliges einbesteckt ist[150] und der Ablauf der Natur nicht ins Unendliche gehen kann, so ist notwendig bei einer letzten Form anzukommen, aus welcher der artbildende Unterschied genommen wird, hinter dem es einen anderen beartenden Unterschied nicht mehr geben kann. Daher rührt, daß in den natürlichen Dingen, was irgend einem Ding Beischaft ist, nicht als ein artbegründender Unterschied angenommen werden kann. Nun aber ist das Vorgehen der Vernunft nicht auf ein Eines eingegrenzt: sie kann vielmehr beliebig hinter jedem Gegebenen weitergehen. Was daher in der einen Wirkheit als ein dem Gegenstand, der die Artung der Wirkheit einbestimmt, hinzugetaner Umstand angenommen wird, kann wiederum von der ordnenden Vernunft als die hauptsächliche Bedinglichkeit des die Wirkart bestimmenden Gegenstandes angenommen werden. Gerade, wie die Wegnahme von Fremdem die Artung aus dem Berede Fremdes bekommt, daher nämlich wird es in die Artung Diebstahl versetzt: und wenn hierüber hinaus das Berede von Ort oder Zeit ins Auge gefaßt wird, so wird es in dem Sinne von Umstand sich verhalten. Weil nun aber die Vernunft auch über Ort und Zeit und dergleichen sonst eine Anordnung treffen kann, so tritt ein, daß die Bedinglichkeit des Orts betreffs des Gegenstandes als gegensätzlich zur Ordnung der Vernunft angenommen wird; z. B. daß die Vernunft als eine Ordnung hinstellt, Unrecht dürfe nicht an einem heiligen Ort getan werden. Von einem heiligen Ort etwas Andermbehöriges wegnehmen, gibt einen besonderartigen Widerstreit gegen den Ordnungsbestand der Vernunft hinzu. Und deshalb wird der Ort, der vorher als Umstand betrachtet wurde, jetzt als hauptsächliche, der Vernunft widerstreitende Bedinglichkeit ins Auge gefaßt. Wann nun immer auf diese Weise irgend ein Umstand für oder gegen die besonderartige Ordnung der Vernunft sich stellt, gehört sich's, daß der Umstand der guten oder schlechten sittlichen Wirkheit die Art gibt.

Elfter Artikel

Versetzt jeder Umstand, der die Güte oder Schlechtigkeit steigert, die sittliche Handlung in die Art von Gut oder Schlecht?
(Vgl. 73, 7)

Aus der Abhandlung. Ich antworte: Wie (Art. 10) gesagt, gibt der Umstand einem sittlichen Wirkgeschehen die Art von Gut oder Schlecht, insoweit er sich der besonderartigen Vernunftordnung zukehrt. Es tritt aber zuweilen der Fall ein, daß der Umstand die Ordnung der Vernunft bei Gut oder Übel nur auf Grund eines anderen vorausgesetzten Umstandes angeht, von dem die sittliche Handlung die Artung von Gut oder Bös hat. Gerade, wie die Wegnahme einer großen oder kleinen Menge nur die Ordnung der Vernunft bei Gut oder Übel unter Voraussetzung irgend einer anderen Bedinglichkeit angeht, durch welche die Wirkheit Schlechtigkeit oder Güte hat: z.B. das, daß sie Fremdes betrifft, was der Vernunft widerstreitet. Fremdes in großer oder kleiner Menge wegnehmen, verunterschiedlicht nicht die Art der Sünde. Indessen kann sie die Sünde anschweren oder mindern. Ähnlich liegt es bei anderem Übel oder Gut. Deswegen bewirkt nicht jeder in Güte oder Schlechtigkeit mehrende Umstand den Wechsel der Art bei der sittlichen Handlung.[151]

19. Untersuchung

GÜTE UND SCHLECHTIGKEIT DER INNERN WIRKE DES WILLENS[152]

Erster Artikel

Hängt die Güte des Willens aus dem Gegenstand ab?

Aus der Abhandlung. Ich antworte: Gut und Bös sind Unterschiede an sich bei der Wirkheit des Willens. Denn Gut und Übel fallen an sich in den Willensbereich; gerade wie Wahr und Falsch in den der Vernunft, deren Wirkheit an sich nach dem Unterschied von Wahr und Falsch sich scheidet, wie wir von einer Meinung sagen, sie sei wahr oder falsch. Deswegen sind guter und schlechter Wille unterschiedliche Wirkheiten der Art nach. Der Artunterschied läuft aber bei den Wirkheiten gemäß den Gegenständen, wie (18, 5) gesagt worden ist. Und deswegen kommt Gut und Bös bei den Handlungen des Willens im eigentlichen Sinne den Gegenständen nach ins Merk.

Zweiter Artikel

Hängt die Gutheit des Willens allein aus dem Gegenstand ab?

Aus der Abhandlung. 2. Ferner [Einwand], die Güte der Handlung rührt nicht bloß aus dem Gegenstand her, sondern auch, wie oben (18, 3) gesagt, aus den Umständen. Nun aber verläuft der Verschiedenheit der Umstände nach die Verschiedenheit an Güte und Schlechtigkeit in der Willenshandlung: nimm an, daß einer so will, wann und wo und wieviel und welcherweise er soll oder wie er nicht soll. Also hängt die Güte des Willens nicht bloß aus dem Gegenstand, sondern auch aus den Umständen ab …

Ich antworte: In jeder beliebigen Gattung ist etwas um so viel einfacher und aus Wenigerem bestehend, als es früher ist: wie die erstigen Körper einschlächtig sind.[153] Deswegen finden wir auch, daß, was erstig in der Gattung steht, in jedweder in irgend einer Weise einschlächtig ist und in einem Einen besteht. Die Urheit der Güte und Schlechtigkeit der menschhaften Handlungen aber rührt aus der Wirkheit des Willens her. Und deswegen tritt Güte und Schlechtigkeit des Willens etwas Einem nach ins Merk: bei den anderen Wirkheiten aber kann man Güte und Schlechtigkeit Verschiedenem nach bemerken.

Das Eine aber, was die Urheit in jeder Gattung ist, gibt es nicht beischaftlich, sondern an sich: weil alles, was es beischaftlich gibt, auf das als auf die Urheit zurückgeführt wird, was an und für sich ist. Deswegen hängt die Güte des Willens von jenem Einen allein ab, das durch sich die Gutheit in der Wirkheit macht, nämlich aus dem Gegenstand: und nicht aus den Umständen, die eine gewisse Art von Beischaften der Wirkheit sind.

Zu 2. Unter der Voraussetzung, daß der Wille auf Gut geht, kann ihn kein Umstand schlecht machen. Wenn es nun heißt, einer will irgend ein Gut, wann er nicht soll oder wo er nicht soll, so kann das doppelt verstanden werden. In der einen Weise so, daß dieser Umstand sich auf das Gewollte bezieht. Dergestalt geht der Wille nicht auf Gut: denn etwas tun wollen, wann es sich nicht gebührt, daß es geschieht, heißt nicht, Gut wollen. In der anderen Weise, daß es auf die Wirklichkeit des Wollens bezogen wird. Und solcherweise ist unmöglich, daß einer Gut will, wann es sich nicht für ihn gebührt, weil der Mensch immer Gut wollen soll: außer etwa beischaftlich, insofern einer, wenn er dieses Gut will, gehindert wird, zu der Zeit irgend ein gesolltes Gut zu wollen. Und dann tritt Bös nicht daher ein, daß einer jenes Gut will; sondern daher, daß er nicht das andere Gut will. Ähnlicherweise ist von den Umständen sonst zu reden.

Dritter Artikel

Hängt die Gutheit des Willens aus der Vernunft ab? (Vgl. 21, 1.)

Aus der Abhandlung. Ich antworte: Wie (Art. 1 u. 2) gesagt, hängt die Gutheit des Willens eigenbehörig aus dem Gegenstand ab. Dem Willen wird aber sein Vorwurf durch die Vernunft angeboten. Denn das verstandene Gut ist der ihm verhältnismaßliche Vorwurf des Willens; das sinnfällige oder vorgestellte Gut aber trägt kein Verhältnisanmaß zum Willen, sondern zur sinnenhaften Begehr: denn der Wille kann nach dem alleinslichen Gut langen, das die Vernunft faßt; die sinnenhafte Begehr aber strebt nur in das teilbesondere Gut, das die sinnenhafte Kraft wahrnimmt. Und deswegen hängt die Güte des Willens von der Vernunft ab, in der Weise, in der sie vom Vorwurf abhängt.[154]

Vierter Artikel

Hängt die Gutheit des Willens aus dem ewigen Gesetz ab? (Vgl. 21, 1.)

Aus der Abhandlung. Ich antworte: Bei allen geordneten Ursachen[155] hängt die Wirkung mehr von der ersten Ursache als von der zweiten Ursache ab: denn die Zweitursache tut nur kraft der Erstursache. Daß aber die menschliche Vernunft die

Richtschnur des menschlichen Willens ist, aus welcher der Maßstab für seine Güte genommen wird, hat sie aus dem ewigen Gesetz, das die göttliche Vernunft ist.[156] Daher das Wort Ps. 4, 6f.: »Viele sagen, wer wird uns Gutes schauen lassen? Gezeichnet ist über uns das Licht deines Antlitzes, o Herr«: als ob es sagen wollte: »Die Leuchte der Vernunft, die es in uns gibt, kann uns insoweit das Gute zeigen und unserem Willen Richtschnur sein, als sie Licht von deinem Antlitz, d. h. von deinem Antlitz abgeleitet ist.« Deswegen liegt auf der Hand, daß um vieles mehr die Güte des menschlichen Willens vom göttlichen Gesetz abhängt, als von der menschlichen Vernunft, und daß sich's braucht, auf die ewige Vernunft zurückzugehen, wo die menschliche Vernunft versagt.

Zu 3. (Einwand: Das ewige Gesetz ist uns unbekannt.) Mag auch das ewige Gesetz uns, sonach es im göttlichen Geiste ist, unbekannt sein, so wird es uns doch irgendwie entweder durch die natürliche Vernunft kund, die von diesem als sein eigenes Ebenbild abgeleitet wird, oder durch irgend welche darüber hinaus gegebene Offenbarung.

Fünfter Artikel

Ist der von der irrigen Vernunft abweichende Wille bös?

Abhandlung. 1. Scheinbar ist der von der irrigen Vernunft abweichende Wille nicht bös. Die Vernunft ist nämlich die Richtschnur des menschlichen Willens, insoweit sie vom ewigen Gesetz herfließt, wie (Art. 4) gesagt worden ist. Nun aber leitet sich die irrige Vernunft nicht vom ewigen Gesetze ab. Also ist die irrige Vernunft nicht die Richtschnur des menschlichen Willens. Es ist also nicht der Wille bös, wenn er von der irrigen Vernunft abweicht.

2. Ferner, nach Augustinus (62. De Verb. Evang. al. 6. De Verb. Dom. 8) verpflichtet ein Gebot der niederen Gewalt nicht, wenn es dem Gebot der höheren Gewalt widerspricht: wie, wenn ein Landesverweser etwas gebietet, was der Kaiser verbietet. Nun aber bringt die irrige Vernunft ab und zu etwas in Vorlage, was gegen die Vorschrift des Höheren ist, nämlich Gottes, bei dem die oberste Gewalt liegt. Also verpflichtet der Befehl der irrigen Vernunft nicht. Der Wille ist also nicht bös, wenn er von der irrigen Vernunft abweicht.

3. Ferner, jeder schlechte Wille läßt sich auf irgend eine Art der Schlechtigkeit zurückführen. Nun aber vermag man den von der irrigen Vernunft abweichenden Willen nicht auf irgend eine Artung der Schlechtigkeit zurückzuführen: z. B. wenn die irrige Vernunft darin irrt, daß sie sagt, eine Unzucht solle begangen werden, so kann der Wille von einem, der sie nicht tun will, auf keine Schlechtigkeit zurückgeführt werden. Also ist der von der irrigen Vernunft abweichende Wille nicht bös.

Aber dagegen ist das Gewissen, wie I (79, 13) gesagt wurde, nichts anderes als die Anwendung des Wissens auf eine Wirkheit. Das Wissen aber gibt es in der Vernunft. Der von der irrigen Vernunft abweichende Wille also ist gegen das Gewissen. Nun ist aber jeder solcher Wille bös: es heißt nämlich Röm. 14, 23: »Alles, was nicht aus dem Glauben ist, ist Sünde«, nämlich alles, was gegen das Gewissen ist. Also ist der von der irrigen Vernunft abweichende Wille bös.

Ich antworte: Da das Gewissen in gewisser Weise der Befehl der Vernunft ist (es ist nämlich eine gewisse Anwendung des Wissens auf die Wirke, wie I gesagt worden ist), so kommt es aufs nämliche hinaus zu fragen, ob der von der irrigen Vernunft abweichende Wille bös ist, und zu fragen, ob das irrige Gewissen verpflichte. Dabei haben nun einige drei Gattungen von Wirkheiten unterschieden: etliche sind aus der Gattung her gut; etliche sind ohne Unterschied; etliche sind aus der Gattung bös. Sie sagen also: im Falle Vernunft oder Gewissen etwas tun heißen, was aus seiner Gattung gut ist, so liegt keine Irrung vor. Ähnlicherweise, wenn sie etwas nichttun heißen, was bös aus seiner Gattung ist: aus dem gleichen Grunde nämlich werden die Güter geboten, aus dem die Übel verboten werden. Aber falls Vernunft oder Gewissen einem Menschen sagt, er sei gehalten, was schlecht sich selber nach ist, laut einem Gebot zu tun, oder, was sich selber nach gut ist, sei verboten, so sei die Vernunft oder das Gewissen irrig.[157] Und ähnlicher Weise sei die Vernunft oder das Gewissen irrig, wenn sie einem sagen, verboten oder geboten sei, was sich selber nach ohne Unterschied ist, wie das Aufheben eines Strohhalms vom Boden. Sie sagen also: die beim Unterschiedslosen durch Vorschrift oder Verbot irrende Vernunft oder das Gewissen verpflichtet: dergestalt, daß der von einer solchen irrigen Vernunft abweichende Wille böse und eine Sünde sei. Aber es verpflichten nicht eine Vernunft und ein Gewissen, die irren, indem sie, was an sich schlecht ist, gebieten, oder verbieten, was an sich gut und zum Heile notwendig ist: deswegen ist der in solchem von der irrigen Vernunft oder dem irrigen Gewissen abweichende Wille nicht bös.

So sich zu äußern, ist unvernünftig. Beim Nichtbeunterschiedeten nämlich ist der von der irrigen Vernunft oder dem irrigen Gewissen abweichende Wille auf irgend welche Weise schlecht wegen des Gegenstandes, von dem die Gutheit oder Schlechtheit des Willens abhängt: nun nicht wegen des Gegenstandes gemäß dessen Natur, sondern demnach, daß er beischaftlich von der Vernunft als schlecht zum Tun oder zum Meiden gefaßt wird. Und weil Vorwurf des Willens ist, wie (Art. 3) gesagt, was von der Vernunft vorgelegt wird, so nimmt der Wille daraus, daß ihm etwas als schlecht vorgelegt wird, das Berede von Bös an, wenn er darein sich tragen läßt. Das ereignet sich aber nicht bloß bei den Gleichgültigkeiten, sondern auch bei dem an sich Guten oder Bösen. Es vermag nämlich nicht bloß das, was keinen Unterschied hat, ein Berede von Gut oder Bös beischaftlich anzunehmen, sondern auch, was gut ist, kann das Berede von Bös, und was bös ist, das Berede von Gut annehmen, wegen der Auffassung der Vernunft. Der Unzucht sich enthalten, ist z. B. ein gewisses Gut: dennoch wird der Wille nur demnach in dies Gut hingetragen, als die Vernunft es vorlegt. Wird es also als bös von einer irrigen Vernunft vorgelegt, so wird der Wille unter dem Berede von Bös hineingetragen: deswegen wird der Wille bös sein, weil er das Böse will; freilich nicht das, was an sich bös ist, sondern was beischaftlicherweise bös ist, wegen der Auffassung der Vernunft. Und ähnlich ist der Glaube an Christus an sich gut und zum Heile notwendig: der Wille geht aber nur demgemäß daraufhin, als ihm die Vernunft ihn vorlegt. Wird er deswegen von der Vernunft als ein Übel vorgehalten, so wird der Wille ihn als ein Übel angehen, nicht, weil er ein Übel an sich ist, sondern weil er beischaftlicherweise aus der Fassung der Vernunft ein Übel ist. Deshalb sagt der Philosoph 7. Ethic. (9 n 1): »Spricht man im ›An-sich‹, so ist unenthaltsam, wer nicht der richtigen Vernunft folgt: ›in der Beischaft‹ aber, wer nicht auch der falschen Vernunft folgt.« Deswegen ist schlechthin zu sagen: jeder von der Vernunft abweichende Wille, sei es der richtigen, sei es der irrigen, ist immer bös.[158]

Also zu 1. Mag sich auch das Urteil der irrigen Vernunft nicht von Gott herleiten, so legt doch die irrige Vernunft ihr Urteil als wahr vor und folglich als abgeleitet von Gott, von dem alle Wahrheit ist.[159]

Zu 2. Das Wort von Augustinus gilt dann, wenn erkannt wird, daß die niedrigere Gewalt etwas gegen das Gebot der höheren Gewalt vorschreibt. Wenn aber einer glauben würde, die Vorschrift des Landesverwesers sei eine Vorschrift des Kaisers, so würde er mit der Mißachtung des Gebots des Landesverwesers des Kaisers Gebot mißachten. Und wenn ähnlicherweise ein Mensch erkennen würde, daß die menschliche Vernunft etwas gegen das Gebot Gottes befähle, so würde er nicht gehalten, der Vernunft zu folgen: vielmehr wäre dann die Vernunft nicht ganz im Irrtum. Aber wenn die irrige Vernunft etwas als Gebot Gottes vorbringt, dann kommt die Verachtung des Befehls der Vernunft und des Gebotes Gottes auf das nämliche heraus.

Zu 3. Wann die Vernunft etwas als ein Übel auffaßt, so faßt sie es immer unter irgend einem Berede von Übel: z.B. weil es dem göttlichen Gebot widerspricht oder weil es ein Ärgernis ist oder wegen etwas dergleichen. Ein solcher schlechter Wille wird dann auf die Artbeschaffenheit der Schlechtheit zurückgeführt.

Sechster Artikel

Ist der mit der irrigen Vernunft übereinstimmende Wille gut?

Aus der Abhandlung. Ich antworte: Wie die voraufgegangene Frage sich mit der Frage deckte: bindet das irrige Gewissen, so steht die vorliegende mit der Frage gleich: entschuldigt das irrige Gewissen? Diese Frage hängt aber von dem ab, was oben über das Nichtwissen gesagt worden ist. Dort (6, 8) wurde gesagt, daß Nichtwissen zuweilen Nichtwillentliches verursacht, zuweilen aber nicht. Und weil sittlich Gut und Übel in der Wirkheit gründet, insofern sie willentlich ist, wie aus dem früher Gesagten (Art. 2) erhellt, so liegt auf der Hand, daß jenes Nichtwissen, welches das Nichtwillentliche verursacht, das Berede von sittlich Gut und Übel wegnimmt; nicht aber jenes, das Nichtwillentliches nicht verursacht. Es wurde auch oben (6, 8) gesagt, daß Nichtwissen, welches in irgend einer Weise gewollt ist, sei es gradwegs oder auf einem Umweg, nicht Nichtwillentliches verursacht. Und ich nenne geradwillentlich (directe voluntariam) das Nichtwissen, in welches die Wirkheit des Willens hineingeht: spreche aber vom Umweg (indirecte) bei Vernachlässigung, daher daß einer nicht wissen will, was er zu wissen gehalten ist, wie oben (a. a. O.) gesagt wurde.

Wenn also die Vernunft oder das Gewissen mit willentlichem Irrtum irrt, entweder gradweg oder wegen Vernachlässigung, weil der Irrtum etwas betrifft, was einer zu wissen gehalten ist, so gibt dann ein solcher Irrtum der Vernunft oder des Gewissens keine Entschuldigung dafür ab, daß der mit Vernunft und Gewissen in solchem Irrtum übereinstimmende Wille schlecht ist. Ist es aber eine Irrung, die Nichtwillentliches verursacht, hervorgegangen aus dem Nichtwissen irgend eines Umstandes ohne jede Vernachlässigung, so nimmt ein solcher Irrtum der Vernunft oder des Gewissens von Schuld aus, so daß der mit der irrigen Vernunft übereinkommende Wille nicht bös ist. Z. B. falls eine irrige Vernunft sagt, der Mann soll zur Frau eines anderen gehen, so ist der mit dieser irrigen Vernunft übereinstimmende Wille bös: deswegen, weil dieser Irrtum aus einem Nichtwissen von Gottes Gesetz kommt, das er zu kennen gehalten ist. Irrt aber die Vernunft darin, daß einer von einem weiblichen Hausgenossen glaubt, sie sei seine Frau, und er sie gebrauchen will, da sie die Pflicht verlangt, so ist sein Wille schuldfrei, so daß er nicht bös ist: denn dieser Irrtum rührt aus dem Nichtwissen des Umstandes her, der entschuldigt und Nichtwillentliches verursacht.

Zu 3. (Wenn der mit der irrigen Vernunft übereinstimmende Wille bös ist, so scheint jeder Wille desjenigen, der eine irrige Vernunft hat, bös zu sein. Ein solcher Mensch wird verstört – perplexus – sein und aus Notwendigkeit sündigen.) Wie beim Schlußfolgern, ist eine Unrichtigkeit gegeben, notwendig eine andere folgt, so tritt auch im Sittlichen, wenn ein Unrichtiges gesetzt wird, aus Notwendigkeit ein anderes als Folgerung auf. Gerade wie bei der Voraussetzung, daß einer leeren Ruhm sucht, die Sünde da ist, mag er nun des leeren Ruhms wegen tun, was er zu tun gehalten ist, oder es lassen. Und doch ist er nicht verstört: denn er kann dem bösen Vorhaben den Abschied geben. Und liegt ein Irrtum der Vernunft oder des Gewissens zugrunde, der aus nicht entschuldigendem Nichtwissen hervorgeht, so folgt ähnlicherweise notwendig Bös im Willen. Dennoch ist der Mensch nicht verstört: denn er kann vom Irrtum abkommen, da das Nichtwissen überwindlich und willentlich ist.

Siebenter Artikel

Hängt die Gutheit des Willens in dem, was es auf den Zweck hin gibt, aus der Vorhabung des Zwecks ab?

Aus der Abhandlung. Aber dagegen [gegen drei Einwände] spricht, was Augustinus 9. Confess. (vgl. 13, 26; Enarr. in Ps. 40) sagt, daß die Vorhabung (intentio) von Gott belohnt wird. Es wird nun aber daher etwas von Gott belohnt, weil es gut ist. Also hängt die Güte des Willens aus der Zweckvorhabung ab.

Ich antworte: Das Vorhaben kann in einem doppelten Verhältnis zum Willen auftreten: in dem einen voraufgängig, in dem anderen begleitend. Es geht nun das Vorhaben ursächlicherweise dem Willen vorauf, wann wir etwas wollen wegen der Beabsichtigung (intentionem) irgend eines Zweckes. Dann wird die Zweckbeordnung als eine Art Berede von Gutheit eben des Gewollten angesehen, z. B. wann einer Gottes wegen fasten will: es hat nämlich das Fasten das Berede von Gut eben daraus, daß es Gottes wegen geschieht. Deswegen muß die Gutheit des Willens, da sie von der Gutheit des

Gewollten abhängt, wie oben (Art. 1 u. 2) gesagt worden ist, aus der Vorhabung des Zweckes abhängen.

Es folgt aber die Bemeinung (intentio) auf den Willen, wenn sie einem vorbestehenden Willen hinzutritt: z. B. wenn einer etwas tun will und es später auf Gott bezieht. Dann hängt die Gutheit des erstigen Willens nur insofern aus der folgenden Bemeinung ab, als die Wirkheit des Willens mit der folgenden Bemeinung wiederholt wird.

Zu 2. (Die Beobachtung des Gebotes Gottes kann zu einem schlechten Zweck geschehen.) Der Wille kann nicht gut heißen, wenn ein schlechtes Vorhaben die Ursache des Wollens ist. Wer nämlich Almosen geben will wegen Erlangung leeren Ruhms, will, was von sich gut ist, unter dem Berede eines Üblen: und wie es von ihm gewollt ist, ist es deshalb schlecht. Daher ist sein Wille bös. – Tritt aber die Bemeinung in Nachfolge auf, dann konnte der Wille gut sein: und die folgende Bemeinung verdirbt nicht jene Wirke des Willens, die voraufgegangen ist, sondern die Willenswirke, die wiederholt wird.

Zu 3. (Die Schlechtheit des Willens hängt nicht von der Schlechtheit des vorgehabten Zwecks ab: wer nämlich stehlen will, um Almosen zu geben, hat einen schlechten Willen, auch wenn er einen guten Zweck beabsichtigt.) Wie bereits (Art. 6 zu 1) gesagt, »tritt Übel aus Einzelmängeln ein, Gut aber aus ganzer und ungebrochener Ursache«. Gehe nun auch der Wille auf das, was für sich schlecht ist, unter dem Berede von Gut, oder auf Gut unter dem Berede von Übel, immer wird der Wille bös sein. Dagegen wird dazu, daß der Wille gut sei, erfordert, daß er auf Gut unter dem Berede von Gut geht, d. h. daß er ein Gut will und wegen eines Gut.

Achter Artikel

Folgt Gut und Bös im Willen an Größe der Größe von Gut und Bös im Vorhaben?[160]

Aus der Abhandlung. Aber dagegen [drei Einwände] kann das Vorhaben gut und der Wille schlecht sein. Aus gleichem Grunde kann also das Vorhaben mehr gut und der Wille weniger gut sein.

Ich antworte: Bei der Wirkheit und bei der Bemeinung des Zwecks kann eine doppelte Größe in Erwägung gezogen werden: die eine auf Seiten des Gegenstandes, weil der Wille ein größeres Gut will oder tut: die andere aus der Anspannung der Wirkheit, weil er angespannt wirkt oder tut, was ein Größeres auf Seiten des Tuenden bedeutet. Reden wir also von beiden Größen in bezug auf den Gegenstand, so liegt auf der Hand, daß die Größe der Wirkheit nicht der Größe des Vorhabens folgt. Das kann freilich auf Seiten der äußeren Handlung in zweifacher Weise der Fall sein. Einmal, weil der auf den beabsichtigten Zweck hingeordnete Gegenstand kein Anmaßverhältnis zu jenem Zweck trägt: gerade wie einer, wenn er zehn Pfund gäbe, sein Vorhaben nicht erreichen könnte, so er beabsichtigte, ein Ding zu kaufen, das hundert Pfund gilt. In der anderen wegen der Hindernisse, die bei der äußeren Handlung zusätzlich eintreten können, die zu entfernen nicht in unserer Macht liegt: z. B. es hat einer vor, bis Rom zu gehen, und es begegnen ihm Hindernisse, daß er das nicht tun kann. – Dagegen liegt auf Seiten der inneren Wirkheit des Willens nur eine Weise vor: denn die inneren Wirkheiten des Willens sind in unserer Gewalt, nicht aber die äußeren Wirkgeschehungen. Nun kann aber der Wille irgend einem Gegenstand folgen, der zu dem bemeinten Zweck kein Anmaßverhältnis zeigt: und dergestalt ist der Wille, der auf jenen Gegenstand, wie er frei für sich gesehen wird, hingeht, nicht so viel gut als die Bemeinung gut ist. Weil aber nun auch die Bemeinung selber gewisserweise in den Bereich der Willenswirkheit gehört, insoweit sie nämlich ihre Sinntracht (ratio) ist, so strömt deswegen die Größe der guten Bemeinung in den Willen über, insoweit nämlich der Wille irgend ein großes Gut als Zweck will, mag auch das, wodurch er ein so großes Gut gewinnen will, dieses Gut nicht wert sein.

Faßt man aber die Größe der Bemeinung und der Wirkheit bei beiden der Anspannung (intensionem) nach ins Auge, so strömt die Anspannung der Bemeinung (intentionis) auf die innere und die äußere Willenswirke über: denn eben die Bemeinung steht gewissermaßen wesungsförmlich zu beiden, wie aus dem früher (12, 4; 18, 6) Gesagten erhellt. Wesungsstofflich mag, im Falle die rechte Bemeinung angespannt vorhanden ist, die innere oder äußere Wirkheit nicht in dem Grade angespannt sein können, stofflich gesagt: z. B. wenn einer nicht gerade so angespannt die Arznei nehmen will, wie er die Gesundheit will. Indessen fließt eben dies, daß er angespannt die Gesundheit bemeint, wesungsförmlich in das hinüber, was als angespanntes Wollen von Arznei dasteht.

Dabei ist freilich zu erwägen, daß die Anspannung der inneren oder der äußeren Wirke als Gegenstand an die Bemeinung herangebracht werden kann: z. B. wann einer angespannt zu wollen oder etwas angespannt zu wirken vorhat. Nicht deswegen jedoch will oder wirkt er angespannt: denn der Größe des bemeinten Gut folgt, wie bemerkt, die Güte des inneren oder äußeren Wirkgeschehens nicht. Daher rührt, daß einer nicht in dem Maße verdient, als er zu verdienen bemeint: denn die Größe des Verdienstes besteht in der Anspannung der Wirkheit, wie unten (20, 4; 114, 4) gesagt werden wird.

Also zu 1. ... Die Güte der Bemeinung strömt gewissermaßen in die Güte des Willens über, die auch die äußere Handlung bei Gott verdienstlich macht.

Zu 2. Die Gutheit der Bemeinung ist nicht die Vollursache des guten Willens.[161]

Zu 3. Die bloße Schlechtheit der Bemeinung reicht zur Schlechtheit des Willens hin: so groß deswegen die böse Meinung ist, so bös ist auch der Wille. Aber mit der Gutheit hat es, wie gesagt, nicht dieselbe Bewandtnis.

Neunter Artikel

Hängt die Gutheit des Willens aus der Gleichförmigkeit mit dem göttlichen Willen ab?

Aus der Abhandlung. Ich antworte: Wie (Art. 7) gesagt, hängt die Güte des Willens aus dem Vorhaben des Zwecks ab. Der Endzweck des menschlichen Willens ist aber das höchste Gut, das Gott ist, wie oben (1, 8; 3, 1) gesagt worden ist. Zur Güte des menschlichen Willens ist also erforderlich, daß er auf das höchste Gut zugeordnet wird, das Gott ist.

Aber dieses Gut stellt sich indessen zunächst und an sich zum göttlichen Willen als dessen eigenbehöriger Vorwurf. Nun ist das, was in jeder Gattung das erstige ist, Maß und Gewese (ratio) für alles, was es in dieser Gattung gibt. Jeweils ist aber eins recht und gut, insoweit es zum eigenbehörigen Maß langt. Dazu also, daß der Wille des Menschen gut ist, wird erfordert, daß er dem göttlichen Willen gleichgeformt wird.

Also zu 1. (Das ist unmöglich.) Der Wille des Menschen kann nicht dem göttlichen Willen durch Gleichmachung, aber durch Nachahmung gleichförmig gemacht werden. Ähnlicherweise formt sich das menschliche Wissen dem göttlichen Wissen überein, insoweit es Wahr erkennt. Und die Tätigkeit des Menschen der göttlichen Tätigkeit, insoweit sie zum Tuenden paßt. Auch hier durch Nachahmung, nicht aber durch Gleichmachung …[162]

Zehnter Artikel

Muß notwendig der menschliche Wille, um gut zu sein, dem göttlichen Willen im Gewollten gleichförmig sein?

Abhandlung 1. Scheinbar muß nicht der Wille des Menschen immer im Gewollten sich dem göttlichen Willen gleichgestalten. Wir können nämlich nicht wollen, wovon wir nichts wissen: das gefaßte Gut nämlich ist der Vorwurf des Willens. Nun aber wissen wir bei dem meisten nicht, was Gott will. Also vermag der menschliche Wille sich nicht im Gewollten dem göttlichen Willen gleichzugestalten.

2. Ferner, Gott will einen verdammen, von dem er weiß, er wird in der Todsünde sterben. Wenn also der Mensch gehalten wäre, seinen Willen dem göttlichen Willen im Gewollten gleichförmig zu machen, so würde folgen, daß der Mensch gehalten würde, seine Verdammung zu wollen. Das stimmt nicht.

3. Ferner, keiner ist gehalten, etwas zu wollen, was gegen die Blutspflichtverbundenheit (pietatem) ist. Wenn nun aber der Mensch das will, was Gott will, so ginge das zuweilen gegen das Blutgefühl: z. B. wann Gott will, daß einem der Vater stirbt, so wäre es gegen das Kindesgefühl, wenn der

Sohn dasselbe wollte. Also ist der Mensch nicht gehalten, seinen Willen dem göttlichen Willen im Gewollten gleichzumachen.

Aber dagegen spricht, daß über das Psalmwort 32, 1: »Rechtlichen geziemt Lobsingen«, die Glosse (Ordin. ex Aug.) sagt: »Ein rechtes Herz hat, wer will, was Gott will.« Nun ist aber jeder gehalten, ein rechtes Herz zu haben. Also ist jeder gehalten, zu wollen, was Gott will.

2. Ferner, die Wesungsform des Willens gibt es aus dem Gegenstand, gerade wie auch bei jeder Wirkheit. Ist also der Mensch gehalten, seinen Willen dem göttlichen Willen gleichzuformen, so folgt, daß er gehalten ist, im Gewollten gleichzuformen.

3. Ferner, der Widerstreit der Willen besteht darin, daß die Menschen Verschiedenheitliches wollen. Nun aber hat einen bösen Willen, wer nur immer einen dem göttlichen Willen widerstreitenden Willen hat. Wer auch immer also seinen Willen dem göttlichen Willen im Gewollten nicht gleichformt, hat einen schlechten Willen.

Ich antworte: Wie aus dem Gesagten (Art. 3 u. 5) erhellt, wird der Wille in seinen Vorwurf hineingetragen gemäß dem, was die Vernunft vorlegt. Es tritt aber der Fall ein, daß etwas von der Vernunft verschieden in Betracht gezogen wird, so, daß es in einem Berede gut und einem anderen Berede nach nicht gut ist. Deswegen ist jemands Wille, wenn er will, daß etwas statthat, gemäß seinem Berede von Gut, gut: und der Wille des zweiten, wenn er vom nämlichen will, daß es nicht statthat, gemäß seinem Berede von Bös, wird auch ein guter Wille sein. Geradeso hat der Richter einen guten Willen, indem er die Tötung des Räubers will, weil sie gerecht ist: aber der Wille des zweiten, z. B. der Gattin oder des Sohnes, der ihn nicht getötet haben will, insoweit der Natur gemäß die Tötung übel ist, ist auch gut.

Da aber der Wille der Fassung der Vernunft oder des Verstandes folgt, so wird der Wille, je nachdem das Berede des gefaßten Gut allgemeiner ist, auch in ein allgemeineres Gut hineingetragen. Wie es in dem angeführten Beispiel hervortritt: denn der Richter hat die Sorge für das Gemeinwohl, dafür ist die Gerechtigkeit da, und deswegen will er die Tötung des Räubers, die das Berede von Gut hat, gemäß ihrem Bezug auf den Gemeinstand; das Weib des Räubers aber hat es mit der Erwägung des Sonderguts der Familie zu tun, und will demgemäß, daß der Räubergatte nicht getötet wird. – Gut des ganzen Einalls ist aber, was Gott faßt, der des Einalls Macher und Regierer ist: weswegen er alles, was immer er auch will, unter dem Berede des gemeinen Gut will, das seine Gutheit ausmacht, die das Gut des ganzen Einalls ist.

Die Auffassung beim Geschöpf aber geht seiner Natur nach auf irgend ein teilbesonderes Gut, das ein Anmaßverhältnis zu seiner Natur hat. Es tritt aber der Fall ein, daß etwas dem teilbesonderen Berede nach gut ist, was, wie gesagt, nicht dem alleinslichen Berede nach gut ist, oder umgekehrt. Und deswegen tritt ein, daß irgend ein Wille gut ist, der etwas seinem teilbesonderen Betracht nach will, was jedoch Gott dem alleinslichen Berede nach nicht will, und umgekehrt. Daher kommt es auch, daß verschiedene Willen verschiedener Menschen im Gegensätzlichen gut sein können, je nachdem sie unter verschiedenen teilbesonderen Bereden wollen, daß dies Eine hier statthat oder nicht statthat.

Der Wille eines Menschen, der ein teilbesonderes Gut will, ist aber nur recht, wenn er dies in den Bezug zum Gemeingut als zum Zweck bringt: da auch die naturhafte Begehr eines jeden Teiles die Hinordnung auf das gemeine Gut des Ganzen hat. Aus dem Zweck aber nimmt man gewissermaßen das wesungsförmliche Berede für das Wollen dessen, was auf Zweck hingeordnet ist. Dazu, daß einer mit dem rechten Willen ein teilbesonderes Gut will, gehört sich's daher, daß dieses teilbesondere Gut dem Stoff nach gewollt, daß aber das allgemeine göttliche Gut wesungsförmlich gewollt ist. Der menschliche Wille ist also gehalten, dem göttlichen Willen im Gewollten wesungsförmlich gleichgestaltet zu werden, gehalten nämlich, das göttliche und gemeine Gut zu wollen, nicht aber stofflich, aus dem schon besagten Grunde.[163] – In beidem wird freilich aber auch in irgend einer Weise der menschliche Wille dem göttlichen gleichgestaltet. Denn demgemäß, daß er dem göttlichen Willen in dem gemeinsamen Gewese des Gewollten gleichgestaltet wird, wird er ihm im Endzweck gleichgestaltet. Demgemäß aber, daß er ihm im Gewollten stofflich nicht gleichförmig wird, wird er ihm im Sinne der Bewirkursache gleichförmig: denn, daß er hier-diese eigenbehörige Neigung hat, die der Natur oder der teilbesonderen Wahrnehmung hier-dieses Dings folgt, hat das Ding von Gott als von der wirkigen Ursache. Deswegen pflegt man zu sagen, in dieser Hinsicht sei der Wille des Menschen dem göttlichen Willen gleichgestaltet, weil er das will, wovon Gott will, daß er es wolle.

Es gibt noch eine andere Weise der Gleichförmigkeit dem Berede einer wesungsförmlichen Ursache gemäß, daß nämlich der Mensch etwas aus Gottliebe will, gerade so wie Gott will. Und auch diese Gleichförmigkeit wird auf die wesungsförmliche Gleichförmigkeit zurückgeführt, die aus der Hinordnung auf den Endzweck ins Merk kommt; darin liegt der eigenbehörige Gegenstand der Gottliebe.

Also zu 1. Welcher Beschaffenheit das göttliche Gewollte dem Gemeinberede nach ist, vermögen wir zu wissen. Wir wissen nämlich, daß Gott alles, was er nur will, unter dem Berede von Gut will. Wer auch immer daher etwas unter immer welch einem Berede von Gut will, hat einen mit dem göttlichen Willen gleichförmigen Willen in bezug auf das Berede des Gewollten. Aber im Teilbesonderen wissen wir nicht, was Gott will. Und in dem Betracht sind wir nicht gehalten, unseren Willen dem göttlichen gleichzugestalten.[164] – Im Herrlichkeitsstand freilich werden alle in dem Einzelnen, was sie wollen, die Hinordnung auf das sehen, was Gott dabei will. Deswegen werden sie nicht bloß förmlich, sondern auch stofflich in allem ihren Willen Gott übereingestalten.

Also zu 2. Gott will nicht die Verdammung irgend eines unter dem Berede von Verdammung und auch nicht den Tod von einem, insoweit es der Tod ist, weil er selber »will, daß alle Menschen gerettet werden« (1. Tim. 2, 4): aber er will das im Sinne der Gerechtigkeit. Bei derartigem reicht deswegen hin, daß der Mensch die Gerechtigkeit Gottes will und daß die Naturordnung gewahrt wird.

Zu 3 tritt daraus die Lösung zu Tage.

Zum 1. Gegeneinwand. Mehr will, was Gott will, wer seinen Willen dem göttlichen Willen in bezug auf das Berede des Gewollten übereingestaltet, als der, der ihn in bezug auf das gewollte Ding selbst übereingestaltet: denn der Wille geht hauptsächlicher auf den Zweck, als auf das, was es zum Zweck hin gibt.

Zu 2. Artung und Wesungsform der Wirkheit kommen mehr dem Berede des Gegenstandes nach ins Merk als demnach, was es Stoffliches im Gegenstand gibt.

Zu 3. Ein Widerstreit der Willen ist nicht da, wann etliche Verschiedenes nicht demselben Berede nach wollen. Aber, wenn unter einem einzigen Berede etwas von dem einen gewollt wäre, was der andere nichtwollte, so würde das einen Widerstreit der Willen herbeiführen. So steht aber nicht die Annahme.

20. Untersuchung

DIE GUTHEIT UND SCHLECHTHEIT DER ÄUSSEREN MENSCHLICHEN HANDLUNGEN

Erster Artikel

Ist die Gutheit oder Schlechtheit erstiger in der Wirkheit des Willens oder in der äußeren Wirkheit?

Feststellung. Wird die Gutheit der äußeren Wirke ihrer Natur nach erwogen, so kommt sie mehr von der Vernunft als vom Willen: nimmt man sie aber der Vollbringung des Werkes gemäß ins Auge, so folgt sie der Gutheit des Willens, der ihre Urheit ist. [Denn *(zu 3)*: »Ihrer Aufnahme im Stoff nach ist die Wesungsform im Werdegang später als der Wesungsstoff, mag sie auch der Natur nach früher sein; demnach aber, daß sie in der tuenden Ursache ist, ist sie jederweise erstiger. Der Wille aber tritt der äußeren Wirkheit als Bewirkursache gegenüber. Deswegen ist die Gutheit des Wirkgeschehens im Willen, als in der tuenden Ursache vorhanden, die Wesungsform der äußeren Wirke.«]

Zweiter Artikel

Hängt die ganze Gutheit und Schlechtheit der äußeren Wirke aus der Güte des Willens ab?

Feststellung. Die ganze Gutheit und Schlechtheit der äußeren Handlung hängt der Zweckbeordnung nach aus der Güte und Schlechtheit des Willens ab; die aus den Umständen dagegen wird von der Vernunft verursacht.

Dritter Artikel

Ist die Gutheit und Schlechtheit bei der äußeren und bei der inneren Wirke dieselbe?

Aus der Abhandlung. Ich antworte: Wie oben (17, 4) gesagt, sind die innere und die äußere Wirke des Willens, wie sie in sittlicher Gattung aufgefaßt werden, eine einzige Wirkheit. Es tritt aber der Fall ein, daß die im Träger einzahlige Wirke zuweilen mehrere Bereden von Güte oder Schlechtheit hat, zuweilen nur eine. So ist also zu sagen, daß zuweilen die Güte oder Schlechtheit der inneren und der außeren Wirkheit dieselbe, zuweilen aber je eine andere ist. Wie nämlich bereits (Art. 1f.) gesagt worden ist, sind die beregten zwei Gutheiten oder Schlechtheiten, d. h. die der inneren und der äußeren Wirke, einander zubeordnet.[165] Es kommt aber bei dem, was auf ein anderes hin geordnet ist, vor, daß etwas gut ist allein daher, daß es eine Bezugsstellung zu anderem hat: gerade wie der bittere Trank allein daher gut ist, daß er heilsam ist. Deswegen gibt es keine andere Güte bei Gesundheit und Trank, sondern ein und die nämliche. Zuweilen hat dagegen, was auf ein anderes hingeordnet ist, in sich irgend ein Berede von Gut, auch neben der Hinordnung auf ein anderes Gut: wie die wohlschmeckende Arznei das Berede von freulichem Gut daneben hat, daß sie heilsam ist. Dergestalt ist also zu sagen: wann die äußere Wirke bloß aus der Zweckeordnung gut oder schlecht ist, dann liegt vollständig dieselbe Güte oder Schlechtheit bei der Wirke des Willens, der an sich dem Zweck sich zukehrt, und der äußeren Wirke vor, die dem Zweck sich mittels der Wirke des Willens zukehrt. Wann aber die äußere Wirke Gutheit oder Schlechtheit sich selber gemäß hat, d. h. dem Stoff[166] oder den Umständen nach, dann ist die Güte der äußeren Wirkheit und die Güte des Willens, die aus dem Zweck da ist, je eine andere:[167] dergestalt freilich, daß sowohl die Güte des Zwecks aus dem Willen in die äußere Wirkheit überströmt, als auch die Güte des Stoffes und der Umstände in die Wirkheit des Willens zurückfließen, wie bereits (Art. 1f.) gesagt worden ist.

Vierter Artikel

Gibt die äußere Wirke noch eine Zutat von Gutheit oder Schlechtheit über die innere Wirke hinaus? (Vgl. 24, 3)

Ich antworte: Reden wir von der Güte, welche die äußere Wirke aus dem Willen des Zweckes hat, so gibt die äußere Handlung keine Zutat zur Gutheit, es sei denn der Fall, daß der Wille sich selber nach in den guten (Handlungen) besser oder in den schlechten schlechter werde …[168]

Ist aber von der Güte die Rede, welche die äußere Handlung dem Stoff und den gehörigen Umständen nach hat, so tritt sie dem Willen als Ziel und Zweck gegenüber. Auf diese Weise leistet sie eine Zutat zur Güte oder Schlechtheit des Willens: denn jede Neigung oder Wegung wird darin vollständig, daß sie den Zweck gewinnt oder das Ziel erreicht. Deswegen ist der Wille nicht fertig, wenn er nicht solcherart ist, daß er bei gegebener Gelegenheit werktätig wird. Steht der Wille dagegen vollkommen fertig da, daß er wirkte, wenn er könnte, es fehlt aber die Möglichkeit, so ist der Mangel an Vollbringung auf Seiten der äußeren Wirke schlechthin nichtwillentlich. Wie das Nichtwillentliche aber nicht Strafe oder Lohn im guten oder schlechten Werktun verdient, so nimmt es nicht etwas vom Lohn oder von der Strafe weg, wenn der Mensch schlechthin unwillentlich dabei versagt, Gut oder Übles zu tun.

Fünfter Artikel

Gibt der äußeren Wirkheit der Ausgang hinterher eine Zutat von Gutheit oder Schlechtheit? (Vgl. 73, 8)

Aus der Abhandlung. [Vier Einwände.] *Aber dagegen* macht der folgende Ausgang die Wirkheit nicht schlecht, die gut war, und eine nicht gut, die schlecht war. Z. B. wenn einer das Almosen einem Armen gibt, der es zur Sünde mißbraucht, so geht dem nichts verloren, der das Almosen geleistet hat: und wenn ähnlicherweise einer geduldig das ihm geschehene Unrecht trägt, so wird deswegen nicht entschuldigt, der es getan hat. Also macht der Ausgang hinterher keine Zutat zur Gutheit oder Schlechtheit der Handlung.

Feststellung. Der vorbedachte folgende Ausgang mehrt Gutheit oder Schlechtheit der äußeren Wirke; der nicht vorbedachte aber mehrt sie nicht, wenn er beischaftlich oder in der geringeren Anzahl der Fälle folgt; anders ist es, wenn er in der Mehrzahl oder an sich folgt.

Sechster Artikel

Kann ein und dieselbe äußere Wirke gut und schlecht sein? (Vgl. 72, 6)

Aus der Abhandlung. Ich antworte: Nichts hindert, daß etwas Eins ist, sonach es in der einen Gattung steht, und vielfach ist, sonach es auf eine andere Gattung bezogen wird. Geradeso ist die ununterbrochene Oberfläche demnach nur eine, daß man sie in der Gattung Größe ins Auge faßt: jedoch ist sie vielfach nach ihrem Bezug zur Gattung Farbe, wenn sie zum Teil weiß und zum Teil schwarz ist. Demnach hindert nichts eine Wirkheit, sonach sie auf die Gattung Natur bezogen wird, eine zu sein, indessen sie doch nicht demnach eine ist, daß sie in den Bezug zur Gattung Sitte gebracht wird, wie auch umgekehrt; das ist bereits (Art. 3 zu 1; 18, 7 zu 1) gesagt. Sich ergehen, ist nämlich der Naturgattung nach eine einzige Wirkheit: es kann aber der Fall eintreten, daß es der Sittengattung nach mehrere sind, wenn des Gehenden Wille sich ändert, der die Urheit der sittlichen Wirkheiten ist.[169] – Wird also die eine Wirkheit genommen, wie sie in der Sittengattung dasteht, so ist es unmöglich, daß sie gut und schlecht an sittlicher Gutheit und Schlechtheit ist. Ist sie aber nur eine von Einheit der Natur und nicht von Einheit der Sitte, so kann sie gut und bös sein.

21. Untersuchung

GUT UND BÖS DER MENSCHLICHEN HANDLUNGEN IN SEINEN FOLGEN[170]

Erster Artikel

Hat die menschhafte Wirkheit, insoweit sie gut oder bös ist, das Berede von Rechtschaffenheit oder Sünde?

Aus der Abhandlung. Ich antworte: Übel geht auf mehr, als Sünde es tut, wie auch Gut mehr umfaßt, als Recht.[171] Jegliche Fehle nämlich von Gut, wo sie immer auftritt, begründet ein Berede von Üblem: dagegen besteht die Sünde im eigentlichen Sinne in der Wirkheit, die wegen irgend eines Zweckes getan wird, sobald sie nicht die geschuldete Hinordnung auf diesen Zweck hat. Die gebührende Zweckbeordnung wird aber nach irgend einer Richtschnur bemessen. Nun ist diese Richtschnur in dem, was gemäß der Natur tut, die Naturwirkkraft selber, welche in diesen Zweck hinbeugt. Wann also die Wirke aus der natürlichen Wirkkraft gemäß dem naturhaften Hang in den Zweck hervorgeht, dann wird die Rechtheit in der Wirke gewahrt: denn das Mittelstück geht nicht anders als die Enden, die Wirkheit nämlich anders, als die Linie (ab ordine) der tuigen Urheit zum Zweck. Wann aber einer von solcher Rechtheit der Wirke abgeht, fällt das Berede von Sünde ein.[172]

In dem aber, was man durch den Willen tut, ist die nächste Richtschnur die menschliche Vernunft; die oberste Richtschnur ist aber das ewige Gesetz. Wann also die Wirke des Menschen auf den Zweck vorgeht gemäß der Linie der Vernunft und des ewigen Gesetzes, dann ist die Wirkheit recht; wann sie aber von dieser Richte in die Schiefe geht, dann sagt man, sie ist Sünde. Es ist nun mit der Hand zu greifen, nach dem (19, 3f.) Gesagten, daß jede willentliche Wirke dadurch bös ist, daß sie von der Linie der Vernunft und des ewigen Gesetzes abspringt: und jede gute Wirkheit steht im Einklang mit der Vernunft und dem ewigen Gesetz. Daraus folgt, daß die menschliche Handlung daraus, daß sie gut oder bös ist, das Berede von Rechtheit oder Sünde hat.

Zweiter Artikel

Hat die menschliche Handlung, insoweit sie gut oder bös ist, das Berede von Löblich oder Schuldig?

Aus der Abhandlung. 1. Scheinbar hat die menschliche Handlung daher, daß sie gut oder bös ist, kein Berede von Löblich oder Schuldig. Denn »Ein Fehler (peccatum) tritt auch in dem ein, was von Natur getan wird«, wie es 2. Physic. (8 n 8) heißt. Nun ist aber, was naturhaft ist, nicht lobenswert oder schuldhaft, wie es 3. Ethic. (5 n 15) heißt. Also hat die menschliche Wirke nicht daher, daß sie schlecht oder ein Fehler ist, ein Berede von Schuld: und folglich hat sie nicht daraus, daß sie gut ist, ein Berede von Löblich.

2. Ferner, gerade wie eine Sünde im Sittlichen sich ereignen kann, so ist das auch bei den Handlungen des Werkschaffens der Fall: denn, wie es 2. Physic. (a. a. O.) heißt, »es fehlt der Sprachlehrer, der nicht richtig schreibt, und der Arzt, der nicht den richtigen Trank gibt«. Aber der Künstler lädt keine Schuld daher auf sich, daß er etwas schlecht macht: denn es fällt in den Fleißbereich des Künstlers, daß er ein gutes und ein schlechtes Werk machen kann, sobald er will. Es scheint also, daß auch die sittliche Handlung daher, daß sie schlecht ist, nicht ein Berede von Schuldig hat.

3. Ferner, Dionysius sagt 4 De Div. Nom., das Schlechte sei »schwach und unvermöglich«. Nun hebt aber Schwäche oder Unvermögen das Berede von Schuld auf oder vermindert es. Also ist die menschliche Handlung nicht daher schuldhaft, daß sie schlecht ist.

Aber dagegen spricht, was der Philosoph (de Virtutibus et Vitiis 1 n 2) sagt: »Des Lobes wert sind die Werke der Tugenden; des Tadels aber oder der Schuld die entgegengesetzten Werke.« Nun sind aber die guten Handlungen Wirkheiten der Tugend, denn »die Tugend ist es, die den gut macht, der sie hat, und sein Werk gut ausbringt«, wie es 2. Ethic. (6 n 2) heißt: weswegen die entgegengesetzten Handlungen übel sind. Also hat die menschhafte Wirkheit daher, daß sie gut oder übel ist, das Berede von Löblich oder Schuldig.

Ich antworte: Gerade wie Übel auf ein Mehr geht als Sünde, so geht Sünde in mehr als die Schuld. Daher nämlich heißt irgend eine Wirkheit schuldhaft oder lobenswert, daß sie dem Tuenden angerechnet wird: Lob oder Schuld haben, ist nämlich nichts anderes, als daß einem die Schlechtheit oder Gutheit seiner Wirke in Rechnung gestellt wird. Dann aber wird eine Wirke dem Tuenden angerechnet, wann sie in seiner Macht steht, so daß er die Herrschaft über seine Wirke hat. Das gibt es aber in allen willentlichen Wirken: denn durch den Willen hat der Mensch die Beherrschung seiner Wirke, wie aus dem oben Gesagten (1, 1f.) zutage liegt. Deswegen bleibt nur übrig, daß Gut und Übel in den willentlichen Wirkheiten allein ein Berede von Lob oder Schuld begründet; in ihnen ist Übel, Sünde und Schuld dasselbe.

Also zu 1. Die naturhaften Handlungen sind nicht in Gewalt des natürlichen Tuenden: da die Natur auf eines einbestimmt ist. Und mag es daher auch in den natürlichen Wirkheiten den Fehler (peccatum) geben, so gibt es darin doch nicht die Schuld (culpa).

Zu 2. Die Vernunft verhält sich anders im Werkschafflichen als im Sittlichen. Im Werkschafflichen nämlich hat die Natur die Hinordnung auf einen teilbesonderen Zweck, was etwas durch die Vernunft Erdachtes ist. Im Sittlichen steht sie in der Hinreihung auf den gemeinen Zweck des ganzen menschlichen Lebens. Der teilbesondere Zweck aber hat den Ordnungsbezug auf den allgemeinen Zweck. Da es also die Sünde gibt durch den Abweg von der Zwecklinie, wie (Art. 1) gesagt, so tritt bei der Wirke des Werkschaffens zwiefach ein Fehler ein. In einer Weise durch den Abgang von dem vom Künstler beabsichtigten teilbesonderen Zweck: diese Verfehlung mag dem Kunstschaffen eigenbehörig sein; z. B. wenn der Künstler ein gutes Werk zu machen im Sinne hat, und er macht ein schlechtes, oder wenn er ein schlechtes zu machen vorhat, macht aber ein gutes. In der anderen Weise, durch das Abkommen vom gemeinen Zweck des menschlichen Lebens: und in dieser Weise sagt man, er fehle, wenn er ein schlechtes Werk zu machen vorhat, und eins macht, wodurch ein anderer getäuscht wird. Diese Verfehlung ist nun aber nicht das Eigentümliche des Künstlers, insoweit er Künstler, sondern insoweit er Mensch ist. Daher wird aus der ersten Verfehlung der Künstler, insoweit er Künstler ist, in Schuld genommen: hingegen wird aus der zweiten der Mensch schuldig, insoweit er Mensch ist. – Dagegen wird im Sittlichen, wo man die Reihung der Vernunft auf den gemeinen Zweck des menschlichen Lebens ins Merk nimmt, immer an Sünde und Übel im Abweg von der Linie der Vernunft auf den allgemeinen Zweck des menschlichen Lebens gedacht. Und deswegen wird aus solcher Verfehlung der Mensch schuldig, sowohl insoweit er Mensch ist als auch insoweit er sittlich ist. Deswegen sagt der Philosoph 6. Ethic. (5 n 7): »Im Werkschaffen hat der verfehlende [gute] Wille einen Vorzug; bei der Klugheit aber weniger, gerade wie auch bei den sittlichen Tugenden«, unter denen die Klugheit die Leitung hat.[173]

Zu 3. Jene Schwäche, die es in den willentlichen Übeln gibt, unterliegt der Macht des Menschen. Und deswegen hebt sie weder das Berede von Schuld auf, noch mindert sie es.

Dritter Artikel

Hat die menschhafte Wirke, insoweit sie gut oder schlecht ist das Berede von Verdienst oder Mißverdienst?

Abhandlung. 1. Scheinbar hat die menschhafte Wirke nicht ein Berede von Verdienst und Mißverdienst wegen ihrer Gutheit oder Schlechtheit. Von Verdienst nämlich und Mißverdienst spricht man im Hinbezug auf die Vergeltung, die bloß in dem statthat, was auf einen zweiten geht. Aber nicht alle guten oder schlechten menschlichen Handlungen gehen auf einen zweiten, sondern etliche gehen auf sich selbst. Also hat nicht jede gute oder schlechte menschliche Handlung das Berede von Verdienst oder Mißverdienst.

2. *Ferner,* keiner verdient daher Strafe oder Lohn, daß er, wie er will, über das befindet, wovon er der Herr ist: gerade wie ein Mensch nicht bestraft wird, wenn er sein Ding zerstört, so, wie wenn er eines anderen Ding zerstörte. Nun aber ist der Mensch der Herr seiner Handlungen. Also verdient er daher, daß er gut oder schlecht über seine Handlung befindet, nicht Strafe oder Lohn.

3. Ferner, daher, daß einer sich selber ein Gut erwirbt, hat er nicht das Verdienst, daß ihm von einem anderen gut geschieht: und die gleiche Bewandtnis hat es mit den Übeln. Nun ist aber die gute Handlung selber ein gewisses Gut und eine Vervollkommnung des Tuenden: die ungeordnete Handlung aber ist ein gewisses Übel für ihn. Nicht also daher, daß der Mensch eine schlechte oder gute Wirkheit macht, hat er Verdienst oder Mißverdienst.

Aber dagegen spricht, was Jes. 3, 10. gesagt wird: »Saget dem Gerechten, daß es ihm gut gehe: daß er die Frucht seiner Bestrebungen genießen wird. Wehe dem Gottlosen ob des Unheils: denn seiner Hände Vergeltung wird ihm werden.«

Ich antworte: Von Verdienst und Mißverdienst spricht man in der Bezugsstellung auf eine Vergeltung, die der Gerechtigkeit nach geschieht. Vergeltung aber gemäß der Gerechtigkeit geschieht einem daher, daß er zum Vorteil oder Nachteil eines zweiten handelt. Es ist nun zu erwägen, daß jedereiner, der in irgend welcher Gesellung lebt, in irgend einer Weise Teil und Glied der ganzen Gesellschaft ist. Wer nur immer also etwas zum Guten oder Schlechten von einem tut, der in der Gesellschaft vorhanden ist – das strömt auf die ganze Gesellschaft über: gerade wie, wer die Hand verletzt, folgehaft den Menschen verletzt. Wenn also einer zum Guten oder Schlechten einer anderen einzelnen Person handelt, so fällt dabei doppelt ein Berede von Verdienst oder Mißverdienst ein. In der einen Weise demgemäß, daß ihm Vergeltung von der einzelnen Person gebührt, die er fördert oder schädigt. In der anderen Weise demgemäß, daß ihm von der ganzen Genossenschaft Wiedervergeltung gebührt. – Sobald hingegen einer seine Wirkheit geradeweg auf das Gut oder übel der ganzen Genossenschaft richtet, so gebührt ihm die Vergeltung zunächst einmal und hauptsächlich von der ganzen Genossenschaft: an zweiter Stelle aber von allen Teilen der Genossenschaft. – Wann aber einer tut, was sich zum eigenen Gut oder Übel wendet, so gebührt ihm auch Wiedervergeltung, insoweit auch dies ins Gemeinsame geht, sonach, als er selber ein Teil der Genossenschaft ist: mag ihm auch nicht eine Vergeltung gebühren, insoweit es das Gut oder Übel der einzelnen Person ist, die mit dem Tuenden dieselbe ist, es sei denn von ihm selbst einer gewissen Ähnlichkeit nach, wie es ja Gerechtigkeit des Menschen zu sich selber gibt.[174]

So liegt also zutage, daß die gute oder schlechte Handlung das Berede von Löblich oder Schuldig hat, sonach sie in der Macht des Willens steht; das Berede von Rechtheit und Sünde aber der Zweckbeordnung nach; das Berede endlich von Verdienst und Mißverdienst gemäß der Vergeltung der Gerechtigkeit gegen den andern.[175]

Also zu 1. Zuweilen mögen die guten oder schlechten Handlungen des Menschen nicht auf das Gut oder Übel einer anderen einzelnen Person hingeordnet sein, so haben sie doch eine Hinreihung auf Gut oder Übel jenes andern, das die Gemeinschaft selbst ist.

Zu 2. Der Mensch selbst, der die Herrschaft über seine Handlung hat, auch er, soweit er dem anderen angehört, d. h. der Gemeinschaft, wovon er der Teil ist, verdient oder mißverdient etwas, insoweit er seine Handlungen gut oder schlecht zurüstet: gerade wie auch, wenn er sein Übriges, womit er der Gemeinschaft dienen soll, gut oder schlecht verwaltet.

Zu 3. Eben das Gut oder Übel, was einer sich durch seine Handlung tut, fließt, wie gesagt, in die Gemeinschaft hinüber.

Vierter Artikel

Hat die menschliche Handlung, insoweit sie gut oder bös ist, das Berede von Verdienst oder Mißverdienst bei Gott?
(Vgl. 114, 1)

Abhandlung. 1. Scheinbar hat die gute oder schlechte Handlung des Menschen nicht ein Berede von Verdienst oder Mißverdienst in Vergleichsstellung mit Gott. Denn, wie gesagt (Art. 3), bringt Verdienst und Mißverdienst einen Ordnungsbezug auf die Wiedergutmachung des Nutzens oder Schadens mit, der einem zweiten angetan ist. Nun aber geht die gute oder schlechte Handlung des Menschen nicht in einen Erfolg oder Schaden gerade von Gott über: es heißt nämlich Hiob 35, 6f.: »Wenn du sündigst, was wirst du ihm schaden?«, weiter: »Wenn gerecht du handelst, was gewährst du ihm?« Also hat die gute oder schlechte Handlung des Menschen nicht das Berede von Verdienst oder Mißverdienst bei Gott.

2. Ferner, das Werkzeug verdient oder mißverdient nichts bei dem, der das Werkzeug gebraucht: denn die ganze Tätigkeit des Werkzeugs ist dessen, der es gebraucht. Nun ist aber der Mensch im Tun das Werkzeug der göttlichen Wirkkraft, die hauptsächlich ihn anwegt: deswegen heißt es Jes. 10, 15: »Darf prahlen die Axt gegen den, der mit ihr haut? Oder sich rühmen die Säge gegen den, von dem sie gezogen wird?«, wo er handgreiflich den tuenden Menschen mit einem Werkzeug vergleicht. Im Gut- oder Schlechttun verdient oder mißverdient also der Mensch nichts bei Gott.

3. Ferner, die menschliche Handlung hat das Berede von Verdienst oder Mißverdienst, insoweit sie den Ordnungsbezug zum zweiten hat. Nun aber sind nicht alle menschlichen Handlungen auf Gott hingeordnet. Also haben nicht alle guten oder schlechten Handlungen das Berede von Verdienst oder Mißverdienst bei Gott.

Aber dagegen spricht, was Eccle. am letzten (Vers 14) gesagt wird: »Alles miteinander, was geschieht, wird Gott ins Gericht führen, mag es gut oder schlecht sein.« Nun aber besagt Gericht Vergeltung, mit Rücksicht auf die man von Verdienst und Mißverdienst redet. Also hat jede gute oder schlechte Handlung des Menschen das Berede von Verdienst oder Mißverdienst bei Gott.

Ich antworte: Wie (im vor. Art.) gesagt wurde, hat die Handlung irgend eines Menschen das Berede von Verdienst oder Mißverdienst demnach, daß sie die Hinordnung auf einen zweiten hat, entweder in der Berufung auf diesen oder in der Berufung auf die Gemeinschaft. Auf beiderlei Weise aber haben unsere guten oder schlechten Handlungen das Berede von Verdienst oder Mißverdienst bei Gott. In der Berufung nämlich auf ihn, insoweit er der Endzweck des Menschen ist: es ist aber eine Schuldung, daß auf den Endzweck alle Handlungen bezogen werden, wie oben (19, 10) ausgemacht worden ist. Wer deswegen eine schlechte, nicht auf Gott beziehbare Handlung tut, wahrt nicht die Ehre Gottes, die dem Endzweck gebührt.[176] – Auf Seiten aber der gesamten Gemeinschaft des Einalls, weil der in jeder Gemeinschaft vornehmlich die Sorge um das Gemeingut hat, der die Gemeinschaft regiert: deswegen fällt in seinen Bereich, für das Vergeltung zu üben, was in der Gemeinschaft gut oder schlecht geschieht. Nun ist aber Gott der Regierer und Leiter des ganzen Einalls, wie I (103, 5) erörtert worden ist: und besonderartig der vernünftigen Geschöpfe. Deswegen liegt auf der Hand, daß die menschhaften Handlungen das Berede von Verdienst oder Mißverdienst im Vergleichsbezug zu ihm haben: sonst würde folgen, daß Gott nicht über die menschlichen Handlungen Sorge trüge.[177]

Also zu 1. Durch die Handlung des Menschen kann Gott diesem selbst nach gar nichts zuwachsen oder verloren gehen: indessen aber entzieht der Mensch, soweit es an ihm liegt, etwas Gott oder bietet ihm etwas, da er die Ordnung, die Gott getroffen hat, wahrt oder nicht wahrt.

Zu 2. Der Mensch wird von Gott so als Werkzeug angewegt, daß es doch nicht ausgeschlossen wird, daß er sich selber durch den freien Wahlentscheid anwegt, wie aus dem früher Gesagten (9, 6 zu 3) offen liegt. Und deswegen verdient oder mißverdient er bei Gott durch seine Handlung.

Zu 3. Der Mensch hat die Hinordnung zur Staatsgemeinschaft nicht seinem Ganzen und seinem Allen nach: und deswegen braucht's nicht, daß jede Handlung von ihm verdienstlich oder mißverdienstlich durch den Ordnungsbezug auf die Staatsgemeinschaft ist. Aber das Ganze, was der Mensch ist, und was er kann und hat, ist auf Gott hin zu ordnen, und deswegen hat jede gute oder schlechte Wirkheit des Menschen das Berede von Verdienst oder Mißverdienst bei Gott, soweit eben das Gewese der Wirkheit in Frage kommt.[178]

22. Untersuchung

DER TRÄGER DER LEIDEWEGUNGEN IN DER SEELE[179]

Weitergehend stehen uns die Leidewegungen der Seele (6, Vorw.) zur Erwägung, zunächst in ihrem Gattungsbezug, sodann im Eigenartlichen (26). Gattlich aber tritt viererlei ins betrachtende Auge, und zwar erstens: ihre Trage; zweitens: ihr Unterschied (23); drittens: ihr Vergleich zueinander (25); viertens: Güte und Schlechte in ihnen (24).

Erster Artikel

Gibt es irgendeine Leidewegung in der Seele?

Feststellung. Da es der Fall ist, daß die Seele empfindet und versteht und auf eine Umsetzung im Verbundenen sich ändert,[180] so muß ihr notwendig irgendeine Leidewegung allgemein genommen zukommen; eine Leidewegung aber im eigentlichen Sinne darf ihr nur, wie sicher ist, beischaftlich zugeschrieben werden. [»Gemäß nur der Aufnahme (receptionem) sagt man: ›Empfinden und Verstehen ist eine Art Leiden‹ (Aristot. De Anima 1, 5 n 8). Eine Leidewegung aber mit einem Abwurf (cum abiectione) gibt es nur einer leiblichen Umsetzung nach:[181] deswegen kann Leidewegung im eigentlichen Sinne nur beischaftlich der Seele zukommen, d. h. insofern das Zusammengesetzte leidet. Aber auch darin gibt es eine Verschiedenheit: denn sobald eine derartige Umsetzung zum Schlechteren geschieht, hat sie mehr eigenbehörig das Berede von Leidewegung, als wenn sie zum Besseren geschieht. Deswegen ist die Traurigkeit eigentlicher eine Leidewegung als die Fröhlichkeit.« Aus d. Antw.]

Zweiter Artikel

Gibt es die Leidewegung mehr im begehrhaften als im wahrnehmigen Teile? (Vgl. 41, 1; 80, 1f.)

Aus der Abhandlung. Ich antworte: Wie (Art. 1) bereits gesagt, bringt die Benennung Leidewegung mit sich, daß der Leidende auf das hingezogen wird, was es beim Tuenden gibt.[182] Zum Ding aber wird die Seele mehr durch die Begehrkraft als durch die Erfaßkraft gezogen. Denn durch die Begehrkraft hat die Seele den Ordnungszug auf die Dinge selbst, wie sie in sich da sind: deswegen sagt der Philosoph 6. Metaph. (Did. 5, 4 n 1), daß »Gut und Übel«, die die Gegenstände des begehrigen Vermögens sind, »in den Dingen selber sind«.[183] Die Erfaßkraft aber wird nicht zum Ding gezogen, sonach es in sich selber da ist; sondern sie erkennt es gemäß der Sinntracht des Dings, welche sie in sich hat oder in sich aufnimmt, der eigenbehörigen Weise nach.[184] Deswegen heißt es auch a. a. O., daß »Wahr und Falsch«, die in den Bereich des Erkennens fallen, »nicht in den Dingen sind, sondern im Besinn«. Woraus zutage tritt, daß das Berede von Leide mehr auf der Begehrseite als auf der Wahrnehmungsseite gefunden wird.

Dritter Artikel

Ist die Leide mehr in der sinnenhaften Begehr als in der verstandhaften, die Wille heißt? (Vgl. I 20, 1 zu 1; 80, 1f.)

Abhandlung. 1. Scheinbar ist die Leide in der sinnenhaften Begehr nicht mehr als in der verstandhaften Begehr. Es sagt nämlich Dionysius 2. De Div. Nom., daß Hierotheus »aus einer gewissen stark göttlichen Eingebung gelehrt worden ist, das Göttliche nicht bloß lernend, sondern auch leidend«. Nun aber kann das Erleiden von Göttlichem nicht in die Reichweite der sinnenhaften Begehr fallen, deren Gegenstand das sinnfällige Gut ist. Also gibt es die Leide in der verstandhaften Begehr gerade wie auch in der sinnenhaften.

2. Ferner, wieviel das Tuige vermöglicher ist, um so viel stärker ist die Leide. Nun ist aber der Gegenstand der verstandhaften Begehr, der das alleinsliche Gut ist, ein vermöglicheres Tuiges als der Vorwurf der sinnenhaften Begehr, der das teilbesondere Gut ist.[185] Also wird das Berede von Leideheit mehr in der verstandhaften Begehr gefunden als in der sinnenhaften Begehr.

3. Ferner, Freude und Liebe zählen zu den Leidewegungen. Nun werden diese aber in der verstandhaften Begehr angetroffen und nicht bloß in der sinnenhaften: sonst würden sie in der Heiligen Schrift nicht Gott und den Engeln zugeschrieben. Also sind die Leidewegungen in der sinnenhaften Begehr nicht mehr als in der verstandhaften.

Aber dagegen spricht, was Johannes von Damaskus 2 (De Fide orth. 2, 22) sagt, wo er die seelischen Leidewegungen beschreibt: »Leidewegung ist die Wegung der begehrhaften Wirkkraft, fühlbar beim Inbild von Gut oder Übel.«[186] Und anders: »Die Leidewegung ist die nichtvernunfthafte Wegung der Seele durch die Vermutung von Gut oder Übel.«

Ich antworte: Wie bereits (vor. Art.) gesagt, findet man eigentlich die Leidewegung, wo es eine leibliche Umsetzung gibt. Die wird nun bei den Wirkheiten der sinnenhaften Begehr angetroffen; und nicht bloß geistig (spiritualis), wie es sie bei der sinnenhaften Wahrnehmung gibt, sondern auch naturhaft.[187] Bei der Wirkheit der verstandhaften Begehr aber ist nicht irgend eine körperliche Umsetzung erforderlich: denn die Begehr solcher Art ist nicht die Wirkkraft irgend eines Lebenswerkzeugs (organi). Daraus geht hervor, daß das Berede von Leide mehr eigenbehörig in der Wirke der sinnenhaften Begehr als in der der verstandhaften gefunden wird; wie es auch schon durch die beigebrachten Begriffsbestimmungen des Damaszeners offen liegt.

Also zu 1. »Leide am Göttlichen« wird an der Stelle die Gemutung (affectio) auf das Göttliche hin genannt und die Verbindung damit durch die Liebe: das geht freilich ohne körperliche Umsetzung vor sich.[188]

Zu 2. Die Größe der Leideheit hängt nicht bloß aus der Wirkkraft des Tuenden ab, sondern auch aus der Leidefähigkeit des Leidenden: denn was gut leidefähig ist, erleidet viel auch von kleinen Tuigkeiten. Mag also auch der Gegenstand der verstandhaften Begehr mehr tuig sein als der Gegenstand der sinnenhaften Begehr, so ist doch die sinnenhafte Begehr mehr leideweglich.

Zu 3. Liebe und Freude und anderes derart, Gott zugeschrieben oder den Engeln oder den Menschen der verstandhaften Begehr nach, bezeichnen die einfache Wirke des Willens zusammen mit einem Ähnlichkeitsbild von der Wirkung, fernab von Leidewegung. Deswegen sagt Augustinus 9. De Civ. Dei (5): »Die heiligen Engel strafen sowohl ohne Zorn, als sie auch ohne Mitleid mit dem Elend Hilfe bringen. Und dennoch gebraucht man in der Gewohnheit der menschlichen Rede für sie die Namen solcher Leidenschaften, wegen einer gewissen Ähnlichkeit der Werke, nicht wegen der Schwäche der Erregungen.«

23. Untersuchung
DER UNTERSCHIED DER LEIDEWEGUNGEN VONEINANDER

Erster Artikel
Sind die Leidewegungen, die es im Begehrmut gibt, von denen verschieden, die im Zornmut sind?

Aus der Abhandlung. Ich antworte: Die Leidewegungen, die es im Zornmut und im Begehrmut gibt, unterscheiden sich in der Art.[189] Da nämlich verschiedene Vermögen verschiedene Gegenstände haben, wie I (77, 3) gesagt worden ist, so müssen notwendig die Leidewegungen der verschiedenen Vermögen auf verschiedene Gegenstände bezogen werden. Um vieles mehr unterscheiden sich deswegen die Leidewegungen der verschiedenen Vermögen durch die Art: es wird nämlich ein größerer Unterschied zum Gegenstand verlangt, die Art der Vermögen verschieden zu machen, als die Art der Leideheiten oder Wirkheiten verschieden zu machen. Gerade wie nämlich im Naturhaften die Verschiedenheit der Gattung auf die Verschiedenheit des Mögestandes im Wesungsstoff folgt, die Verschiedenheit der Art aber der Verschiedenheit der Wesungsform in demselben Wesungsstoff, so sind auch bei den Wirkheiten der Seele die zu verschiedenen Vermögen gehörigen Wirkheiten nicht bloß in der Art, sondern auch in der Gattung verschieden; die Wirkheiten oder Leideheiten aber, die sich verschiedenen besonderartigen Gegenständen zuwenden, die unter nur einem gemeinsamen Gegenstand nur eines Vermögens einbegriffen sind, unterscheiden sich gerade wie die Arten jener Gattung.

Um also kennen zu lernen, welche Leideheiten im Zornmut und welche im Begehrmut sind, gehört der Gegenstand von beiden Vermögen hergenommen. Es hieß aber I (81, 2), der Gegenstand des begehrmütigen Vermögens sei das sinnfällige Gut oder Übel schlechtweg genommen, das das Freuliche oder Schmerzliche ist. Weil nun aber notwendig zuweilen die Seele eine Schwierigkeit oder einen Kampf leidet, wenn sie irgend ein derartiges Gut gewinnt oder irgend ein solches Übel flieht, insoweit dies in gewisser Weise über den bequemen Machtbereich des Seelwesens hinausgehoben ist, so ist eben das Gut oder Übel, sonach es das Berede von Steilem oder Mühem hat, der Gegenstand des Zornmuts. Welche Leidewegungen nun immer Gut oder Übel reinweg angehen, fallen in den Bereich des Begehrmuts; wie Freude, Trauer, Liebe, Haß und ähnliches. Was aber nur immer an Leidewegungen sein Gesicht zu Gut oder Übel unter dem Berede von Steilem (ardui) kehrt, wie es als etwas Erreichbares oder Fliehenswertes zusammen mit irgend einer Schwierigkeit da steht, gehört zum Zornmut; wie Kühnheit, Furcht, Hoffnung und derartiges.

Feststellungen

2. Verläuft die Gegensätzlichkeit der Leidewegungen des Zornmuts gemäß dem geraden Gegensatz von Gut und Übel? (Vgl. 40, 4; 45, 1 zu 2)

In den Leidewegungen des Zornmuts findet man eine gerade Gegensätzlichkeit sowohl den Gegenständen nach als auch dem Vorangehen und dem Zurückgehen nach, auf denselben Punkt bezogen. In den Leidewegungen des Begehrmuts aber nur den Gegenständen nach.[190]

3. Gibt es irgend eine Leidewegung, die nicht einen geraden Gegensatz hat? (Vgl. 46, 1 zu 2)

Dem Zorn allein steht unter allen Leidewegungen der Seele keine andere Leidewegung gerade entgegen, weder der Gegensätzlichkeit der Gegenstände nach noch gemäß einem auf denselben Punkt bezogenen Vorangehen oder Zurückgehen.

4. Gibt es etwelche in der Artung sich unterscheidende Leidewegungen in demselben Vermögen, die einander nicht gegensätzlich sind?

Im begehrhaften Teil der Seele gibt es etwelche Leidewegungen, die der Art nach unterschiedlich, aber doch nicht gegensätzlich sind, wie Liebe und Freude.

24. Untersuchung
GUT UND BÖS IN DEN LEIDEWEGUNGEN DER SEELE

Erster Artikel

Kann man sittliches Gut und Bös in den Leidewegungen der Seele finden? (Vgl. 59, 1)

Abhandlung. 1. Scheinbar ist keine Leidewegung der Seele sittlich gut und bös. Das sittliche Gut und Bös ist nämlich dem Menschen eigenbehörig: »Von Sitten spricht man nämlich eigentlich beim Menschtümlichen«, wie Ambrosius über Lukas (i. Vorrede) sagt. Nun sind aber die Leidewegungen nicht den Menschen eigenbehörig, sondern sind auch den anderen Seelwesen gemein. Also ist keine Leidewegung der Seele sittlich gut oder bös.

2. Ferner, das Gut oder Üble des Menschen ist: »der Vernunft gemäß Sein« oder: »Unvernünftigsein (praeter rationem esse)«, wie Dionysius 4. De Div. Nom. sagt. Nun aber gibt es die Leidewegungen der Seele nicht in der Vernunft, sondern in der sinnenhaften Begehr, wie oben (22, 3) gesagt worden ist. Also bereichen sie nicht das Gut oder Üble beim Menschen, was sittliches Gut ist.

3. Ferner, der Philosoph sagt 2. Ethic. (5 n 3): »Durch Leidewegungen haben wir weder Lob noch Tadel.« Nun aber werden wir den sittlichen Gütern und Übeln gemäß gelobt und getadelt. Also sind die Leidewegungen nicht sittlich gut oder schlecht.

Aber dagegen spricht, was Augustinus 14. De Civ. Dei (7) sagt, wo er von den Leidewegungen der Seele spricht: »Sie sind böse, wenn die Liebe bös, gut, wenn sie gut ist.«

Ich antworte: Die Leidewegungen der Seele können in doppelter Weise ins Auge gefaßt werden: in der einen, an sich; in der anderen, demnach, daß sie der Gebotschaft der Vernunft und des Willens unterliegen. Wenn sie also an sich erwogen werden, wie sie nämlich als Wegungen der vernunftlosen Begehr dastehen, so gibt es in ihnen nicht das sittliche Gut oder Bös, das von der Vernunft abhängt, wie oben (18, 5) gesagt worden ist. Wenn sie aber ins Auge genommen werden, sonach sie dem Befehl der Vernunft und des Willens unterliegen, so gibt es in ihnen das sittliche Gut und Üble. Die sinnenhafte Begehr ist nämlich gerade der Vernunft und dem Willen näher als die äußeren Glieder; deren Wegungen und Wirkheiten sind freilich sittlich gut oder bös, sofern sie willentlich sind. Deswegen können um vieles mehr gerade auch die Leidewegungen, sonach sie willentlich sind, sittlich gut oder bös genannt werden. Willentlich heißen sie aber entweder daher, daß sie vom Willen befohlen, oder daher, daß sie vom Willen nicht verboten werden.

Also zu 1. Diese Leidewegungen an sich gesehen sind Menschen und anderen Seelwesen gemein: aber sonach sie von der Vernunft in Befehl gegeben werden, sind sie den Menschen eigenbehörig.

Zu 2. Auch die niederen Kräfte der Begehr heißen demgemäß vernunfthaft, daß sie »irgendwie Vernunft zuteil haben«, wie es 1. Ethic. (13 n 15) heißt.

Zu 3. Der Philosoph sagt, wir würden nicht gelobt oder getadelt den Leidewegungen nach, ohne jeden Bezug gesehen (absolute): aber er schließt nicht aus, daß sie löblich oder tadelnswert werden können, je nachdem sie ihre Hinordnung von der Vernunft bekommen. Deswegen fügt er an: »Es hat nicht Lob oder Tadel, wer Furcht oder Zorn hat, sondern die Weise«, d. h. die vernünftige oder unvernünftige.

Zweiter Artikel

Ist jede Leidewegung der Seele sittlich schlecht? (Vgl. 59, 2.)

Abhandlung. 1. Scheinbar sind alle Leidewegungen der Seele sittlich schlecht. Es sagt nämlich Augustinus 9. De Civ. Dei (4):

»Etliche nennen die Leidenschaften der Seele Krankheiten oder Verwirrungen der Seele.« Jede Krankheit oder Verwirrung der Seele ist nun aber etwas sittlich Übles. Also ist jede Leidewegung der Seele sittlich schlecht.

2. Ferner, Johannes von Damaskus sagt (De Fide orth. 2, 22): »Tätigkeit ist gerade die Bewegung, die naturgemäß verläuft, Leidenschaft aber die (qui praeter) unnatürliche.« Was aber in den Wegungen der Seele an der Natur vorbeigeht, hat das Berede von Sünde und sittlichem Übel: darum sagt er auch an anderer Stelle (4), daß der Teufel »aus dem, was naturgemäß ist, in das verkehrt worden ist, was ungemäß (praeter) der Natur ist«. Also sind derartige Leidewegungen sittlich schlecht.

3. Ferner, alles, was zur Sünde verleitet, hat das Berede von Böse. Nun aber verleiten derartige Leidewegungen zur Sünde: deswegen heißen sie Röm. 7, 5 »sündhafte Leidenschaften«. Also scheint es, daß sie sittlich schlecht sind.

Aber dagegen spricht, was Augustinus 14. De Civ. Dei (9) sagt: »Die rechte Liebe hat alle diese Gemütungen recht. Sie scheuen sich nämlich zu sündigen, wünschen zu beharren, empfinden Schmerz in den Sünden, Freude in guten Werken.«

Ich antworte: Bei dieser Frage gingen die Stoiker und Peripatetiker auseinander: denn die Stoiker nannten alle Leidewegungen schlecht; die Peripatetiker aber behaupteten, gemäßigte Leidewegungen seien gut. Diese Verschiedenheit mag nun freilich dem Wortlaut nach groß scheinen, ist aber doch der Sache nach entweder gar keine oder klein, wenn einer die beiderseitige Gedankenrichtung in Erwägung zieht. Die Stoiker nämlich machten zwischen Gesinn und Verstand keinen Unterschied und folglich auch nicht zwischen verstandhafter und sinnenhafter Begehr. Und deswegen unterschieden sie nicht die Leidewegungen der Seele von den Wegungen des Willens danach, daß es die Leidewegungen der Seele in der sinnenhaften Begehr, die einschlächtigen Wegungen des Willens aber in der verstandhaften gibt; sondern sie nannten jede verstandhäfte Wegung der sinnenhaften Seite Willen, Leidewegung aber hießen sie die aus den Grenzen der Vernunft hinausschreitende Wegung. Ihrer Ansicht folgend nennt darum Tullius 3. De Tusculanis Quaestionibus (4) alle Leidewegungen »Seelenkrankheiten«. Von da begründet er: »Die krankhaft sind, können nicht gesund sein; und die nicht gesund sind, sind unweise.« Darum nennen wir auch die Unweisen »ungesund«.

Die Peripatetiker geben allen Wegungen der sinnenhaften Begehr den Namen Leideheiten. Sie halten sie darum dann für gut, wenn sie von der Vernunft im Maß behalten werden; für schlecht aber, wenn sie die Mäßigung der Vernunft vermissen (praeter) lassen. Daraus wird klar, daß Tullius im nämlichen Buch (Kap. 10) die Ansicht der Peripatetiker, welche ein Mittelmaß von Leidewegungen billigten, unrichtig ablehnt, wenn er sagt: »Alles Üble, auch im Mittelmaß, ist zu meiden: denn wie der Leib auch, wenn er mittelmäßig krankt, nicht gesund ist, so ist auch dieses Mittelmaß von Krankheiten oder Leidewegungen der Seele nicht gesund.«[191] Es heißen nämlich die Leidewegungen nur dann Krankheiten oder Verwirrungen der Seele, wenn sie der Maßhaltung durch die Vernunft entbehren.[192]

Also zu 1. Die Antwort ist klar.

Zu 2. In jeder Leidewegung hat die natürliche Bewegung des Herzens ein Mehr oder Minder, insoweit das Herz der Systole (Zusammenziehung) oder Diastole (Auseinanderstellung) nach stärker oder lässiger bewegt wird: und demgemäß hat es das Berede von Leidewegung. Es braucht aber die Leidewegung doch nicht immer von der Ordnung der natürlichen Vernunft abzuweichen.

Zu 3. Insoweit die Leidewegungen der Seele neben die Ordnung der Vernunft gehen, machen sie zur Sünde geneigt: insofern sie aber von der Vernunft in der Reihe gehalten werden, schlagen sie sich zur Tugend.

Dritter Artikel

Bringt die Leidewegung ein Mehr oder Minder für die Gutheit oder Schlechtheit der Wirke? (Vgl. 77, 6)

Abhandlung. 1. Scheinbar mindert die Leidewegung, welche sie auch sein mag, immer die Güte der sittlichen Handlung.

Alles nämlich, was das Urteil der Vernunft behindert, von dem die Güte der sittlichen Handlung abhängt, vermindert folgerichtig die Güte der sittlichen Wirke. Nun aber ist jede Leidewegung ein Hindernis für das Urteil der Vernunft: es sagt nämlich Sallust im Catilinabuch (Anf. d. Cäsarrede): »Es schickt sich für alle Menschen, die bei zweifelhaften Dingen den Berater spielen, von Haß, Zorn, Freundschaft und Mitleid frei zu sein.« Also vermindert jede Leidewegung die Güte der sittlichen Handlung.

2. *Ferner,* je ähnlicher eine Wirke des Menschen Gott ist, um so besser ist sie: deswegen sagt der Apostel Eph. 5, 1: »Werdet also Nachahmer Gottes wie liebe Kinder.« Nun aber »strafen Gott und die heiligen Engel ohne Zorn und kommen zu Hilfe, ohne mit dem Elend mitzuleiden«, wie Augustinus 9. De Civ. Dei (5) sagt. Also ist es besser, gute Werke dieser Art ohne Leidewegung der Seele als mit Leidewegung zu tun.

3. *Ferner,* gerade wie man das sittliche Übel beim Ordnungsbezug auf die Vernunft bemerkt,[193] so ist das auch beim sittlichen Gut der Fall. Nun aber wird das sittliche Übel durch Leidenschaft vermindert: es sündigt nämlich geringer, wer aus Leidenschaft sündigt, als wer aus Fleiß sündigt. Also wirkt ein größeres Gut, wer das Gute ohne Leidewegung wirkt, als wer mit Leidewegung wirkt.

Aber dagegen spricht, was Augustinus 9. De Civ. Dei (a. a. O.) sagt: die Leidewegung der Barmherzigkeit »dient der Vernunft, sobald die Barmherzigkeit so dargeboten wird, daß die Gerechtigkeit gewahrt bleibt, sei es nun, daß man einem Bedürftigen spendet oder dem Reuigen verzeiht«. Nun aber vermindert nichts, was der Vernunft dient, das sittliche Gut. Also mindert die Leidewegung der Seele nicht das Sittengut.

Ich antworte: Wie die Stoiker jede Leidewegung der Seele für übel annahmen, so nahmen sie auch folgerichtig an, jede Leideheit der Seele vermindere die Güte der Wirke: alles Gut nämlich wird aus der Vermischung mit Übel entweder ganz aufgehoben oder weniger gut. Das ist freilich wahr, wenn wir bloß die ungeordneten Wegungen der sinnenhaften Begehr so, wie sie Verwirrungen oder Kränklichkeiten sind, Leidewegungen der Seele nennen. Wenn wir aber schlechthin mit dem Namen Leidewegungen alle Wegungen der sinnenhaften Begehr belegen, so gereicht es dem menschlichen Gut zur Vollkommenheit, daß auch gerade die Leidewegungen eine Maßführung durch die Vernunft erhalten. Da nämlich Gut beim Menschen in der Vernunft wie in der Wurzel gründet, so ist das Gut um soviel vollkommener, als es auf ein Mehr in dem hingeleitet werden kann, was für den Menschen richtig ist. Keiner zweifelt deswegen, daß zum Bereich von sittlichem Gut gehört, daß die Handlungen der äußeren Glieder durch die Richtschnur der Vernunft gerichtet werden. Da, wie oben (17, 7) gesagt, die sinnenhafte Begehr der Vernunft gehorchen kann, so gehört deswegen zur Vollkommenheit von sittlichem oder menschlichem Gut, daß gerade auch die Leidewegungen der Seele durch die Vernunft geregelt sind.

Wie es also besser ist, daß der Mensch das Gute sowohl will, als auch in äußerlicher Wirke tut, so gehört auch zur Vollkommenheit des sittlichen Gut, daß der Mensch zu Gut nicht bloß dem Willen, sondern auch der sinnenhaften Begehr nach angewegt wird; gemäß dem Wort im Ps. 83, 3: »Mein Herz und mein Fleisch jauchzten zum lebendigen Gott«, wenn wir »Herz« für die verstandhafte Begehr, »Fleisch« aber für die sinnenhafte Begehr nehmen.[194]

Also zu 1. Die Leidewegungen der Seele können sich zwiefach zum Urteil der Vernunft verhalten. In der einen Weise voraufgängig: da sie so das Urteil der Vernunft verwölken, von dem die Güte der sittlichen Wirke abhängt, so vermindern sie die Güte der Wirke: denn es ist löblicher, daß einer laut Urteil der Vernunft ein Liebeswerk tut, als aus bloßer Leidewegung des Erbarmens. – In der anderen Weise verhalten sie sich folgehaft, und zwar doppelt. Einmal überschüssig: wann nämlich die höhere Seelenseite angespannt zu etwas gewegt wird, folgt ihrer Wegung auch die niedere Seite. Dergestalt ist die in der sinnenhaften Begehr folgeweise vorhandene Leideheit das Zeichen der Willensspannung. Und dergestalt meldet sie eine größere sittliche Güte. – Zum anderen Mal wahlhaft: sobald nämlich der Mensch laut Urteil der Vernunft den Befall mit irgend einer Leidewegung wählt, um flotter zu wirken, wenn die sinnenhafte Begehr mitwirkt. Dergestalt bringt die Leidewegung der Seele ein Mehr für die Güte des Tuns.[195]

Zu 2. In Gott und den Engeln gibt es keine sinnenhafte Begehr und auch keine leiblichen Glieder: und so denkt man bei Gut in ihnen nicht wie bei uns an Beordnung von Leidewegungen oder leiblichen Handlungen.

Zu 3. Die auf das Böse gerichtete Leidenschaft vermindert die Sünde, wenn sie dem Urteil der Vernunft voraufgeht: kommt sie aber in einer der vorbehandelten (zu 1) Weisen hernach, so steigert sie dieselbe oder zeigt ihre Steigerung an.

Vierter Artikel

Ist irgend eine Leidewegung gut oder schlecht aus ihrer Artung? (Vgl. 2 II 158, 1)

Abhandlung. 1. Scheinbar ist keine Leidewegung der Seele ihrer Art nach sittlich gut oder schlecht. Sittlich Gut und Schlecht tritt nämlich der Vernunft nach auf. Nun gibt es aber die Leidewegungen in der sinnenhaften Begehr: und so ist das, was vernunftgemäß ist, Beischaft an ihnen. Da also nichts, was es durch eine Beischaft gibt, zur Artung des Dings gehört, so scheint es, daß keine Leidewegung ihrer Art nach gut oder bös ist.

2. Ferner, Wirkheiten und Leideheiten haben die Artung aus dem Gegenstand. Wenn also irgend eine Leidewegung ihrer Art gemäß gut oder böse wäre, so gehörte sich, daß die Leidewegungen, deren Gegenstand Gut ist, ihrer Art gemäß gut wären, wie Liebe, Verlangen und Freude; und daß die Leidewegungen, deren Gegenstand Übel ist, ihrer Art nach übel wären, wie Haß, Furcht und Traurigkeit. Aber das ist offenbar falsch. Es ist also nicht eine Leidewegung gut oder übel aus ihrer Art her.

3. Ferner, es gibt keine Art der Leidewegungen, die sich nicht in den anderen Seelwesen fände. Nun wird aber sittliches Gut nur beim Menschen gefunden. Also ist keine Leidewegung der Seele aus ihrer Art gut oder böse.

Aber dagegen spricht, was Augustinus 9. De Civ. Dei (5) sagt: »Barmherzigkeit fällt in den Bereich der Tugend.« Auch sagt der Philosoph 2. Ethic. (7 n 14), die Scham sei eine löbliche Leidewegung. Also sind manche Leidewegungen gut oder schlecht ihrer Art nach.

Ich antworte: Wie von den Wirkheiten bereits (1, 3 zu 3; 18, 5f.; 20, 1) gesagt, scheint man auch von den Leideheiten sagen zu müssen, daß die Artung der Wirke oder Leide in einer doppelten Weise in Erwägung gezogen werden kann. Auf die eine, sonach sie in der Gattung Natur liegt: und dergestalt bereicht sittliches Gut oder Übel nicht die Art der Wirke oder Leide. In der anderen, sonach sie zur Gattung Sittlichkeit rechnen, so, wie sie nämlich etwas vom Willentlichen und vom Urteil der Vernunft zuteil haben. Auf diese Weise können sittlich Gut und Übel in den Artbereich der Leideheit fallen, je nachdem als Gegenstand der Leidewegung etwas von sich aus mit der Vernunft im Einklang oder im Mißklang zur Vernunft Stehendes angenommen wird: wie es von der Scham klar ist, die Furcht vor Schändlichem ist, und vom Neid, welcher Traurigkeit über des anderen Gut ist. Dergestalt [als Gegenstände] bereichen sie nämlich die Artung der äußeren Wirke.

Also zu 1. Die Beweisführung hält sich an die Leidewegungen nach dem Bereich ihrer Naturart, wie nämlich die sinnenhafte Begehr in sich gesehen wird. Sonach hingegen die sinnenhafte Begehr der Vernunft gehorcht, ist das Gut und Üble der Vernunft nicht mehr in ihren Leidewegungen durch Beischaft, sondern an sich da.

Zu 2. Ist es ein wahres Gut, worein die Leidewegungen streben, so sind sie gut: ähnlicher Weise die, welche vor wahrem Übel zurückweichen. Auf der anderen Seite sind dagegen die Leidewegungen sittlich schlecht, die es im Abgang von Gut oder im Angang zu Bös gibt.

Zu 3. Bei den tierischen Seelwesen gehorcht die sinnenhafte Begehr nicht der Vernunft. Insoweit sie jedoch von einer gewissen natürlichen Veranschlagung geführt wird, die einer darüber stehenden Vernunft, nämlich der göttlichen, unterworfen ist, gibt es in ihnen in bezug auf die Leidewegungen der Seele eine Art Ähnlichkeit mit sittlich Gut.[196]

25. Untersuchung

DIE STELLUNG DER LEIDEWEGUNGEN IN IHRER ORDNUNG ZUEINANDER

Darüber erheben sich vier Fragen. Erstens über die Ordnungsstellung der Leidewegungen im Zornmut zu denen im Begehrmut; zweitens derer im Begehrmut untereinander; drittens derer im Zornmut untereinander; viertens über die vier hauptsächlichen Leidewegungen.

Erster Artikel

Sind die Leidewegungen des Zornmuts erstiger als die Leidewegungen des Begehrmuts oder umgekehrt?

Feststellung. Die Leidewegungen des Begehrmuts gehen denen, die es im Zornmut gibt, so vorauf, daß diese von jenen ihren Ursprung haben und in ihnen ihr Halt finden.

Zweiter Artikel

Ist die Liebe die erste von den Leidewegungen des Begehrmuts? (Vgl. I 20, 1; 1 II 27, 4)

Aus der Abhandlung. Aber dagegen [drei Einwände] spricht, was Augustinus 14. De Civ. Dei (7; vgl. 9) sagt, daß alle Leidewegungen aus der Liebe verursacht werden: denn »die Liebe im Trachten, zu haben, was man liebt, ist Begierde; hat sie es aber und genießt es, so ist sie Fröhlichkeit«. Die Liebe also ist die erste von den Leidewegungen des Begehrmuts.

Ich antworte: Gegenstand des Begehrmuts sind Gut und Übel. Naturhaft ist aber Gut erstiger als Übel: deswegen, weil Übel eine Fehle von Gut ist. Deswegen sind auch alle Leidewegungen, deren Gegenstand Gut ist, naturhaft früher als die Leidewegungen, deren Gegenstand Übel ist, d. h. jede eine früher als die ihr entgegengesetzte: weil man nämlich Gut sucht, weist man das entgegengesetzte Üble zurück.

Gut aber hat das Berede des Zwecks: dieser ist nun im Vorhaben früher da, aber er ist in der Erreichung später. Man kann also die Ordnungslinie der Leidewegungen im Begehrmut entweder dem Vorhaben nach oder der Erreichung gemäß ins Merk nehmen. Der Erreichung gemäß ist nun das früher, was in dem, was zum Zweck strebt, zuerst geschieht. Es liegt aber auf der Hand, daß alles, was auf irgend einen Zweck hinstrebt, zuerst die Anpassung oder das Verhältnisanmaß zum Zweck hat, nichts strebt nämlich in einen Zweck, der kein Anmaßverhältnis zu ihm trägt; zweitens, auf den Zweck hinbewegt wird; drittens, im Zweck nach seiner Erreichung Ruhe findet. Eben die Anpassung, d. h. das Anmaß der Begehr zum Gut, ist die Liebe, die nichts anderes ist als das Wohlgefallen am Gut; die Bewegung zum Gut aber ist das Verlangen oder die Begierlichkeit; die Ruhe aber im Gut ist die Freude oder Freuung.[197] Dieser Ordnung nach geht deswegen die Liebe dem Verlangen vorauf, und das Verlangen hat den Vortritt vor der Freuung. – Aber der Reihenstellung des Vorhabens gemäß liegt es umgekehrt: denn die Freuung im Vorhaben verursacht Verlangen und Liebe. Die Freuung ist nämlich der Genuß von Gut, der in gewisser Weise der Zweck ist, gerade wie auch das Gut selber, wie oben (11, 3 zu 3) gesagt wurde.[198]

Dritter Artikel

Ist die Hoffnung die erste unter den Leidewegungen des Zornmuts? (Vgl. 23, 4)

Aber dagegen [drei Einwände] ist etwas um soviel erstiger, als es dem Ersten näher ist. Nun ist aber die Hoffnung näher bei der Liebe gelegen, welche die erste unter den Leidewegungen ist. Also ist die Hoffnung die frühere unter allen Leidewegungen des Zornmuts.

Ich antworte: Wie bereits (Art. 1) erörtert, besagen alle Leidewegungen des Zornmuts eine Bewegung in etwas hinein. Die Bewegung auf etwas hin kann aber im Zornmut aus zweierlei verursacht werden: in der einen Weise allein aus der Anpassung, d. h. dem Verhältnisanmaß an den Zweck, das in den Bereich der Liebe oder des Hasses fällt; in der anderen Weise aus der Gegenwart von Gut oder Übel selbst, die zur Betrübnis oder Freude gehört. Nun wird zwar, wie gesagt (23, 3f.), aus der Gegenwart von Gut nicht irgend welche Leideheit im

Zornmut verursacht: aber aus der Gegenwart von Übel wird die Leideheit des Zorns verursacht.

Weil also im Werdegang oder in der Erreichung das Anmaß oder die Anpassung auf den Zweck der Erreichung des Zwecks voraufgeht, so ist ebendeswegen unter allen Leidewegungen des Zornmuts der Zorn in der Reihe des Werdens die letzte. Unter den anderen Leideheiten des Zornmuts aber, die eine auf Liebe oder Haß gegenüber Gut oder Übel folgende Wegung besagen, gehört sich, daß die Leideheiten, deren Gegenstand Gut ist, nämlich Hoffnung und Verzweiflung, naturhaft früher sind als die Leidewegungen, deren Gegenstand das Üble ist, nämlich Kühnheit und Furcht. Dergestalt freilich, daß die Hoffnung früher ist als die Verzweiflung: denn die Hoffnung ist eine Wegung in das Gut dem Berede von Gut nach, das wesenhaft anziehend ist, und ist deswegen eine Hinbewegung zum Gut an sich; die Verzweiflung aber ist eine Abwendung von Gut, die nicht dem Gut demgemäß gilt, daß es gut ist, sondern etwas anderem nach, weshalb sie gewissermaßen beischaftlich auftritt. Und aus dem nämlichen Grunde ist die Furcht, da sie ein Weggehen von dem Üblen ist, früher als die Kühnheit.[199] – Daraus aber, daß Hoffnung und Verzweiflung naturhaft früher sind als Furcht und Kühnheit, liegt auf der Hand, daß, wie die Begehr nach Gut der Grund ist, warum man das Üble meidet, ebenso auch die Hoffnung und die Verzweiflung der Grund für die Furcht und die Kühnheit sind: denn die Kühnheit folgt auf die Siegeshoffnung, und die Furcht kommt hinter der Verzweiflung zu siegen, der Zorn aber kommt hinter der Kühnheit: keiner wird nämlich zornig, der Rache begehrt, er wage denn, Rache zu nehmen, gemäß dem Wort von Avicenna 6. De Naturalibus (al. de Anima 4, 6).

So tritt also heraus, daß die Hoffnung die erste unter allen Leidewegungen des Zornmuts ist. – Wenn wir die Aufreihung aller Leideheiten dem Werdegang nach kennen wollen, so begegnen uns zuerst Liebe und Haß; an zweiter Stelle Verlangen und Flucht; an dritter Hoffnung und Verzweiflung; an vierter Furcht und Kühnheit; an fünfter der Zorn; an sechster und letzter Freude und Trauer, die hinter allen Leidewegungen kommen, wie es 2. Ethic. (5 n 2) heißt. Dergestalt freilich, daß früher da ist Liebe denn Haß, Verlangen denn Flucht, Hoffnung denn Verzweiflung, Furcht denn Kühnheit und Freude denn Traurigkeit, wie aus den Darlegungen zu entnehmen ist.

Vierter Artikel

Sind die vier Hauptleidewegungen Freude, Trauer, Hoffnung und Furcht? (Vgl. 84, 4 zu 2; 2 II 141, 7 zu 3)

Aus der Abhandlung. Ich antworte: Diese vier Leidewegungen heißen allgemein die hauptsächlichen. Davon werden zwei, nämlich Freude und Trauer, hauptsächlich genannt, weil sie schlechthin erfüllig und zweckig für alle Leidewegungen dastehen: weswegen sie auf alle Leidewegungen folgen, wie 2. Ethic. (5 n 2) gesagt wird. Furcht aber und Hoffnung sind freilich nicht hauptsächlich, als ob sie schlechthin erfüllend aufträten, sondern weil sie eine Erfüllung in der Gattung der zu etwas hinbegehrenden Bewegung bringen: denn im Betracht von Gut beginnt die Wegung in der Liebe und geht ins Verlangen vor und hält still in der Hoffnung; im Betracht des Üblen aber beginnt sie im Haß und schreitet zur Flucht und stockt in der Furcht. – Deswegen pflegt man die Vierzahl dieser Leideheiten dem Unterschied von Gegenwart und Zukunft gemäß zu nehmen: die Wegung nämlich kehrt ihr Gesicht der Zukunft zu, dagegen begibt sich die Ruhe in einem Gegenwärtigen. Über ein gegenwärtiges Gut herrscht also Freude; über ein gegenwärtiges Übel gibt es Trauer; hingegen gibt es über ein zukünftiges Gut Hoffnung; über ein zukünftiges Übel hat man Furcht.

Alle anderen Leidewegungen aber, die es über Gut oder Übel in der Gegenwart oder Zukunft gibt, gehen erfüllungsweise auf diese zurück. Deswegen werden auch die vier vorgenannten Hauptleideheiten genannt, weil sie gattunghaft auftreten. Das ist freilich wahr, wenn Hoffnung und Furcht die Wegung der Begehr bezeichnen, die gemeinhin darnach strebt, etwas zu begehren oder zu fliehen.

26. Untersuchung
DIE LEIDEWEGUNGEN DER SEELE IM BESONDEREN

Die Liebe

Folgerichtig sind die Leideheiten der Seele im besonderen zu erwägen, zunächst die Leidewegungen des Begehrmuts, sodann die Leidewegungen des Zornmuts. Die erste Erwägung wird drei Teile haben: denn zunächst werden wir Liebe (26–28) und Haß (29) vornehmen, an zweiter Stelle Begierlichkeit und Flucht (30), an dritter Freuung und Trauer (31–39).

Bei der Liebe haben wir dreierlei zu erwägen: einmal die Liebe selbst; alsdann die Ursache der Liebe; drittens ihre Wirkungen. Das erste gehen vier Fragen an:

Erster Artikel
Gibt es die Liebe im Begehrmut?

Aus der Abhandlung. Ich antworte: Die Liebe ist etwas, das zur Begehr gehört: da der Gegenstand von beiden das Gut ist. Deswegen fällt dem Unterschied der Begehr gemäß der Unterschied bei der Liebe aus. Es gibt nämlich eine gewisse Begehr, die nicht auf eine Wahrnehmung im Begehrenden selbst, sondern auf die in einem andern folgt: in dieser Gestalt heißt sie »naturhafte Begehr«. Die natürlichen Dinge begehren nämlich nach dem, was ihnen ihrer Natur gemäß zuträglich ist, nicht durch eine eigenbehörige Wahrnehmung, sondern infolge der Wahrnehmung des Naturbegründers, wie I (6, 1 zu 2; 103, 1 bis 3) gesagt worden ist.[200] – Es gibt aber eine andere Begehr, welche auf eine Wahrnehmung im Begehrenden selbst folgt, aber aus Notwendigkeit, nicht aus freiem Urteil. Eine solche ist »die sinnenhafte Begehr« in den Tieren: in den Menschen ist sie jedoch mit etwas Freiheit beteilt, insoweit sie der Vernunft gehorcht. – Endlich gibt es eine Begehr, welche der Wahrnehmung im Begehrenden freiem Urteil nach folgt. Solcher Art ist die vernünftige, d. h. verstehige Begehr, die »Wille« genannt wird.

In jedereinen von diesen Begehren heißt das Liebe, was die Urheit der auf das geliebte Ziel hinstrebenden Wegung ist. In der naturhaften Begehr ist nun die Urheit einer solchen Bewegung in der Gleichnaturigkeit[201] des Begehrenden mit dem vorhanden, in was es strebt, man kann sie die natürliche Liebe nennen: gerade wie es die Gleichnaturhaftigkeit eines schweren Körpers mit dem Ort in der Mitte [zwischen oben und unten] durch die Schwere gibt und natürliche Liebe heißen kann. Und ähnlicherweise heißt die Ansetzung der sinnenhaften Begehr oder des Willens an irgend ein Gut, das eben ist das Wohlgefallen am Gut, sinnliche oder verstehige, d. h. vernunfthafte Liebe. Die sinnliche Liebe gibt es also in der sinnenhaften Begehr, wie es die verstandhafte in der verstehigen Begehr gibt. Sie gehört zum Begehrmut: denn von ihr ist die Rede in Hinsicht auf Gut reinweg, nicht in Hinsicht auf das Steile, das der Gegenstand des Zornmuts ist.

Zweiter Artikel

Ist die Liebe eine Leidewegung?

Aus der Abhandlung. 1. Scheinbar ist die Liebe nicht eine Leidewegung …

2. Ferner, die Liebe ist eine Art Einung oder Verknüpfung gemäß Augustinus De Trin. (8, 10). Nun ist aber die Einung oder die Verknüpfung nicht eine Leideheit, sondern eher eine Beziehung. Also ist die Liebe nicht eine Leidewegung …

Aber dagegen spricht, was der Philosoph 8. Ethic. (5 n 5) sagt: »Liebe ist Leide.«

Ich antworte: Die Leideheit ist die Wirkung des Tuenden im Leidenden. Das naturhafte Tuende führt nun eine doppelte Wirkung in das Leidende hinein: denn es gibt zwar zuerst die Wesungsform, an zweiter Stelle aber gibt es die der Form folgende Wegung; gerade wie das Erzeugende dem Körper die Schwere gibt und die ihr folgende Bewegung. Und eben die Schwere, welche die Urheit der Bewegung zu dem wegen der Schwere naturgleichen Ort ist, kann in gewisser Weise natürliche Liebe heißen. Geradeso gibt auch eben das Begehrbare der Begehr zunächst einmal eine gewisse Anpassung zu ihm, die das Wohlgefallen am Begehrbaren ist; aus ihr folgt die Hinwegung zum Begehrbaren, denn »die begehrige Wegung wird in einem Kreise getan«, wie es 3. De Anima (10 n 8) heißt: das Begehrbare wegt nämlich die Begehr an, indem es sich gewissermaßen in ihr Vorhaben hineinmacht; und die Begehr strebt in die dingliche Erlangung des Begehrbaren, damit das Ende der Bewegung dorthin komme, wo der Anfang gewesen ist. Die erste Veränderung der Begehr vom Begehrbaren her wird Liebe genannt, die nichts anderes ist als das Wohlgefallen am Begehrbaren; und aus diesem Wohlgefallen folgt die Bewegung in das Begehrbare, die das Verlangen ist; und zuletzt die Ruhe, welche die Freude ist. Da dergestalt also die Liebe in einer gewissen Veränderung der Begehr vom Begehrbaren her besteht, so ist die Liebe handgreiflich eine Leide: im eigentlichen Sinne freilich, sonach sie im Begehrmut ist; gemeinhin aber und mit erweiterter Benennung, sonach sie im Willen ist.

Zu 2. Einung belangt Liebe an, insofern durch das Wohlgefallen die liebende Begehr sich zu dem, was sie liebt, so verhält wie zu sich selbst oder etwas von ihr. Und so ist es offenkund, daß die Liebe nicht die Beziehung selber der Einung ist, sondern die Einung auf die Liebe folgend …

Dritter Artikel

Ist Liebe (amor) und Gernhaben (dilectio) dasselbe?

Aus der Abhandlung. Ich antworte: Es gibt vier Namen, die gewissermaßen dasselbe bereichen, nämlich amor, dilectio, caritas und amicitia. Ein Unterschied unter ihnen tritt freilich darin auf, daß Freundschaft (amicitia) dem Philosophen 8. Ethic. (5 n 5) nach »sozusagen die Verhabung (habitus) ist«; Liebe (amor) aber und Gernhaben (dilectio) empfangen ihre Bezeichnungen nach der Weise Wirkheit oder Leideheit; caritas aber kann für beide genommen werden.

In unterschiedlicher Weise wird freilich die Wirkheit durch diese drei Namen bezeichnet. Denn amor ist das allgemeinere unter ihnen; jede dilectio oder caritas ist amor, aber nicht umgekehrt. Denn dilectio tut über amor eine voraufgegangene Wahl (electionem) dazu, wie schon der Name selbst besagt. Darum ist Gernhaben nicht im Begehrmut, sondern bloß im Willen, und tritt bloß in einer vernünftigen Natur auf. Das »Teuersein« (caritas) aber gibt über Liebe hinaus noch eine Liebesvervollkommnung hinzu, insoweit das, was geliebt wird, hochwertig geachtet wird, wofür der Name selber spricht.[202]

Zu 4. (Manche nannten den amor, weil er empfangend, leidentlich ist, göttlicher als die dilectio, die ein Vernunfturteil voraussetzt.) Mehr nun kann der Mensch leidentlich durch den amor nach Gott streben, gleichsam von Gott selbst gezogen, als ihn die eigene Vernunft dazu bringt. Das aber gilt von der Vernunft der dilectio, wie in der Antwort gesagt ist, und deshalb bezeichnet amor Göttlicheres als dilectio.

Vierter Artikel

Wird die Liebe richtig in die Freundschaftsliebe und die Begehrliebe eingeteilt? (Vgl. I 60, 3; 2 II 23, 1)

Abhandlung. 1. Scheinbar wird die Liebe unrichtig in Freundschafts- und Begehrliebe eingeteilt. Denn »Liebe ist eine Leide, Freundschaft aber eine Verhabung«, wie der Philosoph 8. Ethic. (5 n 5) sagt. Nun kann aber eine Verhabung nicht das Teilungsglied einer Leidewegung sein. Also wird Liebe nicht richtig in Liebe der Begehr und Liebe der Freundschaft eingeteilt.

2. Ferner, nichts wird durch das geteilt, was mit ihm in der gleichen Reihe gezählt wird: man reiht nämlich »Mensch« nicht neben »Seelwesen«. Nun wird aber die Begierlichkeit neben der Liebe wie eine von der Liebe verschiedene Leidewegung gezählt. Also kann die Liebe nicht durch Begierlichkeit ihre Teilung erfahren.

3. Ferner, nach dem Philosophen 8. Ethic. (3 n 1; vgl. 2 n 1) gibt es eine dreifache Freundschaft, »die nützliche, die freuliche, und die ehrenmaßliche«. Nun hat aber die nützliche und die freuliche Freundschaft eine Begierlichkeit. Also darf die Begierlichkeit in der Einteilung nicht gegen Freundschaft auftreten.

Aber dagegen reden wir davon, daß wir etwas lieben, weil wir Begierde danach haben: gerade »wie man sagt, einer liebe den Wein wegen des Süßen, wonach er in ihm begierig ist«, wie es 2. Topic. (3 n 3) heißt. Nun haben wir aber zum Wein u. dgl. nicht eine Freundschaft, wie es 8. Ethic. (2 n 3) heißt. Also ist die Liebe der Begierde und die Liebe der Freundschaft je eine andere.

Ich antworte: Wie der Philosoph 2. Rhetoric. (4 n 2) sagt, ist Lieben »einem das Gut wollen«. Dergestalt strebt also die Wegung der Liebe in zweierlei: nämlich auf das Gut, das jemand einem will, sei es sich, sei es einem andern; und auf das, dem er das Gut will. Zu jenem Gut also, das einer dem anderen will, hat man die Liebe der Begierde: zu dem aber, für was einer das Gut will, hat man die Liebe der Freundschaft.

Diese Einteilung aber geschieht nach einem Früher und Später. Denn das, was man mit der Liebe der Freundschaft liebt, liebt man schlechthin und an sich: was aber mit der Liebe der Begierde geliebt wird, wird nicht schlechthin und an sich geliebt, sondern für einen Zweiten geliebt. Gerade wie nämlich ein Seiendes schlechthin ist, was Sein hat, ein Seiendes aber in gewisser Hinsicht, was in einem andern ist, so ist Gut, das mit Seiend sich tauscht, schlechthin, was selber die Gutheit hat; was aber Gut eines Zweiten ist, ist gut in gewisser Hinsicht.[203] Folglich ist die Liebe, mit der etwas geliebt wird, damit es ihm ein Gut ist,[204] Liebe schlechthin: die Liebe aber, mit der etwas geliebt wird, daß es das Gut eines Zweiten ist,[205] ist Liebe in gewisser Hinsicht (secundum quid).

Also zu 1. Liebe wird nicht in Freundschaft und Begierde eingeteilt, sondern in die Liebe der Freundschaft und die der Begierde. Denn der heißt im eigentlichen Sinne Freund, dem wir irgend ein Gut wollen: von dem aber sagen wir, daß wir Begierde nach ihm haben, was wir uns wollen.

Zu 2 eröffnet sich daraus die Antwort.

Zu 3. In der Freundschaft des Nützlichen und Freulichen will zwar einer irgend ein Gut dem Freunde: und insoweit wird dabei das Berede von Freundschaft gewahrt. Aber weil er jenes Gut darüber hinaus auf die eigene Freuung oder Nützlichkeit bezieht, so ergibt sich, daß die Freundschaft des

Nützlichen und Freulichen, insoweit sie zur Liebe der Begierde gezogen wird, von dem Berede wahrer Freundschaft abfällt.

27. Untersuchung
DIE URSACHE DER LIEBE

Erster Artikel
Ist Gut die einzige Ursache der Liebe? (Vgl. 20,1)

Abhandlung. 1. Scheinbar ist nicht bloß Gut die Ursache der Liebe. Gut ist nämlich nur Ursache der Liebe, weil es geliebt wird. Nun tritt aber der Fall ein, daß auch Übles geliebt wird, gemäß dem Wort Ps. 10, 6: »Wer Unrecht lieb hat, haßt seine Seele«: Sonst wäre ja auch jede Liebe gut. Also ist nicht bloß Gut die Ursache der Liebe.

2. Ferner, der Philosoph sagt 2. Rhetoric. (4 n 27): »Die, welche ihr Schlechtes sagen, lieben wir.« Also scheint Übles Ursache der Liebe zu sein.

3. Ferner, Dionysius sagt 4. De Div. Nom., nicht bloß Gut, sondern auch Schön sei allen liebenswert.

Aber dagegen spricht, was Augustinus 8. De Trin. (3) sagt: »Man liebt gewißsicher nur Gut.« Bloß Gut ist also die Ursache der Liebe.

Ich antworte: Wie oben (26, 1) gesagt worden ist, gehört die Liebe in den Bereich des begehrhaften Vermögens, das eine Leidekraft ist. Sein Gegenstand steht deswegen zu ihm wie Ursache seiner Wegung oder Wirke. Es gehört sich also, daß das die eigentliche Ursache der Liebe ist, was Gegenstand der Liebe ist. Der eigenbehörige Gegenstand der Liebe ist aber Gut: weil, wie gesagt (a. a. O. 1f.), die Liebe eine Art Gleichnaturigkeit oder Gefallheit des Liebenden zum Geliebten besagt; für jeden aber ist Gut das, was zu ihm gleichnatürlich und verhältnismäßig ist. Deswegen bleibt nur übrig, daß Gut die eigenbehörige Ursache der Liebe ist.

Also zu 1. Übles wird niemals geliebt, es sei denn unter dem Berede von Gut, insoweit es nämlich in gewisser Hinsicht gut ist und als schlechthin gut aufgefaßt wird. Und so gibt es irgendwelche schlechte Liebe, insoweit sie in das strebt, was nicht schlechthin wahres Gut ist. Auf diese Weise hat der Mensch Unrecht lieb, insofern er durch Unrecht irgend ein Gut erlangt, nimm an: eine Freuung oder Geld oder etwas derart.

Zu 2. Die, welche ihre Schlechtigkeiten bekennen, werden nicht wegen der Übel geliebt, sondern deswegen, daß sie die Übel sagen: gerade daß man seine Schlechtheiten sagt, hat den Sinn von Gut, insofern es Erdichtung oder Verstellung ausschließt.

Zu 3. Schön ist mit Gut dasselbe, indem es bloß durch die Vernunft unterschieden wird. Da nämlich Gut ist, »wonach alles begehrt«, so liegt im Berede von Gut, daß in ihm die Begehr sich beruhigt: aber zum Berede von Schön gehört, daß in seinem Anblick oder Erkennen die Begehr Ruhe bekommt. Deswegen haben auch jene Sinne vornehmlich ihre Beziehung zu Schön, die am meisten erkennig sind, das ist das Gesicht und das Gehör als Bediente der Vernunft: wir nennen nämlich Sehbares schön und Töne schön. Bei dem Sinnfälligen der anderen Sinne aber gebrauchen wir nicht die Benennung Schönheit: wir reden nämlich nicht von schönen Geschmäcken oder Gerüchen. Dergestalt tritt heraus, daß Schön über Gut hinaus eine Bezugsordnung auf die Erkenntniskraft hinzubringt: so, daß Gut heißt, was schlechthin der Begehr gefällt, Schön aber das heißt, dessen Gewährung selber gefällt.

Zweiter Artikel

Ist die Erkenntnis die Ursache der Liebe?
(Vgl. 2 II 26, 2 zu 1)

Abhandlung. 1. Scheinbar ist das Erkennen nicht die Ursache der Liebe. Daß nämlich etwas gesucht wird, ist aus Liebe der Fall. Nun wird aber nach manchem gesucht, was man nicht weiß, wie nach den Wissenschaften: da nämlich bei ihnen »sie haben und sie kennen dasselbe ist«, wie Augustinus 83 Quaest. (35) sagt, so hätte man sie, wenn man sie kennen lernte, und suchte nicht nach ihnen. Also ist die Erkenntnis nicht die Ursache der Liebe.

2. Ferner, es scheint das gleiche Berede zu haben: daß man ein Unbekanntes liebt, und: daß eins mehr geliebt als gekannt wird. Nun wird aber manches mehr geliebt als gekannt: wie Gott, der in diesem Leben an sich selbst geliebt, aber nicht an sich selbst gekannt werden kann. Also ist die Erkenntnis nicht die Ursache der Liebe.

3. Ferner, wenn die Erkenntnis die Ursache der Liebe wäre, so könnte Liebe nicht gefunden werden, wo es keine Erkenntnis gibt. Aber in allen Dingen findet sich die Liebe, wie Dionysius 4. De Div. Nom. sagt: nicht in allen aber findet sich Erkenntnis. Also ist die Erkenntnis nicht die Ursache der Liebe.

Aber dagegen spricht, was Augustinus 10. De Trin. (1f.) erweist: »Keiner kann etwas Ungekanntes lieben.«

Ich antworte: Wie (Art. 1) gesagt, ist Gut die Ursache der Liebe in der Weise des Gegenstandes. Gut ist aber nur Gegenstand der Begehr, wie es wahrgenommen wird. Und deswegen erheischt die Liebe irgend eine Gewahrung des Gut, das geliebt wird. Dessentwegen sagt der Philosoph 9. Ethic. (5 n 3; 12 n 1), die leibliche Sicht sei die Urheit der sinnenhaften Liebe. Und ähnlich ist die Schau der geistigen Schönheit oder Gutheit die Urheit der geistigen Liebe. Dergestalt ist also das Erkennen die Ursache der Liebe aus dem Grunde, aus welchem das auch beim Gut der Fall ist, das nicht geliebt werden kann, es sei denn erkannt.[206]

Also zu 1. Wer Wissenschaft sucht, ist deren nicht völlig unkundig: sondern er hat in gewisser Hinsicht eine Vorkenntnis davon, entweder alleinslich oder in einer Wirkung von ihr, oder dadurch, daß er ihr Lob hört, wie Augustinus 10. De Trin. (a. a. O.) sagt. Sie haben, ist aber nicht, sie dergestalt erkennen, sondern sie vollkommen erkennen.

Zu 2. Zur Vollkommenheit der Erkenntnis ist etwas erforderlich, was zur Vollkommenheit der Liebe nicht verlangt wird. Die Erkenntnis schlägt nämlich in den Bereich der Vernunft, deren Amt es ist, bei dem, was dem Ding nach verbunden ist, Unterscheidungen anzustellen, und das in gewisser Weise zusammenzustellen, was verschieden ist im Vergleich des einen mit dem anderen. Deswegen ist zur Vollkommenheit der Erkenntnis erforderlich, daß der Mensch, was es nur immer im Ding gibt, einzelig erkennt, wie die Teile und die Wirkkräfte und die Eigenbehörigkeiten. Nun gibt es aber die Liebe in der sinnenhaften Kraft, die sich dem Ding zukehrt, sonach es in sich ist. Daher genügt zur Vollkommenheit der Liebe, daß das Ding, wie es in sich Gewahrung findet, geliebt wird. Um deswillen tritt der Fall ein, daß etwas mehr geliebt als erkannt wird: denn es kann vollkommen geliebt werden, wenn es auch nicht vollkommen erkannt wird. Wie das am meisten klar bei den Wissenschaften ist, die manche wegen einer Erkenntnis lieben, die sie der Hauptsache nach von ihnen haben: nimm an, sie wissen, das Redefach sei eine Wissenschaft, durch die der Mensch zu überzeugen vermag, und lieben das beim Bildungswissen (in rhetorica). Und Ähnliches ist bezüglich der Liebe zu Gott zu sagen.

Zu 3. Auch die natürliche Liebe, die es in allen Dingen gibt, wird aus irgendwelcher Erkenntnis verursacht, freilich nicht aus einer in den Dingen selbst, sondern einer in jenem vorhandenen, der die Natur eingerichtet hat, wie oben (26, 1; vgl. I 6, 1 zu 2) gesagt worden ist.

Dritter Artikel

Ist die Ähnlichkeit die Ursache der Liebe?

Abhandlung. 1. Scheinbar ist die Ähnlichkeit nicht die Ursache der Liebe. Ein und dasselbe ist nämlich nicht die Ursache von Entgegengesetztem. Ähnlichkeit ist aber die Ursache von Haß: es heißt nämlich Spr. 13, 10: »Zwischen den Hoffärtigen sind immer Streitigkeiten«; und der Philosoph sagt 8. Ethic. (1 n 6; vgl. Rhetoric. 2, 4 n 21): »Die Töpfer zanken miteinander.« Also ist die Ähnlichkeit nicht die Ursache der Liebe.

2. *Ferner,* Augustinus sagt 4. Conf. (14): »Es liebt einer im anderen, was er selber nicht sein möchte: wie der Mensch den Schauspieler liebt, auch wenn er nicht Schauspieler sein wollte.« Das ereignete sich aber nicht, wenn die Ähnlichkeit die eigenbehörige Ursache der Liebe wäre: denn dann würde der Mensch im anderen lieben, was er selber hätte oder haben wollte. Also ist die Ähnlichkeit nicht die Ursache der Liebe.

3. Ferner, jedesmal liebt der Mensch, wessen er bedarf, auch wenn er es nicht hat: wie der Kranke die Gesundheit liebt und wieder Arme den Reichtum liebt. Nun aber hat er doch, insoweit er deren bedarf und sie entbehrt, eine Unähnlichkeit damit. Also ist nicht bloß die Ähnlichkeit, sondern auch die Unähnlichkeit Ursache der Liebe.

4. Ferner, der Philosoph sagt 2. Rhetoric. (4 n 8, 26): »Leute, die zu Geldhilfen und Lebensfristung gute Tat pflegen, lieben wir: und alle haben ähnlicherweise die gern, welche Verstorbenen die Freundschaft bewahren.« So sind aber nicht alle. Also ist die Ähnlichkeit nicht die Ursache der Liebe.

Aber dagegen spricht, was Eccli 13, 19 gesagt wird: »Jedes Seelwesen liebt das ihm Ähnliche.«

Ich antworte: Die Ähnlichkeit ist im eigentlichen Sinne [vom Gegenstand aus; Art. 1: vom Träger aus] die Ursache der Liebe. Aber es ist zu erwägen, daß Ähnlichkeit zwischen etwas in doppelter Weise beobachtet werden kann. In der einen daher, daß beides dasselbe in der Wirklichkeit hat: gerade, wie zwei, welche die Weißfarbheit haben, ähnlich heißen. In der anderen daher, daß das eine im Mögestand und in einer gewissen Neigung das hat, was das andere in der Wirkheit hat: gerade so wie wir sagen: ein außerhalb seines Ortes vorhandener schwerer Körper hat Ähnlichkeit mit dem in seinem Ort vorhandenen schweren Körper. Oder auch demnach, daß die Möge Ähnlichkeit zur Wirke selber hat: denn gerade in der Möge ist in gewisser Weise die Wirke.

Die erstgenannte Weise von Ähnlichkeit verursacht die Liebe der Freundschaft, d. h. des Wohlwollens. Daher nämlich, daß irgendwelche zwei ähnlich sind, indem sie sozusagen eine Wesungsform haben, sind sie in gewisser Weise in dieser Form Eines: gerade wie zwei Menschen eins in der Menschtumsart sind und zwei Weiße in der Weißfarbheit. Und deswegen strebt die Gemutung (affectus) des einen in den andern, gerade wie in den ihm eins Gewordenen; und er will ihm, gerade wie auch sich, das Gut. – Aber die zweite Weise der Ähnlichkeit verursacht die Liebe der Begehrlichkeit oder die Freundschaft des Nützlichen bzw. Freulichen. Denn einem jeden in der Möge Vorhandenen wohnt als solchem die

Begehr nach seiner Wirke inne: und in ihrer Gewinnung hat er Freuung, falls er sinnenempfindend und erkennend ist.

Es ist aber bereits (26, 4) gesagt, in der Liebe der Begehrlichkeit liebe der Liebende eigentlich sich selber, da er jenes Gut will, wonach er begehrlich ist. Ein jeder liebt sich aber selber mehr als den andern: denn jeder ist sich selber im Wesen eins, dem anderen aber in der Ähnlichkeit irgend welcher Wesungsform. Und falls er deswegen daher, daß dieser eben in der Formteilhabe ähnlich ist, selber an der Gewinnung des Gut, das er liebt, gehindert ist, wird dieser ihm widerwärtig, nicht insoweit er ähnlich, sondern insoweit er ihm am eigenen Gut hinderlich ist. Deswegen »zanken die Töpfer miteinander«, denn sie hindern einander im Eigengewinn: und »zwischen den Stolzen gibt es Streitigkeiten«, denn sie hindern sich gegenseitig in der eigenen Hervorragung, nach der sie gieren.

Zu 1 ist dadurch die Antwort sichtlich.

Zu 2. Auch darin, daß einer im anderen liebt, was er in sich nicht liebt, läßt sich ein Berede von Ähnlichkeit dem Verhältnisgleichmaß nach finden: denn gerade wie der andere steht zu dem, was in ihm geliebt wird, ebenso verhält sich jener selbst zu dem, was er in sich liebt. Nimm an: wenn ein guter Sänger einen guten Schreiber liebt, so stoßt man dabei auf die Ähnlichkeit des Verhältnisses demnach, daß jeder von ihnen hat, was ihm seiner Kunst gemäß zukommt.

Zu 3. Wer liebt, wessen er bedarf, hat eine Ähnlichkeit mit dem, was er liebt, gerade wie, was Möge zur Wirke ist, wie (i. d. Antw.) gesagt worden ist.

Zu 4. Gemäß derselben Ähnlichkeit der Möge zur Wirke liebt der, der nicht freigebig ist, den, der freigebig ist, insoweit er von ihm etwas erwartet, was er verlangt. Die gleiche Bewandtnis hat es mit dem in der Freundschaft Beharrenden zu dem, der nicht aushält. Beiderseits nämlich scheint die Freundschaft der Nützlichkeit wegen vorhanden zu sein. – Oder es läßt sich sagen: mögen auch nicht alle Menschen derartige Tugenden der vollen Verhabung nach haben, so haben sie sie doch gemäß gewissen Keimsamen in der Vernunft (seminalia rationis), denen nach, wer die Tugend nicht hat, den

Tugendhaften als seiner natürlichen Vernunft gleichformig gern hat.[207]

Vierter Artikel

Ist irgend eine andere von den Leidewegungen der Seele die Ursache der Liebe?

Abhandlung. 1. Scheinbar kann eine andere Leidewegung die Ursache der Liebe sein. Es sagt nämlich der Philosoph 8. Ethic. (3 n 1), daß manche um der Freuung willen geliebt werden. Nun ist aber die Freuung eine gewisse Leidewegung. Also ist irgend eine andere Leideheit die Ursache der Liebe.

2. Ferner, das Verlangen ist eine gewisse Leidewegung. Nun lieben wir aber manche wegen des Verlangens nach etwas, was wir von ihnen erwarten: wie das in jeder Freundschaft zum Vorschein kommt, die es der Nützlichkeit wegen gibt. Also ist irgendwelche andere Leideheit die Ursache der Liebe.

3. Ferner, Augustinus sagt 10. De Trin. (1): »Eine Sache, zu deren Erlangung er keine Hoffnung trägt, liebt jeder lässig oder gar nicht, so sehr er auch sehen mag, wie schön sie ist.« Also ist auch die Hoffnung die Ursache der Liebe.

Aber dagegen werden alle Anlassungen des Gemütes (affectiones animi) aus der Liebe verursacht, wie Augustinus 14. De Civ. Dei (7; vgl. 9) sagt.

Ich antworte: Es gibt gar keine andere Leide der Seele, die nicht irgendwelche Liebe voraussetzte. Der Grund davon ist der, daß jede andere Leidewegung der Seele entweder die Wegung zu etwas hin oder die Ruhung in etwas besagt. Jede Bewegung aber zu etwas oder jede Ruhe in einem geht aus irgend einer Gleichnaturigkeit oder Angepaßtheit hervor: diese gehört zur Reichweite des Beredes von Liebe. Darum ist es unmöglich, daß irgend eine andere Leidewegung der Seele alleinslich die Ursache jeder Liebe ist. – Es tritt freilich der Fall ein, daß irgend eine andere Leidewegung die Ursache irgend einer Liebe ist: gerade wie auch das eine Gut die Ursache des anderen ist.

Also zu 1. Wann einer etwas um der Freuung willen liebt, so wird zwar diese Liebe aus der Freuung verursacht: aber diese

Freuung wird wiederum aus einer anderen vorausgegangenen Liebe verursacht; keiner hat nämlich eine Freuung, es sei denn an einem irgendwie geliebten Ding.

Zu 2. Das Verlangen nach irgend einem Ding setzt immer die Liebe zu jenem Ding voraus. Aber das Verlangen nach irgend einem Ding kann die Ursache sein, daß das andere Ding geliebt wird: gerade wie, wer sich nach Geld sehnt, deswegen den liebt, von dem er das Geld empfängt.

Zu 3. Die Hoffnung verursacht oder mehrt die Liebe sowohl auf Grund der Freuung, weil sie Freuung verursacht, als auch auf Grund des Verlangens, weil die Hoffnung das Verlangen stärkt; wir verlangen nämlich nicht so nachdrücklich, was wir nicht hoffen. Indessen geht auch die Hoffnung selber auf irgend ein geliebtes Gut.

28. Untersuchung

DIE WIRKUNGEN DER LIEBE

Erster Artikel

Ist die Vereinung eine Wirkung der Liebe?
(Vgl. I 20, 1 zu 3; 1 II, 25, 2 zu 2)

Aus der Abhandlung. 1. Scheinbar ist die Vereinung nicht eine Wirkung der Liebe …

2. Ferner, eine Einung ist jeweils immer durch Wesenheit da, gerade wie die Wesungsform dem Wesungsstoff geeint wird und die Beischaft dem Träger und der Teil dem Ganzen oder dem anderen Teil zur Bildung des Ganzen: oder es gibt sie durch die Ähnlichkeit entweder der Gattung oder der Art oder der Beischaft. Nun verursacht aber die Liebe nicht eine Einung der Wesenheit: ansonsten würde es nie Liebe zu dem geben, was durch Wesenheit getrennt ist. Eine Einung aber, wie es sie durch Ähnlichkeit gibt, wird nicht von der Liebe verursacht, sondern verursacht sie eher selber, wie (27, 3) gesagt worden ist. Also ist die Einung nicht eine Wirkung der Liebe.

3. Ferner, das Gesinn in Wirke wird das Sinnfällige in der Wirkheit, und der Verstand wird im Wirkgeschehen das wirkheitlich Verstandene.[208] Es wird aber nicht der wirklich Liebende das Geliebte wirklich. Also ist die Vereinung mehr eine Wirkung der Erkenntnis als der Liebe.

Aber dagegen spricht, was Dionysius 4. De Div. Nom. sagt, jedwede Liebe sei eine »einende Wirkkraft«.

Ich antworte: Zweifach ist die Einung des Liebenden an das Geliebte. Die eine nämlich dem Ding nach: z. B. wenn das Geliebte bei dem Liebenden gegenwärtig ist. – Die andere aber der Gemutung (affectum) nach. Diese Einung unterliegt nun der Erwägung aus der voraufgehenden Wahrnehmung: denn die begehrhafte Wegung folgt der Wahrnehmung. Da es aber eine zweifache Liebe gibt, nämlich die der Begehr und die der Freundschaft, so geht jede aus einer gewissen Wahrnehmung von Einheit des Geliebten zum Liebenden aus. Wenn nämlich einer etwas liebt, indem er gewissermaßen darnach begierig ist, so nimmt er das sozusagen als auf sein Wohlsein bezüglich wahr. Wenn einer in ähnlicher Weise einen mit der Liebe der Freundschaft liebt, so will er ihm Gut, gerade wie er auch sich Gut will; deswegen faßt er ihn wie ein anderes Ich, insofern er nämlich ihm das Gut, geradeso wie auch sich selber, will. Daher kommt es, daß der Freund »das andere Selbst« (vgl. Aristot. Ethic. 9, 4 n 5; 9 n 1; – Moral. Eudem. 7, 12 n 13) heißt: und Augustinus sagt 4. Confess. (6): »Gut hat einer von seinem Freunde gesagt, er sei die Hälfte seiner Seele.«[209]

Die erste Vereinung also wird durch die Liebe leistungsmäßig zustande gebracht: denn sie bewegt, die Gegenwart des Geliebten zu verlangen und zu suchen, als eines derartigen, das zu einem paßt und zu einem gehört. Die zweite Einung aber wird beformungsweise gewirkt: denn gerade die Liebe ist eine solche Einung oder Bindung. Deswegen sagt Augustinus 8. De Trin. (10), die Liebe sei gewissermaßen »eine Art Leben, das zwei Etwas koppelt oder zu koppeln begehrt, das Liebende nämlich und was geliebt wird«. Wenn er nämlich von »koppeln« spricht, so bezieht sich das auf die Einung der Gemutung, ohne welche (Einung) es keine Liebe gibt: wenn er aber von dem »Vorhaben des Koppelns« spricht, so erstreckt sich das auf die dingliche Einung.

Zu 2. Die Einung hat eine dreifache Stellung zur Liebe. Eine Einung nämlich ist die Ursache der Liebe. Diese ist nun eine wesensbestandliche Einung, soweit die Liebe in Frage steht, mit der einer sich selber liebt: die Liebe aber anlangend, mit der einer ein sonstiges liebt, ist sie, wie gesagt (27, 3), die Einung der Ähnlichkeit. – Eine andere Einung hingegen ist wesenhaft die Liebe selbst. Das ist die Einung gemäß der Anpassung des Gemüts. Sie verähnlicht sich freilich der wesensbestandlichen Einung, insofern sich der Liebende zunächst in der Liebe der Freundschaft zum Geliebten wie zu sich selber verhält; in der Liebe der Begehr aber wie zu einem Etwas von sich. Eine andere Einung endlich ist die Wirkleistung der Liebe. Das ist die dingliche Einung, welche der Liebende bezüglich des geliebten Dings sucht. Diese Einung gibt es nun der Gehörsamkeit der Liebe gemäß:[210] wie nämlich der Philosoph 2. Politic. (1 n 16; vgl. Plat. Conviv. 15f.) berichtet, »hat Aristophanes gesagt, die Liebenden verlangten aus Zweiem Eines zu werden«: aber weil »daraus eintreten würde, daß entweder beide oder der eine davon zugrunde gingen«, so suchen sie die Einung, die auf sie paßt und sich geziemt; daß sie nämlich zusammen verkehren und zusammen sprechen und in anderem derart verbunden werden.

Zu 3. Es wird dadurch die Erkenntnis fertig, daß das Erkannte dem Erkennenden seiner Ähnlichkeit nach geeint wird. Dagegen macht die Liebe, daß das Ding selber, das geliebt wird, dem Liebenden in irgend einer Weise geeint wird, wie gesagt worden ist. Deswegen ist die Liebe mehr vereinend als die Erkenntnis.[211]

Zweiter Artikel

Ist die Ineinanderheftung eine Wirkung der Liebe? (Vgl. 66, 6)

Abhandlung. 1. Scheinbar verursacht die Liebe nicht eine Ineinanderheftung, daß nämlich das Liebende im Geliebten ist und umgekehrt. Was nämlich im Anderen ist, wird von ihm enthalten. Nun kann aber nicht ein und dasselbe enthaltend und enthalten sein. Also kann nicht eine Ineinanderheftung (mutua inhaesio) durch die Liebe verursacht werden, so daß das Geliebte im Liebenden ist und umgekehrt.

2. *Ferner,* nichts kann in das Innerste eines unberührten Ganzen dringen außer durch eine Teilung. Aber zu scheiden, was dem Ding nach verbunden ist, fällt nicht in den Bereich der Begehr, in der es die Liebe gibt, sondern in den der Vernunft.[212] Also ist das Ineinanderhängen nicht eine Wirkung der Liebe.

3. *Ferner,* wenn durch die Liebe das Liebende im Geliebten ist und umgekehrt, so folgt, daß in dieser Weise das Geliebte dem Liebenden geeint wird, gerade wie das Liebende dem Geliebten. Nun ist aber, wie (vor. Art.) gesagt, die Einung selber die Liebe. Also folgt, daß immer das Liebende vom Geliebten geliebt wird: was offenbar falsch ist. Die Ineinanderheftung ist also nicht eine Wirkung der Liebe.

Aber dagegen spricht, was 1. Jo. 4, 16 gesagt wird: »Wer in der Teuer-Liebe bleibt, bleibt in Gott und Gott in ihm.« Die Teuer-Liebe (caritas) ist aber die Liebe zu Gott. Aus dem gleichen Grunde macht also jede Liebe, daß das Geliebte im Liebenden ist und umgekehrt.

Ich antworte: Jene Wirkung gegenseitigen Ineinanderhangens kann sowohl im Bezug auf die Wahrnehmungskraft als auch bezüglich der Begehrkraft verstanden werden. Denn was die Fassungskraft angeht, so sagt man, das Geliebte sei im Liebenden, insofern das Geliebte in der Erfassung des Liebenden weilt; gemäß dem Wort Phil. 1, 7 »deswegen, weil ich euch im Herzen habe«. – Vom Liebenden aber sagt man, es sei im Geliebten der Fassung nach, insofern das Liebende nicht mit einer oberflächlichen Anfassung des Geliebten zufrieden ist, sondern sich bestrebt, das Einzelne, was zum Geliebten rechnet, drinnen zu durchforschen, und so schreitet es zu seinem Inneren hinein. Gerade wie es vom Heiligen Geist, der die Liebe Gottes ist, heißt 1. Kor. 2, 10, daß er »auch die Tiefen Gottes ergründet«.

Aber bezüglich der Begehrkraft sagt man, das Geliebte sei im Liebenden, angesichts dessen, daß es durch eine Art von Wohlgefallen in seiner Gemutung ist: so daß er entweder an ihm oder an dessen Gütern[213] bei Gegenwärtigkeit Freuung hat, oder bei Abwesenheit durch Verlangen in das Geliebte selbst durch die Liebe der Begierde oder in die Güter, die er für das Geliebte will, durch die Liebe der Freundschaft hineinstrebt; das ist nun nicht aus irgend einer äußeren Ursache der Fall, wie wenn einer eines anderen wegen etwas verlangt, oder wenn einer dem anderen Gut will wegen etwas anderen; sondern es geschieht wegen des innerlich wurzelnden Wohlgefallens am Geliebten. Darum heißt auch die Liebe »tiefst« (intimus); und man spricht vom »Liebesherzen« (viscera caritatis). – Umgekehrt aber ist der Liebende im Geliebten in je einer anderen Weise durch die Liebe der Begehr und die Liebe der Freundschaft. Denn die Liebe der Begehr kommt nicht in irgend welcher äußeren oder oberflächigen Erlangung oder Genießung des Geliebten zur Ruhe: sondern sucht das Geliebte vollkommen zu haben, indem sie sozusagen zu seinem Innersten vordringt. Dahingegen ist bei der Liebe der Freundschaft der Liebende im Geliebten, insoweit er die Güter und Übel des Freundes wie die seinigen ansieht und den Willen des Freundes gerade wie seinen, sodaß er gewissermaßen selber in seinem Freunde Gutes oder Übles zu leiden und zu erfahren scheint. Deswegen ist es das Eigenbehörige von Freunden, »dasselbe zu wollen und am Nämlichen Trauer zu haben und sich zu erfreuen«, gemäß dem Philosophen 9. Ethic. (3 n 4) und 2. Rhetoric. (4 n 3). Sodaß dergestalt der Liebende, insoweit er für sein hält, was des Freundes ist, im Geliebten zu sein scheint, als ob er mit dem Geliebten derselbe geworden sei. Insoweit er aber umgekehrt wegen des Freundes gerade wie seinetwegen will oder tut, welchermaßen er sozusagen den Freund mit sich für dasselbe hält, ist das Geliebte im Liebenden.

Es kann aber auch die gegenseitige Innehaftung auf eine dritte Weise von der Freundschaftsliebe im Sinne der Rückliebe verstanden werden: insoweit sich Freunde gegenseitig lieben und sich gegenseitig Gutes wollen und tun.

Also zu 1. Das Geliebte ist im Liebenden enthalten, insoweit es in sein Gemüt durch eine Art von Wohlgefallen hineingeprägt ist. Umgekehrt aber ist das Liebende im Geliebten enthalten, insofern das Liebende in irgend einer Weise dem folgt, was das Innerste des Geliebten ist. Nichts nämlich hindert, daß auf eine verschiedene Weise etwas enthalten und enthaltend ist: gerade wie die Gattung in der Art enthalten wird und umgekehrt.

Zu 2. Die Gewährung durch die Vernunft geht der Gemutung durch die Liebe vorauf. Und gerade wie die Vernunft eine Durchforschung anstellt, so sucht sich die Gemutung der Liebe einen heimlichen Eingang in das Geliebte.

Zu 3. Diese Begründung geht von der dritten Weise der Ineinanderhängung aus, die nicht in jeder Liebe gefunden wird.

Dritter Artikel

Ist die Entrückung eine Wirkung der Liebe?

(Vgl. 2 II 175, 2)

Abhandlung. *1.* Scheinbar ist die Entrückung (extasis) nicht eine Wirkung der Liebe. Die Entrückung besagt nämlich anscheinend eine Art Selbstentfremdung (alienationem). Nun aber bringt die Liebe nicht immer die Selbstentfremdung: es sind nämlich die Liebenden zuweilen ihrer selber mächtig. Also macht die Liebe nicht die Entrückung.

2. Ferner, das Liebende verlangt, das Geliebte sich zu vereinen. Es zieht also eher das Geliebte an sich heran, als daß es noch zum Geliebten sich aufmachen soll, indem es aus sich hinausgeht.

3. Ferner, die Liebe vereint, wie gesagt (Art. 1), das Geliebte dem Liebenden. Wenn also das Liebende aus sich hinausstrebt, um sich zum Geliebten aufzumachen, so folgt, daß es stets das Geliebte lieber hat als sich selbst. Das ist offenbar falsch. Es ist also die Entrückung keine Wirkung der Liebe.

Aber dagegen spricht, was Dionysius 4. De Div. Nom. sagt: »Die gotthafte Liebe macht die Entrückung«, und: »Gott selber erlitt wegen Liebe die Entrückung.« Da nun jegliche Liebe eine Art zuteil gewordener Ähnlichkeit der göttlichen Liebe ist, wie es an der gleichen Stelle heißt, so scheint jegliche Liebe eine Entrückung zu verursachen.

Ich antworte: Man sagt von einem, er erleide eine Entrückung, wenn er aus sich hinaus versetzt wird. Das tritt der Erfaßkraft und der Begehrkraft nach ein. Der Erfaßkraft nach sagt man von einem, er werde außer sich versetzt, sobald er aus der ihm eigenbehörigen Erkenntnis hinausgestellt wird: weil er entweder zu einer von droben in die Höhe verbracht wird, wie ein Mensch, derweil er erhoben wird, etwas zu begreifen, was über das Gesinn und die Vernunft geht, wie man sagt, eine Entrückung erleidet, insoweit er außerhalb der naturgleichartigen Wahrnehmung der Vernunft und des Gesinns versetzt wird; oder weil er nach unten gedrückt wird; z. B. wenn einer in Raserei oder Besinnlosigkeit fällt, so spricht man bei ihm von Außersichsein (extasim). – Der Begehrseite nach spricht man bei einem vom Sichselbstvergessen, wenn seine Begehr in einen anderen sich hineintragen läßt, indem sie gewissermaßen aus sich selber hinausgeht.

Die erste Entrückung nun bewirkt die Liebe bereitstellig,[214] indem sie über das Geliebte nachsinnen macht, wie (vor. Art.) gesagt worden ist: das angespannte Nachsinnen über eins zieht aber vom anderen ab. – Hingegen bewirkt die Liebe die zweite Entrückung geradwegs: schlechthin nämlich die Liebe der Freundschaft; nicht schlechthin aber, sondern in gewisser Hinsicht, die Liebe der Begehr. Denn in der Begehrliebe läßt sich der Liebende gewisserweise außerhalb sich selber hinaustragen: insoweit er nämlich, nicht zufrieden mit der Freude an dem Gut, das er hat, eins draußen von sich zu genießen sucht. Weil er aber dieses Außengut für sich zu haben sucht, so geht er nicht schlechthin aus sich hinaus, vielmehr findet eine solche Gemutung im Zweck innerhalb des Selbst ihren Abschluß. Dagegen geht in der Freundschaftsliebe das Gemüt von jemandem schlechthin aus sich hinaus: denn er will dem Freunde Gut und geht ins Werk, indem er sozusagen dafür Sorge und Vorsorge trägt, eben wegen des Freundes.

Also zu 1. Diese Begründung geht von der ersten Entrückung aus.

Zu 2. Die Begründung geht von der Begehrliebe aus, die, wie gesagt, nicht eine Entrückung schlechthin bewirkt.

Zu 3. Wer liebt, geht insofern außer sich hinaus, als er die Güter des Freundes will und wirkt. Er will aber die Güter des Freundes nicht mehr als die seinen. Daraus folgt nicht, daß er den anderen lieber hat als sich.

Vierter Artikel

Ist der Eifer eine Wirkung der Liebe?

Abhandlung. 1. Scheinbar ist der Eifer nicht eine Wirkung der Liebe. Der Eifer ist nämlich die Urheit des Streits: weshalb es 1. Kor. 3, 3 heißt: »Da zwischen euch Eifer und Zank ist usw.« Nun aber steht Zank in Widerspruch zu Liebe. Also ist der Eifer nicht eine Wirkung der Liebe.

2. Ferner, Gegenstand der Liebe ist Gut, das auf die Vergemeinung von sich angelegt ist.[215] Nun widerstreitet aber die Eifersucht der Vergemeinschaftung: es scheint nämlich in den Bereich des Eifers zu fallen, daß einer keine Genossenschaft im Geliebten leidet; gerade wie man von den Männern sagt, sie eiferten um die Frauen, die sie nicht im Gemeinbesitz mit anderen haben wollen. Also ist der Eifer nicht eine Wirkung der Liebe.

3. Ferner, Eifer gibt es nicht ohne Haß, gerade wie auch nicht ohne Liebe: es heißt nämlich Ps. 72, 3: »Ich ereiferte mich ob der Schlechten.« Man kann ihn also nicht in höherem Grade eine Wirkung der Liebe als eine des Hasses nennen.

Aber dagegen spricht, was Dionysius 4. De Div. Nom. sagt: »Gott wird der Eiferer genannt wegen der vielen Liebe, die er zu dem hat, was besteht.«

Ich antworte: Wie man auch immer Eifer nimmt, geht er aus der Anspannung der Liebe hervor. Es liegt nämlich auf der Hand, daß eine Wirkkraft, je angestrengter sie in etwas strebt, desto kräftiger alles Gegensätzliche oder Widerstreitende zurückstößt. Da also die Liebe »eine Art Bewegung in das Geliebte« ist, wie Augustinus 83 Quaest. (35) sagt, so sucht eine angespannte Liebe alles auszuschließen, was ihr widerstreitet.

Das geht freilich anders in der Begehrliebe als in der Freundschaftsliebe vor sich. Denn wer in der Begehrliebe angespannt etwas erstrebt, wird gegen alles das bewegt, was der Gewinnung oder ruhigen Genießung dessen widerstreitet, was geliebt wird. In dieser Weise spricht man von dem Eifer der Männer um die Gattinnen, daß nicht durch die Mitgenossenschaft von anderen die Einzigkeit, welche sie in der Gattin suchen, verhindert wird. Ähnlich werden auch die, welche eine Herausstellung suchen, gegen die bewegt, die hervorzuragen scheinen, als ob sie ihre Vorzüglichkeit hinderten. Das ist der Eifer des Neides, von dem es Ps. 36, 1 heißt: »Entrüste dich nicht über die Gottlosen und ereifere dich nicht ob der Übeltäter.« Die Liebe der Freundschaft aber sucht das Gut des Freundes: sobald sie deswegen angestrengt ist, bringt sie den Menschen in Wegung gegen alles, was dem Gut des Freundes widerstreitet. Demgemäß sagt man von einem Menschen, er eifere für den Freund, sobald er abzuweisen trachtet, was etwa gegen das Gut des Freundes gesagt oder getan wird. Das ist auch die Weise, in der man von einem sagt, er eifere für Gott, sobald einer dem Können gemäß versucht, zurückzuweisen, was gegen die Ehre oder den Willen Gottes ist; gemäß dem Wort 3. Kön. 19, 14: »Mit Eifer habe ich geeifert für den Herrn der Heerscharen.« Und über Jo. 2, 17: »Der Eifer für dein Haus hat mich verzehrt«, sagt die Glosse: »In gutem Eifer verzehrt sich, wer alles Verkehrte, mag er sehen, was er will, zurecht zu bringen seine Not hat; es aber erträgt und beseufzt, wenn er das nicht kann.«

Also zu 1. Dort redet der Apostel vom Eifer des Neides; der ist ja die Ursache von Streit, nicht gegen das geliebte Ding, sondern für das geliebte Ding gegen seine Hindernisse.

Zu 2. Gut wird geliebt, insoweit es dem Liebenden vergemeinbar ist. Daher entwickelt sich alles, was die Vollkommenheit dieser Vergemeinung verhindert, als hassenswert. Dergestalt wird aus der Liebe zu Gut der Eifer verursacht. – Es liegt nun aber am Mangel an Güte, daß gewisse kleine Güter nicht ungeschmälert zugleich von Vielen besessen werden können. Und aus der Liebe zu solchen wird der Eifer des Neides verursacht. Nicht aber eigentlich aus dem, was ungeschmälert in Vieler Besitz sein kann: denn keiner neidet einem nebenan das Erkennen der Wahrheit, die von vielen ungeschmälert erkannt werden kann; wohl etwa den Vorrang bei dieser Erkenntnis.

Zu 3. Eben, daß einer haßt, was dem Geliebten widerstreitet, hat seinen Ausgang aus der Liebe. Deswegen wird der Eifer auch im eigentlichen Sinne eher als die Wirkung der Liebe hingestellt, denn die des Hasses.

Fünfter Artikel

Ist die Liebe eine versehrende Leidewegung im Liebenden?

Abhandlung. 1. Scheinbar ist die Liebe eine schadende Leidewegung. Die Schwermut (languor) bezeichnet nämlich eine Art Beschädigung im Schwermütigen. Nun aber verursacht die Liebe Schwermut: es heißt nämlich im Hohen Lied 2, 5: »Stärket mich mit Blüten, labet mich mit Äpfeln, denn krank vor Liebe bin ich.« Also ist die Liebe eine schadende Leidewegung.

2. Ferner, Zerschmelzung (liquefactio) ist eine Art Auflösung. Nun aber macht die Liebe zerschmelzen: es heißt nämlich Hohes Lied 5, 6: »Meine Seele ist dahingeschmolzen, als mein Geliebter redete.« Also ist die Liebe auflösend. Sie bringt also Verderbung und Versehrung.

3. Ferner, Glut (fervor) bezeichnet eine gewisse Ausschreitung in der Warmheit, und zwar ist diese Ausschreitung verderblich. Nun aber wird die Glut aus der Liebe verursacht: Dionysius führt nämlich 7. Cael. Hier. unter anderen Eigentümlichkeiten, die zu der Liebe der Seraphim gehören, an: »das Warme« und »das Scharfgespitzte« und »das Überglühende«. Und Hohes Lied 8, 6 heißt es von der Liebe, »ihre Leuchten sind Feuerflammen und Lohe«. Also ist die Liebe eine schädliche und verderbliche Leidewegung.

Aber dagegen spricht, was Dionysius 4. De Div. Nom. sagt: »Das Einzelne liebt sich zusammenhaltig (contentive)«, das heißt erhaltig (conservative). Also ist die Liebe nicht eine schädige, sondern eher eine erhaltige und vervollkommnende Leidewegung.

Ich antworte: Wie oben (26, 1f.; 27, 1) gesagt, bezeichnet die Liebe eine gewisse Anpassung der begehrhaften Wirkkraft an irgend ein Gut. Nichts aber, das an etwas angepaßt wird, was zu ihm stimmt, wird eben dadurch versehrt: vielmehr macht es eher einen Fortschritt und wird besser. Was dagegen an etwas angepaßt wird, was nicht zu ihm stimmt, wird gerade dadurch versehrt und verschlechtert. Die Liebe eines zukömmlichen Gut ist also für den Liebenden auf Vervollkommnung und Verbesserung gerichtet: die Liebe zu einem Gut aber, das nicht auf den Liebenden stimmt, hat die Eigenschaft, den Liebenden zu schädigen und schlechter zu machen. Im höchsten Grade findet deswegen der Mensch seine Vervollkommnung und seine Verbesserung durch die Liebe zu Gott: beschädigt und verschlechtert wird er aber durch die Liebe zur Sünde gemäß dem Worte Hos. 9, 10: »Sie sind zum Greuel geworden, gerade wie das, was sie gern hatten.«

Das gilt nun von der Liebe im Bezug auf das, was in ihr wesungsförmlich ist, das nämlich, was sie seitens der Begehr ist. Im Bezug aber auf das, was in der Leideheit der Liebe wesungsstofflich ist, was als irgendwelche körperliche Veränderung dasteht, tritt der Fall ein, daß die Liebe wegen eines Übermaßes der Veränderung in Versehrung ausgeht: gerade wie es beim Gesinn eintritt und bei jedem Wirken einer Tugend der Seele, das durch irgendwelche Umsetzung im leiblichen Lebenswerkzeug geübt wird.

Zu dem, was eingewandt wird, ist zu sagen: der Liebe können vier nächste Wirkungen zugewiesen werden: nämlich Auflösung, Genuß, Schwermut und Glut. Das erste davon ist die »Verflüssigung« (liquefactio), die der Erstarrung (congelationi) gegenübersteht. Das nämlich, was erstarrt ist, ist in sich selbst zusammengezogen, so daß es nicht leicht den Eintritt eines anderen leidet. Zur Liebe aber gehört, daß die Begehr sich einer gewissen Hereinnahme des geliebten Gut anpaßt, wie ja doch das Geliebte im Liebenden ist, wie bereits oben (Art. 2) gesagt wurde. Deswegen ist die Erstarrung oder Verhärtung des Herzens eine der Liebe sich widersetzende Zurüstung. Dahingegen besagt die Verflüssigung eine gewisse Auflockerung des Herzens, mit welcher sich das Herz gefügig erweist, daß das Geliebte mählich hineintreten kann. – Wenn also das Geliebte gegenwärtig und in Besitz ist, so wird die Freuung oder die Genußfreude (fruitio) verursacht. Ist es aber nicht da, so folgen zwei Leideheiten: nämlich die Traurigkeit über die Abwesenheit, die durch »Schwermut« angezeigt wird (weswegen auch Tullius 3. De Tusculanis Quaest. 11 vor allem die Traurigkeit eine »Krankheit« nennt); und das angestrengte Verlangen nach dem Gewinn des Geliebten, das durch die »Glut« bedeutet wird. – Das sind nun die Wirkungen der Liebe förmlich genommen, gemäß der Verhablichkeit der sinnenhaften Wirkkraft zum Gegenstand. In der Erleidung der Liebe aber treten etliche zu diesen in einem Verhältnismaß stehende Wirkungen gemäß der Veränderung im Lebenswerkzeug als Folge auf.

Sechster Artikel

Ist die Liebe die Ursache von allem, was der Liebende tut?

Aus der Abhandlung. Aber dagegen spricht, was Dionysius sagt 4. De Div. Nom.: »Wegen der Liebe zu Gut ist alles tuend, was es immer auch tut.«

Ich antworte: Jedes Tuende tut irgend eines Zweckes wegen, wie oben (1, 2) gesagt worden ist. Der Zweck aber ist jedem das verlangte und geliebte Gut. Deswegen liegt auf der Hand, daß alles Tuende, was für eines es auch immer sein mag, je die Tätigkeit aus irgend einer Liebe tut.

29. Untersuchung
DER HASS

Erster Artikel

Ist Ursache und Gegenstand des Hasses das Üble?
(Vgl. 46, 2)

Aus der Abhandlung. Ich antworte: Da die natürliche Begehr sich von irgend einer Wahrnehmung herleitet, mag sie ihr auch nicht vereinigt sein, so scheint bei der Neigung der naturhaften Begehr und der der seelischen Begehr, welche auf eine ihr verbundene Wahrnehmung folgt, wie oben (26, 1) gesagt worden ist, dieselbe Bewandtnis obzuwalten. Bei der naturhaften Begehr tritt aber offen zutage, daß jeweils eins wie das andere, gerade wie es den natürlichen Zusammenklang und die Anpassung zu dem hat, was zu ihm stimmt, das ist die natürliche Liebe, gerade so zu dem, was ihm widerstrebt und verderblich ist, einen natürlichen Mißklang hat, das ist der natürliche Haß. Dergestalt ist also auch in der seelischen Begehr oder in der verstandhaften die Liebe eine Art Einklang der Begehr mit dem, was als zukömmlich wahrgenommen wird: der Haß dagegen ein gewisser Mißklang der Begehr gegen das hin, was als widerstreitend und schädlich gefaßt wird. Gerade wie aber alles Bekömmliche als solches das Berede von Gut hat, so hat alles Widerstreitende als solches das Berede von Übel. Und gerade wie Gut der Gegenstand der Liebe, so ist Übel der Gegenstand des Hasses.

Zweiter Artikel

Wird der Haß aus der Liebe verursacht?

Aus der Abhandlung. Ich antworte: Wie (vor. Art.) gesagt, besteht die Liebe in einer Übereinstimmung des Liebenden zum Geliebten, indes der Haß in einem gewissen Widerstreit oder einem Mißklang besteht. Jeweilig gehört sich aber immer bei einem früher erwogen, was mit ihm übereinstimmt, als was ihm widerstreitet: denn dadurch kommt etwas in Widerstreit zum anderen, daß es für das verderblich oder hinderlich ist, was jenem richtig liegt. Deswegen ist naturwesentlich die Liebe früher als der Haß; und kann nichts gehaßt werden, außer deshalb, daß es im Gegensatz zu dem Zukömmlichen steht, das geliebt wird. Desgemäß wird aller Haß aus der Liebe verursacht.

Dritter Artikel

Ist der Haß stärker als die Liebe?

Abhandlung. 1. Scheinbar ist der Haß stärker als die Liebe. Es sagt nämlich Augustinus 83 Quaest. (36): »Es gibt keinen, der nicht mehr den Schmerz flöhe, als er die Lust begehrt.« Nun aber langt es den Haß an, Schmerz zu fliehen: die Begehr nach Lust aber liegt im Bereich der Liebe. Also ist der Haß stärker als die Liebe.

2. Ferner, das Schwächere wird vom Stärkeren besiegt. Nun aber wird die Liebe vom Haß besiegt: sobald nämlich die Liebe sich in Haß verkehrt. Also ist der Haß stärker als die Liebe.

3. Ferner, die Gemutung der Seele bekundet sich durch die Wirkung. Nun besteht aber der Mensch stärker darauf, das

Verhaßte zurückzuweisen, als das Geliebte zu verfolgen: gerade wie auch die Tiere der Schläge wegen von Leckerbissen abgehen, was Augustinus (a. a. O.) anzieht. Also ist der Haß stärker als die Liebe.

Aber dagegen ist Gut stärker als Übel: denn »Übel tut nur in Kraft von Gut«, wie Dionysius 4. De Div. Nom. sagt. Nun aber stehen Haß und Liebe in dem Unterschied von Gut und Übel zueinander. Also ist die Liebe stärker als der Haß.

Ich antworte: Unmöglich ist die Wirkung stärker als ihre Ursache. Aller Haß aber geht aus irgend einer Liebe wie aus der Ursache hervor, wie oben (vor. Art.) gesagt worden ist. Deswegen ist unmöglich der Haß schlechthin stärker als die Liebe.

Es gehört sich weiterhin auch, daß die Liebe, wenn wir schlechthin reden, stärker ist als der Haß. Stärker wird nämlich etwas in den Zweck hingewegt, als in das, was dem Zwekke dient. Das Abgehen vom Üblen aber hat seine Hinordnung auf die Gewinnung von Gut als auf einen Zweck. Schlechthin gesagt, ist also die Wegung der Seele ins Gut stärker als die ins Üble.

Aber dennoch scheint zuweilen der Haß stärker als die Liebe wegen eines Doppelten. Zuerst einmal, weil der Haß mehr sinnenhaft ist als die Liebe. Da nämlich die Empfindung im Gesinn in einer gewissen Umsetzung besteht, so wird, woraus sich etwas bereits verändert hat [der Gegenstand], nicht dermaßen gefühlt, wie dann, wann die Umsetzung selber vor sich geht.[216] Darum wird die Hitze des hektischen Fiebers, obwohl sie größer ist, doch nicht so gefühlt als die Hitze des dreitägigen: weil die Hitze des hektischen sozusagen schon zur Verhabung und Natur ausgeschlagen ist. Darum wird auch die Liebe mehr in Abwesenheit des Geliebten gefühlt: wie Augustinus 10. De Trin. (12) sagt: »Die Liebe wird nicht so stark gefühlt, wenn sie nicht aus dem Entbehren kommt.« Und deswegen wird auch der Widerstreit dessen, was gehaßt wird, fühlbarer empfunden als die Zukömmlichkeit dessen, was geliebt wird. – Sodann, weil der Haß nicht mit der ihm entsprechenden Liebe verglichen wird. Es gibt nämlich gemäß der Verschiedenheit der Güter eine Verschiedenheit der Lieben in Größe und Kleinheit, wozu die entgegengesetzten Hassungen in einem Gleichmaßverhältnis stehen. Darum wegt der Haß, der einer größeren Liebe entspricht, mehr an als die kleinere Liebe.

Zu 1. ist daraus die Antwort klar, denn die Liebe zur Wollust ist kleiner als die Liebe der Selbsterhaltung, der die Flucht vor dem Schmerz entspricht. Darum wird mehr der Schmerz geflohen, als die Lust geliebt.

Zu 2. Der Haß würde niemals die Liebe besiegen, es sei denn wegen der größeren Liebe, welcher der Haß entspricht. Gerade wie der Mensch sich lieber hat als den Freund: und darum weil er sich gern hat, haßt er auch den Freund, wenn er sich ihm entgegenstellt.

Zu 3. Deswegen ist eines angestrengter am Werk, das Hassenswerte zurückzuweisen, weil der Haß mehr fühlbar ist.

Vierter Artikel

Kann einer sich selber hassen? (Vgl. 2 II 25, 7)

Aus der Abhandlung. Ich antworte: Es ist unmöglich, daß einer, im An-sich gesprochen, sich selber haßt. Naturhaftig begehrt nämlich eins wie's andere nach Gut, und es vermag einer etwas für sich nur unter dem Berede von Gut zu begehren: denn »das Üble liegt außer dem Willen«, wie Dionysius 4. De Div. Nom. sagt. Einen aber lieben, heißt, ihm Gut wollen, wie oben (26, 4) gesagt wurde. Notwesentlich liebt darum einer sich selber; und es ist unmöglich, daß einer sich selbst haßt, an sich gesagt.

Beischaftlich tritt jedoch ein, daß einer sich selber haßt. Und das zweifach. In der einen Weise von seiten des Gut, das einer sich will. Es tritt nämlich zuweilen ein, daß das, wonach man als in gewisser Hinsicht gut begehrt, schlechtweg übel ist: und demgemäß will einer sich beischaftlicherweise das Üble, das es zu hassen gilt. – In der anderen Weise seitens des eigenen Selbst, dem er das Gut will. Jedwedes ist nämlich am meisten das, was das Hauptsächlichere in ihm ist: darum sagt man vom Staat, er mache, was der König macht, als ob der König der ganze Staat sei. Handgreiflich ist also der Mensch allererst

Menschenbesinn. Es ereignet sich nun aber, daß etliche meinen, sie seien am meisten das, was sie der leiblichen und sinnenhaften Natur nach sind. Sie lieben sich deswegen nach dem, was sie zu sein sich abschätzen, hassen dagegen, was sie wahrhaft sind, indem sie Vernunftwidriges wollen. …

Zu 2. … Die sich selbst umbringen, nehmen eben das Sterben unter dem Berede von Gut wahr, insofern es mit irgend einem Elend oder Schmerz Schluß macht.

Zu 3. (Zum Wort des Boethius 2. De Consol. 5: »Geiz macht die Menschen verhaßt«, … also hassen diese sich auch selbst.) Der Geizige haßt irgend eine Beischaft von sich, deswegen haßt er sich doch nicht selbst: gerade wie der Kranke seine Krankheit eben daher haßt, daß er sich selbst liebt. – Oder man kann sagen: der Geiz macht anderen verhaßt, nicht aber sich selber. Ja er wird sogar aus ungeordneter Eigenliebe verursacht, wonach einer von den zeitlichen Gütern mehr für sich will, als er soll.

Fünfter Artikel

Kann einer die Wahrheit hassen?

Feststellung. Im Alleinslichen vermag keiner die Wahrheit zu hassen, aber im Teilbesonderen kann er es, je nachdem sie dem geliebten Gut widerstreitet. [»Es geschieht aber, daß ein teilbesonderes Wahr in dreierlei Weise zum geliebten Gut in Widerstreit oder Gegensatz steht. In der einen demnach, als die Wahrheit ursächlich und ursprünglich in den Dingen selber ist. Dergestalt haßt der Mensch zuweilen irgend eine Wahrheit, indem er wollen möchte, es sei nicht wahr, was wahr ist. – In der anderen, sonach eine Wahrheit in der Erkenntnis des Menschen selber vorhanden ist, die ihn hindert an der Verfolgung des Geliebten. Geradeso wie manche nicht die Wahrheit des Glaubens erkennen möchten, damit sie frei sündigen könnten: aus deren Mund es Hiob 21, 14 heißt: »Wissen von deinen Wegen wollen wir nicht.« – In der dritten Weise wird eine teilbesondere Wahrheit gehaßt als dergestalt im Widerstreit befindlich, daß sie im Verstand eines Zweiten vorhanden ist. Z. B. wenn einer in der Sünde heimlich bleiben will, haßt er, daß einer die Wahrheit um seine Sünde kennen lernt. Demgemäß sagt Augustinus 10. Confess. (23), daß die Menschen »die leuchtende Wahrheit lieben, die beleuchtende hassen.« A. d. Ant.]

Sechster Artikel

Kann es einen alleinslichen Haß geben? (Vgl. 46, 7 zu 3)

Aus der Abhandlung. Ich antworte: Vom Alleinslichen kann man zweifach reden: in der einen Weise demnach, als es dem Betracht von Alleinslichkeit unterliegt; in der anderen Weise aber, indem man von der Natur spricht, der ein solcher Betracht zugeschrieben wird: denn je eine andere Erwägung stellt die des alleinslichen Menschen dar und die des Menschen in dem, was Mensch ist. Wird nun das Alleinsliche in der ersten Weise genommen, so kann kein Vermögen des sinnenhaften Teiles, weder das wahrnehmige noch das begehrige, ins Alleinsliche vorstoßen: denn Alleinsliches wird durch Ablöse von dem vereinzlichenden Wesungsstoff, in welchem jede sinnenhafte Wirkkraft wurzelt.

Indessen kann irgendein sinnenhaftes Vermögen, sowohl das wahrnehmige als auch das begehrige, in der Weise des Alleinslichen (universaliter) in etwas hineingetragen werden. Gerade wie wir sagen, der Gegenstand des Gesichts ist die Farbe der Gattung nach, nicht, weil das Gesicht eine alleinsliche (universalem) Farbe erkennt, sondern weil, daß die Farbe erkennbar vom Gesicht ist, der Farbe nicht zukommt, insoweit sie hier-diese Farbe ist, sondern insoweit sie Farbe schlechthin ist. Geradeso kann also der Haß auch im sinnenhaften Teil sich etwas im Alleinslichen zukehren: weil aus der allgemeinen Natur etwas dem Seelwesen widerstreitet und nicht bloß daraus, daß dies teilbesondert ist, gerade wie der Wolf dem Schaf. Darum haßt das Schaf den Wolf gattunghaftig.[217] – Dagegen wird der Zorn immer aus irgendeinem Teilbesonderlichen verursacht: denn er kommt aus irgendwelcher Wirke eines Verletzenden; die Wirkheiten sind aber Sache des Teilbesonderlichen. Und deswegen sagt der Philosoph (2. Rhetoric. 4 n 31): »Der Zorn geht immer auf etwas Einzelnes; der Haß aber kann gegen etwas in Gattung vorliegen.«

Dagegen kann es den Haß demgemäß, daß er auf der Verstandseite vorhanden ist, in beiderlei Weise gegenüber dem Alleinslichen geben, da er der alleinslichen Erfassung des Verstandes folgt.

Also zu 1. Das Gesinn nimmt nicht das Alleinsliche wahr, so wie es alleinslich ist: es nimmt jedoch etwas wahr, bei dem durch Entlöse Alleinslichkeit eintritt.

30. Untersuchung

DIE BEGIERLICHKEIT

Erster Artikel

Gibt es die Begierlichkeit nur in der sinnenhaften Begehr?

Aus der Abhandlung. Ich antworte: Wie der Philosoph 1. Rhetoric. (11 n 5) sagt, ist »die Begierlichkeit die Begehr nach Freulichem«. Es gibt aber, wie später zu sagen ist (31, 3f.), eine doppelte Freuung: eine, die es im verstehlichen Gut gibt, das ein Vernunftgut ist; die andere, welche im Gut dem Gesinn nach vorhanden ist. Die erste Freuung scheint nun eine solche nur der Seele zu sein. Die zweite aber gehört Seele und Leib: denn das Gesinn ist Vermögen in einem leiblichen Lebenswerkzeug; daher ist auch Gut dem Gesinn nach Gut des ganzen Verbunds. Die Begehr nach einer solchen Freuung aber scheint die Begierlichkeit zu sein, die in den Bereich sowohl der Seele wie des Leibes zugleich fällt: wie im Namen concupiscentia [con = mit, zusammen] selber anklingt. Begierlichkeit im eigentlichen Sinne ist deswegen in der sinnenhaften Begehr und im Begehrmut, der von ihr her seinen Namen bezieht.

Also zu 1. (Nach Weish. 6, 21 gibt es auch eine Begierlichkeit nach Weisheit.) Die Begehr nach Weisheit oder anderen geistigen Gütern wird zuweilen Begierlichkeit genannt, entweder wegen einer gewissen Ähnlichkeit oder wegen der Anspannung der Begehr des höheren Teiles, woraus es zu einem Überlauf in die niedere Begehr kommt, sodaß zugleich auch die untere Begehr selbst in ihrer Weise im Gefolge der oberen Begehr in das geistige Gut strebt und auch sogar der Leib selber dem Geistigen dient; wie es Ps. 83, 3 heißt: »Mein Herz und mein Fleisch frohlockten zum lebendigen Gott.«

Zu 2. Die Sehnsucht (desiderium) kann, eigentlich gesagt, nicht bloß zu der unteren Begehr, sondern auch zu der oberen gehören. Sie besagt nämlich nicht irgend welche Gesellung im Begehren, wie concupiscentia, sondern eine einschlächtige Wegung in das ersehnte Ding.

Zweiter Artikel

Ist die Begierlichkeit eine besonderartige Leidewegung? (Vgl. 23, 4)

Feststellung. Die Begierlichkeit ist eine Leidewegung der sinnenhaften Begehr, der Art nach verschieden von der Liebe, deren Kind sie ist, und von der Freuung, in welche sie strebt. [Denn »eben das dem Gesinn nach Freuliche[218] verursacht Liebe, insoweit es sich die Begehr gewisserweise anpaßt und sie beformt; insoweit es hingegen nicht gegenwärtig ist und sie zu sich hinzieht, verursacht es Begierlichkeit; insoweit es aber zugegen ist und in sich selber eine Ruhe gibt, verursacht es Freuung.« A. d. Ant.]

Dritter Artikel

Gibt es etwa natürliche und nichtnatürliche Begierlichkeiten? (Vgl. 41, 3; 77, 5)

Aus der Abhandlung. Ich antworte: Wie (Art. 1) gesagt, ist die Begierlichkeit die Begehr nach einem freulichen Gut. In zweierlei Weise ist aber etwas freulich. In der einen, weil es der Natur des Seelwesens bekömmlich ist: wie Speise, Trank u. dgl. Eine derartige Begierlichkeit nach Freulichem heißt naturhaft. – In der anderen ist etwas freulich, weil es wahrnehmungsgemäß dem Seelwesen liegt: wie einer etwas als gut und passend erfaßt und als Folge an ihm Freuung hat. Eine derartige Begierlichkeit nach Freulichem heißt nicht naturhaft und pflegt eher »Begierde« (cupiditas) zu heißen.

Die ersten Begierlichkeiten, die naturhaften, sind nun sowohl den Menschen wie auch den anderen Seelwesen gemein: denn beiden ist etwas bekömmlich und freulich gemäß der Natur. In ihnen kommen auch alle Menschen überein: darum nennt sie auch der Philosoph 3. Ethic. (11 n 1f., vgl. 7, 6 n 2) »allgemein« und »notwendig«. – Aber die zweiten Begierlichkeiten sind den Menschen eigen, denen es eigenbehört, etwas als gut und bekömmlich außer dem zu erdenken, was die Natur erheischt. Darum sagt auch 1. Rhetoric. (11 n 5) der Philosoph, die ersten Begierlichkeiten seien »unvernünftig«,[219] die zweiten aber »mit Vernunft«. Und weil die Verschiedenen auf verschiedene Weise die Vernunft betätigen, so heißen die zweiten auch 3. Ethic. (a. a. O.) »eigen und zugesetzt«, nämlich über die natürlichen hinaus.

Also zu 1. (Die naturhafte Begehr steht zur seelischen im Einteilungsgegensatz.) Das gleiche, was man begehrt mit der naturhaften Begehr, kann auch mit der seelischen Begehr, wenn es wahrgenommen ist, begehrt werden. Demgemäß kann es auch nach Speise und Trank u. dgl., die naturhaftig begehrt werden, eine natürliche Begierlichkeit geben.

Zu 2. Die Verschiedenheit der natürlichen Begierlichkeiten von den nicht natürlichen ist nicht nur eine stoffliche; sondern auch in gewisser Weise eine wesungsförmliche, insoweit sie aus der Verschiedenheit des tuigen Gegenstandes hervorgeht. Der Gegenstand der Begehr aber ist das wahrgenommene Gut. Deswegen fällt in den Bereich der Verschiedenheit des Tuigen die Verschiedenheit der Wahrnehmung: je nachdem nämlich etwas als zukömmlich mit bloßer Wahrnehmung erfaßt wird, woraus die natürlichen Begierlichkeiten verursacht werden, die der Philosoph Rhetoric. (a. a. O.) »vernunftlos« nennt, und je nachdem etwas mit Überlegung erfaßt wird, woraus die nichtnatürlichen Begierlichkeiten verursacht werden, die deswegen (a. a. O.) »vernunftbegleitet« (cum ratione) heißen.

Zu 3. Im Menschen gibt es nicht bloß die alleinsliche Vernunft, die zur verstandhaften Seite gehört, sondern auch die teilbesonderliche Vernunft, die zum sinnenhaften Teil rechnet, wie I (78, 4; 81, 3) gesagt worden ist. Demgemäß kann auch die Begierlichkeit, die vernunftbegleitet ist, in die Reichweite der sinnenhaften Begehr fallen. – Und außerdem kann die sinnenhafte Begehr auch von der alleinslichen Vernunft angewegt werden vermittels der teilbesonderlichen Einbildung.

Vierter Artikel

Ist die Begierlichkeit unendlich?

Abhandlung. 1. Scheinbar ist die Begierlichkeit [dem Gegenstand nach] nicht unendlich.[220] Gegenstand der Begierlichkeit ist nämlich Gut, welches das Berede von Zweck und End (finis) hat. Wer aber Unendlich (infinitum) setzt, schließt das Ende aus, wie es 2. Metaph. (Did. I α 2 n 9) heißt. Die Begierlichkeit kann also nicht unendlich sein.

2. Ferner, die Begierlichkeit geht auf ein zukömmliches Gut: da sie aus der Liebe hervorkommt. Da das Unendliche aber kein Gleichmaßverhältnis hat, so kann es nicht passend sein. Also kann die Begierlichkeit nicht unendlich sein.

3. Ferner, das Unendliche ist nicht abzuschreiten: und so kann man in ihm nicht zum Letzten durchkommen. Nun entsteht aber für den Begierlichen die Freuung dadurch, daß er ans Letzte gelangt. Wenn also die Begierlichkeit unendlich wäre, so würde folgen, daß niemals die Freuung entstände.

Aber dagegen spricht, was der Philosoph 1. Politic. (3 n 19) sagt: »Da zu Unendlichem die Begierlichkeit vorhanden ist, so ersehnen die Menschen Unendliches.«

Ich antworte: Wie (vor. Art.) gesagt, gibt es eine zweifache Begierlichkeit, eine natürliche und eine andere nicht natürliche. Nun kann die natürliche Begierlichkeit nicht wirklich unendlich sein. Sie geht nämlich auf das, was die Natur erheischt: der Natur aber liegt immer etwas Endliches und Sicheres im Vorhaben. Deswegen hat der Mensch niemals die Begier nach unendlicher Speise oder unendlichem Trank. – Sondern, gerade wie es in der Natur eintritt, daß das Unendliche im Mögestand durch Aufeinanderfolge da ist, so tritt der Fall ein, daß eine derartige Begierlichkeit im Nacheinander unendlich ist; d. h. daß sie nach erlangter Speise wiederum nochmal Speise verlangt oder was sonst immer auch die Natur erheischt: denn derartige körperliche Güter bleiben nicht dauernd, so oft sie auch kommen, sondern lassen nach. Deswegen sagt der Herr der Samariterin Jo. 4, 13: »Wer von diesem Wasser trinkt, dürstet wieder.«

Dagegen ist die nicht naturhafte Begierlichkeit durchaus unendlich. Sie folgt nämlich, wie (vor. Art.) gesagt, der Vernunft: der Vernunft aber kommt zu, in das Unendliche vorwärts zu gehen. Wer deswegen nach Reichtümern begierig ist, kann nach ihnen Begier haben, nicht bis zu irgendeinem gewißsicheren Haltepunkt, sondern schlechthin, so reich zu sein, als er nur kann.

Es läßt sich auch ein anderer Grund dem Philosophen 1. Politic. (3 n 17f.) gemäß anführen, warum eine gewisse Begierlichkeit endlich und eine gewisse unendlich ist. Immer nämlich ist die Begierlichkeit nach einem Zweck unendlich: der Zweck wird nämlich an sich begehrlicht, wie die Gesundheit; deswegen wird eine höhere Gesundheit mehr begehrlicht und so weiter ins Unendliche; geradeso wie, wenn Weiß an sich auseinanderscheidet, das mehr Weiße mehr scheidet. Die Begierlichkeit hingegen nach dem, was dem Zweck dient, ist nicht unendlich, sondern es wird in dem Maße begehrt, in welchem es dem Zweck zukommt. Deswegen haben die, welche den Zweck in die Reichtümer verlegen, die Begierlichkeit nach Reichtümern ins Unendliche: die aber Reichtümer wegen der Not des Lebens begehren, haben die Begierde nach endlich bemessenen Reichtümern, die für die Not des Lebens reichen, wie der Philosoph ebenda sagt. Die gleiche Bewandtnis hat es mit der Begierlichkeit nach irgend welchen anderen Dingen.

Also zu 1. Alles, wonach man Begierde hat, wird als ein gewisses Endliche genommen: entweder weil es dem Ding nach endlich ist, angesichts dessen, daß es einmal in Wirkheit begehrt wird; oder weil es demnach endlich ist, als es unter die Wahrnehmung fällt. Es kann nämlich nicht unter dem Berede von Unendlich wahrgenommen werden: denn »unendlich ist das, wovon, die ein Größenstück nehmen, immer noch etwas außer ihm zum Nehmen haben«, wie 3. Physic. (6 n 8) gesagt wird.

Zu 2. Die Vernunft ist gewissermaßen von unendlicher Wirkkraft, insoweit sie etwas ins Unendliche erwägen kann, wie es bei der Aufrechnung von Zahlen und Linien zutage tritt. Deshalb ist das Unendliche in irgend einer Weise genommen verhältnisträgig zur Vernunft. Denn auch das Alleinsliche, was die Vernunft erfaßt, ist gewisserweise unendlich, insofern es im Mögestand unendliches Einzelne enthält.[221]

Zu 3. Dazu, daß einer Freuung hat, ist nicht erforderlich, daß er alles gewinnt, wonach er Begierlichkeit trägt: vielmehr hat er in jedem Beliebigen Freuung, was die Begierlichkeit gewinnt.

31. Untersuchung

DIE FREUUNG AN UND FÜR SICH

Wir gehen nun daran, Freuung und Betrübnis zu erwägen. An der Freuung ist viererlei ins Auge zu fassen: zunächst die Freuung an sich; zum zweiten die Ursachen der Freuung; zum dritten ihre Wirkungen; zum vierten Gutheit und Schlechtheit in ihr. Beim ersten entstehen acht Fragen:

Erster Artikel

Ist die Freuung eine Leidewegung? (Vgl. 35, 1)

Abhandlung. 1. Scheinbar ist die Freuung nicht eine Leidewegung. Johannes von Damaskus 2. De Fide orth. (22) scheidet nämlich die Wirke von der Leide, indem er sagt: »Die Werktätigkeit ist eine Wegung, die der Natur gemäß ist, die Leide aber ist eine Wegung gegen die Natur.« Nun ist aber die Freuung eine Werktätigkeit, wie der Philosoph 7. (12 n 3) und 10. (5 n 6) Ethic. sagt. Also ist die Freuung keine Leidewegung.

2. Ferner, »Leidung ist Bewegtwerden«, wie es 3. Physic. (3 n 2 u. 5; vgl. De Anima 2, 5 n 3) heißt. Nun aber besteht die Freuung nicht im Gewegtwerden, sondern im Gewegtwordensein: verursacht wird nämlich die Freuung aus dem schon erreichten Gut. Also ist die Freuung nicht eine Leide.

3. Ferner, die Freuung besteht in einer gewissen Vervollkommnung des Erfreuten: denn »sie vollendet die Werktätigkeit«, wie es 10. Ethic. (4 n 6ff.; 5 n 2) heißt. Vollkommenwerden ist aber nun nicht Leiden oder Anderswerden, wie es

7. Physic. (3 n 4) heißt und 2. De Anima (5 n 5). Also ist die Freuung keine Leide.

Aber dagegen spricht, daß Augustinus 9. (2) u. 14. (5ff.) De Civ. Dei die Freuung (delectationem) oder die Freude (gaudium) oder die Frohheit (laetitiam) zwischen die anderen Leidewegungen der Seele versetzt.

Ich antworte: Die Wegung der sinnenhaften Begehr wird im eigentlichen Sinne Leidewegung genannt, wie oben (22, 3) gesagt worden ist. Jegliche Gemutung aber, die aus der sinnenhaften Wahrnehmung hervorgeht, ist eine Wegung der sinnenhaften Begehr. Das kommt aber der Freuung notwendig zu. Denn wie der Philosoph 1. Rhetoric. (11 n 1) sagt, ist »die Freuung eine Art Bewegung und allzugleich volle und fühlbare Einsetzung der Seele in die vorhandene Natur«.[222]

Um das zu verstehen, muß man erwägen, daß bei den Seelwesen geradeso wie bei den natürlichen Dingen eintritt, daß etliches seine natürlichen Vollkommenheiten erreicht. Und wenn auch die Hinwegung auf die Vollendung nicht das »all-auf-einmal« ist, so gibt es den Gewinn des naturhaften Fertigseins doch ganz auf einmal. Es gibt aber den Unterschied zwischen den Seelwesen und den anderen natürlichen Dingen, daß die anderen Naturdinge es nicht fühlen, sobald sie in das versetzt werden, was der Natur gemäß sie ankommt: aber die Seelwesen empfinden das. Und aus dieser Empfindung heraus wird eine gewisse Seelenwegung in der sinnenhaften Begehr verursacht: und diese Bewegung ist die Freuung. Dadurch also, daß man sagt: die Freuung ist eine »Wegung der Seele«, wird sie in die Gattung gestellt. Dadurch aber, daß man sie eine»Einsetzung in die vorhandene Natur«[223] nennt, das ist in das, was in der Natur des Dinges da ist, wird die Ursache der Freuung beigebracht, d. h. die Gegenwart eines naturgemäßen Gut. Dadurch aber, daß es heißt: »allzugleich- voll« (simul tota), zeigt sie, daß die Versetzung (constitutio) nicht genommen werden darf, wie es sie im Versetztwerden gibt, sondern wie sie im Versetztsein da ist, gewissermaßen im Halteziel der Bewegung: die Freuung ist nämlich kein Werden (generatio), wie Plato annahm (Philebus 32f.), sondern besteht eher in einem Geschehen-Sein, wie es 7. Ethic. (12 n 3; vgl. 10, 4 n 1ff.) heißt. Dadurch aber, daß man »fühlbar« (sensibilis) sagt, werden die Vervollkommnungen der gefühllosen Dinge ausgeschlossen, worin es die Freuung nicht gibt. – Da also dergestalt klärlich die Freuung eine Wegung in der seelischen Begehr ist, infolge der Gesinnwahrnehmung, so ist die Freuung eine Leideheit der Seele.

Also zu 1. Das ungehinderte naturmäßige Werktun ist die zweitstellige Vervollkommnung, wie 2. De Anima (1 n 2 u. 5) zu finden ist. Sobald deswegen das Ding in das eigenbehörige naturmäßige und ungehinderte Werktun versetzt wird, erfolgt die Freuung, welche, wie (i. d. Antw.) gesagt, im Fertigsein besteht. Wenn man also sagt: Freuung ist Tätigkeit, so geschieht eine derartige Aussage nicht über den Weg der Wesenheit, sondern den der Ursache.

Zu 2. Beim Seelwesen kann man eine doppelte Wegung in Betracht nehmen: eine dem Zweckvorhaben nach, die zur Begehr gehört, eine andere der Ausführung gemäß, die zur äußeren Werktätigkeit gehört. Mag also auch in jenem, der schon das Gut gewonnen hat, worin er Freuung findet, die Ausführungsbewegung, mit der er auf den Zweck hinsteuert, aussetzen, so läßt doch nicht die Bewegung auf der Begehrseite nach, welche geradeso, wie sie es vorher ersehnte, als sie es nicht hatte, nachher an der Habe in Freuung ist. Mag nämlich immerhin die Freuung eine Art Ruhe der Begehr sein, die Gegenwart des freulichen Gut angesehen, das die Begehr befriedigt, so verbleibt doch noch die Umsetzung der Begehr von Seiten des Begehrhaften, aufgrund deren die Freuung eine gewisse Wegung ist.[224]

Zu 3. Wiewohl die Benennung passio eigentlicher den verderblichen und ins Übel strebenden Leideheiten zukommt, wie es die körperlichen Krankhaftigkeiten und Trauer und Furcht in der Seele sind, so haben doch etliche Leidewegungen, wie oben (23, 1 u. 4) gesagt, ihre Hinordnung in das Gut. Demgemäß heißt die Freuung eine Leidewegung.

Zweiter Artikel

Gibt es die Freuung in Zeitdauer? (Vgl. Art. 6)

Abhandlung. 1. Scheinbar gibt es die Freuung in Zeitdauer. Denn »die Freuung ist eine Art Bewegung«, wie 1. Rhetoric. (11 n 1) der Philosoph sagt. Nun aber ist jede Bewegung von einer Zeitdauer. Also hat die Freuung eine Zeitdauer.

2. Ferner, während oder weilend (morosum) heißt etwas der Zeit nach. Etliche Freuungen heißen nun aber verweilig. Also ist die Freuung von Zeitdauer.

3. Ferner, die Leidewegungen der Seele sind in nur einer Gattung. Nun aber gibt es etliche Leideheiten der Seele in Zeitdauer. Also auch die Freuung.

Aber dagegen spricht, was der Philosoph 10. Ethic. (4 n 1) sagt: »Keinerlei Zeit nach wird einer die Freuung bekommen.«

Ich antworte: In Zeitdauer kann etwas doppelter Weise sein: einmal an sich, sonsten durch ein anderes und sozusagen beischaftlich. Weil nämlich die Zeit die Zählung der Aufeinanderfolge ist,[225] so heißt im An-sich das zeitdauernd, in dessen Berede das Nacheinander steht oder etwas zur Abfolge Gehöriges: wie Wegung, Ruhe, Reden u. dgl. Aber einem anderen nach und nicht an sich heißt das zeitdauernd, bei dem nicht von irgendeiner Aufeinanderfolge die Rede ist, das aber doch irgendeinem Abfolgehaften unterworfen ist. Gerade wie das Menschsein keine Abfolge in seinem Berede hat, es ist nämlich nicht eine Bewegung, sondern das Halteziel der Bewegung oder Umsetzung, d. h. seines Werdens: aber weil das menschliche Sein umsetzlichen Ursachen unterworfen ist, so gibt es entsprechend das Menschsein in einer Zeitdauer.

Dergestalt muß man also sagen: die Freuung an sich gibt es nicht in Zeitdauer: es gibt sie, nämlich die Freuung, in dem schon erreichten Gut, das gewissermaßen das Halteziel der Bewegung ist. Aber, wenn jenes erreichte Gut der Umsetzung unterworfen ist, gerät die Freuung beischaftlich in die Zeit hinein. Falls es aber allwegs unveränderlich ist, wird die Freuung keine Zeit aufweisen, weder an sich noch beischaftlich.[226]

Also zu 1. Wie es 3. De Anima (7 n 1) heißt, spricht man in doppelter Weise von Bewegung. Einmal von der, die »die Wirkheit des Unvollkommenen«, d. h. »des in der Möge Stehenden als solchen« (vgl. Physic. 3, 1 n 6) ist: die Bewegung solcher Art ist im Nacheinander und in Zeitdauer da. Die andere Wegung aber ist »die Wirkheit des Fertigen«, d. h. »des in Wirklichkeit Vorhandenen«, wie Verstehen, Empfinden und Wollen u. dgl. und auch Freuung-haben[227] Die Bewegung dieser Weise gibt es nicht im Nacheinander und auch an sich nicht in einer Zeitdauer.

Zu 2. Von einer Freuung des Währens oder des Verweils spricht man demgemäß, als sie beischaftlich in Zeitdauer ist.[228]

Zu 3. Die anderen Leidewegungen haben nicht das erlangte Gut zum Gegenstand, wie es die Freuung hat. Deswegen haben sie mehr vom Gewese der unvollkommenen Wegung, als die Freuung. Und folglich kommt es der Freuung in höherem Grade zu, nicht in Zeitdauer da zu sein.

Dritter Artikel

Unterscheidet sich die Freuung von der Freude?
(Vgl. 35, 2 und 7; 41, 3)

Aus der Abhandlung. Aber dagegen [drei Einwände] sprechen wir bei den tierischen Seelwesen nicht von Freude. Dagegen reden wir bei ihnen von Freuung. Es ist also nicht Freude (gaudium) und Freuung (delectatio) dasselbe.

Ich antworte: Die Freude ist, wie Avicenna De Anima (4, 5) sagt, eine gewisse Art der Freuung. Es ist nämlich Folgendes zu bedenken; gerade wie es gewisse natürliche Begierlichkeiten gibt, gewisse aber nicht naturhaft sind, sondern der Vernunft folgen, wie oben (30, 3) gesagt worden ist, so sind auch von den Freuungen etwelche natürlich und etwelche nicht natürlich, sie sind mit Vernunft da. Oder wie Johannes von Damaskus (De Fide orth. 2, 13) und Gregor von Nyssa (Nemesius, De Nat. Hom. 18 al. 4, 10) sagen: »einige sind leiblich, andere seelisch«: was auf dasselbe hinauskommt. Wir haben nämlich sowohl in dem Freuung, was wir naturhaft begehrlichen, wenn wir es erreichen; als auch in dem, wonach wir vernunftgemäß Begierde tragen. Dagegen ist das Wort Freude nur bei der Freuung am Platze, welche der Vernunft folgt: deswegen schreiben wir Freude nicht den tierischen Seelwesen zu, sondern nehmen nur das Wort Freuung. – Alles aber, wonach wir der Natur nach Begier haben, können wir auch mit Vernunftfreuung in Begier ziehen: aber nicht umgekehrt. Deswegen kann es über alles, worüber Freuung da ist, in den Vernunftträgern auch Freude geben. Gleichwohl ist nicht immer über alles Freude: zuweilen nämlich fühlt einer dem Leibe nach irgend eine Freuung, über die er jedoch der Vernunft gemäß keine Freude hat.[229] Danach steht klar, daß Freuung auf ein Mehr geht als Freude.

Also zu 1. (Die Leidewegungen der Seele unterscheiden sich gegenständlich. Nun ist aber der Gegenstand der Freude und der Freuung der nämliche, d.h. das erlangte Gut.) Da der Gegenstand der seelischen Begehr das wahrgenommene Gut ist, so fällt die Verschiedenheit der Wahrnehmung gewissermaßen in den Bereich der Verschiedenheit des Gegenstandes. So werden die seelischen Freuungen, die auch Freuden heißen, von den leiblichen Freuungen, die nur Freuungen heißen, unterschieden: gerade wie es auch von den Begierlichkeiten oben (30, 3 zu 2) gesagt worden ist.

Zu 2. (Die gleiche Bewegung, nämlich die Begierlichkeit, findet ihr Ende an der Freude und der Freuung.) Ein ähnlicher Unterschied läßt sich auch bei den Begierlichkeiten finden: dergestalt, daß die Freuung der Begierlichkeit entspricht und die Freude dem Verlangen antwortet, das mehr in den Bereich der seelischen Begierlichkeit zu fallen scheint.[230] Und so gibt es gemäß dem Unterschied der Bewegung auch den Unterschied in der Ruhe.

Zu 3. (Mit gleichem Grunde würden auch Frohheit und Frohlocken und Fröhlichkeit etwas anderes als Freuung bezeichnen.) Die anderen die Freuung bereichenden Namen sind von den Wirkungen der Freuung beigelegt: denn »Frohheit« (laetitia) wird von der Weitung (dilatatione) des Herzens beigelegt, als ob man latitia sagen würde [das althd. fro bedeutet hurtig, flink]; von »Frohlocken« (exultatio [mittelhd. lekken: hüpfen, springen]) aber redet man von den äußeren Zeichen der inneren Freuung her, die nach außen zum Vorschein kommen, insofern nämlich die innere Freude nach draußen hinüber springt; »Fröhlichkeit« dagegen (jucunditas) wird von gewissen besonderartigen Frohheitszeichen oder -wirkungen gesagt. Freilich scheinen alle diese Namen dem Bereiche der Freude anzugehören: wir gebrauchen sie nämlich nur bei den Vernunftnaturen.

Vierter Artikel

Gibt es die Freuung in der verstandhaften Begehr? (Vgl. 35, 1)

Abhandlung. 1. Scheinbar gibt es die Freuung nicht in der verstandhaften Begehr. Es sagt nämlich der Philosoph Rhetoric. (11 n 1): »Die Freuung ist eine gewisse fühlbare Bewegung «[231] Aber eine fühlbare Wegung gibt es nicht im verstandhaften Teil. Also gibt es Freuung nicht auf der verstandhaften Seite.

2. Ferner, Freuung ist eine gewisse Leide. Aber jede Leide ist in der sinnenhaften Begehr. Also gibt es die Freuung nur in der sinnenhaften Begehr.

3. Ferner, Freuung ist uns und den Tieren gemein. Also gibt es sie nur auf der Seite, die uns und den Tieren gemeinsam ist.

Aber dagegen spricht, was Ps. 36, 4 gesagt wird: »Freu dich im Herrn« (delectare in Domino). Aber auf Gott kann sich die sinnenhafte Begehr nicht erstrecken, sondern bloß die verstandhafte. Also kann es Freuung (delectado) in der verstandhaften Begehr geben.

Ich antworte: Wie (vor. Art.) gesagt, folgt eine gewisse Freuung der Vernunftwahrnehmung. Auf die Wahrnehmung der Vernunft hin wird aber nicht bloß die sinnenhafte Begehr mitgewegt, infolge der Ansetzung an etwas Teilbesonderliches, sondern auch die verstandhafte Begehr, die Wille heißt. Demgemäß gibt es in der verstandhaften Begehr, d.h. im Willen, eine Freuung, die Freude (gaudium) genannt wird, nicht aber eine leibliche Freuung.

Freilich schiebt sich das zwischen die Freuung der beiden Begehren, daß die Freuung der sinnlichen Begehr mit irgend einer körperlichen Umsetzung auftritt: die Freuung der verstandhaften Begehr aber nichts anderes ist als die schlichte Wegung des Willens. Demgemäß sagt Augustinus 14. De Civ. Dei (6): »Die Begierde und die Frohheit ist nichts anderes als der Wille in Bejahung (consensione) dessen, was wir wollen.«

Also zu 1. In dieser Begriffsbestimmung des Philosophen wird »fühlbar« allgemein für was auch immer welche Wahrnehmung genommen. Es sagt nämlich der Philosoph 10. Ethic. (4 n 5): »Jedem Sinn nach gibt es Freuung; ähnlich aber auch dem Verstand und der Spähung nach.« – Oder man kann sagen: er gibt den Begriff der Freuung der sinnenhaften Begehr.[232]

Zu 2. Freuung hat das Berede von Leide im eigentlichen Sinne, insoweit sie mit irgend einer körperlichen Umsetzung da ist. Nicht dergestalt tritt sie in der verstandhaften Begehr auf, sondern einschlächtiger Wegung gemäß: dieserweise ist sie nämlich auch in Gott und in den Engeln. Deswegen sagt der Philosoph 7. Ethic. (14 n 8): »Gott erfreut sich des einen schlichten Tuns.« Und Dionysius sagt am Ende Cael. Hier. (15): »Die Engel sind keine Übernehmer unserer leidehaften Freuung, sondern freuen sich mit Gott gemäß der Frohheit der Unvergängnis.«

Zu 3. Es gibt in uns nicht bloß die Freuung, in welcher wir Gemeinschaft mit den Tieren haben, sondern auch die, in welcher wir mit den Engeln gemeinteilen. Deswegen sagt Dionysius an der gleichen Stelle: »Die heiligen Menschen vervielfachen sich in der Teilhabe an den Freuungen der Engel.« So gibt es in uns die Freuung nicht bloß in der sinnenhaften Begehr, in welcher wir in der Gemeinschaft mit den Tieren stehen, sondern auch in der verstandhaften Begehr, worin wir die Gemeinschaft mit den Engeln haben.

Fünfter Artikel

Sind die leiblichen und sinnlichen Freuungen größer als die geistigen und verstandhaften Freuungen? (Vgl. 38, 4)

Abhandlung. 1. Scheinbar sind die leiblichen und sinnlichen Freuungen größer als die geistigen verstehlichen. Alle folgen nämlich irgend einer Freuung, gemäß dem Philosophen 10. Ethic. (2 n 1; 4 n 10). Aber mehr folgen den sinnlichen Freuungen als den geistigen verstehlichen. Also sind die leiblichen Freuungen die größeren.

2. Ferner, die Größe der Ursache wird aus der Wirkung erkannt. Nun haben aber die leiblichen Freuungen stärkere Wirkungen: »sie verwandeln nämlich den Leib und machen manche wahnsinnig«, wie es 7. Ethic. (3 n 7) heißt. Also sind die leiblichen Freuungen die stärkeren.

3. Ferner, die leiblichen Freuungen gehören gemäßigt und gezügelt wegen ihrer Heftigkeit. Aber bei den geistigen Freuungen braucht's keine Zügelung. Also sind die leiblichen Freuungen größer.

Aber dagegen spricht, was Ps. 118, 103 gesagt wird: »Wie süß sind meinem Gaumen deine Aussprüche, über Honig sind sie meinem Munde.« Und der Philosoph sagt 10. Ethic. (7 n 3), »die größte Freuung ist die, welche es dem Wirken der Weisheit nach gibt«.

Ich antworte: Wie bereits (Art. 1) gesagt, geht die Freuung aus der Verbindung mit einem Zuträglichen hervor, die gefühlt oder erkannt wird. Bei den Werken der Seele aber, vornehmlich denen der sinnhaften und verstandhaften, ist darauf zu achten, da sie nicht in einen Stoff draußen übergehen, daß sie Wirkheiten oder Vervollkommnungen des Wirkenden sind, nämlich Verstehen, Empfinden, Wollen u. dgl.:[233] denn die Tätigkeiten, welche in einen äußeren Stoff übergehen, sind eher Tätigkeiten und Vervollkommnungen des umgesetzten Stoffs; Wegung ist nämlich »Wirkheit des Weglichen vom Wegenden« (vgl. Aristot. Physic. 3, 3 n 1). Dergestalt sind also die vorgenannten Tätigkeiten der sinnenhaften und verstandhaften Seele sowohl selber eine Art Gut für den Wirkenden, als sie auch durch das Gesinn oder den Verstand erkannte sind. Deswegen bricht aus ihnen selber die Freuung auf und nicht bloß aus ihren Gegenständen.

Falls also die verstehlichen Freuungen mit den sinnlichen Freuungen demnach in Vergleich stehen, daß wir an den Tätigkeiten selbst Freuung haben, z. B. an dem Erkennen im Gesinn oder an dem Erkennen im Verstand, so sind zweifellos die verstehlichen Freuungen viel größer als die sinnlichen. Viel mehr freut sich nämlich der Mensch darüber, daß er etwas durch Verstehen erkennt, als darüber, daß er etwas durch Empfinden erkennt. Denn die verstandliche Erkenntnis ist sowohl vollkommener, als wie sie auch in höherem Grade erkannt wird; denn der Verstand beugt sich mehr über seine Wirkheit zurück als das Gesinn.[234] Auch hat man die verstandhafte Erkenntnis in höherem Grade lieb: es gibt ja niemand, der nicht lieber das leibliche Gesicht entbehren wollte, als das verstandliche Gesicht, wie es die Tiere oder die Toren entbehren, wie Augustinus sagt De Civ. Dei (De Trin. 14, 14).

Kommen aber die geistigen verstehlichen Freuungen mit den leiblichen sinnlichen Freuungen in Vergleich, so sind an sich und schlechthin gesagt die geistigen Freuungen größer. Das tritt dem Dreifachen nach in Erscheinung, was zur Freuung erforderlich ist: das sind ein verbundenes Gut, wem es verbunden ist, und die Verbindung selbst. Denn gerade das geistige Gut ist einmal größer als das leibliche Gut, und man hat es auch lieber. Anzeichen dafür ist, daß die Menschen auch der größten leiblichen Gelüste sich enthalten, um nicht die Ehre zu verlieren, die ein verstehliches Gut ist. – Ähnlich ist auch der verstandhafte Teil selbst um vieles edler und mehr auf Erkenntnis abgestellt, als die sinnenhafte Seite. – Auch ist die Verbindung beider mehr eine innerliche und mehr vollkommen und mehr fest. Innerlicher ist sie ja, weil das Gesinn an den äußeren Beischaften des Dings herum stehen bleibt: dagegen dringt der Verstand bis zur Wesenheit des Dings vor; Vorwurf des Verstandes ist nämlich »Was-eins-ist« (quod quid est).[235] Vollkommener ist sie aber, weil der Verbindung des Sinnfälligen an das Gesinn die Bewegung sich verbindet, welche unvollkommene Wirkheit ist: deswegen sind auch die sinnlichen Freuungen nicht ganz auf einmal da, sondern in ihnen geht etwas vorüber, und etwas wird abschließend erwartet, wie es bei der Freuung an Speisen und am Geschlechtlichen offenliegt. Dagegen ist das Verstehliche ohne Bewegung da: deshalb sind solche Freuungen ganz auf einmal. Sie ist auch fester: denn das leibliche Freuliche ist zerfällig und läßt rasch nach; die geistigen Güter dagegen sind unzerfällig.

Dagegen sind von uns aus gesehen die leiblichen Freuungen mehr heftige, dreierlei wegen. Erstens, weil das Sinnfällige, uns anlangend, mehr kund ist, als das Verstehliche. – Zweitens auch, weil die sinnfälligen Freuungen, da sie Leideheiten der sinnenhaften Begehr sind, mit irgend einer körperlichen Umsetzung auftreten. Das ist nicht bei den geistigen Freuungen der Fall, es sei denn infolge einer gewissen Überströmung von der höheren Begehr in die niedere. – Drittens, weil die leiblichen Freuungen als gewisse Arzneien gegen leibliche Mängel oder Beschwerden begehrt werden, aus welchen gewisse Betrübnisse folgen. Deshalb werden die leiblichen Freuungen, die solche Betrübnisse überkommen, mehr empfunden und folglich auch mehr willkommen geheißen als die geistigen Freuungen, die keine Betrübnisse als Gegensätze haben, wie unten (35, 5) gesagt werden wird.

Also zu 1. Es folgen deswegen mehr den leiblichen Freuungen, weil die sinnlichen Güter mehr und einer größeren Anzahl kund sind; und weil auch die Menschen Freuungen als Arzneien gegen vielfältige Schmerzen und Betrübnisse nötig haben. Und da eine größere Zahl von Menschen nicht an die geistigen Freuungen herangelangen kann, die als eigenbehörige der Tugendhaften dastehen, so gleiten sie folglich zu den leiblichen hin.

Zu 2. Die leibliche Umsetzung tritt mehr aus den leiblichen Freuungen ein, insoweit sie Leidewegungen der sinnenhaften Begehr sind.

Zu 3. Es gibt die leiblichen Freuungen der sinnenhaften Seite nach, die an der Vernunft ihre Leite hat: und deswegen haben sie die Mäßigung und die Zügelung durch die Vernunft nötig. Dagegen gibt es die geistigen Freuungen dem Besinn nach, der die Richtschnur selbst ist: deswegen sind sie gemäß sich selber nüchtern und maßvoll.

Sechster Artikel

Sind die Freuungen der Fühlung größer als die Freuungen, die es den anderen Sinnen nach gibt? (Vgl. 2 II 141, 4)

Aus der Abhandlung. Ich antworte: Wie bereits (25, 2 zu 1; 27, 4 zu 1) gesagt, wird jegliches, insoweit es geliebt wird, zu einem Freulichen. Die Sinne aber hat man, wie es eingangs Metaph. (1, 1 n 1) heißt, zweierlei wegen gern: nämlich wegen der Erkenntnis und wegen der Nützlichkeit. Deswegen tritt auch auf beiderlei Weise die Freuung dem Gesinn nach ein. Aber weil das Gewahren der Erkenntnis selber als eines gewissen Gut das Eigenbehörige des Menschen ist, so sind die ersten Sinnenfreuungen, nämlich die, welche es der Erkenntnis nach gibt, den Menschen eigenbehörig: die Freuungen der Sinne aber, insoweit man sie der Nützlichkeit wegen gern hat, sind allen Seelwesen gemeinsam.

Sprechen wir also von der Freuung des Gesinns, die es auf Grund der Erkenntnis gibt, so liegt auf der Hand, daß dem Gesicht nach die Freuung größer ist als irgend einem anderen Sinn nach. – Reden wir aber von der Freuung des Gesinns, die es auf Grund der Nützlichkeit gibt, so ist am größten die Freuung dem Fühlen nach.[236] Die Nützlichkeit des Sinnfälligen kommt nämlich der Reihordnung nach ins Merk, die es zur Erhaltung der Natur des Seelwesens hat. Dieser Nützlichkeit aber steht das Sinnfällige des Gefühls näher: das Gefühl ist nämlich auf das Erkennen dessen abgestellt, woraus das Seelwesen besteht, d. h. des Warmen und Kalten, des Feuchten und Trockenen u. dgl. Demgemäß sind daher die Freuungen, die es dem Fühlen nach gibt, größer, sozusagen zweckverwandter. Darum haben auch die anderen Seelwesen, die nur auf Grund der Nützlichkeit dem Gesinn nach Freuung bekommen, die Freuung den sonstigen Sinnen nach nur auf der Ordnungslinie zum Sinnfälligen des Gefühls: »es haben nämlich die Hunde die Freude nicht an den Gerüchen der Hasen, sondern an der Verspeisung; und auch nicht der Löwe am Muhen des Rindes, sondern an seinem Verzehr«, wie es 3. Ethic. (10 n 7) heißt.

Da also die Freuung des Gefühls die größte ist auf Grund der Nützlichkeit, die Freuung des Gesichts aber auf Grund der Erkenntnis, so wird einer, wenn er beide vergleichen will, finden, daß schlechthin die Freuung des Gefühls größer ist als die Freuung des Gesichts, sonach sie sich innerhalb der Grenzen der sinnlichen Freuung hält. Denn es liegt auf der Hand, daß in jeglichem das Naturhafte, das ihm inne ist, das Vorzüglichste ist. Derartiges sind aber die Freuungen des Gefühls, auf welche die natürlichen Begierlichkeiten ihre Hinordnung haben, wie die Speisen und das Geschlechtliche u. dgl. – Fassen wir dahingegen die Freuungen des Gesichts ins Auge, sonach das Gesicht dem Verstand dient, so sind die Freuungen des Gesichts die vorzüglicheren, auf Grund dessen, daß auch die verstehlichen Freuungen vorzüglicher sind als die sinnlichen.

Zu 3. (Die Urheit der freulichen Freundschaft ist am meisten das Sehen. Nun aber ist die Freuung die Ursache solcher Freundschaft. Also scheint dem Gesicht nach es am meisten die Freuung zu geben.) In je einer anderen Weise ist die Freuung und das Sehen die Ursache fleischlicher Liebe. Denn die Freuung, und zumal die dem Gefühl nach, ist die Ursache der freulichen Freundschaft in der Weise des Zwecks: das Sehen aber ist die Ursache, wie das Woher der Wegungsurheit, insoweit sich durch das Besehen des Lieblichen das Artbild des Dings eindrückt, das zum Lieben und zur Begierde nach der Freuung in ihm anlockt.

Siebenter Artikel

Gibt es eine unnatürliche Freuung?

Feststellung. Da gewisse Freuungen wider die Natur gehen [obwohl sie »hier-diesem Menschen wegen irgend einer Naturverdorbenheit in ihm naturgemäß« erscheinen können, »sei es aus einem Krankheitszustand, wie den Fiebernden das Bittere süß scheint und umgekehrt, sei es auch wegen eines schlechten Aufbaus, wie etwelche an dem Verzehr von Erde oder Kohlen oder dgl. Freuung haben: oder sei es auch seelseitig, wie von Gewohnheits wegen etwelche an Menschenfresserei oder am Tier- oder Männerverkehr oder derart Sonstigem Freuung haben, das nicht der menschlichen Natur gemäß ist.« A. d. Antw.], so müssen auch notwendig gewisse nicht natürlich sein.

Achter Artikel

Kann Freuung zu Freuung im geraden Gegensatz stehen?

Aus der Abhandlung. Ich antworte: Die Freuung in den Gemutungen der Seele steht, wie (23, 4) gesagt, in einem Gleichmaßverhältnis zu der Ruhe in den natürlichen Körpern. Gegensätzlich heißen aber zwei Ruhelagen, die an entgegengesetzten Enden sind; gerade »wie die Ruhe nach aufwärts der nach abwärts«, wie es 5. Physic. (6 n 8) heißt. Deswegen tritt auch in den Gemutungen der Seele ein, daß zwei Freuungen gerade gegensätzlich sind.[237]

Feststellung. Da einige Freuungen sich hindern, so sind auch notwendig einige anderen entgegengesetzt.

32. Untersuchung

DIE URSACHE DER FREUUNG

Erster Artikel

Ist Tätigkeit die eigenbehörige Ursache der Freuung?

Abhandlung. 1. Scheinbar ist die Tätigkeit nicht die eigentliche und erste Ursache der Freuung. Wie nämlich der Philosoph 1. Rhetoric. (11 n 6) sagt, »besteht Freuunghaben darin, daß das Gesinn eine Leide hat«: zur Freuung ist nämlich Erkenntnis erforderlich, wie (31, 1) gesagt worden ist. Nun gibt es aber die Erkenngegenstände der Tätigkeiten in einem Zuvor gegenüber den Tätigkeiten selber. Also ist Tätigkeit nicht die eigenbehörige Ursache der Freuung.

2. Ferner, die Freuung besteht vornehmlichst in der Zweckerreichung: eben danach geht ja hauptsächlich die Begier. Nun ist aber nicht immer die Tätigkeit der Zweck, sondern zuweilen das Getane selbst. Es ist also nicht Tätigkeit eigenbehörig und an sich die Ursache der Freuung.

3. Ferner, von Muße und Ruhe spricht man infolge Ablassens der Tätigkeit. Das sind aber Freunisse, wie es 1. Rhetoric. (11 n 4) heißt. Tätigkeit ist also nicht eigentliche Ursache der Freuung.

Aber dagegen spricht, was der Philosoph 7. (12 n 3; vgl. 13 n 2) und 10. (4, 5) Ethic. sagt: »Die Freuung ist die naturgemäße ungehinderte Tätigkeit.«

Ich antworte: Wie oben (31, 1) gesagt, ist zur Freuung ein Doppeltes erforderlich: nämlich die Gewinnung eines zuträglichen Gut und die Erkenntnis dieser Erlangung. Beides besteht in einer gewissen Tätigkeit: denn die wirkgeschehliche Erkenntnis ist eine gewisse Tätigkeit; ähnlicherweise erwerben wir das zuträgliche Gut durch irgend eine Tätigkeit. Auch ist jede eigenbehörige Tätigkeit selber eine Art von zuträglichem Gut. Deswegen gehört jede Freuung als Folge zu irgend einer Tätigkeit.[238]

Also zu 1. Die Gegenstände der Tätigkeiten sind nur Freulichkeiten, insofern sie Verbindung mit uns eingehen: entweder durch das bloße Erkennen, wie dann, wenn wir in der Erwägung oder in der Einsicht in etwas die Freuung haben; oder auch in was für Weise sonst immer mit dem Erkennen zugleich, wie dann, wenn einer darin Freuung hat, daß er sich im Besitz eines Gut befindet, was es auch immer nur sein mag, z. B. von Reichtum oder Ehre u. dgl.; sie wären freilich keine Freulichkeiten, wenn sie nicht als Inhabe wahrgenommen würden. Wie nämlich der Philosoph 2. Politic. (2 n 6) sagt: »Es hat eine große Freuung, von etwas zu meinen, es sei einem eigenbehörig; sie geht aus der naturhaften Liebe eines zu sich selber hervor.« Derartiges haben ist aber nichts anderes, als es gebrauchen oder gebrauchen können. Und das geschieht durch irgend eine Tätigkeit. Daher liegt auf der Hand, daß jede Freuung auf die Tätigkeit wie auf die Ursache zurück geht.

Zu 2. Auch in dem, worin nicht die Tätigkeiten, sondern das Getane Zweck ist, ist das Getane selber, insoweit man es hat oder gemacht hat, freulich. Es wird auf irgend einen Gebrauch oder eine Tätigkeit bezogen.

Zu 3. Die Tätigkeiten sind freulich, insofern sie in einem Gleichmaß und in der Naturgemäßheit zum Tätigen stehen. Da aber die menschliche Wirkkraft Enden hat, so ist irgend einem Maß nach die Tätigkeit sich verhältnismäßig. Falls sie daher dieses Maß überschreitet, hat sie kein Gleichmaßverhältnis mehr zu sich und ist nicht freulich, sondern eher mühevoll und verdrießlich. Demnach sind Muße und Spiel und was sonst zur Ruhe gehört, Freunisse, insofern sie die Betrübnis wegnehmen, die es aus der Abmühung gibt.

Zweiter Artikel

Ist Wegung Ursache von Freuung?

Abhandlung. 1. Scheinbar ist Wegung nicht Ursache von Freuung. Denn wie oben (31, 1) gesagt wurde, ist das zur Gegenwärtigkeit erreichte Gut die Ursache der Freuung: weswegen der Philosoph 7. Ethic. (12 n 3) sagt, die Freuung stehe nicht in einem Vergleich zum Werden, sondern zur Tätigkeit eines Dings, das schon vorhanden ist. Was aber zu etwas hinbewegt wird, hat das noch nicht, sondern ist gewissermaßen in Hinsicht darauf im Werdegang, sonach als jeder Bewegung Entstehen und Vergehen verbunden ist, wie es 8. Physic. (3 n 4) heißt. Also ist Wegung keine Ursache von Freuung.

2. Ferner, die Bewegung bringt hauptsächlich die Mühe und die Ermüdung in die Arbeiten. Nun sind aber die Tätigkeiten eben daher, daß sie mühsam und ermüdend sind, nicht freulich, sondern eher niederschlagend. Also ist Bewegung keine Ursache von Freuung.

3. Ferner, Bewegung besagt eine gewisse Neuerung, die im Gegensatz zur Gewohnheit steht. Nun aber »ist uns freulich, woran wir gewöhnt sind«, wie der Philosoph 1. Rhetoric. (11 n 3 u. 19) sagt. Also ist Bewegung nicht Ursache von Freuung.

Aber dagegen spricht, was Augustinus 8. Confess. (3) sagt: »Was ist das doch, Herr, mein Gott: indes du ewig dir im Selbst die Freude bist und manchwelches von dir um dich herum sich immer freut, hat der Teil der Dinge hienieden seine Freude am Wechsel von Verderb und Gedeih, Wehetun und Gutmachung?« Daraus ist zu entnehmen, daß die Menschen Freude und Freuung an gewissen Abwechslungen haben. Und so denn scheint Bewegung Ursache von Freuung zu sein.

Ich antworte: Drei Stücke sind zur Freuung erforderlich: nämlich zwei, deren Verbindung freulich ist, und als drittes die Erkenntnis dieser Verbindung. Diesen drei Stücken gemäß ergibt sich die Bewegung als freulich, wie der Philosoph 7. Ethic. (14 n 8) und 1. Rhetoric. (11 n 20) sagt. Denn unserseits, die wir die Freuung haben, gereicht die Umsetzung deswegen zur Freunis, weil unsere Natur veränderlich ist, und darob, was uns jetzt zuträglich ist, uns später nicht zuträglich sein wird; gerade wie, sich am Feuer wärmen, dem Menschen im Winter bekömmlich ist, nicht aber im Sommer. – Auf Seiten des erfreuenden Gut hingegen, das zu uns in Verbindung kommt, wird die Umsetzung ebenfalls freulich. Denn die fortgesetzte Tätigkeit eines Tuenden mehrt die Wirkung: gerade wie einer um soviel mehr warm und trocken wird, je länger er dem Feuer nah ist. Das natürliche Behaben liegt aber in einem gewissen Maß. Sobald darum die fortgesetzte Gegenwart des Freulichen das Maß des natürlichen Behabens überschreitet, wird seine Wegnahme freulich. – Auf Seiten der Erkenntnis selber dagegen, weil der Mensch etwas ganz und vollkommen zu erkennen verlangt. Da also etwas nicht ganz auf einmal wird wahrgenommen werden können, so bringt hiebei die Umsetzung Freuung, daß das eine vorübergeht und das andere an seine Stelle tritt und dergestalt das Ganze empfunden wird. Deswegen sagt Augustinus 4 Confess. (11): »Du willst doch nicht, daß die Silbe erstarrt, sondern vorüberflieht, auf daß die anderen folgen und du das Ganze hörst. So ist's immer beim Allen, woraus ein Eines besteht und nicht all zugleich da ist, mehr Freuung als das Einzelne bringt das Alle, wenn es all empfunden werden kann.«

Falls es also irgend ein Ding gibt, dessen Natur unumsetzlich ist, und es in ihm nicht zu einer Überschreitung des naturhaften Behabens durch die Ununterbrochenheit des Freulichen kommen kann, ein Ding, das sein Freuliches ganz zugleich in Schau nehmen kann, so wird ihm eine Umsetzung nicht freulich sein. Und etwelche Freuungen können, je näher sie dem kommen, um so mehr ohne Unterbrechungen sein.

Also zu 1. Obzwar, was gewegt wird, noch nicht vollkommen das hat, wozu es hingewegt wird, so fängt es doch an, etwas von dem zu haben, wozu es bewegt wird: und demgemäß hat die Wegung selbst etwas von Freuung. Sie bleibt aber hinter der Vollkommenheit der Freuung zurück: denn die vollkommeneren Freunisse gibt es in den unweglichen Dingen. – Auch die Bewegung selbst gereicht zur Freuung, insofern durch sie etwas zuträglich wird, was vorher nicht zuträglich war oder zu sein aufhört, wie vorhin gesagt wurde.

Zu 2. Bewegung bringt Mühe und Ermüdung mit, je nachdem sie das natürliche Behaben überschreitet. Die Bewegung ist aber nicht solcherweise freulich, sondern sonach, als das Gegensätzliche des natürlichen Behabens weggeräumt wird.

Zu 3. Woran man gewöhnt ist, wird freulich, insofern es natürlich wird: denn die Gewohnheit ist sozusagen die zweite Natur. Nun ist freilich die Bewegung nicht freulich, mit der man von der Gewohnheit abgeht, sondern mehr die, gemäß der die Zerstörung des natürlichen Behabens gehindert wird, die aus der Ständigkeit irgend einer Tätigkeit hervorgehen könnte. Dergestalt wird aus derselben Ursache der Naturgemäßheit die Gewohnheit freulich und die Bewegung.

Dritter Artikel

Sind Hoffnung und Erinnerung Ursachen von Freuung?
(Vgl. 40, 8)

Aus der Abhandlung. Ich antworte: Die Freuung wird aus der Gegenwärtigkeit des zuträglichen Gut verursacht, sonach es empfunden oder wie auch immer nur gefaßt wird. Es ist uns etwas in doppelter Weise gegenwärtig: auf die eine dem Erkennen nach, so nämlich, wie das Erkannte seiner Ähnlichkeit nach im Erkennenden ist; in der anderen dinggemäß, d. h. so, wie eins dem anderen dinglich verbunden wird, entweder in der Wirklichkeit oder im Mögestand, nach was für einer Verbindungsweise es auch sein mag. Und weil die Verbindung dem Ding nach größer ist als der Ähnlichkeit nach, welche die Erkenntnisverbindung ist, und gleichso die Verbindung des Dings in Wirke größer als sie in Möge ist: so ist daher die Freuung die größte, die durch das Gesinn vor sich geht, das die Gegenwart des sinnfälligen Dings erheischt. Die zweite Stufe aber hat die Freuung der Hoffnung inne, in welcher nicht bloß der Wahrnehmung nach die Verbindung mit dem Freulichen vorhanden ist, sondern auch der Vermöglichkeit oder Macht nach, das Gut zu gewinnen, das Freuung bringt. Die dritte Stufe aber nimmt die Freuung der Erinnerung ein, welche eine bloße Wahrnehmungsverbindung hat.

Vierter Artikel

Ist Betrübnis Ursache von Freuung?
(Vgl. 35, 5 zu 1; 48, 4)

Aus der Abhandlung. Ich antworte: Die Betrübnis kann man zwiefach in Betracht nehmen: in der einen Weise, sonach sie in Wirkheit, in der anderen, sonach sie im Gedächtnis vorhanden ist. Auf beide Weisen kann die Trauer Freuungsursache sein. Die im Wirkgeschehen vorhandene Betrübnis ist die Ursache von Freuung, insofern sie die Erinnerung an das geliebte Ding aufbringt, über dessen Abwesenheit einer in Trauer ist: und doch über die bloße Wahrnehmung desselben Freuung hat. – Die Erinnerung aber an die Betrübnis wird die Ursache von Freuung wegen des nachfolgenden Entkommens. Denn ein Übel nichthaben, wird im Berede von Gut genommen: sonach deswegen der Mensch gewahrt, er sei etwelchem Traurigen und Schmerzlichen entronnen, wächst ihm Stoff zur Freude bei, demgemäß sagt Augustinus 22. De Civ. Dei (Gregor. Moral. 4, 36 al. 31; in vet. 42): »Oft erinnern wir uns fröhlich des Traurigen und gesund der Schmerzen ohne Schmerz und sind noch reichlicher froh und dankbar.« Und 8. Conf. (3) sagt er: »Je größere Gefährdung es in der Schlacht gab, um so größer wird die Freude im Siegesfestzug sein.«

Fünfter Artikel

Ist das Tun von andern uns Ursache von Freuung?

Aus der Abhandlung. Ich antworte: Wie bereits (Art. 1; 31, 1) gesagt, ist zur Freuung zweierlei erforderlich: nämlich die Gewinnung des eigenbehörigen Gut und die Erkenntnis vom erlangten eigenen Gut. Dreifach kann also die Werktätigkeit eines Zweiten Ursache von Freuung sein. Einmal, insofern wir durch die Tätigkeit von jemand ein Gut gewinnen. Und demgemäß sind die Werktätigkeiten derer, die uns irgend ein Gut tun, für uns freulich: denn Gut von einem anderen zu leiden, ist eine Freulichkeit. – Zum anderen, sonach durch die Werktätigkeiten von Fremden in uns irgend eine Erkenntnis oder Veranschlagung von eigenbehörigem Gut entsteht. Und deswegen haben die Menschen darin Freuung, daß sie von anderen gelobt oder geehrt werden: weil sie dadurch nämlich zu der Bemeinung kommen, in ihnen sei irgend etwas gut. Und weil diese Wertbemessung dem Zeugnisse guter und weiser Leute stärker entsprießt, so haben darum die Menschen an deren Lobsprüchen und Ehrungen mehr Freuung. Und weil der Schmeichler als Lobredner auftritt, so sind deswegen auch die Schmeicheleien für gewisse freulich. Und weil die Liebe auf irgend ein Gut geht und die Bewunderung auf irgendetwas Großes, darum ist es freulich, von anderen geliebt zu werden und in ihrer Bewunderung zu stehen; insoweit dadurch beim Menschen eine Wertmeinung von eigener Güte oder Größe kommt, worin einer Freuung hat. – Zum dritten, insofern selbst die Tätigkeiten von Fremden, wenn sie gut sind, wie eigenbehöriges Gut geschätzt werden, der Kraft der Liebe wegen, welche den Freund sozusagen als mit sich ein und denselben schätzen läßt. Und wegen des Hasses, der das Gut eines Zweiten für gegnerisch halten läßt, wird die schlechte Tat des Feindes freulich. Deshalb heißt es 1. Kor. 13, 6: die Liebe »freut sich nicht über die Ungerechtigkeit, sie freut sich aber über die Wahrheit«.

Sechster Artikel

Ist Ursache von Freuung Wohltun am anderen?

Abhandlung. 1. Wohltun am anderen ist scheinbar nicht Freuungsursache. Freuung wird nämlich aus dem Gewinn des eigenbehörigen Gut verursacht, wie oben (Art. 1 u. 5; 31, 1) gesagt worden ist. Aber Wohltun fallt nicht in den Bereich der Gewinnung von eigenbehörigem Gut, sondern eher in den der Weggabe. Es scheint also eher Ursache der Betrübnis als der Freunis zu sein.

2. Ferner, der Philosoph sagt 4. Ethic. (1 n 37): »Die Unfreigebigkeit ist den Menschen naturgemäßer als die Verschwendung.« Nun liegt aber das Wohltun an anderen in Reichweite von Verschwendung: in der Reichweite der Unfreigebigkeit aber das Ablassen von Wohltun. Da nun eine naturgemäße Tätigkeit für jedereinen freulich ist, wie es 7. (14 n 7) und

10. (4 n 5) Ethic. heißt, scheint also Wohltun gegen andere nicht Ursache von Freuung zu sein.

3. Ferner, gegensätzliche Wirkungen gehen aus gegensätzlichen Ursachen hervor. Nun ist aber Gewisses, was zum Übeltun gehört, naturhaft dem Menschen freulich: wie besiegen, andere überführen oder schelten und auch strafen, soweit Erzürnte in Betracht kommen, wie der Philosoph 1. Rhetoric. (11 n 13, 14, 27) sagt. Also ist Wohltun mehr Ursache von Betrübnis als von Freuung.

Aber dagegen spricht, was der Philosoph 2. Politic. (2 n 6) sagt: »Das Freulichste ist, Freunden oder Fremdlingen reichlich zu geben und zu helfen.«

Ich antworte: Gerade das Wohltun am anderen kann dreifach Freuungsursache sein. In einer Weise, im Vergleichsbezug zum Bewirkten, das ist das in den Zweiten versetzte Gut. Insonach wir demgemäß das Gut des Zweiten sozusagen für unser Gut erachten, wegen der Liebeseinung, haben wir Freuung an dem Gut, das durch uns anderen geschieht, hauptsächlich den Freunden, geradeso wie an dem eigenbehörigen Gut. – In der anderen Weise, durch Vergleichsbezug zum Zweck: wie, wann einer dadurch, daß er einem Zweiten wohltut, für sich selber irgend ein Gut zu gewinnen hofft, entweder von Gott oder vom Menschen. Hoffnung aber ist eine Ursache von Freuung. – In der dritten Weise, durch Vergleichsbezug zur Urheit. In dieser Art kann, was man mit Wohltun am anderen meint, im Vergleichsbezug zu einer dreifachen Urheit freulich sein. Davon ist die eine die Vermöglichkeit wohlzutun: und hiernach wird das Wohltun gegen einen anderen freulich, insoweit dadurch beim Menschen ein gewisses Inbild von in ihm vorhandenem überströmenden Gut kommt, woraus er mit anderen eine Gemeinsache machen könnte. Deshalb haben die Menschen Freuung an Kindern und an eigenbehörigen Werken, als an etwas, dem sie das eigenbehörige Gut vergemeinschaften. Die andere Urheit ist der Hang der Verhabung, dergemäß einem Wohltun naturgemäß wird. Mit Freuung geben deswegen die Freigebigen den anderen die Spenden. Die dritte Urheit ist der Antrieb, nimm an, daß einer von einem, den er gern hat, bewegt wird, einem wohlzutun: alles nämlich, was wir tun oder leiden des Freundes wegen, ist freulich, weil die Liebe die vorzüglichste Ursache der Freuung ist.

Also zu 1. Insofern die Weggabe ein Fingerzeig auf das eigenbehörige Gut ist, wirkt sie Freuung. Insofern sie dagegen das eigenbehörige Gut aushöhlt, kann sie betrübend sein; wie dann, wenn sie maßlos ist.

Zu 2. Die Verschwendung hat eine maßlose Weggabe, die der Vernunft widerstreitet. Und deswegen sagt man von der Verschwendung, sie sei vernunftwidrig.

Zu 3. Besiegen, Überführen und Strafen ist nicht freulich, insoweit es dem anderen übel auskommt, sondern insoweit es ins eigene Gut schlägt, das der Mensch mehr liebt, als er das Üble des anderen haßt. Besiegen ist nämlich naturhaft freulich, insofern dadurch bei dem Menschen die Wertschätzung eigener Vorzüglichkeit entsteht.[239] Deswegen sind alle Spiele, in denen es den Wettstreit gibt, und in denen ein Sieg statthaben kann, im höchsten Grade freulich: und in alleinslicher Weise alle Wettkämpfe, sonach man die Hoffnung auf den Sieg haben kann. – Das Überführen aber und das Schelten kann zwiefach Freuungsursache sein. Einmal, insoweit es beim Menschen das Inbild eigener Weisheit und Vorzüglichkeit bewirkt: zu schelten nämlich und zurechtzuweisen ist eine Sache der klugen und älteren Leute. In der anderen Weise, sonach einer mit Schelte und Tadel einem anderen wohltut: was, wie eben gesagt, freulich ist. – Dem Erzürnten aber ist das Strafen freulich, insofern es die anscheinende Verkleinerung auszuräumen scheint, die dem Schein nach aus der vorausgehenden Verletzung vorhanden ist. Wann einer nämlich von einem verletzt ist, hat es den Anschein, er sei dadurch von ihm herabgewürdigt: und deswegen begehrt er, von dieser Minderung durch Wiedervergeltung der Verletzung befreit zu werden. – So ergibt sich offen, daß das Wohltun gegen einen andern an sich freulich sein kann: dagegen ist Übel tun gegen einen nur freulich, insofern es das eigenbehörige Gut zu bereichen scheint.

Siebenter Artikel

Ist Ähnlichkeit Ursache von Freuung?

Abhandlung. 1. Scheinbar ist Ähnlichkeit nicht Ursache von Freuung. Führung und Vorsitz besagt nämlich eine gewisse Unähnlichkeit. Nun aber ist »die Führung und den Vorsitz zu haben, naturhaft freulich«, wie es 1. Rhetoric. (11 n 27) heißt. Also ist eher Unähnlichkeit Ursache von Freuung als Ähnlichkeit.

2. *Ferner,* nichts ist der Freunis mehr unähnlich als die Betrübnis. Nun aber gehen die, welche Betrübnisse leiden, am meisten den Freuungen nach, wie es 7. Ethic. (14 n 4 u. 6) heißt. Also ist Unähnlichkeit in höherem Grade Ursache von Freuung als Ähnlichkeit.

3. *Ferner,* die, welche mit irgend welchen Freulichkeiten angefüllt sind, haben an ihnen nicht Freuung, sondern eher Ekel: wie es bei der Völlerei mit Speisen klar ist. Ähnlichkeit ist also nicht Freuungsursache.

Aber dagegen spricht, daß Ähnlichkeit Ursache von Liebe ist, wie oben (27, 3) gesagt wurde. Die Liebe ist aber die Ursache der Freuung. Also ist Ähnlichkeit eine Ursache von Freuung.

Ich antworte: Ähnlichkeit ist eine Art von Einheit: deswegen ist, was ähnlich ist, freulich, insoweit es eins ist, gerade wie auch das Liebenswerte, wie oben (a. a. O.) gesagt worden ist. Und zwar ist, was ähnlich ist, schlechthin freulich, wenn es das eigenbehörige Gut nicht zerstört, sondern mehrt: z. B. der Mensch für den Menschen und der Jungmann für den Jungmann. – Ist es hingegen auf die Zerstörung des eigenen Gut abgestellt, so wird es beischaftlicherweise widerwärtig oder betrübend, freilich nicht insoweit es ähnlich oder eins ist, sondern insoweit es das zerstört, was in höherem Grade eins ist.

Daß aber ein Ähnliches das eigenbehörige Gut verdirbt, kann zweifach eintreten. In einer Weise, weil es das Maß des eigenbehörigen Gut durch eine gewisse Überschreitung zerstört: Gut nämlich, insbesondere für den Leib, wie die Gesundheit, besteht in einer gewissen Zubemessung. Und deswegen erregen Speisen oder was sonst immer für körperliche Freulichkeiten im Überfluß den Ekel. – In der anderen Weise, durch gradlinige Gegensätzlichkeiten zum eigenbehörigen Gut: wie Töpfer andere Töpfer verwünschen, nicht insofern sie Töpfer sind, sondern insofern ihnen durch sie eigene Bevorzugung oder eigener Gewinn verloren geht, wonach sie wie nach eigenbehörigem Gut begehren.

Also zu 1. Da eine Art Vergemeinung des Führenden zum Untergebenen vorhanden ist, so gibt es dabei eine Art von Ähnlichkeit. Freilich einer gewissen Hervorragung nach, deswegen weil Führung und Vorsitz zur Hervorragung des eigenbehörigen Gut gereichen: es ist ja Sache der Klugen und Besseren, Führung und Vorsitz zu haben. Daraus entwickelt sich mithin im Menschen das Inbild eigenbehöriger Güte. – Oder: dadurch, daß der Mensch in Führung und Vorsitz ist, erweist er den anderen eine Wohltat: das hat Freuung.

Zu 2. Wenn auch das, worin der Betrübte Freuung hat, der Betrübnis nicht ähnlich ist, so ist es doch ein Ähnliches für den betrübten Menschen. Denn die Betrübnisse sind dem eigenbehörigen Gut dessen gerade entgegengesetzt, der traurig ist. Und deswegen wird die Freuung von denen begehrt, die in Traurigkeit sind, als ein Beitrag zum eigenbehörigen Gut, insoweit sie für den Gegensatz das Heilmittel bringt. Das ist auch die Ursache, warum die leiblichen Freuungen, denen gewisse Betrübnisse gegensätzlich gegenüber stehen, mehr begehrt werden, als die verstandhaften Freuungen, die nicht den Gegensatz der Betrübnis haben, wie später (35, 5) gesagt werden wird. Daher rührt es auch, daß alle Seelwesen naturhaft nach Freuung begehren: denn immer müht sich das Seelwesen durch das Gesinn und die Bewegung ab. Und deswegen sind auch zumal die jungen Leute auf Freuungen aus; wegen der vielen Umsetzungen, die in ihnen vorhanden sind, solange sie sich im Stande des Wachstums befinden. Und auch die Schwermütigen begehren heftig nach Freuung, um die Traurigkeit zu vertreiben: denn »ihr Körper wird sozusagen durch schlechten Saft zerfressen«, wie es 7. Ethic. (14 n 6) heißt.

Zu 3. Die leiblichen Güter haben einen zugemessenen Bestand: und somit verdirbt das Übermaß von ähnlichen das eigenbehörige Gut. Es wird deswegen [das Ähnliche] zum Ekel und zur Betrübnis, insoweit es zum Eigengut des Menschen in geraden Gegensatz tritt.

Achter Artikel

Ist Verwunderung Ursache von Freuung?

Abhandlung. 1. Scheinbar ist Verwunderung nicht Ursache von Freuung. Verwundern ist nämlich Sache einer unkundigen Natur, wie Johannes von Damaskus sagt. Nun ist aber das Nichtwissen nicht freulich, sondern mehr das Wissen. Also ist Verwunderung nicht Ursache von Freuung.

2. Ferner, Verwunderung ist die Urheit der Weisheit, sozusagen der Weg zur Erforschung der Wahrheit, wie es eingangs der Metaph. (2 n 8) heißt. Nun aber »ist es freulicher, das schon Bekannte zu betrachten, als das Unbekannte zu suchen«, wie der Philosoph 10. Ethic. (7 n 3) sagt: hat dies doch Schwierigkeit und Hindernis, jenes aber nicht; Freuung aber wird aus ungehinderter Tätigkeit verursacht, wie es 7. Ethic. (12 n 3; 13 n 2) heißt. Also ist Verwunderung nicht Ursache von Freuung, sondern verhindert eher Freuung.

3. Ferner, jedermann hat Freuung am Gewohnten: daher sind die Betätigungen der durch Gewohnheit erworbenen Verhabungen freulich. Nun ist aber das Gewohnte nicht verwundernswert, wie Augustinus super Joan. (24) sagt. Also steht Verwunderung zur Freuungsursache in Widerspruch.

Aber dagegen spricht, was der Philosoph 1. Rhetoric. (11 n 21) sagt, Verwunderung sei Freuungsursache.

Ich antworte: Ersehntes zu erreichen, ist freulich, wie oben (23, 4; 31, 1 zu 2) gesagt worden ist. Je mehr darum das Verlangen nach einem geliebten Ding wächst, um so mehr wächst durch seine Gewinnung die Freuung. Und gerade im Wachstum des Verlangens tritt auch ein Wachstum für die Freuung demnach ein, als auch die Hoffnung auf das geliebte Ding entsteht, gerade wie oben (Art. 3 zu 3) gesagt wurde, daß eben die Sehnsucht aus Hoffnung freulich ist. – Nun ist die Verwunderung eine gewisse Sehnsucht nach Kennenlernen, die im Menschen daher eintritt, daß er die Wirkung sieht und die Ursache nicht weiß: oder daher, daß die Ursache einer Wirkung solcher Art über seine Erkenntnis oder Vermöglichkeit hinausgeht. Darum ist die Verwunderung Ursache von Freuung, insofern sie die Hoffnung im Verbund hat, die Erkenntnis dessen zu gewinnen, was kennen zu lernen sie sich sehnt. – Deswegen sind alle Verwunderlichkeiten Freulichkeiten, gerade wie, was Seltenheiten sind: und alle Wiedergaben von Dingen, auch denen, die in sich nicht freulich sind; es erfreut sich nämlich die Seele an der Vergleichung des einen mit dem anderen, weil das eine gegen das andere zu halten, die eigenbehörige und naturgemäße Wirke der Vernunft ist, wie der Philosoph in seiner Poetik (4 n 2ff.; vgl. Rhetoric. 1, 11 n 23) sagt. Deswegen ist auch »die Befreiung von großen Lebensgefahren in höherem Grade freulich, weil sie verwunderlich ist«, wie es 1. Rhetoric. (11 n 24) heißt.

Also zu 1. Verwunderung ist nicht freulich, insoweit sie Nichtwissen hat: sondern insofern sie das Verlangen hat, die Ursache kennen zu lernen; und insoweit der Verwunderte etwas Neues hinzulernt, nämlich, daß er so sei, wie er sich nicht dachte.

Zu 2. Die Freuung hat zwei Stücke: die Ruhe in Gut und die Gewahrung einer solchen Ruhe. Was nun das erste angeht, so sind an sich, da es vollkommener ist, die erkannte Wahrheit zu betrachten, als nach der unbekannten zu forschen, die Betrachtungen der gewußten Dinge freulicher als die Forschungen nach den unbekannten Dingen. Beischaftlich tritt jedoch, was das zweite anlangt, der Fall ein, daß die Forschungen zuweilen freulicher sind, demnach, daß sie aus größerem Verlangen hervorgehen: das größere Verlangen aber wird aus der Gewahrung des Unwissens geweckt. Darum erfährt der Mensch die höchste Freunis in dem, was er neu findet oder erlernt.

Zu 3. Was gewohnt ist, gibt Wirkfreulichkeiten, insoweit es sozusagen naturgleiches Mitgeführ ist. Aber dennoch kann, was Seltenheiten sind, freulich sein, entweder auf Grund der Erkenntnis, weil man Verlangen nach Wissen von ihnen hat, insofern sie wunderlich sind; oder auf Grund des Tuns, denn »aus Verlangen hat der Besinn einen größeren Hang dazu, angestrengt mit einer Neuheit sich zu beschäftigen«, wie es

10. Ethic. (4 n 9) heißt; eine vollkommenere Tätigkeit verursacht nämlich eine vollkommenere Freuung.

33. Untersuchung

DIE WIRKUNGEN DER FREUUNG

Erster Artikel

Bringt die Freuung Weitung mit sich? (Vgl. 37, 4)

Abhandlung. 1. Scheinbar ist Weitung nicht die Wirkung der Freuung. Die Weitung scheint nämlich mehr in den Bereich der Liebe zu fallen: gemäß dem, was der Apostel 2. Kor. 6, 11 sagt: »Unser Herz ist weit geworden.« Deswegen heißt es auch von dem Gebot der Liebe Ps. 118, 96: »Weit ausgebreitet ist dein Gebot.« Nun aber ist die Freuung eine andere Leidewegung als die Liebe. Also ist die Weitung nicht eine Wirkung der Freuung.

2. Ferner, daher, daß etwas geweitet wird, wird es geräumiger zu einer Aufnahme gemacht. Nun liegt aber die Aufnahme im Bereich des Verlangens, das auf ein Ding geht, das man noch nicht hat. Also scheint die Weitung mehr zum Verlangen als zur Freuung zu gehören.

3. Ferner, Verengung ist der Gegensatz zu Weitung. Nun scheint aber die Verengung zur Freuung zu gehören: denn das hegen wir engstens ein, was wir fest behalten wollen; dergestalt tritt die Gemutung der Begehr nach dem erfreuenden Ding auf. Also gehört die Weitung nicht zur Freuung.

Aber dagegen spricht, daß es zum Ausdruck der Freude Jes. 60, 5 heißt: »Schauen wirst du und überströmen, wundern und erweitern wird sich dein Herz.« – Auch hat die Freuung selber aus der Weitung (ex dilatatione) den Namen »Frohheit« (laetitia) erhalten, wie oben (31, 3 zu 3) gesagt worden ist.

Ich antworte: Die Weite ist eine gewisse Ausdehnung körperlicher Größe: deswegen gibt es sie bei den Gemutungen der Seele nur in übertragenem Sinne. Von Weitung spricht man aber sozusagen als von der Bewegung zur Weite. Sie kommt der Freuung beidem nach zu, was zur Freuung erforderlich ist. Davon liegt das eine auf Seiten der wahrnehmigen Wirkkraft, welche die Verbindung mit irgend einem zuträglichen Gut erfaßt. Aus dieser Erfassung gewahrt der Mensch, daß er eine gewisse Vervollkommnung erreicht hat, das ist eine geistige Vergrößerung: und demgemäß sagt man vom Gemüt (animus), es sei gewachsen (magnificari) oder weite sich (dilatari). – Das andere aber liegt auf Seiten der begehrigen Wirkkraft, die sich an das freuliche Ding heranfühlt und in ihm Ruhe sucht, indem sie sich ihm in gewisser Weise darbietet, es für ihr Inneres einzufangen. Dergestalt weitet sich die Gemutung des Menschen durch die Freuung gewissermaßen mit der Übergabe an das erfreuende Ding, um es in inneren Behalt zu nehmen.

Also zu 1. In übertragener Redeweise kann ungehindert ein und dasselbe verschiedenen Ähnlichkeiten nach Verschiedenem zugeschrieben werden. Demgemäß gehört Weitung zur Liebe auf Grund einer gewissen Erstreckung, insofern die Gemutung des Liebenden sich auf andere erstreckt, so daß sie sich nicht bloß um das ihrige kümmert, sondern auch um Fremdes. In den Freuungsbereich fällt aber die Weitung, insofern etwas in sich umfassender wird, damit es sozusagen geräumiger da ist.

Zu 2. Das Verlangen kommt zwar in den Besitz irgend einer größeren Umfänglichkeit infolge des Inbildes von dem ersehnten Ding: aber noch mehr infolge der Gegenwart des schon erfreuenden Dings. Denn das Gemüt beut sich mehr dem schon erfreuenden Ding dar als dem ersehnten Ding, das es nicht hat: da die Freuung der Zweck des Verlangens ist.

Zu 3. Wer Freuung hat, umschließt zwar engstens das erfreuende Ding, indem er ihm stark anhängt: dagegen tut er sein Herz auf, um die vollkommene Genußfreude an der Freulichkeit zu haben.

Zweiter Artikel

Verursacht die Freuung den Durst oder das Verlangen nach sich?

Aus der Abhandlung. Ich antworte: Es ist ein doppelter Betracht der Freuung möglich: einer, sonach sie in Wirke ist, der andere, sonach es sie in der Erinnerung gibt. – Gleichermaßen kann der Durst oder das Verlangen in doppelter Weise genommen werden: in der einen, im eigentlichen Sinne, demgemäß sie die Begehr nach dem Ding besagt, das nicht im Besitz ist; in der anderen, allgemein genommen, sonach sie den Ausschluß von Ekel mitbringt.

Sonach sie nun im Wirkgeschehen ist, verursacht die Freuung zwar nicht den Durst oder das Verlangen nach sich, an und für sich gesprochen, sondern bloß beischaftlicherweise: wenn anders Durst oder Verlangen von der Begehr nach einem Ding gemeint ist, das man nicht hat: denn die Freuung ist der Befall (affectio) der Begehr mit einem Ding, das gegenwärtig ist. Aber es kommt vor, daß man das gegenwärtige Ding nicht vollkommen in Besitz hat. Das kann auf Seiten des gehabten Dings oder auf Seiten dessen liegen, der es hat. Auf der Dingseite des Besitzes nämlich daher, daß das Ding nicht ganz auf einmal in Besitz ist, weshalb man es im Nacheinander erhält; und indes einer mit dem in Freuung ist, was er hat, verlangt er, was noch übrig ist, in Gewalt zu bekommen; gerade wie einer, der den ersten Teil eines Verses hört und an ihm Freuung hat, den anderen Versteil zu hören verlangt, wie Augustinus 4. Confess. (11) sagt. In dieser Weise lassen es fast alle leiblichen Freuungen zum Durst nach sich selber kommen, bis daß sie sich vollendet haben, deshalb, weil solche Freuungen die Folge irgend einer Wegung sind: wie es bei den Freuungen mit Speisen zutage tritt. – Auf der Besitzerseite aber, wie dann, wenn einer ein Ding, das in sich vollkommen vorhanden ist, nicht sofort vollkommen hat, sondern mählich erwirbt. Gerade wie wir in der Welt um uns herum Freuung haben, indem wir etwas unvollkommen von Gotteserkenntnis fassen, und eben die Freuung den Durst oder das Verlangen nach vollkommenem Erkennen erregt; demgemäß kann auch das Wort verstanden werden, das sich Eccli. 24, 29 findet: »Die mich trinken, werden immer noch dürsten.«

Falls hingegen mit Durst oder Verlangen die bloße Anspannung der Gemutung verstanden wird, welche den Ekel aufhebt, so lassen die geistigen Freuungen es im höchsten Grade zu Durst oder Verlangen nach sich kommen. Weil die leiblichen Freuungen nämlich, vermehrt oder auch anhaltend, über das natürliche Behaben hinauswuchern, werden sie zuwider, wie es bei der Freuung an Speisen sich klar ergibt. Sobald deswegen einer in den leiblichen Freuungen zum Vollen (ad perfectum) gekommen ist, sind sie ihm widerwärtig, und er begehrt zuweilen nach anderen davon. – Aber die geistigen Freuungen wachsen nicht über das natürliche Behaben hinaus, sondern vervollkommnen die Natur. Dann sind sie daher in höherem Grade freulich, wenn man in ihnen zum Vollgehalt kommt: es müßte denn etwa beischaftlicherweise anders sein, insofern der Betrachtungstätigkeit sich irgend welche Tätigkeiten leiblicher Tugenden beireihen, die durch das anhaltende Tun müde werden. Auch in dieser Weise kann Eccli. 24, 29 verstanden werden: »Wer mich trinkt, dürstet immer noch.« Denn auch von den Engeln, die vollkommen Gott erkennen und in ihm Freuung haben, heißt es 1. Petr. 1, 12: »Sie haben Verlangen, in ihn zu schauen.«

Nimmt man aber die Freuung in Betracht, wie sie in der Erinnerung und nicht im Wirkgeschehen ist, so hat sie an sich im Naturgeführ, Durst und Verlangen nach sich zu verursachen: d.h., sobald der Mensch auf die Stellung zurückgeht, in welcher ihm Freulichkeit war, was vergangen ist. Falls er aber gegen jenen Bereitstand eine Umsetzung erfahren hat, verursacht die Erinnerung an die Freuung in ihm nicht Freuung, sondern Überdruß, gerade wie die Erinnerung an Speise einem, der davon voll ist.

Dritter Artikel

Verhindert die Freuung den Gebrauch der Vernunft?
(Vgl. 4, 1 zu 3; 34, 1 zu 1; 2 II 15, 3; 53, 6)

Aus der Abhandlung. Ich antworte: Es heißt 10. Ethic. (5 n 5): »Eigenbehörige Freuungen steigern die Tätigkeiten, fremdartige hindern sie aber.« Es gibt nun eine gewisse Freuung, die man an der Wirke der Vernunft selbst hat: wie einer Freuung am Betrachten oder am Schlußfolgern hat. Eine derartige Freuung hindert nicht den Gebrauch der Vernunft, sondern unterstützt ihn: denn das wirken wir aufmerksamer, worin wir Freuung haben (vgl. 4, 1 zu 3); die Aufmerksamkeit aber unterstützt die Tätigkeit.

Dagegen hindern die leiblichen Freuungen den Gebrauch der Vernunft aus einem dreifachen Grunde. Erstens nämlich auf Grund der Zerstreuung (distractionis). Denn, wie bereits gesagt, wenden wir viel Aufmerksamkeit dem zu, woran wir Freuung haben: wann aber die Aufmerksamkeit einem Ding sich stark einhängt, wird sie bezüglich anderer Dinge schwächer oder ganz von ihnen zurückgerufen. Falls demgemäß die leibliche Freuung groß ist, wird sie entweder vollständig den Gebrauch der Vernunft hindern, indem sie die Anspannung des Gemüts zu sich heranzieht, oder ihn viel verhindern. – Zweitens auf Grund der Gegensätzlichkeit. Gewisse Freuungen nämlich, zumal welche, die über die Grenze gehen, sind der Ordnung der Vernunft entgegen. Von dieser Weise sagt der Philosoph 6. Ethic. (5 n 6): »Die leiblichen Freuungen verderben das Werturteil (existimationem) der Klugheit, nicht aber die Veranschlagung beim Einsichtwissen (speculativam)«, zu dem sie nicht den Gegensatz bilden, »z. B. daß das Dreieck drei Winkel gleich zwei Rechten hat«. Der ersten Weise nach aber verhindert sie beides. – Drittens einer gewissen Bindung nach: insofern nämlich auf die leibliche Freuung eine gewisse leibliche Umsetzung folgt, ja sogar umso größer denn in den anderen Leidewegungen, als die Begehr heftiger von einem gegenwärtigen Ding als von einem abwesenden Ding befallen wird. Derartige leibliche Verwirrungen aber behindern den Gebrauch der Vernunft: wie es sich bei den Weintrunkenen herausstellt, die einen gebundenen oder behinderten Gebrauch der Vernunft haben.

Vierter Artikel

Vollendet die Freuung die Tätigkeit?
(Vgl. 34, 4 zu 3; 40, 8)

Abhandlung. 1. Scheinbar bringt die Freuung nicht die Tätigkeit zur Vollendung. Jede menschliche Tätigkeit hängt nämlich vom Gebrauch der Vernunft ab. Nun aber hindert die

Freuung den Gebrauch der Vernunft, wie (vor. Art.) gesagt worden ist. Also vervollkommnet die Freuung nicht die menschliche Tätigkeit, sondern schwächt sie.

2. *Ferner*, nichts ist die Vollendung seiner selbst oder seiner Ursache. Nun ist aber Freuung Tätigkeit, wie es 7. und 10. Ethic. (vgl. 31, 1) heißt: was sich entweder wesenhaft oder ursächlich verstanden gehört. Also macht die Freuung die Tätigkeit nicht fertig.

3. *Ferner*, wenn die Freuung die Tätigkeit vollendet, so gibt sie die Vollendung entweder als der Zweck oder als Wesungsform oder als Tuendes. Indessen nicht als Zweck: denn die Tätigkeiten werden nicht der Freuung wegen gesucht, sondern eher umgekehrt, wie oben (4, 2) gesagt worden ist. Zum anderen auch nicht auf die Weise des Bewirkenden: denn die Tätigkeit ist mehr die Bewirkursache der Freuung. Endlich auch nicht als Form: denn »nicht als eine Art Verhabung bringt die Freuung die Tätigkeit zur Vollendung«, gemäß dem Philosophen 10. Ethic. (4 n 8). Die Freuung stellt also die Tätigkeit nicht fertig.

Aber dagegen spricht, was ebenda (Did. n. 6, 8) gesagt wird: »Die Freuung vollendet die Tätigkeit.«

Ich antworte: In doppelter Weise vollendet die Freuung die Tätigkeit. Einmal, in der Weise des Zweckes: nicht freilich, sonach Zweck genannt wird, weswegen etwas da ist, sondern demnach, als irgend ein Gut, das zum Abschluß hereinkommt, Ziel und Ende (finis) heißen kann. Demgemäß sagt der Philosoph 10. Ethic. (a. a. O.): »Die Freuung vollendet die Tätigkeit wie eine Art noch beigetretener Zweck«: insofern nämlich über dieses Gut hier hinaus, das die Tätigkeit ist, noch ein anderes Gut hinzutritt, das die Freuung ist, die eine Stillung der Begehr in dem vorausgesetzten Gut besagt. – Zum zweiten seitens der tuenden Ursache. Freilich nicht gradweg: denn der Philosoph sagt 10. Ethic. (a. a. O. Did. n 6): »Es stellt die Freuung die Tätigkeit fertig nicht wie der Arzt, sondern wie die Gesundheit gesund stellt.« Umweglich aber, insofern doch das Tuende, weil es an seiner Tätigkeit Freuung hat, ihr eine stärkere Aufmerksamkeit schenkt und sie beflissener tut. Demgemäß heißt es 10. Ethic. (5 n 5): »Die Freuungen fördern die eigenbehörigen Tätigkeiten und hindern die fremden.«[240]

Also zu 1. Nicht jede Freuung hindert die Wirke der Vernunft, sondern die leibliche Freuung; sie folgt nicht dem Wirkgeschehen der Vernunft, sondern der Wirkheit des Begehrmuts, die durch die Freuung wächst. Die Freuung aber, welche der Wirke der Vernunft folgt, verstärkt den Gebrauch der Vernunft.

Zu 2. Wie es 2. Physic. (3 n 4) heißt, geschieht es, daß zweierlei sich einander Ursache ist, so daß das eine Bewirkursache und das andere Zweckursache des anderen ist. In dieser Weise verursacht die Tätigkeit die Freuung als Bewirkursache; die Freuung aber stellt, wie gesagt, die Tätigkeit auf dem Weg von Ziel und Ende fertig.

Zu 3. eröffnet sich die Antwort aus dem Gesagten.

34. Untersuchung

DIE GUTHEIT UND SCHLECHTHEIT DER FREUUNGEN

Erster Artikel

Ist jede Freuung schlecht?

Abhandlung. 1. Scheinbar ist jede Freuung schlecht. Was nämlich die Klugheit verdirbt und den Gebrauch der Vernunft hindert, scheint sich selber nach bös zu sein: denn das Gut des Menschen ist, »der Vernunft nach zu sein«, wie Dionysius 4. De Div. Nom. sagt. Nun verdirbt aber die Freuung die Klugheit und hindert den Vernunftgebrauch: und um so viel mehr, je größer die Freuungen sind. Deswegen »ist es in den fleischlichen Freuungen«, welche die größten sind, »unmöglich, für etwas Verstand zu haben«, wie es 7. Ethic. (11 n 4) heißt. Und Hieronymus sagt auch über Matthäus (Origines, Hom. 6 in Num. – Vgl. Hieron. ad Ageruchias, Epist. 123 al. 11): »Zur Zeit des ehelichen Verkehrs wird die Gegenwart des Heiligen Geistes nicht gegeben sein, auch wenn es ein Prophet zu sein scheint, der dem Zeugungsamte obliegt.«

Also ist die Freuung sich selber nach Bös. Also ist jede Freuung schlecht.

2. Ferner, was der Tugendhafte flieht und der an Tugend Versagende verfolgt, scheint an sich schlecht und fliehenswert zu sein: denn, wie es 10. Ethic. (5 n 10; vgl. 3, 4 n 5; 9, 4 n 2) heißt, »ist der Tugendhafte sozusagen das Maß und die Regel der menschlichen Handlungen«, und der Apostel sagt 1. Kor. 2, 15: »Der Geistige beurteilt alles.« Nun aber folgen die Kinder und die Tiere, in denen es die Tugend nicht gibt, den Freuungen: es flieht sie aber der Maßsame. Also sind die Freuungen sich selber nach böse und zu fliehen.

3. Ferner, »Tugend und Werkschaffen (ars) haben es mit Schwierig und Gut zu tun«, wie es 2. Ethic. (3 n 10) heißt. Nun hat aber kein Werkschaffen einen Ordnungsbezug auf Freuung. Also ist Freuung nicht ein Gut.

Aber dagegen spricht, was Ps. 36, 4 gesagt wird: »Freue dich im Herrn.« Da nun die göttliche Gewaltsame (auctoritas) zu nichts Bösem verleitet, scheint also nicht jede Freuung schlecht zu sein.

Ich antworte: Wie 10. Ethic. (2 n 3ff.; 3; vgl. 7, 11 n 3ff.; 7, 12) gesagt wird, haben einige angenommen, alle Freuungen seien schlecht. Der Grund dafür scheint gewesen zu sein, daß sie ihre Aufmerksamkeit bloß den sinnenhaften und leiblichen Freuungen schenkten, die eher handgreiflich sind: denn auch im übrigen schieden die Philosophen des Altertums das Verstehliche nicht vom Sinnlichen und nicht den Verstand vom Gesinn, wie es De Anima (3, 3 n 1) heißt. Von den leiblichen Freuungen aber gaben sie der Ansicht Ausdruck, sie alle seien schlecht, so daß die Menschen, die einen Hang zu ungezügelten Freuungen haben, mit ihrer Zurückhaltung von den Freuungen zur Mittehaltung der Tugend kommen. – Aber diese Entscheidung war nicht richtig. Da nämlich keiner ohne eine sinnenhafte und leibliche Freude leben kann, so werden, falls die, welche lehren, alle Freuungen seien schlecht, bei der Hinnahme irgend welcher Freuungen betroffen werden, die Menschen einen größeren Aufreiz zu den Freuungen unter Außerachtlassung der Lehre in Worten durch das Beispiel der Werke bekommen.[241] Bei den menschlichen Werktätigkeiten und Leidewegungen nämlich, in denen die Erfahrung das meiste gilt, wegen Beispiele mehr als Worte.

Man muß also sagen, einige Freuungen seien gut und einige seien schlecht. Die Freuung ist nämlich die Ruhe der begehrhaften Wirkkraft in irgend einem geliebten Gut und das Gefolge einer Werktätigkeit; man kann dafür eine doppelte Begründung nehmen. Die eine nämlich von Seiten des Gut, in welchem einer ruhend Freuung hat. Von Gut und Bös im Sittlichen spricht man nämlich je nach seinem Einklang mit der Vernunft oder dem Mißklang zu ihr, wie oben (18, 5) gesagt worden ist: gerade wie in den naturhaften Dingen etwas daher natürlich heißt, daß es zur Natur stimmt, unnatürlich aber daher, daß es mit der Natur uneinig ist. Gerade also, wie es im Naturhaften eine Art natürlicher Ruhe gibt, die es nämlich in dem gibt, was zur Natur paßt, wie, wann das Schwere unten ruht, und eine Art unnatürlicher, die es in dem gibt, was der Natur widerstreitet, gerade wie, wann das Schwere in der Höhe ruht: gerade so gibt es auch im Sittlichen eine gewisse gute Freuung, je nachdem daß die höhere oder niedere Begehr in dem Ruhe findet, was der Vernunft angemessen ist, und eine gewisse böse daher, daß sie in dem ruht, was mit der Vernunft und dem Gesetze Gottes uneins ist.

Die andere Begründung kann man von Seiten der Werktätigkeiten nehmen, von denen etliche gut und etliche bös sind. Den Werktätigkeiten sind nämlich die mit ihnen verbundenen Freuungen mehr verwandt, als die Begierlichkeiten, die ihnen zeitlich vorausgehen. Da nun die Begierlichkeiten zu guten Werktaten gut sind, die nach bösen aber schlecht, so sind um vieles mehr die Freuungen guter Werktätigkeiten gut, die von bösen aber bös.

Also zu 1. Wie oben (23, 3) gesagt, behindern die Freuungen, die es über die Wirke der Vernunft gibt, die Vernunft nicht und verderben auch nicht die Klugheit; wohl die äußerlichen, derart die leiblichen sind. Sie behindern freilich den Gebrauch der Vernunft, wie oben gesagt, sowohl durch die Gegnerschaft der Begehr, die in dem Ruhe findet, was der Vernunft widerstreitet, und daher bekommt die Freuung, daß sie sittlich schlecht ist: oder auch einer gewissen Bindung der Vernunft nach, gerade wie die Freuung im ehelichen Verkehr, obwohl es sie in dem gibt, was zur Vernunft paßt, doch den Gebrauch der Vernunft behindert wegen der mit ihm verbundenen leiblichen Umsetzung (transmutationem). Aber daraus gewinnt sie nicht sittliche Schlechtheit, gerade wie auch nicht der Schlaf, mit dem der Gebrauch der Vernunft gebunden wird, sittlich schlecht ist, wenn man ihn der Vernunft gemäß nimmt: denn eben die Vernunft bringt mit sich, daß bisweilen der Vernunftgebrauch eine Unterbrechung erfährt. – Wir behaupten jedoch, daß eine derartige Fessel für die Vernunft aus der ehelichen Lust, auch wenn sie die sittliche Schlechtheit nicht hat, weil sie nicht eine Todsünde und nicht eine läßliche ist, doch aus einer gewissen sittlichen Schlechtheit herkommt, nämlich aus der Sünde der Ersteltern: denn das [die Behinderung der Vernunft] gab es nicht im Stand der Unschuld, wie klarlegt, was 1 (98, 2) gesagt worden ist.

Zu 2. Der Maßsame flieht nicht alle Freuungen, wohl die ungezügelten und zur Vernunft unstimmigen. Daß aber Kinder und Tiere Freuungen nachgehen, zeigt nicht, daß sie alleinslich bös sind: denn in ihnen ist die natürliche Begehr von Gott da, die in das sich hinwegt, was zu ihnen paßt.

Zu 3. Nicht auf jedes Gut geht das Werkschaffen, sondern auf das Machliche draußen, wie unten (57, 3) gesagt werden wird. Mit den Werktätigkeiten aber und den Leidewegungen, die es in uns gibt, hat mehr die Klugheit und die Tugend zu tun als die Kunst. Und doch gibt es auch ein Werkschaffen, das freuungswirkend ist, nämlich »die Würzmacherei und die Salbenmacherei«, wie es 7. Ethic. (12 n 6) heißt.

Zweiter Artikel

Ist jede Freuung gut?

Abhandlung. 1. Scheinbar ist jede Freuung gut. Wie nämlich I (5, 6) gesagt wurde, teilt sich Gut in dreierlei, nämlich in Ehrenmaßlich, Nützlich und Freulich. Nun ist aber alles Ehrenmaßliche gut: und ähnlicherweise alles Nützliche. Also ist auch alle Freuung gut.

2. *Ferner*, das ist durch sich gut, was nicht eines anderen wegen gesucht wird, wie es 1. Ethic. (6 n 9; vgl. 7 n 4) heißt. Nun aber wird Freuung nicht um eines andern willen gesucht: es scheint nämlich scherzhaft, einen zu fragen, warum er Freuung haben will. Also ist die Freuung ein Gut an sich. Was nun aber an und für sich von etwas ausgesagt wird, wird alleinslich von ihm behauptet. Also ist jede Freuung gut.

3. *Ferner*, was von allen ersehnt wird, scheint Gut an sich zu sein: denn »Gut ist, wonach alle begehren«, wie es 1. Ethic. (1 n 1; vgl. 10, 2 n 4) heißt. Nun aber begehren alle nach irgend einer Freuung, auch Kinder und Tiere. Also ist die Freuung sich selber nach ein Gut. Also ist alle Freuung gut.

Aber dagegen spricht, was Spr. 2, 14 gesagt wird: »Die sich freuen, wenn sie Böses getan, und jubeln über recht schlimme Dinge.«

Ich antworte: Wie etliche von den Stoikern alle Freuungen als schlecht hinstellten, so nahmen die Epikuräer an, die Freuung sei sich nach ein Gut, und folglich seien alle Freuungen gut. Es scheint, sie haben sich darin täuschen lassen, daß sie nicht zwischen dem unterschieden, was Gut schlechthin ist, und dem, was in bezug auf diesen hier Gut ist. Schlechthin Gut ist nämlich, was sich selber nach Gut ist. Es tritt nun aber der Fall ein, und zwar in doppelter Weise, daß, was nicht sich nach Gut ist, hier-diesem gut ist. In der einen, weil es ihm der Bereitschaft nach paßt, in der er jetzt ist, die freilich nicht natürlich ist: gerade wie es dem Aussätzigen gut ist, zuweilen Giftiges zu genießen, das nicht schlechthin dem menschlichen Stoffgefüge bekömmlich ist. In der anderen, weil das, was nicht paßt, für zukömmlich erachtet wird. Und weil nun die Freuung die Ruhe der Begehr in Gut ist, so wird sie, falls es ein Gut schlechthin ist, worin die Begehr zur Ruhe kommt, schlechthin Freuung und schlechthin gut sein. Handelt es sich aber nicht um ein Gut schlechthin, sondern in bezug auf diesen hier, so ist sie weder eine Freuung schlechthin, sondern hier für diesen: noch ist sie schlechthin gut, sondern in gewisser Beziehung gut oder anscheinend gut.

Also zu 1. Von Ehrenmaßlich und Nützlich spricht man der Vernunft nach: und deswegen ist nichts Ehrenmaßlich oder Nützlich, was nicht [sittlich] gut ist. Von Freulich aber redet man der Begehr nach, die zuweilen in das strebt, was zur Vernunft nicht paßt. Und deswegen ist nicht alles Freuliche von sittlicher Güte gut, die der Vernunft nach in Merk genommen wird.

Zu 2. Deshalb wird die Freuung eines andern wegen nicht gesucht, weil sie Ruhe im Zweck ist. Beim Zweck tritt aber ein, daß er gut und schlecht ist: obwohl es niemals einen Zweck gibt, er sei denn Gut für hier diesen. So verhält es sich auch mit der Freuung.

Zu 3. In dieser Weise begehrt alles nach Freuung gerade wie auch nach Gut: da die Freuung die Ruhe der Begehr in Gut ist. Aber gerade wie der Fall eintritt, daß nicht alles Gut, wonach man begehrt, an und für sich und wahrhaft gut ist, so ist auch nicht alle Freuung an und für sich und wahrhaft gut.

Dritter Artikel

Ist irgend eine Freuung das Beste?

Abhandlung. 1. Scheinbar ist keine Freuung das Beste. Kein Erzeugen ist nämlich das Beste: denn die Erzeugung[242] kann nicht der Endzweck sein. Nun folgt aber die Freuung dem Werden: denn daher, daß etwas in seine Natur eingesetzt wird,[243] hat es Freuung, wie oben (31,1) gesagt worden ist. Daher kann keine Freuung das Beste sein.

2. Ferner, was das Beste ist, kann durch keine Zutat besser gemacht werden. Nun aber kann die Freuung durch eine Zutat besser werden: besser ist nämlich eine Freuung mit Tugend als ohne Tugend. Also ist die Freuung nicht das Beste.

3. Ferner, was das Beste ist, ist alleinslich gut, wie ein vorhandenes »an-sich-Gut«: denn, was es an und für sich gibt, ist erstiger und wichtiger als das, was es beischaftlich gibt. Nun ist aber die Freuung nicht alleinslich ein Gut, wie (Art. 2) gesagt worden ist. Also ist die Freuung nicht das Beste.

Aber dagegen ist die Glückseligkeit das Beste: da sie der Zweck des menschlichen Lebens ist. Nun gibt es aber die

Glückgeborgenheit nicht ohne Freuung: es heißt nämlich im Ps. 15, 11: »Du wirst mich mit Freude erfüllen durch dein Antlitz; Freuungen sind zu deiner Rechten bis zum Ende.«

Ich antworte: Plato hat nicht angenommen, alle Freuungen seien schlecht, wie die Stoiker, und auch nicht, wie die Epikuräer, alle seien gut; sondern gewisse seien gut und gewisse seien bös; so freilich, daß keine das höchste Gut oder das Beste sei (vgl. Philebus, Civit. 6). Aber soweit man aus seinen Begründungen Verstand bekommen kann, versagt er in zweierlei. In einem nämlich, weil er dafür hielt, alle Freuungen seien die Folge des Werdens und der Wegung, da er sah, daß die sinnenhaften und leiblichen Freuungen in einer gewissen Wegung und Werdung bestehen, wie es bei der Anfüllung mit Speisen u. dgl. zutage tritt. Da nun Werden und Wegung unvollkommene Wirkheiten sind, so würde folgen, daß die Freuung nicht das Berede letzter Vollkommenheit hat. – Das kommt aber handgreiflich als falsch bei den verstandhaften Freuungen zum Vorschein. Es hat einer nämlich nicht bloß Freuung am Werden des Wissens, wenn er z. B. hinzulernt oder ins Staunen kommt, wie oben (32, 8 zu 2) gesagt worden ist, sondern auch in der Betrachtung einem schon erworbenen Wissen nach.

Im anderen aber, weil er das Beste das nannte, was schlechthin höchstes Gut ist, was nämlich das Gut selbst sozusagen stoffentlöst (abstractum) und unbeteilt ist, gerade wie Gott selbst das höchste Gut ist. Wir aber sprechen von dem Besten in den menschlichen Dingen. Das Beste aber je in einem Ding ist der Endzweck. Von Zweck aber spricht man, wie oben (1, 8; 2, 7) gesagt, in doppelter Weise: nämlich bei dem Ding selbst und beim Gebrauch des Dings; gerade wie der Zweck für den Geizigen entweder das Geld oder der Besitz des Geldes ist. Demgemäß kann Endzweck des Menschen entweder Gott selbst heißen, der das höchste Gut schlechthin ist, oder sein Genuß, der eine gewisse Freuung im Endzweck mit sich bringt. Und in dieser Weise kann irgend eine Freuung beim Menschen das beste unter den menschlichen Gütern heißen.

Also zu 1. Nicht jede Freuung folgt einem Werden; vielmehr folgen irgend welche Freuungen auf die vollkommenen Werktätigkeiten, wie (i. d. Antw.) gesagt worden ist. Und deswegen hindert nichts, daß irgend eine Freuung das Beste ist, mag auch nicht jede so sein.

Zu 2. Die Begründung geht von dem Besten schlechthin aus, durch dessen Teilhabe alles gut ist: deswegen wird es aus keiner Zutat besser. Aber bei allen anderen Gütern ist alleinslich wahr, daß jedes Gut aus der Beigabe eines andern besser wird. – Gleichwohl könnte man sagen, daß die Freuung nicht etwas der Werktätigkeit der Tugend Außenfremdes ist, sondern ihre Begleiterin, wie es 1. Ethic. (8 n 13) heißt.

Zu 3. Daß sie das Beste ist, hat die Freuung nicht daher, daß sie Freuung ist, sondern daher, daß sie die vollkommene Ruhe im Besten ist. Deswegen braucht nicht jede Freuung die beste oder auch gut zu sein. Gerade wie irgend ein Wissen, jedoch nicht jedes, das beste ist.

Vierter Artikel

Ist die Freuung das Maß oder die Richtschnur, wonach man Gut und Bös im Sittlichen beurteilt?

Abhandlung. 1. Scheinbar ist die Freuung nicht das Maß oder die Richtschnur von sittlich Gut und Bös. »Alles« nämlich »wird mit dem ersten seiner Gattung gemessen«, wie es 10. Metaph. (Did. 9, 1 n 7f.; vgl. Physic. 4, 14 n 5) heißt. Nun aber ist die Freuung nicht das Erste in der Gattung des Sittlichen, sondern es gehen ihr die Liebe und das Verlangen vorauf. Sie ist also nicht die Richtschnur der Gutheit und Schlechtheit im Sittlichen.

2. Ferner, Maß und Richtschnur gehören einformig: deswegen ist die Wegung, die im höchsten Grade einformig ist, Maß und Richtschnur aller Bewegungen, wie es 10. Metaph. (a. a. O.) heißt. Nun ist aber die Freuung wechselnd und vielformig: da davon die einen gut und die anderen schlecht sind. Also ist die Freuung nicht das Maß und die Richtschnur des Sittlichen.

3. Ferner, ein sichereres Urteil nimmt man von der Wirkung durch die Ursache als umgekehrt. Nun aber ist die Gutheit oder Schlechtheit der Werktätigkeit die Ursache der Gutheit oder Schlechtheit der Freuung: denn »gut sind die Freuungen, welche auf gute Werktätigkeiten folgen, schlecht aber die von schlechten«, wie es 10. Ethic. (5 n 6) heißt. Also sind die Freuungen nicht Richtschnur und Maß der Güte und Schlechtigkeit im Sittlichen.

Aber dagegen spricht, was Augustinus über Ps. 7, 10: »Gott prüft Herz und Nieren«, sagt: »Zweck des Sorgens und Denkens ist die Freuung, zu der einer zu gelangen strebt.« Und der Philosoph sagt 7. Ethic. (11 n 1): »Die Freuung ist der baumeisternde Zweck (finis architecton)«, d. h. der führende, »auf den wir hinsehen, je nachdem wir schlechthin bei diesem von Bös, beim anderen von Gut sprechen«.

Ich antworte: Die sittliche Güte oder Schlechtheit besteht vornehmlich im Willen, wie oben (20, 1) gesagt worden ist. Ob aber der Wille gut oder bös ist, erkennt man vornehmlich aus dem Zweck. Man nimmt aber das für den Zweck, worin der Wille zur Ruhe kommt. Die Ruhe des Willens aber und jeder Begehr in Gut ist die Freuung. Und deswegen wird der Freuung des menschlichen Willens nach vornehmlich der Mensch als gut oder schlecht beurteilt: es ist nämlich gut und tugendhaft, wer an den Werken der Tugenden Freude hat; bös aber, wer sie an bösen Werken hat.

Die Freuungen aber der sinnenhaften Begehr sind nicht die Richtschnur der sittlichen Gutheit oder Schlechtheit: denn die Speise ist insgemein freulich der sinnenhaften Begehr nach für Gute und Böse. Aber der Wille der Guten freut sich daran der Vernunftgemäßheit nach, um die sich der Wille der Bösen nicht kümmert.

Also zu 1. Die Liebe und das Verlangen sind im Werdegang früher als die Freuung. Aber die Freuung ist erstiger dem Berede des Zweckes nach: der hat beim Tulichen das Berede der Urheit, von der man, wie von der Richtschnur oder dem Maß, sich am meisten das Urteil bildet.

Zu 2. Alle Freuung ist darin einformig, daß sie die Ruhe in irgend einem Gut ist: demgemäß kann sie Richtschnur oder

Maß sein. Denn der ist gut, dessen Wille im wahren Gut Ruhe hat; bös aber, dessen Wille im Bösen ausruht.

Zu 3. Da die Freuung die Werktätigkeit auf Weise des Zweckes vollendet, wie oben (33, 4) gesagt worden ist, so kann die Werktätigkeit nicht vollkommen gut sein, wenn nicht auch die Freuung in Gut da ist: denn die Güte des Dings hängt vom Zweck ab. Und dergestalt ist in gewisser Weise die Güte der Freuung die Ursache der Güte in der Tätigkeit.

35. Untersuchung
DER SCHMERZ
ODER DIE BETRÜBNIS AN SICH

Nunmehr erwägen wir den Schmerz und die Traurigkeit (31, Vorw.). Dabei ist erstens die Betrübnis oder der Schmerz an sich ins Auge zu fassen; zweitens seine Ursachen (36); drittens seine Wirkungen (37); viertens seine Heilmittel (38); fünftens Gutheit oder Schlechtheit in ihm (39). Das erste wird in acht Fragen entwickelt:

Erster Artikel
Ist der Schmerz eine Leidewegung der Seele?
(Vgl. III 84, 9 zu 2)

Aus der Abhandlung. Ich antworte: Wie es zur Freuung zweierlei erfordert, nämlich die Verbindung mit Gut und die Gewahrung einer solchen Verbindung, so ist auch zweierlei zum Schmerz erforderlich: nämlich die Verbindung irgend eines Üblen (das aus dem Grund übel ist, daß es die Fehle von irgend einem Gut setzt) und die Gewährung einer solchen Verbindung …

Feststellung. Da der Schmerz eine Wegung der sinnenhaften Begehr ist, welche auf die Wahrnehmung von Übel folgt, so ist er im eigentlichsten Sinne des Wortes eine Leidewegung der Seele.

Zweiter Artikel
Ist Betrübnis und Schmerz dasselbe? (Vgl. III 15, 6)

Aus der Abhandlung. Ich antworte: Freuung und Schmerz können aus einer doppelten Wahrnehmung verursacht werden:

nämlich aus der Wahrnehmung des äußeren Gesinns und aus der inneren Wahrnehmung, sei es des Verstandes, sei es der Einbildungskraft (imaginationis). Die innere Gewahrung erstreckt sich aber auch auf mehr als die äußere: daher, daß alles, was auch immer unter die äußere Wahrnehmung fällt, unter die innere schlägt, aber nicht umgekehrt. Bloß diejenige Freuung, die aus der inneren Wahrnehmung verursacht wird, wird nun Freude genannt, wie oben (31, 3) gesagt worden ist. Und ähnlicherweise wird bloß der Schmerz, der aus der inneren Wahrnehmung verursacht wird, Betrübnis (tristitia) genannt. Und gerade wie jene Freuung, die aus der äußeren Gewährung verursacht wird, zwar Freuung, nicht aber Freude heißt, so heißt der Schmerz, der aus der äußeren Wahrnehmung verursacht wird, zwar Schmerz, nicht aber Betrübnis. Dergestalt ist also die Betrübnis eine gewisse Artung von Schmerz, wie Freude von Freuung.

Dritter Artikel

Ist Betrübnis oder Schmerz der Gegensatz zu Freuung?
(Vgl. 31,8 zu 2; III 84, 9 zu 2)

Aus der Abhandlung. Ich antworte: Wie der Philosoph 10. Metaph. (Did. 9, 4 n 5) sagt, ist die gerade Gegensätzlichkeit Unterschied der Wesungsform nach. Die Form oder die Art der Leide und Wegung aber wird aus dem Gegenstand oder dem Halteziel genommen. Da die Gegenstände von Freuung und Betrübnis, d. h. Schmerz, sich als Gegensätze gegenüberstehen, nämlich Gut und Übel je in ihrer Gegenwärtigkeit, so folgt deswegen, daß Schmerz und Freuung sich gerade gegensätzlich sind.

Also zu 1. (Von Gegensätzlichem ist nicht das eine die Ursache des anderen.) Nichts hindert, daß von Gegensätzlichem das eine beischaftlich die Ursache des anderen ist. Derweise kann aber Betrübnis die Ursache von Freuung sein. Einmal nämlich, insoweit die Betrübnis über die Abwesenheit irgend eines Dings, oder die Gegenwart des Gegensätzlichen, nach dem heftiger sucht, worin sie Freuung haben könnte: gerade wie der Dürstende heftiger die Freuung des Tranks sucht, das

Heilmittel gegen die Betrübnis, die er leidet. Sodann, insofern einer infolge großen Verlangens nach irgend einer Freuung sich nicht weigert, Betrübnisse zu ertragen, um zu jener Freuung zu gelangen. Auf beiderlei Weise führt die gegenwärtige Trauer (luctus) zur Tröstung des zukünftigen Lebens. Denn eben daher, daß der Mensch für die Sünden Trauer hat oder für den Aufschub des Himmlischen, verdient er die ewige Tröstung. Ähnlicherweise verdient die auch einer daher, daß er, um sie zu gewinnen, nicht davor zurückweicht, Mühen und Ängste ihretwegen auszuhalten.

Zu 2. (Von Gegensätzlichem benennt nicht eins das andere.) Der Schmerz kann selber beischaftlicherweise freulich sein: insoweit er nämlich eine Bewunderung in Verbindung mit sich hat, wie in den Schaustücken; oder, insoweit er die Rückerinnerung an ein geliebtes Ding wachruft und Liebe zu dem fassen läßt, dessen Abwesenheit schmerzt. Da Liebe freulich ist, so ist sowohl der Schmerz wie auch alles, was aus Liebe Folge ist, freulich, insoweit man darin Liebe empfindet. Und deswegen können auch die Schmerzen in Schaustücken freulich sein: insoweit in ihnen sich ein Liebesgedanke an die fühlbar macht, die in den Schaustücken erwähnt werden.

Zu 3. (Von Gegensätzlichem kann eins nicht Stoff für das andere sein.) Wille und Vernunft beugen sich über ihre Wirkheiten zurück,[244] insofern die Wirkheiten des Willens und der Vernunft in ein Berede von Gut oder Übel genommen werden. Auf diese Weise kann Betrübnis Stoff für Freuung sein, oder auch umgekehrt, nicht an sich, sondern beischaftlich: insoweit nämlich beides in einem Berede von Gut oder Übel angenommen wird.

Vierter Artikel

Ist jede Betrübnis jeder Freuung gerade entgegengesetzt?
(Vgl. III 46, 8 zu 2; 84, 9 zu 2)

Aus der Abhandlung. Ich antworte: … Da Betrübnis und Freuung Leidewegungen sind, so werden sie aus den Gegenständen beartet. Ihrer Gattung nach haben sie ja einen geraden Gegensatz zueinander: denn das eine rechnet zur Verfolgung, das andere aber zur Flucht, welche »sich in der Begehr gerade wie Ja und Nein in der Vernunft verhalten«, wie es 6. Ethic. (2 n 2) heißt. Betrübnis und Freuung, die auf ein und dasselbe gehen, haben deswegen ihren Gegensatz der Art nach. Betrübnis hingegen und Freuung über Verschiedenartiges haben zueinander, wenn dies Verschiedenartige sich nicht gegenübersteht (opposita), sondern ungleichartig (disparata) ist, nicht eine Gegenstellung der Art nach, sondern sind auch ungleichartig: gerade wie Betrübnis über den Tod des Freundes und Freuung in der Betrachtung haben. Ist hingegen jenes Verschiedenartige sich schnurstracks (contraria) entgegengesetzt, so haben dann Freuung und Betrübnis nicht bloß keine Gegensätzlichkeit dem Artberede nach, sondern haben sogar Übereinkömmlichkeit und Verwandtschaft: gerade wie sich-Freuen über Gut und sich-Betrüben über Bös.

Fünfter Artikel

Ist der Freuung der Betrachtung irgend welche Betrübnis gerade entgegengesetzt? (Vgl. 2 II 9, 4 zu 2; 180, 8)

Abhandlung. 1. Scheinbar ist der Freuung in der Betrachtung irgend eine Betrübnis gerade entgegengesetzt. Es sagt nämlich der Apostel 2. Kor. 7, 10: »Die Betrübnis, die Gott gemäß ist, bewirkt standhaltende Reue zum Heile.« Nun aber fällt der Hinblick auf Gott in den Bereich der höheren Vernunft, der es obliegt, Muße für die Betrachtung zu haben, gemäß Augustinus 12. De Trin. (3 f.). Also hat die Freuung der Betrachtung einen Gegensatz an der Betrübnis.

2. Ferner, von geraden Gegensätzen stehen die Wirkungen sich schnurstracks entgegen. Falls also einer der Gegensätze, betrachtet, Ursache von Freuung ist, wird der andere Ursache von Trauer sein. Und so wird der Freuung der Betrachtung die Trauer gerade entgegengesetzt sein.

3. Ferner, gerade wie der Gegenstand der Freuung das Gut ist, so ist der Gegenstand der Betrübnis das Üble. Nun kann aber die Betrachtung das Berede von Bös haben: es sagt nämlich der Philosoph 12. Metaph. (Did. 11, 9 n 3): »Gewisses schickt sich nicht zum Nachsinnen.«[245] Also kann der Betrachtungsfreuung die Betrübnis gerade entgegengesetzt sein.

4. *Ferner*, jedwede Tätigkeit ist, sonach sie nicht behindert wird, Ursache von Freuung, wie es 7. (12 n 3; 13 n 2) und 10. (4 n 5) Ethic. heißt. Nun kann aber die Tätigkeit der Betrachtung vielfach behindert werden, sodaß sie entweder gar nicht oder mit Schwierigkeit vorhanden ist. Also kann es in der Betrachtung die der Freuung gerade entgegengesetzte Betrübnis geben.

5. *Ferner*, fleischliche Niedergeschlagenheit ist die Ursache von Betrübnis. Wie es nun aber Eccle. 12, 12 heißt, »bewirkt häufiges Nachgrübeln fleischliche Niedergeschlagenheit«. Also hat die Betrachtung die Betrübnis als Gegensatz zur Freuung.

Aber dagegen spricht, was Weish. 8, 16 gesagt wird: »Der Verkehr mit ihr«, nämlich mit der Weisheit, »hat keine Bitterkeit und die Lebensgemeinschaft mit ihr keinen Überdruß, sondern Froheit und Freude.« Nun gibt es aber den Verkehr und die Lebensgemeinschaft mit der Weisheit durch die Betrachtung. Es gibt also gar keine Betrübnis, die in einem geraden Gegensatz zur Freuung der Betrachtung stehen könnte.

Ich antworte: Die Freuung der Betrachtung kann zwiefach verstanden werden. In der einen Weise so, daß die Betrachtung Ursache und nicht Gegenstand der Freuung ist. Dann gibt es die Freuung nicht über die Betrachtung selbst, sondern über das betrachtete Ding. Nun kommt es aber vor, daß man etwas Schädigendes und Betrübendes betrachtet, gerade wie auch etwas Bekömmliches und Freuliches. Nimmt man daher die Freuung der Betrachtung dergestalt, so hindert nichts, daß der Freuung der Betrachtung die Betrübnis gerade entgegengesetzt ist.

Anders kann man von Freuung in der Betrachtung dahin reden, daß die Betrachtung Gegenstand und Ursache für sie ist: z. B. wann einer eben darüber Freude hat, daß er betrachtet. Dergestalt, so sagt Gregor von Nyssa (Nemesius, De Nat. Hom. 18 al. 4, 10), »steht jener Freuung, welche es der Betrachtung nach gibt, nicht irgend welche Betrübnis gegenüber«. Dasselbe sagt der Philosoph 1. Topic. (13 n 5) und

10. Ethic. (3 n 7). Aber das ist im An-sich zu verstehen. Der Grund dafür ist der, daß die Betrübnis von sich aus in geraden Gegensatz zur Freuung tritt, die es über einen entgegengesetzten Vorwurf gibt: gerade wie die Freuung, die es über die Wärme gibt, zum geraden Gegensatz die Betrübnis hat, die über die Kälte vorhanden ist. Dem Gegenstand der Betrachtung aber ist nichts so entgegengesetzt: die Gegensatzbereden sind nämlich, sonach sie erfaßt werden, nicht Gegensätze, sondern das eine Gegensätzliche ist der Erkennungsgrund für das andere.[246] Daher kann der Freuung, die im Betrachten liegt, an sich gesprochen, nicht irgend welche Betrübnis gerade entgegenstehen. – Mit ihr ist aber auch nicht eine Betrübnis verknüpft, wie mit den leiblichen Freuungen, die es wie eine Art Arzneien gegen etwelche Beschwerden gibt: gerade wie einer daher am Trank Freuung hat, daß er vom Durst in die Enge getrieben wird, aber sobald der ganze Durst schon vertrieben ist, auch die Freuung am Trank aussetzt. Die Freuung der Betrachtung nämlich wird nicht daher verursacht, daß irgend eine Beschwer ausgeschlossen wird, sondern daher, daß sie sich selber nach freulich ist: sie ist nämlich nicht ein Werden, sondern, wie (31, 1) gesagt, eine Art vollendeter Tätigkeit.

Beischaftlicher Weise aber mischt sich Betrübnis zur Freuung der Wahrnehmung. Und zwar in doppelter Weise: einmal auf Seiten des Lebenswerkzeugs; zum andern infolge Hindernisses bei der Wahrnehmung. Auf Seiten des Lebenswerkzeugs mischt sich Betrübnis oder Schmerz der Wahrnehmung ja gerade bei den wahrnehmigen Kräften der sinnenhaften Seite bei, die ein leibliches Lebenswerkzeug haben: entweder vom Sinnfälligen her, das einen Gegensatz zum gebührenden Aufbau des Lebenswerkzeugs mitbringt, wie das bittere Ding für den Geschmack und das stinkende Ding für den Geruch; oder von der Unaufhörlichkeit des bekömmlichen Sinnfälligen her, das durch seine fortgesetzte Gegenwart die natürliche Verhabung über ihre Wachstumsgrenze hinaustreibt, wie oben (33, 2) gesagt worden ist, daß dergestalt die Wahrnehmung des Sinnfälligen, die vorher freulich war, zum Überdruß wird. – Dagegen ist für dieses beides von vorne herein in der Betrachtung beim Besinn kein Platz: denn der Besinn hat kein leibliches Lebenswerkzeug. Darum heißt es in der beigebrachten (»dagegen«) Gewährstelle, die Betrachtung im Besinn habe »weder Bitternis noch Überdruß«. Weil nun aber der menschliche Besinn beim Betrachten die sinnenhaften wahrnehmigen Kräfte gebraucht, in deren Tätigkeiten Ermüdung eintritt, so mischt sich deswegen auf einem Umwege irgendwelche Niedergeschlagenheit oder Schmerzlichkeit der Betrachtung bei.

Aber in keiner von beiden Weisen steht die beischaftlich der Betrachtung verbundene Betrübnis in einem geraden Gegensatz zu ihrer Freuung. Denn die Betrübnis, die über das Hindernis der Betrachtung vorhanden ist, steht nicht im Gegensatz zur Freuung der Betrachtung, sondern hat eher Verwandtschaft und Übereinkömmlichkeit mit ihr, wie aus dem früher Gesagten (vor. Art.) offen liegt. Die Betrübnis hingegen oder Niedergeschlagenheit, welche über die leibliche Ermüdung vorhanden ist, bezieht sich nicht auf die gleiche Gattung: sie ist deswegen durchaus ungleichartig. Dergestalt liegt auf der Hand, daß der Freuung, welche über die Betrachtung selbst da ist, keine Betrübnis als grader Gegensatz gegenüber steht; und irgendwelche Betrübnis hat mit ihr nur beischaftlich Verbindung.

Also zu 1. Jene Betrübnis, die Gott nach da ist, geht nicht auf die Betrachtung des Besinns selber, sondern geht auf etwas, was der Sinn betrachtet: nämlich die Sünde, die der Besinn als den geraden Gegensatz der Liebe zu Gott in Erwägung zieht.

Zu 2. Was in der Dingnatur im geraden Gegensatz zueinander steht, hat seinem Dasein im Besinn gemäß keine Gegensätzlichkeit. Denn die Bereden des Gegensätzlichen sind nicht gegensätzlich: vielmehr ist das eine Gegensätzliche der Grund, das andere kennen zu lernen. Darum gibt es vom Gegensätzlichen nur Ein Wissen.

Zu 3. Für sich hat die Betrachtung niemals das Berede von Übel, da die Betrachtung nichts anderes ist, als die Erwägung des Wahren, welches das Gut des Verstandes ist: sondern nur in Weise der Beischaft, insoweit nämlich die Betrachtung des Geringeren die Betrachtung des Besseren hindert; oder vonseiten des betrachteten Dings, zu dem die Begehr in ungeordneter Weise befallen wird (vgl. 38, 5).

Zu 4. Die Betrübnis, welche über die Behinderung der Betrachtung vorhanden ist, steht nicht im Gegensatz zur Freuung der Betrachtung, sondern ist ihr, wie gesagt, verwandt.

Zu 5. Die fleischliche Niedergeschlagenheit hat beischaftlicher Weise und umwegig, wie gesagt, ein Verhältnis zur Betrachtung im Besinn.

Sechster Artikel

Muß man die Betrübnis mehr fliehen, als nach der Freuung begehren? (Vgl. 2 II 138, 1)

Aus der Abhandlung. Ich antworte: An sich gesprochen, ist die Begehr nach Freuung stärker als die Flucht vor Betrübnis. Der Grund ist der, daß die Ursache der Freuung das zuträgliche Gut ist: die Ursache des Schmerzes aber, d.h. der Betrübnis, ist irgend ein widerstrebendes Üble. Es kommt aber vor, daß irgend ein Gut ohne jeden Mißklang übereinstimmend ist: irgend ein Übel aber kann nicht ohne jegliche Übereinkömmlichkeit ganzartig widerstrebend sein. Deswegen kann es die Freuung ungeschmälert und vollkommen geben. Die Betrübnis aber ist immer dem Teil nach da. Deswegen ist die Begehr nach Freuung naturhaft größer als die Flucht vor der Betrübnis. – Der andere Grund dagegen ist der, daß der Gegenstand der Freuung um seiner selbst willen begehrt wird: das Übel aber, das Gegenstand der Betrübnis ist, ist zu fliehen, insoweit es Fehle von Gut ist. Was es aber an und für sich gibt, ist vorzüglicher denn das, was es durch ein anderes gibt. – Dafür kommt auch ein Anzeichen in den natürlichen Wegungen zum Vorschein. Denn jede naturhafte Bewegung ist angespannter am Ende, da sie dem zu ihrer Natur stimmenden Wegziel sich nähert, als im Anfang, da sie von dem ihrer Natur nicht zukömmlichen Punkte abgeht:[247] gerade als ob die Natur mehr in das streben möchte, was auf sie stimmt, als daß sie das flieht, was ihr widerspricht. Deswegen strebt auch der Hang der begehrigen Wirkkraft, an sich gesagt, heftiger in die Freuung, als daß er die Betrübnis flieht.

Aber beischaftlich tritt ein, daß einer die Betrübnis mehr flieht, als nach Freuung begehrt. Und das in dreifacher Weise. Auf die erste nämlich, seitens der Wahrnehmung. Denn wie Augustinus 10. De Trin. (12) sagt: »Die Liebe wird mehr gefühlt, wenn das Bedürfnis sie hervorbringt.« Aus dem Bedürfnis aber nach dem Geliebten geht die Betrübnis hervor, die es aus dem Verlust irgend eines geliebten Gut oder aus dem Ansturm irgend eines gegensätzlichen Üblen gibt. Die Freuung aber hat kein Bedürfnis nach dem geliebten Gut, sondern ruht in dem schon erreichten. Da also die Liebe die Ursache der Freuung und der Betrübnis ist, so wird die Betrübnis desto mehr geflohen, je mehr Liebe man daher fühlt, daß sie der Liebe entgegengesetzt ist. – Zum anderen seitens der betrübenden oder den Schmerz bereitenden Ursache, die dem Gut widerstreitet, das mehr geliebt ist, als es jenes Gut ist, in welchem wir Freuung haben. Denn mehr lieben wir den natürlichen Bestand des Leibes, als die Freuung an Speise. Aus Furcht vor dem Schmerz, der von Geißelhieben oder anderem der Art kommt, was im Gegensatz zu einem guten Körperbestand ist, lassen wir die Freuung an Speisen oder derartigem sonst fahren. – Zum dritten, seitens der Wirkung: d. h. insoweit die Betrübnis nicht nur eine, sondern alle Freuungen verhindert.

Siebenter Artikel

Ist der äußere Schmerz größer als der innere?
(Vgl. 37, 1 zu 3)

Feststellung. Da die äußeren Schmerzen willentlich von manchen übernommen werden, um die inneren zu vermeiden, so ist das ein Zeichen, daß der innere Schmerz größer ist als der äußere.

Achter Artikel

Gibt es nur vier Arten von Betrübnis? (Vgl. 41, 4 zu 1)

Feststellung. Es gibt vier Arten der Betrübnis: Die Wirkscheu (acedia), der Angstdruck (anxietas), das Mitleid (misericordia) und der Neid (invidia) [denn Gregor von Nyssa sagt (Nemesius, De Nat. Hom. 19 al. 4, 12): »Die Wirkverdrießlichkeit ist eine Betrübnis, die die Stimme benimmt; die Angst hingegen eine anlastende Betrübnis; der Neid dagegen ist Betrübnis in fremden Gütern, die Barmherzigkeit aber eine Betrübnis in fremden Übeln.« 3. Einwand].

36. Untersuchung

DIE URSACHEN DER BETRÜBNIS ODER DES SCHMERZES

Erster Artikel

Ist Ursache des Schmerzes das verlorne Gut oder das Üble, womit man in Verbindung gekommen ist?

Aus der Abhandlung. Ich antworte: Wenn in der Wahrnehmung der Seele die Fehlen (privationes) sich ebenso verhielten, wie sie es in den Dingen tun, so hätte diese Untersuchung keinen Wert. Das Üble ist nämlich, wie I (14, 10; 48, 3) ausgemacht wurde, die Fehle von Gut: in der Dingnatur ist aber die Fehle nichts anderes, als der Mangel der entgegengesetzten Behabung: demgemäß wäre also Trauern über das verlorene Gut und das zugezogene Üble ein und dasselbe. – Nun ist aber die Betrübnis eine Wegung der Begehr, welche auf die Wahrnehmung folgt, in der Wahrnehmung aber hat gerade die Fehle das Berede von einer Art Seiendem: sie heißt deswegen ein »Seiendes in der Vernunft« (ens rationis). Dergestalt verhält sich das Üble, da es eine Fehle ist, in der Weise des geraden Gegensatzes (contrarii). Soweit deswegen die begehrige Wegung in Betracht kommt, macht es einen Unterschied, ob sie hauptsächlicher sich einem verbundenen Übel zukehrt oder einem verlorenen Gut.

Weil nun die Wegung der seelischen Begehr im Seelenwirken sich geradeso verhält, wie die naturhafte Wegung in den natürlichen Dingen, so kann man aus der Betrachtung der natürlichen Wegungen die Wahrheit in die Hand bekommen. Nehmen wir nämlich bei den natürlichen Wegungen Hingang und Abgang an, so geht der Hingang an sich auf das, was der Natur zuträglich ist, der Abgang aber an sich hat auf das Bezug, was gerader Gegensatz ist; ebenso wie das Schwere an sich von dem Ort oben weggeht, naturhaft aber an den Ort unten herankommt. Nehmen wir aber den Grund von beiderlei Bewegung, nämlich die Schwere, so hat die Schwere selber in der Weise des Früher den Hang zum Ort unten als den Wegzug vom Ort oben, von dem sie weicht, um nach unten zu streben.

Da nun die Betrübnis in den begehrhaften Wegungen in der Art und Weise einer Flucht oder eines Weichens, die Freuung aber nach Art der Verfolgung oder des Hinzugehens sich verhält, so kehrt sich die Freuung dem erlangten Gut als dem eigenbehörigen Gegenstand geradeso in einem Vorher zu, wie die Betrübnis das verbundene Üble ins Auge faßt. Nun aber hat die Ursache der Freuung und der Betrübnis, nämlich die Liebe, es in einem Früher mit dem Gut als mit dem Übel zu tun. Dergestalt also ist in der Weise, in welcher der Gegenstand die Ursache der Leidewegung ist, das verbundene Üble in mehr eigentlichem Sinne die Ursache der Betrübnis oder des Schmerzes, als das verlorene Gut.

Zweiter Artikel

Ist die Begierlichkeit die Ursache des Schmerzes?

Feststellung. Ihrem eigentlichen Berede nach ist die Begierlichkeit zuweilen die Ursache des Schmerzes, insofern wir uns über die Verzögerung des angestrebten Gut oder über seine gänzliche Wegnahme betrüben: aber sie kann nicht die alleinsliche Ursache des Schmerzes sein: [»denn wir haben mehr Schmerz über die Entziehung der gegenwärtigen Güter, in denen wir bereits Freuung haben, als der zukünftigen, nach denen wir die Begierde tragen«. Aus d. Antw.].

Dritter Artikel

Ist die Begehr nach Einheit die Ursache des Schmerzes?

Aus der Abhandlung. 1. Scheinbar ist die Begehr nach Einheit nicht die Ursache des Schmerzes. Es sagt nämlich der Philosoph 10. Ethic. (3 n 6): »Diese Meinung«, die angenommen hat, der Vollsatz sei Ursache der Freuung und der Einschnitt Ursache der Betrübnis,[248] »scheint sich aus den Freuungen und Betrübnissen gebildet zu haben, die es im Bezug auf die Speise gibt.« Nun ist aber nicht jede Freuung oder Betrübnis derartig. Also ist die Begehr nach Einheit nicht die alleinsliche Ursache des Schmerzes, da die Füllung in den Bereich der Einheit fällt, der Einschnitt hingegen die Vielheit hereinbringt.

Aber dagegen [drei Einwände] spricht, was Augustinus 3. De Libero Arbitrio (23) sagt: »Aus dem Schmerz, den die Tiere fühlen, kommt bei den Leibern, die sie zu regieren und anzuseelen haben, deutlich zum Vorschein, wie stark die Seelen nach Einheit begehren. Was ist der Schmerz denn anders, als ein gewisses Gefühl, das eine Teilung oder einen Zerfall nicht leiden mag?«

Ich antworte: In derselben Weise, in welcher die Begierlichkeit oder Begierde nach Gut die Ursache des Schmerzes ist, ist auch die Begehr nach Einheit oder die Liebe als Ursache des Schmerzes anzunehmen. Gut nämlich besteht bei jeglichem Ding in einer gewissen Einheit, angesichts dessen nämlich, daß jegliches Ding in sich das alles vereint hat, woraus seine Vollkommenheit besteht: deswegen nahmen auch die Platoniker an, das Eine sei Urheit geradeso wie auch Gut (Theaetet 29f.). Deswegen begehrt auch Jedwedes naturhaft nach Einheit, gerade wie nach Güte. Und wie deswegen die Liebe oder die Begehr nach Gut die Ursache des Schmerzes ist, so ist es auch die Liebe oder die Begehr nach Einheit.

Also zu 1. Nicht jede Einung macht das Berede von Gut fertig, sondern bloß diejenige, von der das Vollkommensein des Dings abhängt. Deswegen ist auch nicht die Begehr nach jeder beliebigen Einheit die Ursache des Schmerzes oder der Betrübnis, wie welche gemeint haben. Ihre Meinung schließt dort der Philosoph damit aus, daß gewisse Anfüllungen nicht freulich sind: gerade wie, die von Speisen voll sind, bei der Einnahme von Speisen keine Freuung haben. Eine derartige Füllung oder Vereinung steht eher im Widerspruch zum vollkommenen Sein, als daß sie das begründete. Deswegen wird der Schmerz nicht aus der Begehr jeder beliebigen Einheit verursacht, sondern derjenigen, in welcher die Vollkommenheit der Natur besteht.

Vierter Artikel

Ist die Gewalt, der man nicht widerstehen kann, die Ursache des Schmerzes?

Feststellung. Die größere Gewalt, der man nicht widerstehen kann, ist die Ursache des Schmerzes, indem sie die Verbindung mit dem zerstörenden Übel bewirkt. [»Wenn also eine Übermacht so stark wird, daß sie die Neigung des Willens und der sinnenhaften Begehr wegnimmt, so folgt aus ihr nicht Schmerz oder Traurigkeit: er folgt vielmehr bloß dann, wenn die Neigung der Begehr zum Gegenteil zurückbleibt.« Aus d. Antw.]

37. Untersuchung

DIE WIRKUNGEN DES SCHMERZES ODER DER BETRÜBNIS

Erster Artikel

Benimmt der Schmerz das Lernvermögen?

Feststellung. Da nun einmal tiefgehender Schmerz die Spannung des Gemüts zu sich hinzieht, so vermindert er nicht bloß, sondern raubt des öfteren allen Willen und alle Vermöglichkeit zum Lernen.

Zweiter Artikel

Ist Gemütsbedrückung die Wirkung der Betrübnis oder des Schmerzes?

Aus der Abhandlung. Ich antworte: … (Irgend ein Übel, das gegenwärtig ist) belastet eben daher, daß es der Wegung des Willens widerstreitet, das Gemüt, insofern es dasselbe das zu genießen verhindert, was es will. Und wenn auch die Kraft des betrübenden Übels nicht so groß ist, daß sie die Hoffnung raubt, ihm zu entgehen, mag sich auch das Gemüt insofern belastet fühlen, daß es für die Gegenwart sich dessen nicht bemächtigen kann, was es will, so bleibt doch die Wegung, das Schädliche, das betrübt, zu vertreiben. Wuchert hingegen die Gewalt des Üblen so hoch hinaus, daß sie die Hoffnung auf ein Entrinnen ausschließt, so wird alsdann auch die innere Wegung des in die Enge getriebenen Gemüts schlechthin gehindert, daß sie sich hierhin oder dorthin zu schlagen vermag. Und zuweilen wird auch die äußere Bewegung des Leibes gehindert, sodaß ein Mensch in Starrheit bleibt.

Dritter Artikel

Schwächt die Betrübnis oder der Schmerz jede Werktätigkeit?

Feststellung. Steht die Werktätigkeit zur Betrübnis als ihr Gegenstand, so wird sie aus ihr im höchsten Grade verhindert; tritt sie aber als Gewirktheit in Vergleich zu ihr, so wird sie eher gemehrt und vervollkommnet. [»Gerade wie einer, je betrübter er über ein Ding ist, umsomehr versucht, die Betrübnis zu vertreiben, wenn nur die Hoffnung des Vertreibens bleibt: sonst würde ja keinerlei Wegung oder Tätigkeit aus der Betrübnis verursacht werden.« Aus d. Antw.]

Vierter Artikel

Schadet die Betrübnis dem Körper mehr als die anderen Leidewegungen der Seele? (Vgl. 41, 1)

Aus der Abhandlung. Ich antworte: Unter den Leidewegungen der Seele schadet die Betrübnis dem Körper mehr als alle. Der Grund davon ist der, daß die Betrübnis dem menschlichen Leben in bezug auf die Artung seiner Wegung widerstreitet und nicht bloß in bezug auf das Zumaß oder die Größe, wie die sonstigen Leideheiten der Seele. Es besteht nämlich das menschliche Leben in einer gewissen Bewegtheit, die sich vom Herzen in die übrigen Glieder breit ergießt: diese Bewegtheit ist aber der menschlichen Natur irgend einem einbestimmten Anmaß nach zuträglich. Falls also diese Bewegtheit über das gebührende Maß weggeht, kommt sie in Widerstreit mit dem menschlichen Leben der Größenbemessung nach, nicht aber in Gemäßheit der Artähnlichkeit. Wird aber der Fortgang dieser Bewegtheit gehindert, so gerät sie in Kampf mit dem Leben nach seiner Artheit.

Es ist aber bei den Leidewegungen der Seele darauf zu achten, daß die leibliche Umsetzung, die es stofflich bei ihnen gibt, zur Bewegung der Begehr, die wesungsförmlich da ist, gleichförmig und verhältnismäßig auftritt: gerade wie in allem der Stoff ein Verhältnismaß zur Form hat. Jene Leideheiten der Seele also, die eine Wegung der Begehr in Verfolgung von etwas besagen, stehen artgemäß nicht in Widerspruch zur Lebensbewegtheit, können aber den Widerspruch der Größe gemäß haben: wie Liebe, Freude, Verlangen u. dgl. Sie fördern deswegen ihrer Artung nach die Natur des Leibes, können dagegen im Übermaß schaden. – Die Leideheiten aber, die eine Wegung der Begehr mit einem gewissen Fliehen oder Zurückziehen besagen, widerstreiten der Lebensbewegtheit nicht bloß der Größe nach, sondern auch der Artheit der Bewegung nach und schaden deswegen schlechthin: wie die Furcht und die Verzweiflung und vor allem die Betrübnis, welche die Seele aus einem gegenwärtigen Übel her belastet, dessen Eindruck stärker ist als der des Zukünftigen.

38. Untersuchung

DIE HEILMITTEL FÜR DIE BETRÜBNIS ODER DEN SCHMERZ

Erster Artikel

Wird der Schmerz oder die Betrübnis durch jede beliebige Freuung gelindert? (Vgl. 35, 4 zu 2; 38, 5; III 46, 8 zu 2)

Aus der Abhandlung. Ich antworte: Wie aus dem früher Gesagten (23, 4; 31, 1 zu 2) sich ergibt, ist die Freuung eine Art Ruhe der Begehr im zuträglichen Gut; die Betrübnis aber rührt von dem her, was der Begehr widerstrebt. Deswegen verhält sich bei den begehrigen Wegungen die Freuung zur Betrübnis gerade so, wie sich bei den Körpern die Ruhe zu der Ermüdung verhält, die aus irgend einer unnatürlichen Umsetzung eintritt: denn gerade die Betrübnis besagt auch eine gewisse Ermüdung oder Ankränkelung der begehrhaften Wirkkraft. Gerade also, wie jede beliebige Ruhe des Körpers das Heilmittel für jede beliebige Ermüdung bringt, die aus irgend welch einer Ursache hervorgeht, so bereitet auch jegliche Freuung das Heilmittel zur Linderung jeglicher Betrübnis, woher sie auch immer auftreten mag.

Zweiter Artikel

Wird der Schmerz oder die Betrübnis durch Weinen gelindert?

Abhandlung. 1. Scheinbar lindert Weinen die Traurigkeit nicht. Keine Wirkung mindert nämlich ihre Ursache. Nun aber ist Weinen oder Seufzen eine Wirkung der Betrübnis. Also mindert sie nicht die Betrübnis.

2. Ferner, gerade wie Weinen oder Stöhnen die Wirkung der Traurigkeit ist, so ist Lachen die Wirkung der Fröhlichkeit. Nun aber vermindert Lachen die Fröhlichkeit nicht. Also besänftigt das Weinen auch nicht die Traurigkeit.

3. Ferner, beim Weinen vergegenwärtigt man sich das betrübende Übel. Nun aber vermehrt das Inbild von einem betrübenden Ding die Betrübnis: gerade wie das Inbild eines freulichen Dings die Frohheit vermehrt. Es scheint also, daß das Weinen die Betrübnis nicht lindert.

Aber dagegen spricht, was Augustinus 4. Confess. (7) sagt: als er über den Tod des Freundes Schmerz empfand, »gaben ihm allein Seufzen und Tränen ein klein wenig Beruhigung«.

Ich antworte: Tränen und Seufzen lindern naturhaft die Betrübnis, und zwar aus einem doppelten Grund: zuerst nämlich, weil jede ins Innere eingeschlossene Schadenquelle Schlimmeres anrichtet, weil die Seelenspannung, die es mit ihr zu tun hat, sich vervielfacht: sobald sie sich aber in das mehr nach außen Stehende ergießt, zerstreut sich gewissermaßen die Seelenspannung auf das Äußere und wird so der innere Schmerz gemindert. Sobald deswegen die Menschen, die in Betrübnissen sind, ihre Betrübung nach außen, entweder durch Weinen oder Geseufze oder auch mit Worten, kundtun, mildert sich die Betrübnis. – Sodann, weil für den Menschen immer die Werktätigkeit freulich ist, die ihm der Zurüstung nach, in welcher er sich befindet, entspricht. Weinen und Seufzen sind aber gewisse Tätigkeiten, die auf den passen, der Betrübnis oder Schmerz hat. Und für ihn werden sie deswegen freulich. Da also jede Freuung irgendwie die Betrübnis oder den Schmerz lindert, wie (vor. Art.) gesagt, so folgt, daß durch das Wehklagen und Stöhnen die Traurigkeit gelindert wird.

Also zu 1. Eben das Verhalten von Ursache zu Wirkung steht im geraden Gegensatz zu dem Verhalten des Betrübenden zum Betrübten: denn jede Wirkung stimmt auf ihre Ursache und ist folglich für sie freulich; das Betrübende aber steht im geraden Gegensatz zum Betrübten. Deswegen hat die Wirkung der Betrübnis zum Betrübten eine Verhaltung, die der des Betrüblichen zu ihm gerade entgegengesetzt ist. Und deswegen wird die Betrübnis durch die Wirkung der Betrübnis auf Grund der vorgenannten Gegensätzlichkeit gelindert.

Zu 2. Das Verhalten der Wirkung zur Ursache ist dem Verhalten des Freulichen zum Erfreuten ähnlich: weil man auf beiden Seiten die Zuträglichkeit antrifft. Alles Ähnliche aber mehrt sein Ähnliches. Und deswegen wird die Frohheit durch Lachen und andere Wirkungen der Frohheit vermehrt: es müßte denn etwa beischaftlicherweise wegen eines Übermaßes nicht der Fall sein.

Zu 3. Das Inbild des betrüblichen Dings hat an sich in seinem Naturgeführ, die Betrübnis zu vermehren: aber daher, daß der Mensch sich einbildet zu tun, was ihm sotanem Stand nach entspricht, erhebt sich eine Art von Freuung. Und wenn einen das Lachen beschleicht in einem Zustande, worin es ihm scheint, trauern zu müssen, so empfindet er aus dem gleichen Grunde eben darum Schmerz, da er gleichsam tut, was sich nicht schickt, wie Tullius 3. De Tuscul. Quaest. (27) sagt.

Dritter Artikel

Werden Schmerz und Betrübnis durch das Mitleiden von Freunden gelindert?

Feststellung. Da wir doch aus dem Beileid, das Freunde mit uns haben, eine Freuung gewinnen, so werden deshalb durch das Mitleiden von Freunden natürlicherweise Schmerz und Betrübnis vermindert.

Vierter Artikel

Werden durch die Betrachtung der Wahrheit Schmerz und Betrübnis gelindert?

Abhandlung. 1. Scheinbar lindert die Betrachtung der Wahrheit den Schmerz nicht. Es heißt nämlich Eccle. 1, 18: »Wer das Wissen mehrt, mehrt auch den Schmerz.« Nun schlägt aber das Wissen in den Bereich der Wahrheitsbetrachtung. Es lindert also nicht die Betrachtung der Wahrheit den Schmerz.

2. Ferner, die Betrachtung der Wahrheit gehört zum Einsichtverstand. Aber »der Einsichtverstand wegt nicht«, wie es 3. De Anima (11 n 4) heißt. Da also die Freude und der Schmerz gewisse Gemütsbewegungen sind, so scheint die Wahrheitsbetrachtung nichts zur Linderung des Schmerzes zu tun.

3. Ferner, das Heilmittel für eine Erkrankung ist dort anzusetzen, wo die Erkrankung vorhanden ist. Nun aber gibt es die Betrachtung der Wahrheit im Verstand. Sie lindert also nicht den körperlichen Schmerz, den es im Gesinn gibt.

Aber dagegen spricht, was Augustinus 1. Soliloq. (12) sagt: »Wenn jener Wahrheitsglanz sich unserem Geiste öffnen wollte, so schien mir, würde ich entweder jenen Schmerz nicht spüren können oder sicherlich wie ein Nichts ertragen haben.«

Ich antworte: Wie oben (3, 5) gesagt, besteht die höchste Freuung in der Wahrheitsbetrachtung. Nun lindert aber jede Freuung den Schmerz, wie es vorhin (Art. 1) hieß. Deshalb lindert die Wahrheitsbetrachtung die Betrübnis oder den Schmerz: um soviel mehr, je vollkommener einer zum Liebhaber der Weisheit geworden ist. Deshalb empfinden die Menschen aus der Betrachtung des Göttlichen und der zukünftigen Glückgeborgenheit in Trübsalen Freude, Jak. 1, 2 gemäß: »Für lauter Freude erachtet es, .meine Brüder, wenn ihr in mancherlei Prüfungen hineingeratet.« Und was mehr bedeutet, sogar mitten in den Qualen des Leibes trifft man solcherart Freude an: wie »der Martyr Tiburtius sagte, da er mit den nackten Fußsohlen auf den glühenden Kohlen einherging: Mir scheint, daß ich auf Rosenblüten trete, im Namen von Jesus Christus« (vgl. Brev. d. Dominik., 10. Aug.).

Also zu 1. »Wer das Wissen mehrt, mehrt den Schmerz«, entweder wegen der Schwierigkeit und der Unzulänglichkeit, die Wahrheit zu finden: oder deswegen, weil der Mensch durch das Wissen vieles kennen lernt, was zum Willen im geraden Gegensatz liegt. Dergestalt verursacht das Wissen seitens der erkannten Dinge den Schmerz: seitens der Wahrheitsbetrachtung aber die Freuung.

Zu 2. Der Einsichtverstand wegt nicht das Gemüt seitens des Dings, das der Insicht unterliegt: er wegt aber doch das Gemüt seitens der Betrachtung selber an, die ein gewisses Gut des Menschen und naturhaft freulich ist.

Zu 3. Bei den Seelenkräften kommt es zu einem Überfließen vom Höheren zum Niedrigeren. Und demgemäß hat die Freuung der Betrachtung, die es auf der höheren Seite gibt, den Überstrom zur Linderung auch des Schmerzes, den es im Gesinn gibt.

Fünfter Artikel

Werden Schmerz und Betrübnis durch Schlaf und Bäder gelindert?

Feststellung. Da Schlaf und Bäder die leibliche Natur auf den gehörigen Stand der Lebenswegung wiederherstellen und neubilden, so lindern und mindern sie auch notwendig die Betrübnis.

39. Untersuchung

GUTHEIT UND SCHLECHTHEIT DER BETRÜBNIS ODER DES SCHMERZES

Erster Artikel

Ist jede Betrübnis bös?

Feststellung. Wiewohl jede Betrübnis an sich ein Übel ist, insoweit sie die Ruhe der Begehr in Gut behindert, so ist doch die Betrübnis gut, mit der einer über ein böses Werk betrübt ist.

Zweiter Artikel

Kann die Betrübnis ehrenmaßliches Gut sein?
(Vgl. 59, 3; III 15, 6 zu 2; 46, 6 zu 2)

Abhandlung. 1. Scheinbar hat die Betrübnis nicht das Berede vom ehrenmaßlichen Gut. Was nämlich zur Hölle führt (ad inferos), steht zum Ehrenmaßlichen in geradem Gegensatz.

Wie nun aber Augustinus 12. super Gen. ad litt. (33) sagt, »scheint Jakob gefürchtet zu haben, durch allzu große Traurigkeit so in Unordnung zu kommen, daß er nicht auf dem Weg zur Ruhe der Seligen, sondern auf dem zur Hölle der Sünder sei«. Also hat die Betrübnis nicht das Berede von ehrenmaßlichem Gut.

2. Ferner, das ehrenmaßliche Gut hat das Berede von Lobwürdig und Verdienstlich. Nun aber vermindert die Betrübnis das Berede von Lob und Verdienst: es sagt nämlich der Apostel 2. Kor. 9, 7: »Ein jeder, wie er es in seinem Herzen sich vorgenommen hat, nicht aus Traurigkeit heraus oder aus Notwendigkeit.« Also ist die Betrübnis nicht ein ehrenmaßliches Gut.

3. Ferner, wie Augustinus 14. De Civ. Dei (15; vgl. 6) sagt, »gibt es die Traurigkeit über das, was uns zustößt, indes wir es nicht wollen«. Aber das nicht zu wollen, was gegenwärtig geschieht, heißt einen der göttlichen Anordnung sich widersetzenden Willen haben, deren Weisheit alles Leben und Treiben unterliegt. Da nun die Gleichförmigkeit des menschlichen Willens mit dem göttlichen zur Rechtschaffenheit des Willens gehört, wie früher (19, 9) gesagt worden ist, so scheint also die Traurigkeit in geradem Gegensatz zur Rechtheit des Willens zu stehen. Und so hat sie nicht das Berede von Ehrenmaßlich.

Aber dagegen hat alles das Berede von Ehrenmaßlich, was den Preis des ewigen Lebens verdient. Von der Art ist aber die Traurigkeit: wie durch Matth. 5, 5 klar ist: »Selig sind, die Trauer haben, denn sie werden Trost bekommen.« Also ist die Betrübnis ein ehrenmaßliches Gut.

Ich antworte: Jenem Berede nach, in welchem sie ein Gut ist, kann die Traurigkeit ehrenmaßliches Gut sein. Es wurde nämlich (vor. Art.) gesagt, daß die Betrübnis gemäß dem Erkennen und der Abweisung von Bös das Gut ist. Beides tritt nun beim körperlichen Schmerz als Zeuge für die Güte der Natur auf, aus welcher es kommt, daß das Gesinn das Verletzende empfindet, was den Schmerz verursacht, und die Natur es flieht. Bei der inneren Betrübnis dagegen rührt die Erkennung des Bösen nun zuweilen vom rechten Urteil der Vernunft her; und die Zurückweisung von Bös ist durch den gut zugerüsteten Willen vorhanden, der Bös verwünscht. Jedes ehrenmaßliche Gut geht aber aus diesem Paar hervor, nämlich aus der Rechtheit der Vernunft und des Willens. Daher liegt auf der Hand, daß die Betrübnis das Berede von ehrenmaßlichem Gut haben kann.

Also zu 1. Alle Leidewegungen der Seele sollen ihre Leite an der Richtschnur der Vernunft haben, welche die Wurzel des ehrenmaßlichen Gut ist. Diese wird von der maßlosen Traurigkeit überschritten, von der Augustinus redet. Deswegen verläßt diese das Berede von ehrenmaßlichem Gut.

Zu 2. Gerade so wie die Betrübnis über Bös aus dem Willen und der Vernunft hervorgeht, deren Rechtheit Bös abweist, so geht die Betrübnis über Gut von der Vernunft und dem Willen in der Verderbtheit aus, die Gut ablehnt. Und deswegen verhindert eine solche Betrübnis das Lob oder das Verdienst von ehrenmaßlichem Gut: wie, wenn einer mit Betrübnis Almosen gibt.

Zu 3. Etwelches tritt auch gegenwärtig ein, was nicht mit Willen Gottes, sondern mit Zulassung Gottes geschieht, wie die Sünden. Deswegen ist der Wille, der in Widerspruch zu der in ihm oder in einem anderen vorhandenen Sünde steht, nicht im Widerstreit mit dem Willen Gottes. – Die strafmäßigen Übel hingegen ereignen sich gegenwärtig auch unter Gottes Willen.[249] Zur Rechtheit des Willens wird freilich nicht erheischt, daß der Mensch sie an sich wünscht: sondern bloß, daß er nicht der Ordnung der göttlichen Gerechtigkeit widerstrebt, wie oben (19,10) gesagt worden ist.

Dritter Artikel

Kann die Betrübnis ein nützliches Gut sein?
(Vgl. III 46, 6 zu 2)

Aus der Abhandlung. 1. Scheinbar … *3. Ferner,* »jedes Ding gibt es seines Wirktums wegen«, wie es 2. De Caelo (3 n 1) heißt. Nun aber »behindert die Betrübnis die Tätigkeit«, wie es 10. Ethic. (5 n 5) heißt. Also hat die Betrübnis nicht das Berede von nützlichem Gut.

Aber dagegen sucht der Weise nur das Nützliche. Wie es nun aber Eccle. 7, 5 heißt, »ist das Herz der Weisen dort, wo Trauer, und das Herz der Toren dort, wo Frohheit«. Also ist die Betrübnis nützlich.

Ich antworte: Aus einem Übel, das zugegen ist, erhebt sich eine doppelte begehrige Wegung. Eine nämlich, die im geraden Gegensatz zum gegenwärtigen Übel steht. Von dieser Seite her hat die Betrübnis nicht Nützlichkeit: denn, was gegenwärtig ist, vermag nicht ungegenwärtig zu sein.

Die zweite Wegung steht in der Begehr auf, um das betrübende Übel zu fliehen oder zurückzuweisen. In diesem Belang hat die Betrübnis Nützlichkeit, wenn sie auf etwas geht, das zu fliehen ist. Es ist nämlich etwas zweifach zu fliehen. In der einen Weise seiner selbst wegen aus der geraden Gegensätzlichkeit, die es zu Gut hat, wie die Sünde. Und deswegen ist die Betrübnis über die Sünde dazu nützlich, daß der Mensch die Sünde flieht: gerade wie der Apostel sagt 2. Kor. 7, 9: »Ich freue mich, nicht, weil ihr betrübt wurdet, sondern weil ihr betrübt wurdet zur Buße.« – In der anderen Weise ist etwas zu fliehen, nicht, weil es an sich bös ist, sondern weil es die Gelegenheit zu Bös ist; indem entweder der Mensch ihm zu sehr durch Liebe sich einhängt, oder auch aus ihm in irgend ein Bös stürzt, wie es bei den zeitlichen Gütern klar ist. Demnach kann die Betrübnis über die zeitlichen Güter nützlich sein: gerade wie es Eccle. 7, 3 heißt: »Besser ist's, in ein Haus der Trauer zu gehen, als in ein Haus des Gastmahls: denn in jenem wird das Ende aller Menschen angemahnt.«

Die Betrübnis aber ist in allem, was zu fliehen ist, deswegen nützlich, weil die Fluchtursache zwillinghaft auftritt. Denn das Böse ist selber in eigener Gemäßheit zu fliehen: eben die Betrübnis aber fliehen alle an sich, gerade wie sie auch alle nach Gut und nach der Freuung an Gut begehren. Gerade wie also die Freuung am Gut macht, daß man Gut begieriger sucht, so macht die Betrübnis über Bös, daß man das Böse eiliger flieht.

Also zu 1. Die Gewährstelle [Eccli. 30, 25] hat die maßlose Betrübnis im Sinne, die das Gemüt aufzehrt. Eine solche

Traurigkeit nämlich versteift das Gemüt und verhindert die Flucht vor dem Bösen, wie oben (37, 2) gesagt worden ist.

Zu 2. (Ohne Trauer wählt man besser.) Wie, was beliebig zur Wahl steht, wegen Betrübnis weniger auslesbar wird, so wird der Betrübnis wegen, wovor man die Flucht ergreifen muß, in höherem Grade fliehenswert. In diesem Betracht ist die Betrübnis nützlich.

Zu 3. Die Betrübnis über irgend eine Tätigkeit behindert die Tätigkeit: aber die Betrübnis über das Nachlassen der Tätigkeit macht begieriger wirken.

Vierter Artikel

Ist der Schmerz des Körpers das höchste Übel?

Feststellung. Da es schlimmer ist, wirklich Übel im Urteil nicht als Übel hinzustellen, und noch schlimmer, von dem wahren Gut (mag es anscheinend Übel sein) sich zu entfremden, als über beiderlei Gattung von Übel Betrübnis oder Schmerz zu haben, so kann es folgerecht nicht geschehen, daß irgend eine Betrübnis oder ein Schmerz das höchste Übel des Menschen wäre.[250]

40. Untersuchung

DIE LEIDEWEGUNGEN DES ZORNMUTS, ZUNÄCHST DIE HOFFNUNG UND DIE VERZWEIFLUNG

In richtiger Folge ergibt sich die Erwägung der Leideheiten des Zornmuts (26, Vorw.): und zwar erstens die der Hoffnung und der Verzweiflung; zweitens die der Furcht und der Kühnheit (41); drittens die des Zornes (46). Acht Fragen behandeln das erste:

Erster Artikel

Ist Hoffnung dasselbe, was Verlangen oder Begierde ist?
(Vgl. 25, 1)

Aus der Abhandlung. Ich antworte: Die Artung der Leideheit tritt aus dem Gegenstand her ins Auge. Beim Gegenstand der Hoffnung sind nun vier Bedinglichkeiten zu bemerken. Erstens einmal, daß er ein Gut ist: eigentlich nämlich gibt es die Hoffnung nur auf das Gut. Dadurch unterscheidet sich die Hoffnung von der Furcht, die es vor dem Übel gibt. – Zweitens, daß er in der Zukunft liegt: auf den Besitz in der Gegenwart gibt es nämlich keine Hoffnung. Und dadurch unterscheidet sich die Hoffnung von der Freude, die es über das Gut in Gegenwart gibt. – Drittens wird die Forderung an ihn gestellt, daß er etwas mit Schwierigkeit zu erreichendes Steiles ist: man spricht nämlich nicht von Hoffnung bei der kleinsten Kleinigkeit, die einer sofort in seiner Besitzgewalt hat. Und dadurch unterscheidet sich die Hoffnung von dem Verlangen oder der Begierde, die es reinweg zum Gut in der Zukunft gibt, weshalb sie in den Bereich des Begehrmuts, die Hoffnung aber in den des Zornmuts fällt.[251] – Viertens, daß jenes Steile erreichungsmöglich ist: es erhofft nämlich einer nicht, was er überhaupt nicht erreichen kann. Und demnach unterscheidet sich die Hoffnung von der Verzweiflung.

Hiermit liegt also zutage, daß die Hoffnung sich von dem Verlangen unterscheidet, gerade wie die Leideheiten des Zornmuts sich von den Leidewegungen des Begehrmuts unterscheiden. Deswegen setzt die Hoffnung das Verlangen voraus: geradeso, wie alle Leideheiten des Zornmuts die Leidewegungen des Begehrmuts voraussetzen, wie früher (25, 1) gesagt worden ist.

Zweiter Artikel

Gibt es die Hoffnung in der Gewahrkraft oder wohl in der Begehrkraft?

Feststellung. Da die Hoffnung eine gewisse Hinausstreckung der Begehr ins Gut besagt, so schlägt sie notwendig in den Bereich des begehrigen Seelenteils. Nicht aber in den des wahrnehmigen.

Dritter Artikel

Gibt es bei den tierischen Seelwesen Hoffnung?

Abhandlung. 1. Scheinbar gibt es bei den tierischen Seelwesen die Hoffnung nicht. Die Hoffnung geht nämlich auf ein Gut in der Zukunft, wie Johannes von Damaskus (De Fide orth. 2, 12) sagt. Nun geht aber das Erkennen der Zukunft die tierischen Seelwesen nichts an, die bloß eine sinnenhafte Erkenntnis haben, die es nicht vom Zukünftigen gibt. Also gibt es die Hoffnung nicht in den tierischen Seelwesen.

2. Ferner, Gegenstand der Hoffnung ist das erreichungsmögliche Gut. Nun sind aber Möglich und Unmöglich gewisse Unterscheidungen bei Wahr und Falsch, die es nur im Besinn gibt, wie der Philosoph 6. Metaph. (Did. 5, 4 n 1) sagt. Also gibt es die Hoffnung nicht in den tierischen Seelwesen, in denen es nicht den Besinn gibt.

3. Ferner, Augustinus sagt super Gen. ad litt. (9, 14): »Die Tiere werden durch das Gesehene angewegt.« Nun geht aber die Hoffnung nicht auf das, was man sieht: »Denn, was hofft einer, was er sieht?«, wie es Röm. 8, 24 heißt. Also gibt es die Hoffnung in den tierischen Seelwesen nicht.

Aber dagegen ist die Hoffnung eine Leidewegung des Zornmuts. Nun gibt es aber in den tierischen Seelwesen den Zornmut. Also auch die Hoffnung.

Ich antworte: Die inneren Leidewegungen der Seelwesen können aus den äußeren Bewegungen zur Entdeckung kommen. Aus ihnen tritt an den Tag, daß es in den tierischen Seelwesen die Hoffnung gibt. Wenn nämlich der Hund den Hasen sieht oder der Habicht den Vogel auf einen allzu großen Abstand, so bewegt er sich nicht auf ihn hin, da er sozusagen nicht hofft, ihn erreichen zu können. Ist er aber in der Nähe, so kommt er sozusagen unter der Hoffnung des Einholens in Bewegung. Wie nämlich früher (1, 2; 26, 1; 35, 1) gesagt worden ist, folgen die sinnenhafte Begehr der tierischen Seelwesen und auch die naturhafte Begehr der sinnenlosen Dinge der Wahrnehmung irgend eines Verstandes, gerade wie auch die Begehr der vernunfthaften Natur, die Wille heißt. Nun liegt aber der Unterschied darin, daß der Wille aus der Wahrnehmung des Verstandes im Verbund[252] sich wegt: dagegen die Wegung der naturhaften Begehr der Wahrnehmung in dem fernab stehenden Verstande folgt, der die Natur begründet hat; und ähnlicherweise die sinnenhafte Begehr der tierischen Seelwesen, die auch mit einem gewissen naturhaften Innenantrieb tätig sind. Deswegen tritt in den Werklichkeiten der tierischen Seelwesen und der anderen natürlichen Dinge ein ähnlicher Vorgang zutage, wie im Werkschaffen des Wissens und Könnens (artis). Auf diese Weise gibt es in den tierischen Seelwesen die Hoffnung und die Verzweiflung.

Also zu 1. Obwohl die tierischen Seelwesen das Zukünftige nicht erkennen, so wegt sich doch aus naturhaftem Antrieb das Tier zu etwas hin für die Zukunft (ad aliquid in futurum), als ob es das Zukünftige voraussähe. Ein derartiger Innenantrieb ist nämlich in sie vom göttlichen Verstand hineingegeben, der das Zukünftige voraussieht.

Zu 2. Der Gegenstand der Hoffnung ist nicht das Möglich, wie es als eine Art Unterschied von Wahr auftritt: dergestalt folgt es nämlich dem Verhalten der Satzaussage zu ihrem Träger. Sondern Gegenstand der Hoffnung ist, was irgend einem Mögestand nach möglich heißt. So wird nämlich Möglich 5. Metaph. (Did. 4, 12 n 9) unterschieden: nämlich in die zwei genannten Möglich.

Zu 3. Mag auch, was in der Zukunft liegt, nicht unter das Gesicht fallen, so wird doch aus dem, was das Tier in der Gegenwart sieht, seine Begehr in ein Zukünftiges hineingewegt, das entweder zu verfolgen oder zu meiden ist.

Vierter Artikel

Steht die Verzweiflung im geraden Gegensatz zur Hoffnung?
(Vgl. 23, 2; 45, 1 zu 2)

Feststellung. Da die Hoffnung einen gewissen Angang ins Gut, die Verzweiflung dagegen den Weggang von ihm bezeichnet, so sind sie sich notwendig gerade entgegengesetzt.

Fünfter Artikel

Ist die Erfahrung die Ursache der Hoffnung?
(Vgl. 42, 5 zu 1; 45, 3)

Feststellung. Da die Hoffnung Gut zum Gegenstand hat, das man sich zu holen vermag (possibile adipisci), muß Ursache der Hoffnung auch notwesentlich die Erfahrung sein, wodurch für den Menschen die Vermöglichkeit und die Berechnung entsteht, daß er irgend ein Gut leicht gewinnen kann: wenn auch zuweilen aus der Erfahrung die Hoffnung vermindert wird.

Sechster Artikel

Haben junge und trunkene Leute reichlich Hoffnung?
(Vgl. 45, 3)

Aus der Abhandlung. Ich antworte: Jugend ist dreierlei wegen Ursache von Hoffnung, wie der Philosoph 2. Rhetoric. (12 n 8) sagt. Und dies dreierlei kann man den drei Bedinglichkeiten von Gut gemäß nehmen, das Gegenstand der Hoffnung ist; es ist, wie gesagt (Art. 1), das Zukünftige und das Steile und das Mögliche. Junge Leute haben nämlich viel von der Zukunft und zu wenig von der Vergangenheit. Und weil die Erinnerung auf die Vergangenheit, die Hoffnung aber auf die Zukunft geht, so haben sie darum zu wenig von Erinnerung, leben dagegen viel in Hoffnung. – Wegen der Wärme ihrer Natur sind auch in den jungen Leuten viele Geister lebendig (habent multos spiritus): und so wird in ihnen das Herz weit. Aus der Weite des Herzens aber rührt her, daß einer Aufragendem zustrebt. Und deswegen sind die Jungleute vollgemut (animosi) und guter Hoffnung. – Ähnlicherweise meinen auch die, welche keine Abfuhr erlitten und keine Schwierigkeiten in ihren Unternehmungen erfahren haben, es sei ihnen leicht etwas möglich. Daher halten auch, wegen der Unerfahrenheit mit Hindernissen und Versagungen, junge Leute leicht für sich etwas möglich. Und sie sind deswegen bei guter Hoffnung.

Zweierlei davon gibt es auch bei den Betrunkenen: nämlich die Hitze und die Mehrung der Geister, des Weines wegen; wiederum auch die Bedachtlosigkeit für Gefahren oder Versagungen. – Gleichen Grundes wegen gehen auch alle Törichten und, die keine Überlegung gebrauchen, an alles mit Versuchen heran und sind bei guter Hoffnung.

Siebenter Artikel

Ist die Hoffnung die Ursache der Liebe?
(Vgl. 27, 4 zu 3; 62, 4 zu 3; 2 II 17, 8)

Feststellung. Insoweit sich die Hoffnung dem erhofften Gut zukehrt, wird sie aus der Liebe geboren; aber insofern sie auf den sieht, durch welchen uns etwas möglich wird, ist sie die Ursache der Liebe zu diesem.

Achter Artikel

Trägt die Hoffnung zum Werktun bei oder hindert sie es eher?

Aus der Abhandlung. Ich antworte: Die Hoffnung hat an sich, die Tätigkeit zu unterstützen, indem sie diese anspannt. Und dies aus zwei Stücken. Zunächst einmal aus dem Berede ihres Gegenstandes, der das mögliche steilragende Gut ist. Die Bewertung des Aufragenden nämlich weckt die Aufmerksamkeit: die Veranschlagung von Möglich hingegen hält die Unternehmung nicht zurück. Daher folgt, daß der Mensch wegen der Hoffnung angespannt am Werk ist. – Zweitens aber aus dem Berede ihrer Wirkung. Wie nämlich oben (32, 3) gesagt worden ist, verursacht Hoffnung die Freuung: welche die Tätigkeit unterstützt, wie oben (33, 4) gesagt wurde. Deswegen fördert Hoffnung die Werktätigkeit.

41. Untersuchung

DIE FURCHT AN SICH

Erster Artikel

Ist die Furcht eine Leidewegung der Seele?

Feststellung. Da die Furcht sich gegen das Übel an sich kehrt, wobei irgend eine körperliche Umsetzung eintritt, so muß sie notwendig eine Leidewegung der Seele sein. [»Sie stellt sich nämlich mit einer gewissen Umwandlung ein, d. h. ›mit einer Zusammenziehung‹, wie Johannes von Damaskus (3. De Fide orth. 3, 23) sagt. Sie bringt auch ein Verhältnis zu Übel demgemäß mit, als das Üble gewissermaßen den Sieg über irgend ein Gut davongetragen hat. Deswegen kommt ihr das Berede einer Leide im wahrsten Sinne zu. – Indessen hinter der Betrübnis, die es über das gegenwärtige Üble gibt: denn Furcht gibt es vor einem zukünftigen Üblen, das nicht dergestalt wegt wie das gegenwärtige.« A. d. Antw.]

Zweiter Artikel

Ist die Furcht eine besonderartige Leidewegung?

Aus der Abhandlung. Ich antworte: Die Leideheiten der Seele erhalten die Artung aus den Gegenständen. Eine besonderartige

Leidewegung ist deswegen die, welche einen besonders gearteten Gegenstand hat. Nun hat die Furcht aber einen besonderen Gegenstand, gerade wie auch die Hoffnung. Gerade wie nämlich der Gegenstand der Hoffnung das zukünftige steilragende vermöglicherweise erreichbare Gut ist, so ist der Gegenstand der Furcht das schwerdrohende Übel der Zukunft, dem man nicht Widerstand leisten kann. Daher ist die Furcht eine besonderartige Leidewegung der Seele.

Dritter Artikel

Gibt es irgend welche naturhafte Furcht?

Feststellung. Es gibt eine gewisse natürliche Furcht, die sich gegen das Üble kehrt, das in irgend welch einer Weise verletzend ist und das Naturgut zerstört: und eine gewisse nicht naturhafte, der nach wir das Üble fürchten, das nicht der Natur, sondern einem geliebten oder ersehnten Gut gegenübersteht.

Vierter Artikel

Werden die Arten der Furcht richtig angegeben?

Aus der Abhandlung. Ich antworte: Wie (Art. 2) gesagt, geht die Furcht auf das Üble in der Zukunft, das die Macht des Fürchtenden übersteigt, d. h. daß er ihm nicht widerstehen kann. Gerade wie aber das Gut, so kann auch das Üble beim Menschen entweder in seiner Tätigkeit oder in äußeren Dingen zum Betracht stehen. Beim Menschen selbst aber kann die Tätigkeit ein doppeltes Üble befürchten lassen. Einmal nämlich die Mühe, welche die Natur belastet. Dergestalt wird die »Schlaffheit« (segnities) verursacht, wann nämlich einer wegen der Furcht übermäßiger Mühe das Werktun scheut. – Zum zweiten die Schimpflichkeit (turpitudo), welche die Meinung verletzt. Wird mithin die Schimpflichkeit in einer Handlung befürchtet, die begangen werden soll, so ist von »Errötsamkeit« (erubescentia) die Rede: ist es aber mit einer schon getanen Schimpflichkeit der Fall, so ist es »Scham« (verecundia).

Übles aber, das in äußeren Dingen besteht, kann in dreierlei Berede das Widerstandsvermögen des Menschen überschreiten. Erstens nämlich auf Grund seiner Größe: wann nämlich einer irgend ein großes Übel ins Auge faßt, dessen Ausgang zu erwägen er nicht hinreicht. So ergibt sich »Verwunderung«. – Zweitens auf Grund der Ungewöhnlichkeit: daß nämlich ein ungewohntes Üble unserer Betrachtung sich darbietet und dergestalt unseres Erachtens groß ist. In dieser Weise gibt es die »Verblüfftheit« (stupor), die aus einem ungewohnten Inbild verursacht wird. – Drittens auf Grund der Unvermutung, daß man nämlich keine Vorsorge davor treffen kann: wie das zukünftige Mißgeschick gefürchtet wird. Solche Furcht heißt »Ängstigung« (agonia).

42. Untersuchung
DER GEGENSTAND DER FURCHT

Erster Artikel
Ist der Gegenstand der Furcht das Gut oder das Üble?
(Vgl. 2 II 19, 1 u. 11)

Feststellung. Da die Furcht eine Art Flucht besagt, so nimmt sie notwendig im eigentlichen Sinne und an sich das Üble als Gegenstand ins Auge, Gut hingegen nur beischaftlicherweise.

Zweiter Artikel
Ist das Naturübel Gegenstand der Furcht?

Abhandlung. 1. Scheinbar geht die Furcht nicht auf das Üble der Natur. Es sagt nämlich der Philosoph 2. Rhetoric. (5 n 14): »Furcht macht zu Ratheischern.« Wir holen uns aber nun nicht Rat in dem, was von Natur eintritt, wie es 3. Ethic. (3 n 3ff.) heißt. Also geht die Furcht nicht auf das Üble der Natur.

2. Ferner, die natürlichen Mangelungen drohen dem Menschen immer, wie der Tod u. dgl. Wenn es also die Furcht vor solchen Übeln gäbe, gehörte es sich für den Menschen, immer in Furcht zu sein.

3. Ferner, die Natur wegt nicht zu graden Gegensätzen hin. Nun kommt aber das Naturübel aus der Natur. Daß also einer mit einer Furcht ein solches Übel flieht, gibt es nicht von Natur. Es gibt also keine naturhafte Furcht vor dem Naturübel, wozu doch hier-dieses Üble zu rechnen scheint.

Aber dagegen spricht, was der Philosoph 3. Ethic. (6 n 6) sagt: »Von allem ist das Schrecklichste der Tod«, der ein Naturübel ist.

Ich antworte: Wie der Philosoph 2. Rhetoric. (5 n 1) sagt, kommt die Furcht »aus der Vorstellung eines zukünftigen Übels, das Verderben oder Trübsal bringt«. Wie aber das Trübsalübel das ist, was dem Willen entgegentritt, so ist das Verderbnisübel jenes, das der Natur widerstreitet. Und dies ist das Naturübel. Deswegen kann es vor dem Naturübel Furcht geben.

Man muß aber in Bedacht nehmen, daß das Naturübel zuweilen von einer natürlichen Ursache herrührt: dann heißt es Naturübel, nicht bloß, weil es die Fehle eines Gut für die Natur besagt, sondern auch, weil es die Wirkung der Natur ist, wie der natürliche Tod und andere derartige Mangelhaftigkeiten. Zuweilen dagegen kommt das Naturübel aus einer nicht natürlichen Ursache: wie der Tod, den der Verfolger gewaltsam bringt. In beiderlei Weise wird das Naturübel jeweils in gewisser Weise gefürchtet und nicht gefürchtet. Da nämlich die Furcht »aus der Vorstellung eines zukünftigen Übels« hervorgeht, wie der Philosoph (a. a. O.) sagt, so schließt das auch die Furcht aus, was die Vorstellung eines zukünftigen Übels wegräumt. Aus einem Doppelten her kann aber eintreten, daß irgend ein Übel nicht als zukünftig erscheint. In der einen Weise nämlich daher, daß es entfernt und auf weiten Abstand vorhanden ist: davon haben wir nämlich wegen des Abstandes ein Inbild wie von einem, das nicht sein wird. Und deswegen fürchten wir uns entweder nicht oder haben zu wenig Furcht. Wie nämlich der Philosoph 2. Rhetoric. (a. a. O.) sagt, »wird das nicht gefürchtet, was sehr weit weg ist: es wissen ja alle, daß sie sterben sollen; aber weil es nicht nahe ist, haben sie keine Besorgnis«. In der zweiten Weise rechnet man mit einem Übel, das in der Zukunft liegt, nicht als zukünftig von wegen der Notwendigkeit, die es als gegenwärtig ansehen läßt. Deswegen sagt der Philosoph 2. Rhetoric.

(5 n 14): »Die daran sind, geköpft zu werden, haben keine Furcht«, da sie die Notwendigkeit des Todes über sich sehen; »vielmehr gehört dazu, daß sich einer fürchtet, das Vorhandensein irgend welcher Hoffnung auf Rettung«.

Dergestalt wird das Naturübel nicht gefürchtet, weil es nicht als zukünftig gewahrschaut wird. Falls aber das Naturübel, das ein Verderben bringt, als nahe gewahrt wird und doch noch mit einer Hoffnung auf Entrinnen, so wird es alsdann gefürchtet.

Also zu 1. Wie gesagt, kommt das Naturübel zuweilen nicht von Natur. So weit es jedoch von Natur kommt, kann es immerhin, wenn es auch nicht gänzlich vermeidbar ist, hinausgeschoben werden. Unter dieser Hoffnung kann es eine Beratung über seine Vermeidung geben.

Zu 2. Mag auch das Naturübel ständig drohen, so steht es doch nicht immer nahe bevor. Und deswegen ist die Furcht nicht immer da.

Zu 3. Der Tod und die anderen Naturmängel kommen von der alleinslichen Natur: denen freilich die teilbesondere Natur widerstrebt, soviel sie kann. So rührt aus dem Hang der teilbesonderen Natur der Schmerz und die Betrübnis über derartige Übel her, wenn sie da sind, und die Furcht, wenn sie drohend über der Zukunft hängen.

Feststellungen

3. Gibt es die Furcht vor dem Übel der Schuld? *(Vgl. 2 II 144, 2)*

Da das Übel der Schuld menschlichem Vermögen und Willen unterliegt, so kann es vor ihm an sich keine Furcht geben. [»Soweit es aber von einer äußeren Ursache herrührt, z. B. wenn einer in Gesellschaft von Bösen zu verweilen sich fürchtet, um nicht von ihnen zum Sündigen verführt zu werden, hat er bei solcher Verfassung, eigentlich gesagt, mehr Furcht vor der Verführung als vor der Schuld ihrem eigenbehörigen Berede nach, d. h. insoweit sie willentlich ist.« Aus d. Antw.]

4. Kann die Furcht selber gefürchtet werden?

Vor der Furcht kann man Furcht haben, wie sie aus einer äußeren Ursache kommt, aber nicht wie sie dem menschlichen Willen unterliegt.

5. Wird das Plötzliche mehr gefürchtet?

Da die ungewohnten und plötzlichen Übel den Anschein haben, größer und weniger verbesserlich zu sein, so werden sie auch mehr gefürchtet.

6. Wird mehr gefürchtet, wogegen es kein Heilmittel gibt?

Die nicht oder nicht leicht vermeidlichen Übel sind mehr zu fürchten.

43. Untersuchung

DIE URSACHE DER FURCHT

Erster Artikel

Ist die Liebe Ursache von Furcht?

Aus der Abhandlung. Ich antworte: Die Gegenstände verhalten sich zu den Leidewegungen der Seele wie die Wesungsformen zu den natürlichen oder werkgeschaffenen Dingen; denn die Leidungen der Seele erhalten von den Gegenständen ihre Artung, gerade wie die vorgenannten Dinge von ihren Wesungsformen. Gerade nun, wie alles, was Ursache der Form ist, die Ursache des durch sie bestellten Dings ist, tritt dergestalt auch alles, was Ursache des Gegenstandes ist und wie sie es auch immer nur sein mag, als Ursache der Leidewegung auf. Die Ursache des Gegenstandes kommt nun entweder in der Weise der Bewirkursache oder in der Weise der Stoffzurüstung vor.[253] Ebenso wie der Gegenstand der Freuung das zuträglich erscheinende verbundene Gut ist: dessen Bewirkursache das ist, was die Verbindung oder die Zuträglichkeit oder die Güte oder den Augenschein eines solchen Gut herstellt: auf dem Wege der stofflichen Bereitstellung aber ist Ursache die Verhabung oder sonst welche Zurüstung, dernach einem jenes Gut, das ihm verbunden ist, zuträglich wird oder erscheint.

Geradeso ist im Vorliegenden der Gegenstand der Furcht das als solches bewertete nahe bevorstehende Üble, dem man nicht leicht widerstehen kann. Was ein solches Übel zufügen kann, ist deswegen die bewirksame Ursache des Gegenstandes der Furcht und folglich der Furcht selbst. Jenes aber, wodurch einer in die Verfassung kommt, daß etwas für ihn diese Soheit hat, ist die Ursache der Furcht und ihres Gegenstandes über den Weg der stofflichen Herrichtung. Und in dieser Weise ist Liebe die Ursache von Furcht: daraus nämlich, daß einer irgend ein Gut liebt, folgt, daß für ihn die Wegnahme (privativum) von solchem Gut das Übel ist, und daß er ihn folglich als Übel fürchtet.

Zweiter Artikel

Ist der Mangel Ursache von Furcht?

Aus der Abhandlung. Ich antworte: ... Das Versagen ist an sich Ursache von Furcht: aus irgend einem Mangel an Wirkkraft nämlich tritt ein, daß einer nicht leicht das bedrohliche Übel abhalten kann. Freilich wird aber zur Verursachung von Furcht Mangel in irgend einem Maße erheischt. Geringer ist nämlich der Mangel vorhanden, der Furcht vor einem Übel der Zukunft verursacht, als der Mangel, der einem Übel folgt, das zugegen ist, worüber es die Betrübnis gibt. Und noch größer wäre der Mangel, falls das Gefühl für das Übel ganzartig benommen würde, oder die Liebe zum Gut, dessen gerades Gegenteil man fürchtet.

Das zweite [die Weise der Bewirkursache] anlangend ist Kraft und Stärke an sich Ursache von Furcht: daher nämlich, daß etwas wirkkräftig ist, was man als Schädling gewahrt, tritt ein, daß seine Wirkung nicht abgehalten werden kann. Beischaftlich kommt freilich vor, daß die Furcht irgend welchen Mangel insoweit zur Ursache hat, als einer irgend welchen Mangel zum Anlaß nimmt, einen Schaden zuzufügen: z. B. von Unrechts wegen oder weil er vorher verletzt worden ist oder weil er fürchtet, verletzt zu werden.

44. Untersuchung

DIE WIRKUNGEN DER FURCHT

Feststellungen

1. Bewirkt die Furcht Beengung?

Gerade wie bei den Sterbenden die Natur sich wegen der Schwachheit der Wirkkraft ins Innere zurückfängt, so faßt sich in den Fürchtenden die Wärme mit den Lebensgeistern auf das Innere zusammen.

2. Macht die Furcht ratheischend? (Vgl. 2 II 129, 7)

Wiewohl weder die Furcht noch irgend eine andere Leide der Seele die Vermöglichkeit gewährt, guten Rat zu geben, sondern ihn eher hindert, so sagt man doch, sie mache ratschlägig (consiliativos), angesichts dessen, daß sie die Menschen besorgt macht, sich für große Gefahren Rats zu erholen.

3. Macht die Furcht erzittern? (Vgl. Art. 1 zu 2)

Da die Fürchtenden die Wärme verläßt, woher die Schwächung der Wirkkraft entsteht, die den Gliedern Halt gibt, so muß man auch sagen, daß das Erbeben aus der Furcht entsteht.

4. Behindert die Furcht die Werktätigkeit?

Die Furcht behindert die Tätigkeit auf Seiten der Werkzeuge, durch welche die Tätigkeit ausgeübt wird; auf Seiten der Seele dagegen ist sie förderlich und macht, daß der Mensch sich aufmerksamer berät und wirkt, falls die Furcht mäßig ist: anders wenn sie außer Maßen ist.

45. Untersuchung

DIE KÜHNHEIT

Erster Artikel

Ist die Kühnheit der Furcht gerade entgegengesetzt? (Vgl. 23, 2)

Aus der Abhandlung. 1. Scheinbar ist die Kühnheit nicht der Gegensatz zur Furcht. Es sagt nämlich Augustinus 83 Quaest.

(31 u. 34): »Der Wagemut (audacia) ist ein Laster.« Das Laster steht aber zur Tugend im geraden Gegensatz. Da nun die Furcht keine Tugend ist, sondern eine Leideheit, so scheint nicht, daß der Gegensatz zur Furcht die Kühnheit ist …

Aber dagegen [drei Einwände] spricht, was der Philosoph sagt 2. Rhetoric. (5 n 16), »die Kühnheit (audacia) ist der Gegensatz zur Furcht«.

Ich antworte: Es liegt im Berede der graden Gegensätze, daß sie »den weitesten Abstand von einander haben«, wie es 10. Metaph. (Did. 9, 4 n 1) heißt. Was aber am weitesten von der Furcht absteht, ist die Kühnheit: die Furcht flieht nämlich den Schadenbringer der Zukunft um seines Sieges willen über den Fürchtenden: dagegen geht die Kühnheit zum Angriff auf die drohende Gefahr vor um ihres Sieges willen eben über die Gefahr. Offenkundig steht deswegen der Furcht als gerader Gegensatz die Kühnheit gegenüber.

Also zu 1. Bei Zorn und Kühnheit und allen Leidewegungen können die Benennungen in doppeltem Sinne genommen werden. Einmal demgemäß, daß sie reinweg Wegungen der sinnenhaften Begehr in irgend ein vorliegendes Gut oder Übel besagen: und dergestalt sind es Namen für die Leidewegungen. Sodann demnach, daß sie zugleich mit einer derartigen Bewegung einen Abgang von der Vernunftlinie besagen: so sind sie Namen für Laster. Und in dieser Weise spricht Augustinus von Verwegenheit, während wir der ersten Weise nach von Kühnheit sprechen.

Feststellungen

2. Ist Kühnheit eine Folge der Hoffnung? (Vgl. 25, 3)

Weil zur Kühnheit die Verfolgung eines bedrohlichen Schrecknisses gehört, so ist sie ein Gefolge der Hoffnung, und zwar der starken. [»Im eigentlichen Sinne ist die Kühnheit nicht ein Teil der Hoffnung, sondern ihre Wirkung; gerade wie die Verzweiflung auch nicht ein Teil der Furcht, sondern ihre Wirkung ist. Deswegen kann auch die Kühnheit keine Hauptleidewegung sein.« Aus d. Antw. zu 3.]

3. Ist irgend ein Versagen die Ursache der Kühnheit?

Da keinerlei Versagen an sich Hoffnung zu begründen und Furcht abzuwehren vermag, so kann es auch nicht an sich, dagegen wohl beischaftlich bei einem Kühnheit verursachen.

4. Sind die Kühnen am Anfang entschlossener als in den Gefahren selbst?

Die Kühnen sind in den Gefahren anfangs entschlossener als am Ende; die Tapferen dagegen verhalten sich umgekehrt, da sie aus einem Urteil der Überlegung an die Gefährlichkeiten herangehen.

46. Untersuchung
DER ZORN AN SICH

Unsere Erwägung behandelt nun den Zorn (vgl. 40, Vorw.), und zwar zunächst den Zorn an sich; zweitens die zornig machende Ursache und das Heilmittel für ihn (47); drittens seine Wirkung (48). Das erste gehen acht Fragen an:

Feststellungen

1. Ist der Zorn eine besonderartige Leidewegung? (Vgl. 23, 4)

Der Zorn ist keine gattunghafte Leidewegung, daß er Ursache vieler Leidewegungen wäre, sondern steht in der Einteilung neben den anderen Leideheiten der Seele; er ist aber eine gattliche Leidewegung angesichts dessen, daß er aus dem Zusammenwirken vieler Leidewegungen verursacht wird. [»Die Zornwegung kommt nämlich nur wegen irgend einer angetanen Betrübnis auf und nur, wenn das Verlangen und die Hoffnung, sich rächen zu können, vorhanden ist.« Aus d. Ant.]

2. Ist Gegenstand des Zornes das Gut oder das Üble? (Vgl. Art. 6)

Da die Zornwegung auf die Ahndung als Gut und auf den, von welchem man Ahndung heischt, als Gegner und Schädling hinstrebt, so muß man sagen, sie kehre sich nicht bloß dem Gut, sondern auch dem Übel als ihrem Gegenstande zu.

3. Gibt es den Zorn im Begehrmut?

Da der Zorn die Kehr auf die Ahndung und den hat, von welchem sie geheischt wird (das sind Steilheiten und Schwierigkeiten), so gibt es ihn im Zornmut, nicht aber im Begehrmut, dessen Leidewegungen sich Gut oder Übel reinweg zukehren.

4. Hat der Zorn Vernunft bei sich? (Vgl. 2 II 156, 4)

Da der Zorn die Begehr nach Ahndung ist und die Aufrechnung der aufzulegenden Strafe gegen den zugefügten Schaden mitbringt, so tritt er nicht ohne die Vernunft auf.

Fünfter Artikel

Ist der Zorn naturhafter als die Begierlichkeit? (Vgl. 2 II 156, 4)

Abhandlung. 1. Scheinbar ist der Zorn nicht naturhafter als die Begierlichkeit. Man spricht nämlich davon als dem Eigenbehörigen des Menschen, daß er von Natur ein handsames (mansuetum) Seelwesen sei. Nun aber »steht die Sanftmut dem Zorn gegenüber«, wie der Philosoph 2. Rhetoric. (3 n 1) sagt. Also ist der Zorn nicht naturhafter als die Begierlichkeit, sondern scheint ganz und gar gegen die Menschennatur zu sein.

2. Ferner, Vernunft wird gegen Natur abgeteilt; von dem nämlich, was vernunftgemäß tut, sagen wir nicht, es handle naturgemäß. Nun aber »tritt der Zorn mit Vernunft auf, die Begierlichkeit aber ohne Vernunft«, wie es 7. Ethic. (6 n 1) heißt. Also ist die Begierlichkeit naturhafter als der Zorn.

3. Ferner, der Zorn ist die Begehr nach Ahndung: die Begierlichkeit aber ist am meisten Begehr nach tastmäßiger Freuung, d. h. nach Speisen und Geschlechtlichem. Die sind aber dem Menschen mehr naturhaft als die Ahndung. Also ist die Begierlichkeit natürlicher als der Zorn.

Aber dagegen spricht, was der Philosoph 7. Ethic. (a. a. O. Did. n 2) sagt: »Der Zorn ist naturhafter als die Begierlichkeit.«

Ich antworte: Naturhaft heißt, was von der Natur verursacht wird, wie es sich 2. Physic. (1 n 4f.) ergibt. Ob deswegen irgend welche Leidewegung mehr oder weniger natürlich ist, läßt sich nur aus ihrer Ursache erwägen. Man kann aber die Ursache der Leidewegung, wie oben (36, 2) gesagt worden ist, in doppelter Weise nehmen: einmal, vom Gegenstande her, sodann vom Träger her. Faßt man die Ursache des Zornes und der Begierlichkeit vom Gegenstande her ins Auge, so ist die Begierlichkeit und zumal die nach Speisen und Geschlechtlichem naturhafter als der Zorn, insofern das eher natürlich ist als die Ahndung.

Unterzieht man aber die Ursache des Zornes von seinem Träger her der Erwägung, so ist in gewisser Weise der Zorn natürlicher und in gewisser Weise die Begierlichkeit. Man kann nämlich die Natur irgend eines Menschen entweder der Gattungnatur nach oder der Artnatur nach betrachten oder dem Eigenaufbau des Einzlichen nach. Wird die Natur der Gattung ins Auge gefaßt, welche die Natur hier-dieses Menschen ist, insofern er ein Seelwesen ist, so ist die Begierlichkeit naturhafter als der Zorn: weil der Mensch eben aus der Gemeinnatur einen gewissen Hang hat, das zu begehren, was auf die Lebensbewahrung entweder der Art oder dem Einzlichen nach ausgeht. – Besieht man sich aber die Natur des Menschen von Seiten der Art her, insoweit sie nämlich Vernunft hat, so ist der Zorn dem Menschen mehr natürlich als die Begierlichkeit. Daher sagt der Philosoph 4. Ethic. (5 n 12): »Menschhafter ist das Strafen«, was in den Bereich des Zornes fällt, »als das Sanftmütigsein«: jegliches erhebt sich ja naturhaft wider das Gegensätzliche und Schadenbringende. – Erwägt man aber die Natur hier-dieses Einzlichen seiner eigenbehörigen Bildung nach, so ist der Zorn naturhafter als die Begierlichkeit: denn es folgt ja dem natürlichen Erzürnungsverhalten, das sich aus der Baumischung ergibt, mit größerer Geläufigkeit der Zorn, als die Begierlichkeit oder irgend welche andere Leidewegung. Der Mensch ist nämlich demnach zum Erzürnen angelegt, als er einen galligen Aufbau hat: die Galle (cholera) aber wird rascher als die Säfte sonst bewegt; sie ähnlicht nämlich dem Feuer; und deswegen liegt es dem, der dem natürlichen Aufbau nach auf den Zorn zugerüstet ist, näher, in Zorn zu geraten, als daß Begierde hat, wer begehrlich zu sein angelegt ist. Deswegen sagt der Philosoph 7. Ethic. (6 n 2), der Zorn werde mehr von den Eltern auf die Kinder übertragen als die Begierlichkeit.

Also zu 1. Beim Menschen läßt sich sowohl die Naturzusammensetzung auf Seiten des Körpers ins Auge fassen, die abgemischt (temperata) ist, als auch die Vernunft. Seitens der leiblichen Baumischung tritt der Mensch naturhaft seiner Artung nach nicht im Besitz eines Vorrangs weder an Zorn noch an irgend einer zweiten Leideheit auf wegen der Abgemischtheit seiner Bildungsmasse. Die anderen Seelwesen hingegen haben je nach ihrer Abweichung von dieser Welchheit der Zusammensetzung zu irgendeiner äußersten Aufbauverfassung hin auch eine naturhafte Zurüstung zum Übermaß irgend einer Leideheit hin: wie der Löwe zur Kühnheit, der Hund zum Zorn, der Hase zur Furcht usw. – Auf Seiten der Vernunft hingegen ist Erzürnen und Sanftsein dem Menschen natürlich: demgemäß, daß die Vernunft gewissermaßen den Zorn verursacht, insofern sie die Ursache des Zornes anmeldet; und daß sie gewissermaßen den Zorn beschwichtigt, insofern der Erzürnte »nicht ganzartig dem Befehl der Vernunft Gehör schenkt«, wie (vor. Art.) gesagt worden ist.

Zu 2. Gerade die Vernunft gehört zur Menschennatur. Daher folgt eben daraus, daß der Zorn mit Vernunft auftritt, daß er gemäß irgend welch einer Weise dem Menschen natürlich ist.

Zu 3. Die Begründung geht gegenstandseitig von Zorn und Begierlichkeit aus.

Sechster Artikel

Ist der Zorn gewichtiger als der Haß? (Vgl. 2 II 158, 4)

Feststellung. Da der Gegenstand des Hasses das Übel unter dem Berede von Übel ist, der des Zornes dagegen unter dem Berede von Gut, so ist der Haß viel schlechter und schwerwiegender als der Zorn.[254]

Siebenter Artikel

Geht der Zorn bloß auf die, an welche sich die Gerechtigkeit hält?

Abhandlung. 1. Scheinbar geht der Zorn[255] nicht bloß auf die, woran sich die Gerechtigkeit hält. Es gibt nämlich keine Gerechtigkeit des Menschen zu den vernunftlosen Dingen. Nun aber zürnt doch der Mensch zuweilen vernunftlosen Dingen: z. B. wann der Schreiber vor Zorn die Feder hinwirft oder der Reiter das Pferd schlägt. Also gibt es den Zorn nicht bloß denen gegenüber, an welche sich die Gerechtigkeit wendet.

2. Ferner, »es gibt keine Gerechtigkeit des Menschen zu sich selbst, auch nicht zu dem, was ihm gehört«, wie es 5. Ethic. (6 n 8f) heißt. Nun aber zürnt zuweilen der Mensch sich selbst, wie der Büßer wegen der Sünde; darum heißt es Ps. 4, 5: »Zürnet, doch sündiget nicht.« Also geht der Zorn nicht bloß auf die, an welche sich die Gerechtigkeit hält.

3. Ferner, Gerechtigkeit und Ungerechtigkeit kann auf jemands Seite sein gegenüber irgend einer ganzen Gattung oder gegenüber einer ganzen Gemeinschaft: z. B. wenn der Staat einen verletzt hat. Nun geht aber der Zorn nicht auf irgend eine Gattung, sondern bloß »auf etwas vom Einzelnen«, wie der Philosoph 2. Rhetoric. (4 n 31) sagt. Also geht der Zorn nicht eigenbehörig auf die, mit welchen es Gerechtigkeit und Ungerechtigkeit zu tun hat.

Aber das Gegenteil läßt sich dem Philosophen 2. Rhetoric. (2 u. 3) entnehmen.

Ich antworte: Wie oben (vor. Art.) gesagt, begehrt der Zorn nach einem Übel, insoweit es das Berede von Gerechtem hat, das ahndet. Deswegen geht der Zorn auf eben die, womit Gerechtigkeit und Ungerechtigkeit es zu tun haben. Denn Ahndung aufzulegen schlägt in die Gerechtigkeit: einen verletzen gehört aber zur Ungerechtigkeit. Beiderseits her, sowohl von der Ursache her, als welche die von dem zweiten angetane Verletzung dasteht, als auch von der Ahndung her, wonach der Erzürnte begehrt, liegt auf der Hand, daß der Zorn in dasselbe Behör fällt, wie Gerechtigkeit und Ungerechtigkeit.

Also zu 1. Wie oben (Art. 4 zu 2) gesagt, kann der Zorn, obwohl er Vernunft bei sich hat, doch in den tierischen Seelwesen sein, die der Vernunft entbehren, insoweit sie durch die Einbildung sich mit natürlichem Innenantrieb auf etwas hinwegen, das Vernunftwerken ähnlich ist. Da es im Menschen die Vernunft und die Einbildung gibt, so kann also im

Menschen eine doppelte Wegung von Zorn aufkommen. In der einen Weise, aus dem bloßen Inbild, das von einer Schädigung Kunde gibt; und dergestalt erhebt sich auch irgend eine Zornwegung gegenüber unvernünftigen und unbeseelten Dingen ähnlich jener Bewegung, die es in den Seelwesen gegen jeglichen Schädling gibt. – In der anderen Weise aus der Vernunft, die eine Kränkung meldet. Wie der Philosoph 2. Rhetoric. (3 n 16) sagt, ist dergestalt »in keinerlei Weise Zorn gegenüber Dingen ohne Gesinn und auch nicht gegenüber Toten möglich«. Sowohl weil sie keinen Schmerz empfinden: wonach die Erzürnten bei denen am meisten trachten, welchen sie zürnen. Zumal aber, weil es an ihnen keine Ahndung gibt: da es nicht in ihrer Macht steht, Unrecht zu tun.

Also zu 2. Wie der Philosoph 5. Ethic. (11 n 9) sagt, »gibt es im übertragenen Sinne eine Art Gerechtigkeit und Ungerechtigkeit des Menschen zu sich selber«, insoweit nämlich die Vernunft den Zornmut und den Begehrmut regiert. Demgemäß sagt man auch vom Menschen, daß er an sich selber Ahndung nehme, und folgerichtig, er zürne sich selber. Im eigentlichen Sinne aber und an sich kommt es nicht vor, daß einer über sich selbst in Zorn gerät.

Zu 3. Der Philosoph gibt 2. Rhetoric. (a. a. O.) den einzigen Unterschied zwischen Haß und Zorn dahin an, daß »der Haß auf irgend eine Gattung gehen kann, wie wir die ganze Gattung der Straßenräuber hassen: dagegen geht der Zorn nur auf etwas Einzelnes«. Grund dafür ist, daß der Haß daher verursacht wird, daß die Beschaffenheit eines Dings in ihrem Mißklang zu unserer Verfassung wahrgenommen wird: und das kann entweder alleinslich oder teilbesonderlich der Fall sein. Der Zorn hingegen wird daraus verursacht, daß einer uns durch sein Tun gekränkt hat. Die Wirkheiten gehen aber alle auf das Einzelne. Und deswegen tritt der Zorn immer ob irgend eines Einzelnen auf. – Wann aber der ganze Staat uns gekränkt hat, wird der Staat ganz wie nur ein Einzelnes genommen.

Achter Artikel

Werden die Arten des Zornes richtig angegeben?

Feststellung. Es gibt drei Arten von Zorn [nach Gregor von Nyssa, Nemesius, De Nat. Hom. 21 al. 4, 14 oder 13]: Galle, Raserei und Wut; man nimmt sie gemäß dem, was dem Zorn ein Wachstum gibt.

47. Untersuchung

DIE BEWIRKURSACHE DES ZORNS UND SEINE HEILMITTEL

Erster Artikel

Ist der Antrieb zum Zorn immer etwas gegen den Erzürnten Getanes?

Aus der Abhandlung. 1. Scheinbar kommt nicht immer einer in Zorn wegen etwas gegen ihn Getanen. Mit Sündigen kann nämlich der Mensch nichts gegen Gott machen: es heißt nämlich Hiob 35, 6: »Wenn du sündigst, was wirst du ihm schaden? Und soviel auch deine Frevel geworden sind, was machst du gegen ihn?« Dennoch sagt man von Gott, er zürne gegen die Menschen wegen der Sünden; gemäß Ps. 105, 40: »In Zorn ist der Herr entbrannt auf sein Volk.« Also gerät nicht immer einer in Zorn wegen etwas gegen ihn Getanen.

Aber dagegen [vier Einwände] spricht, was der Philosoph 2. Rhetoric. (4 n 31) sagt: »Der Zorn entsteht immer aus dem, was einen selbst angeht. Die Feindschaft aber auch ohne das, was die Kehr auf einen selber hat: falls wir nämlich glauben, er sei so, hassen wir.«

Ich antworte: Wie oben (46, 6) gesagt, ist der Zorn die Begehr, einen anderen zu schädigen unter dem Berede von ahndendem Gerechten. Ahndung hat aber nur statt, wo Ungerechtigkeit vorausgegangen ist. Und nicht alle Ungerechtigkeit fordert zur Ahndung heraus, sondern bloß die, die den bereicht, der nach Ahndung begehrt: gerade wie nämlich jegliches naturhaft nach dem eigenbehörigen Gut begehrt, so weist es auch naturhaft das eigenbehörige Übel ab. Das von irgend einem getane Unrecht bereicht aber einen nur, wenn er etwas getan hat, was irgendwie gegen einen selber ist. Daher folgt, daß der Antrieb zum Zorn bei jemand immer etwas ist, was gegen ihn getan wurde.

Also zu 1. Von Zorn spricht man bei Gott nicht der Leideheit des Gemütes gemäß, sondern dem Gerechtigkeitsurteil nach, angesichts dessen er will, daß die Sünde geahndet wird. Der Sünder vermag nämlich mitnichten, Gott wirksam zu schaden: seinerseits ist er aber in doppelter Weise gegen Gott tätig. Einmal, insoweit er ihn in seinen Geboten geringschätzt, zweitens, insofern er irgend einen Schaden entweder sich oder einem Zweiten zufügt: was in den Bereich Gottes fällt, angesichts der Vorsehung und des Schutzes Gottes, die den umfangen, der den Schaden erleidet.

Zweiter Artikel

Ist bloß die Geringschätzung oder Verachtung der Antrieb zum Zorn?

Aus der Abhandlung. Ich antworte: Alle Ursachen des Zornes gehen auf die Geringschätzung zurück. Es gibt nämlich drei Arten von Geringschatzung, wie es 2. Rhetoric. (2 n 3) heißt, nämlich die Verachtung, die Mißgunst (epereasmus), d. h. die Hinderung eines Erfüllungswillens,[256] und die Beschimpfung: und auf diese drei wird alles Zornbewegige zurückgeführt. Dafür kann man eine doppelte Begründung nehmen. Die erste ist: der Zorn begehrt nach der Schädigung eines anderen, insofern er das Berede von ahndendem Gerechten hat: und deswegen sucht er insoweit Ahndung, als sie gerecht zu sein scheint. Eine gerechte Ahndung geschieht aber nur für das, was ungerecht getan ist: und deswegen ist, was zum Zorn herausruft, immer etwas aus dem Berede von Ungerecht. Deswegen sagt der Philosoph 2. Rhetoric. (3 n 15): »Wenn die Menschen glauben, daß die Kränker gerecht leiden, so kommen sie nicht in Zorn: denn der Zorn entsteht nicht gegenüber dem Gerechten.« Die Zufügung eines Schadens kommt nun in dreierlei Weise vor: aus Unwissen, aus Leidenschaft und aus Wahl. Dann aber tut einer am meisten Unrecht, wenn er wählerisch oder geflissentlich oder aus sicherer Bosheit den Schaden zufügt, wie es 5. Ethic. (8 n 9 u. 11) heißt. Und deswegen erzürnen wir im höchsten Grade gegen die, von denen wir glauben, sie hätten uns mit Fleiß geschadet. Wenn wir nämlich meinen, es hätten uns welche durch Unwissen oder aus Leidenschaft Unrecht getan, so geraten wir gegen sie entweder gar nicht oder viel weniger in Zorn: denn aus Unwissen oder aus Leidenschaft etwas tun, mindert das Berede von Unrecht und ist gewissermaßen eine Berufung an die Barmherzigkeit und die Verzeihung. Die aber mit Fleiß Schaden antun, scheinen aus Verachtung zu sündigen: und deswegen geraten wir gegen sie am meisten in Zorn. Darum sagt der Philosoph 2. Rhetoric. (3 n 11): »Gegen die, welche von Zornes wegen etwas getan haben, werden wir nicht oder weniger erzürnt: sie scheinen nämlich nicht wegen Geringschätzung gehandelt zu haben.«

Der zweite Grund ist, daß die Geringschätzung der Vorzugstellung des Menschen entgegengesetzt ist: denn »was die Menschen für nichts wert halten, schätzen sie gering«, wie es 2. Rhetoric. (2 n 3) heißt. Aus allen unseren Gütern aber suchen wir eine Hervorragung für uns. Was nur immer daher uns Schaden bringt, insoweit es der Vorzüglichkeit Abbruch tut, scheint der Geringschätzung anzugehören.

Dritter Artikel

Ist die Vorzugsstellung beim Erzürnenden die Ursache des Zorns?

Aus der Abhandlung. Ich antworte: Man kann die Ursache des Zornes in dem, der in Zorn gerät, zwiefach nehmen. Einmal dem Verhältnis zum Zornbewegigen nach. Derweise ist seine Vorzugsstellung die Ursache, daß einer leicht zornig wird. Der Zornanreiz ist nämlich die ungerechte Geringschätzung, wie (vor. Art.) gesagt worden ist. Es steht aber fest, daß einer um soviel ungerechter gering geschätzt wird, worin er einen Vorzug hat, je mehr er ihn hat. Die geraten deswegen besonders in Zorn, wenn sie gering geschätzt werden, die in irgend einer Vorzugsstellung sind: z. B. wenn der Reiche in Geld gering geschätzt wird, der Redelehrer im Reden usw.

Sodann läßt sich die Ursache des Zornes bei dem, der in ihn gerät, von der Verfassung her ins Auge fassen, die in ihm aus einem solchen Beweg zurückbleibt. Es liegt aber auf der Hand, daß nur der betrübende Schaden zum Zorne wegt. Was aber in den Bereich von Mangel gehört, ist am meisten betrübend: denn Menschen, die Mangelhaftigkeiten unterliegen, werden leichter gekränkt. Das ist der Grund, warum Menschen, welche schwach sind oder in anderen Mängeln, leichter in Zorn geraten, weil sie leichter betrübt werden.

Vierter Artikel

Ist bei einem der Mangel die Ursache, daß wir leichter gegen ihn erzürnt werden?

Aus der Abhandlung. Ich antworte: Wie vorhin (Art. 2f.) gesagt, fordert die unverdiente Mißachtung am meisten zum Zorn heraus. Der Mangel oder die Kleinheit bei dem, gegen welchen wir in Zorn kommen, läßt den Zorn anwachsen, insofern sie die unverdiente Mißachtung mehrt. Je größer nämlich einer ist, umso ehrabträglicher wird auf ihn herabgesehen; gerade so ist der Verächter umso ehrabträglicher, je kleiner er ist. Deswegen geraten die aus vornehmem Stand in Zorn, wenn sie von Bauersleuten mißachtet werden, oder die Weltkundigen, wenn es von den Dummen, oder die Herren, wenn es von den Sklaven geschieht.

Falls aber Kleinheit oder Mangel unwürdige Mißachtung mindert, steigert solche Kleinheit nicht den Zorn, sondern mindert ihn. Alle, die auf diese Weise über das zugefügte Unrecht Reue haben und bekennen, schlecht gehandelt zu haben, und sich verdemütigen und um Verzeihung bitten, lindern den Zorn, dem Worte Weish. 15, 1 gemäß: »Die sanfte Antwort bricht den Zorn«: insofern solche keine Mißachtung, sondern Hochachtung vor denen zu haben scheinen, vor welchen sie sich verdemütigen.

48. Untersuchung

DIE WIRKUNGEN DES ZORNES

Erster Artikel

Verursacht Zorn Freuung?

Aus der Abhandlung. Ich antworte: Wie der Philosoph 7. Ethic. (14 n 4) sagt, sind Freuungen, zumal die sinnlichen und leiblichen, eine Art Arznei gegen die Betrübnis: und je größer darum die Betrübnis oder Ängstlichkeit ist, wogegen in der Freuung ein Heilmittel zur Hand gestellt wird, um so mehr wird die Freuung empfunden; wie ja offenbar einem der Trank zur größeren Freulichkeit wird, sobald man Durst hat. Aus dem Gesagten (47, 1 u. 3) liegt aber auf der Hand, daß die Zornwegung aus irgend einem angetanen betrübenden Unrecht aufkommt; dieser Traurigkeit hilft man nun durch die Ahndung ab. Deswegen ist nach der Ahndung die Freuung sofort zur Stelle: und zwar um so größer, als die Traurigkeit gewesen ist. – Wenn also die Ahndung in ihrer Dingheit da ist, wird die Freude vollkommen, sie schließt die Betrübnis gänzlich aus und bringt dadurch die Zornwegung zur Ruhe. – Bevor dagegen die Ahndung dinglich da ist, wird sie dem Zornigen zwiefach gegenwärtig. Einmal durch die Hoffnung: denn es gerät nur einer in Zorn, wenn er Ahndung erhofft, wie oben (46, 1) gesagt worden ist. – Zum zweiten, dem anhaltenden Sinnen nach. Es hat nämlich jeder Begierige daran Freuung, im Nachsinnen über das zu verweilen, wonach er Begierde trägt: weswegen auch Traumbilder freulich sind. Wann daher der Erzürnte in seinem Gemüt viel über die Ahndung nachdenkt, so hat er daraus Freuung. Freilich ist das nicht die vollkommene Freuung, welche die Betrübnis und folglich den Zorn wegnimmt.

Zweiter Artikel

Verursacht der Zorn zumal das Wogen im Herzen?

Aus der Abhandlung. Aber dagegen [drei Einwände] spricht, was Johannes von Damaskus De Fide orth. (2, 16) sagt: »Zorn ist das Gewoge des Blutes im Umkreis des Herzens, wie es aus der Ausdünstung der Galle entsteht.«

Ich antworte: ... Weil die Zornwegung nicht in der Weise einer Zusammenziehung vorhanden ist, zu der die Kälte ein Gleichmaßverhältnis hat, sondern mehr in der Weise einer Verfolgung, der die Wärme den Maßbescheid tut, so wird folglich die Zornbewegung für ein Wallen des Bluts und der Geister ums Herz verursachig, welches das Werkzeug der Leidewegungen in der Seele ist. Daher rührt auch, daß in den Erzürnten wegen des großen Sturmes im Herzen, den es beim Zorn gibt, zumeist gewisse Anzeichen in den äußeren Gliedern erscheinen ...

Dritter Artikel

Behindert zumal der Zorn den Gebrauch der Vernunft?

Feststellung. Da der Zorn besonders ums Herz einen körperlichen Sturm erregt, so behindert er unter allen Leidewegungen der Seele am meisten das Urteil der Vernunft.

Vierter Artikel

Verursacht der Zorn besonders Schweigen?

Aus der Abhandlung. Ich antworte. Wie bereits (vor. Art.; 46, 4) gesagt, tritt der Zorn sowohl mit Vernunft auf, als er auch die Vernunft behindert. Von beidem her kann er Schweigen verursachen. Und zwar von der Vernunft her, sobald das Urteil der Vernunft so wach ist, daß es die Zunge von einem ungeordneten Reden abhält, wenn es auch die Gemutung nicht gegen ungeordnete Begehr nach Ahndung im Zaume halten kann. Darum sagt Gregor 5. Moral. (45 al. 30; in vet. 31): »Zuweilen gebietet der Zorn bei stürmischem Gemüt sozusagen aus richterlichem Entscheid Schweigen.« – Für die Vernunfthinderung dagegen wurde (Art. 2) gesagt, daß der Zornessturm sich bis zu den äußeren Gliedern fortleitet, und zumal zu jenen Gliedern, in denen ausdrücklicher eine Spur vom Herzen aufleuchtet, wie in den Augen und im Antlitz und in der Sprache; deshalb legt, wie gesagt [in einem weiteren Beleg aus Gregor a. a. O.], »sich die Zunge den Hemmschuh an, das

Antlitz bekommt Feuer, die Augen werden wild«. Die Wirrung des Zornes kann so groß sein, daß die Zunge vollständig verhindert wird, die Sprache zu gebrauchen. Die Folge ist dann das Schweigen.

Zu 3. (Matth. 12, 34 heißt es: »Aus der Fülle des Herzens redet der Mund.«) Der Sturm des Herzens kann zuweilen bis zu dem Übermaß gehen, daß durch die in Unordnung gekommene Bewegung des Herzens die Bewegung der äußeren Glieder behindert wird. Dann wird das Schweigen verursacht und die Unbeweglichkeit der äußeren Glieder: und zuweilen sogar der Tod. – Falls aber der Sturm nicht so groß ist, so läuft alsdann der Mund über infolge der Fülle im stürmischen Herzen.

49. Untersuchung

DIE VERHABUNGEN ÜBERHAUPT, IHR WESEN[257]

Nach den Wirkheiten und Leideheiten sind die Urheiten der menschlichen Wirkgeschehungen (vgl. 6, Vorw.) zu erwägen, zuerst die inneren, an zweiter Stelle die äußeren (90). Die innere Urheit ist nun aber das Vermögen und die Verhabung; weil aber von den Vermögen schon im I. Teil (77ff.) gesprochen wurde, so bleiben nur noch die Verhabungen zu betrachten. Und zwar erstens sie überhaupt, zweitens aber die Tugenden und Laster und die anderen derartigen Verhabungen, welche die Urheiten der menschlichen Handlungen sind (55).

Wegen der Verhabungen überhaupt ist viererlei zu erwägen: erstens das Wesen der Verhabungen; zweitens ihre Trage (50); drittens die Ursache ihres Werdens, Wachsens und Vergehens (51); viertens ihre Unterschiedlichkeit (54). Ums erste ergeben sich vier Fragen:

Erster Artikel

Ist die Verhabung eine Beschaffenheit?

Abhandlung. 1. Scheinbar ist die Verhabung nicht eine Beschaffenheit. Es sagt nämlich Augustinus 83 Quaest. (73): »Das

Wort Verhabung (habitus)[258] kommt sprachlich von dem Zeitwort Haben.« Haben bereicht nun aber nicht bloß die Beschaffenheit, sondern auch andere Gattungen: man sagt nämlich, man habe auch Größe und Geld u. dgl. Also ist die Verhabung nicht eine Beschaffenheit.

2. Ferner, Verhabung wird als eine Aussagegattung hingestellt, wie das Buch der Praedikamente [Kategorien] (6 n 3ff.) ergibt. Nun aber wird eine Aussagegattung nicht unter der andern enthalten. Also ist die Verhabung keine Beschaffenheit.

3. Ferner, »jede Verhabung ist eine Zurüstung«, wie es in den Praed. (a. a. O. n 6) heißt. Nun ist aber die Zurüstung (dispositio) »die Ordnung bei einem, das Teile hat«, wie es 5. Metaph. (Did. 4, 19) heißt. Das schlägt aber in die Aussagegattung: Lage. Also ist die Verhabung nicht eine Beschaffenheit.

Aber dagegen spricht, was der Philosoph Praed. (a. a. O. n 4f.) sagt: die Verhabung ist »die schwerwegliche Beschaffenheit«.

Ich antworte: Das Wort Verhabung (habitus) ist vom Haben hergenommen. Davon wird das Wort Verhabung zwiefach hergeleitet: einmal, sonach man vom Menschen oder was für einem Ding sonsten sagt, es habe etwas; sodann, sonach irgend ein Ding in irgend einer Weise ein Behaben in sich oder zu etwas anderm hat.

Das erste anlangend muß man beachten, daß Haben, in Hinsicht von irgend etwas gesagt, das man hat, insgemein auf verschiedenartige Gattungen geht. Deswegen versetzt der Philosoph »Haben« unter die Nachgattungen der Aussage (postpraedicamenta), diejenigen nämlich, welche auf die verschiedenen Dinggattungen folgen; wie da sind »das Gegensätzliche« und »das Früher und Später« und anderes derart.[259] – Nun scheint aber bei dem, was man hat, die Unterschiedlichkeit obzuwalten, daß es gewisses gibt, worin kein Zwischenstück vorhanden ist zwischen dem, der hat, und dem, was er hat: wie zwischen dem Träger und der Beschaffenheit oder der Größe nichts Mittelndes vorhanden ist. Es gibt aber gewisses, worin eine Mittelung zwischen beidem nicht stattfindet, sondern eine bloße Bezughaftigkeit (relatio): wie man von einem sagt, er habe den Genossen oder den

Freund. Gewisses dagegen ist da, zwischen dem es etwas Mittelndes gibt, zwar nicht Tun oder Leide, sondern etwas in Weise von Tun oder Leide, angesichts dessen nämlich, daß das eine Schmuck oder Decke und das andere geschmückt oder bedeckt ist: weswegen der Philosoph 5. Metaph. (Did. 4, 20 n 1) sagt: »Von Verhabung spricht man, wie von einer gewissen Tätigkeit des Habenden und dessen, was er hat«, wie es sich bei dem ergibt, was wir um uns herum haben.[260] Darin ist somit die eine besonderartige Gattung der Dinge begründet, die in der Aussagegattung »Haben« aufgeführt wird: von welcher der Philosoph 5. Metaph. (a. a. O.) sagt: »Das Mittlere zwischen dem, der das Umgetane hat, und dem Umgetanen, das er hat, ist die Habung.«

Nimmt man aber Haben, wie man von irgend einem Ding sagt, es behabe sich in gewisser Weise in sich selber oder zu etwas anderem, so ist solcherlei Verhabung eine gewisse Beschaffenheit, da diese Gehabensweise irgend einer Beschaffenheit nach vorhanden ist: von ihr sagt der Philosoph 5. Metaph. (a. a. O. Did. n 2): »Verhabung heißt die Zurüste, der nach das Zugerüstete gut oder schlecht an und für sich oder einem anderen zu die Bereitschaftsstellung hat, wie die Gesundheit eine gewisse Verhabung ist.« So reden wir jetzt von der Verhabung. Daher ist zu sagen: die Verhabung ist eine Beschaffenheit.

Also zu 1. Der Einwand geht von Haben allgemein genommen aus: dergestalt geht es, wie gesagt, insgemein auf viele Gattungen.

Zu 2. Die Begründung geht von Habung aus, sonach sie von einem Mittleren verstanden wird zwischen Habendem und Habe: derweise ist sie, wie gesagt, eine gewisse Aussagegattung.

Zu 3. Zurüstung besagt immer Ordnung in einem, das Teile hat: das kommt aber dreifach vor, wie es der Philosoph ebendort sogleich hinzufügt, nämlich »entweder dem Ort nach oder dem Vermögen nach oder der Artung nach«. »Womit er«, wie Simplicius in der Erklärung Praed. (de Quali et Qualit.) sagt, »alle Zurüstungen umgreift. Die körperlichen nämlich damit, daß er sagt: ›dem Ort nach‹«: das fällt in die

Aussagegattung: Lage, die es als Ordnung der Teile im Orte gibt. »Wenn er aber sagt: ›dem Vermögen nach‹, so schließt er jene Zurüstungen ein, die in der Vorbereitung und Tauglichkeit noch nicht vollkommen da sind«, wie Wissen und Tugend beim Beginn. »Sagt er aber: ›der Art nach‹, so schließt er die vollkommenen Zurüstungen ein, die Verhabungen heißen«, wie volles Wissen und volle Tugend.

Zweiter Artikel

Ist die Verhabung eine bestimmte Art der Beschaffenheit?

Aus der Abhandlung. Ich antworte: … Im eigentlichen Sinne besagt Beschaffenheit ein gewisses Gemaß (modum) des Wesensbestandes (substantiae). Das Gemaß liegt aber vor, wie Augustinus super Gen. ad litt. (4, 3) sagt, »wie es die Bemessung vorsieht«: es besagt deswegen eine gewisse Einbestimmung nach irgend einem Anmaß.[261] Und gerade wie deswegen das, wonach der Mögestand des Wesungsstoffes gemäß dem Wesen der Substanz einbestimmt wird, die Beschaffenheit heißt, die einen Wesensunterschied begründet, so heißt beischaftliche Beschaffenheit das, wonach der Mögestand einer Unterlage dem beischaftlichen Sein nach bestimmt wird; auch sie ist eine Art von Unterschied, wie durch den Philosophen 5. Metaph. (Did. 4, 14) klarsteht.

Das Gemaß aber, d. h. die Einbestimmung der Unterlage dem beischaftlichen Sein nach, kann man entweder in der Ordnungslinie auf die Natur der Unterlage selbst nehmen oder dem Tun und der Leide gemäß, welche auf die Urheiten der Natur, als welche Wesungsstoff und Wesungsform dastehen, folgen; oder der Größe nach. Nimmt man aber Gemaß oder Einbestimmung der Unterlage der Größe nach, so ergibt sich eine vierte Art von Beschaffenheit. Weil die Größe ihrem Berede nach ohne Bewegung und ohne Gewese von Gut oder Übel dasteht, so gehört nicht zur vierten Art von Beschaffenheit, daß etwas gut oder schlecht beanlagt ist, rasch oder langsam vorübergeht. – Das Gemaß aber, d. h. die Bestimmtheit des Trägers dem Tun und der Leide nach, wird mit der zweiten und dritten Art von Beschaffenheit in Betracht genommen. Deswegen kommt bei beiden die Erwägung darauf, daß etwas leicht oder schwer geschieht, oder daß es rasch vorübergehend oder andauernd ist. Sie kommt aber in ihnen nicht auf etwas, das zum Berede von Gut oder Übel gehört: denn die Wegungen und Leideheiten haben kein Zweckgewese, von Gut und Übel spricht man aber im Hinblick auf einen Zweck. – Dagegen fällt Gemaß und Einbestimmung der Unterlage in Hinordnung auf die Natur des Dings in den Bereich der ersten Art von Beschaffenheit, welche die Verhabung und die Verfassung ist: es sagt nämlich der Philosoph 7. Phys. (Text 17), wo er von den Verhabungen der Seele und des Leibes spricht: sie sind »gewisse Verfassungen eines Vollkommenen auf das Beste hin; ich nenne aber vollkommen, was in seiner naturgemäßen Verfassung ist«. Und weil »beim Ding die Wesungsform und die Natur selber der Zweck ist und um weswillen etwas wird«, wie es 2. Physic. (7 n 7; vgl. 2 n 8) heißt, so findet bei der ersten Art die Erwägung auch Gut und Übel; und auch Leichtweglich und Schwerweglich, demnach, daß irgend eine Natur der Zweck von Erzeugung und Wegung ist. Deswegen bestimmt 5. Metaph. (Did. 4, 20 n 2) der Philosoph den Begriff von Verhabung dahin, daß sie ist: »die Zurüstung, dernach jemand gut oder schlecht verfaßt ist«. Und 2. Ethic. (5 n 2) sagt er: »Die Verhabungen sind es, gemäß denen wir zu den Leidewegungen uns gut oder schlecht gehaben.« Sobald nämlich das Gemaß zur Natur des Dings stimmt, hat es das Berede von Gut: sobald es aber nicht stimmt, dann hat es das Berede von Übel. Und weil die Natur das erste ist, worauf beim Ding gesehen wird, so wird darum die Verhabung als erste Art der Beschaffenheit hingestellt.

Feststellung. Verhabung und Zurüstung gelten als erste von den übrigen unterschiedene Art der Beschaffenheit; in ihnen vollzieht sich die Werktätigkeit der Menschen in dem Ordnungsbereich ihrer Natur. [»Zurüstung besagt, wie es (vor. Art. zu 3) hieß, eine gewisse Hinordnung. Man redet daher bei einem nur im Hinbezug auf etwas von Zurüstung durch eine Beschaffenheit. Und wenn ›gut oder schlecht‹ hinzugefügt wird, was ins Berede von Verhabung schlägt, so gehört ein Ordnungsbezug auf die Natur beachtet, die der Zweck ist.« Aus d. Antw. zu 1.]

Dritter Artikel

Besagt die Verhabung einen Ordnungsbezug zur Wirkheit?

Aus der Abhandlung. Ich antworte: Hinordnung auf die Wirkheit kann der Verhabung sowohl dem Berede der Verhabung nach zukommen, als auch dem Berede der Unterlage nach, worin es die Verhabung gibt.[262] Dem Berede der Verhabung nach stimmt nun für jede Verhabung, daß sie in irgend einer Weise Hinordnung auf das Wirkgeschehen hat. Es liegt nämlich im Berede von Verhabung, daß sie ein gewisses Verhältnis im Hinbezug auf die Natur des Dings besagt, je nachdem sie zu ihm stimmt oder nicht. Nun hat aber die Natur des Dings, die der Zweck des Hervorbringens ist, darüber hinaus die Zureihung auf einen anderen Zweck, der entweder Tätigkeit ist, oder etwas Getanes, wozu einer durch Tätigkeit gelangt. Darum bringt die Verhabung nicht bloß den Ordnungsbezug auf die Dingnatur selber mit, sondern auch als Folge den auf die Werktätigkeit, insofern sie Zweck der Natur ist oder zum Zweck hingeleitet. Darum heißt es 5. Metaph. (Did. 4, 20 n 2) in der Begriffsbestimmung der Verhabung, sie sei »die Zurüstung, dernach das Zugerüstete gut oder schlecht gestellt wird, entweder sich selber«, d. h. seiner Natur »gemäß oder in bezug auf ein anderes«, d. h. in bezug auf den Zweck.

Es gibt aber auch gewisse Verhabungen, die auch von Seiten der Unterlage, worin sie sind, zunächst und hauptsächlich einen Bezug auf die Wirke besagen. Denn, wie ausgeführt, bedeutet Verhabung zunächst und an sich ein Behaben zur Natur des Dings. Besteht also die Natur des Dings, worin die Verhabung sich befindet, gerade in der Hinordnung auf die Wirke, so folgt, daß die Verhabung hauptsächlich den Hinbezug auf die Wirke besagt. Es liegt aber auf der Hand, daß die Natur und das Berede des Vermögens darin liegt, daß es die Urheit der Wirke ist. Deswegen besagt jede Verhabung, die irgend einem Vermögen als ihrer Unterlage gehört, vornehmlich Hinordnung auf die Wirkheit.[263]

Vierter Artikel

Muß es die Verhabung notwendig geben?

Feststellung. Da man auf vieles stößt, bei dem die Naturen und die Tätigkeiten (notwendig) Zahlreiches (zusammenwirkend) erheischen, das in wechselnden Gemaßen zubemessen werden kann, so liegt die Notwendigkeit für Verhabungen vor (damit solches durch sie sein Anmaß findet).

50. Untersuchung

DER TRÄGER DER VERHABUNGEN

Erster Artikel

Gibt es leiblich irgend eine Verhabung?

Aus der Abhandlung. Ich antworte: Wie vorhin (49, 2ff.) gesagt, ist Verhabung die Zurüstung irgend einer Unterlage, die im Mögestand entweder zur Wesungsform oder zu irgend einer Tätigkeit ist. Sonach also Verhabung die Verfassung zu Werktätigkeit besagt, ist keine Verhabung hauptsächlich im Körper als in ihrem Träger. Denn jede Tätigkeit des Leibes rührt entweder von der natürlichen Beschaffenheit des Leibes her oder von der den Leib wegenden Seele. Jene Tätigkeiten also anlangend, die von Natur auftreten, erfährt der Leib keine Zurüstung durch eine Verhabung: denn die naturhaften Wirkkräfte haben die Einbestimmung auf eins;[264] es wurde aber (a. a. O. Art. 4) gesagt, daß die verhabliche Zurüstung sich dort erheischt, wo die Unterlage im Mögestand zu vielem sich befindet. Dagegen treten die Werktätigkeiten, die von der Seele durch den Leib herrühren, hauptsächlich als solche gerade der Seele auf: freilich auch in zweiter Linie als die des Leibes. Die Verhabungen stehen aber in einem Gleichmaßverhältnis zu den Tätigkeiten: weswegen »aus ähnlichen Wirkheiten ähnliche Verhabungen verursacht werden«, wie es 2. Ethic. (1 n 7; vgl. 2 n 1) heißt. Deswegen befinden sich die Zurüstungen zu solchen Tätigkeiten hauptsächlich in der Seele. Leiblich können sie aber an zweiter Stelle sein, insofern der Leib nämlich

Fassung und Fügung erfährt, seinen Dienst bei den Tätigkeiten der Seele flott zu versehen.[265]

Redet man aber von der Zurüstung der Unterlage für die Wesungsform, so kann es eine verhabliche Bereitschaft im Körper geben, welcher der Seele wie die Unterlage der Wesungsform gegenübertritt. In dieser Weise spricht man von der Gesundheit, der Schönheit u. dgl. als verhablichen Zurüstungen. Sie haben jedoch nicht vollkommen das Berede von Verhabungen: denn ihre Ursachen sind aus ihrer Natur heraus leicht umsetzlich …

Zweiter Artikel

Ist die Seele die Unterlage der Verhabung dem Wesen oder dem Vermögen nach?

Aus der Abhandlung. Ich antworte: Wie vorhin (49, 2f.) erörtert, besagt die Verhabung eine gewisse Zurüstung im Ordnungsbezug auf Natur oder Tätigkeit. Wird die Verhabung demnach genommen, als sie Bezug auf die Natur hat, so kann es sie nicht in der Seele geben, wenn anders wir von der menschlichen Seele reden: denn die Seele ist selber die abschlüssige Wesungsform der menschlichen Natur; demgemäß kann es daher eher irgend eine Verhabung oder Zurüstung im Körper in bezug auf die Seele als in der Seele in Hinordnung auf den Leib geben. Ist aber die Rede von einer höheren Natur, an welcher der Mensch teilhaben kann, gemäß 2. Petr. 1, 4, »damit wir Anteilgenossen an der göttlichen Natur seien«: so wird der Seele durch nichts verwiesen, daß es ihrer Wesenheit nach irgend eine Verhabung gibt, die Gnade nämlich, wie später (110, 4) gesagt wird.

Nimmt man aber die Verhabung im Tätigkeitsbezug, so trifft man zumal in der Seele die Verhabungen an: insofern die Seele nicht auf nur eine Tätigkeit hinbestimmt ist, sondern Behaben zu vielen hat, was, wie vorhin (49, 4) gesagt, zur Verhabung erforderlich ist. Weil die Seele durch ihre Vermögen die Urheit der Tätigkeiten ist, so gibt es mithin demnach die Verhabungen in der Seele deren Vermögen gemäß.

Dritter Artikel

Kann es in den Vermögen des sinnenhaften Teiles eine Verhabung geben?

Feststellung. Wie sie aus dem Innenantrieb der Natur werktätig sind, weisen die sinnenhaften Vermögen keine Verhabungen auf, wohl aber, wie sie es aus der urteilenden Vernunft heraus sind.[266]

Vierter Artikel

Gibt es im Verstand selbst eine Verhabung?
(Vgl. 51, 3; 56, 5; 67, 2.)

Aus der Abhandlung. Ich antworte: In bezug auf die fürs Erkennen bestimmten Verhabungen hat es verschiedene Meinungen gegeben. Die annahmen, es gebe in allen Menschen den einen mögeständlichen Verstand,[267] waren zu der Annahme gezwungen, es gebe die fürs Erkennen bestimmten Verhabungen nicht im Verstand selbst, sondern in den inneren sinnenhaften Kräften (vgl. Averr. 3. De Anima com. 5, digress. 5). Es liegt nämlich auf der Hand, daß die Menschen in den Verhabungen sich verschiedenfachen: deswegen kann man die aufs Erkennen gerichteten Verhabungen nicht darin vorhanden sein lassen, was zahlenmäßig nur eins und allen Menschen gemeinsam ist. Falls daher der Mögeverstand der Zahl nach einer für alle Menschen ist, können die Verhabungen der Wissenschaften, denen gemäß die Menschen verschieden sind, nicht im Mögeverstand als im Träger sein: es wird sie vielmehr in den inneren sinnenhaften Kräften geben, die in Verschiedenen verschieden sind.

Aber diese Annahme geht zunächst einmal gegen den Sinn des Aristoteles. Es liegt nämlich auf der Hand, daß die sinnenhaften Kräfte nicht durch Wesenheit vernünftig sind, sondern bloß durch Teilhabe, wie es 1. Ethic. (13 n 15ff.) heißt. Der Philosoph aber verlegt (6. Ethic. 2 n 6; 3ff.) die verstandhaften Tugenden, das sind die Weisheit, die Wissenschaft und der Verstand,[268] in das, was durch Wesenheit vernünftig ist. Deswegen gibt es sie nicht in den sinnenhaften Kräften, sondern eben im Verstand. – Er sagt auch ausdrücklich 3. De Anima (4 n 6), daß der Mögeverstand, »wann er in einer So-Weise zum Einzelnen wird«, d.h. wenn er in das Wirkgeschehen des Einzelnen durch die Verstehbilder hineingebracht wird, »daß er dann wirkmäßig wird in der Weise, in welcher man vom Wissenden sagt, er sei in Wirke, was ja eintritt, wann einer durch sich selbst werktätig sein kann«, indem er nämlich eine Erwägung anstellt. »Es liegt auch dann noch in gewisser Weise ein Mögeverstand vor; nicht aber ähnlich, wie es vorher bezüglich Lernen oder Finden der Fall war.« Gerade für den Mögeverstand gilt also, daß in ihm die Verhabung des Wissens wohnt, mit der er erwägen kann, auch wenn er nicht erwägt.

Zum Zweiten geht jene Annahme auch gegen die Dingwahrheit. Wem nämlich das Vermögen zusteht, dem gehört auch die Werktätigkeit, gerade so gehört auch dem die Verhabung, dessen die Werktätigkeit ist. Nun ist aber Verstehen und Erwägen die eigenbehörige Wirkheit des Verstandes. Also gibt es auch die Verhabung, mit der man erwägt, im eigentlichen Sinne im Verstande selbst.

Fünfter Artikel

Gibt es im Willen eine Verhabung?

Abhandlung. 1. Scheinbar gibt es im Willen nicht irgend eine Verhabung. Die Verhabung nämlich, die es im Verstand gibt, sind die Verstehbilder, mit denen er wirkgeschehlich versteht. Nun aber ist der Wille nicht durch irgend welche Bilder tätig. Also ist der Wille nicht der Träger irgend einer Verhabung.

2. Ferner, man nimmt nicht wie im Mögeverstand im Anwirkverstand eine Verhabung an, weil er ein tuiges Vermögen ist. Nun aber ist der Wille im höchsten Grade tuiges Vermögen: denn er wegt alle Vermögen zu ihren Wirkheiten an, wie früher (9, 1) gesagt worden ist. Also gibt es in ihm keine Verhabung.

3. Ferner, in den natürlichen Vermögen gibt es keine Verhabung, weil sie aus ihrer Natur heraus auf etwas einbestimmt sind. Nun ist aber der Wille aus seiner Natur dazu beordnet, daß er in das von der Vernunft zugeordnete Gut strebt. Also gibt es im Willen nicht irgend eine Verhabung.

Aber dagegen spricht, daß die Gerechtigkeit eine gewisse Verhabung ist. Nun aber gibt es die Gerechtigkeit im Willen:

die Gerechtigkeit ist nämlich »die Verhabung, der nach welche das Gerechte wollen und wirken«, wie es 5. Ethic. (1 n 3) heißt. Also ist der Wille der Träger irgend einer Verhabung.

Ich antworte: Jedes Vermögen, das auf verschiedene Weise dem Tun zubeordnet werden kann, bedarf einer Verhabung, durch die es auf seine Wirke gut zugerüstet wird. Nun kann der Wille, da er ein vernünftiges Vermögen ist, in verschiedener Weise die Hinordnung zum Tun bekommen. Deswegen gehört für den Willen irgend eine Verhabung angenommen, durch die er auf seine Wirke gut gerüstet wird. – Auch tritt schon aus dem Begriff der Verhabung zutage, daß sie eine gewisse Haupthinordnung zum Willen hat, wo ja die Verhabung das ist, »was einer gebraucht, wann er will«, wie es oben (Art. 1; 49, 3) hieß.

Also zu 1. Gerade wie es im Verstand irgend ein Bild gibt, das die Ähnlichkeit des Gegenstandes darstellt, so gehört sich, daß es im Willen und in jeglicher begehrhaften Kraft etwas gibt, wodurch er den Hang in seinen Gegenstand bekommt: da die Wirkheit der begehrhaften Wirkkraft nichts anderes ist als eine gewisse Hinneigung, wie oben (6, 4) gesagt worden ist. Wozu sie also durch die Natur des Vermögens selber einen hinreichenden Hang hat, bedarf sie nicht irgend einer hinbiegenden Beschaffenheit. Weil es nun aber für den Zweck des menschlichen Lebens nötig ist, daß die Begehrkraft den Hang auf etwas Bestimmtes hat, wozu sie nicht aus der Natur des Vermögens her neigt, das ein Behaben zu Vielem und Verschiedenem aufweist, so gibt es notwesentlich im Willen und in den anderen Begehrkräften gewisse hinbiegende Beschaffenheiten, die Verhabungen heißen.[269]

Zu 2. Der Anwirkverstand ist nur tuig und in keiner Weise leidehaft. Nun aber ist der Wille und jegliche Begehrkraft ein wegendes Gewegtes, wie es 3. De Anima (10 n 7) heißt. Deswegen ist die Bewandtnis bei beiden nicht ähnlich: denn fähig für eine Verhabung zu sein, trifft auf das zu, was in gewisser Weise in der Möge steht.

Zu 3. Der Wille hat aus der Natur des Vermögens selber den Hang in das Vernunftgut. Weil nun aber dieses Gut in vielfältiger Weise verschieden dasteht, so ist notwendig, daß der Wille zu irgend einem bestimmten Vernunftgut eine Neigung durch irgend eine Verhabung bekommt, auf daß die Werktätigkeit flotter erfolgt.

Sechster Artikel

Gibt es in den Engeln eine Verhabung?

Feststellung. Es gibt in den Engeln nicht die Verhabungen, welche Zurüstungen zum natürlichen Sein sind, wohlverständlich aber Verhabungen, die sie rüsten, an Gott mit dem Willen und dem Verstand heranzugelangen.

51. Untersuchung

DIE URSACHE DER VERHABUNGEN IN BEZUG AUF IHR ENTSTEHEN

Erster Artikel

Gibt es eine Verhabung von Natur? (Vgl. 63, 1)

Aus der Abhandlung. Ich antworte: Es kann einem etwas in zweifacher Weise naturhaft sein. In der einen, der Artnatur nach: wie es dem Menschen natürlich ist, lachen zu können, und dem Feuer, nach oben getrieben zu werden. In der anderen, der Natur des Vereinzlichten nach: wie es ein natürliches Mitgeführ für den Sokrates oder Plato ist, dem eigenbehörigen Aufbau gemäß, auf Kränkelung oder Gesundung eingestellt zu sein. – Jeder dieser Naturen nach kann etwas zwiefach natürlich heißen: einmal, weil es ganz von der Natur herrührt; sodann, weil es in gewisser Hinsicht von Natur ist und in gewisser Hinsicht von einer äußeren Urheit. Gerade wie die ganze Gesundheit von der Natur herrührt, wenn einer durch sich selbst gesund wird: wann aber einer mit Hilfe der Arznei gesundet, rührt die Gesundheit zum Teil von der Natur her, zum Teil von der äußeren Urheit.

Ist also nun von Verhabung demnach die Rede, daß sie eine Rüste des Trägers in Richt auf die Wesungsform oder die Natur ist, so ergibt sich für jede der vorgenannten Weisen die Natürlichkeit der Verhabung. Es gibt nämlich eine natürliche

Rüste, die sich für die menschliche Art gebührt, sie wird in jedem Menschen angetroffen. Naturhaft ist sie der Natur der Art nach. – Weil nun aber eine solche Rüste einen gewissen Spielraum hat, so treffen verschiedene Grade dieser Rüste auf die verschiedenen Menschen gemäß der Natur im Vereinzlichten zu. Eine derartige Rüste kann entweder ganz von Natur da sein: oder teils von Natur und teils von einer äußeren Urheit, wie von denen gesagt wurde, die durch die Kunst gesund werden.

Die Verhabung, die eine Zurüstung zur Werktätigkeit ist, als deren Trage, wie gesagt (1, 2), das Seelenvermögen dasteht, kann nun naturhaft sein sowohl der Natur der Art nach als auch der Natur des Vereinzlichten nach. Und zwar der Natur der Art nach, sonach sie sich auf Seiten der Seele selber hält, die eine artschaffende Urheit ist, da sie als die Wesungsform des Leibes auftritt. Der Natur aber des Vereinzlichten nach auf Seiten des Leibes, welcher stoffliche Urheit ist. Aber in keinem Falle von beiden Weisen gibt es jedoch bei den Menschen dergestalt natürliche Verhabungen, daß sie ganzartig von Natur da sind.[270] In den Engeln ist das freilich dadurch der Fall, daß sie naturhaft eingegebene Verstehbilder besitzen: was der menschlichen Seele nicht zukommt, wie I (55, 2; 84, 3) gesagt worden ist.

Es gibt also in den Menschen etwelche natürliche Verhabungen als solche, die teils von Natur und teils von einer äußeren Urheit vorhanden sind; und zwar anders in den wahrnehmigen Vermögen und anders in den begehrigen. In den wahrnehmigen Vermögen nämlich kann es die natürliche Verhabung der Anfänglichkeit nach geben sowohl der Artnatur nach als auch der Natur des Vereinzlichten nach. Und zwar der Artnatur nach eben auf Seiten der Seele: wie man vom Verstand der Ursätze sagt, er sei eine natürliche Verhabung. Es kommt nämlich dem Menschen gerade aus der Natur der verstandhaften Seele zu, sofort, nachdem er erkannt hat, was das Ganze und was der Teil ist, zu erkennen, daß jedes Ganze größer ist als sein Teil: und ähnlich verhält es sich sonst. Nun kann er aber, was Ganz ist und was Teil ist, nur durch die von den Vorstellungen überkommenen Verstehbilder erkennen. Deswegen legt der Philosoph am Schluß der Posteriora (2, 15 n 5ff.) dar, daß die Erkenntnis der Ursätze in uns aus dem Gesinn herkommt.[271] – Der Natur im Vereinzlichten nach gibt es eine auf das Erkennen abgestellte Verhabung, die der Anfänglichkeit nach naturhaft ist, sofern der eine Mensch aus der Zurüste der Lebenswerkzeuge mehr geeignet ist als der andere, gut zu verstehen, insoweit wir zur Verstandestätigkeit die sinnenhaften Wirkkräfte nötig haben.[272]

In den begehrigen Vermögen aber gibt es nicht irgend welche der Anfänglichkeit nach natürliche Verhabung auf Seiten der Seele selbst, soweit es auf den Wesensbestand der Verhabung ankommt: sondern bloß in Anbetracht gewisser Urheiten für sie, wie die Ursätze des gemeinen Rechts »die Samenkörner der Tugenden« heißen. Dies deswegen, weil die Hinneigung zu den eigenbehörigen Gegenständen, welche der Beginn der Verhabung zu sein scheint, nicht in den Bereich der Verhabung fällt, sondern eher in den Bereich eben des Beredes der Vermögen. – Dagegen gibt es leiblicherseits der Natur des Vereinzlichten nach etwelche begehrhafte Verhabungen den natürlichen Anfänglichkeiten nach. Der eigenbehörige Aufbau des Leibes bringt nämlich bei gewissen die Rüste zur Keuschheit oder Sanftmut mit sich oder zu etwas Derartigem.

Zweiter Artikel

Wird irgend eine Verhabung aus Wirkheiten verursacht?

Aus der Abhandlung. 1. Scheinbar ... Ferner, die Wirkung kann nicht vornehmer sein als ihre Ursache. Nun ist aber die Verhabung vornehmer als die Wirkheit, welche der Verhabung voraufgeht: was daraus zutage tritt, daß sie die Wirkheiten edler gestaltet. Also kann die Verhabung nicht von der Wirkheit verursacht werden, die der Verhabung voraufgeht.

Aber dagegen lehrt der Philosoph 2. Ethic. (1), daß die Verhabungen der Tugenden und der Laster aus den Wirkheiten verursacht werden.

Ich antworte: In dem Tuenden gibt es zuweilen bloß die tätige Urheit seiner Wirke: wie im Feuer bloß die tuige Urheit des Warmmachens ist. In solch einem Tuenden kann keinerlei

Verhabung aus der eigenbehörigen Wirke verursacht werden: und daher kommt es, daß die natürlichen Dinge sich nicht etwas an- und abgewöhnen können, wie es 2. Ethic. (1 n 2) heißt. – Man findet aber auch ein Tuendes, dem die Tu- und die Leideurheit seiner Wirke innewohnt: wie das in den menschlichen Wirken zutage tritt. Denn die Wirkheiten der begehrhaften Wirkkraft gehen von der Begehrkraft demnach aus, daß sie von der Wahrnehmungskraft angewegt wird, wenn diese den Gegenstand vergegenwärtigt: und ferner hat die verstandhafte Kraft, soweit sie Vernunftschlüsse anstellt, als tuige Urheit einen Obersatz, der an sich kund ist. Deswegen können aus solchen Wirkheiten in den Tuenden etwelche Verhabungen verursacht werden, zwar nicht in bezug auf die erste tuige Urheit, sondern in bezug auf die Urheit des Wirkgeschehens, die ein Gewegtes anwegt. Denn alles, was von einem anderen eine Leide oder Wegung hat, erfährt seine Rüste durch die Wirkheit des Tuenden: aus den vielfachen Wirkheiten wird deswegen eine gewisse Beschaffenheit in dem leidenden und gewegten Vermögen erzeugt, die Verhabung genannt wird. Gerade so wie die Verhabungen der sittlichen Tugenden in den begehrhaften Vermögen demnach verursacht werden, als sie von der Vernunft in Wegung kommen: und die Verhabungen der Wissenschaften im Verstand demgemäß verursacht werden, daß er von den ersten Obersätzen angewegt wird.

Also zu 3. Insofern die der Verhabung voraufgehende Wirkheit von der tätigen Urheit ausgeht, hat sie den Ausgang von einer vornehmeren Urheit, als es die entstandene Verhabung ist: gerade wie die Vernunft selbst eine vornehmere Urheit ist, als es die Verhabung der sittlichen Tugend sein mag, die in der Begehrkraft durch die Gepflogenheit der Handlungen erzeugt wurde; und der Verstand der Ursätze eine vornehmere Urheit ist als die Wissenschaft der Schlußfolgerungen.

Dritter Artikel

Kann durch nur eine Wirkheit eine Verhabung entstehen?

Aus der Abhandlung. Ich antworte: Wie bereits (vor. Art.) gesagt, entsteht die Verhabung durch die Wirke, insoweit das leidehafte Vermögen eine Anwegung von irgend einer tuigen Urheit erfährt. Dazu aber, daß irgend welche Beschaffenheit in dem Leidehaften verursacht wird, gehört, daß das Tuige das Leidende gänzlich besiegt. Weil das Feuer nicht sofort sein Verbrennbares besiegen kann, sehen wir deswegen, daß es das nicht sofort in Flammen setzt, sondern nach und nach die Gegenrüstung abbricht, damit es in vollem Sieg ihm die Ähnlichkeit mit sich eindrückt.

Es liegt aber auf der Hand, daß die tuige Urheit, welche die Vernunft ist, über das begehrhafte Vermögen nicht mit nur einer Wirke ganzartig obzusiegen vermag: daher, weil das begehrhafte Vermögen eine verschiedene Verhaltensweise und eine solche zu Vielem hat; in einer einzigen Wirke aber wird durch die Vernunft das Urteil aufgestellt, etwas sei bestimmten Bereden und Umständen gemäß zu begehren. Hieraus wird deswegen das begehrige Vermögen nicht derart völlig besiegt, sodaß es sich in der Mehrzahl der Fälle auf die Art und Weise der Natur in ein und dasselbe hineintragen läßt: was der Bereich der Tugendverhabung ist. Deswegen kann die Verhabung der Tugend nur durch viele, nicht durch nur eine Wirke verursacht werden.

Bei den wahrnehmigen Vermögen aber muß man beachten, daß es ein doppeltes Leidendes gibt: einmal nämlich eben den Mögeverstand; als anderes aber den Verstand, den Aristoteles (De Anima 3, 5 n 2) den »leidehaften« (passivum) nennt, der die »Stückvernunft« (ratio particularis) ist, d. h. die Kraft des Bedenkens[273] zusammen mit der der Erinnerung und der Einbildung. In Hinsicht auf das erste Leidehafte kann es also ein Tuiges geben, das mit nur einer Wirke den Mögestand seines Leidehaften gänzlich besiegt: gerade wie ein an und für sich bekannter Obersatz dem Verstand obsiegt, dem Schluß seine feste Zustimmung zu geben; das tut ja ein wahrscheinlicher Obersatz nicht. Es gehört sich daher, daß aus vielen Wirkheiten der Vernunft die Verhabung zu einer Meinung verursacht wird, auch auf Seiten des mögeständlichen Verstandes: die Verhabung des Wissens kann aber möglicherweise aus einer einzigen Vernunftwirke verursacht werden, soweit der Mögeverstand in Frage kommt. – Dagegen ist in Bezug auf die tieferstehenden wahrnehmigen Kräfte die mehrfache Wiederholung derselben Wirkheiten notwendig, um etwas dem Gedächtnisse fest einzuprägen. Darum sagt der Philosoph im Buch über das Gedächtnis und die Erinnerung (1): »Das Nachsinnen befestigt das Gedächtnis.«

Es ist aber möglich, daß die leiblichen Verhabungen aus nur einer Wirke verursacht werden, falls das Tuige von großer Wirkkraft gewesen ist: gerade wie zuweilen eine starke Arznei auf der Stelle die Gesundheit herbeiführt.

Vierter Artikel

Sind etwelche Verhabungen den Menschen von Gott eingegossen? (Vgl. 63, 3)

Abhandlung. 1. Scheinbar wird gar keine Verhabung den Menschen von Gott eingegossen. Gott verhält sich nämlich gleicher Weise zu allen. Wenn er also den einen irgend welche Verhabungen eingießt, wird er sie allen eingießen. Das ist offenbar falsch.

2. Ferner, Gott wirkt in allen der Weise nach, die zu ihrer Natur stimmt: denn »es gehört zum Amt der göttlichen Vorsehung, die Natur heil zu halten«, wie Dionysius 4. De Div. Nom. sagt. Nun aber werden die Verhabungen, wie (Art. 2) gesagt, im Menschen natürlicherweise aus den Wirkheiten verursacht. Gott verursacht also nicht in den Menschen irgend welche Verhabungen ohne Wirkheiten.

3. Ferner, falls irgend eine Verhabung von Gott eingegossen wird, so kann der Mensch durch diese Verhabung viele Wirkheiten hervorbringen. Nun aber »wird aus diesen Wirkheiten eine ähnliche Verhabung verursacht«, wie es 2. Ethic. (1 n 7) heißt. Es folgt also, daß es zwei Verhabungen derselben Art in ein und demselben gibt, eine erworbene und eine zweite eingegossene. Das scheint unmöglich zu sein: es kann nämlich nicht zwei Wesungsformen nur einer Art in ein und derselben Trage geben. Es wird also nicht irgend eine Verhabung den Menschen von Gott eingegossen.

Aber dagegen spricht, was Eccli. 15, 5 steht: »Es hat ihn der Herr erfüllt mit dem Geiste der Weisheit und des Verstandes.«

Nun sind aber Weisheit und Verstand gewisse Verhabungen. Also werden irgend welche Verhabungen den Menschen von Gott eingegossen.

Ich antworte: Aus einem doppelten Grunde werden irgend welche Verhabungen dem Menschen von Gott eingegossen. Erster Grund ist, daß es irgend welche Verhabungen gibt, mit denen der Mensch gut zu dem Zweck gerüstet wird, der über die Vermöglichkeit der menschlichen Natur hinausgeht, er ist die letztliche und vollkommene Glückgeborgenheit des Menschen, wie früher (5, 5) gesagt worden ist. Und weil sich für die Verhabungen gehört, daß sie im Gleichmaßverhältnis zu dem stehen, worauf der Mensch ihnen gemäß seine Rüste erfährt, so müssen daher auch die Verhabungen, die zu einem solchen Zweck die Rüste geben, die Vermöglichkeit der menschlichen Natur überschreiten. Deswegen können solche Verhabungen dem Menschen immer nur aus göttlicher Eingießung innewohnen: gerade wie das bei allen gnadenhaften Tugenden der Fall ist.[274]

Zweiter Grund ist, daß Gott die Wirkleistungen der Zweitursachen ohne die zweiteiligen Ursachen selber hervorbringen kann, wie es I (105, 6) hieß. Gerade wie er also zuweilen zum Erweis seiner Wirkkraft abseits der natürlichen Ursache die Gesundheit hervorbringt, die doch durch die Natur verursacht werden könnte, so gießt er auch bisweilen, um seine Wirkkraft darzutun, dem Menschen auch jene Verhabungen ein, welche eine natürliche Wirkkraft zu verursachen vermag. Gerade wie er den Aposteln das Wissen der [Heiligen] Schriften und aller Sprachen gab, das die Menschen durch Lernen oder Gewohnheit, wenn auch nicht so vollkommen, erwerben können.

Also zu 1. Was seine Natur angeht, hat Gott ein gleichmäßiges Verhalten zu allen: aber gemäß seiner Weisheitsordnung weist er aus bestimmtem Grunde etwelchen Gewisses zu, was er anderen nicht erteilt.

Zu 2. Daß Gott in allen ihrem Gemaß nach wirkt, schließt nicht aus, daß Gott Gewisses wirkt, das die Natur nicht zu wirken vermag: vielmehr folgt daraus, daß Gott nichts dem entgegenwirkt, was für die Natur stimmt.

Zu 3. Die Handlungen, welche aus der eingegossenen Verhabung hervorgebracht werden, verursachen nicht irgend welche Verhabung, sondern befestigen die vorliegende Verhabung: gerade wie die bei einem naturgesunden Menschen angewandten Arzneimittel nicht irgend welche Gesundheit verursachen, sondern die Gesundheit stärken, die er früher hatte.

52. Untersuchung

DIE STEIGERUNG DER VERHABUNGEN

Erster Artikel

Steigern sich die Verhabungen? (Vgl. 66, 1)

Abhandlung. 1. Scheinbar können die Verhabungen nicht vergrößert werden. Wachstum (augmentum) hat es nämlich mit der Größe zu tun, wie es 5. Physic. (2 n 10) heißt. Nun sind aber die Verhabungen nicht in der Gattung Größe, sondern in der Gattung Beschaffenheit. Also kann es an ihnen kein Wachstum geben.

2. Ferner, Verhabung ist eine gewisse Vervollkommnung, wie es 7. Physic. (3 n 4f.) heißt. Da nun Vervollkommnung Zweck und Ziel besagt, so scheint sie kein Mehr und Weniger aufnehmen zu können. Also kann die Verhabung nicht eine Mehrung erfahren.

3. Ferner, in dem, was ein Mehr und Weniger aufnimmt, trägt sich eine Änderung zu: von dem sagt man nämlich, es wird anders, was von weniger warm mehr warm wird. Nun aber gibt es bei den Verhabungen kein Anderswerden, wie 7. Physic. (3 n 4ff.) dargetan wird. Also lassen sich die Verhabungen nicht steigern.

Aber dagegen spricht, daß der Glaube eine Art Verhabung ist und dennoch gesteigert wird: darum sagen die Jünger zum Herrn: »Herr, mehre uns den Glauben«, wie Luk. 17, 5 steht. Also werden die Verhabungen gesteigert.

Ich antworte: »Wachstum« wird gerade, wie auch anderes, was zur Größe gehört, von den körperlichen Größen auf die verstehlichen geistigen Dinge übertragen; wegen der Gleichnatürlichkeit unseres Verstandes mit den körperlichen Dingen, die unter die Einbildung fallen. Es heißt aber etwas in den körperlichen Größen groß, sonach es zur gehörigen Vollkommenheit der Größe gebracht wird: deswegen wird irgend welche Größe beim Menschen für groß erachtet, die für nicht groß beim Elefanten gilt. Wir nennen deswegen auch in den Wesungsformen etwas daher groß, daß es vollkommen ist. Und weil Gut das Berede von Vollkommen hat, deswegen »gilt bei dem, was nicht großmassig ist, Größersein und Bessersein dasselbe«, wie Augustinus 6. De Trin. (8) sagt.

Die Vollkommenheit einer Wesungsform aber kann man zwiefach ins Auge fassen: in einer Weise, der Form selber nach, in einer andern, sonach die Trage die Form zuteil hat. Insoweit nun die Vollkommenheit der Wesungsform der Form selber nach ins Merk kommt, heißt sie klein oder groß, z. B. eine große oder kleine Gesundheit oder Wissenschaft. Insoweit man dagegen an die Vollkommenheit der Form der Teilhabe im Träger nach denkt, spricht man von mehr oder weniger, z. B. mehr oder weniger weiß oder gesund. Diese Unterscheidung geht aber nicht danach vor sich, daß die Form neben dem Stoff oder dem Träger Sein hat: sondern weil ihre Erwägung dem Artberede nach sich anders stellt als dem gemäß, daß eine Trage mit ihr beteilt ist.

Mit Bezug hierauf hat es nun um die Anspannung und Abspannung der Verhabungen und Wesungsformen vier Meinungen bei den Philosophen gegeben, wie Simplicius in der Erklärung zu den Praedicamenta (De Quali et Qualit.) berichtet. Plotin nämlich und die anderen Platoniker nahmen an, die Beschaffenheiten und Verhabungen nähmen ein Mehr und Weniger deswegen an, weil sie ihnen nach im Stoff waren und daher wegen der Unendlichkeit des Stoffes eine gewisse Unbestimmtheit hatten. Nach der gegenteiligen Ansicht der anderen aber nahmen die Beschaffenheiten und Verhabungen selber kein Mehr und Weniger an, sondern spricht man beim Beschaffenen je nach der verschiedenen Teilhabe von mehr oder weniger, so daß man nicht von mehr oder weniger Gerechtigkeit, sondern Gerechtem spricht. Diese Meinung streift Aristoteles in den Praedicamenta (6 n 22). – Eine mittlere zwischen diesen war die dritte Meinung, die der Stoiker. Sie nahmen nämlich an, daß etliche Verhabungen sich selber nach ein Mehr oder Weniger aufnehmen, wie die Künste, etliche aber nicht, wie die Tugenden. – Die vierte Meinung kommt von denen, die sagten, die unstofflichen Beschaffenheiten und Formen nähmen kein Mehr oder Weniger an, wohl die stofflichen.

Um hier die Dingwahrheit herauszubekommen, ist zu erwägen: wonach etwas die Artung gewinnt, gehört fest und ständig und sozusagen unteilbar: was nur immer nämlich zu ihm gelangt, ist unter der Art enthalten; was aber mehr oder weniger sich von ihm entfernt, gehört zu anderer Art, entweder einer vollkommeneren oder einer unvollkommeneren. Darum sagt der Philosoph 8. Metaph. (Did. 7, 3 n 8), die Arten seien gerade wie die Zahlen, worin mit Beigabe und Abstrich die Art wechselt. Wenn also eine Wesungsform oder was immer für ein Ding sich selber nach oder in Hinsicht auf Beigehöriges Artberede gewinnt, so hat es notwendig, im Ansich gesehen, ein einbestimmtes Berede, das weder in ein Mehr hinausschreiten, noch auf ein Weniger sich zurückstellen kann. Von solchem gibt es die Wärme und die Weißfarbenheit und derlei Beschaffenheiten sonst, von denen man nicht in Hinordnung auf etwas anderes spricht: und viel mehr noch die Substanz, die ein Seiendes für sich ist. – Was aber die Art von einem bekommt, dem es zugeordnet ist, kann sich selber nach auf ein Mehr oder ein Weniger hin verschieden werden und ist trotzdem derselben Art wegen der Einheit dessen, auf das es hingeordnet ist, aus dem es die Art aufnimmt. Gerade wie die Bewegung gemäß sich selber angespannter und lässiger ist: und es bleibt doch dieselbe Art, wegen der Einheit des Halteziels, von dem sie beartet wird. Das nämliche kann bei der Gesundheit beobachtet werden; denn der Körper gelangt zum Berede von Gesundheit, je nachdem er die richtige Zurüstung der seelischen Natur hat, für die verschiedene Zurüstungen richtig sein können; deswegen kann die Rüste in ein Mehr und ein Weniger wechseln und bleibt doch immer das Berede von Gesundheit. Deswegen sagt der Philosoph 10. Ethic. (3 n 3): »Die Gesundheit nimmt selber ein Mehr und ein Weniger auf: denn das Zumaß ist nicht in allen dasselbe und auch nicht immer in einem und demselben; es bleibt hingegen die Gesundheit bis auf etwas unausgegeben.« Derlei verschiedene Zurüsten oder Zumessungen von Gesundheit haben nun ein Über- und Untermaßverhältnis: wäre daher bloß der vollkommensten Zumessung die Benennung Gesundheit beigelegt, dann würde die Gesundheit selber nicht größer oder geringer heißen. – Somit ist also die Art und Weise klar, in der eine Beschaffenheit oder Wesungsform sich selber nach eine Steigerung oder Minderung erfahren kann, und wie nicht.

Fassen wir hingegen die Beschaffenheit oder die Form der Teilhabe dem Träger nach ins Auge, so lassen sich auch gewisse Beschaffenheiten und Formen finden, die ein Mehr und ein Weniger aufnehmen, und andere, die es nicht tun. Als Ursache solcher Verschiedenheit bezeichnet nun Simplicius (a. a. O.), daß die Substanz sich selber nach kein Mehr oder Weniger aufzunehmen vermag, weil sie ein Seiendes für sich ist. Und deswegen läßt jede Wesungsform, mit der ihr Träger substantiell beteilt ist, Anspannung und Abspannung vermissen: weswegen man in der Gattung der Substanz gar nicht von einem Mehr und Weniger spricht. Weil nun die Größe der Selbtrage verwandt ist und auch die Gestalt auf die Größe folgt, so spricht man auch bei ihnen nicht von einem Mehr oder Weniger. Deswegen sagt der Philosoph 7. Physic. (3 n 2f.), wenn etwas die Wesungsform und die Gestalt annimmt, spreche man bei ihm nicht vom Anderswerden, sondern eher vom Werden. – Die übrigen Beschaffenheiten aber, die sich in einem größeren Abstand von der Substanz halten und mit den Leideheiten und Tätigkeiten eine Verbindung eingehen, nehmen ein Mehr und ein Weniger an, je nachdem sie der Träger zuteil hat.

Der Grund für eine derartige Verschiedenheit läßt sich aber noch näher auseinandersetzen. Wie nämlich gesagt, gehört das, wovon etwas die Artung hat, in die feste und ständige Bleibe des Unteilbaren. Auf zweierlei Weise kann nun der Fall sein, daß die Wesungsform nicht einem Mehr und Weniger nach zuteil ist. In der einen, daß ihr nach das Beteilte die

Art erhält. Daher rührt, daß keine substantielle Form in Mehr und Weniger zu teil wird. Deswegen sagt der Philosoph 8. Metaphysik (Did. 7, 3 n 10): »Gerade wie die Zahl nicht ein Mehr und nicht ein Weniger hat, so hat es auch nicht die Substanz, die mit Artung auftritt«, d. h. mit der Teilhabe der artbildenden Wesungsform; »wohl aber, was mit dem Stoff zusammenhängt«, d. h.: den stofflichen Zurüsten nach stößt man in der Substanz auf ein Mehr und ein Weniger. Auf die andere Weise kann es daher der Fall sein, daß die Unteilbarkeit selber im Berede der Wesungsform liegt: weshalb sich für etwas, das jene Form zuteil hat, gehört, daß es sie dem Gewese der Unteilbarkeit nach besitzt. Daher rührt es, daß man bei den Zahlarten nicht von einem Mehr und Weniger spricht: denn bei ihnen hat eine jede Art ihren Bestand infolge der unteilbaren Einheit.[275] Die gleiche Bewandtnis hat es mit den Arten der ununterbrochenen Größe, die zahlenmäßig genommen werden, wie 2 Ellen und 3 Ellen; und mit den Rückbeziehungen, wie Doppelt und Dreifach, und den Figuren, wie Dreieck und Viereck. Diesen Grund nimmt Aristoteles in den Praedicamenta (6 n 23) an, wo er den Grund angibt, warum die Figuren nicht ein Mehr und ein Minder aufnehmen, indem er sagt: »Was nämlich das Berede vom Dreieck und vom Kreis annimmt, ist ja ähnlich dreieckig oder rund«: denn die Unzerteilbarkeit liegt ja gerade in ihrem Berede, weshalb sich die unzerteilige Teilhabe für das gehört, was immer nur mit ihrem Gewese beteilt ist.

Da man nun von den Verhabungen und den Zurüsten gemäß der Hinordnung auf etwas spricht, wie es 7. Physic. (3 n 4f.) heißt, so tritt also zutage, daß man in doppelter Weise die Anspannung und Abspannung bei den Verhabungen und Zurüsten ins Auge fassen kann. In der einen, sich selber gemäß: wie die Gesundheit größer oder geringer heißt; oder man von einer größeren oder geringeren Wissenschaft spricht, die sich auf mehr oder weniger erstreckt. – In der anderen, gemäß der Teilhabe durch den Träger: wie nämlich die gleiche Wissenschaft oder Gesundheit in dem einen mehr Aufnahme findet als in dem anderen, je nach der verschiedenen Eignung aus Natur oder Gewohnheit. Verhabung und

Zurüste geben nämlich der Trage nicht die Art: und weiter schließen sie auch in ihr Berede nicht die Unteilbarkeit ein.

Wie es sich aber um die Tugenden verhält, wird später (66, 1) gesagt werden.

Also zu 1. Wie die Größenbenennung von den körperlichen Größen auf die verstehlichen Vervollkommnungen der Wesungsformen übertragen wird, so ist es auch mit dem Wort Wachstum der Fall, es hat sein Ziel im Großen.

Zu 2. Die Verhabung ist zwar eine Vervollkommnung, aber doch nicht eine solche Vervollkommnung, daß sie das Ziel ihrer Trage wäre, indem sie ihr z. B. das beartende Sein gibt. Und sie schließt auch nicht, wie die Zahlenarten, ein Ziel in ihr Berede ein. Deswegen wird sie durch nichts gehindert, ein Mehr oder Weniger aufzunehmen.

Zu 3. Ein Anderswerden gibt es zunächst einmal bei den Beschaffenheiten der dritten Art. Bei den Beschaffenheiten hingegen der ersten Art kann es im Nachgang zu einem Anderswerden kommen: ist nämlich das Anderswerden Warm und Kalt nach bewirkt, so folgt das Anderswerden des Seelwesens gemäß Gesund und Krank. Und ist ähnlich das Anderswerden den Leideheiten der sinnenhaften Begehr nach bewirkt oder den sinnenhaften wahrnehmigen Kräften nach, so folgt das Anderswerden den Wissenschaften und Tugenden nach, wie es 7. Physic. (3 n 6f.) heißt.

Feststellungen

2. *Werden die Verhabungen zuzählig gesteigert?* *(Vgl. 2 II 24, 5)*

Im Träger, der sie zuteil hat und zu einer vollkommeneren Teilhabe an der vorgegebenen Form gelangt, steigern sich die Verhabungen, indes nicht durch Beifügung von Form zu Form; beim Wissen freilich sagt man zuweilen, es werde durch Zufügung sich selber nach gemehrt, insofern es sich auf mehr erstreckt.

3. *Steigert jede beliebige Wirke die Verhabung?*

Wenn es dem Spannungsgrad der Verhabung gleichkommt und in einem Gleichmaßverhältnis zu ihr steht, kann jedes beliebige Wirkgeschehen die Verhabung steigern und sie vollkommener ausbringen; anders dagegen, falls es gegen die Spannung der Verhabung abfällt und nachlässig vonstatten geht.

53. Untersuchung

DAS VERGEHEN UND DIE VERMINDERUNG DER VERHABUNGEN

Erster Artikel

Kann die Verhabung vergehen? (Vgl. I 89, 5)

Aus der Abhandlung. Ich antworte: An sich vergeht eine Form durch ihren Gegensatz: beischaftlich aber durch den Zerfall ihrer Trage.[276] Gibt es also irgend eine Verhabung, deren Unterlage zerfällig ist, und deren Ursache das gerade Gegenteil gegenübertritt, so kann sie auf beiderlei Weise vergehen: wie das bei den leiblichen Verhabungen, d. h. Gesundheit und Krankheit, zutage tritt. – Jene Verhabungen aber, deren Trage unzerfällig ist, können nicht beischaftlich vergehen. Es gibt jedoch gewisse Verhabungen, die wohl hauptsächlich eine unzerfällige Trage, in zweiter Linie jedoch eine zerfällige Trage haben: wie die Verhabung des Wissens, die es zwar hauptsächlich im Mögeverstand, zweitstellig aber in den sinnenhaften wahrnehmigen Kräften gibt, wie oben (50, 3 zu 3) gesagt wurde. Auf Seiten des Mögeverstandes kann deswegen die Verhabung des Wissens nicht beischaftlich vergehen, sondern bloß auf Seiten der tieferstehenden sinnenhaften Kräfte.

Es ist also zu erwägen, ob derartige Verhabungen an sich vergehen können. Gibt es also irgend eine Verhabung, die entweder ihrerseits oder auf Seiten ihrer Ursache irgend einen geraden Gegensatz bekommt, so wird sie an sich vergehen können: bekommt sie ihn aber nicht, so wird sie nicht an sich vergehen können. Es liegt nun auf der Hand, daß das im Mögeverstand auftretende Verstehbild nicht etwas hat, das ihm gerade entgegengesetzt ist.[277] Weiter kann auch nicht etwas zum Anwirkverstand, der dessen Ursache ist, in Gegensatz treten. Gibt es deswegen irgend eine Verhabung im Mögeverstand, die unmittelbar vom Anwirkverstand verursacht ist, so ist eine solche Verhabung sowohl an sich als auch beischaftlich unvergänglich. Derart sind aber die Verhabungen der ersten Ursätze, jener sowohl, die auf die Einsicht gehen, als auch der aufs Wirken abgestellten, sie können durch keine Vergeßlichkeit oder Täuschung vergehen: gerade wie der Philosoph 6. Ethic. (5 n 8) von der Klugheit sagt: »sie wird nicht durch das Vergessen verdorben«.[278] – Es gibt aber auch eine Verhabung im Mögeverstand, die aus der Vernunft verursacht ist, nämlich die Verhabung von Schlußfolgerungen, die Wissenschaft heißt: ihrer Ursache kann zwiefach etwas entgegengesetzt sein. In einer Weise auf Seiten der Obersätze selber, von denen die Vernunft ausgeht: denn der Aussage: »das Gut ist gut« steht die gegenüber: »das Gut ist nicht gut«, gemäß dem Philosophen 2. Periherm. (Did. 14 n 12). Die zweite Weise geht das Verfahren der Vernunft selber an; so wie der Trugschluß sich dem Erörterungs- oder dem Beweisschluß gegenüberstellt.[279] Dergestalt tritt zutage, daß durch die falsche Vernunft die Verhabung der wahren Meinung oder auch der Wissenschaft vergehen kann. Deswegen sagt der Philosoph (De Long. et Brev. Vitae 2): »Täuschung ist das Verderben des Wissens«, wie vorhin (»Aber dagegen«) gesagt wurde.

Bei etlichen von den Tugenden, den verstandlichen, die es in der Vernunft selber gibt, wie es 6. Ethic. (2 n 6; 3 n 1; vgl. 1, 13 n 20) heißt, hat es dieselbe Bewandtnis, die beim Wissen oder der Meinung vorliegt. – Gewisse Tugenden dagegen gibt es in dem begehrhaften Seelenteil, es sind die sittlichen: und dasselbe Berede ergibt sich im Gegenüber bei den Lastern. Nun werden aber die Verhabungen der begehrigen Seite dadurch verursacht, daß die Vernunft das Naturgeführ hat, die begehrige Seite anzuwegen. Zufolge eines Urteils der Vernunft, die in irgend einer Weise zum Gegenteil hinwegt, sei es nun aus Unwissen, sei es aus Leidenschaft oder auch aus Freiwahl, wird daher die Verhabung der Tugend oder des Lasters zerstört.

Zweiter Artikel

Kann die Verhabung vermindert werden?

Feststellung. Wie eine Steigerung, so kann auch eine Minderung bei den Verhabungen aus den Gründen eintreten, aus denen sie vergehen.

Dritter Artikel

Vergeht oder mindert sich die Verhabung durch bloßes Ablassen vom Werk? (Vgl. 2 II 24, 10)

Abhandlung. 1. Scheinbar vergeht oder vermindert sich die Verhabung nicht durch das bloße Ablassen von dem Werk. Die Verhabungen sind nämlich verbleiblicher als die Leidebeschaffenheiten, wie aus dem früher Gesagten (49, 2 zu 3; 50, 1) klarsteht. Nun aber vergehen und vermindern sich nicht die Leidebeschaffenheiten durch Ablassen von der Wirke: die Weißfarbenheit wird nämlich nicht vermindert, auch wenn sie auf kein Gesicht wirkt, und auch die Wärme nicht, wenn sie nicht warm macht. Also wird auch die Verhabung nicht durch Ablassen von der Wirke vermindert oder zerstört.

2. Ferner, Vergehen und Verminderung sind eine Art Umsetzungen. Nun setzt sich aber nichts um ohne irgend eine wegende Ursache. Da nun Ablassen von der Wirke nicht irgend eine wegende Ursache mitbringt, so scheint nicht, daß es durch Aufhören mit der Wirke bei der Verhabung Minderung oder Zerstörung geben kann.

3. Ferner, es gibt die Verhabungen des Wissens und der Tugend in der verstandhaften Seele, die über der Zeit steht. Was aber über der Zeit liegt, vergeht und vermindert sich nicht durch Zeitdauer. Also vergehen und vermindern sich auch nicht derartige Verhabungen durch die Zeitdauer, wenn jemand lange ohne Ausübung verharrt.

Aber dagegen spricht, was der Philosoph De Long. et Brev. Vitae (2) sagt, nicht bloß »die Täuschung«, sondern auch »das Vergessen« sei »Zerstörung des Wissens«. Und 8. Ethic. (5 n 3) heißt es: »Viele Freundschaften löst die Nichtansprache.« Aus gleichem Grunde vermindern sich auch die anderen Verhabungen an Tugenden durch Ablassen von der Wirke oder verschwinden.

Ich antworte: Wie es 8. Physic. (4 n 1) heißt, kann etwas zwiefach wegend sein: in der einen Weise, an sich, daß es nämlich dem Berede der eigenbehörigen Wesungsform nach anwegt, gerade wie das Feuer warm macht; in der anderen, beischaftlich, wie das, was die Hinderung wegräumt. Und in dieser Weise verursacht das Ablassen von der Wirke das Vergehen oder die Verminderung der Verhabungen: insoweit nämlich die Wirkheit entfernt wird, welche den Zerstörungs- oder Minderungsursachen der Verhabungen hinderlich war. Es wurde nämlich (Art. 1) gesagt, daß die Verhabungen an sich vergehen oder sich mindern infolge eines gerade entgegengesetzten Tuenden. Wachsen deswegen für Verhabungen, welche es auch sein mögen, im Zuge der Zeit Gegensätze heran, die durch eine von der Verhabung ausgehende Wirke entfernt gehören, so werden solche Verhabungen gemindert oder auch im Ganzen behoben durch andauerndes Ablassen von der Wirke, wie es beim Wissen und der Tugend klar ist. Es liegt nämlich auf der Hand, daß die Verhabung der sittlichen Tugend den Menschen bereit macht, rasch die Mittehaltung bei Tätigkeiten und Leidewegungen einzunehmen. Wann aber einer die Verhabung der Tugend nicht gebraucht, um in den eigenbehörigen Leidewegungen oder Tätigkeiten das Maß zu beobachten, müssen notwendig viele Leidewegungen und Tätigkeiten an dem Gemaß der Tugend vorbei auftreten, infolge des Hangs der sinnenhaften Begehr oder von anderem, was von außen her anwegt. Daher vergeht oder vermindert sich die Tugend durch Ablassen von der Wirke. – Ähnlich liegt es auch auf Seiten der verstandlichen Verhabungen, denen nach der Mensch rasch bei der Hand ist, die Innenbilder richtig zu beurteilen. Sobald nun der Mensch vom Gebrauch der verstandlichen Verhabung abläßt, kommen Einbildungen auf, die fremd sind und zuweilen zum geraden Gegenteil führen; dergestalt, daß der Mensch, wenn sie nicht durch häufigen Gebrauch der verstandlichen Verhabung gewissermaßen beschnitten oder zusammengedrängt werden, weniger geeignet wird, ein richtiges Urteil zu fällen, und zuweilen eine vollständige Zurüste fürs gerade Gegenteil erhält. Derweise wird durch Ablassen von der Wirke die verstandliche Verhabung vermindert oder auch ganz zerstört.

Also zu 1. Gerade so würde auch die Wärme durch das Aufhören mit Warmmachen vergehen, wenn dadurch das Kalt anwüchse, das der Zerstörer des Warm ist.

Zu 2. Das Ablassen von der Wirke ist für das Vergehen oder die Minderung das Anwegende, gerade als ob es, wie gesagt, das Hindernde wegräumte.

Zu 3. Der verstandliche Teil der Seele ist an sich über die Zeit erhaben: aber der sinnenhafte Teil ist der Zeit unterworfen. Und deswegen erfährt sie durch den Lauf der Zeit Umstellungen in bezug auf die Leidewegungen der begehrhaften Seite und auch in bezug auf die wahrnehmigen Kräfte. Deswegen sagt der Philosoph 4. Physic. (12 n 10; 13 n 8), die Zeit sei die Ursache des Vergessens.

54. Untersuchung

DIE UNTERSCHEIDUNG DER VERHABUNGEN

Erster Artikel

Können viele Verhabungen in einem Vermögen sein?

Abhandlung. 1. Scheinbar kann es nicht viele Verhabungen in einem Vermögen geben. Bei dem nämlich, was dem Nämlichen nach unterschieden wird, vervielfacht sich das eine mit der Vielfachung des anderen. Nun aber stellt man bei den Vermögen und den Verhabungen dieselben Unterscheidungen an, nämlich nach den Wirkheiten und den Gegenständen. Sie vervielfachen sich also ähnlicherweise. Es kann also nicht viele Verhabungen in einem Vermögen geben.

2. *Ferner,* das Vermögen ist eine Art einschlächtiger Wirkkraft. Nun kann es aber in nur einer einschlächtigen Trage keine Verschiedenheit von Beischaften geben: denn die Trage ist die Ursache der Beischaft; nun scheint aber von nur einem Einschlächtigen nur ein Eines ausgehen zu können. Also kann es in einem Vermögen nicht viele Beischaften geben.

3. *Ferner,* gerade wie der Körper durch die Gestalt geformt wird, so wird das Vermögen durch die Verhabung beformt.

Nun kann aber nicht der eine Körper gleichzeitig die Form verschiedener Gestalten haben. Also kann auch nicht ein Vermögen gleichzeitig mit der Form verschiedener Verhabungen auftreten. Es können also nicht mehrere Verhabungen zugleich in nur einem Vermögen sein.

Aber dagegen spricht, daß der Verstand nur ein Vermögen ist: dennoch gibt es in ihm die Verhabungen verschiedener Wissenschaften.

Ich antworte: Wie bereits (49, 4) gesagt, sind die Verhabungen gewisse Zurüstungen bei einem, das im Mögestand zu etwas vorhanden ist, sei es nun zur Natur, sei es zur Werktätigkeit oder zum Naturzweck. Nun liegt bei den Verhabungen, die Zurüstungen auf die Natur sind, auf der Hand, daß es ihrer mehrere in einem Träger geben kann: deswegen, weil sich bei einem Träger in verschiedener Weise Seiten annehmen lassen, deren Zurüste nach man von Verhabungen spricht. Gerade wie eine Verhabung oder Zurüste an Gesundheit vorliegt, wenn man die Säfteteile des menschlichen Körpers nimmt, wie sie der menschlichen Natur nach eingestellt sind: nimmt man dagegen ähnliche Teile, wie die Sehnen und die Knochen und das Gefleisch, so ist ihre Zurüste in der Linie auf die Natur die Stärke oder die Magerkeit: nimmt man dagegen die Glieder, wie Hand und Fuß und derartiges, so ist ihre zur Natur stimmende Zurüste die Schönheit. Dergestalt gibt es mehrere Verhabungen oder Zurüsten in ein und demselben.

Reden wir dagegen von den Verhabungen, die Zurüsten zu den Werken sind und in den eigenbehörigen Bereich der Vermögen schlagen, so kann es auch der Fall sein, daß es für ein Vermögen mehrere Verhabungen gibt. Der Grund hierfür liegt darin, daß die Trage der Verhabung, wie oben (51, 2) gesagt, das Leidevermögen ist: ein nur tuiges Vermögen ist nämlich nicht die Unterlage für irgend eine Verhabung, wie aus dem dort Gesagten klarsteht. Das Leidevermögen aber hat zu der einbestimmten Wirke nur einer Art die Vergleichsstellung des Wesungsstoffs zur Wesungsform: deswegen, weil gerade wie der Wesungsstoff auf nur eine Wesungsform durch nur ein Tuendes einbestimmt wird, auch das Leidevermögen von dem Gewese nur eines tuigen Gegenstandes her auf nur eine Wirke der Art nach hinbestimmt wird. Wie deswegen mehrere Gegenstände das eine Leidevermögen anwegen können, so kann ein Leidevermögen in der Einzahl die Trage für verschiedene Wirkheiten oder Vervollkommnungen artgemäß sein. Nun sind aber die Verhabungen gewisse Beschaffenheiten oder dem Vermögen innehaftende Formen, durch die das Vermögen den Hang zu Wirkheiten bekommt, die artgemäß bestimmt sind. Darum können zu nur einem Vermögen mehrere Verhabungen gehören, gerade wie auch mehrere Wirkheiten, die artverschieden sind.

Also zu 1. Gerade wie es in den Naturdingen die Verschiedenheit der Arten der Wesungsform nach gibt, die Verschiedenheit der Gattungen aber dem Wesungsstoff nach da ist, wie es 5. Metaph. (Did. 4, 28 n 5; vgl. 9, 3 n 6) heißt (das ist nämlich verschiedener Gattung, bei dem der Wesungsstoff verschieden ist): gerade so bewirkt auch die der Gattung nach vorhandene Verschiedenheit der Gegenstände die Unterscheidung der Vermögen (weshalb der Philosoph 6. Ethic. (1 n 5) sagt: »Für das, was an Gattung ein anderes ist, gibt es auch in der Seele andere Teilchen«); dagegen bewirkt die der Art nach auftretende Verschiedenheit der Gegenstände die Verschiedenheit der Wirkheiten der Art nach,[280] folglich auch der Verhabungen. Alles, was nun von verschiedener Gattung ist, ist auch an Art verschieden: aber das läßt sich nicht umkehren. Die Wirkheiten der verschiedenen Vermögen sind daher an Art verschieden und die Verhabungen sind es: es braucht's aber nicht, daß die verschiedenen Verhabungen verschiedenen Vermögen angehören, sondern sie können zu mehreren in einem sein. Und gerade wie es Gattungen von Gattungen gibt und Arten von Arten, so kann es auch der Fall sein, daß es verschiedene Arten von Verhabungen und von Vermögen gibt.

Zu 2. Mag auch das Vermögen der Wesenheit nach zwar einschlächtig sein, so ist es doch vielfach an Wirkkraft, sonach es sich auf viele artverschiedene Wirken erstreckt. Nichts hindert darum, daß es in einem Vermögen viele an Art verschiedene Verhabungen gibt.

Zu 3. Der Körper wird durch die Gestalt geformt wie durch die eigenbehörige Begrenzung: die Verhabung ist aber keine Begrenzung des Vermögens, sondern ist die Zurüste auf die Wirke als den letzten Punkt. Deswegen kann es für ein Vermögen nicht zugleich mehrere Wirken geben, es sei denn etwa, sonach eine von der anderen umgriffen wird: gerade wie auch bei einem Körper nicht mehrere Figuren, außer demnach, daß die eine in der anderen ist, wie das Dreieck im Viereck. Der Verstand kann nämlich nicht vieles zugleich wirkgeschehlich verstehen. Er kann jedoch vieles zugleich verhablich wissen.

Zweiter Artikel

Werden die Verhabungen den Gegenständen nach unterschieden? (Vgl. 54, 3; 60, 1; 63, 4)

Feststellung. Dreierlei nach werden die Verhabungen artlich unterschieden: den tuigen Urheiten solcher Zurüstungen nach, der Natur nach und den artlich verschiedenen Gegenständen nach.

Dritter Artikel

Unterscheidet man die Verhabung nach Gut und Bös?

Abhandlung. 1. Scheinbar wird kein Unterschied der Verhabungen nach Gut und Bös gemacht. Gut und Bös sind sich nämlich gerade entgegengesetzt. Nun kann aber dieselbe Verhabung auf gerade Entgegengesetztes gehen, wie vorhin (2 zu 1) erörtert wurde. Also unterscheidet man die Verhabungen nicht nach Gut und Bös.

2. Ferner, Gut läßt sich mit Seiend tauschen: somit kann es nicht, da es allen gemeinsam ist, als Unterschied für eine Art genommen werden, wie sich durch den Philosophen 4. Topic. (6 n 2) ergibt. Ähnlich kann auch Bös, da es Fehle und Nichtseiendes ist, nicht der Begriffsunterschied für irgend ein Seiendes sein. Nach Gut und Bös lassen sich also nicht die Verhabungen artlich unterscheiden.

3. Ferner, es ist der Fall, daß es bezüglich desselben Gegenstandes verschiedene böse Verhabungen gibt, wie bei den Begierlichkeiten die Unmäßigkeit und die Gefühllosigkeit: und ähnlich auch mehrere gute Verhabungen, nämlich die menschenhafte Tugend und die heldenhafte bzw. gotthafte Tugend, wie es sich durch den Philosophen 7. Ethic. (1 n 1) ergibt. Es werden also die Verhabungen nicht nach Gut und Bös unterschieden.

Aber dagegen ist die gute Verhabung das gerade Gegenteil der schlechten Verhabung, wie die Tugend das des Lasters. Nun sind aber gerade Gegensätze der Art nach verschieden. Also stehen die Verhabungen im Artunterschied gemäß dem Begriffsunterschied von Gut und Bös.

Ich antworte: Wie (vor. Art.) gesagt, werden die Verhabungen artlich nicht allein nach den Gegenständen und den tuigen Urheiten, sondern auch im Ordnungsbezug auf die Natur unterschieden. Das ist nun zwiefach der Fall. Auf die erste Weise nach der Übereinstimmung mit der Natur oder auch nach dem Mißklang zu ihr. Und in dieser Weise unterscheidet man artlich gute und böse Verhabung: denn gute Verhabung heißt diejenige, die auf eine mit der Natur des Tuenden übereinstimmende Wirke zurüstet; böse Verhabung heißt aber die, welche die Bereitstellung für die zur Natur nicht richtige Wirkheit bringt. Wie denn die Tugendwirken zur menschlichen Natur deswegen stimmen, weil sie vernunftgemäß sind: die Wirken der Laster hingegen den Mißklang zur menschlichen Natur haben, da sie gegen die Vernunft sind. Derweise liegt auf der Hand, daß man gemäß dem Unterschied von Gut und Bös die Verhabungen an Art unterscheidet.

Auf die andere Weise unterscheidet man der Natur nach die Verhabungen daher, daß die eine Verhabung die Rüste auf die Wirke gibt, die mit der unteren Natur übereinstimmt, die andere aber die Bereitstellung für die Wirke, welche für die obere Natur richtig ist. Derweise wird die menschenhafte Tugend, welche auf die mit der menschlichen Natur übereinstimmende Wirke zurüstet, von der gotthaften oder heldenhaften Tugend unterschieden, welche die Bereitstellung gibt zu der Wirke, die für eine gewisse obere Natur paßt.

Also zu 1. Für gerade Entgegengesetztes kann es eine Verhabung in der Einzahl demnach geben, als das Entgegengesetzte in eben einem Berede übereinstimmt. Daß jedoch entgegengesetzte Verhabungen nur einer Art angehören, kann niemals der Fall sein: der Gegensatz der Verhabungen tritt nämlich gegenteiligen Bereden nach auf. So werden also nach Gut und Bös die Verhabungen unterschieden, d. h. insofern die eine Verhabung gut und die andere bös ist: nicht aber daher, daß die eine Verhabung auf Gut und die andere auf Bös geht.

Zu 2. Das für alles Seiende gemeine Gut ist nicht der artbildende Unterschied einer Verhabung: sondern ein gewisses einbestimmtes Gut, das es der Übereinstimmung mit einer bestimmten Natur, d. h. der menschlichen, nach gibt. Ähnlich ist auch das Bös, das den Begriffsunterschied der Verhabung bildet, nicht reine Fehle: sondern ist irgend ein Bestimmtes, das einer bestimmten Natur widerstreitet.

Zu 3. Bei einer Vielzahl von guten Verhabungen, die mit einem artlichen Gleichen zu tun haben, stellt man die Unterscheidung, wie gesagt (i. d. Antw.), gemäß der Übereinstimmung mit den verschiedenen Naturen an. Mehrere schlechte Verhabungen hingegen bezüglich der gleichen Aufgabe werden nach den verschiedenen Widersprüchen zum Naturgemäßen unterschieden: wie ja die verschiedenen Laster, die es mit dem stofflich Gleichen zu tun haben, den geraden Gegensatz zu nur einer Tugend bilden

Vierter Artikel

Wird eine Verhabung aus vielen Verhabungen gebildet?

Feststellung. Die Verhabung ist eine einschlächtige, nicht aus mehreren Verhabungen gebildete Beschaffenheit: mag sie nämlich auch auf vieles sich erstrecken, so geschieht dies doch nur in Richt auf das Eine, von dem sie die Einheit hat.

55. Untersuchung
DIE TUGENDEN IN BEZUG AUF IHRE WESENHEITEN

Einer rechten Folge nach kommen wir zu den Verhabungen besonderartlich (vgl. 49, Vorw.). Und weil, wie (54, 3) gesagt, die Verhabungen sich nach Gut und Bös scheiden, so ist zunächst von den guten Verhabungen zu reden, das ist von den Tugenden und dem ihnen noch Verbundenen, nämlich den Gaben, den Seligkeiten und den Früchten (68ff.); an zweiter Stelle von den schlechten Verhabungen, d. h. von den Lastern und Sünden (71). Bezüglich der Tugenden sind nun fünf Stücke ins Auge zu fassen: erstens die Wesenheit der Tugend; zweitens ihr Träger (56); drittens die Einteilung der Tugenden (57); viertens die Ursache der Tugenden (63); fünftens gewisse Eigentümlichkeiten der Tugend (64). Beim ersten entstehen vier Fragen:

Feststellungen

1. Ist die Tugend im sittlichen Menschen (virtus humana) eine Verhabung?

Da die Tugend die Vervollkommnung des Vermögens in Hinordnung auf die Wirke ist, so ist notwendig die Tugend eine Verhabung.

2. Ist die Tugend im sittlichen Menschen eine auf Handeln bezügliche Verhabung?

Da die Tugend im sittlichen Menschen die Vervollkommnung des Vermögens in bezug auf das Werk ist, so gehört sich, daß sie eine werktuige Verhabung ist.

3. Ist die Tugend im sittlichen Menschen eine gute Verhabung?

Da die Tugend im sittlichen Menschen, die eine werktuige Verhabung ist, den Menschen in Hinordnung auf sein letztes Vermögliches rüstet, so ist sie notwendig eine gute und für das Gute werkbestellte Verhabung.

Vierter Artikel

Ist die Begriffsbestimmung der Tugend richtig?

Aus der Abhandlung. 1. Scheinbar ist die gewöhnlich beigebrachte Begriffsbestimmung nicht richtig: »Tugend ist die gute Beschaffenheit des Besinns, mit der man recht lebt, die keiner übel gebraucht, die Gott in uns ohne uns als Werk tut« (Magist. 2. Sent. 27). Tugend ist nämlich die Gutheit des Menschen: gerade sie ist es ja, »die den gut macht, der sie hat« (2. Ethic. 6 n 2). Nun scheint aber die Gutheit nicht gut zu sein: gerade wie auch die Weißfarbenheit nicht weiß ist. Es heißt also unrichtig: die Tugend ist »die gute Beschaffenheit«.

Aber dagegen [sechs Einwände] steht die Gewähr des Augustinus, aus dessen Worten, insbesondere 2. De Libero Arbitrio (19; super Ps. 118, serm. 26), die vorgenannte Begriffsbestimmung zusammengestellt ist. [»Tugend bezeichnet eine gewisse Vollendung des Vermögens. Denn bei jeglichem wird Vollendung hauptsächlich in der Hinordnung auf seinen Zweck ins Auge gefaßt; Zweck aber des Vermögens ist die Wirke, weshalb ein Vermögen sonach vollendet heißt, als es die Bestimmtheit auf seine Wirke hin hat. Nun gibt es Vermögen, die an und für sich selbst schon auf ihre Wirken einbestimmt sind, wie die natürlichen wirkentlichen Vermögen; und deshalb werden derartige natürliche Vermögen an und für sich »virtutes« genannt. Die vernunfthaften Vermögen aber, die dem Menschen eigenbehörig sind, sind nicht auf Eines einbestimmt, sondern behaben sich unbestimmt auf vieles hin; sie werden aber zu den Wirken einbestimmt durch die Verhabungen ..., und darum sind die menschlichen Tugenden Verhabungen.« Aus d. Antw. zu Art. 1.]

Ich antworte: Diese Begriffsbestimmung umfaßt vollkommen das ganze Berede von Tugend. Bei jedem Ding läßt sich nämlich der vollkommene Begriff all seinen Ursachen entnehmen. Die angeführte Begriffsbestimmung umfaßt nun aber alle Ursachen der Tugend. Denn die Bewesungsursache der Tugend wird, gerade wie bei jedem Ding, aus der Gattung und dem Artunterschied entnommen, indem es heißt »eine gute Beschaffenheit«: bei Tugend ist nämlich »Beschaffenheit« die Gattung, »gut« aber ist der Artunterschied. Freilich wäre die Begriffsumgrenzung noch richtiger, wenn an Stelle von Beschaffenheit »Verhabung« gesetzt würde, die die nächstverwandte Gattung ist.

Einen »Worausstoff« (materiam ex qua) hat die Tugend ebenso wenig, wie ihn die Beischaften sonst haben: aber sie hat einen »Betreffstoff« (circa quam) und ein »Worin« (in qua), nämlich einen Träger. Der Betreffstoff ist nun der Gegenstand der Tugend; das konnte man in die erwähnte Begriffsaufstellung deswegen nicht hinein bringen, weil durch den Gegenstand die Tugend zur Art einbezirkt wird. Hier aber soll der Begriff Tugend im allgemeinen aufgezeigt werden. An Stelle der Stoffursache tritt daher der Träger, wenn es heißt, sie sei eine gute Beschaffenheit »des Besinns«.

Zweck der Tugend ist nun das Werktun, da die Tugend eine auf Werktätigkeit bestellte Verhabung ist. Aber man muß sich merken, daß von den werktuigen Verhabungen manche immer auf Bös gehen, wie die lasterhaften Verhabungen; andere hingegen bald auf Gut und bald auf Bös, gerade wie die Meinung ein Verhältnis zu Wahr und Falsch hat; die Tugend aber ist die Verhabung, die immer das Behaben zu Gut hat. Damit deswegen die Tugend von dem abgeschieden wird, was immer sein Behaben auf Bös hin hat, heißt es, »mit der man recht lebt«: damit sie aber von dem abgesondert wird, das ein Verhältnis bald zu Gut, bald zu Bös hat, wird gesagt, »die keiner übel gebraucht«.

Weiterhin ist die Bewirkursache der eingegossenen Tugend, von der die Begriffsbestimmung gegeben wird, Gott. Deswegen heißt es, »die Gott in uns ohne uns als Werk tut«. Wird dieser Satzteil weggelassen, so ist die Restbestimmung allen Tugenden, den erworbenen sowohl wie den eingegossenen, gemeinsam.

... *Zu 6.* (Der Mensch wird gerechtfertigt durch die Tugend. Tugend aber ist Leistung des Menschen. Also ist in der Definition die Bestimmung falsch: »die Gott in uns ohne uns wirkt.«) Die eingegossene Tugend wird in uns von Gott verursacht ohne unser Tun, jedoch nicht ohne unsere Einstimmung. In dieser Weise ist es zu verstehen, wenn es heißt: »welche Gott in uns ohne uns wirkt«. Was aber durch uns getan wird, verursacht Gott in uns nicht ohne unser Tun: denn er selbst wirkt in jedem Willen und aller Natur.

56. Untersuchung

DER TRÄGER DER TUGEND

Feststellungen

1. Ist die Tugend im Seelenvermögen als dem Träger?

Da die Tugend im sittlichen Menschen eine Vervollkommnung und eine werktuige Verhabung ist, so ist sie in dem Vermögen der Seele als in dem eigenbehörigen Träger.

2. Kann es die Tugend in der Einzahl in mehreren Vermögen geben? (Vgl. 60, 5)

Es kann unmöglich eine Tugend in zwei Vermögen sein, außer sie hätten in der Teilhabe an ihr eine Hinordnung aufeinander.

Dritter Artikel

Kann der Verstand der Träger der Tugend sein?

Abhandlung 1. Scheinbar kann der Verstand nicht der Träger der Tugend sein. Es sagt nämlich Augustinus De Moribus Eccles. (15), jede Tugend sei Liebe. Der Träger der Liebe ist aber nicht der Verstand, sondern bloß die Begehrkraft. Also gibt es keine Tugend im Verstand.

2. Ferner, die Tugend ist auf Gut hingeordnet, wie aus dem Gesagten (55, 3) klar ist. Gut ist aber nicht Vorwurf des Verstandes, sondern der begehrhaften Wirkkraft. Also ist die Trage der Tugend nicht der Verstand, sondern die begehrige Wirkkraft.

3. Ferner, »die Tugend ist es, die den Besitzer gut macht«, wie der Philosoph (Ethic. 2, 6 n 2f.) sagt. Nun aber macht eine Verhabung, die den Verstand vervollkommnet, den nicht gut, der sie hat: denn nicht wegen Wissenschaft oder Kunst heißt der Mensch gut. Also ist der Verstand nicht der Träger der Tugend.

Aber dagegen spricht, daß man mit Besinn vor allem den Verstand meint. Träger der Tugend ist nun aber der Besinn, wie aus der vorhin beigebrachten Begriffsbestimmung von Tugend erhellt (55, 4). Also ist der Verstand Träger von Tugend.

Ich antworte: Wie vorhin (55, 3) gesagt, ist die Tugend die Verhabung, mit der einer gut werktätig ist. In zwiefacher Weise hat aber irgend eine Verhabung ihre Beordnung auf die gute Wirkheit. In der einen, insofern durch eine derartige Verhabung dem Menschen die Vermöglichkeit zur guten Wirke erworben wird: gerade wie der Mensch durch die Verhabung der Sprachlehre die Vermöglichkeit hat, richtig zu sprechen. Freilich macht nicht die Sprachlehre, daß der Mensch richtig spricht: der Sprachlehrer kann nämlich kauderwelschen oder einen groben Schnitzer machen. Die gleiche Bewandtnis hat es mit den Wissenschaften und Künsten sonst. – Was das andere angeht, so verschafft eine Verhabung nicht bloß die Vermöglichkeit des Tuns, sondern macht auch, daß einer die Vermöglichkeit recht gebraucht: wie die Gerechtigkeit nicht allein macht, daß der Mensch mit dem Willen bei der Hand ist, das Gerechte im Werk zu tun, sondern auch macht, daß er gerecht wirkt.

Und weil man schlechthin von Gut, gerade wie auch von Seiend, nicht demgemäß spricht, als es in der Möge steht, sondern sonach es im Wirkgeschehen da ist, so ist beim Menschen von derartigen Verhabungen her schlechthin davon die Rede, daß er ein gutes Werk tut und gut ist, z. B. weil er gerecht oder maßsam ist; die gleiche Bewandtnis hat es bei ähnlichem. Und weil »es die Tugend ist, die den, der sie hat, gut macht und sein Werk gut ausbringt« (Ethic. a. a. O.), so heißen derartige Verhabungen schlechthin Tugenden: denn sie gestalten das Werk in Wirklichkeit gut und machen den Besitzer schlechtweg gut. – Die ersteren Verhabungen aber heißen nicht schlechthin Tugenden: denn sie gestalten das gute Werk nur in einer gewissen Vermöglichkeit gut und machen den Besitzer nicht schlechthin gut. Es heißt nämlich ein Mensch nicht daher schlechthin gut, daß er Wissen hat oder ein Künstler ist: er heißt vielmehr bloß in einer Hinsicht gut, nimm an, ein guter Sprachlehrer oder ein guter Handwerker. Deswegen werden auch meistens bei der Einteilung Kunst und Wissen der Tugend gegenübergestellt: dann und wann aber heißen sie auch Tugenden, wie aus 6. Ethic. (2 n 6; 3 n 1) hervorgeht.

Träger einer Verhabung, die in gewisser Hinsicht Tugend heißt, kann also der Verstand sein, nicht bloß der Wirkverstand, sondern auch der auf die Spähung gerichtete, fern von jeder Hinordnung auf den Willen: dergestalt nimmt nämlich der Philosoph 6. Ethic. (a. a. O.) von der Wissenschaft, der Weisheit und dem Verstand und auch der Kunst an, sie seien verstandhafte Tugenden. – Der Träger aber der Verhabung, die schlechthin Tugend heißt, kann nur der Wille sein; oder irgend ein Vermögen demgemäß, als es vom Willen angewegt ist. Der Grund dafür ist, daß der Wille alle andern Vermögen, die irgendwie vernunfthaft sind, zu ihren Wirkheiten anwegt, wie früher (9, 1; 17, 1 u. 5ff.; I 82, 4) erörtert worden ist: daß der Mensch in Wirklichkeit gut handelt, tritt deswegen daher ein, daß der Mensch einen guten Willen besitzt. Es gehört sich darum, daß die Tugend, die wirkgeschehlich das gute Tun, nicht bloß die Vermöglichkeit bringt, entweder dem Willen selbst innewohnt oder irgend einem Vermögen, sonach es vom Willen angewegt ist.

Es tritt aber der Fall ein, daß der Verstand, gerade wie auch die anderen Vermögen, vom Willen angewegt wird: es zieht nämlich jemand etwas wirklich in Erwägung darum, weil er will. Sohin kann auch der Verstand demgemäß, daß er in einer Beordnung zum Willen steht, der Träger einer Tugend sein, die schlechthin so heißt. In dieser Weise ist der Einsichtverstand oder die Vernunft der Träger des Glaubens: der Verstand wird nämlich durch den Befehl des Willens dazu angewegt, den Glaubenssachen zuzustimmen; denn »nur wer will, hält für wahr« (Augustinus 26 in Joan.). – Der Wirkverstand dagegen ist der Träger der Klugheit. Da nämlich die Klugheit die rechte Vernunft für das Tuliche ist,[281] so wird zur Klugheit erheischt, daß der Mensch das rechte Behaben zu den Ursätzen dessen hat, was für diese Vernunft zu tun ist, das sind die Zwecke; dazu hat der Mensch das gute Verhältnis durch die Rechtheit des Willens, gerade wie er es zu den Ursätzen des Einsichtlichen durch das naturhafte Geleuchte des Anwirkverstandes hat. Und gerade wie deshalb als Träger der Wissenschaft, die die rechte Vernunft für das Einsichtliche ist, der Einsichtverstand in Hinordnung auf den Anwirkverstand auftritt, so ist der Träger der Klugheit der Wirkverstand in der Beordnung, die er zum rechten Willen hat.

Also zu 1. Das Wort von Augustinus ist von der Tugend schlechthin zu verstehen: nicht als ob jede solche Tugend schlechthin Liebe sei, sondern weil sie irgendwie von Liebe abhängt, insofern sie vom Willen abhängt, dessen erste Gemutung die Liebe ist, wie früher (25, 1ff.; 27, 4; I 20, 1) gesagt worden ist.

Zu 2. Für jegliches ist Gut sein Zweck: da Wahr der Zweck des Verstandes ist, so ist die gute Wirkheit des Verstandes, Wahr zu erkennen. Darum wird die den Verstand dazu fertigstellende Verhabung, entweder im Einsichtigen oder im Wirkigen das Wahre zu erkennen, Tugend genannt.

Zu 3. Die Begründung gilt von der Tugend, die schlechthin so heißt.

Vierter Artikel
Sind Zornmut und Begehrmut Trage der Tugend?
(Vgl. Art. 5 zu 1)

Abhandlung. 1. Scheinbar können Zornmut und Begehrmut nicht Träger von Tugend sein. Dieser Art Kräfte sind nämlich uns und den Tieren gemein. Wir sprechen aber jetzt über die Tugend demgemäß, als sie dem Menschen eigenbehörig ist: denn dergestalt heißt sie Tugend im sittlichen Menschen (humana). Für die Tugend im sittlichen Menschen können also nicht Zornmut und Begehrmut Träger sein, da sie ja die Seiten der sinnenhaften Begehr sind, wie I (81, 2) gesagt worden ist.

2. Ferner, die sinnenhafte Begehr ist eine Kraft, die ein leibliches Lebenswerkzeug gebraucht. Nun kann es aber das Tugendgut nicht im Körper des Menschen geben: es sagt nämlich der Apostel Röm. 7, 18: »Ich weiß, daß in meinem Fleische nichts Gutes wohnt.« Also kann die sinnenhatte Begehr nicht der Träger der Tugend sein.

3. Ferner, Augustinus erweist De Moribus Eccles. (5), daß die Tugend nicht im Leibe, sondern in der Seele wohnt, weil der Leib durch die Seele regiert wird: weswegen ganz auf die Seele zurückgeht, daß einer den Leib gut gebraucht; »gerade wie es ganz mir gebührt, wenn der Wagenlenker, der mir gehorcht, die Pferde richtig lenkt, die er zu führen hat«. Gerade wie nun aber die Seele den Leib regiert, so lenkt auch die Vernunft die sinnenhafte Begehr. Es ist also ganz auf die Vernunftseite zu buchen, daß Zornmut und Begehrmut richtig regiert werden. Nun tritt aber die Tugend als das auf, »womit man recht lebt«, wie es oben (55, 4) hieß. Die Tugend gibt es also nicht im Zornmut und im Begehrmut, sondern bloß im Vernunftteil.

4. Ferner, »die hauptsächliche Wirke der sittlichen Tugend ist die Erwählung«, wie es 8. Ethic. (13 n 11) heißt. Nun ist aber die Wahl keine Wirke des Zornmuts und des Begehrmuts, sondern der Vernunft, wie früher (13, 2) gesagt wurde. Also gibt es die sittliche Tugend nicht im Zornmut und im Begehrmut, sondern in der Vernunft.

Aber dagegen spricht, daß man annimmt, den Starkmut gebe es im Zornmut, die Mäßigkeit aber im Begehrmut. Deswegen sagt der Philosoph 3. Ethic. (10 n 1): »Diese Tugenden gehören in die nicht vernunftlichen Teile.«

Ich antworte: Zornmut und Begehrmut kann man zwiefach ins Auge fassen. Einmal an sich, insoweit sie Teile der sinnenhaften Begehr sind. In dieser Weise kommt ihnen nicht zu, Tugendtrage zu sein. – Die andere Betrachtungsweise sieht darnach, inwiefern sie mit Vernunft beteilt sind, dadurch, daß sie von Haus aus haben, der Vernunft zu gehorsamen. Und dergestalt kann der Zornmut oder der Begehrmut Träger menschhafter Tugend sein: denn dergestalt sind sie Urheit einer menschhaften Wirke, insoweit sie mit Vernunft beteilt ist. Und für diese Vermögen sind notwendig Tugenden anzunehmen.

Es ist auch klar, daß es im Zornmut und im Begehrmut irgendwelche Tugenden gibt. Die Wirkheit nämlich, die von einem Vermögen demnach ausgeht, als es vom andern angewegt ist, kann nur vollkommen sein, wenn jedes von beiden Vermögen eine gute Zurüste auf die Wirkheit hat: gerade wie auch die Wirkheit des Werkschaffenden nur ausgeglichen sein kann, wenn sowohl Werker wie auch Werkzeug eine gute Zurüste zum Tun hat. In dem also, womit Zornmut und

Begehrmut es demgemäß am Werk zu tun haben, als sie von der Vernunft gewegt sind, tritt notwendig irgend eine Verhabung auf, die eine Vervollkommnung zu einem guten Tun nicht bloß in der Vernunft, sondern auch im Zornmut und im Begehrmut herstellt. Und weil die gute Zurüste eines gewegten Wegungsvermögens der Gleichförmigkeit mit den wegenden Vermögen nach ins Merk genommen wird, so ist die Tugend, die es im Zornmut und im Begehrmut gibt, nichts anderes als eine gewisse verhabliche Gleichform dieser Vermögen zur Vernunft.

Also zu 1. Zornmut und Begehrmut sind, eigengemäß gesehen, wie sie Teile der sinnenhaften Begehr sind, uns und den Tieren gemeinsam. Aber demnach, daß sie durch Teilhabe vernunfthaft sind, so wie sie der Vernunft gehorchen, sind sie dem Menschen eigenbehörig. In dieser Weise können sie Träger der Tugend im sittlichen Menschen sein.

Zu 2. Gerade so, wie das Fleisch im Menschen aus sich zwar kein Tugendgut hat, aber doch Werkzeug tugendhafter Wirke wird, insofern wir auf Anwegung der Vernunft »unsere Glieder aufwenden, der Gerechtigkeit zu dienen« (Röm. 6, 19), so haben auch der Zornmut und der Begehrmut aus sich zwar kein Tugendgut, sondern eher die Zunderansteckung, insoweit sie aber auf die Gleichform mit der Vernunft gebracht werden, wird in ihnen das sittliche Tugendgut hinzuerzeugt.

Zu 3. In einem anderen Berede wird der Leib von der Seele und werden Zornmut und Begehrmut von der Vernunft regiert. Der Leib nämlich gehorcht der Seele auf den Wink, ohne Widerspruch, in dem, was von Natur aus zur Bewegung durch die Seele da ist; weswegen der Philosoph 1. Politic. (2 n 11) sagt: »Die Seele regiert den Leib mit einer herrischen Gebieterschaft«, d. h. gerade wie der Herr den Sklaven. Deswegen läßt sich die gesamte Wegung des Leibes auf die Seele zurückbeziehen. Und deswegen gibt es im Körper keine Tugend, sondern bloß in der Seele. – Aber Zornmut und Begehrmut gehorchen der Vernunft nicht auf den Wink, sondern besitzen ihre eigenbehörigen Wegungen, durch die sie zuweilen mit der Vernunft in Widerstreit kommen: darum sagt der Philosoph a. a. O., die Vernunft regiert den Zornmut und den Begehrmut »mit einer staatsmännischen Herrschaft«, mit der nämlich Freie regiert werden, die in Etlichem einen eigenbehörigen Willen haben. Darum gehören sich auch für den Zornmut und den Begehrmut etwelche Tugenden, mit denen sie in eine gute Bereitstellung zum Wirkgeschehen gelangen.[282]

Zu 4. Bei der Erwählung gibt es zweierlei: nämlich das Vorhaben des Zwecks, es schlägt in den Bereich der sittlichen Tugend; und die Vorausnahme dessen, was dem Zwecke dient, das geht die Klugheit an, wie es 6. Ethic. (12 n 6) heißt. Daß sie aber das rechte Zweckvorhaben bezüglich der Leidewegungen der Seele hat, stellt sich aus der guten Zurüste des Zornmuts und des Begehrmuts ein. Und deswegen gibt es die sittlichen Tugenden, die es mit den Leidewegungen zu tun haben, im Zornmut und im Begehrmut: die Klugheit aber hat ihren Sitz in der Vernunft.

Fünfter Artikel

Sind die wahrnehmigen sinnenhaften Kräfte Trage der Tugend? (Vgl. 50, 3 zu 3)

Aus der Abhandlung. Ich antworte: In den wahrnehmigen sinnenhaften Kräften unseres Innern werden einige Verhabungen angenommen. Das ergibt sich vornehmlich daraus, daß der Philosoph De Memoria (2) sagt: »Beim Erinnern von einem zum andern ist die Gewohnheit tätig, die sozusagen eine Art Natur ist«: eine gewohnheitshafte Verhabung ist aber nichts anderes als das durch Gewohnheit erworbene Behaben, das in die Art und Weise einer Natur übergegangen ist. Darum sagt Tullius in seiner Rhetoric. (2, 53) von der Tugend, sie sei »eine mit der Vernunft übereinstimmende Verhabung in der Weise der Natur«. Beim Menschen ist freilich, was aus Gewohnheit im Gedächtnis und in den anderen wahrnehmigen sinnenhaften Kräften zur Erwerbung kommt, keine Verhabung an und für sich, sondern etwas mit den Verhabungen der verstandhaften Seite Verbundenes, wie früher (50, 4 zu 3) gesagt wurde.

Gibt es aber doch welche Verhabungen in solchen Kräften, so können sie nicht Tugenden heißen. Die Tugend ist nämlich eine vollkommene Verhabung, mit der man nur zu einem guten Werktun kommen kann: deswegen gehört die Tugend in dasjenige Vermögen, das die Bestellung hat, das gute Werk zu seinem Ende zu bringen. Die Erkenntnis von Wahr kommt aber in den wahrnehmigen sinnenhaften Kräften nicht zum Abschluß; die Kräfte dieser Art sind vielmehr sozusagen die Vorbereiterinnen der verstandhaften Erkenntnis, und deshalb gibt es in den Kräften dieser Art nicht die Tugenden, mit denen man Wahr erkennt, eher dagegen im Verstand oder in der Vernunft.

Sechster Artikel

Kann der Wille Träger der Tugend sein?

Aus der Abhandlung. Ich antworte: Da durch die Verhabung das Vermögen aufs Tun fertiggestellt wird, so hat das Vermögen eine vervollkommnende Verhabung zum guten Tun (diese Verhabung ist nämlich die Tugend) dort nötig, wo hierzu das Eigengewese des Vermögens nicht hinreicht. Man denkt aber beim Eigenwesen jedes Vermögens an dessen Beordnung auf den Gegenstand. Da nun, wie bereits gesagt (19, 3), der Gegenstand des Willens das dem Willen verhältnistreue Vernunftgut ist, so gibt es in diesem Betracht keinen Bedarf des Willens nach vervollkommnender Tugend. Aber wenn dem Menschen obliegt, ein Gut zu wollen, das über das Maßverhältnis des Wollenden hinausgeht, sei es nun in bezug auf die ganze menschliche Art, wie das göttliche Gut, das die Grenzen der menschlichen Natur überschreitet, oder sei es in bezug auf das Einzelwesen, wie das Gut des Nächsten, so ist da für den Willen der Bedarf an Tugend gegeben. Und deswegen sind solcherlei Tugenden, welche die Gemutung des Menschen auf Gott oder den Nächsten beordnen, im Willen als in ihrem Träger; wie die Teuerliebe, die Gerechtigkeit u. dgl.

57. Untersuchung

DIE UNTERSCHIEDLICHKEIT DER VERSTANDHAFTEN TUGENDEN

Erster Artikel

Sind die verstandhaften auf Einsicht gehenden Verhabungen Tugenden?

Aus der Abhandlung. Ich antworte: Da von der Tugend jeweils im Ordnungsbezug auf Gut die Rede ist, wie früher (55, 3) gesagt wurde, so gibt es bei einer Verhabung, wie ebenfalls (56, 3) gesagt, ein doppeltes Berede von Tugend: das eine, daß sie die Vermöglichkeit des guten Tuns schafft, das andere, daß sie mit der Vermöglichkeit auch den guten Gebrauch bewirkt. Wie ebenda gesagt, gehört letzteres bloß zu den Verhabungen, die den begehrhaften Teil angehn: weil es die Begehrkraft der Seele ist, die den Gebrauch aller Vermögen und Verhabungen bewirkt.

Da nun die verstandhaften Verhabungen, die auf die Einsicht abgestellt sind, dem sinnenhaften Teile keine Vervollkommnung geben und sich nicht irgendwie an ihn kehren, sondern nur an den verstandhaften, so können sie zwar Tugenden genannt werden, insofern sie die Vermöglichkeit einer guten Werktätigkeit schaffen, als welche die Erwägung von Wahr auftritt (denn darin liegt das gute Verstandeswerk): sie heißen jedoch nicht Tugenden in der zweiten Weise, als ob sie den guten Gebrauch des Vermögens oder der Verhabung bewerkstelligen. Daher nämlich, daß einer die Verhabung von Einsichtwissen hat, bekommt er nicht den Hang, es zu gebrauchen, sondern wird der Spähung nach Wahr in dem mächtig, wovon er Wissen hat: daß er aber den Wissensbesitz gebraucht, rührt aus dem anwegenden Willen her. Deswegen bewirkt die Tugend, die den Willen vervollkommnet, wie Liebe oder Gerechtigkeit, auch den guten Gebrauch von solcherart auf die Einsicht gekehrten Verhabungen. Und demnach kann es auch in den Wirkheiten dieser Verhabungen, wenn sie aus Liebe geschehen, Verdienst geben: wie Gregor 6. Moral. (37 al. 18 in vet. 28) sagt: »Das beschauliche Leben ist von größerem Verdienst als das tätige.«[283]

Zweiter Artikel

Gibt es nur drei verstandhafte auf Einsicht gestellte Verhabungen: nämlich die Weisheit, die Wissenschaft und den Verstand? (Vgl. 68, 7)

Aus der Abhandlung. Ich antworte: Wie bereits (vor. Art.) gesagt, ist die verstandhafte auf Einsicht gestellte Tugend die, durch welche der Einsichtverstand zur Erwägung von Wahr vervollkommnet wird: das ist nämlich für ihn das gute Werk. Wahr ist aber zwiefach erwäglich: einmal wie es an sich kund ist, zum anderen, wie es durch ein anderes kund wird. Was aber an sich kund ist, verhält sich wie ein Ursatz und wird sofort vom Verstand gefaßt. Und deswegen wird die Verhabung, die den Verstand zu der Erwägung von Wahr in dieser Art fertigstellt, »Verstand« genannt; er ist die Verhabung der Ursätze.

Das Wahr aber, das durch ein anderes kund wird, wird nicht sofort vom Verstand gefaßt, sondern durch eine Untersuchung der Vernunft: und gewinnt die Bedeutung eines Zielenden. Das kann nun in doppelter Weise der Fall sein: in der einen, daß es das Letzte in irgend einer Gattung ist; in der andern, daß es das Letzte in Hinsicht auf die ganze menschliche Erkenntnis ist. Und weil »das, was hinterher unsbezüglich kund ist, in einem Vorher und einem höheren Grade der Natur nach kund ist«, wie es 1. Physic. (1 n 2) heißt, darum ist, was Letztes hinsichtlich der gesamten menschlichen Erkenntnis ist, der Natur nach Erstiges und in höchstem Grade Erkennbares.[284] Das ist das Reich der »Weisheit«, welche die allerhöchsten Gründe ins Auge zieht, wie es 1. Metaph. (1 n 12; 2 n 7) heißt. Sie befaßt sich deswegen mit der richtigen Beurteilung und Beordnung von allem: denn ein vollkommenes und alleinsliches Urteil läßt sich nur durch die Rückzerlegung bis auf die erstigen Ursachen gewinnen.[285] – Für das aber, was Letztes in dieser oder jener Gattung des Erkennbaren ist, besorgt dem Verstand die »Wissenschaft« seine Vervollkommnung. Und deswegen sind gemäß den verschiedenen Arten des Wißlichen verschiedene Verhabungen des

Wissens da: obwohl es doch die Weisheit nur in der Einzahl gibt.

Dritter Artikel

Ist Tugend, was in verstandhafter Verhabung als Kunst auftritt? (Vgl. 93, 1; I 22, 2)

Abhandlung. 1. Scheinbar ist Kunst nicht eine verstandhafte Tugend. Es sagt nämlich Augustinus De Libero Arb. (2, 18f.): »Die Tugend gebraucht keiner schlecht.« Nun gibt es aber einen schlechten Gebrauch von der Kunst: es kann nämlich ein Werkschaffender seinem Wissen an Kunst gemäß ein schlechtes Werk herausbringen. Also ist die Kunst keine Tugend.

2. Ferner, es gibt keine Tugend der Tugend. Nun gibt es aber »bei der Kunst irgend eine Tugend«, wie es 6. Ethic. (5 n 7) heißt. Also ist Kunst nicht Tugend.

3. Ferner, die freien Künste sind hervorragender als die handgrifflichen Künste. Wie nun aber die handgrifflichen Künste aufs Wirken gehen, so gehen die freien Künste auf die Einsicht. Wenn also die Kunst eine verstandhafte Tugend wäre, gebührte sich, sie den Einsichtstugenden zuzurechnen.

Aber dagegen spricht, daß der Philosoph 6. Ethic. von der Kunst annimmt, sie sei eine Tugend; und doch zählt er sie nicht unter die verstandhaften Tugenden, denen er als Träger den das Wissen betreffenden Seelenteil zuweist (3 n 1; vgl. 1 n 4ff.; 6 n 1).

Ich antworte: Die Kunst ist nichts anderes als die rechte Vernunft für irgendwelche Werke, die gemacht werden sollen.[286] Für diese besteht Gut freilich nicht darin, daß die menschliche Begehr irgendwie Stellung nimmt: sondern darin, daß eben das Werk, das gemacht wird, in sich gut ist. Denn es fällt gar nicht in den Bereich von Lob für den Werkschaffenden, insoweit er Werkschöpfer ist, mit welchem Willen er das Werk macht: sondern welche Beschaffenheit das Werk hat, das er macht.

Dergestalt ist also die Kunst, im eigentlichen Sinne gesprochen, eine auf das Werk abgestellte Verhabung. Und dennoch kommt sie in irgend etwas mit den auf Einsicht gestellten Verhabungen überein: denn auch eben die Einsichtsverhabungen geht es an, wie es mit dem Ding steht, das sie ins Auge fassen, nicht aber, wie sich die menschliche Begehr zu ihnen verhält. Wenn nur der Mathematiker das Wahre beweist, so kommt es nicht darauf an, wie er sich seiner Begehrseite nach verhält, ob er fröhlich oder zornig ist: gerade so hat das auch nichts, wie bemerkt, beim Werkschaffenden zu sagen. Und deswegen hat die Kunst in der Weise ein Berede von Tugend, wie es auch die Einsichtsverhabungen besitzen: insoweit nämlich, als weder die Kunst noch die verstandliche Verhabung ein Werk gut machen, so weit der Gebrauch in Betracht kommt; das ist das eigenbehörige der Tugend, welche die Begehr vervollkommnet; jene haben es vielmehr bloß, soweit die Vermöglichkeit des guten Tuns in Betracht kommt.

Also zu 1. Wenn jemand, der Kunst besitzt, ein schlechtes Werk schafft, so ist das kein Kunstwerk, vielmehr Afterkunst: gerade wie auch einer, der das Wahre weiß und lügt, nicht dem Wissen gemäß, sondern wider Wissen spricht. Gerade wie deswegen die Wissenschaft immer ein Behaben zu Gut hat, wie (vor. Art. zu 3) gesagt worden ist, so hat es auch die Kunst: und demgemäß heißt sie Tugend. Darin freilich bleibt sie hinter dem vollkommenen Begriff von Tugend zurück, daß sie nicht den guten Gebrauch selbst bewirkt, sondern daß hierzu etwas anderes erforderlich ist: wiewohl es den guten Gebrauch ohne die Kunst nicht geben kann.

Zu 2. Weil dem Menschen zum guten Gebrauch der Kunst, die er besitzt, der gute Wille erforderlich ist, der durch die sittliche Tugend eine Vervollkommnung erfährt, so sagt der Philosoph, die Kunst sei eine Tugend, nämlich eine sittliche, insofern ihr guter Gebrauch irgend eine sittliche Tugend erheischt. Es liegt nämlich auf der Hand, daß ein Werkschöpfer durch die Gerechtigkeit, die den Willen recht macht, den Hang bekommt, ein getreues Werk zu schaffen.

Zu 3. Selbst beim Einsichtlichen gibt es etwas in der Weise eines gewissen Werks: man denke an den Aufbau einer Schlußfolgerung oder einer treffenden Rede oder an ein Werk des Zählens oder Messens. Was immer für Einsichtsverhabungen daher zu solcherlei Werken der Vernunft im Ordnungsbezug stehen, heißen infolge einer gewissen Ähnlichkeit Künste, aber freie; zum Unterschied von jenen Künsten, die auf Werke beordnet sind, die körperlich ausgeübt werden und in gewisser Weise knechtlich sind, insoweit der Leib der Seele als Sklave dient und der Mensch der Seele nach frei ist. Jene Wissenschaften aber, die auf keinerlei Werk dieser Art hingeordnet sind, heißen schlechthin Wissenschaften, nicht aber Künste; und es braucht den freien Künsten, wenn sie vornehmer sind, nicht in höherem Grad das Berede von Kunst zuzukommen.

Vierter Artikel

Ist die Klugheit eine von der Kunst unterschiedene Tugend?
(Vgl. 2 II 47, 4 zu 2; 5)

Feststellung. Da die Klugheit, welche als die Vernünftigkeit dessen auftritt, was der Mensch zu tun hat, eine rechte Begehr des Menschen erheischt, die Kunst aber die Vernünftigkeit in dem besagt, was machlich ist, ohne die Voraussetzung, daß die Begehr die rechte ist, so gehört sich, daß sie eine von der Kunst unterschiedene Tugend ist.[287]

Fünfter Artikel

Ist die Klugheit eine dem Menschen notwendige Tugend?
(Vgl. 2 II 51, 3 zu 3)

Aus der Abhandlung. Ich antworte: Die Klugheit ist eine zum menschlichen Leben höchst notwendige Tugend. Das gute Leben besteht nämlich im guten Wirken. Dazu aber, daß einer gut wirkt, wird nicht nur das Was erfordert, sondern auch wie er es macht; d.h. daß er gemäß einer rechten Wahl werktätig ist, nicht bloß im Draufgang oder aus Leidenschaft. Da aber die Wahl bei dem statthat, was dem Zwecke dient, so erheischt die Rechtheit der Wahl zwei Stücke: nämlich den gehörigen Zweck und das, was die richtige Hinordnung auf den gebührenden Zweck hat. Auf den gebührenden Zweck aber erfährt der Mensch die passende Zurüste durch die Tugend, welche die Begehrseite der Seele vervollkommnet, deren Gegenstand das Gut und der Zweck ist. Dazu aber, daß der Mensch die Hinordnung auf den gebührenden Zweck bekommt, gehört sich, daß er gradweg die Zurüste durch eine

Verhabung der Vernunft erhält: denn des Rats zu pflegen und eine Wahl unter dem zu treffen, was es auf den Zweck hin gibt, sind Wirkheiten der Vernunft. Und deswegen muß es notwendig in der Vernunft irgend eine verstandhafte Tugend geben, durch welche die Vernunft die Vollkommenheit dazu erhält, daß sie sich richtig dem gegenüber benimmt, was auf den Zweck hin da ist. Diese Tugend ist die Klugheit. Deswegen ist die Klugheit eine zum guten Leben notwendige Tugend.[288]

Zu 3. (Einer verstandhaften Tugend gemäß ist immer der Fall, daß das Wahre gesagt wird, und nie das Falsche. Das scheint nun aber der Klugheit gemäß nicht der Fall zu sein: denn es ist nicht menschhaft, beim Ratgeben über das, was zu tun ist, niemals zu irren.) Wahr beim Wirkverstand wird anders genommen als Wahr beim Einsichtenverstand, wie es 6. Ethic. (2 n 3) heißt. Denn Wahr beim Einsichtverstand erhält man durch die Gleichform des Verstandes mit dem Ding. Und weil der Verstand nicht unfehlbar im Freifälligen, sondern nur im Notwendigen den Dingen gleichgestaltet werden kann,[289] so gibt es keine Einsichtsverhabung als verstandhafte Tugend beim Freifälligen, sondern bloß bezüglich des Notwendigen. – Wahr beim Wirkverstand aber bekommt man durch die Gleichform mit der rechten Begehr. Freilich hat diese Formgleichheit keine Statt beim Notwendigen, das nicht mit menschlichem Willen geschieht: sondern bloß bei dem Freifälligen, das von uns geschehen kann, mag es nun innerlich zu tun oder äußerlich zu machen sein. Und deswegen wird bloß beim Freifälligen eine Tugend des wirkigen Verstandes angenommen: nämlich beim Machlichen die Kunst, beim Tulichen dagegen die Klugheit.

Sechster Artikel

Sind die Überlegsamkeit, der Hausverstand und die Sinnsicht der Klugheit verbundene Tugenden? (Vgl. 2 II 48; 51)

Feststellung. Da die Klugheit eine Tugend ist, die Befehle gibt, so ist ihr richtig als der hauptsächlicheren die Überlegsamkeit (eubulia), die auf Beratschlagung eingestellt ist, zusammen mit dem Hausverstand (synesis) und der Sinnsicht (gnome) verbunden, die Tugenden sind, welche die Bestellung haben, ein Urteil abzugeben.

58. Untersuchung

DIE UNTERSCHEIDUNG DER SITTLICHEN TUGENDEN VON DEN VERSTANDLICHEN

Es unterstellen sich nun die sittlichen Tugenden unserer Erwägung (vgl. 57, Vorw.). Zuerst ihre Unterscheidung von den verstandlichen Tugenden; zum zweiten ihre gegenseitige Unterscheidung dem eigenbehörigen Stoff nach (59); drittens die Unterscheidung der Haupt- oder Angeltugenden von den andern (61). Beim ersten liegen fünf Fragen vor:

Erster Artikel

Ist jede Tugend sittlich?

Feststellung Da durch die sittlichen Tugenden der Mensch einen Hang zur Wirke erhält, dieser Hang aber auf die begehrige Wirkkraft eigenbehörig zutrifft, so ist nicht jede Tugend sittlich zu nennen, sondern nur die, welche in der Begehrkraft vorhanden ist.[290]

Zweiter Artikel

Wird die sittliche Tugend von der verstandlichen unterschieden?

Aus der Abhandlung. Ich antworte: Für alle menschlichen Werke ist die erste Urheit die Vernunft: und was sonst noch an Urheiten bei den menschlichen Werken angetroffen wird, gehorcht in gewisser Weise der Vernunft; freilich auf eine verschiedene Art. Denn etliche gehorchen der Vernunft vollständig auf den Wink, ohne jeden Widerspruch: wie die Glieder des Leibes, falls sie ihren Naturbestand haben; auf den Befehl der Vernunft nämlich bewegt sich Hand oder Fuß auf der Stelle ans Werk. Deswegen sagt der Philosoph 1. Polit. (2 n 11): »Die Seele regiert den Leib mit einer herrischen Herrschaft«, d. h. wie der Herr den Sklaven, der kein Widerspruchsrecht hat. Einige haben nun angenommen, daß alle tätigen Urheiten, die es im Menschen gibt, in dieser Weise sich zur Vernunft verhalten. Wenn das freilich wahr wäre, genügte zum guten Tun, daß die Vernunft vollkommen wäre. Da nun die Tugend die Verhabung ist, mit der wir zum guten Tun vervollkommnet werden, so würde daraus folgen, daß sie allein in der Vernunft da wäre: und dergestalt gäbe es nur eine verstandhafte Tugend. Das war die Meinung des Sokrates, der sagte, »alle Tugenden seien Klugheiten«, wie es 6. Ethic. (13 n 3) heißt. Deswegen stellte er die Behauptung auf, daß der Mensch nicht sündigen könne, solange das Wissen in ihm vorhanden ist; jeder aber, der sündigt, sündige wegen Unwissens (vgl. Aristot. Ethic. 7, 2 n 1).[291]

Das geht nun aber von falscher Voraussetzung aus. Die Begehrseite folgt nämlich der Vernunft nicht durchaus auf den Wink, sondern mit irgendeinem Widerspruch: darum sagt der Philosoph 1. Politic. (a. a. O.): »Die Vernunft befiehlt der Begehr mit einer staatsmännischen Herrschaft«, mit der einer Freien vorsteht, die das Recht besitzen, in irgend etwas zu widersprechen. Darum sagt Augustinus über Ps. (118, serm. 8): »Bisweilen geht der Verstand vorauf, und folgt säumig oder auch gar nicht die Gemutung«: insoweit als dann und wann die Leidenschaften oder Verhabungen den begehrigen Teil so betun, daß der Gebrauch der Vernunft im Teilbesonderlichen behindert wird. Demgemäß ist irgend etwas Wahres an dem, was Sokrates sagt, daß solange nicht gesündigt wird, als das Wissen zugegen ist: falls freilich dies Wort bis auf den Gebrauch der Vernunft im teilbesonderlich Erwählbaren ausgedehnt wird.

Dergestalt wird also zum guten Tun beim Menschen erheischt, daß nicht bloß die Vernunft eine gute Zurüste durch die Verhabung der verstandhaften Tugend hat, sondern daß auch die Begehrkraft durch die Verhabung der sittlichen Tugend eine gute Bereitstellung aufweist. Gerade wie also die Begehr von der Vernunft unterschieden wird, so wird es auch die sittliche Tugend von der verstandlichen. Wie deswegen die Begehr die Urheit der menschlichen Wirke demgemäß ist, als sie irgendwie Vernunft zuteil hat, so hat die sittliche Verhabung das Berede von Tugend im sittlichen Menschen, insofern sie in ihrer Beformung mit der Vernunft übereinkommt.

Dritter Artikel

Genügt die Einteilung der Tugend in die sittliche und die verstandliche?

Aus der Abhandlung. Ich antworte: Die Tugend im sittlichen Menschen ist eine gewisse Verhabung, die ihn zum guten Werktun fertigstellt. Die Urheit aber der menschlichen Handlungen im Menschen ist nur eine doppelte, nämlich der Verstand oder die Vernunft und die Begehr: das sind nämlich die zwei Antriebe im Menschen, wie es 3. De Anima (10 n 1) heißt. Daher gehört sich für jede Tugend im sittlichen Menschen, daß sie eine von diesen Urheiten vollkommener stellt. Falls sie nun also den Einsicht- oder den Wirkverstand beim Menschen zur guten Wirke vervollkommnet, wird sie eine verstandhafte Tugend sein: falls sie aber auf die Vervollkommnung der Begehrseite verwiesen ist, wird sie sittliche Tugend sein. Deswegen bleibt nur übrig, daß alle Tugend im sittlichen Menschen entweder eine verstandliche oder eine sittliche ist.

Vierter Artikel

Kann es die sittliche Tugend ohne die verstandliche geben? (Vgl. 65, 1)

Aus der Abhandlung. Ich antworte: Es kann zwar die sittliche Tugend ohne gewisse verstandliche Tugenden geben, wie ohne die Weisheit, die Wissenschaft und die Kunst: es kann sie aber nicht ohne den Verstand und die Klugheit geben. Ohne die Klugheit kann nämlich eine sittliche Tugend nicht da sein, weil die sittliche Tugend eine Wahlverhabung ist, d. h. eine, die eine gute Auswahl trifft. Dazu aber, daß eine Wahl gut ist, wird zweierlei erfordert. Einmal, daß das gehörige Zweckvorhaben da ist: und dieses entsteht durch die sittliche Tugend, welche der Begehrkraft einen Hang zu dem mit der Vernunft übereinstimmenden Gut besorgt, das der gebührende Zweck ist. Sodann, daß der Mensch die rechten Mittel zum Zweck zur Hand nimmt: und das vermag er nur mittels einer Vernunft, die recht rät, recht urteilt und recht gebietet, was in den Bereich der Klugheit und der ihr verbundenen

Tugenden fällt, wie vorhin (57, 5f.) gesagt wurde. Daher kann es eine sittliche Tugend ohne Klugheit nicht geben.

Folglich auch nicht ohne Verstand. Durch den Verstand kommen nämlich die naturhaft bekannten Ursätze zur Erkenntnis. Sowohl für die betrachtende wie die wirkige. Gerade wie daher im Betrachtlichen die Vernunft, insofern sie von den naturhaft bekannten Ursätzen ausgeht, den Verstand der Ursätze voraussetzt, so tut es auch die Klugheit, welche die rechte Vernunft für das Tuliche ist.

Zu 3. (Manche haben einen natürlichen Hang zum guten Werk auch ohne Urteil der Vernunft.) Der naturhafte Hang zum Tugendgut ist ein gewisser Beginn von Tugend, nicht aber vollkommene Tugend. Je stärker nämlich eine derartige Neigung ist, um so gefährlicher kann sie sein, wenn sich ihr nicht die rechte Vernunft zuschaltet, durch die eine rechte Wahl von dem zustande kommt, was auf den gebührenden Zweck stimmt: gerade wie ein Pferd im Galopp, wenn es blind ist, um so stärker aufschlägt und zu Schaden kommt, je stärker es läuft.[292] Deswegen ist die sittliche Tugend, wenn sie auch nicht die rechte Vernunft ist, wie Sokrates (vgl. Art. 2) sagte, doch nicht bloß »in Gemäßheit der rechten Vernunft« da, insofern sie den Hang zu dem bewirkt, was der rechten Vernunft gemäß ist, wie die Platoniker behaupteten (Menon. 41), sondern es gehört sich für sie »die rechte Vernunft als Begleiterin« (cum), wie Aristoteles 6. Ethic. (13 n 5) sagt.

Fünfter Artikel

Kann es die verstandliche Tugend ohne die sittliche geben? (Vgl. 65, 1)

Aus der Abhandlung. Ich antworte: Während die übrigen verstandlichen Tugenden ohne sittliche Tugend da sein können, kann es die Klugheit nicht ohne sittliche Tugend geben.[293] Der Grund dafür ist, daß die Klugheit die rechte Vernunft beim Tulichen ist; aber nicht allein beim Alleinslichen, sondern auch beim Teilbesonderen, worin es die Tätigkeiten gibt. Eine rechte Vernünftigkeit erheischt nun vorausgegebene Ursätze, von denen die Vernunft ausgehen kann. Es gehört sich aber, daß beim Teilbesonderen die Vernunft nicht bloß von alleinslichen Ursätzen ausgeht, sondern auch von teilbesonderen Ursätzen. Im Bereich der alleinslichen Ursätze für das Tuliche findet sich nun zwar der Mensch durch den Naturverstand der Ursätze zurecht, durch den der Mensch erkennt, daß kein Übel zu tun ist, oder auch durch irgend ein Wirkwissen. Nun genügt das aber nicht zur rechten Schlußfolgerung bezüglich des Teilbesonderen. Es tritt nämlich dann und wann der Fall ein, daß ein derartiger alleinslicher Ursatz, der durch den Verstand oder das Wissen erkannt ist, im Teilbesonderen durch irgendeine Leidenschaft zerstört wird: wie dem Begehrlichen, sobald die Begierlichkeit siegt, eben das gut erscheint, wonach er begiert, mag es auch gegen das alleinsliche Urteil der Vernunft verstoßen. Und gerade wie deshalb der Mensch die Zurüste zu seinem rechten Verhältnis im Bereich der alleinslichen Ursätze durch den natürlichen Verstand oder eine Wissensverhabung erhält, so gehört sich, daß er für das rechte Verhalten bezüglich der teilbesonderen Ursätze für das Tuliche, was die Zwecke sind, durch irgend welche Verhabungen vervollkommnet wird, durch die das rechte Urteil über den Zweck gewissermaßen zu einem naturgemäßen Geschehen für den Menschen wird. Das geschieht durch die sittliche Tugend: der Tugendhafte bildet nämlich das rechte Urteil über den Zweck der Tugend, denn »jedereinem scheint der Zweck von der Beschaffenheit zu sein, wie er selber sie hat«, wie es 3. Ethic. (5 n 17) heißt. Und deswegen wird zur rechten Vernunft beim Tulichen, sie ist die Klugheit, erheischt, daß der Mensch sittliche Tugend hat.

59. Untersuchung

DIE SITTLICHE TUGEND IM VERGLEICH ZUR LEIDEWEGUNG

Es gilt sodann die gegenseitige Unterschiedlichkeit der sittlichen Tugenden ins Auge zu fassen (vgl. 58, Vorw.). Und weil die sittlichen Tugenden, die es mit den Leidewegungen zu tun haben, nach der Verschiedenheit der Leideheiten unterschieden werden, gehört zuerst der Vergleich der Tugend zur Leidewegung angestellt; zum andern die Unterscheidung der sittlichen Tugenden in Gemäßheit der Leidewegungen (60). Ums erste drehen sich fünf Fragen:

Erster Artikel

Ist die sittliche Tugend eine Leidewegung?

Feststellung. Da die sittliche Tugend nicht eine Wegung ist, sondern eher die Urheit der begehrhaften Wegung, indem sie als eine gewisse Verhabung vorhanden ist, und da sie bloß ein Verhältnis zu Gut hat, so kann sie unmöglich eine Leideheit sein.

Zweiter Artikel

Kann sich sittliche Tugend mit Leidewegung vertragen?

Aus der Abhandlung. Ich antworte: Hierin hat es eine Uneinigkeit zwischen den Stoikern und Peripatetikern gegeben, wie Augustinus 9. De Civ. Dei (4) sagt. Die Stoiker nahmen nämlich an, daß es im Weisen, d. h. Tugendhaften, keine Leidewegungen der Seele geben könne: die Peripatetiker hingegen, deren Lehrgemeinschaft Aristoteles begründete, wie Augustinus 9. De Civ. Dei (a. a. O.) sagt, stellten die Behauptung auf, es könnte Leidenschaften zusammen mit der sittlichen Tugend geben, sie müßten aber auf die Mittehaltung gebracht sein.

Diese Verschiedenheit lag nun, wie Augustinus ebendort sagt, mehr an ihren Worten als an ihren Meinungen. Weil nämlich die Stoiker nicht zwischen der verstandhaften Begehr, die der Wille ist, und der sinnenhaften Begehr unterschieden, die in Zornmut und Begehrmut geteilt wird, so brachten sie die Leidewegungen der Seele nicht darin in eine Unterschiedlichkeit von den anderen menschlichen Gemutungen, daß die Leideheiten der Seele Wegungen der sinnenhaften Begehr sind, die anderen Gemutungen dagegen, die nicht Leidewegungen der Seele sind, Wegungen der verstandhaften Begehr sind, die Wille heißt, eine Unterscheidung, welche die Peripatetiker gemacht haben: sie taten es vielmehr bloß insoweit, als sie die der Vernunft widerstreitenden Gemutungen, welche es auch immer nur sein mögen, Leidenschaften nannten. Entstehen diese aus Überlegung, so kann es sie im Weisen, d. h. im Tugendhaften, nicht geben. Ihr jäher Ausbruch aber kann auch den Tugendhaften befallen: darum, weil »bei dem, was das Gemüt sieht, man nennt das die Inbilder, nicht in unserer Macht steht, ob sie einmal ins Gemüt einfallen; und wenn sie aus schreckhaften Dingen kommen, so bewegen sie notwendig das Gemüt des Weisen, sodaß er ein Weilchen in Furcht erschrickt oder in Betrübnis zusammenfährt, gleich als ob diese Leidewegungen dem Amtsdienst der Vernunft zuvorkämen; aber man versagt dem doch die Billigung und die Zustimmung«; so berichtet Augustinus 9. De Civ. Dei (a. a. O.) einen Ausspruch des Agellius.

Es ist also so: spricht man von den Leidenschaften als den ungeordneten Gemutungen, so kann es sie in dem Tugendhaften nicht derart geben, daß er ihnen nach einer Überlegung zustimmt, wie die Stoiker angenommen haben. Spricht man aber von Leidewegungen als den Wegungen der sinnenhaften Begehr, was für welche es auch sind, so kann es diese im Tugendhaften demgemäß geben, als sie ihre Ordnung von der Vernunft bekommen haben.[294]

Dritter Artikel

Vermag sich die sittliche Tugend mit der Betrübnis zu vertragen?

Feststellung. Da sich der Mensch der Tugend nach mit der Vernunft gleichformt, so kann und soll eine maßvolle Betrübnis über das, was der Vernunft widerstreitet, mit der Tugend Zusammensein; aber es ist unmöglich, daß die Betrübnis über das, was zur Tugend und zur Vernunft richtig steht, sich mit der Tugend verträgt.

Vierter Artikel

Hat jede sittliche Tugend es mit den Leideheiten zu tun?

Aus der Abhandlung. Ich antworte: Die sittliche Tugend bringt die Begehrseite der Seele zu einer Vervollkommnung, indem sie ihr die Hinordnung in das Vernunftgut gibt.[295] Gut bei der Vernunft ist aber das, was einer maßsamen, d. h. geordneten

Vernunft gemäß ist. Deswegen kann bei allem eine sittliche Tugend sich ergeben, bei dem eine Ordnung und Maßhaltung durch die Vernunft der Fall ist. Die Vernunft ordnet nun aber nicht bloß die Leidewegungen der sinnenhaften Begehr, sondern sie bestellt auch die Ordnung der Tätigkeiten der verstandhaften Begehr, die der Wille ist, der nicht der Träger einer Leideheit ist, wie früher (22, 3) bereits gesagt wurde. Und deswegen hat es nicht jede sittliche Tugend mit Leideheiten zu tun; sondern die eine mit Leidewegungen, die andere mit Tätigkeiten.

Fünfter Artikel

Kann es irgend welche sittliche Tugend fern von Leideheit geben?

Aus der Abhandlung. Ich antworte: Nennen wir die ungeordneten Gemutungen Leidewegungen, wie die Stoiker es annahmen (Art. 2), so liegt auf der Hand, daß die vollkommene Tugend ohne Leidenschaften da ist. – Nennen wir aber Leideheiten alle Wegungen der sinnenhaften Begehr, so kann es offensichtlich die sittlichen Tugenden, die sich mit den Leidewegungen wie mit eigenbehörigem Stoff befassen, nicht ohne Leideheiten geben. Sonst würde, das ist der Grund, folgen, daß die sittliche Tugend die sinnenhafte Begehr vollständig zur Müßiggängerin machte. Es kann nun aber kein Betreff der Tugend sein, das, was der Vernunft unterworfen ist, der eigenbehörigen Wirkheiten entbehren zu lassen: es soll vielmehr den Befehl der Vernunft ausführen, indem es seine eigenbehörigen Wirkheiten tut. Gerade wie die Tugend die Glieder des Leibes auf die gebührlichen äußeren Handlungen hinordnet, so tut sie das mit der sinnenhaften Begehr auf die beordneten eigenbehörigen Wegungen.

Dagegen kann es die sittlichen Tugenden, die es nicht mit den Leideheiten, sondern mit den Tätigkeiten zu tun haben, ohne Leidewegungen geben (und eine derartige Tugend ist die Gerechtigkeit): denn durch sie schickt sich der Wille zu einer eigenbehörigen Wirke an, die nicht Leidewegung ist. Freilich folgt aber auf die Wirke der Gerechtigkeit die Freude, wenigstens im Willen, die nicht eine Leidewegung ist.[296] Und wenn diese Freude durch die Vollendung der Gerechtigkeit sich vervielfacht, wird ein Überstrom von Freude bis an die sinnenhafte Begehr hin entstehen; dem entsprechend, daß die niedriger stehenden Kräfte der Wegung der höher stehenden folgen, wie im Früheren (17, 7; 24, 3) gesagt worden ist. Je vollkommener die Tugend ist, umso mehr Leidewegung verursacht sie dergestalt durch Überstrom.

60. Untersuchung

DIE GEGENSEITIGE UNTERSCHIEDLICHKEIT DER SITTLICHEN TUGENDEN

Feststellungen

1. Gibt es nur eine sittliche Tugend?

Da das Begehrvermögen, in dessen Bereich die sittliche Tugend fällt, das begehrbare Gut zum Gegenstand hat, das nicht bloß zu nur einer Art rechnet, so gehört sich auch für die sittlichen Tugenden selber, angesichts der Verschiedenheit der Gegenstände, die Vielzahl. [»Das Sittliche hat seine Wesensart nicht vom Endzweck her, sondern von den nächsten Zwecken. Diese sind zwar der Zahl nach unendlich, nicht aber unendlich der Art nach.« Zu. 3.]

2. Werden die sittlichen Tugenden, die es mit den Werktätigkeiten zu tun haben, von denen unterschieden, die es bezüglich der Leideheiten gibt?

Wiewohl es welche aus den sittlichen Tugenden gibt, die es mit den Werktätigkeiten und Leideheiten als ihren Hervorbringerinnen zu tun haben, so unterscheiden sich doch die, welche die Werktätigkeiten beschicken, von denen um die Leideheiten nach der Verschiedenheit der Gegenstände. Vgl. 2 II 58, 8.

3. Gibt es im Bezugskreis der Werktätigkeiten die sittliche Tugend nur in der Einzahl?

Mögen auch die sittlichen Tugenden, die es mit den Werktätigkeiten zu tun haben, in einem gewissen Berede von Gerechtigkeit überhaupt übereinstimmen, so werden ihrer doch eine Vielzahl den verschiedenen sonderartigen Bereden nach unterschieden. Vgl. 2 II 58, 7.

4. Gibt es im Umkreis der verschiedenen Leideheiten verschiedene sittliche Tugenden?

Unmöglich kann es eine und dieselbe sittliche Tugend mit allen Leideheiten zu tun haben, wiewohl der Fall eintritt, daß dieselbe Tugend es mit gerade entgegengesetzten Leideheiten zu tun hat.

5. Werden die sittlichen Tugenden nach den verschiedenen Gegenständen der Leideheiten unterschieden?

Da von der Vernunft die Vollkommenheit der Tugend abhängt, so werden richtig verschiedene Arten von sittlichen Tugenden unterschieden, je nachdem die Gegenstände der Leideheiten in verschiedener Weise zur Vernunft in Vergleichsbezug gebracht werden.

61. Untersuchung

DIE ANGELTUGENDEN

Feststellungen

1. Gebührt sich für die sittlichen der Name Angel- oder Haupttugenden? (Vgl. 66, 4)

Da die sittlichen Tugenden allein die Rechtheit der Begehr enthalten, so heißen sie allein Angel- oder Haupttugenden.

2. Gibt es vier Angeltugenden? (Vgl. 66, 4)

Es gibt vier sittliche Haupt- oder Angeltugenden, mag man nun ihre wesungsförmlichen Urheiten oder ihre Träger ins Auge fassen: nämlich die Klugheit, die Gerechtigkeit, die Mäßigkeit und den Starkmut.

3. Gebührt sich für andere eher, als für diese, Haupttugenden zu heißen?

Allein die vier sittlichen, nämlich die Gerechtigkeit, die Mäßigkeit, die Klugheit und der Starkmut, sind die vier Angel- und Haupttugenden von allen, sowohl wegen ihrer Gattlichkeit über den anderen, als auch wegen der Hauptsächlichkeit des Stoffes.

4. *Unterscheiden sich die vier Angeltugenden voneinander?*

Die vier Angeltugenden sind voneinander unterschieden, je nachdem eine jede von ihnen auf einen besonderartigen Stoff ihre Einbestimmung hat. (S. Nachtrag S. 531)

Fünfter Artikel

Werden die Angeltugenden richtig eingeteilt in gesellhafte, reinigende, reinmütige und Mustertugenden?

Aus der Abhandlung. Ich antworte: Wie Augustinus De Moribus Eccles. (6) sagt, »gehört sich für die Seele dazu, daß sie eine Pflanzstätte der Tugend zu sein vermag, daß sie etwas nachfolgt: und das ist Gott, in dessen Nachfolge wir gut leben«. Es gehört sich also, daß in Gott ein Muster für die menschliche Tugend geradeso vorher da ist, wie in ihm auch die Sinngründe aller Dinge im Voraus vorhanden sind. Dergestalt kann also die Tugend einmal ins Auge gefaßt werden, wie sie in Gott musterbildlich ist: so spricht man von »musterbildlichen« (exemplares) Tugenden. So nämlich, daß in Gott der göttliche Besinn selber Klugheit heißt; Mäßigkeit aber die Zukehr der göttlichen Spannung auf sich selbst, gerade wie in uns daher von Mäßigkeit gesprochen wird, daß der Begehrmut die Gleichform mit der Vernunft bekommt; der Starkmut Gottes aber ist seine Unveränderlichkeit; die Gerechtigkeit Gottes hingegen ist die Beobachtung des ewigen Gesetzes in seinen Werken, wie Plotin (bei Macrobius 1. super Somnium Scipionis 8) sagt.

Weil der Mensch seiner Natur nach ein gesellhaftes Seelwesen ist, so werden solche Tugenden, wie sie im Menschen der Bedinglichkeit seiner Natur nach vorhanden sind, gesellhafte (politicae) genannt: verhält sich doch der Mensch diesen Tugenden gemäß in rechter Weise bei der Betreibung der menschlichen Dinge.[297] Das ist auch die Weise, in der wir bis jetzt über diese Tugenden gesprochen haben.

Weil es nun aber auch in den Belang des Menschen fällt, daß er sich zum Göttlichen fortreißt, soviel er kann, wie schon der Philosoph 10. Ethic. (7 n 8) sagt und uns in der Heiligen Schrift vielfältig empfohlen wird, gibt es doch bei

Matth. 5, 48 die Stelle: »Seid vollkommen, gerade wie auch euer himmlischer Vater vollkommen ist«: so muß man gewisse Tugenden auf der Mitte zwischen den gesellhaften Tugenden, die menschliche sind, und den Mustertugenden annehmen, die göttliche sind. Diese Tugenden unterscheiden sich nun nach der Verschiedenheit von Bewegung und Wegziel. Dergestalt nämlich, daß etliche Tugenden an denjenigen sind, die des Weges ziehen und in die Gottähnlichkeit streben: sie heißen »reinigende« (purgatoriae). Und zwar dergestalt, daß die Klugheit alles Weltliche in betrachtender Schau des Göttlichen verachtet und alles Denken der Seele allein auf das Göttliche in Richt stellt; die Mäßigkeit aber das hinter sich läßt, soweit es die Natur leidet, was der Gebrauch des Körpers erheischt; der Starkmut aber hat dafür zu sorgen, daß die Seele keinen Schrecken bekommt wegen des Weggangs vom Körper und des Hinzutritts an das von Droben; Gerechtigkeit ist dagegen, daß die ganze Seele mit dem Wege dieses Vorsatzes einverstanden ist. – Andere Tugenden hingegen treten bei denen auf, die schon die Gottähnlichkeit erreicht haben: sie heißen die »eines schon gereinigten Gemüts« (jam purgati animi). So zwar, daß die Klugheit allein auf das Göttliche hinschaut; die Mäßigkeit von den irdischen Begierden nichts mehr weiß; der Starkmut keine Leidewegungen kennt; die Gerechtigkeit ewiger Bundesgenosse des göttlichen Besinns ist, indem er ihn nämlich nachahmt. Das sind, wie wir sagen, die Tugenden der Seligen oder von irgendwelchen Vollkommensten in diesem Leben.[298]

62. Untersuchung

DIE AUS DER GOTTESLEHRE GENOMMENEN TUGENDEN

Erster Artikel

Gibt es irgendwelche der Gotteslehre entstammenden Tugenden?

Aus der Abhandlung. Ich antworte: Durch die Tugend bekommt der Mensch die Vollkommenheit zu den Handlungen, die ihn auf die Glückseligkeit hinordnen, wie aus dem früher Gesagten (5, 7) erhellt. Es gibt aber, wie 5, 7 bemerkt, eine doppelte Seligkeit, d. h. Glücklichkeit des Menschen. Eine nämlich, die der menschlichen Natur verhältnistreu ist, zu der nämlich der Mensch durch die Urheiten seiner Natur gelangen kann. Die andere aber ist eine die Natur des Menschen überschreitende Glückgeborgenheit, zu der der Mensch bloß mit göttlicher Wirkkraft einer gewissen Teilhabe an der Göttlichkeit nach kommen kann; demgemäß, was 2. Petr. 1, 4 gesagt wird, daß wir durch Christus zu »Mitgenossen der göttlichen Natur« gemacht worden sind. Und weil eine solche Glückseligkeit über das Gleichmaßverhältnis der menschlichen Natur hinausgeht, so reichen die natürlichen Urheiten beim Menschen, aus denen er seiner Verhältnismäßigkeit nach zum guten Tun vorgeht, nicht hin, den Menschen auf die besagte Seligkeit hinzuordnen. Deswegen gehört sich, daß dem Menschen von Gott als Zubesserung irgend welche Urheiten gegeben werden, durch die er derart auf die übernatürliche Glückseligkeit hingeordnet wird, wie er durch die natürlichen Urheiten seine Ordnung auf den naturgemäßen Zweck bekommt, freilich nicht ohne göttlichen Beistand.[299] Die Urheiten dieser Art heißen »gotteskundliche« (theologicae) Tugenden: einmal, weil sie Gott zum Gegenstand haben, insoweit wir durch sie die rechte Hinordnung auf Gott bekommen;[300] sodann, weil sie von Gott allein uns eingegossen werden; endlich, weil derartige Tugenden allein in der göttlichen Offenbarung, in der Heiligen Schrift, überkommen sind.

Zu 1. (»Göttlich« ist »über die Natur des Menschen«. Also sind die gotteskundlichen Tugenden nicht solche des Menschen.) Eine Natur kann einem Ding doppelterweise zugeschrieben werden: einmal im Sinne des Wesenseins, und dieserweise übersteigen die gotteskundlichen Tugenden die Natur des Menschen; anders im Sinne der Teilhabe, wie durchfeuertes Holz teilhat an der Natur des Feuers, und dieserweise wird der Mensch teilhaftig der göttlichen Natur, wie (in der Antw.) gesagt ist. Und solchergestalt kommen jene Tugenden den Menschen zu gemäß beteilter Natur.

Zu 2. (Als göttliche Tugenden sind die theologischen urbildlich, wie 61, 5 gesagt, mithin sind sie nicht in uns, sondern in Gott.) Göttliche werden diese Tugenden genannt, nicht als ob Gott durch sie tugendhaft wäre, sondern weil wir durch sie von Gott tugendhaft gemacht werden, und zwar in der Hinordnung auf Gott: darum sind sie nicht urbildliche (exemplares), sondern abbildliche (exemplatae).[301]

Zu 3. (Der Mensch ist schon von Natur, durch Vernunft und Willen, Gott zugeordnet. Darum braucht es zu dieser Hinordnung nicht auch noch die Verhabungen dieser gotteskundlichen Tugenden.) Zu Gott sind Vernunft und Wille naturhaft geordnet, sofern er Anfang und Ende der Natur ist: jedoch gemäß dem Anmaßverhältnis der Natur. Aber auf ihn als den Gegenstand der übernatürlichen Seligkeit sind Vernunft und Wille ihrer Natur nach nicht genügendermaßen hingeordnet.

Zweiter Artikel

Werden die gotteskundlichen Tugenden von den verstandlichen und den sittlichen unterschieden?

Aus der Abhandlung. Ich antworte: Wie im Früheren (54, 2 zu 1) gesagt, werden die Verhabungen artlich dem wesungsförmlichen Unterschied der Gegenstände nach unterschieden. Der Gegenstand der gotteskundlichen Tugenden ist aber Gott selbst, der der Endzweck der Dinge ist, und zwar so, wie er über die Erkenntnis unserer Vernunft hinausliegt. Der Gegenstand der verstandhaften und sittlichen Tugenden ist aber etwas, das sich mit der menschlichen Vernunft begreifen läßt. Deswegen stehen die gotteskundlichen Tugenden zu den sittlichen und verstandlichen in einem Artunterschied.

Dritter Artikel

Ist die Annahme von Glaube, Hoffnung und Liebe als gotteskundlichen Tugenden richtig? (Vgl. 2 II 17, 6)

Aus der Abhandlung. Ich antworte: Wie eben (Art. 1) gesagt, ordnen die gotteskundlichen Tugenden den Menschen gerade so auf die übernatürliche Glückseligkeit hin, wie durch eine natürliche Hinneigung der Mensch die Hinordnung auf den ihm naturgemäßen Zweck hat. Dies tritt nun zwei Stücken gemäß ein. Zunächst einmal der Vernunft oder dem Verstand gemäß: insofern er die ersten alleinslichen, uns durch das natürliche Geleuchte des Verstandes bekannten Ursätze enthält, aus denen die Vernunft sowohl beim Betrachtlichen als beim Tulichen vorgeht.[302] Sodann durch die Rechtheit des Willens, der naturhafter Weise in das Gut der Vernunft strebt.

Diese beiden Stücke aber bleiben hinter dem Ordnungskreis der übernatürlichen Glückseligkeit zurück; gemäß 1. Kor. 2, 9: »Was kein Auge gesehen und kein Ohr gehört hat und was in keines Menschen Herz aufgestiegen ist, ist all das, was Gott denen bereitet hat, die ihn lieben.« In bezug auf beides gehörte deswegen dem Menschen etwas in übernatürlicher Weise hinzugegeben, um ihn in Reih und Ordnung zum übernatürlichen Zweck zu bringen. Zuerst nämlich werden dem Menschen, soweit der Verstand in Betracht kommt, gewisse übernatürliche Ursätze dazugegeben, die mit göttlichem Lichte erfaßt werden: das ist das Fürwahrliche,[303] worüber es den Glauben gibt. – An zweiter Stelle aber wird der Wille auf jenen Zweck hingeordnet, und zwar sowohl, was die Wegung des Vorhabens angeht, die in ihn wie in das strebt, was zu erreichen möglich ist, das ist der Bereich der Hoffnung: als auch, was eine gewisse geistige Einung angeht, durch welche er gewissermaßen in jenen Zweck umgeformt wird, es geschieht durch die Teuerliebe.[304] Bei jedwedem Ding hat nämlich die Begehr natürliche Wegung und Strebung in den ihm naturgemäßen Zweck: und diese Wegung kommt aus einer gewissen Gleichformhaftigkeit des Dings zu seinem Zweck.

Vierter Artikel

Ist der Glaube der erste gegenüber der Hoffnung und Hoffnung die erste gegenüber der Liebe?
(Vgl. 2 II 4, 7; 17, 7f.)

Feststellung. Ist auch in der Vollkommenheitsreihe die Liebe, welche aller Tugenden Wesungsform und Wurzel ist, erstiger als Hoffnung und Glaube, so hat doch in der Werdereihe der Glaube vor der Hoffnung und die Hoffnung vor der Liebe den Vortritt.

63. Untersuchung

DIE URSACHE DER TUGENDEN

Erster Artikel

Wohnt die Tugend uns von Natur inne? (Vgl. 55, 1)

Abhandlung. 1. Scheinbar wohnt uns die Tugend von Natur inne. Es sagt nämlich Johannes von Damaskus 3. (De Fide orth. 14): »Die Tugenden sind naturhaft, und sie wohnen gleicherweise allen inne.« Und Antonius sagt in der Rede an die Mönche (bei Athanasius): »Wenn der Wille die Natur umwandelt, so ist das Verkehrtheit; wird die Natureinrichtung gewahrt, so kommt es zur Tugend.« Und zu Matth. 4, 23: »Jesus ging umher« usw. sagt die Glosse: »Er lehrt die natürlichen Gerechtigkeiten, nämlich die Keuschheit, die Gerechtigkeit, die Demut, die der Mensch naturhaftig hat.«

2. Ferner, Tugendgut ist, vernunftgemäß sein, wie aus dem Gesagten (55, 4 zu 2) erhellt. Nun aber ist das, was vernunftgemäß ist, dem Menschen natürlich: da die Vernunft die Natur des Menschen ist. Also wohnt die Tugend dem Menschen von Natur inne.

3. Ferner, das wird uns natürlich genannt, was uns von Geburt inne ist. Nun wohnen aber manchen die Tugenden von der Geburt an inne: es heißt nämlich Hiob 31, 18: »Von Kind an wuchs mit mir das Mitleid auf, aus dem Mutterschoße ist es mit mir herausgeschritten.« Also wohnt die Tugend dem Menschen von Natur inne.

Aber dagegen ist allen Menschen gemeinsam, was von Natur dem Menschen innewohnt, und wird nicht durch die Sünde aufgehoben: denn auch in den Dämonen bleiben die natürlichen Güter, wie Dionysius 4. De Div. Nom. sagt. Nun wohnt aber die Tugend nicht allen Menschen inne und wird durch die Sünde abgeworfen. Also wohnt sie dem Menschen nicht von Natur inne.

Ich antworte: Bezüglich der körperlichen Bewesungsformen haben einige gesagt, sie kämen gänzlich von innen heraus: wie diejenigen, die eine Ausweitung der Wesungsformen annahmen (Anaxagoras; vgl. I 45, 8; 65, 4).

Andere aber, daß sie gänzlich von draußen her kämen: wie diejenigen, die annahmen, die körperlichen Bewesungsformen seien von irgend einer fernstehenden Ursache da. – Wieder andere, es gäbe sie teils von drinnen, insoweit sie nämlich im Wesungsstoff im Mögegeschehen vorherbestehen, und teils von draußen her, insofern sie nämlich durch das Tuende in die Wirkheit hineingebracht werden.

Dergestalt haben auch bezüglich der Wissenschaften und der Tugenden einige die Behauptung aufgestellt, es gäbe sie gänzlich von innen heraus: so daß nämlich alle Tugenden und Wissenschaften naturhaft in der Seele im Voraus da sind; durch Lernen und Üben würden die Behinderungen für Wissenschaft und Tugend aufgehoben, welche an die Seele aus der Schwerheit des Körpers herankämen; gerade wie das Eisen durch Feilung heller gemacht wird. Das war die Meinung der Platoniker (Menon. 15ff.). – Andere dagegen sagten, sie seien gänzlich von außen her da, d. h. aus dem Einfluß der anwirkenden Verstandheit (intelligentiae agentis): wie Avicenna (De Anima 5, 5) behauptete.[305] – Wieder andere sagten: der Angepaßtheit nach wohnen Wissenschaften und Tugenden uns von Natur inne, nicht aber der Vollkommenheit nach: so der Philosoph 2. Ethic. (1 n 2ff.). Das ist eher wahr.

Um es dar zutun, gehört erwogen, daß etwas für einen Menschen zwiefach natürlich heißt: zum einen aus der Natur der Art, zum andern aus der Natur des Einzlichen. Und weil jegliches die Artung seiner Wesungsform nach hat, aber dem Wesungsstoff nach einzelverseint wird, die Wesungsform des Menschen aber die vernünftige Seele, den Wesungsstoff dagegen der Leib abgibt: so ist im Berede der Art dem Menschen natürlich, was ihm der vernünftigen Seele nach zukommt; was ihm dagegen einem bestimmten Stoffgefüge des Körpers nach naturhaft ist, ist ihm der Natur des Vereinzlichten nach natürlich. Was nämlich dem Menschen auf der Leibesseite der Art nach natürlich ist, wird in gewisser Weise auf die Seele bezogen: insoweit nämlich ein solcher Leib einer solchen Seele verhältnisgetreu ist.[306]

In beiderlei Weisen aber ist die Tugend dem Menschen einem gewissen Beginn nach naturhaft. Und zwar der Natur der Art nach, insofern der Vernunft des Menschen naturhaftig gewisse naturhaft bekannten Ursätze sowohl für das Wißliche wie für das Tuliche innewohnen, die eine Art Gesäme an verstandhaften und sittlichen Tugenden sind; und insofern dem Willen eine gewisse natürliche Begehr nach dem Gut innewohnt, das vernunftgemäß ist. Dagegen der Natur des Vereinzlichten nach, insofern manche aus der Zurüste des Leibes entweder eine bessere oder eine schlechtere Bereitschaft zu gewissen Tugenden haben: angesichts dessen nämlich, daß gewisse sinnenhafte Kräfte die Wirkheiten gewisser Teile des Leibes sind, aus deren natürlicher Angelegenheit solche Kräfte Förderung oder Hinderung in ihren Wirkheiten erfahren und mithin auch die vernünftigen Kräfte, in deren Dienst derartige sinnenhaften Kräfte stehen.[307] Demgemäß hat der eine Mensch eine natürliche Angepaßtheit an das Wissen, der andere an den Starkmut, ein anderer an die Mäßigkeit. Auf diese Weisen wohnen sowohl die verstandhaften Tugenden als auch die sittlichen einem gewissen Beginn von Angepaßtheit nach uns von Natur inne. – Nicht aber ihre Vollendung. Denn die Natur hat ihre Bestimmtheit auf Eines: die Vollendung solcher Tugenden aber gibt es nicht einer einzigen Tätigkeitsweise, sondern verschiedenen nach, den verschiedenen Stoffen gemäß, in welchen diese Tugenden ins Werk gesetzt werden, und den verschiedenen Umständen gemäß.

So ergibt sich also, daß die Tugenden uns von Natur der Angepaßtheit und dem Beginn nach innewohnen, nicht aber der Vollkommenheit nach: außer die gotteskundlichen Tugenden, die gänzlich von draußen her da sind.[308]

Zu den Einwänden ist damit die Antwort klar, denn die ersten beiden Begründungen gehen demgemäß vor, als uns die Keimsamen der Tugenden von Natur innewohnen, insoweit wir vernunfthaft sind. – Die dritte Begründung hält sich aber daran, daß zufolge der natürlichen Zurüstung, welche der Leib von Geburt hat, der eine die Angepaßtheit zum Erbarmen, der andere zu einem maßsamen Leben, der dritte zu einer anderen Tugend besitzt.

Zweiter Artikel

Wird irgend eine Tugend in uns aus der Angewöhnung der Werke verursacht? (Vgl. 51, 2. 3)

Aus der Abhandlung. 1. Scheinbar … *2. Ferner,* da die Sünde der gerade Gegensatz zur Tugend ist, so leidet sie die Tugend nicht bei sich. Nun vermag aber der Mensch nur durch die Gnade Gottes die Sünde zu meiden, gemäß Weish. 8, 21: »Ich habe gelernt, daß ich anders nicht enthaltsam sein könnte, wenn nicht Gott es gäbe.« Also können auch nicht etwelche Tugenden in uns aus Angewöhnung an die Werke verursacht werden, sondern bloß durch Gottes Geschenk.

3. Ferner, Wirkheiten, die auf Tugend gehen, stehen hinter der Vollkommenheit der Tugend zurück. Nun kann aber eine Wirkung nicht vollkommener sein als die Ursache. Also kann die Tugend nicht aus Wirkheiten verursacht werden, die der Tugend voraufIaufen.

Aber dagegen spricht, was Dionysius 4. De Div. Nom. sagt, Gut sei wirkkräftiger als Bös. Nun werden aber aus schlechten Wirkheiten die Verhabungen von Lastern verursacht. Also können um vieles mehr aus guten Wirkheiten Tugendverhabungen verursacht werden.

Ich antworte: Von der Entstehung der Verhabungen aus den Wirkheiten ist früher (51, 2f.) überhaupt die Rede gewesen. Jetzt steht bezüglich der Tugend die Erwägung an, daß der Mensch, wie früher (55, 3f.) gesagt, durch die Tugend zu Gut vervollkommnet wird. Da nun aber das Berede von Gut in »Gemaß, Art und Ordnung« besteht, wie Augustinus De Natura Boni (3) sagt, oder in »Zahl, Gewicht und Maß«, wie es Weish. 11, 21 heißt: so gehört Gut beim Menschen irgend einer Richtschnur nach ins Auge gefaßt. Diese ist nun eine doppelte, wie es früher (19, 3f.) hieß: nämlich die menschliche Vernunft und das göttliche Gesetz. Und weil das göttliche Gesetz die höhere Richtschnur ist, so erstreckt sie sich auf mehr: so daß alles, was an der menschlichen Vernunft Richt und Regel findet, sie auch am göttlichen Gesetz hat, aber nicht umgekehrt.

Es kann also die Tugend beim Menschen, die auf das Gut beordnet ist, das sein Gemaß an der Richtschnur der menschlichen Vernunft hat, aus menschlichen Wirkheiten verursacht werden: insofern derartige Wirkheiten von der Vernunft ausgehen, deren Machtbereich und Maßstab einem solchen Gut seinen Bestand gibt. – Die Tugend hingegen, die den Menschen auf das Gut einordnet, das sein Gemaß durch das göttliche Gesetz findet und nicht durch die menschliche Vernunft, kann nicht durch menschliche Wirkheiten verursacht werden, deren Urheit die Vernunft ist: sondern hat in uns die göttliche Werktätigkeit allein zur Ursache. Zur Begriffsbestimmung einer derartigen Tugend fügte daher Augustinus (Ps. 118 serm. 26 – vgl. Magist. 2. Sent. 27) der Festlegung des Tugendbegriffs die Worte hinzu: »die Gott in uns ohne uns als Werk tut«.

Zu 2. Die von Gott her eingegossene Tugend leidet bei sich keinerlei Todsünde, zumal wenn man sie in ihrer Vollkommenheit ins Auge nimmt. Wohl aber verträgt sich die menschlicherseits erworbene Tugend mit irgend welcher Wirke an Sünde, auch an Todsünde: denn der Gebrauch einer Verhabung in uns ist unserem Willen unterworfen, wie vorhin (49, 3 Dageg.) gesagt worden ist; es wird nun aber nicht die erworbene Tugendverhabung durch nur eine Sündenwirkheit zerstört; denn zur Verhabung steht nicht Wirke im geraden Gegensatz, sondern Verhabung. Mag deswegen auch der Mensch ohne Gnade die Todsünde nicht dergestalt meiden können, daß er niemals tödlich sündigt, so liegt doch kein Hindernis vor, daß er die Verhabung einer Tugend erwerben kann, durch welche er sich meistenteils der bösen Werke enthält und vornehmlich derer, die der Vernunft scharf entgegengesetzt sind. – Es gibt aber auch gewisse Todsünden, die der Mensch in keiner Weise ohne die Gnade zu vermeiden vermag, solche nämlich, die geradweg in Gegensätzlichkeit zu den gotteskundlichen Tugenden stehen, die es aus einem Geschenk der Gnade in uns gibt. Doch das wird unten (109, 4) deutlicher hervortreten.

Zu 3. Wie bereits gesagt (Art. 1; 51, 1), haben wir der Natur nach einen Vorbestand für die erworbenen Tugenden in gewissen Samenkörnern oder Urheiten von ihnen. Diese Urheiten sind freilich vornehmer als die mit ihrer Wirkkraft erworbenen Tugenden: gerade wie der Verstand der Einsichtursätze vornehmer ist als die Wissenschaft der Schlüsse und die natürliche Rechtheit der Vernunft vornehmer als die Rechtmachung der Begehr, die durch eine Beteilung mit Vernunft entsteht, eine Rechtmachung, die in den Bereich der sittlichen Tugend fällt. Dergestalt können also die Wirkheiten im sittlichen Menschen, insoweit sie aus höheren Urheiten hervorgehen, erworbene menschliche Tugenden verursachen.

Feststellungen

3. Gibt es irgend welche sittlichen Tugenden in uns durch Eingießung? (Vgl. 51, 4)

Nicht bloß die gotteskundlichen Tugenden sind dem Menschen von Gott her eingegossen, sondern auch gewisse sittliche Tugenden, durch die ohne Frage der Mensch in seinen übernatürlichen Endzweck in einem gewissen besonderartigen Berede hineingebracht wird.

4. Ist die Tugend, welche wir aus der Angewöhnung an die Werke erwerben, mit der eingegossenen Tugend von gleicher Art?

Da es von den eingegossenen Tugenden mit Recht heißt, Gott wirke sie in uns ohne uns, was sich von den erworbenen nicht sagen läßt, so gehört sich, daß die eingegossenen sittlichen Tugenden von den erworbenen der Art nach unterschieden werden.

64. Untersuchung

DIE MITTEHALTUNG DER TUGENDEN

Wir unterziehen nun die Eigentümlichkeiten der Tugenden unserer Erwägung (vgl. 55, Vorw.). Und zwar zunächst die Mittehaltung der Tugenden; sodann die Verknüpfung der Tugenden (65); drittens ihre Gleichheit (66); viertens ihre Dauer (67). Das erste betreffen vier Fragen:

Erster Artikel

Gibt es die sittlichen Tugenden als Mittehaltung?
(Vgl. 2 II 17, 5 zu 2)

Aus der Abhandlung. Ich antworte: Wie das früher Gesagte (55, 3) ergibt, ist es das Wesen der Tugend, den Menschen in die Ordnung des Gut zu bestellen. Die sittliche Tugend ist nun eigenerweise auf die Vervollkommnung der begehrhaften Seelenseite in bezug auf irgend einen bestimmten Stoff gerichtet. Maß und Regel der begehrigen Wegung um das Begehrliche ist aber die Vernunft selber. Gut aber für jedwedes, das ein Gemaß und Gerichte hat, besteht darin, daß es mit seiner Richtschnur übereingeformt wird: gerade wie Gut beim Werkgeschaffenen ist, daß es der Regel der Kunst folgt. Folglich gibt es in Derartigem dadurch ein Bös, daß etwas von seiner Regel oder seiner Maßspanne abweicht. Und zwar kann das dadurch der Fall sein, daß es entweder über das Maß hinausgeht oder hinter ihm zurückbleibt: wie es bei allem handgreiflich vorliegt, was gerichtet und gemessen ist. Darum ist klar, daß Gut bei der sittlichen Tugend in der Gleichkömmlichkeit mit der Vernunftmessung besteht. – Es liegt nun aber auf der Hand, daß zwischen Überschreitung und Mangel die Gleichheit, d. h. die Gleichform in der Mitte liegt. Daraus tritt deutlich an den Tag, daß die sittliche Tugend in der Mittehaltung besteht.

Zweiter Artikel

Ist das Mittel der sittlichen Tugend das Mittel im Ding oder in der Vernunft? (Vgl. 2 II 58, 10)

Aus der Abhandlung. Ich antworte: Mittehaltung der Vernunft kann zwiefach verstanden werden. Einmal demnach, daß die Mittehaltung eben in der Wirke der Vernunft vorhanden ist, als ob gerade das Wirkgeschehen der Vernunft auf eine mittlere Linie zurückgebracht werde. Weil nun die sittliche Tugend nicht die Vernunftwirke vervollkommnet, sondern das Wirkgeschehen der begehrigen Wirkkraft, so ist die Mittehaltung der sittlichen Tugend nicht eine solche Mittehaltung der Vernunft. – In der anderen Weise kann man von Mittehaltung der Vernunft bei dem sprechen, was die Vernunft in irgend einem Stoff zum Dastand bringt. Dergestalt ist jede Mittehaltung der sittlichen Tugend Mittehaltung der Vernunft: denn, wie (vor. Art.) gesagt, hat die sittliche Tugend ihren ausgemachten Bestand in der Mittehaltung durch die Gleichförmigkeit mit der rechten Vernunft.

Aber es tritt zuweilen ein, daß die Mittehaltung der Vernunft auch die Mitte im Ding ist: und dann gehört sich, daß die Mittehaltung der sittlichen Tugend das Mittel im Ding ist, wie das bei der Gerechtigkeit der Fall ist. Zuweilen aber ist die Mittehaltung der Vernunft nicht das Mittel im Ding, sondern wird im Vergleich zu uns genommen: dergestalt liegt die Mittehaltung in allen anderen sittlichen Tugenden vor. Der Grund dafür ist, daß die Gerechtigkeit es mit Tätigkeiten zu tun hat, die in äußeren Dingen bestehen, in denen das Rechte schlechthin und eigengemäß hergestellt gebührt, wie früher (60, 2) gesagt worden ist: und darum ist die Mittehaltung der Vernunft in der Gerechtigkeit ein und dasselbe mit dem Mittel im Ding, insofern nämlich die Gerechtigkeit jedem das Soll gibt und nicht mehr und nicht weniger. Die anderen sittlichen Tugenden dagegen kommen zu Inhalt und Bestand im Reiche der inneren Leidewegungen, in welchen das Rechte nicht in ein und derselben Weise gebildet zu werden vermag wegen des verschiedenen Gehabens der Menschen zu den Leidewegungen: und deswegen gehört sich, daß die Rechtheit der Vernunft in den Leidewegungen gesetzt wird im Hinblick auf uns, die wir das Leidentliche der Gemutungen haben.

Dritter Artikel

Bestehen die verstandlichen Tugenden in der Mittehaltung?

Aus der Abhandlung. Ich antworte: Gut für ein Ding besteht in der Mittehaltung, sonach es sich mit einer Regel oder einer Zumessung gleichformt, bei der ein Überschreiten und ein Zurückbleiben der Fall sein kann, wie (Art. 1) gesagt worden ist. Die verstandhafte Tugend hat nun geradeso die Hinordnung auf Gut, wie auch die sittliche, wie ebenfalls (56, 3) festgestellt ist. Je nachdem sich daher das Gut der verstandhaften Tugend zu der Maßgabe verhält, so verhält es sich zum Berede des Mittels. Das Gut der verstandhaften Tugend ist nun das Wahr: und zwar bei der auf Einsicht gehenden Tugend ein Wahr unbezogenermaßen, wie es 6. Ethic. (2 n 3) heißt; bei der auf Wirke gehenden Tugend ein Wahr gemäß seiner Gleichförmigkeit mit der rechten Begehr.

Das beziehungslos gesehene Wahr unseres Verstandes steht aber wie vom Ding gemessen da: das Ding ist nämlich die Maßgabe unseres Verstandes, wie es 10. Metaph. (Did. 9, 1 n 14) heißt; daher nämlich, daß das Ding ist oder nicht ist, gibt es die Wahrheit im Meinen und im Reden. Dergestalt besteht also das Gut der auf Einsicht gerichteten verstandlichen Tugend in einer gewissen Mittehaltung durch die Übereinförmigkeit zum Ding selbst, sonach sie von dem sagt, was ist: es ist, oder von dem, was nicht ist: es ist nicht; darin besteht der Begriff von Wahr. Das Übermaß gibt es aber in Gemäßheit der falschen Behauptung, durch die es von dem, was nicht ist, heißt, es sei: das Untermaß aber wird der falschen Verneinung nach genommen, die Nichtsein von dem behauptet, was ist.

Wahr hingegen bei der auf Handeln gerichteten Verstandestugend[309] im Vergleich zum Ding hat die Bedeutung eines Zugemessenen. Und dergestalt nimmt man in der nämlichen Weise die Mittehaltung von der Übereinförmigkeit zum Ding her bei den verstandlichen Tugenden, die auf Wirke gehen, wie bei denen für die Einsicht.[310] – Dagegen hat es hinsichtlich der Begehr die Bedeutung von Regel und Maß. Deswegen ist dieselbe Mittehaltung, die es für die sittliche Tugend gibt, auch eben die der Klugheit, nämlich die Rechtheit der Vernunft: aber bei der Klugheit tritt diese Mittehaltung auf, wie sie regelt und mißt; bei der sittlichen Tugend aber, wie diese Gemaß und Gerichte erhält. In ähnlicher Weise wird Übermaß und Untermaß beiderseits verschieden genommen.

Vierter Artikel

Bestehen die gotteskundlichen Tugenden in der Mittehaltung? (Vgl. 2 II 17, 5 zu 2)

Feststellung. Man sagt von den gotteskundlichen Tugenden nicht im An-sich, sondern beischaftlich, unsererseits nämlich, daß sie in der Mittehaltung bestehen.[311]

65. Untersuchung

DIE VERKNÜPFUNGEN DER TUGENDEN

Feststellungen

1. Sind die sittlichen Tugenden miteinander verknüpft?

Die vollkommenen sittlichen Tugenden sind notwendig miteinander verknüpft, so daß es die eine ohne die andere nicht zu geben vermag.

2. Kann es die sittlichen Tugenden ohne die Teuerliebe geben? (Vgl. 2 II 23, 7)

Es kann jene sittlichen Tugenden ohne die Teuerliebe geben, welche durch menschliche Beflissenheit erworben werden, nicht aber die, welche man mit menschlichen Handlungen nicht zu erlangen vermag, die vielmehr von Gott eingegossen werden.

Dritter Artikel

Kann es die Teuerliebe ohne die anderen sittlichen Tugenden geben?

Aus der Abhandlung. Ich antworte: Mit der Liebe werden zugleich alle sittlichen Tugenden eingegossen. Der Grund dafür ist, daß Gott die Gnadenwerke nicht weniger vollkommen bestellt als die Naturwerke. Die Naturwerke[312] kommen uns nun solchermaßen zu Gesicht, daß wir in keinem Ding die Urheit für irgend welche Werke antreffen, ohne in ihm gleichzeitig das Notbehör zu finden, solche Werke zu vollführen: so trifft man in den Seelwesen die Lebenswerkzeuge an, mit denen sie die Werke auszubringen vermögen, zu deren Vollführung die Seele Macht hat. Es liegt aber auf der Hand, daß die Liebe, insofern sie den Menschen auf den Endzweck hinordnet, die Urheit aller guten Werke ist, welche in die Ordnung auf den Endzweck gebracht werden können. Deswegen gehört sich, daß mit der Liebe zugleich alle sittlichen Tugenden eingegossen werden, mit denen der Mensch den einzelnen Gattungen der guten Werke ihre Vollendung gibt.

So ergibt sich, daß die eingegossenen sittlichen Tugenden nicht nur wegen der Klugheit eine Verknüpfung haben, sondern auch wegen der Liebe. Und daß alle eingegossenen sittlichen Tugenden verliert, wer die Liebe durch die Todsünde verliert.

Feststellungen

4. Kann es Glaube und Hoffnung ohne die Liebe geben?
(Vgl. 2 II 23, 7 zu 1)

Wiewohl es auch den Glauben und die Hoffnung ohne die Liebe in den Menschen in irgend welcher Weise geben kann, so können sie doch ohne diese nicht vollkommene Tugenden sein. (S. Nachtrag S. 534)

5. Kann es die Liebe ohne den Glauben und die Hoffnung geben?

Da für keinen die Freundschaft mit Gott, die Liebe heißt, die Vermittlerin spielen kann, außer er habe den Glauben, mit dem er für wahr hält, daß es irgend eine Gemeinschaft und einen Verkehr des Menschen mit Gott gibt, und er hoffe, zu dieser Gesellschaft zu gehören, so kann es auf keine Weise geschehen, daß Liebe ohne Glauben und Hoffnung besteht (S. Nachtrag S. 537)

66. Untersuchung

DIE GLEICHHEIT DER TUGENDEN

Feststellungen

1. Kann die Tugend kleiner oder größer sein?

Bei den artlich verschiedenen Tugenden ist die eine größer und hervorragender als die andere: man kann aber nicht von der Tugend ein und derselben Art ihr selber nach von größer oder kleiner reden; faßt man sie dagegen auf Seiten des Trägers ins Auge, so heißt sie größer und kleiner je nach den verschiedenen Zeiten in einem und demselben oder je nach den verschiedenen Menschen, von denen der eine die bessere Zurüste gegenüber dem andern hat.

2. Sind alle Tugenden gleich, die in einem und demselben gleichzeitig vorhanden sind?

Alle Tugenden, die in einem und dem nämlichen gleichzeitig vorhanden sind, muß man, was die Teilhabe im Träger anlangt, gleich nennen; sie sind es in einer gewissen Gleichheit des Maßverhältnisses, insoweit nämlich alle gleichmäßig im Menschen wachsen: was hingegen das Berede der Art angeht, so ist zweifelsohne die eine größer als die andere.

Dritter Artikel

Ragen die sittlichen Tugenden über die verstandlichen hervor? (Vgl. 2 II 23, 6 zu 1)

Aus der Abhandlung. Ich antworte: Etwas kann zwiefach größer oder kleiner heißen: einmal schlechthin, auf die andere Weise in gewisser Hinsicht. Es hindert nämlich nichts, daß etwas schlechthin besser ist, wie »der Weisheit nachzugehen besser als dem Reichtum«, was doch in gewisser Hinsicht nicht besser ist, z. B. »für einen Notleidenden« (Arist. Topic. 3, 2 n 21). Jeweils wird aber etwas schlechthin ins Auge gefaßt, sobald man es dem eigenbehörigen Berede seiner Art nach besieht. Nun hat aber die Tugend die Artung aus dem Gegenstand, wie aus dem Gesagten (54, 2; 60, 1) erhellt. Schlechthin gesagt, ist deswegen jene Tugend vornehmer, die einen vornehmeren Gegenstand hat. Es liegt aber auf der Hand, daß der Vorwurf der Vernunft vornehmer ist als der Vorwurf der Begehr: denn die Vernunft faßt etwas alleinslich; die Begehr aber strebt in die Dinge, welche ein teilbesonderliches Sein haben. Schlechthin sind deswegen die verstandlichen Tugenden, welche die Vernunft vervollkommnen, edler als die sittlichen, welche die Begehr zur Vollkommenheit bringen.

Erwägt man dagegen die Tugend in ihrer Beordnung auf die Wirkheit, so ist die sittliche Tugend vornehmer, welche die Begehr vervollkommnet, die das Amt hat, die anderen Vermögen zur Wirkheit anzuwegen, wie früher (9, 1) gesagt worden ist. – Und weil man von Tugend daher redet, daß sie die Urheit irgend einer Wirke ist, da sie als die Vervollkommnung des Vermögens auftritt, so folgt auch, daß das Berede von Tugend mehr den sittlichen Tugenden als den verstandlichen Tugenden zukommt: mögen auch wohl die verstandlichen Tugenden schlechthin die edleren Verhabungen sein.

Vierter Artikel

Ist die Gerechtigkeit die Haupttugend unter den sittlichen?
(Vgl. Art. 1; 2 II 58, 12; 123, 12; 141, 8)

Aus der Abhandlung. Ich antworte: Ihrer Art nach kann eine Tugend schlechthin oder in gewisser Hinsicht größer oder kleiner heißen. Schlechthin heißt nämlich eine Tugend größer, sonach in ihr ein größeres Gut der Vernunft zurückstrahlt, wie vorhin (Art. 1) gesagt wurde. Demgemäß ragt unter allen sittlichen Tugenden die Gerechtigkeit hervor gleichsam als die nähere Verwandte der Vernunft. Das tritt sowohl aus dem Träger wie aus dem Gegenstand an den Tag. Aus dem Träger nämlich, weil er im Willen als in der Unterlage ruht: der Wille aber ist die vernunfthafte Begehr, wie aus dem Gesagten (8, 1; 26, 1) klar ist. Dem Gegenstand aber, d. h. dem Stoff nach, weil sie es mit den Werktätigkeiten zu tun hat, die dem Menschen die Ordnung nicht bloß für sich selber, sondern auch zum anderen hin geben. Deswegen »ist die Gerechtigkeit die herrlichste der Tugenden«, wie es 5. Ethic. (1 n 15) heißt. – Bei den anderen sittlichen Tugenden aber, die es mit den Leidewegungen zu tun haben, strahlt jeweils in einer das Vernunftgut mehr auf, je Größeres die begehrige Wegung in ihrer Unterwerfung unter die Vernunft bereicht. Das Größte aber von dem, was den Menschen anlangt, ist das Leben, von dem alles andere abhängt. Und deswegen nimmt der Starkmut, der die Begehrwegung in dem der Vernunft unterstellt, was auf Leben und Tod geht, den ersten Platz unter den sittlichen Tugenden ein, die es mit den Leidewegungen zu tun haben: freilich steht sie in der Reihordnung unterhalb der Gerechtigkeit. Deswegen sagt der Philosoph 1. Rhetoric. (9 n 6): »Notwendig sind die Tugenden die größten, welche die von allen geehrtesten sind: ist doch die Tugend eine Fähigkeit wohlzutun. Deswegen ehrt man die Tapferen und die Gerechten überaus: jene nämlich ist im Krieg«, also die Tapferkeit, »diese aber«, d. h. die Gerechtigkeit, »sowohl im Krieg als auch im Frieden nützlich.« – Hinter der Tapferkeit tritt aber die Mäßigkeit in die Reihe, sie unterwirft die Begehr in dem der Vernunft, was unmittelbar eine Hinordnung auf das Leben hat, sei es in einem und demselben zahlmäßig oder im selben der Art nach, also in Speisen und im Geschlechtlichen. – Dergestalt heißen diese drei zugleich mit der Klugheit auch an Würdigkeit Haupttugenden.

In gewisser Hinsicht heißt aber eine Tugend größer, sonach sie einer Haupttugend Stütze oder Rahmung gewährt. Gerade wie die Substanz schlechthin würdiger ist als die Beischaft; irgend jedoch ist eine Beischaft. in gewisser Hinsicht von höherer Würde als die Substanz, anso sie die Substanz in einem beischaftlichen Sein vervollkommnet.[313]

Fünfter Artikel

Ist die Weisheit die größte unter den verstandlichen Tugenden? (Vgl. 57, 2 zu 2)

Aus der Abhandlung. Ich antworte: Die Größe der Tugend wird, wie gesagt (Art. 3), ihrer Art nach aus dem Gegenstand ins Auge gefaßt. Der Gegenstand der Weisheit ragt aber unter den Gegenständen aller verstandhaften Tugenden hervor: er zieht nämlich die höchste Ursache in Erwägung, die Gott ist, wie im Anfang der Metaph. (1 n 12; 2 n 7) gesagt wird. Und weil man durch die Ursache zu einem Urteil über die Wirkung kommt und durch die höhere Ursache über die darunter stehenden Ursachen, so rührt es daher, daß die Weisheit in den Besitz eines Urteils über alle anderen verstandlichen Tugenden kommt und daß es ihres Amtes ist, alle in Ordnung zu halten; sie ist gewissermaßen die Bauherrin für alle.

Sechster Artikel

Ist die Liebe die größte unter allen gotteskundlichen Tugenden? (Vgl. 2 II 23, 6)

Aus der Abhandlung. Ich antworte: Wie gesagt (Art. 3) wird die Größe der Tugend ihrer Art nach aus dem Gegenstand erwogen. Da aber die drei gotteskundlichen Tugenden sich auf Gott als auf ihren nächsten Gegenstand kehren, so kann nicht daher eine von ihnen größer als die andere heißen, als wenn sie einen größeren Gegenstand angehe, sondern daher, daß sich die eine näher an den Gegenstand hält als die andere. Und in dieser Weise ist die Liebe größer als die anderen. Denn die anderen bringen in ihr Gewese einen gewissen Abstand vom Gegenstand mit herein: der Glaube geht nämlich auf das, was man nicht sieht, die Hoffnung aber auf das, was man nicht hat. Dagegen geht die Zuneigung der Teuerliebe (amor caritatis) auf das, was man schon in Besitz hat: das Geliebte ist nämlich gewissermaßen im Liebenden, und es wird auch der Liebende durch die Gemutung zur Einung mit dem Geliebten fortgerissen; deswegen heißt es 1. Jo. 4, 16: »Wer in der Liebe bleibt, bleibt in Gott und Gott in ihm.«

67. Untersuchung
DIE ÜBERDAUERUNG DIESES LEBENS DURCH DIE TUGENDEN

Feststellungen

1. Verbleiben die sittlichen Tugenden nach diesem Leben? (Vgl. 2 II 136, 1 zu 1)

Wiewohl die sittlichen Tugenden, was ihren Stoff anlangt, nach diesem Leben nicht verbleiben, weil da kein Platz mehr ist für die Begierlichkeit oder die geschlechtlichen Dinge oder die Gefahren usw., so bleiben sie doch in den Seligen, was das angeht, was in ihnen von Vernunft ist.

2. Bleiben die verstandlichen Tugenden nach diesem Leben? (Vgl. I 89, 5f.)

Nach diesem Leben bleiben die verstandlichen Tugenden in den Menschen gemäß dem, was in ihnen wesungsförmlich ist, nämlich den im Verstand verwahrten Verstehbildern nach; sie bleiben aber nicht, was das Stoffliche, nämlich die Vorstellungsbilder, angeht.

3. Bleibt nach diesem Leben der Glaube? (Vgl. 2 II 4, 4 zu 1)

Da es der Glaube ist, womit einer für wahr hält, was er nicht sieht, der Selige aber das sieht, worin er glückgeborgen ist, so ist es schlechthin unmöglich, daß der Glaube zugleich mit der Glückgeborgenheit im nämlichen Träger verbleibt.

4. Bleibt die Hoffnung nach dem Tode im Stand der Herrlichkeit? (Vgl. 2 II 18, 2)

Da es die Hoffnung ist, mit der wir das erhoffen, was wir nicht haben, wir aber im Vaterhaus bereits alles haben, was wir erhofften, so ist es unmöglich, daß nach diesem Leben im Stande der Herrlichkeit die Hoffnung verbleibt.

5. Bleibt irgend etwas von Glauben oder Hoffnung in der Herrlichkeit zurück?

Von der Hoffnung kann ganz und gar nichts in der Herrlichkeit verbleiben, vom Glauben hingegen bleibt irgend etwas, zwar nicht an Zahl oder Art dasselbe, aber an Gattung das gleiche; eben nämlich das Erkennen.

6. Verbleibt die Liebe nach diesem Leben in der Herrlichkeit?

Da die Teuerliebe die vollkommene Tugend ist, die gar keine Unvollkommenheit in ihrem Wesen enthält, so bleibt sie zweifellos die Herrlichkeit hindurch. (S. Nachtrag S. 538)

68. Untersuchung

DIE GABEN

Feststellungen

1. Haben die Gaben einen Unterschied gegen die Tugenden?

Die Tugenden werden von den Gaben dergestalt unterschieden, daß die Gaben gewisse Verhabungen sind, die den Menschen dahin vervollkommnen, daß er dem Innenantrieb und dazu der Anwegung des Heiligen Geistes leicht folgt, die Tugenden aber dahin, daß er dem Befehl und der Anwegung der Vernunft Folge leistet.

2. Sind die Gaben dem Menschen zum Heile notwendig?

Die Gaben des Heiligen Geistes sind dem Menschen notwendig, damit er durch sie wirksam angewegt wird, den übernatürlichen Zweck zu erreichen.

3. Sind die Gaben des Heiligen Geistes Verhabungen?

Weil der Mensch vom Heiligen Geiste dergestalt behandelt wird, daß er auch selber handelt, insoweit er freien Wahlentscheids ist, so sind notwendig die Gaben des Heiligen Geistes die Verhabungen, durch die der Mensch vollkommen in den Stand gesetzt wird, dem Heiligen Geiste raschbereit zu gehorchen.

4. Werden richtig sieben Gaben des Heiligen Geistes aufgezählt? (Vgl. 2 II 8, 6)

Es gibt sieben Gaben des Heiligen Geistes, durch die der Mensch in der Vernunft sowohl wie in der Begehr vollkommen in den Stand gesetzt wird, die Werke der Tugenden zu vollbringen: nämlich die Gabe der Weisheit, des Verstandes, des Rates, der Stärke, der Wissenschaft, der Frömmigkeit und der Furcht [des Herrn].

5. Sind die Gaben des Heiligen Geistes miteinander verknüpft?

Gerade wie unsere Vernunft durch die Klugheit vervollkommnet wird, so wohnt durch die Liebe der Heilige Geist in uns; darum liegt auf der Hand, daß die Gaben des Heiligen Geistes in der Liebe einander verknüpft sind, gerade wie die sittlichen Tugenden in der Klugheit.

6. Verbleiben die Gaben des Heiligen Geistes in der ewigen Heimat?

Ihren Stoff anlangend, mit dem sie es jetzt zu tun haben, das sind die Werke des tätigen Lebens, bleiben die Gaben des Heiligen Geistes nicht in der ewigen Heimat; sie verbleiben aber dort, und zwar höchst vollkommen, soweit die Wesenheit der Gaben in Betracht kommt, weil dann der Mensch, als Ganzes Gott unterworfen, der Anwegung des Heiligen Geistes auf das Vollkommenste folgt.

7. Wird der Würderang der Gaben in der Aufzählung Jes. 11, 2 beachtet?

Der Würderang der Gaben entspricht der Ordnung, die Jesajas hat, zum Teil schlechthin in der Weise, in welcher die Weisheit und der Verstand allen vorgezogen werden, zum Teil der Stoffordnung nach, wie Rat und Stärke vor Wissenschaft und Frömmigkeit gestellt werden.

8. Sind die Tugenden den Gaben vorzuziehen?

Obgleich alle gotteskundlichen Tugenden (weil durch sie der Mensch dem anwegenden Heiligen Geiste geeint wird) allen Gaben vorzuziehen sind, so sind doch die Gaben, weil sie die Kräfte der Seele im Vergleichsbezug zum anwegenden Heiligen Geiste vervollkommnen, vorzüglicher als was immer für welche Tugenden sonst.

69. Untersuchung

DIE SELIGKEITEN

Feststellungen

1. Werden die Seligkeiten von den Tugenden und den Gaben unterschieden?

Die Seligkeiten werden von den Tugenden und den Gaben wie die Wirkheiten von den Verhabungen unterschieden.

2. Fallen die Belohnungen, die den Seligkeiten zugeschrieben werden, in den Bereich dieses Lebens?

Alles, was unter den Seligkeiten als Belohnungen angenommen wird, kann entweder die vollkommene Seligkeit selbst sein und gehört so zum zukünftigen Leben, oder irgend eine Anfänglichkeit der Glückgeborgenheit und rechnet dergestalt zum gegenwärtigen Leben.

3. Ist die Aufzählung der Seligkeiten richtig?

In einer angemessenen Zahl haben die Seligkeiten den Tugendhandlungen und den Gaben entsprechend Matth. 5, 3ff. ihren Ausdruck gefunden.

4. Werden die Belohnungen an Seligkeiten richtig aufgezählt?

Da ja der Evangelist bei der Aufzählung der Belohnungen an Seligkeiten darauf geachtet hat, daß die Belohnungen zu den Verdiensten stimmen, für welche sie erteilt werden, so muß man zugestehen, daß die Seligkeitsbelohnungen ihren ganz richtigen Ausdruck gefunden haben.

70. Untersuchung

DIE FRÜCHTE DES HEILIGEN GEISTES

Feststellungen

1. Sind die Früchte des Heiligen Geistes, die der Apostel Gal. 5, 22f. nennt, Wirkheiten?

Von den Früchten des Heiligen Geistes kann man sagen, sie seien Wirkheiten des sittlichen Menschen (actus humani), insoweit sie vom Menschen zwar nicht der Vermöglichkeit seiner Vernunft nach, sondern der höheren Kraft nach ausgehen, die die Wirkkraft des Heiligen Geistes ist.

2. Stehen die Früchte in Unterschied zu den Seligkeiten?

Offenbar haben die Früchte einen Unterschied zu den Seligkeiten, da ja alle tugendhaften Werke, an denen der Mensch Freuung hat, Früchte, nicht aber Seligkeiten heißen können, sie seien denn vollkommen und ausgezeichnet.

3. Werden die Früchte richtig vom Apostel aufgezählt?

In einer angemessenen Zahl werden zwölf Früchte des Heiligen Geistes, seinem verschiedenen Vorgehen nach in uns, vom Apostel Gal. 5 aufgezählt.

4. Stehen die Früchte des Heiligen Geistes in geradem Gegensatz zu den Werken des Fleisches?

Dem allgemeinen Berede nach stehen die Früchte des Heiligen Geistes in geradem Gegensatz zu den Werken des Fleisches, mag es auch den eigenbehörigen Bereden nach anders sein; nichtsdestoweniger kann man den einzelnen Früchten des Heiligen Geistes Werke des Fleisches gegenüber stellen.

71. Untersuchung

DIE LASTER UND SÜNDEN AN SICH

Folgerichtig erwägen wir nun die Laster und Sünden (vgl. 55, Vorw.). Sechserlei ist dabei ins Auge zu fassen: erstens das Eigengemäße der Laster und Sünden; zweitens ihre Unterscheidung (72); drittens ihr Vergleich zueinander (73); viertens der Träger der Sünde (74); fünftens ihre Ursache (75); sechstens ihre Wirkung (85). Das erste wird unter sechs Fragen abgehandelt:

Erster Artikel

Ist das Laster der Tugend gerade entgegengesetzt?

Feststellung. Sonach die Tugend die Hinordnung auf Gut hat, ist ihr gerades Gegenteil die Sünde; wie es sie dagegen als eine gewisse Gutheit gibt, ist ihr die Schlechtheit entgegengesetzt; das Laster (vitium) aber ist der gerade Gegensatz zur Tugend dem Eigenwesen der Tugend gemäß.

Zweiter Artikel

Geht das Laster gegen die Natur?

Aus der Abhandlung. Ich antworte: Wie gesagt (vor. Art.), ist Laster der gerade Gegensatz zur Tugend. Jedes hat aber seinen Tugendbestand darin, daß es nach der Gehörigkeit seiner Natur in guter Zurüste ist, wie ebenda gesagt wurde. Deswegen gehört bei jedwedem Ding von Laster gesprochen daher, daß es eine Gegenrüste zu dem hat, was der Natur zukommt. Deswegen wird auch jeweils ein Ding getadelt: »von vitium, glaubt man«, wie Augustinus 3. De Lib. Arb. (14) sagt, »kommt das Wort vituperatio« (Tadel).[314]

Man muß aber erwägen, daß die Natur bei jedem Ding vorzüglich die Wesungsform ist, nach der das Ding die Art gewinnt. Der Mensch aber wird durch die vernünftige Seele in der Art begründet. Was sich deswegen gegen die Vernunftordnung stellt, geht eigentlich gegen die Natur des Menschen, insofern er Mensch ist; was aber vernunftgemäß ist, ist der Natur des Menschen gemäß, insoweit er Mensch ist. Nun ist aber »Gut beim Menschen, vernunftgemäß sein, und Bös beim Menschen, sich nebenaus (praeter) der Vernunft zu halten«, wie Dionysius 4. De Div. Nom. sagt. Darum ist die Tugend im sittlichen Menschen, die »den Menschen gut macht und sein Werk gut ausbringt« (Arist. Ethic. 2, 6 n 2f.), insofern der Natur des Menschen gemäß, als sie zur Vernunft stimmt:

das Laster aber ist insoweit wider die Natur des Menschen, als es wider die Ordnung der Vernunft ist.

Dritter Artikel

Ist das Laster schlimmer als die lasterhafte Wirkheit?

Aus der Abhandlung. Ich antworte: Die Verhabung hält sich mittlerer Maßen zwischen Vermögen und Wirkgeschehen. Es liegt aber auf der Hand, daß in Gut und Bös die Wirkheit über das Vermögen hinausragt, wie es 9. Metaph. (Did. 8, 9 n 1ff.) heißt: Gut-tun ist nämlich besser als Gut-tun-können; und ähnlich ist Übel-tun tadelnswerter als Übel-tun-können. Daher folgt auch, daß die Verhabung in Gutheit und Schlechtheit die mittlere Stufe zwischen Vermögen und Wirke einnimmt: sodaß nämlich die gute oder schlechte Verhabung gerade so unter dem Wirkgeschehen steht, wie sie in Gutheit oder Schlechtheit über das Vermögen hervorragt.

Das tritt auch daraus zutage, daß die Verhabung nur daher gut oder schlecht heißt, daß sie den Hang zur guten oder schlechten Wirke gibt. Darum heißt die Verhabung wegen der Güte oder Schlechtheit der Wirke gut oder bös. Und dergestalt ist die Wirke in Gutheit oder Schlechtheit ein Mehr als die Verhabung: denn »das, weswegen jeweils etwas so ist, das ist auch dies, und in höherem Grade«.[315]

Feststellungen

4. Kann es die Sünde zugleich mit der Tugend geben? (Vgl. 63, 2 zu 2; 73, 1 zu 2; 2 II 24, 12)

Die Todsünde kann es nicht, wie mit den erworbenen, zugleich mit den eingegossenen Tugenden geben, die läßliche verträgt sich jedoch mit beiden.

5. Gibt es in jeder beliebigen Sünde irgend eine Wirkheit?

Da zuweilen beischaftlich und außer der Absicht aus Umständlichem der Ursache oder der Gelegenheit die Sünde der Unterlassung folgen kann, ein Urteil aber über die Dinge nicht demgemäß gefällt werden darf, was die Beischaft bringt, so läßt sich mit größerer Wahrheit sagen, es könne irgend welche Sünde fern von allen Wirkheiten geben.

Sechster Artikel

Ist die Begriffsbestimmung richtig, Sünde sei »das Wort oder die Tat oder die Begehr gegen das ewige Gesetz«?

Aus der Abhandlung. Ich antworte: Wie aus dem Gesagten (Art. 1; 21, 1) klar steht, ist die Sünde nichts anderes als die schlechte Wirkheit im sittlichen Menschen. Daß aber irgend ein Wirkgeschehen menschhaft ist, hat es daher, daß es willentlich ist, wie aus dem früher Gesagten (1, 1) ersichtlich: sei es nun willentlich als vom Willen entlockt, wie Wollen und Wählen selber, oder sei es das als vom Willen befohlen, wie die äußeren Wirkheiten entweder beim Reden oder beim Werktun. Nun hat aber, daß sie schlecht ist, die Wirke im sittlichen Menschen daher, daß sie der gebührenden Bemessung entbehrt. Bei jeder Bemessung eines Dings denkt man aber jeweils an den Vergleich mit irgend einer Richtschnur; wenn sie von der abweicht, wird sie maßungerecht sein. Es gibt aber eine doppelte Richtschnur für den menschlichen Willen: eine nahe gelegene und gleichgattige, d. h. die menschliche Vernunft selber. Die andere hingegen ist die Erstregel, nämlich das ewige Gesetz, das gewissermaßen die Vernunft Gottes ist.[316] Und deswegen setzt Augustinus zwei Stücke in die Begriffsbestimmung der Sünde: eins, welches das Wesen der menschlichen Wirkheit angeht, es ist sozusagen das Stoffliche in der Sünde, wenn er sagt, »das Gesagte oder Getane oder Begehrte«; als anderes aber das, was das Berede von Bös anlangt, es ist sozusagen das Wesungsförmliche in der Sünde, wenn er sagt: »gegen das ewige Gesetz«.[317]

72. Untersuchung

DIE UNTERSCHEIDUNG DER SÜNDEN

Erster Artikel

Sind die Sünden artlich verschieden den Gegenständen nach? (Vgl. Art. 3 u. 8)

Aus der Abhandlung. Ich antworte: Wie (71, 6) gesagt, kommt beim Berede von Sünde zweierlei zusammen: nämlich die willentliche Wirke und die Mißordnung bei ihr, die durch die Abweichung vom Gesetz Gottes da ist. Das eine davon steht an sich in einem Vergleichsbezug zum Sündigenden, der vor hat, ein solches willentliches Wirkgeschehen in einem solchen Stoff auszuüben: das andere aber, also die Unordnung der Wirkheit, verhält sich beischaftlich zum Vorhaben des Sündigenden; denn »keiner wirkt mit Absicht auf Übel hin«,[318] wie Dionysius 4. De Div. Nom. sagt. Es ist aber handgreiflich, daß jeweilen etwas demgemäß Artung gewinnt, was es an sich ist, nicht aber gemäß dem, was beischaftlich da ist: denn was es beischaftlich gibt, liegt außerhalb des Beredes der Artheit. Und deswegen werden die Sünden mehr von Seiten der willentlichen Wirkheiten in eine Unterschiedlichkeit gestellt als von Seiten der Mißordnung, die in der Sünde vorhanden ist. Die willentlichen Wirken unterscheidet man aber an Art den Gegenständen nach, wie im Vorhergehenden (18, 2. 5) dargetan ist. Daraus folgt, daß die Sünden ihre eigenbehörige Unterscheidung an Art den Gegenständen nach haben.

Zweiter Artikel

Stimmt die Unterscheidung von geistigen und fleischlichen Sünden? (Vgl. 73, 5; 2 II 118, 6)

Aus der Abhandlung. Ich antworte: Wie vorhin gesagt, nehmen die Sünden die Art aus den Gegenständen an. Jede Sünde besteht aber in der Begehr nach einem wandelbaren Gut, das man ungeordnet begehrt: und folglich hat einer in dessen Besitz eine ungeordnete Freuung. Wie aber aus dem Früheren (31, 3) offen liegt, gibt es eine doppelte Freuung. Eine seelische nämlich, die mit der bloßen Wahrnehmung eines Dings zum Abschluß kommt, das man nach Wunsch besitzt; man kann sie auch eine geistige Freuung nennen: wie wenn einer Freuung an menschlichem Lob oder etwas dergl. hat. Die andere Freuung dagegen ist leiblich, d. h. naturhaft, sie liegt eben mit dem körperlichen Gefühl selber völlig vor: sie kann auch fleischliche Freuung heißen. Dergestalt werden also jene Sünden, die mit einer geistigen Freuung vollbracht werden, geistige Sünden genannt: diejenigen dagegen, die mit einer fleischlichen Freuung vollbracht werden, haben den Namen fleischlicher Sünden, wie die Schlemmerei, die sich mit der Freuung an Speisen erfüllt, und die Unkeuschheit, die mit der Lust am Geschlechtlichen sich erfüllt. Deswegen sagt der Apostel 2. Kor. 7, 1: »Reinigen wollen wir uns von jeder Befleckung des Fleisches und des Geistes.«

Feststellungen

3. Werden die Sünden artlich den Ursachen nach unterschieden?

An Art unterscheidet man die Sünden nicht den verschiedenen tuigen oder anwegigen Ursachen nach, sondern den verschiedenen Zwecken nach, die sich die Sündigenden stellen, von denen ihr Wille als Gegenständen angewegt wird.

4. Unterscheidet man die Sünde zutreffend in die Sünde gegen Gott, gegen sich selbst und gegen den Nächsten?

Da alle Sünden im Gegensatz zu der Ordnung, die sich im Menschen zu Gott, zu sich selbst und zum Nächsten hin gebührte, ungeordnete Tätigkeiten sind, so werden sie richtig in Sünden gegen Gott, gegen sich selbst und gegen den Nächsten unterschieden.

5. Bewirkt die Einteilung der Sünden, die man der Straffälligkeit nach macht, eine Artverschiedenheit? (Vgl. 88,1)

Da die Straffälligkeiten bei den Sünden auf Seiten des Sündigenden beischaftlich auftreten, so vermag der Unterschied von läßlicher und Todsünde oder was für einer sonst von der Schuld hergenommen wird, keine Unterscheidung der Sündenarten zu geben.

6. Sind die Sünden der Begehung und die der Unterlassung artverschieden?

Da die Begehungs- und Unterlassungssünden aus demselben Antrieb hervorgehen und auf den gleichen Zweck hingeordnet werden, so steht fest, daß sie sich an Art nicht unterscheiden; spricht man aber im weiteren Sinne von der Art, so unterscheiden sie sich stofflich.

7. Trifft die Einteilung der Sünde in Sünde des Herzens, des Mundes und des Werkes zu?

Jedwede Sünde wird in Sünde des Herzens, des Mundes und des Werkes geteilt, nicht wie in verschiedene abgeschlossene Arten (denn die Vollbringung der Sünde liegt im Werk), sondern den verschiedenen Stufen der artgleichen Sünde nach.

8. Bewirken Überschuß und Mangel verschiedene Sündenarten?

Je nach Überschuß und Mangel sind die Sünden nicht bloß der Art nach von einander verschieden, sondern auch sich gerade entgegengesetzt; da sie aus den verschiedenen, und zwar sich gerade entgegengesetzten anwegenden Gegenständen her verursacht werden, von denen die Handlungen der Sünde ihre Art erhalten.

9. Werden die Sünden den verschiedenen Umständen nach artverschieden? (Vgl. 2 II 53, 2 zu 3)

Die Umstände der Sünde bringen die Sünde nur in eine Artverschiedenheit, wenn sie aus verschiedenen Antrieben herkommen.

73. Untersuchung

DIE SÜNDEN IM VERGLEICH ZUEINANDER

Feststellungen

1. Sind alle Sünden einander verknüpft?

Da gewisse Laster bzw. Sünden einander gerade entgegengesetzt sind und nicht einem und demselben zugleich inne wohnen können, so sind unmöglich alle Sünden einander verknüpft.

2. Sind alle Sünden gleich?

Da wir durch die Sünden nicht geradezu jedes Vernunftguts beraubt werden, sondern wir jetzt mehr, dann weniger von der Rechtheit der Vernunft abgeraten, so kann man nicht sagen, alle Sünden seien gleich.

3. Wechselt die Schwere der Sünden den Gegenständen gemäß?

Da die Sünden ihre Artung aus den Gegenständen haben, so nehmen sie daher auch notwendig ihre wechselnde Schwere.

4. Tritt der Unterschied in der Schwere der Sünden der Würde der Tugenden gemäß auf, zu denen sie im Gegensatz stehen? (Vgl. 2 II 20, 3)

Da man, wie die Schwere der Sünde, so auch die Würde der Tugend aus dem Gegenstand her ins Auge faßt, woher beide die Art gewinnen, so gebührt sich auch, daß vom Gegenstand her der größeren Tugend das größere Laster gegenüber steht, wiewohl man auch von kleineren Lastern sagen kann, sie seien einer größeren Tugend entgegengesetzt, so sie von ihr im Zaume gehalten werden.

Fünfter Artikel

Sind die fleischlichen Sünden von geringerer Schuld als die geistigen? (Vgl. 2 II 154, 3)

Aus der Abhandlung. Ich antworte: Die geistigen Sünden[319] sind von größerer Schuld als die fleischlichen Sünden. Das ist nicht so zu verstehen, als ob jedwede geistige Sünde eine größere Schuld mitbrächte als jede beliebige fleischliche Sünde: sondern daß sie einzig im Betracht dieses Unterschieds von Geistigkeit und Fleischlichkeit schwerer sind als die übrigen Sünden, wenn alles andere gleich ist. Dafür kann man dreifache Begründung aufzeigen. Die erste liegt auf Seiten des Trägers. Denn die geistigen Sünden fallen in den Bereich des Geistes, bei dem es liegt, sich zu Gott hinzuwenden und sich von ihm abzukehren; die fleischlichen Sünden aber kommen in der Freuung der fleischlichen Begehr zum Abschluß, in deren Bereich hauptsächlich die Hinwendung zum leiblichen Gut liegt. Und deswegen hat die fleischliche Sünde als solche mehr von einer Zukehr, weshalb sie auch einer größeren Anhaftung verfällt; dagegen hat die geistige Sünde mehr von Abkehr, aus der das Berede der Schuld hervorgeht. Und deswegen ist die geistige Sünde als solche von größerer Schuld.

Der zweite Grund läßt sich von dem her nehmen, gegen wen gesündigt wird. Denn die fleischliche Sünde als solche geht auf den eigenen Körper; er ist der Liebesordnung nach weniger zu lieben als Gott und der Nächste, gegen die man mit den geistigen Sünden sündigt. Deswegen haben die geistigen Sünden als solche eine größere Schuld.

Der dritte Grund kann von der Antriebsseite genommen werden. Denn umso gewichtiger der Antrieb zum Sündigen ist, umso viel weniger sündigt der Mensch, wie unten (folg. Art.) gesagt werden wird. Die fleischlichen Sünden haben aber einen heftigeren Antrieb, es ist eben die Begierlichkeit des Fleisches, die uns angeboren ist. Und deswegen treten die geistigen Sünden als solche mit größerer Schuld auf.[320]

Feststellungen

6. Sieht man bei der Schwere der Sünden auf die Ursache der Sünde?

Die Schwere der Sünden ist den Ursachen der Sünde nach ins Auge zu fassen, freilich nicht in gleicher Weise; dem Willen und der Zweckursache nach wechselt nämlich die Größe der Sünde; die Sünde wird aber geringer infolge der Ursachen, die entweder das Urteil der Vernunft oder die freie Wegung des Willens (das Willentliche) mindern.

7. Macht die Verumständung die Sünde schwerer?

Da ein jedes gerade daher sein natürliches Wachstum hat, woher es verursacht wird, und die Sünde aus den Umständen verursacht wird, so bekommt auch aus ihnen die Sünde notwendig mehr Schwere.

8. Wächst die Schwere der Sünde gemäß der größeren Schädigung? (Vgl. 20, 5)

Geradeweg macht jede Schädigung die Sünde selber schwerer, wenn sie entweder vorausgesehen und beabsichtigt oder zumindest an sich aus der Wirke der Sünde gefolgt ist: nicht so, wenn man sie zwar vorausgesehen, aber nicht vorgehabt hat; und noch viel weniger, wenn man sie weder vorgehabt, noch vorausgesehen hat, sie verhält sich dann beischaftlich zur Sünde.

9. Wird die Sünde gemäß der Stellung der Person schwerer, gegen die man sündigt? (Vgl. 2 II 65, 4)

Da die Person, gegen die man sündigt, in gewisser Weise der Gegenstand der Sünde ist, so wird die Sünde notwendig schwerer der Stellung und Würde der Person gemäß, gegen die man sündigt.

10. Mehrt die hohe Bedeutung (magnitudo) der Person, welche sündigt, die Schwere der Sünde? (Vgl. 89, 3)

Wegen des Undanks, der an den von den Vorfahren überkommenen Gütern begangen wird, und des größeren Ärgernisses für andere mehrt die hohe Bedeutung der Person, welche sündigt, die willentlich nach Überlegung begangene Sünde an Schwere; nimmt man aber Größe der Tugend nach, so mindert sie die aus Anwandlung und menschlicher Gebrechlichkeit entsprungene Sünde.

74. Untersuchung

DER TRÄGER DER SÜNDE

Feststellungen

1. Ist der Wille der Träger der Sünde?

Da notwendig die sittlichen Wirken, welche es auch immer sein mögen (weil sie nicht in den äußeren Stoff übergehen), in ihrer Urheit als in der Trage sind, eine solche Wirke aber die Sünde ist, so sagt man mit Recht vom Willen, er sei, wie die Urheit der Sünde, so auch ihr Träger.

2. Ist allein der Wille der Träger der Sünde? (Vgl. 83, 1; 2 II 10, 2)

Da ein und dasselbe Urheit des willentlichen Wirkgeschehens und seine Trage ist, so folgt, daß nicht allein der Wille, der die Urheit der entlockten willentlichen Wirke ist, sondern auch die anderen Vermögen, welche die Urheit der befohlenen willentlichen Wirke sein können, Träger der Sünde sind.

3. Kann es in der Sinnlichkeit Sünde geben?

Da es in der Sinnlichkeit eine ungeordnete und in irgend einer Weise willentliche Wirkheit geben kann, so kann es in ihr Sünde geben.

Vierter Artikel

Kann es in der Sinnlichkeit Todsünde geben?

Aus der Abhandlung. Ich antworte: Gerade wie eine Unordnung, welche die Urheit des leiblichen Lebens zerstört, den leiblichen Tod verursacht, so ist auch eine Unordnung, welche die Urheit des geistigen Lebens zerstört, die der Endzweck ist, schuld am geistigen Tode, den die Todsünde bringt, wie früher (72, 5) gesagt worden ist. Die Hinordnung auf den Zweck ist aber nicht Sache der Sinnlichkeit, sondern allein der Vernunft. Vom Zweck wegzuordnen, steht aber nur bei dem, was auf den Zweck hinzuordnen hat. Darum kann es die Todsünde nicht in der Sinnlichkeit geben, sondern bloß in der Vernunft.

Fünfter Artikel

Kann es die Todsünde in der Vernunft geben?

Aus der Abhandlung. Ich antworte: Bei jedem Vermögen besteht die Sünde in einer Wirkheit desselben, wie aus dem Gesagten (Art. 1ff.) klar ist. Die Vernunft hat aber eine zwiefache Wirke: einmal eigengemäß im Bezugsverhältnis zum eigenbehörigen Gegenstand, das ist die Erkenntnis eines Wahr; es gibt aber noch eine andere Wirke der Vernunft, insofern sie die Leiterin der anderen Kräfte ist. Beiderlei Maßen kann nun die Sünde in der Vernunft eintreten. Und zwar erstens, insoweit sie in der Erkenntnis von Wahr irrt: was ihr nämlich dann zur Sünde angerechnet wird, wenn sie ein Unwissen oder einen Irrtum bezüglich dessen hat, was sie wissen kann und soll; zweitens wenn sie die unordentlichen Wirkheiten der niederen Kräfte entweder befiehlt oder auch nach Überlegung nicht zügelt.

Sechster Artikel

Gibt es die Sünde der Verweilfreuung in der Vernunft?

Aus der Abhandlung. Ich antworte: Wie (vor. Art.) gesagt, tritt die Sünde zuweilen in der Vernunft ein, insofern diese die Leiterin der menschlichen Wirkheiten ist. Es liegt aber auf der Hand, daß die Vernunft nicht bloß als Leite der äußeren Handlungen dasteht, sondern auch der inneren Leidewegungen. Sobald deswegen die Vernunft in der Richtleitung der inneren Leidewegungen versagt, spricht man ebenso von einer Sünde in der Vernunft, wie auch dann, wenn sie in der

Leitung der äußeren Handlungen versagt. Sie versagt aber in der Leitung der inneren Leidewegungen in doppelter Weise. Einmal, sobald sie unerlaubte Wegungen befiehlt: wie dann, wenn der Mensch aus Überlegung sich die Wegung des Zorns oder der Begierlichkeit herbeiruft. Ferner, wenn sie die unerlaubte Wegung der Leide nicht zurückdrängt: wie dann, wenn jemand, nachdem er überlegt hat, daß die aufkommende Leidewegung ungeordnet ist, trotzdem bei ihr verweilt und sie nicht vertreibt. Und demgemäß spricht man von der Sünde der Verweilfreuung (delectationis morosae) in der Vernunft.[321]

Siebenter Artikel

Gibt es die Sünde der Zustimmung in die Wirke in der oberen Vernunft? (Vgl. 15, 4)

Aus der Abhandlung. Ich antworte: Zustimmung besagt ein gewisses Urteil über das, wozu man die Zustimmung gibt: gerade wie nämlich die Einsichtvernunft ein Urteil und einen Spruch über die Verstehdinge abgibt, so urteilt und beschließt die Wirkvernunft über das zu Tuende. Es ist nun zu beachten, daß in jedem Gericht der Endspruch an die höchste Gerichtsstelle gehört: gerade so, wie wir im Einsichtlichen sehen, daß die Endentscheidung über irgend einen Satz durch die Rückzerlegung auf die ersten Ursätze gegeben wird. Solange nämlich noch irgend ein höherer Ursatz verbleibt, kann man durch ihn noch das prüfen, was in Frage steht: das Urteil bleibt deswegen noch in der Schwebe, so als ob noch kein Schlußentscheid gegeben wäre.

Es liegt aber auf der Hand, daß die menschlichen Wirkheiten an der Richtschnur der menschlichen Vernunft die Richt haben können, welche den erschaffenen Dingen entnommen wird, die der Mensch naturhaft erkennt; und darüber hinaus an der Richtschnur des göttlichen Gesetzes, wie oben (19, 4; 71, 6) gesagt worden ist. Da nun die Richtschnur des göttlichen Gesetzes die obere ist, so folgt daraus, daß der letzte Entscheid, durch den das Urteil Schluß und Ende findet, in den Bereich der oberen Vernunft gehört, die sich anstrengt, zu den ewigen Sinngründen zu kommen. Ist nun aber über mehreres zu urteilen, so gibt es das Endurteil bei dem, was zuletzt an die Reihe kommt. In den menschlichen Wirkgeschehungen trifft man aber als Letztes die Wirkheit selber an; ihr Vorspiel ist die Freuung, die in die Wirkheit einführt. Und deswegen fällt die Zustimmung in die Wirkheit eigenbehörig der oberen Vernunft zu; in den Bereich der niederen Vernunft aber, die das niedere Urteil hat, schlägt das vorläufige Urteil, das über die Freuung erfolgt.[322] – Gleichwohl kann auch die obere Vernunft ein Urteil über die Freuung abgeben: denn, was nur immer dem Urteil eines Niederen untersteht, ist auch unter das Urteil des Höheren gegeben, aber nicht umgekehrt.

Achter Artikel

Ist die Zustimmung in die Freuung Todsünde?
(Vgl. 88, 5 zu 2)

Aus der Abhandlung. Ich antworte: Hierüber haben etliche eine verschiedene Meinung gehabt. Die einen haben nämlich gesagt, die Zustimmung in die Freuung sei keine Todsünde, sondern nur eine läßliche. Die andern aber haben die Todsünde behauptet; und diese Meinung ist allgemeiner und wahrscheinlicher. Es ist nämlich folgendes zu erwägen: da jede Freuung auf irgend eine Werktätigkeit folgt, wie es 10. Ethic. (4 n 9) heißt, und da weiter jede Freuung irgend etwas zum Gegenstand hat, so kann jedwede Freuung in einen Vergleichsbezug zu zweierlei kommen, nämlich zur Tätigkeit, der sie folgt, und zu dem Stoff, woran einer Freuung hat. Es ereignet sich nun aber, daß irgend eine Werktätigkeit Gegenstand der Freuung ist, gerade so wie auch irgend ein Ding sonst; denn die Werktätigkeit selber kann als Gut und Zweck genommen werden, worin einer mit Freuung ausruht. Bisweilen ist dann die Werktätigkeit selber, auf welche Freuung folgt, Freuungsgegenstand: insoweit nämlich die Begehrkraft, bei der die Freuung liegt, sich über die Werktätigkeit selber wie über ein gewisses Gut zurückbeugt;[323] z. B. wenn einer eben darüber, daß er denkt, nachdenkt und sich freut, soweit er Gefallen an seinem Denken hat. Bisweilen dagegen hat die Freuung, welche auf eine Werktätigkeit folgt, z. B. auf ein Nachdenken, eine andere Werktätigkeit, sozusagen als gedachtes Ding, zum Gegenstand; und dann geht eine solche Freuung aus der Hinneigung hervor, welche die Begehr nicht etwa auf das Nachdenken, sondern auf die bedachte Werktätigkeit hat.

Einer also, der solcherart über die Unzucht nachdenkt, kann über zweierlei Freude haben: einmal über das Nachdenken selbst, zum andern über die Unzucht, worüber er nachdenkt.

Nun folgt die Freuung über das Nachdenken selber der Hinneigung der Begehr zum Nachdenken selber. Das Nachdenken selbst ist aber eigengemäß keine Todsünde: im Gegenteil, zuweilen ist es läßliche Sünde, z.B. wenn einer unnütz nachdenkt; zuweilen ist es auch völlig ohne Sünde, z.B. wenn einer darüber nützlich nachdenkt, wie dann, wenn er darüber predigen oder eine Erörterung anstellen will. Infolge davon gehört die Gemutung und die Freuung, die derart beim Nachdenken über die Unzucht vorliegt, nicht zur Gattung der Todsünde, sondern ist zuweilen läßliche, zuweilen gar keine Sünde. Deswegen ist auch nicht die Zustimmung in solch eine Freuung Todsünde. Dem entspricht die Wahrheit, welche die erste Meinung hat.

Daß aber einer beim Nachdenken über die Unzucht an dem bedachten Wirkgeschehen selber Freuung hat, tritt daher ein, daß seine Gemutung in dieses Wirkgeschehen sich hineinneigt. Wenn einer deswegen zu einer solchen Freuung die Zustimmung gibt, so ist das nichts anderes, als daß er selbst darein einstimmt, daß seine Gemutung in die Unzucht hineinneigt: es hat einer nämlich nur bei dem Freuung, was seiner Begehr übereinformig ist. Daß aber einer aus Überlegung die Wahl trifft, daß seine Begehr sich dem übereinformt, was an sich Todsünden sind, ist Todsünde. Deswegen ist eine solche Zustimmung in die Freuung an einer Todsünde: Todsünde, wie die zweite Meinung annimmt.

Feststellungen

9. Kann es in der oberen Vernunft, sonach sie die Richtleiterin der niederen Kräfte ist, läßliche Sünde geben?

Da es der Fall sein kann, daß in der oberen Vernunft die Zustimmung in das Wirkgeschehen der läßlichen Sünde erfolgt, so kann es darin die läßliche Sünde geben.

10. Kann es in der oberen Vernunft dieser selber nach läßliche Sünde geben?

Es kann in der oberen Vernunft dieser selber gemäß läßliche Sünde geben, wenn es sie ohne überlegte Zustimmung in das todsündliche Vergehen gibt; in dem aber, was sich auf die niederen Kräfte bezieht, liegt immer Todsünde vor, falls die Zustimmung in das der Gattung nach Todsündliche erfolgt; läßliche aber, wenn es aus seiner Gattung läßlich-sündlich ist.

75. Untersuchung

DIE URSACHEN DER SÜNDE ÜBERHAUPT

Feststellungen

1. Hat die Sünde eine Ursache? (Vgl. I 49, 1)

Da die Sünde ein gewisses ungeordnetes Wirkgeschehen ist, so hat sie hinsichtlich des Wirkgeschehens das zur Ursache, wodurch jenes hervorgebracht wird; diese [Ursache] ist hinsichtlich der Unordnung des Wirkgeschehens dessen beischaftliche Ursache, da sie ja außer der Absicht des Tuenden besteht.

2. Hat die Sünde eine innere Ursache?

Der Verstand und der Wille sind die inneren unmittelbaren Ursachen des Wirkgeschehens der Sünde; die mittelbaren dagegen sind die Einbildung bzw. die Wahrnehmung und die sinnenhafte Begehr.

3. Hat die Sünde eine äußere Ursache? (Vgl. 80, 1 u. 3; I 115, 4)

Es kann irgend etwas Äußeres (wie der Mensch oder der zur Sünde überredende Dämon und die die sinnenhafte Begehr anwegenden äußeren Güter) Ursache der Sünde, freilich nicht zum Sündigen genügend verleitende Ursache sein.

4. Ist Sünde Ursache von Sünde?

Weil die Sünde die Ursache auf Seiten der Wirkheit hat, so kann geradeso eine Sünde die Ursache einer zweiten Sünde heißen, wie man bei jeder Ursachengattung davon redet, daß die eine menschliche Wirke oft die Ursache der anderen ist.

76. Untersuchung

DIE URSACHEN DER SÜNDE IM BESONDEREN

Die Überlegung kommt nun an die Ursachen der Sünde im besonderen. Erstens an die inneren Ursachen der Sünde; zweitens an die äußeren (79); drittens an die Sünden, die Ursache anderer Sünden sind (84). Die erste Erwägung aber wird nach dem früher (75, 2) Gesagten dreiteilig sein: denn zuerst wird über das Unwissen gehandelt werden, das Ursache der Sünde auf Seiten der Vernunft ist; an zweiter Stelle über die Schwäche, d. h. die Leidewegung, welche Ursache der Sünde auf Seiten der sinnenhaften Begehr ist (77); an dritter über die Bosheit, die Ursache der Sünde auf Seiten des Willens ist (78). Ums erste ergeben sich vier Fragen:

Feststellungen

1. Kann das Nichtwissen Ursache der Sünde sein? *(Vgl. Art. 3)*

Nicht jedes beliebige Nichtwissen im Sündigenden ist Ursache der Sünde, sondern bloß jenes, welches das Wissen beseitigt, das die Wirke der Sünde verbietet.

2. Ist das Nichtwissen Sünde? *(Vgl. 74, 1 zu 2; 74, 5; 2 II 53, 2 zu 2)*

Nichtwissen, dem man mit Lernen nicht Herr zu werden vermag (und das deswegen unüberwindlich zu heißen pflegt), ist gar nicht Sünde, sondern bloßerweise das überwindliche Nichtwissen, falls es auf das geht, was einer zu wissen gehalten ist: nicht auf das, was man zu wissen nicht gehalten ist.

3. Entschuldigt Nichtwissen ganz von Sünde?
(Vgl. 19, 6; 2 II 59, 4 zu 1)

Das der Wirke der Sünde folgende oder sie begleitende Nichtwissen entschuldigt nicht von der Sünde; das Nichtwissen hingegen, das die Ursache der Sündenwirkheit ist, entschuldigt; aber nur vollständig, wenn das Nichtwissen unüberwindlich ist oder sich darauf bezieht, was einer zu wissen nicht gehalten ist.[324]

4. Vermindert das Nichtwissen die Sünde?
(Vgl. 73, 6; 2 II 59, 4 zu 1)

Beim Sündigenden mehrt oder mindert das Nichtwissen, wie das Willentliche, so auch die Sünde selber: jenes Nichtwissen freilich, das von vornherein und an sich willentlich ist, mehrt die Sünde. Was aber mittelbar nur oder beischaftlich willentlich ist, vermindert sie.

77. Untersuchung

DIE URSACHE DER SÜNDE AUF SEITEN DER SINNENHAFTEN BEGEHR

Erster Artikel

Wird der Wille von der Leide der sinnenhaften Begehr angewegt? (Vgl. 9, 2; 10, 3)

Feststellung. Die Leideheiten der sinnenhaften Begehr können den Willen selber, da er ein unstoffliches Vermögen ist, nur umwegig mitziehen und zum Bösen antreiben, indem sie ihn nämlich davon ablenken, das Eigenbehörige zu verrichten, oder indem sie das rechte Urteil der Vernunft verhindern.

Zweiter Artikel

Kann über die Vernunft wider deren Wissen die Leide Herr werden?

Aus der Abhandlung. 1. Scheinbar ... *5. Ferner,* »was über die Zunge kommt, zeigt, daß es der Seele im Verstand liegt«, gemäß dem Philosophen (Peri Herm. 1 n 2; 14 n 12). Nun aber bekennt ein Mensch, der in Leidenschaft geraten ist, häufig, daß auch im Einzelfall schlecht ist, was er gewählt hat. Also hat er auch im Teilbesonderen sein Wissen. – So scheint es also, daß die Leidenschaften die Vernunft nicht wider ein alleinsliches Wissen ziehen können: denn es kann nicht der Fall sein, daß sie alleinslich etwas weiß und das Gegenteil im Besonderen für richtig hält.

Ich antworte: Sokrates war der Meinung, wie der Philosoph 7. Ethic. (2, 1) sagt, des Wissens könne die Leidenschaft niemals Herr werden. Daher nahm er an, alle Tugenden seien Wissenschaften und alle Sünden seien Unwissenheiten[325] (vgl. a. a. O. u. 6, 13 n 3 u. 5). In etwas ist das richtig und weise. Denn da der Wille auf Gut oder anscheinendes Gut geht, so würde der Wille niemals in ein Übel hingewegt werden, wenn nicht das, was nicht gut ist, irgendwie der Vernunft als gut erschiene: und deswegen würde der Wille niemals in ein Übel streben, es sei denn zusammen mit irgend einem Unwissen oder einem Irrtum der Vernunft. Darum heißt es Spr. 14, 22: »Es irren, die Böses tun.« – Weil aber aus der Erfahrung sich ergibt, daß vieler Tun gegen das geht, worum sie ein Wissen haben, und das auch durch den göttlichen Ausspruch gemäß Luk. 12, 47 bestätigt wird: »Der Sklave aber, der den Willen seines Herrn gekannt und nicht getan hat, wird viele Schläge erhalten«, und es Jak. 4, 17 heißt: »Wer weiß, Recht zu tun, und tut es nicht, dem ist es Sünde«, so ist nicht schlechthin wahr, was er [Sokrates] gesagt hat, sondern braucht eine Unterscheidung, wie der Philosoph 7. Ethic. (3 n 5ff.) angibt.

Denn da der Mensch zum rechten Tun durch ein doppeltes Wissen, nämlich das alleinsliche und das teilbesonderliche, die Richt erhält, so reicht ein Mangel an jedem von beiden hin, die Rechtheit des Werkes und des Willens zu verhindern, wie früher (76, 1) gesagt worden ist. Es kommt nun vor, daß einer das Wissen im Alleinslichen hat, z. B. es sei keine Unzucht zu tun, aber doch nicht im Teilbesonderlichen erkennt, diese Wirkheit hier, die Unzucht ist, sei nicht zu tun. Und das genügt dafür, daß der Wille nicht dem alleinslichen Wissen der Vernunft folgt. – Des weiteren ist zu erwägen, daß ungehindert etwas in der Verhabung gewußt wird, was doch nicht wirkgeschehlich erwogen wird. Es kann also vorkommen, daß einer auch das rechte Wissen im Einzelnen und nicht nur im Alleinslichen hat und doch im Wirklichen es nicht erwägt. Dann scheint der Mensch unschwer an dem vorbei tätig zu sein, worüber er im Wirklichen keine Erwägung anstellt.

Daß aber der Mensch teilbesonderlich nicht ins Auge faßt, was er verhablich weiß, kann nun zunächst allein aus dem Mangel eines Vorhabens vorkommen: z. B. wenn jemand, der die Raumlehre kennt, nicht darauf aus ist, die Schlußfolgerungen der Raumlehre ins Auge zu fassen, die er zu erwägen sofort in Bereitschaft ist. – Zuweilen nimmt aber auch jemand, was er in Verhabung besitzt, nicht in Erwägung wegen irgend eines Hindernisses, das ihn überfängt: z. B. wegen irgend einer äußeren Beschäftigung oder einer körperlichen Schwäche. Und das ist die Weise, in welcher der in Leidenschaft Versetzte im Besonderen nicht erwägt, was er im Alleinslichen weiß, insofern die Leidenschaft eine solche Erwägung verhindert.

Sie verhindert aber dreifältig. Erstens durch eine gewisse Zerstreuung, wie oben (vor. Art.) auseinandergesetzt worden ist. Zweitens durch Gegensätzlichkeit: denn meistens verbiegt die Leidenschaft zum Gegenteil von dem, was Besitz des alleinslichen Wissens ist. Drittens durch eine gewisse körperliche Umwandlung, aus der die Vernunft gewissermaßen gebunden wird, nicht frei in die Wirke hinauszugehen; gerade wie auch der Schlaf oder die Trunkenheit den Gebrauch der Vernunft binden, nachdem eine gewisse körperliche Umsetzung geschehen ist. Und daß dies in den Leidenschaften eintreten kann, geht daraus hervor, daß der Mensch zuweilen, wenn die Leidenschaften hoch gespannt sind, den Gebrauch der Vernunft vollständig verliert; viele sind nämlich wegen eines Überreichtums an Liebe oder Haß in Wahnsinn verkehrt worden. Und das ist die Weise, in der die Leidenschaft die Vernunft zu einem Urteil im Teilbesonderen wider das Wissen zieht, das sie alleinslich besitzt.

Zu 5. Gerade wie der Betrunkene auch einmal Sprüche hervorbringen kann, die eine tiefe Sinndeutung zulassen, über die er aber doch, durch die Trunkenheit behindert, kein besinnliches Urteil hat, so mag auch einer, bei dem die Leidenschaft auftritt, mündlich sagen, dies und das sei nicht zu tun, so empfindet bei hier dem einen doch innerlich sein Gemüt, daß es zu tun ist, wie es 7. Ethic. (a. a. O. n 8) heißt.

Dritter Artikel

Gebührt sich zu sagen, daß es aus Schwäche die Sünde gibt, die aus der Leide kommt? (Vgl. 85, 3 zu 4)

Aus der Abhandlung. Ich antworte: Die eigenbehörige Ursache der Sünde liegt in dem Seelenteil, in dem die Sünde hauptsächlich da ist. Man kann nun in der Seele von Krankheit reden in einer Verähnlichung mit der Krankheitsschwäche des Körpers. Der Körper des Menschen heißt aber siech, wenn er schwach oder in der Ausübung der eigenbehörigen Tätigkeit durch irgend eine Unordnung der Körperteile gehindert wird, so daß also die Säfte und Glieder des Menschen nicht mehr der Wirkkraft zur Verfügung stehen, die ihre Leitung und Wegung besorgt. Darum heißt auch ein Glied krank, wenn es nicht die Werktätigkeit eines gesunden Glieds vollführen kann: gerade wie das Auge, wann es nicht klar zu sehen vermag, wie der Philosoph 10. De Historiis Animalium (1, 1) sagt. Darum spricht man auch von Seelenschwäche, sobald die Seele an der eigenbehörigen Werktätigkeit wegen der Unordnung ihrer Teile behindert ist.

Gerade wie aber die Teile des Körpers ungeordnet heißen, sobald sie nicht der Naturordnung folgen, so nennt man die Seelenteile ungeordnet, sobald sie nicht der Beordnung der Vernunft zur Verfügung stehen: denn die Vernunft ist die Regierungskraft der Teile der Seele. Sobald also dergestalt außerhalb der Ordnung durch die Vernunft die begehrmütige oder zornmütige Kraft von irgend einer Leidenschaft befallen und dadurch in der besagten (Art. 1) Weise für die gebührende Tätigkeit des Menschen ein Hindernis aufgerichtet wird, spricht man davon, daß die Sünde aus Schwäche da ist. Darum vergleicht auch der Philosoph 1. Ethic. (13 n 15) den Unbeherrschten mit dem Gelähmten, dessen Teile gerade entgegengesetzt sich bewegen, als er es vorhat.

Vierter Artikel

Ist die Eigenliebe die Urheit aller Sünde?
(Vgl. 84, 2 zu 3; 2 II 25, 7 zu 1; 153, 5 zu 3)

Aus der Abhandlung. Ich antworte: Wie oben (75, 1) gesagt, ist eigenbehörig und an sich die Ursache der Sünde herzunehmen aus der Zukehr auf das wandelbare Gut; auf dieser Seite geht nun jede Wirkheit von Sünde aus irgend einer ungeordneten Begehr nach einem zeitlichen Gut hervor. Daß aber einer in ungeordneter Weise nach einem zeitlichen Gut begehrt, hat davon seinen Ausgang, daß er sich selbst nicht geordnet liebt: einen lieben, heißt nämlich, ihm das Gut wollen: daher liegt auf der Hand, daß die ungeordnete Selbstliebe die Ursache aller Sünde ist.

Fünfter Artikel

Werden als Ursachen der Sünden zutreffend angenommen: die Begierlichkeit des Fleisches, die Begierlichkeit der Augen und die Hoffart des Lebens?

Feststellung. Da die ungeordnete Begehr nach Gut, die aller Sünde Ursache ist, dreifach auftritt, so muß man auch einräumen, daß es drei Ursachen der Sünden gibt: die Begierlichkeit des Fleisches, die Begierlichkeit der Augen und die Hoffart des Lebens.

Sechster Artikel

Wird die Sünde wegen der Leide leichter?
(Vgl. 24,3 zu 3; 73, 6)

Aus der Abhandlung. Ich antworte: Die Sünde besteht wesentlich in der Wirkheit des freien Wahlentscheids, der »eine Vermöglichkeit des Willens und der Vernunft« ist (vgl. Magist. 2. Sent. 24). Die Leide ist nun eine Wegung der sinnenhaften Begehr. Die sinnenhafte Begehr kann sich aber zum freien Wahlentscheid sowohl voraufgängig wie nachkommend verhalten. Und zwar voraufgängig, sonach die Leidewegung der sinnenhaften Begehr die Vernunft und den Willen zieht oder hinbiegt, wie vorhin (Art. 1f.; 9, 2; 10, 3) gesagt worden ist. Folgehaft aber, sonach die Wegungen der oberen Kräfte, wenn sie heftig sind, in die niederen überschießen: es läßt sich nämlich der Wille nicht angespannt in etwas hin bewegen, ohne daß irgend eine Leidewegung in der sinnenhaften Begehr aufgeweckt wird.

Falls man also die Leide demnach nimmt, daß sie dem Wirkgeschehen der Sünde voraufgeht, mindert sie dergestalt notwendig die Sünde. Die Wirkheit ist nämlich insoweit Sünde, als sie willentlich und in uns vorhanden ist. »In uns da«[326] aber heißt etwas durch die Vernunft und den Willen. So viel daher Vernunft und Willen aus sich etwas tun, nicht aus dem Antrieb der Leide, ist es mehr willentlich und in uns vorhanden. Und demgemäß mindert die Leide eine Sünde, insofern sie das Willentliche mindert. – Die nachfolgende Leide aber vermindert die Sünde nicht, sondern mehrt sie eher oder ist vielmehr das Zeichen ihrer Größe, insofern sie nämlich auf die Anspannung des Willens zur Sündenwirke hinweist. Dergestalt ist wahr, daß einer um so viel mehr sündigt, mit je größerer Wollust oder Begierlichkeit er sündigt.

Siebenter Artikel

Entschuldigt die Leidenschaft gänzlich von der Sünde?
(Vgl. Art. 8 zu 3)

Aus der Abhandlung. Ich antworte: ... Die Leidenschaft ist oft so groß, daß sie den Gebrauch der Vernunft ganz benimmt: wie es bei denen sich herausstellt, die der Liebe oder des Zornes wegen von Sinn kommen. Und falls dann eine solche Leide von Anfang an willentlich war, wird das Wirkgeschehen zur Sünde angerechnet, weil es in seiner Ursache willentlich ist: wie es bereits von der Trunkenheit gesagt wurde. Falls aber die Ursache nicht willentlich war, sondern naturhaft, wenn einer z.B. aus Kränklichkeit oder aus einer anderen derartigen Ursache so sehr in Leidenschaft gerät, daß der Gebrauch der Vernunft vollständig aufgehoben ist, so wird das Wirkgeschehen völlig unwillentlich gemacht und ist folglich gänzlich von Sünde entschuldigt.

Zuweilen aber ist die Leidenschaft nicht so groß, daß sie gänzlich den Gebrauch der Vernunft unterbindet. Dann kann die Vernunft die Leidenschaft aussperren, indem sie sich zu anderen Gedanken schlägt; oder verhindern, daß sie ihre Wirkung erreicht, denn die Glieder werden nur infolge Zustimmung der Vernunft ans Werk gesetzt, wie es oben (17, 9) hieß. Solchartige Leidenschaft entschuldigt deswegen nicht ganz von Sünde.

Achter Artikel

Kann die Sünde, die es aus Leidenschaft gibt, Todsünde sein?

Abhandlung. 1. Scheinbar kann die Sünde, die es aus Leidenschaft gibt, nicht Todsünde sein. Bei der Einteilung steht nämlich läßliche gegen Todsünde. Nun ist aber die Sünde, die aus Schwäche da ist, läßlich (veniale): da sie in sich die Ursache des Nachlasses (veniae) hat. Da also die Sünde der Leidenschaft eine Sünde der Schwäche ist, so scheint sie nicht Todsünde sein zu können.

2. Ferner, die Ursache ist vermöglicher als die Wirkung. Nun aber kann die Leidenschaft nicht Todsünde sein: denn in der Sinnlichkeit gibt es keine Todsünde, wie oben (74, 4) die Erörterung ergab. Also kann die Sünde, die es aus Leidenschaft gibt, nicht Todsünde sein.

3. Ferner, Leidenschaft führt von der Vernunft seitab, wie aus dem Gesagten (Art. 1f.) klar ist. Nun gilt aber gerade für die Vernunft, sich auf Gott hin oder von dem abzukehren, worin ein Gewese von Todsünde sich bildet. Also kann die Sünde aus Leidenschaft nicht Todsünde sein.

Aber dagegen spricht, was der Apostel Röm. 7, 5 sagt: »Die sündigen Leidenschaften wirkten in unseren Gliedern, daß wir für den Tod Frucht brachten.« Nun ist aber die Eigenbehörigkeit der Todsünde, daß sie dem Tode fruchtet. Also kann die Sünde, die aus Leidenschaft da ist, Todsünde sein.

Ich antworte: Wie früher (72, 5) gesagt, besteht die Todsünde in der Abwendung vom Endzweck, der Gott ist: und zwar gehört die Abkehr zur überlegenden Vernunft, die auch in den Zweck hinzuordnen hat. Daß also eine Hinneigung der Seele in etwas, das dem Endzweck gerade entgegengesetzt ist, nicht

Todsünde ist, kann bloß in der Weise der Fall sein, daß die überlegende Vernunft nicht entgegentreten kann: was bei jähen Wegungen vorfällt. Wenn aber einer aus Leidenschaft an das Tun einer Sünde herangeht oder an die überlegte Zustimmung, so geschieht das nicht jählings. Deswegen kann sich hier die überlegende Vernunft dagegen aufwerfen: sie kann nämlich die Leidenschaft, wie (vor. Art.; 10, 3 zu 2) gesagt, vor die Tür weisen oder sie wenigstens hindern. Wenn sie ihr nicht entgegentritt, gibt es eine Todsünde: wie ja so viele Totschläge und Ehebrüche zu unserer Kenntnis kommen, die durch Leidenschaft begangen werden.

Also zu 1. Von Läßlich spricht man dreifach. In der einen Weise ursächlich, daß es also irgend eine Ursache von Erlassung besitzt, welche die Sünde vermindert: und dergestalt heißt die Sünde aus Schwäche und Unwissenheit läßlich. In der anderen Weise vom Ende her: wie jede Sünde durch die Reue läßlich wird, d. h. die Nachlassung erreicht hat. In der dritten Weise spricht man von Läßlich aus der Gattung her, wie beim müßigen Wort. Und allein dies Läßlich bildet den Gegensatz zu Tödlich; der Einwand geht aber vom ersten aus.

Zu 2. Leidenschaft ist die Ursache der Sünde auf Seiten der Hinwendung. Was aber todsündlich sein soll, gibt es auf Seiten der Abwendung, die beischaftlich auf die Hinwendung folgt, wie (Art. 6 zu 1) gesagt worden ist. Deswegen ist die Begründung nicht schlüssig.

Zu 3. Die Vernunft wird nicht immer in ihrer Wirke ganz von der Leidenschaft gehindert, darum verbleibt ihr der freie Wahlentscheid, sodaß sie die Abkehr oder die Hinkehr zu Gott finden kann. Wäre aber der Gebrauch der Vernunft gänzlich aufgehoben, so wäre keine Sünde mehr da, weder tödliche noch läßliche.

78. Untersuchung

DIE BOSHEIT ALS URSACHE DER SÜNDE

Es wird nun die Ursache der Sünde auf Seiten des Willens zu überlegen sein, sie heißt Bosheit (malitia).

Erster Artikel

Sündigt jemand aus sicherer Bosheit?

Aus der Abhandlung. Ich antworte: … Sobald ein Wille [der deswegen ungeordnet heißt] ein zeitliches Gut, z. B. Reichtum oder Sinnenlust, mehr liebt als die Ordnung der Vernunft oder des göttlichen Gesetzes oder als die Teuerliebe zu Gott oder etwas dgl., so folgt, daß er in irgend einem der geistigen Güter Verlust erleiden will, um sich irgend eines zeitlichen Guts zu bemächtigen. Nun ist aber Bös nichts anderes als die Fehle irgend eines Gut. Demgemäß will einer wissentlich irgend ein geistiges Übel, das schlechthin bös ist – es bringt ja die Fehle des geistigen Gut –, um eines zeitlichen Guts Herr zu werden. Darum sagt man von ihm, er sündige aus sicherer Bosheit[327] oder geflissentlich (ex industria), da er sozusagen wissentlich Bös erwählt.

Feststellungen

2. Sündigt jeweils aus sicherer Bosheit, wer aus Verhabung sündigt?

Da die Verhabung die befestigte und sozusagen naturhafte Hinkehr des Willens selber auf Bös ist, dergemäß die Wahl von Bös dem Willen übereinförmig ist, so sündigen offenbar aus sicherer Bosheit, die aus Verhabung sündigen.

3. Sündigt aus Verhabung, wer aus sicherer Bosheit sündigt?

Sowohl der Fall gerade der Engel wie auch der erste des Erstmenschen zeigen offen, daß nicht immer auch aus Verhabung sündigen, die aus sicherer Bosheit sündigen.

4. Sündigt, wer aus sicherer Bosheit sündigt, schwerer, als wer es aus Leidenschaft tut?

Man sagt bei denen, die aus Bosheit sündigen, daß sie schwerer sündigen, als die es aus Leidenschaft tun, da gerade ihre Sünde höchst willentlich und andauernder ist und sie eine schlimmere Zurüstung haben als diese.[328]

79. Untersuchung

DIE ÄUSSEREN URSACHEN DER SÜNDE, ZUERST AUF SEITEN GOTTES

Alsdann kommt die Überlegung zu den äußeren Ursachen der Sünde (vgl. 76, Vorw.). Erstens auf Seiten Gottes; zweitens auf Seiten des Teufels (80); drittens auf Seiten des Menschen (81). Ums erste drehen sich vier Fragen:

Erster Artikel
Ist Gott die Ursache der Sünde?
(Vgl. I 19, 9; 48, 6; 49, 2; 2 II 6, 2 zu 2)

Abhandlung. 1. Scheinbar ist Gott die Ursache der Sünde. Es sagt nämlich der Apostel Röm. 1, 28 von einigen: »Gott übergab sie einer verworfenen Gesinnung, daß sie das tun, was nicht taugt.« Und die Glosse sagt dazu: »Gott ist in den Herzen der Menschen am Werk, indem er ihre Willen in was er immer nur will hinbiegt, sei es ins Gut, sei es ins Bös.« Tun, was nicht taugt, und dem Willen gemäß zum Bösen geneigt sein, ist nun aber Sünde. Also ist Gott für die Menschen die Ursache der Sünde.

2. Ferner, Weish. 14, 11 heißt es: »Die Geschöpfe Gottes sind zum Haß gemacht und zur Versuchung für die Seelen der Menschen.« Nun pflegt man aber Versuchung die Verlockung des Menschen zur Sünde zu nennen. Da also die Geschöpfe nur von Gott gemacht sind, wie es I (44, 1; 45, 1) sich ergab, so scheint Gott die Ursache der Sünde zu sein, indem er die Menschen zum Sündigen aufruft.

3. Ferner, alles, was Ursache der Ursache ist, ist Ursache der Wirkung. Nun ist aber Gott Ursache des freien Wahlentscheids, welcher Ursache der Sünde ist. Also ist Gott die Ursache der Sünde.

4. Ferner, alles Üble steht im Gegensatz zu Gut. Nun widerstreitet es nicht der göttlichen Gutheit, daß sie die Ursache des Strafübels ist: von dem Übel heißt es nämlich Jes. 45, 7, Gott »erschaffe das Übel«, und Am. 3, 6: »Gibt es ein Übel im Staate, das Gott nicht gemacht hat?« Also widerstreitet es auch nicht der göttlichen Güte, daß er die Ursache der Schuld ist.

Aber dagegen heißt es Weish. 11, 25 von Gott: »Du hassest nichts von dem, was du gemacht hast.« Es haßt aber Gott die Sünde: gemäß Weish. 14, 9: »Verhaßt ist Gott der Gottlose und seine Gottlosigkeit.« Also ist Gott nicht die Ursache der Sünde.

Ich antworte: In doppelter Weise kann der Mensch die Ursache der Sünde bei sich oder dem anderen sein. In der einen gradaus, indem er nämlich seinen Willen oder den des andern auf das Sündigen hinbiegt. In der anderen umwegig, indem er nämlich Menschen von der Sünde nicht wegzieht; weshalb Ezech. 3, 18 dem Wächter gesagt wird: »Wenn du dem Gottlosen nicht sagst: Du mußt des Todes sterben, so werde ich sein Blut von deiner Hand fordern.« Gott aber kann nicht von vorneherein die Ursache der Sünde bei sich selbst oder bei einem anderen sein. Denn jede Sünde ist nur im Abgang von der Ordnung da, die es auf Gott als auf den Zweck gibt. Gott aber biegt und wendet alles auf sich wie auf den Endzweck hin, wie Dionysius 1. De Div. Nom. sagt. Darum ist er unmöglich sich oder anderen die Ursache, von der Ordnung abzugehen, die es auf ihn selbst hin gibt. Darum kann er nicht gradweg Ursache der Sünde sein.

Ähnlich kann er es auch nicht auf einem Umweg sein. Es kommt nämlich vor, daß Gott etlichen keine Hilfe gewährt, die Sünden zu meiden; gewährte er sie, so würden sie nicht sündigen. Das tut er aber nun ganz der Ordnung seiner Weisheit und Gerechtigkeit gemäß: da er selber die Weisheit und Gerechtigkeit ist. Darum mißt man ihm nicht als einer Ursache von Sünde bei, daß ein anderer sündigt: gerade wie man nicht vom Steuermann sagt, er sei die Ursache des Untergangs des Schiffes aus dem Grunde, daß er das Schiff nicht steuert, außer dann, wenn er steuern kann und soll und die Steuerung entzieht. Dergestalt tritt zutage, daß Gott in keiner Weise die Ursache der Sünde ist.

Also zu 1. Was die Worte des Apostels angeht, so ergibt sich die Lösung von selbst aus dem Zusammenhang. Wenn nämlich Gott etliche einer verworfenen Gesinnung übergibt, so haben sie also bereits die unrechtschaffene Gesinnung, zu tun, was nicht taugt. Es wird also von ihm gesagt, er habe sie einer verworfenen Gesinnung anheimgegeben, insofern er sie nicht daran hindert, daß sie ihrer unguten Gesinnung folgen: gerade wie es von uns heißt, wir gäben diejenigen preis, die wir nicht schützen. – Wenn aber Augustinus De Gratia et Libero Arbitrio (21), dem die Glosse entnommen ist, sagt: »Gott macht die Willen der Menschen zu Gut und Bös hinneigen«, so ist das so zu verstehen, daß er zwar den Willen gradaus ins Gut hinbiegt, ins Bös aber, insoweit er, wie gesagt, nicht hindert. Und doch ist auch dies verdienterweise (ex merito) infolge der voraufgegangenen Sünde der Fall.

Zu 2. Wenn es heißt: »Die Geschöpfe Gottes sind zum Haß gemacht und zur Versuchung (in odium) für die Seele der Menschen«, so ist das Verhältniswort »in« (zum) nicht ursächlich, sondern folgernd gebraucht: Gott hat nämlich die Geschöpfe nicht zum Übel der Menschen gemacht, sondern das war wegen des Unverstands der Menschen die Folge. Darum wird fortgefahren: »und zum Fallstrick für die Füße der Einsichtslosen«, die also durch ihren Unverstand die Geschöpfe zu etwas anderem gebrauchen, als wozu sie gemacht sind.

Zu 3. Die Wirkleistung der mittleren Ursache,[329] die von ihr demgemäß ausgeht, als sie der Ordnung der ersten Ursache untersteht, geht auch auf die erste Ursache zurück. Geht sie aber von der mittleren Ursache demgemäß hervor, als sie aus dem Ordnungsbereich der ersten Ursache heraustritt, so wird sie nicht auf die Erstursache zurückgeführt: gerade wie, was ein Angestellter gegen den Auftrag des Herrn tut, nicht auf den Herrn als auf die Ursache zurückgeführt wird. Ähnlich wird die Sünde, die der freie Wahlentscheid gegen das Gebot Gottes begeht, nicht auf Gott als auf die Ursache zurückgeführt.

Zu 4. Die Strafe steht im Gegensatz zu dem Gut dessen, der bestraft wird, er wird eines Gut beraubt, was für eins es auch sein mag. Aber die Schuld steht im Gegensatz zu dem Gut der Hinordnung, die es auf Gott hin gibt: weswegen sie geradehin der göttlichen Güte sich entgegensetzt. Und deswegen gibt es kein ähnliches Berede von Schuld und Strafe.[330]

Zweiter Artikel

Ist das Wirkgeschehen der Sünde von Gott?

Aus der Abhandlung. Ich antworte: Das Wirkgeschehen der Sünde ist ein Seiendes, und es ist auch eine Wirkheit; beiderseits her bekommt es das, daß es von Gott ist. Alles Seiende nämlich, auf welche Weise es auch immer da ist, gehört vom Erstseienden abgeleitet, wie durch Dionysius 5. De Div. Nom. klar ist. Alle Tätigkeit aber wird von irgend einem in der Wirklichkeit Vorhandenen verursacht, denn nichts tut, außer sonach es wirklich ist: alles wirklich Seiende wird aber auf die Erstwirkheit, d. h. Gott, als auf die Ursache zurückgeführt, der durch seine Wesenheit Wirklichkeit ist. Deswegen bleibt nur übrig, daß Gott die Ursache aller Tätigkeit ist, insoweit sie Tätigkeit ist.[331]

Aber Sünde besagt ein Seiendes und eine Tätigkeit mit einem gewissen Mangel. Jener Mangel ist aber aus der erschaffenen Ursache da, d. h. aus dem freien Wahlentscheid, insofern er gegen die Ordnung des Ersttuenden, d. h. Gottes, abfällt. Deswegen wird dieser Mangel nicht auf Gott als auf die Ursache zurückgeführt, sondern auf den freien Wahlentscheid: gerade wie der Mangel des Hinkens auf das krumme Bein als auf die Ursache zurückgeht, nicht aber auf die bewegende Wirkkraft, von der doch verursacht wird, was es nur von Wegung beim Hinken gibt. Und demgemäß ist Gott die Ursache des Wirkgeschehens bei der Sünde, nicht jedoch die Ursache der Sünde: denn er ist nicht davon die Ursache, daß das Wirkgeschehen mit einem Mangel da ist.

Dritter Artikel

Ist Gott die Ursache der Verblendung und Verhärtung?
(Vgl. I 23, 3)

Aus der Abhandlung. Ich antworte: Verblendung und Verhärtung besagen zweierlei. Das eine davon ist die Wegung des menschlichen Gemüts, das dem Bös verhaftet und dem göttlichen Licht abgekehrt ist. Das anlangend ist nicht Gott die Ursache der Verblendung und der Verhärtung, wie er auch nicht die Ursache der Sünde ist. Das andere aber ist die Gnadenentziehung, aus welcher folgt, daß der Besinn nicht von Gott her zum rechten Sehen erleuchtet und das Herz des Menschen nicht zum rechten Leben aufgelockert wird. Und diesbezüglich ist Gott die Ursache der Verblendung und der Verhärtung.

Man muß aber überlegen, daß Gott die alleinsliche Ursache der Erleuchtung der Seelen ist, gemäß Jo. 1, 9: »Es gab das wahre Licht, das jeden Menschen erleuchtet, der in diese Welt kommt«, wie die Sonne die alleinsliche Ursache der Belichtung der Körper ist. Freilich je in einer anderen Weise: denn das Tun der Sonne bei der Belichtung geschieht durch die Notwendigkeit der Natur; Gott aber ist willentlich tuend durch die Beordnung seiner Weisheit. Mag auch die Sonne von sich aus alle Körper belichten, so läßt sie doch einen Körper finster liegen, wenn sie an ihm ein Hindernis trifft: wie es mit dem Hause sich ergibt, dessen Fenster verhangen sind. Nun ist aber doch die Sonne in keiner Weise schuld an dieser Verdunklung, denn ihr Vorbedacht tut's nicht, daß sie das Licht nicht ins Innere hineinschickt: sondern die Ursache davon ist bloß der, der die Fenster verhängt. Gott aber schickt nach eigenem Urteil das Licht der Gnade jenen nicht, in welchen er das Hindernis antrifft. Deswegen ist die Ursache der Entziehung der Gnade nicht bloß jener, welcher der Gnade das Hindernis setzt, sondern auch Gott, der auf Grund seines Urteils die Gnade nicht ansetzt. Und dieser Maßen ist Gott die Ursache der Verblendung und der Betäubung der Ohren und der Verhärtung des Herzens …

Vierter Artikel

Haben die Verblendung und die Verhärtung immer die Hinordnung auf dessen Heil, der verblendet und verhärtet wird?

Feststellung. Da die Verblendung Rüste zur Sünde ist, so wird sie an sich keinem zum Heile, sondern zur Verdammung gegeben: aus göttlicher Barmherzigkeit dient aber manchen die Verblendung zum Heile, so daß die in Sünde Gefallenen demütig Buße tun und sich Gott zuwenden.

80. Untersuchung
DIE URSACHE DER SÜNDE SEITENS DES TEUFELS

Feststellungen

1. Ist der Teufel den Menschen gradaus Ursache des Sündigens? (Vgl. 75, 3) (S. Nachtrag S. 540)

Da der Teufel bis dahin Ursache der Sünde sein kann, als er irgend eine Begehrbarkeit dem Gesinn vorlegt oder die Vernunft zu überreden bestrebt ist, dagegen den freien Willen des Menschen nicht nötigend anwegt, so kann der Teufel nicht gradweg oder zureichend für den Menschen Ursache sein zu sündigen.

2. Kann der Teufel zur Versündigung verleiten, indem er innerlich aufwiegelt?

Da der Teufel gerade der Einbildung gewisse einbildliche Formen anzutragen und die Leidewegungen in der sinnenhaften Begehr zu erregen vermag, so kann er auch durch innere Aufwiegelung zum Sündigen verleiten.

3. Kann der Teufel in die Notwendigkeit versetzen zu sündigen?

Da uns der heilige Petrus vergeblich ermahnen würde (1. Petr. 8f.), dem Teufel Widerstand zu leisten, und es für den heiligen Jakobus (4, 7) falsch wäre zu sagen: »Widersteht dem Teufel, und er wird von euch fliehen«, wenn der Mensch dessen Versuchung notwendig erläge, so kann der Teufel unmöglich den Menschen in die Notwendigkeit versetzen zu sündigen.

Vierter Artikel

Gibt es alle Sünden der Menschen aus Einsprechung des Teufels? (Vgl. I 114, 3)

Aus der Abhandlung. Ich antworte: Veranläßlich und umwegig ist zwar der Teufel die Ursache aller unserer Sünden, insofern er den ersten Menschen zum Sündigen verleitet hat, aus dessen Sünde insoweit die menschliche Natur ins Gebrechen gekommen ist, daß wir alle zum Sündigen geneigt sind: geradeso wie man von dem sagen könnte, er sei die Ursache des Verbrennens beim Holz, der das Holz getrocknet hat, woraus folgen würde, daß es leicht angeht. Gradeweg ist er aber nicht die Ursache aller menschlichen Sünden dergestalt, daß alle Sünden aus seiner Überredung da wären. Dies erweist Origines (Peri Archon 3, 2) daraus, daß die Menschen, auch wenn es keinen Teufel gäbe, die Begehr nach Speise und Geschlechtlichem und ähnlichem hätten, die ungeordnet sein könnte, wenn die Vernunft nicht ordnete, was dem freien Wahlentscheid unterliegt.

81. Untersuchung

DIE URSACHE DER SÜNDE AUF SEITEN DES MENSCHEN

In der Erwägung kommt nun die Ursache der Sünde auf Seiten des Menschen an die Reihe (vgl. 79, Vorw.). Indes nun der Mensch Ursache der Sünde für einen anderen Menschen ist, indem er sie ihm von außen beibringt, wie es auch der Teufel tut, hat er die besondere Art und Weise, die Sünde in anderen durch die Herkunft zu verursachen. Deswegen ist von der Herkunftsünde (peccatum originale, Erbsünde) zu sprechen. Dabei begegnet unserer Erwägung dreierlei: erstens ihre Herleitung; zweitens ihr Wesen (82); drittens ihr Träger (83). Das erste wird in fünf Fragen behandelt:

Erster Artikel

Wird die erste Sünde der Ersteltern durch die Abstammung in die Nachkommenschaft übergeleitet?

Aus der Abhandlung. Ich antworte: Dem katholischen Glauben gemäß (Konzil von Milet can. 2; [später Trient 5, 2]) ist festzuhalten, daß die erste Sünde des Erstmenschen erblich auf die Nachkommenschaft übergeht. Deswegen werden auch die eben geborenen Kinder zur Taufe getragen, gleichsam als wären sie von irgend einer Schuldansteckung reinzuwaschen. Das Gegenteil aber gehört zu der Irrlehre des Pelagius,[332] wie durch Augustinus in mehreren seiner Schriften zutage tritt.

Um die Art und Weise aufzuspüren, in der die Sünde der Ersteltern abstammlich auf die Nachkommen übergehen könne, sind Verschiedene auf verschiedenen Wegen vorgegangen ...

Aber alle diese Wege befriedigen nicht. Denn zugegeben, daß etliche leibliche Mängel von der Elternschaft auf den Sproß durch die Urheberschaft übergehen und sogar etliche Mängel der Seele als Folge, wegen der Unrüste des Körpers, gerade wie zuweilen von Schwachsinnigen Schwachsinnige abstammen: so scheint doch eben der Erbbesitz eines Mangels ein Berede von Schuld auszuschließen, zu deren Wesen gehört, daß sie willentlich ist. Angenommen sogar, daß die vernünftige Seele fortgepflanzt werde,[333] so würde also gerade darum die Ansteckung der Seele des Nachkommen, weil sie nicht in dessen Willen steht, das Berede einer Schuld verlieren, die zu Strafe verbindet; denn wie der Philosoph 3. Ethic. (5 n 15) sagt, »wird keiner dem Blindgeborenen einen Vorwurf machen, sondern eher Erbarmen mit ihm haben«.

Man muß daher einen anderen Weg beschreiten und sagen, daß alle Menschen, die aus Adam geboren werden, wie nur Ein Mensch angesehen werden können, insoweit sie in der Natur übereinkommen, die sie von den Ersteltern erhalten; sonach werden in der bürgerlichen Welt alle, die zu einer Gemeinschaft gehören, sozusagen als ein Körper angesehen und die ganze Gemeinde sozusagen als nur ein Mann. Porphyrius sagt auch (Praedicab. de Specie): »Durch die Teilhabe an der Art sind mehrere Menschen ein Mensch.« Dergestalt also sind die vielen aus Adam entsproßten Menschen gleichsam die vielen Glieder nur eines Leibes. Nun ist aber die Wirke eines leiblichen Glieds, z. B. der Hand, nicht willentlich in einem Willen der Hand selber, sondern in einem Willen der Seele, die erstig die Glieder bewegt. Deswegen würde der Totschlag, den die Hand begeht, nicht der Hand zur Sünde angerechnet, wenn die Hand eigengemäß als abgeteilt vom Körper ins Auge gefaßt würde: sondern sie wird ihr angerechnet, insofern sie etwas vom Menschen ist, das von der ersten Bewegungsurheit des Menschen bewegt wird. Dergestalt ist also die Unordnung, die es in dem aus Adam stammenden Menschen gibt, nicht willentlich in dem Willen von diesem, sondern in dem Willen des Urvaters, der mit dem Wellenschlag der Geschlechterfolge alle bewegt, die seinem Urtum entspringen, gerade wie der Wille der Seele alle Glieder zur Wirke wegt. Darum heißt die Sünde, die dergestalt vom ersten Erzeuger in die Nachkommenschaft herabfließt, die »Erbsünde«: gerade wie die Sünde, die von der Seele zu den Gliedern des Leibes überfließt, Tatsünde heißt. Und wie die Tatsünde, die durch irgend ein Glied begangen wird, nur die Sünde dieses Gliedes ist, insoweit das Glied etwas vom Menschen selber ist, weshalb sie »menschliche Sünde« (peccatum humanum: Sünde im sittlichen Menschen) heißt, so ist auch die Erbsünde nur Sünde hier-dieser Person, insofern diese Person die Natur vom Urvater erhält. Sie wird deswegen auch »Natursünde« genannt, gemäß Eph. 2, 3: »Von Natur waren wir Kinder des Zornes.«

Feststellungen

2. *Werden auch die andern Sünden der Ersteltern oder der näheren Eltern in die Nachkommenschaft geleitet?*

Da allein die erste Sünde des Erstmenschen die Natur verderbt hat (weshalb sie auch die Sünde der Natur und der Abstammung heißt), seine übrigen dagegen, gerade wie auch alle Sünden der anderen Menschen, allein die Person, nicht die Natur beschädigen (weshalb sie auch rein persönliche genannt werden), so sagt man mit Recht, allein die erste Sünde des Erstmenschen leite sich in die Nachkommenschaft über.

3. *Geht die Sünde der Ersteltern durch die Abstammung auf alle Menschen über? (Vgl. I 100, 1)*

Es ist fest für wahr zu halten, daß alle Menschen, die von Adam ausgehen, einzig außer Christus (weil zweifellos die einzelnen Christi als des Erlösers bedürfen) die Erbsünde von Adam her, wenigstens in der Möglichkeit, wenn auch nicht alle wirklich, sich zugezogen haben.

4. *Würde einer sich die Erbsünde zuziehen, der in einer wunderbaren Weise aus menschlichem Fleisch gebildet würde?*

Da die Erbsünde durch die Bewegung des Werdens gerade von den Ersteltern her sich auf die Nachkommenschaft wälzt, so kann einer unmöglich sich die Erbsünde zuziehen, wenn er wunderbarer Weise aus menschlichem Fleische gebildet würde.

5. *Würden die Kinder sich die Erbsünde zuziehen, wenn Adam nicht, wohl Eva, gesündigt hätte?*

Da man sich die Erbsünde vom Vater (der in der Fortpflanzung die tuige Urheit ist) zuzieht, nicht von der Mutter, die den Philosophen nach bloßerweise Dienerin am Stoff ist, so würde darum, wenn Eva gesündigt und Adam nicht gesündigt hätte, die Ursünde nicht auf die Nachkommenschaft übergeleitet worden sein: das Gegenteil wäre aber der Fall, wenn Adam und nicht Eva gesündigt hätte.

82. Untersuchung

DIE ERBSÜNDE IN BEZUG AUF IHRE WESENHEIT[334]

Erster Artikel

Ist die Erbsünde eine Verhabung?

Aus der Abhandlung. Ich antworte: Wie früher (49, 4; 50, 1) gesagt, gibt es eine doppelte Verhabung. Die eine, mit der das Vermögen einen Hang zum Tun bekommt: wie die Wissenschaften und die Tugenden Verhabungen heißen. In dieser Weise ist die Erbsünde keine Verhabung. – In der anderen Weise heißt Verhabung die aus Vielem zusammengesetzte Zurüste der Natur, mit der sie sich zu etwas gut oder schlecht verhält, zumal wenn eine solche Zurüste sozusagen in Natur gekehrt ist: wie es von der Krankheit und Gesundheit zutage tritt. In dieser Weise ist die Erbsünde eine Verhabung. Sie ist nämlich eine gewisse ungeordnete Zurüste, die aus der Auflösung jenes Gleichklangs herkommt, in welchem das Gewese von Urgerechtigkeit bestand: gerade wie auch die körperliche Krankheit eine gewisse ungeordnete Zurüste des Leibes ist, der gemäß die Gleichmäßigkeit sich löst, in der das Gewese der Gesundheit besteht. Deswegen heißt die Erbsünde »die Naturermattung« (languor naturae, Aug. Ps. 118 serm. 3).

Zweiter Artikel

Gibt es in dem einen Menschen viele Erbsünden?

Aus der Abhandlung. Ich antworte: … Die Erbsünde ist der Art nach eine. In dem einen Menschen kann es sie nur in der Einzahl geben: in den verschiedenen Menschen aber ist sie der Art und dem Gleichmaßverhältnis nach eine, zahlenmäßig aber verschieden.

Feststellungen

3. Ist die Erbsünde die Begierlichkeit?

Da die Ursünde zur Urgerechtigkeit in Gegensatz tritt, so ist sie wesungsförmlich nichts anderes als die Fehle der Urgerechtigkeit, durch welche der Wille Gott unterworfen war; wesungsstofflich dagegen die ungeordnete Zukehr der anderen Seelenkräfte auf das vergängliche Gut, die mit einem allgemeinen Namen Begierlichkeit heißen kann.

4. Ist die Erbsünde in allen gleich?

Da die Erbsünde die Fehle der Urgerechtigkeit ist und in allen die entgegengesetzte Verhabung restlos aufhebt, so kann es sie nicht in dem einen mehr als im anderen geben.

83. Untersuchung

DIE TRAGE DER ERBSÜNDE

Erster Artikel

Ist die Erbsünde mehr im Fleisch als in der Seele?

Aus der Abhandlung. Ich antworte: Es kann einem etwas in doppelter Weise innewohnen: in der einen wie der Ursache, entweder der hauptsächlichen oder der werkzeuglichen, in der anderen wie dem Träger. Die Erbsünde war also für alle Menschen in Adam wie in der ersten Hauptursache da: gemäß dem Apostel Röm. 5, 12: »In dem alle gesündigt haben.« Im leiblichen Samen aber wohnt die Erbsünde wie in der werkzeuglichen Ursache: darum, weil durch die tuige Wirkkraft des Samens die Erbsünde auf den Nachkommen übergeleitet wird, zugleich mit der menschlichen Natur. Dagegen kann in keiner Weise das Fleisch der Träger der Erbsünde sein, sondern nur die Seele …

Zweiter Artikel

Ist die Erbsünde erstiger in der Wesenheit der Seele als in den Vermögen?

Aus der Abhandlung. Ich antworte: … Das an der Seele, was zuerst von der menschlichen Herkünftigkeit betroffen wird, ist der erste Träger der Herkunftsünde. Die Herkunft berührt aber zuerst die Seele als das Halteziel des Werdens, sonach sie die Wesungsform des Leibes ist; das trifft für sie der eigenbehörigen Wesenheit nach zu, wie I (76, 6) sich ergab. Darum ist die Seele der Wesenheit nach die erstige Trage der Erbsünde.

Dritter Artikel

Steckt die Erbsünde den Willen früher an als die übrigen Vermögen?

Aus der Abhandlung. Ich antworte: In der Ansteckung durch die Erbsünde ist zweierlei zu erwägen. Einmal ihre Innehaltung im Träger: demnach geht sie zunächst, wie gesagt (vor. Art.), die Wesenheit der Seele an. Hinter dem gehört bei ihr die Hinbiegung auf die Wirke ins Auge gefaßt: und in dieser Weise geht sie die Vermögen der Seele an. Es gehört sich also, daß sie erstiger im Hinblick auf jenes da ist, das die erste Hinneigung zum Sündigen hat. Das ist aber der Wille, wie aus dem früher Gesagten (74, 1f.) zutage liegt. Deswegen ist die Erbsünde erstiger dem Willen zugekehrt.

Vierter Artikel

Sind die vorgenannten Vermögen mehr angesteckt als die anderen?

Aus der Abhandlung. Ich antworte: Jene Verderbtheit pflegt vornehmlich Ansteckung genannt zu werden, welche im Naturgeführ hat, übertragen zu werden: darum werden auch die Seuchenkrankheiten, wie Aussatz und Krätze u. dgl., Ansteckungen genannt. Die Verderbnis der Erbsünde aber wird durch die Fortpflanzungswirke übergeleitet, wie es vorhin

(81, 1) geheißen hat. Darum sagt man, daß die Vermögen, welche zu dieser Wirke zusammenkommen, am meisten angesteckt sind. Diese Wirke dient aber dem Fortpflanzungsvermögen, insoweit es die Hinordnung auf die Fortpflanzung hat: sie bringt aber mit sich eine Freuung im Gefühlssinn, und diese ist in erster Linie Gegenstand des Begehrmuts. Da man nun von allen Seelenteilen sagt, sie seien durch die Erbsünde verdorben, so heißen insbesondere die drei genannten verdorben und angesteckt.

84. Untersuchung

DIE VERURSACHUNG EINER SÜNDE DURCH DIE ANDERE

Feststellungen

1. Ist die Begierde die Wurzel aller Sünden? (Vgl. 2 II 119, 2 zu 1)

Da der Reichtum dem Menschen hilft, was immer für welche Sehnsüchte der Sünde zu hegen und auszuführen, so gebührt der Begierde, auch sonach sie (eine besondere Sünde ist, indem sie) die unbeordnete Liebe nach Reichtum bezeichnet, daß sie die Wurzel aller Übel heißt.

2. Ist die Hoffart aller Sünde Anfang? (Vgl. 2 II 162, 2 u. 5 zu 1)

Da der Mensch mit der unbeordneten Hinkehr auf das Zeitliche immer eine einzigartige Vervollkommnung und Herausstellung als Zweck ersehnt (der ins Vorhaben zuerst tritt, mag er auch beim Ausführen zuletzt kommen), so wird derseitig die Hoffart, welche die unbeordnete Begehr nach eigener Hervorragung ist, mit Recht als der Beginn aller Sünde angenommen.

3. Gibt es neben dem Hochmut und dem Geiz andere besonderartige Sünden, denen der Name Hauptsünden gebührt?

Nicht nur der Geiz und die Hoffart sind Hauptlaster nach Art von Wurzeln, sondern auch sonst noch viele, alle die nämlich, welche nach Art der Hauptleute in den Heeren die Menschen zu anderen Sünden hinlenken.

4. Spricht man zutreffend von sieben Hauptlastern?

Hauptsünden heißen die Laster, deren Zwecke gewisse urheitliche und erstbewegenden Charakter haben, deren siebenfacher Unterschiedlichkeit nach auch die Hauptlaster in sieben an der Zahl auseinander gehalten werden, es sind die Hoffart, der Geiz, die Unkeuschheit, der Neid, die Gaumenlust, der Zorn und die Wirkscheu.

85. Untersuchung

DIE WIRKUNGEN DER SÜNDE, ZUERST DIE VERDERBUNG DES NATURGUTS

Alsdann stehen die Wirkungen der Sünde zur Erwägung (vgl. 71, Vorw.). Und zwar zuerst die Verderbung des Naturguts; zum zweiten der Seelenmakel (86); drittens die Strafschuldigkeit (87). Das erste wird in sechs Artikeln behandelt:

Erster Artikel

Vermindert die Sünde das Gut der Natur? (Vgl. I 48, 4)

Aus der Abhandlung. Ich antworte: Von einem Gut der menschlichen Natur läßt sich dreifach reden. Zuerst für die Urheiten der Natur selber, aus denen die Natur aufgebaut ist, und für die Eigenbehörigkeiten, die aus ihnen verursacht sind, wie die Vermögen der Seele und anderes derart. Zweitens, weil der Mensch von Natur die Hinneigung zur Tugend hat, wie oben (51, 1; 63, 1) sich ergab, ist gerade der Hang zur Tugend ein gewisses Naturgut. Dritter Maßen kann das Geschenk der Urgerechtigkeit Naturgut heißen: es wurde im ersten Menschen der ganzen menschlichen Natur verliehen.

Nun wird das erste Naturgut durch die Sünde weder aufgehoben noch vermindert. Das dritte Naturgut hingegen ist gänzlich durch die Sünde des Ersterzeugers ausgeräumt worden. Aber das mittlere Naturgut, also jene natürliche Neigung zur Tugend, wird durch die Sünde vermindert. Denn durch die menschlichen Wirkheiten entsteht eine gewisse Hinneigung zu ähnlichen Wirken, wie oben (50, 1) erörtert ist. Es muß nun aber durch die Hinneigung zu dem einen geraden Gegensatz die Hinneigung zum andern vermindert werden. So wird deswegen eben daher, daß der Mensch sündigt, da die Sünde der gerade Gegensatz zur Tugend ist, das Naturgut gemindert, das die Hinneigung zur Tugend ist.

Zweiter Artikel

Kann die Sünde das ganze menschliche Naturgut zum Fortfall bringen? (Vgl. I 48,4)

Aus der Abhandlung. Ich antworte: Wie (vorhin) gesagt, ist das Naturgut, das durch die Sünde gemindert wird, die natürliche Hinneigung zur Tugend. Sie kommt nun dem Menschen gerade daher zu, daß er vernünftig ist: daher hat er nämlich, daß er vernunftgemäß ins Werk tritt, was das tugendgemäße Tun ist. Durch die Sünde aber kann dem Menschen nicht gänzlich fortgenommen werden, daß er vernünftig ist: weil es keine Fähigkeit mehr zur Sünde in ihm gäbe. Deswegen kann unmöglich das genannte Naturgut vollständig aufgehoben werden …[335]

Dritter Artikel

Ist die Aufzählung der Wunden richtig, welche für die Natur aus der Sünde folgen: Schwäche, Unwissen, Bosheit und Begierlichkeit?

Aus der Abhandlung. Ich antworte: Durch die Urgerechtigkeit umfaßte die Vernunft die niederen Kräfte der Seele vollkommen und wurde die Vernunft selber in Unterwerfung zu Gott von diesem vollendet. Diese ursprüngliche Gerechtigkeit aber ist durch die Sünde der Ersteltern, wie bereits (81, 2) gesagt, fortgefallen. Und deswegen sind alle Seelenkräfte gewissermaßen an der eigenbehörigen Ordnung verwaist zurückgeblieben, mit der sie naturhaft die Hinordnung zur Tugend haben: und eben diese Verwaisung heißt Verwundung der Natur. Nun gibt es aber vier Seelenvermögen, die, wie früher (61, 2) gesagt, Trägerinnen der Tugenden sein können: nämlich die Vernunft, worin es die Klugheit gibt; den Willen, in welchem die Gerechtigkeit wohnt; den Zornmut, worin der Starkmut auftritt, und den Begehrmut, worin die Mäßigkeit ist. Insoweit also die Vernunft in ihrer Beordnung auf Wahr verwaist ist, liegt die Wunde des Unwissens vor; insoweit dagegen der Wille die Preisgabe der Hinordnung auf Gut erlitt, ist die Verwundung durch Bosheit da; soweit aber der Zornmut die Ordnung auf das Schwierige verloren hat, gibt es die Wunde der Schwäche; und die Verwundung durch Begierlichkeit, soweit die Begierlichkeit der Ordnung auf das durch die Vernunft bemaßte Freuliche bar ist.

Dergestalt also sind diese vier Wunden der ganzen menschlichen Natur mit der Sünde des Ersterzeugers geschlagen worden. Weil aber der Hang zum Gut der Tugend in jedem durch die Tatsünde vermindert wird, wie aus dem Gesagten (Art. 1 u. 2) sich ergibt, so sind auch diese vier Wunden Folgen aus anderen Sünden: insofern nämlich durch die Sünde sowohl die Vernunft vornehmlich bei dem, was zu tun ist, abgestumpft wird, als auch der Wille für Gut verhärtet wird und eine größere Schwierigkeit für das gute Tun heranwächst und die Begierlichkeit mehr entbrennt.

Feststellungen

4. Ist die Fehle von Gemaß, Art und Ordnung Wirkung der Sünde?

Welcherart Gut auch Erb- oder Wirksünde wegnehmen und wie es auch geschieht, immer besagt das die Fehle von Gemaß, Art und Ordnung.

5. Sind der Tod und die anderen leiblichen Mängel Wirkungen der Sünde? (Vgl. 2 II 164, 1)

Der Tod und die übrigen leiblichen Mängel in der menschlichen Natur können nicht an sich Wirkungen der Sünde der Ersteltern genannt werden (da sie außerhalb der Absicht des Sündigenden), sondern nur beischaftlich, so wie das, was ein Hindernis beseitigt, die Benennung Ursache gewinnt, weil nämlich infolge der Sünde der Ersteltern die Urgerechtigkeit wegfiel, die alle Mißordnung und jeden Mangel verhinderte.

6. Sind der Tod und die anderen Mängel den Menschen natürlich? (Vgl. 2 II 164, 1 zu 1)

Obwohl der Tod und die anderen leiblichen Mängel wider die einzelbeteilte Natur gehen, so sind sie doch der alleinslichen Natur gemäß den Menschen natürlich, zwar nicht seitens der Wesungsform, sondern seitens des Wesungsstoffs.

86. Untersuchung

DER MAKEL DER SÜNDE

Feststellungen

1. Verursacht die Sünde irgend einen Makel in der Seele? (Vgl. 89,1)

Das Fehlen des Glanzes, den die Seele des gottesfürchtigen Menschen vom Lichte der Vernunft her und von Gottes Gnade hat, heißt im übertragenen Sinne Schandfleck der Sünde.

2. Bleibt nach der Wirke der Sünde der Makel in der Seele? (Vgl. 87, 6)

Da der Makel eine gewisse Fehle des Glanzes besagt, wegen des Austritts aus dem Lichte der Vernunft oder des göttlichen Gesetzes, so ist es sicher, daß er in der Seele zurückbleibt, bis der Mensch durch die gerade entgegengesetzte Bewegung zum Lichte der Vernunft und des göttlichen Gesetzes (was durch die Gnade geschieht) zurückkehrt.

87. Untersuchung

DIE STRAFSCHULDIGKEIT

In unserer Erwägung kommen wir nun zur Strafschuldigkeit (vgl. 85, Vorw.), und zunächst zur Schuldigkeit selbst, dann zur Todsünde und läßlichen Sünde, die der Schuldigkeit nach unterschieden werden (88).

Erster Artikel

Ist die Strafschuldigkeit Wirkung der Sünde?

Aus der Abhandlung. Ich antworte: Aus den natürlichen Dingen wird für die menschlichen Dinge abgeleitet, daß, was sich wider etwas erhebt, von diesem einen Nachteil erleidet, In den natürlichen Dingen sehen wir nämlich, daß das eine gerade Gegenteil heftiger tut, wenn sein Widerpart es überkommt: weswegen »die gewärmten Wasser mehr gefrieren«, wie es 1. Meteor. (12 n 17) heißt. Infolge der naturhaften Neigung begegnet man daher bei den Menschen dem, daß jeweils einer den niederdrückt, der sich gegen ihn erhebt. Es liegt aber auf der Hand, daß, was immer nur unter irgend einem Ordnungsbereich enthalten ist, gewissermaßen Eines in der Hinordnung auf die Urheit der Ordnung ist. Alles, was deswegen gegen eine Ordnung aufsteht, wird folglich von der Ordnung selbst oder der Führerschaft der Ordnung niedriger gestellt. Da aber die Sünde eine ungeordnete Wirke ist, so liegt auf der Hand, daß, wer immer sündigt, gegen irgend eine Ordnung handelt. Und darum ist die Folge, daß er von der Ordnung selbst niedriger gestellt wird. Diese Niedrigerstellung ist Strafe.

Den drei Ordnungen nach, denen der menschliche Wille untergeben ist, kann darum der Mensch mit einer dreifachen Strafe bestraft werden. Zunächst nämlich ist die menschliche Natur unter die Ordnung der eigenbehörigen Vernunft gegeben; zum anderen unter die Ordnung des Menschen draußen, der entweder die geistliche oder die weltliche, die staatliche oder häusliche Regierung hat; zum dritten ist er der alleinslichen Ordnung der göttlichen Regierung unterstellt. Jede eine aber von diesen Ordnungen wird durch die Sünde verkehrt: indem nämlich, wer sündigt, sowohl gegen die Vernunft als auch gegen das menschliche Gesetz und gegen das göttliche Gesetz handelt. Deswegen gerät er in dreifache Strafe: in eine nämlich von sich selbst, das ist der Gewissensbiß, in die andere dagegen vom Menschen, in die dritte aber von Gott.

Zweiter Artikel

Kann Sünde Strafe der Sünde sein?

Aus der Abhandlung. Ich antworte: Von der Sünde können wir in zweierlei Weise reden: an sich und beischaftlich. An sich kann zwar die Sünde in keiner Weise die Strafe der Sünde sein. Beim An-sich denkt man nämlich an die Sünde, sonach sie vom Willen ausgeht: dergestalt hat sie ja das Berede von Schuld. Im Berede von Strafe liegt aber, daß sie wider den

Willen ist, wie I (48, 5) erörtert wurde. Es liegt damit auf der Hand, daß, an sich gesprochen, Sünde in keiner Weise Strafe für Sünde sein kann.

Beischaftlich aber kann die Sünde in dreifacher Weise Strafe für die Sünde sein. Erstlich einmal auf Seiten der Ursache, die als Entfernung eines Hindernisses auftritt. Als zur Sünde hinbiegende Ursachen gibt es nämlich die Leidenschaften, die Versuchung des Teufels und anderes dgl.; Ursachen, die in der Hilfe der göttlichen Gnade, die durch die Sünde entzogen wird, ein Hindernis erfahren. Da diese Entziehung der Gnade eine gewisse Strafe und von Gott ist. wie früher (79, 3) gesagt wurde, so folgt daher, daß beischaftlich auch die Sünde, die daraus folgt, Strafe heißt. Von dieser Weise spricht der Apostel Röm. 1, 24: »Deswegen übergab sie Gott an die Sehnsüchte ihres Herzens«, was die Leidenschaften der Seele sind: weil nämlich die von der Hilfe der göttlichen Gnade verlassenen Menschen von den Leidenschaften besiegt werden. Und in dieser Weise heißt immer die Sünde die Strafe der voraufgegangenen Sünde. – In der zweiten Weise auf Seiten des Wesensbestands der Wirke, die eine Betrübung einbringt: mag es nun eine innere Wirke sein, wie es beim Zorn und Neid zutage tritt, oder eine äußere Wirke, wie es sich ergibt, wenn manche von schwerer Mühe und Schaden sich bedrücken lassen, um die Tat der Sünde zu vollführen, Weish. 5, 7 gemäß: »Wir sind müde geworden auf dem Wege des Frevels.« – In einer dritten Weise auf Seiten der Wirkung: sodaß also irgend eine Sünde mit Rücksicht auf die daraus folgende Wirkung Strafe heißt. Auf die beiden letzten Weisen ist eine Sünde nicht bloß die Strafe für die andere, die voraufging, sondern auch für sich selbst.

Dritter Artikel

Führt irgend eine Sünde die Schuldigkeit ewiger Strafe herbei?

Aus der Abhandlung. Ich antworte: Wie vorhin (Art. 1) gesagt, führt die Sünde die Strafschuldigkeit dadurch herbei, daß sie irgend eine Ordnung verkehrt. Bleibt aber die Ursache, so bleibt die Wirkung. So lange deshalb die Verkehrtheit der

Ordnung da bleibt, bleibt notwendig auch die Strafschuldigkeit da. Es verkehrt aber einer die Ordnung bald wiederbringlich, bald aber unwiederbringlich. Die Verfehlung nämlich, durch welche die Urheit in Verlust gerät, ist nie wieder gut zu machen: wird aber die Urheit gewahrt, so können mit ihrer Wirkkraft die Abträge wieder ersetzt werden. Gerade wie die Seh-Urheit, wenn sie zerstört wird, nur mehr bloß mit göttlicher Wirkkraft wieder hergestellt werden kann: wenn dagegen die Seh-Urheit noch heil ist und einige Behinderungen die Sehkraft befallen haben, diese durch Natur oder Kunst wieder gutgemacht werden können. Für jegliche Ordnung gibt es aber irgend eine Urheit, durch die einer dieser Ordnung teilhaftig wird. Und falls daher durch die Sünde die Urheit der Ordnung zerstört wird, in der der Wille des Menschen Gott untersteht, wird eine Unordnung vorliegen, die, soweit es auf sie ankommt, unverbesserlich ist, mag sie auch durch göttliche Wirkkraft wieder aufzurichten sein. Die Urheit dieser Ordnung ist aber nun der Endzweck, dem der Mensch durch die Teuerliebe anhängt. Welcherlei Sünden daher von Gott abwenden, indem sie die Teuerliebe entfernen, führen immer, was an ihnen liegt, die Schuldigkeit ewiger Strafe herbei.

Vierter Artikel

Gebührt der Sünde eine der Größe nach unendliche Strafe?

Feststellung. Gerade wie die Sünde auf Seiten der Abwendung vom unendlichen Gut unendlich, endlich aber auf Seiten der Hinwendung zum erschaffenen und vergänglichen Gut ist, gerade so gebührt sich, daß man auch bei der der Sünde entsprechenden Strafe teils von endlicher, teils von unendlicher redet.

Fünfter Artikel

Führt alle Sünde die Schuldigkeit ewiger Strafe herbei?

Aus der Abhandlung. Ich antworte: Wie oben (Art. 1; 3) gesagt, verursacht die Sünde die Schuldigkeit ewiger Strafe, insofern sie unheilbarerweise der Ordnung der göttlichen Gerechtigkeit widerstreitet, darin nämlich, daß sie der Ordnungsurheit selbst, welche ja der Endzweck ist, sich entgegensetzt. Nun ist es aber offenbar, daß in gewissen Sünden zwar irgendwelche Unordnung ist, nicht jedoch durch den Gegensatz zum Endzweck, sondern nur im Betreff dessen, was es zum Endzweck gibt, sofern man dem mehr oder minder gebührlich nachgeht, doch unbeschadet der Ordnung auf den Endzweck hin: etwa wenn der Mensch allzusehr auf irgendein zeitliches Ding hin sich erfüllen läßt, ohne daß er doch Gott dafür beleidigen wollte, indem er etwas täte gegen sein Gebot. Darum gebührt solchen Sünden nicht ewige Strafe, sondern zeitliche.

Zu 1. ... Gewisse Sünden werden durch Abwendung vom Endzweck begangen, andere aber durch Unordnung im Betreff dessen, was zum Zwecke ist; von dem aber, was zum Zwecke ist, ist der Endzweck unendlich verschieden.

Feststellungen

6. Bleibt die Strafschuldigkeit nach der Sünde zurück?

Nach Entfernung des Schuldmakels verbleibt nicht die Schuldigkeit von Strafe schlechthin, sondern von genugtuender Strafe.

7. Gibt es jede Strafe wegen irgend welcher Schuld? (Vgl. 2 II 108, 4)

Jede Strafe gibt es nur, sei es schlechthin, sei es als Genugtuungsstrafe, wegen irgend einer Schuld, sei es der erblichen oder der gewirkten, der eigenen oder der des anderen.

8. Wird einer für die Sünde des anderen bestraft? (Vgl. 2 II 108, 4 zu 1)

Von den Strafen ist die eine Genugtuung, die einer für den anderen willentlich auf sich nimmt: die andere Arznei, die Gott oder der Mensch als Heilmittel auferlegt, auch für des anderen Sünde: eine andere endlich rein Strafe, mit der jeder nur für seine Sünde bestraft wird.

88. Untersuchung

DIE LÄSSLICHE UND DIE TODSÜNDE

Erster Artikel

Wird zutreffend die läßliche Sünde gegen die Todsünde abgeteilt? (Vgl. 72,5)

Aus der Abhandlung. Ich antworte: … Da die Sünde eine gewisse Krankheit der Seele ist, wie oben (61, 1 zu 3; 72, 5; 74, 9 zu 2) gesagt worden, so wird die Sünde etwas Tödliches genannt nach Ähnlichkeit einer Krankheit, welche tödlich daher heißt, daß sie einen unheilbaren Schaden durch den Verlust irgendeiner Urheit herbeiführt, wie (82, 5) gesagt worden ist. Die Urheit des geistigen Lebens aber, das der Tugend nach da ist, ist die Ordnung auf den Endzweck, wie (72, 5; 87, 3) dargelegt. Wenn aber dieser preisgegeben ist, so kann er nicht durch eine innere Urheit wiederhergestellt werden, sondern nur durch göttliche Wirkkraft, wie oben (87, 3) gesagt: da ja die Unordnungen in dem, was zum Zwecke da ist, vom Zwecke her gutgemacht werden, gerade wie ein Irrtum im Schlußfolgern durch Wahrheit der Ursätze behoben wird. Ein Abfall von der Ordnung des Endzweckes also kann nicht durch etwas, was über ihm stände, gutgemacht werden, wie auch, in Betreff der Ursätze, nicht der Irrtum. Und darum werden derartige Sünden tödliche genannt, gleichsam unheilbare. Sünden aber, welche Unordnung haben bezüglich dessen, was zum Zwecke dient, sind, wenn die Hinordnung auf den Endzweck gewahrt bleibt, heilbar; und diese nennt man läßliche. Denn Nachlaß haben die Sünden dann, wann die Strafverschuldung wegfällt, die aufhört mit dem Aufhören der Sünde, wie (87, 6) gesagt ist. Demnach stehen sich also Tödlich und Läßlich wie Heilbar und Unheilbar gegenüber. Und das sage ich im Hinblick auf die innere Urheit, nicht aber im Vergleich zur göttlichen Wirkkraft, die jede Krankheit, ob leiblich oder geistig, heilen kann. Und deswegen wird die läßliche Sünde zutreffend gegen die tödliche abgeteilt.[336]

Feststellungen

2. Haben die tödliche und die läßliche Sünde einen Unterschied an Gattung?

Die läßliche und die tödliche Sünde unterscheiden sich an Gattung aus den Gegenständen her: aber weil die sittlichen Wirken nicht bloß aus dem Gegenstand, sondern auch aus der Zurüste des Tuenden das Berede von Gut und Bös annehmen, so tritt der Fall ein, daß die an Gattung läßliche seitens des Tuenden wegen dessen böser Meinung tödlich und die an Gattung tödliche läßlich ist wegen der Unvollkommenheit der Wirke, sobald diese plötzlich und nicht von der Vernunft überlegt war.

3. Ist die läßliche eine Zurüste für die Todsünde? (Vgl. 2 II 24, 10; 186, 9 zu 1)

Da die läßliche und die Todsünde Artunterscheidung haben, so vermag die läßliche nicht Zurüste auf die tödliche zu sein, es sei denn etwa aus einer Zurüste beim Tuenden und umwegig in der Weise, daß sie ein Hindernis wegräumt.

4. Kann die läßliche Sünde tödlich werden? (Vgl. Art. 2 u. 6)

Ungeachtet, daß niemals ein und dieselbe Wirkheit zuerst läßliche und dann Todsünde ist und je gar alle läßlichen der ganzen Welt einer einzigen Todsünde gleichwert werden, so kann dennoch eintreten, daß eine läßliche Wirke durch irgend eine Umsetzung tödlich wird oder viele läßlichen die Rüste zu der einen tödlichen herstellen.

5. Können die Umstände von der läßlichen die tödliche machen?

Da nun einmal die aus der Gattung her läßliche sich an Art von der aus der Gattung her tödlichen unterscheidet, so vermögen in gar keiner Geschehweise die Umstände von der läßlichen eine tödliche zu machen, außer, sobald dieser Umstand ein gewisser beartender Unterschied der sittlichen Wirkheit ist, der eine neue Art der Sünde aufbaut.

6. Kann die Todsünde läßlich werden? (Vgl. Art. 2)

Mag auch die läßliche Sünde durch die Hinzufügung der tödlichen Verstaltung als des Umstandes, der die Art der Sünde ändert, tödlich werden, so wird doch die Todsünde durch den Beitritt läßlicher Verunstaltung nicht läßlich, sondern schwerer tödlich. Es läßt sich jedoch von der aus der Gattung her tödlichen sagen, sie werde läßlich aus Unvollkommenheit an Wirke.[337]

89. Untersuchung

DIE LÄSSLICHE SÜNDE AN SICH

Feststellungen

1. Verursacht die läßliche Sünde den Makel in der Seele?

Da die läßliche Sünde nicht die Verhabung der Teuerliebe und auch nicht die der anderen Tugenden aufhebt, sondern eher deren Wirke hindert, so bringt sie nur den Makel in die Seele hinein, insoweit sie den Glanz verhindert, den es aus den Tugendwirken gibt.

2. Werden zutreffend die läßlichen Sünden mit Holz, Heu und Stroh bezeichnet (1. Kor. 3, 12)?

Die läßlichen Sünden vergleicht der Apostel richtig mit Holz, Heu und Stroh, weil das drei Leichtheiten sind und schnell vom Feuer aufgezehrt werden, immerhin das eine rascher als das andere; womit darauf hingewiesen wird, daß von den läßlichen Sünden die einen rascher als die andern gefegt werden.

3. Hat der Mensch im Unschuldsstand läßlich sündigen können?

Weil die läßliche Sünde nur daher begangen wird, daß der Leib der Seele und die Sinnlichkeit der Vernunft nicht vollkommen unterworfen ist und es eine solche Unvollkommenheit während des Unschuldsstandes nicht gab, so vermochte der Mensch im Stande der Unschuld nicht läßlich zu sündigen, bevor er tödlich sündigte.

4. Kann der gute Engel oder der böse läßlich sündigen?

Da ja die guten Engel in der Gnade befestigt sind, so können sie keineswegs sündigen; die bösen und in der Bosheit verstockten aber sündigen nicht läßlich, sondern tödlich in allem, was sie auch immer mit eigenbehörigem Willen tun (weil sie alles, was sie je erwählen, zu einem ungehörigen Zweck, nämlich zur eigenen Hoffart, wählen).

5. Sind die ersten Wegungen der Sinnlichkeit in den Ungläubigen Todsünden?

Da die Sinnlichkeit nicht die Trägerin der Todsünde ist und ohne die Zustimmung der Vernunft keine tödliche Schuld entsteht, so sind folglich die ersten Wegungen bei den Gläubigen sowohl wie bei den Ungläubigen nur Todsünde, wenn sie ihnen zustimmen.

6. Kann es in einem die läßliche Sünde allein mit der Erbsünde geben?

Da die Fehle an Alter den Gebrauch der Vernunft verhindert und von der Todsünde entschuldigt, so ist für wahr zu halten, daß sie um vieles mehr von der läßlichen entschuldigt; darum ist es unmöglich, daß es in irgend einem die läßliche Sünde allein mit der Erbsünde gibt, ohne Todsünde.[338]

90. Untersuchung[339]

DAS WESEN DES GESETZES

Die richtige Folge führt zur Erwägung der äußeren Urheiten der Wirkheiten (vgl. 49, Vorw.). Als äußere Urheit, die zu Bös hinbiegt, gibt es nun den Teufel, über dessen Versuchung I (114) gesprochen worden ist. Die äußere Urheit aber, die zu Gut wegt, ist Gott, der uns sowohl durch das Gesetz unterrichtet als durch die Gnade unterstützt. Deswegen ist zuerst über das Gesetz, an zweiter Stelle über die Gnade zu reden (109). Bezüglich des Gesetzes ist nun zunächst eine Überlegung über das Gesetz im allgemeinen anzustellen, alsdann eine über seine Teile (93). Beim Gesetz im allgemeinen gilt es drei Stücke, auf die wir stoßen, zu erwägen: erstens nämlich sein Wesen, alsdann den Unterschied bei den Gesetzen (91), zum dritten die Wirkungen des Gesetzes (92). Das erste behandeln vier Fragen:

Erster Artikel

Hat das Gesetz etwas Vernunftliches?

Abhandlung. 1. Scheinbar hat das Gesetz nicht etwas von Vernunft an sich. Es sagt nämlich der Apostel Röm. 7, 23: »Ich sehe ein anderes Gesetz in meinen Gliedern« usw. Nun ist aber nichts, was zur Vernunft gehört, in den Gliedern: denn die Vernunft gebraucht kein leibliches Lebenswerkzeug. Also hat das Gesetz nicht etwas Vernunftliches.

2. *Ferner*, in der Vernunft gibt es nur Vermögen, Verhabung und Wirke. Nun ist aber das Gesetz nicht das Vernunftvermögen selber. Ähnlich ist es auch nicht irgend eine Verhabung der Vernunft: denn die Verhabungen der Vernunft sind die verstandlichen Tugenden, von denen früher (57) die Rede war. Es ist auch keine Wirkheit der Vernunft: denn das Gesetz würde aufhören, z. B. bei den Schlafenden, wenn die Wirke der Vernunft aufhörte. Also hat das Gesetz nicht etwas Vernunftliches.

3. *Ferner*, das Gesetz wegt diejenigen zum rechten Tun an, die dem Gesetz unterworfen sind. Nun gehört aber die Anwegung zum Tun eigentlich in den Bereich des Willens, wie aus dem Vorausgegangenen (9, 1) zutage liegt. Also gehört das Gesetz nicht zur Vernunft, sondern eher zum Willensbereich: weswegen auch der »Rechtsgelehrte« (1 De Constit. Princ. 1) sagt: »Was der Regierende beschließt, hat Gesetzeskraft.«

Aber dagegen spricht, daß in den Bereich des Gesetzes Gebot und Verbot fallen. Das Befehlen steht nun aber der Vernunft zu, wie oben (17, 1) ausgemacht worden ist. Also hat das Gesetz etwas mit der Vernunft zu tun.

Ich antworte: Das Gesetz[340] ist eine Art Regel und Maß der Handlungen, demgemäß einer zum Tun geführt oder vom Tun weggezogen wird: von lex (Gesetz) spricht man nämlich a ligando (Binden), weil es zum Tun verbindlich macht. Richtschnur und Maßgabe für die menschlichen Handlungen ist nun aber die Vernunft, welche die erste Urheit der menschlichen Wirkheiten ist, wie aus dem Gesagten (1, 1 zu 3) klar liegt; es ist nämlich das Geschäft der Vernunft, auf den Zweck hinzuordnen, der in dem, was es zu tun gilt, dem Philosophen (Physic. 2, 9 n 3; Ethic. 7, 8 n 4) gemäß erste Urheit ist. Jeweils ist aber in einer Gattung, was Urheit ist, Maßgabe und Richtschnur der Gattung: gerade wie die Einheit in der Gattung der Zahl, und die erste Wegung in der Gattung der Bewegungen.[341] Daher bleibt nur übrig, daß das Gesetz etwas ist, das in den Bereich der Vernunft fällt.

Also zu 1. Da das Gesetz eine Art Richtschnur und Maßgabe ist, so spricht man von zwei Weisen, in denen es in etwas da ist. In der einen tritt es zumessend und regelnd auf. Und weil dies das Eigenbehörige der Vernunft ist, so ist darum dies die Weise, in der es das Gesetz allein in der Vernunft gibt. – In der anderen Weise tritt es geregelt und bemessen auf. Dergestalt gibt es das Gesetz in allem, was einem Gesetz zufolge zu etwas eine Hinneigung hat: dergestalt als jede aus irgend einem Gesetz kommende Neigung zwar nicht wesenhaft, aber sozusagen teilhaberlich Gesetz heißen kann. Und in dieser Weise wird auch eben die Hinneigung der Glieder zum Begehren »das Gesetz der Glieder« genannt.

Zu 2. Gerade wie es in den äußeren Handlungen die Werktätigkeit und das getane Werk zu erwägen gibt, z. B. die Erbauung und das Gebäude, so steht auch in den Werken der Vernunft das Wirkgeschehen der Vernunft selber zu erwägen, welches das Verstehen und das Schlußfolgern ist, und etwas, das durch eine derartige Wirkheit erstanden ist. In der Einsichtvernunft ist das nun zunächst die Begriffsbestimmung, an zweiter Stelle die Aussagebildung, an dritter Stelle aber der Schluß oder der Beweis. Und weil auch die Wirkvernunft beim Werklichen eine gewisse Schlußfolgerung gebraucht, wie früher (13, 3; 76, 1; 77, 2 zu 4) ausgemacht wurde, der Lehre des Philosophen 7. Ethic. (3 n 9f.) gemäß, so ist etwas in der Wirkvernunft zu finden, was sich so zu den Werktätigkeiten verhält, wie sich der Vordersatz in der Einsichtvernunft zu den Schlußfolgerungen verhält. Derartige Alleinssätze der Wirkvernunft, die auf die Tätigkeiten hingeordnet sind, haben das Berede von Gesetz. Zuweilen werden diese Sätze wirkgeschehlich ins Auge gefaßt, zuweilen aber verhablich von der Vernunft eingehalten.

Zu 3. Die Vernunft hat, wie früher (17, 1) gesagt, die Wegungskraft vom Willen her:[342] daher nämlich, daß einer den Zweck will, gibt die Vernunft den Befehl über das, was dem Zwecke dient. Es gehört sich nun aber, daß der Wille in bezug auf das Befohlene, damit es das Berede von Gesetz bekommt, von irgend einer Vernunft seine Richtschnur hat. In dieser Weise ist zu verstehen, daß der Wille des Regierenden Gesetzleben hat: andernfalls wäre der Fürstenwille mehr Unbill als Gesetz.

Zweiter Artikel

Hat das Gesetz immer die Hinordnung auf das Gemeingut?
(Vgl. 95, 4; 96, 1)

Aus der Abhandlung. 1. Scheinbar hat das Gesetz nicht immer die Hinordnung auf das Gemeingut als auf den Zweck. In den Bereich des Gesetzes schlägt nämlich das Gebieten und das Verbieten. Nun aber haben die Gebote die Hinordnung auf gewisse einzelne Güter. Es ist also nicht immer das allgemeine Gut der Zweck des Gesetzes …

Ich antworte: Wie (vor. Art.) gesagt, fällt das Gesetz in den Bereich dessen, was Urheit für die menschlichen Handlungen ist, daher, weil es Richtschnur und Maßgabe ist. Gerade wie aber die Vernunft die Urheit der menschlichen Wirkheiten ist, so gibt es auch in der Vernunft selber etwas, das die Urheit für alles andere ist. Es gehört sich darum, daß in dessen Bereich das Gesetz hauptsächlich und am meisten zu tun hat. – Bei Wirktätigkeiten, worauf sich die Wirkvernunft erstreckt, ist die erstige Urheit das Endziel. Nun ist aber das Endziel des menschlichen Lebens die Glücklichkeit oder Glückseligkeit, wie im Früheren (2, 7; 3, 1; 69, 1) sich ergeben hat. Deswegen gehört sich, daß das Gesetz am meisten auf die Ordnung sieht, die auf die Glückseligkeit geht. – Des weiteren, da jeder Teil die Hinordnung auf das Ganze hat, wie das Unvollkommene auf das Vollkommene, der Mensch in der Einzahl aber der Teil der vollkommenen Gemeinschaft[343] ist: so muß notwendig das Gesetz sein eigentliches Gesicht auf die Ordnung zum gemeinsamen Glück zukehren. Darum tut auch der Philosoph in der Begriffsbestimmung des Gesetzlichen, die er voraufschickt, der Glücklichkeit und der staatlichen Gemeinschaft Erwähnung. Er sagt nämlich 5. Ethic. (1 n 13): »Ein gerechtes Gesetzhafte nennen wir das, was die Aufgabe hat, die Glücklichkeit und ihre Bestandteile durch die politische Vergemeinung zu begründen und zu erhalten«: denn die vollkommene Gemeinschaft ist der Staat, wie es 1. Politic. (1 n 1) heißt.

Wovon aber jeweils in der Gattung am meisten die Rede ist, das ist die Urheit des anderen, und vom anderen spricht man der Beordnung nach, die es zu ihr hat: gerade wie das Feuer, das im höchsten Grade warm ist, die Ursache der Wärme in den zusammengesetzten Körpern ist, die insofern warm heißen, als sie eine Teilhabe vom Feuer aufweisen. Daher gehört sich, da man vom Gesetz am allermeisten gemäß der Ordnung zum Gemeingut spricht, daß jeweils jedes andere Gebot über ein teilbesonderes Werk das Berede von Gesetz nur der Ordnung auf das Gemeingut nach besitzt. Und deswegen hat jedes Gesetz die Hinordnung auf das Gemeinwohl.

Also zu 1. Gebot besagt die Anwendung des Gesetzes auf das, was aus dem Gesetz die Richtschnur bekommt. Die Hinordnung auf das Gemeinwohl aber, die das Gesetz angeht, ist auf die einzelnen Zwecke anwendbar. Und demgemäß werden auch über gewisse Teilbesonderheiten Gebote gegeben.

Zu 3. (Besteht das Gesetz durch Vernunft, so wird Gesetz alles sein, was durch Vernunft besteht. Durch Vernunft aber besteht auch das auf den Vorteil des Einzelnen Gerichtete.) Wie der Einsichtvernunft nach nichts feststeht, außer durch Rückführung auf die ersten unbeweisbaren Ursätze, so steht durch die wirkliche Vernunft nichts fest ohne Hinordnung auf den Endzweck, der das gemeine Gut ist. Was aber dieserweise durch Vernunft feststeht, hat das Wesen von Gesetz.[344]

Dritter Artikel

Ist jedermanns Vernunft Gesetzgeberin?
(Vgl. 97, 3 zu 3; 2 II 50, 1 zu 3)

Abhandlung. 1. Scheinbar ist jedermanns Vernunft Gesetzgeberin. Es sagt nämlich der Apostel Röm. 2, 14: »Wenn die Heiden, die das Gesetz nicht haben, naturhaft das tun, was zum Gesetz gehört, sind sie sich selber Gesetz.« Das sagt er aber insgemein von allen. Also kann jedermann sich das Gesetz machen.

2. Ferner, wie der Philosoph 2. Ethic. (1 n 5) sagt, »geht das Vorhaben des Gesetzgebers dahin, daß er den Menschen zur Tugend anleitet«. Aber jeder beliebige Mensch kann den anderen zur Tugend anleiten. Also ist jedermanns Vernunft die Gesetzgeberin.

3. Ferner, wie der Gebieter des Staates der Staatslenker ist, geradeso ist jeder Familienvater der Lenker des Hauses. Nun kann aber der Gebieter des Staates das Gesetz im Staate machen. Also kann auch jeder Familienvater in seinem Hause das Gesetz machen.

Aber dagegen spricht, was Isidor Etymol. (5, 10; vgl. 2, 10) sagt und in den Dekreten, Dist. 2 (C. Lex est)[345] steht: »Das Gesetz ist eine Errichtung des Volkes, gemäß der die Altmänner zugleich mit den Volksgruppen etwas unverbrüchlich gemacht haben.« Es steht also nicht bei jedermann, das Gesetz zu machen.

Ich antworte: Im eigentlichen Sinne sieht das Gesetz zunächst und hauptsächlich auf die Hinordnung zum Gemeinwohl. Etwas auf das Gemeingut hinzuordnen ist Sache entweder der ganzen Vielheit oder eines, der die Stellvertretung der gesamten Vielheit führt. Deswegen fällt die Gesetzgebung entweder der ganzen Vielheit zu oder gehört an die beamtete (publicam) Person, welche die Sorge für die ganze Vielheit hat. Denn auch in allem sonst ist die Beordnung auf den Zweck hin das Amt dessen, dem dieser Zweck der eigentliche ist.

Also zu 1. Wie vorhin (Art. 1 zu 1) gesagt, gibt es das Gesetz in einem nicht bloß als im Regelnden, sondern auch anteilhaft als im Geregelten. Und in dieser Weise ist jeder einer sich selbst Gesetz, insofern er an der Beordnung durch irgend einen Regelnden teilhat. Darum heißt es an der Stelle weiter (2, 15): »Sie zeigen, daß das Werk des Gesetzes in ihren Herzen geschrieben steht.«

Zu 2. Die unbeamtete (privata) Person kann nicht wirkkräftig zur Tugend anleiten. Sie kann nämlich bloß mahnen. Wenn aber ihre Mahnung nicht angenommen wird, hat sie keine Zwangskraft; für das Gesetz gebührt sich, diese dafür zu haben, daß es wirkkräftig zur Tugend anleitet, wie der Philosoph 10. Ethic. (9 n 12) sagt. Diese zwingende Wirkkraft aber ist bei der Vielheit oder der Amtsperson, in deren Reichweite fällt, Strafen aufzulegen, wie es unten (vgl. 92, 2 zu 3; 2 II 64, 3) heißen wird. Und deswegen geht es sie allein an, die Gesetze zu machen.

Zu 3. Wie der Mensch ein Teil des Hauses ist, so ist auch das Haus ein Teil des Staates: der Staat aber ist die vollkommene Gemeinschaft, wie es 1. Politic. (1 n 1) heißt. Und gerade wie deshalb das Gut des einen Menschen nicht der Endzweck ist, sondern auf das Gemeingut die Hinordnung hat, so ist auch das Gut des einen Hauses auf das Gut des einen Staates hingeordnet, der die vollkommene Gemeinschaft ist. Darum kann, wer irgend eine Familie regiert, zwar irgend welche Gebote oder Satzungen geben; sie haben jedoch nicht im eigentlichen Sinne das Berede von Gesetz.

Vierter Artikel

Gehört die Verkündigung zum Wesen von Gesetz?

Aus der Abhandlung. Ich antworte: Wie (Art. 1) gesagt, wird das Gesetz anderen in der Weise einer Richtschnur und Maßgabe auferlegt. Regel und Maß werden nun aber dadurch auferlegt, daß sie auf das angewandt werden, was geregelt und gemessen wird. Dazu also, daß es Verpflichtungskraft gewinnt, was das Eigenbehörige des Gesetzes ist, gehört das Gesetz auf die Menschen angewendet, die an ihm die Richtschnur haben sollen. Eine solche Anwendung geschieht aber dadurch, daß es durch die Verkündigung zu ihrer Kenntnis gebracht wird. Deswegen ist die Verkündigung dazu notwendig, daß das Gesetz seine Wirkkraft bekommt.

Aus dem viererlei Gesagten kann dergestalt die Begriffsbestimmung des Gesetzes zusammengetragen werden; es ist nichts anderes als eine gewisse auf das Gemeinwohl gehende Verordnung der Vernunft, als von dem Verkündigtes, der die Obsorge für die Gemeinschaft hat.

91. Untersuchung
DIE VERSCHIEDENHEIT DER GESETZE

Erster Artikel
Gibt es ein ewiges Gesetz? (93, 1)

Abhandlung. 1. Scheinbar gibt es kein ewiges Gesetz. Jedes Gesetz nämlich wird etwelchen auferlegt. Aber es gab von Ewigkeit her keinen, dem das Gesetz hätte auferlegt werden können: allein Gott nämlich ist von Ewigkeit her gewesen. Also ist kein Gesetz ewig.

2. Ferner, die Verkündung liegt im Berede von Gesetz. Nun aber konnte es die Verkündung nicht von Ewigkeit her geben: denn es gab keinen von Ewigkeit her, dem es verkündigt werden konnte. Also kann kein Gesetz ewig sein.

3. Ferner, Gesetz besagt Hinordnung zum Zweck. Aber es gibt nichts Ewiges, das auf den Zweck hinbeordnet wird: allein der Endzweck ist ewig. Also ist kein Gesetz ewig.

Aber dagegen spricht, was Augustinus sagt 1. De Lib. Arbitr. (6): »Das Gesetz, das die höchste Vernunft genannt wird, kann keinem Vernünftigen nicht unabänderlich und nicht ewig zu sein scheinen.«

Ich antworte: Wie oben (90, 1 zu 2; u. 3f.) gesagt, ist das Gesetz nichts anderes als eine gewisse Befehlsvorschrift[346] der Wirkvernunft in dem Oberhaupt, das irgend eine vollkommene Gemeinschaft leitet. Es liegt aber auf der Hand, daß in der Annahme der Weltregierung durch die göttliche Vorsehung, wie sie I (22 1f.) sich ergab, die ganze Gemeinschaft des Einalls durch die göttliche Vernunft gelenkt wird. Und deswegen hat eben die Vernunft der Regierung der Dinge, wie sie in Gott, dem Fürsten der Einallheit, vorhanden ist, das Berede von Gesetz. Und weil die göttliche Vernunft nichts aus der Zeit empfängt, sondern die ewige Eingeburt hat, wie es Spr. 8, 23 heißt, so ergibt sich, daß das derartige Gesetz ewig genannt gehört.[347]

Also zu 1. Was in sich selbst nicht da ist, hat bei Gott sein Dasein, insofern es von ihm vorauserkannt und vorausgeordnet ist, Röm. 4, 17 gemäß: »Der das Nichtseiende wie das Seiende beruft.« Dergestalt hat also der ewige Gedanke des göttlichen Gesetzes das Berede von ewigem Gesetz, sonach er von Gott die Hinordnung auf die Regierung der von ihm vorauserkannten Dinge hat.

Zu 2. Die Verkündung geschieht durch Wort und Schrift, und auf jede dieser Weisen hat das göttliche Gesetz die Verkündung von Seiten des verkündenden Gottes gefunden: denn es ist sowohl das göttliche WORT ewig als auch die Schrift des Lebensbuches ewig ist. Aber auf Seiten des Geschöpfes, das hört oder Einsicht nimmt, kann die Verkündung nicht ewig sein.

Zu 3. Das Gesetz besagt tuhaft die Ordnung auf den Zweck, insoweit es nämlich etwas auf den Zweck hinordnet; nicht aber leidehaft, d. h. daß das Gesetz selber auf den Zweck hingeordnet wird, außer beischaftlich im Regierenden, dessen Zweck außerhalb seines Selbst liegt, auf welchen Zweck auch notwendig sein Gesetz hingeordnet werden muß. Nun ist aber der Zweck der göttlichen Regierung Gott selber, und das Gesetz von ihm ist nicht ein anderes als er. Deswegen ist das ewige Gesetz nicht auf einen anderen Zweck hingeordnet.

Zweiter Artikel

Gibt es in uns irgend ein naturhaftes Gesetz?

Aus der Abhandlung. Ich antworte: Wie vorhin (90, 1 zu 1) gesagt, kann es das Gesetz, da es Richtschnur und Maß ist, in doppelter Weise in einem geben: in der einen wie im Richt- und Maßgebenden, in der anderen wie im Gerichteten und Gemessenen; denn insoweit wird etwas beregelt und bemessen, als es von Regel und Maß beteilt wird. Da nun alles, was der göttlichen Vorsehung untersteht, Richt und Maß am ewigen Gesetz hat, wie aus dem Gesagten (vor. Art.) zutage tritt, so liegt auf der Hand, daß alles irgendwie am göttlichen Gesetz teilhat, anso es nämlich aus seinem Eindruck die Hinneigungen in die eigenbehörigen Wirken und Zwecke hat. In einer ausgezeichneteren Weise als das Übrige unterliegt aber das vernünftige Geschöpf der göttlichen Vorsehung, insoweit es auch selbst der Vorsehung teilhaftig wird, indem es für sich und andere vorsieht. Deswegen gibt es auch in ihm die Teilhabe an der ewigen Vernunft, durch die es den natürlichen Hang auf die gebührende Wirke und den gebührenden Zweck besitzt. Und eine solche Teilhabe am ewigen Gesetz in dem vernünftigen Geschöpf heißt das natürliche Gesetz. Nachdem daher der Psalmist gesagt hat (Ps. 4, 6): »Opfert das Opfer der Gerechtigkeit«, fügt er hinzu, als ob manche fragten, was denn Werke der Gerechtigkeit seien, die Frage: »Wer wird uns Gutes schauen lassen?«, und antwortet auf diese Frage mit den Worten: »Aufgegangen ist über uns die Leuchte deines Antlitzes, o Herr«: als ob die Leuchte der natürlichen Vernunft, mit der wir unterscheiden, was Gut und Bös ist, das ist der Bereich des natürlichen Gesetzes, nichts anderes sei als der Eindruck des göttlichen Lichtes in uns. Daraus tritt zutage, daß das Naturgesetz nichts anderes ist als die Teilhabe des vernünftigen Geschöpfs am ewigen Gesetz.

Dritter Artikel

Gibt es ein menschliches Gesetz? (Vgl. 95, 1)

Abhandlung. 1. Scheinbar gibt es nicht irgend ein menschliches Gesetz. Das natürliche Gesetz ist nämlich ein Teilnehmen an dem ewigen Gesetz, wie (vor. Art.) gesagt worden ist. Nun ist aber durch das ewige Gesetz »alles in beste Ordnung gebracht«, wie Augustinus 1. De Lib. Arbitr. (6) sagt. Also reicht das natürliche Gesetz hin, alles Menschliche zu ordnen. Es ist also gar nicht nötig, daß es irgend ein menschliches Gesetz gibt.

2. Ferner, das Gesetz hat das Wesen eines Maßes, wie es (90, 1) hieß. Nun ist aber die menschliche Vernunft nicht das Maß der Dinge, eher ist das Gegenteil der Fall, wie es 10. Metaph. (Did. 9, 1 n 14) heißt. Also kann aus der menschlichen Vernunft gar kein Gesetz hervorgehen.

3. Ferner, wie es 10. Metaph. (a. a. O. Did. n 9) heißt, gebührt sich für ein Maß die größte Sicherheit. Nun ist aber die Befehlsgabe der menschlichen Vernunft über die Dinge, die zu betreiben sind, unsicher, gemäß Weish. 9, 14: »denn der Sterblichen Gedanken sind unzuverlässig und unsicher unsere Berechnungen«. Also kann aus der menschlichen Vernunft kein Gesetz hervorgehen.

Aber dagegen spricht, daß Augustinus 1. De Lib. Arbitr. (6 u. 15) zwei Gesetze annimmt, das eine ewig, das andere zeitlich, und dies nennt er das menschliche.

Ich antworte: Wie oben (90, 1 zu 2) gesagt, ist das Gesetz eine gewisse Befehlsvorschrift der wirkigen Vernunft. Nun trifft man aber auf ein ähnliches Vorgehen bei der wirkigen und bei der einsichtigen Vernunft: jede von ihnen geht nämlich aus gewissen Ursätzen zu gewissen Schlußfolgerungen vor, wie (a. a. O.) erörtert worden ist. Demnach muß man sagen: gerade wie in der Einsichtvernunft aus den naturhaft bekannten unbeweisbaren Ursätzen die Schlußfolgerungen der verschiedenen Wissenschaften hergefördert werden, deren Kenntnis uns nicht natürlich inneliegt, sondern durch die Beflissenheit der Vernunft gefunden wird, so muß auch notwendig die menschliche Vernunft von den Geboten des Naturgesetzes gewissermaßen als aus einer Art allgemeiner und unbeweisbarer Ursätze ausgehen, um für irgend etwas mehr ins Einzelne seine Verfügung zu treffen. Und diese teilbesonderen der menschlichen Vernunft gemäß beigefundenen Verfügungen heißen menschliche Gesetze, sobald die anderen Bedingungen gewahrt sind, die, wie bereits (a. a. O. Art. 2ff.) gesagt, zum Berede von Gesetz gehören. Deswegen sagt auch Tullius in seiner Rhetor. (2, 53): »Der Anfang des Rechts ist von der Natur ausgegangen; alsdann ist Gewisses aus nützlicher Vernünftigkeit in Gewohnheit gekommen; hernach hat Gesetzesfurcht und Gottverbundenheit die von der Natur gekommenen und von der Gewohnheit bewährten Dinge unverbrüchlich gemacht.«

Also zu 1. Die menschliche Vernunft kann nicht am vollen Befehlspruch der göttlichen Vernunft teilhaft werden, sondern in ihrer Weise und unvollkommen. Gerade wie deshalb auf Seiten der Einsichtvernunft durch die natürliche Teilhabe an der göttlichen Weisheit uns die Kunde gewisser allgemeiner Ursätze, nicht aber die eigenbehörige Erkenntnis jedweder Wahrheit innewohnt, wie sie in der göttlichen Weisheit enthalten ist, gerade so hat auch auf Seiten der Wirkvernunft der Mensch naturhaft das ewige Gesetz gewissen allgemeinen Ursätzen nach in Teilhabe, nicht aber den teilbesonderlichen Richtungen des Einzelnen nach, die freilich im ewigen Gesetz enthalten sind. Darum muß die menschliche Vernunft notwendig darüber hinaus dazu übergehen, gewisse teilbesonderliche Unverbrüchlichkeiten gesetzlich festzulegen.

Zu 2. Die menschliche Vernunft ist nicht eigengemäß die Richtschnur der Dinge: sondern die ihr naturhaft eingegebenen Ursätze sind gewisse gattliche Regeln und Maßstäbe alles dessen, was durch den Menschen zu tun ist,[348] für das die Vernunft als natürliche Regel und Maßgabe dasteht, mag sie auch nicht das Maß dessen sein, was von Natur da ist.[349]

Zu 3. Die Wirkvernunft geht ums Werktuliche, das ist das Einzelne und Freifällige: nicht aber um das Notwendige, wie die Einsichtvernunft. Und deswegen können die menschlichen Gesetze nicht jene Unfehlbarkeit haben, welche die Beweisschlüsse der Wissenschaften besitzen. Und es braucht auch nicht jedes Maß allerweisen unfehlbar und sicher zu sein, wohl aber, anso es in seiner Gattung möglich ist.

Vierter Artikel

Mußte es notwendig ein göttliches Gesetz geben?
(Vgl. I 1, 1; 2 II 22, 1 zu 1)

Aus der Abhandlung. Ich antworte: Neben dem natürlichen Gesetz und dem menschlichen Gesetz war zur Richtleitung des menschlichen Lebens ein göttliches Gesetz notwendig am Platz; und zwar wegen viererlei Gründen. Zuerst einmal, weil durch das Gesetz der Mensch die Richtlinie zu den eigenbehörigen Wirkheiten in Ordnung auf den Endzweck bekommt. Wäre nämlich der Mensch bloß auf einen Zweck hingeordnet, der nicht das Gleichmaßverhältnis der natürlichen Menschenvermöglichkeit überstiege, so brauchte der Mensch auf der Vernunftseite keinerlei Richte über das natürliche Gesetz und das menschlich gegebene Gesetz hinaus, das von jenem abgeleitet wird. Aber weil der Mensch die Zweckbeordnung auf die ewige Seligkeit hat, die über das

Verhältnismaß der natürlichen menschlichen Vermöglichkeit hinausgeht, wie im Früheren (5, 5) dargetan ist, so war es notwendig, daß er über das natürliche und das menschliche Gesetz hinaus durch das von Gott gegebene Gesetz auch die Richt auf seinen Zweck erhielt.

Zweitens, wegen der Unsicherheit des menschlichen Urteils, zumal über die freifälligen und teilbesonderlichen Dinge, kommt es über die menschlichen Handlungen bei Verschiedenen zu verschiedenen Urteilen, woraus auch verschiedene und sich gerade entgegenstehende Gesetze hervorgehen. Damit also der Mensch ohne jede Bezweiflung das Wissen haben kann, was er zu tun und was er zu meiden hat, war es notwendig, daß er in den eigenbehörigen Handlungen die Richt durch ein von Gott gegebenes Gesetz empfing, von dem feststeht, daß es nicht irren kann.

Drittens, der Mensch kann über das ein Gesetz geben, worüber er ein Urteil fällen kann. Ein Menschenurteil kann es aber nicht über die inneren Wegungen geben, die verborgen sind, sondern bloß über die äußeren Handlungen, die zum Vorschein kommen. Und doch ist zur Vollkommenheit der Tugend erforderlich, daß der Mensch in beiderlei Wirkheiten recht dasteht. Deswegen konnte das menschliche Gesetz die inneren Wirkheiten nicht genügend einhegen und ordnen, sondern es war dafür notwendig, daß das göttliche Gesetz hinzutrat.

Viertens, wie Augustinus 1. De Lib. Arbitr. (5) sagt, kann das menschliche Gesetz nicht alles, was böse geschieht, strafen oder verbieten: denn, wollte es alles Böse wegräumen, so würde zufolgedessen auch vieles Gute aus der Welt geschafft und der Nutzen des gemeinsamen Gut verhindert, der zum menschlichen Wandel notwendig ist.[350] Damit also kein Übel unverboten und ungestraft bleibt, war das Dazukommen eines göttlichen Gesetzes notwendig, durch das alle Sünden verboten werden.

Diese vier Ursachen werden Ps. 18, 8 berührt, wenn es heißt: »Das Gesetz des Herrn ist makellos«, d. h. es duldet keine Schändlichkeit der Sünde; »Seelen bekehrend«, denn es gibt nicht bloß für die äußeren Wirkheiten, sondern auch für die inneren die Richt; »getreues Zeugnis des Herrn«, wegen der Sicherheit der Wahrheit und Rechtheit; »Weisheit verleihend den Kleinen«, insofern es den Menschen auf das übernatürliche und göttliche Ziel hinordnet.

Fünfter Artikel

Ist das göttliche Gesetz nur eins? (Vgl. 107,1)

Feststellung. Wie wir ein und denselben Menschen Kind und Mann nennen, so reden wir auch von dem Alten Gesetz und dem Neuen Gesetz nur so, daß es ein göttliches (nach Unvollkommen und Vollkommen geteiltes) Gesetz ist.

Sechster Artikel

Gibt es ein Gesetz der Mündlichkeit [ungeordneten Begierlichkeit]? (Vgl. 93, 3)

Abhandlung. 1. Scheinbar gibt es nicht ein Gesetz der Zündlichkeit (lex fomitis).[351] Es sagt nämlich Isidor 5. Etymol. (3; vgl. 2, 10): »Das Gesetz baut auf Vernunft auf.« Das Zündliche bleibt aber nicht bei der Vernunft stehen, sondern führt eher von der Vernunft ab. Also hat das Zündliche nicht das Berede von Gesetz.

2. Ferner, jedes Gesetz ist verbindlich, so daß, die es nicht halten, Übertreter heißen. Nun aber macht die Entzündlichkeit keinen zum Übertreter deswegen, weil er ihr nicht Folge leistet, sondern es wird vielmehr einer Übertreter, wenn er ihr folgt. Also hat die Entzündlichkeit nicht das Berede eines Gesetzes.

3. Ferner, das Gesetz hat seine Hinordnung auf das Gemeingut, wie vorhin (90, 2) ausgemacht wurde. Nun aber bewirkt das Zündliche nicht eine Hinneigung auf das Gemeingut, sondern eher auf das Eigengut. Also hat das Zündliche nicht ein Gesetzberede.

Aber dagegen spricht, was der Apostel sagt Röm. 7, 23: »Ich sehe ein anderes Gesetz in meinen Gliedern, das dem Gesetz meines Geistes widerstreitet.«

Ich antworte: Wie vorhin (Art. 2; 90, 1 zu 1) gesagt, wird das Gesetz wesenhaft im Regelnden und Messenden angetroffen, in Teilhabe aber in dem, was gemessen und geregelt wird; dergestalt, daß jede Neigung oder Beordnung, die sich in dem findet, was dem Gesetz unterworfen ist, teilhaberlich Gesetz heißt, wie aus dem dort Gesagten klar steht. In dem, was dem Gesetz unterstellt ist, kann es aber zwiefach eine Hinbiegung geben, die vom Gesetzgeber herrührt. In der einen Weise, insofern es die ihm Unterstellten gradwegs zu etwas hinbiegt und die verschiedenen zuweilen zu verschiedenen Wirkheiten; dieser Weise nach kann man davon sprechen, daß es ein anderes Gesetz für die Kriegsleute und ein anderes für die Kaufleute gibt. In der zweiten Weise auf einem Umweg, insofern nämlich daraus, daß der Gesetzgeber einen ihm Untergebenen irgend einer Würde entsetzt, für ihn der Übergang in einen anderen Ordnungsbereich und sozusagen in ein anderes Gesetz folgt: wenn z. B. der Kriegsmann aus dem Kriegsdienst entlassen wird, geht er an das Gesetz der Bauern oder Kaufleute über.

Unter Gott, dem Gesetzgeber, sind dergestalt also die verschiedenen Geschöpfe zum Besitz verschiedener naturhafter Neigungen gekommen, so daß bei dem einen wider das Gesetz geht, was dem anderen gewissermaßen Gesetz ist: so daß, wenn ich so sagen soll, dem Hunde gewissermaßen Gesetz ist, scharf zu sein, was aber für das Schaf oder ein anderes sanftmütiges Seelwesen wider das Gesetz geht. Dem Menschen ist nun seiner eigenbehörigen Stellung nach zufolge der göttlichen Beordnung das Gesetz beschieden, der Vernunft gemäß tätig zu sein. Und zwar war dieses Gesetz im Urstand von solchem Einfluß, daß sich beim Menschen nichts an der Vernunft vorbei oder gegen die Vernunft heimlich einschleichen konnte. Sobald aber der Mensch von Gott abgelassen hat, ist er dahin geraten, daß er vom Ungestüm der Sinnlichkeit fortgerissen wird; und jeweilen tritt bei einem dies teilbesonderlich um so mehr ein, je mehr er sich von der Vernunft entfernt: so daß er dergestalt in gewisser Weise den Tieren ähnlich wird, die der Drang der Sinnlichkeit treibt Ps. 48, 21 gemäß: »Der Mensch in seinen Ehren erkennt es nicht: unvernünftigen Tieren wird er gleich und ist ihnen ähnlich geworden.«

Dergestalt hat also grade der Hang der Sinnlichkeit, welcher Zündlichkeit heißt, in den anderen Seelwesen schlechthin das Berede von Gesetz, in der Weise freilich, auf welche man bei solchen dem gradaus gehenden Hang nach von Gesetz sprechen kann. Sonach hat er aber bei den Menschen nicht das Berede von Gesetz, sondern ist eher der Abweg vom Gesetze der Vernunft. Aber insoweit durch die göttliche Gerechtigkeit der Mensch aus der Urgerechtigkeit und der Lebenskraft der Vernunft geworfen wurde, hat gerade der Drang der Sinnlichkeit, der ihn führt, das Berede von Gesetz, insoweit er strafhaft und eine Folge aus dem göttlichen Gesetz ist, das den Menschen der ihm eigenbehörigen Würde bar machte.

Also zu 1. Die Begründung geht vom Zündlichen aus, wie es, in sich betrachtet, aufs Böse hinbiegt. Dergestalt hat es nämlich, wie eben gesagt, nicht das Berede von Gesetz, sondern insofern es aus der Gerechtigkeit des göttlichen Gesetzes folgt: gleich als ob man von Gesetz spräche, wenn ein Edler wegen seiner Schuld zu Sklavenarbeiten gezwungen werden dürfte.

Zu 2. Der Einwand geht davon aus, daß das Gesetz gleichsam Regel und Maß ist: denn dergestalt stellen sich die vom Gesetz Abwegigen als Übertreter heraus. Solcherart Gesetz ist aber die Zündlichkeit nicht. Sie ist es vielmehr durch eine gewisse Teilhaberschaft, wie eben gesagt worden ist.

Zu 3. Die Begründung geht in bezug auf die eigenbehörige Neigung beim Zündlichen vor, nicht aber in bezug auf dessen Ursprung. Und dennoch ist die Neigung der Sinnlichkeit, wenn sie ins Auge gefaßt wird, wie es sie in den anderen Seelwesen gibt, gerade auf das gemeinsame Gut hingeordnet, d. h. auf die Erhaltung der Natur in Art oder im Einzlichen. Das ist auch beim Menschen der Fall, anso die Sinnlichkeit sich unter der Vernunft hält. Vom Zündlichen ist aber die Rede, sonach es aus der Ordnung der Vernunft heraustritt.

92. Untersuchung

DIE WIRKUNGEN DES GESETZES

Erster Artikel

Hat das Gesetz die Wirkung, die Menschen gut zu machen?

Aus der Abhandlung. Ich antworte: Wie vorhin (90, 1 zu 2; 90, 3f.) gesagt, ist das Gesetz nichts anderes als die Befehlsvorschrift der Vernunft in dem Vorsitzer, mit der die Untergebenen regiert werden. Jedes Untergebenen Tugend liegt nun darin, daß es dem gut untergeben ist, wovon es regiert wird: gerade wie wir sehen, daß die Tugend beim Zornmut und beim Begehrmut darin besteht, daß sie der Vernunft gut gehorsam sind. Eben in dieser Weise »ist die Tugend eines jeden Untergebenen, daß es dem Herrschenden gut unterworfen ist«, wie der Philosoph 1. Politic. (5 n 8f.; vgl. 3, 2 n 7) sagt. Jeweils wird aber ein Gesetz darauf hin bestellt, daß ihm von den Untergebenen gehorsamt wird. Offenkundig hat darum das Gesetz die Eigenbehörigkeit, die Untertanen zu der ihnen eigenbehörigen Tugend hinzuführen. Da nun die Tugend es ist, »die den gut macht, der sie hat«, so folgt, daß die eigenbehörige Wirkung des Gesetzes ist, die gut zu machen, denen es gegeben wird, entweder schlechthin oder in gewisser Hinsicht. Falls nämlich das Vorhaben des Gesetzgebers auf das wahre Gut hinstrebt, welches das der göttlichen Gerechtigkeit gemäß beregelte Gemeinwohl ist, so folgt, daß die Menschen durch das Gesetz schlechthin gut werden. Trägt sich aber das Vorhaben des Gesetzgebers mit dem, was nicht schlechthin gut, sondern nützlich oder freulich für ihn ist oder der göttlichen Gerechtigkeit widerstreitet, so macht dann das Gesetz die Menschen nicht schlechthin, sondern in gewisser Hinsicht gut, d. h. in der Hinordnung auf eine solche Regierung. Dergestalt läßt sich aber Gut auch in dem antreffen, was an sich Übel sind: gerade wie einer ein guter Räuber heißt, wenn er zweckentsprechend ans Werk geht.

Zu 1. (Die Menschen sind gut durch die Tugend, die Tugend ist aber allein von Gott da, der sie in uns ohne uns bewirkt.) Wie aus dem früher Gesagten (63, 2) erhellt, gibt es eine doppelte Tugend: die erworbene und die eingegossene. Auf jede von beiden hin wirkt etwas die Gewöhnung an die Werke, aber in verschiedener Weise, denn sie verursacht die erworbene Tugend; zur eingegossenen Tugend stellt sie aber die Zurüste her und bewahrt und fördert ihren Besitz. Und weil das Gesetz dazu gegeben wird, daß es die menschlichen Handlungen in Richt bringt, so macht das Gesetz die Menschen insoweit gut, als die menschlichen Handlungen auf die Tugend hin wirken. Deswegen sagt auch der Philosoph 2. Politic. (Ethic. 2, 1 n 5): »Indem die Gesetzgeber angewöhnen, machen sie Gute.« (S. Nachtrag S. 542)

Zweiter Artikel

Werden die Wirkheiten des Gesetzes richtig angegeben?

Feststellung. Gemäß dem dreifachen Unterschied bei den menschlichen Handlungen (für die das Gesetz die Richt gibt), werden auch drei Wirken des Gesetzes genannt; es befiehlt ja das Gesetz die tugendhaften Handlungen, es verbietet die lasterhaften, es erlaubt die sittlich gleichgültigen; eine vierte Wirke des Gesetzes aber, d. i. das Bestrafen, nimmt man von dem her, womit das Gesetz zum Gehorchen führt, es ist die Furcht vor Strafe.

93. Untersuchung

DAS EWIGE GESETZ

Unsere Erwägung kommt zu den einzelnen Gesetzen (vgl. 90, Vorw.), zunächst zum ewigen Gesetz; an zweiter Stelle zum natürlichen Gesetz (94); drittens zum menschlichen Gesetz (95); viertens zum Alten Gesetz (98); fünftens zum Neuen Gesetz, das das Gesetz der Frohbotschaft ist (106). Zum sechsten Gesetz, das das Gesetz der Zündlichkeit (lex fomitis) ist, mag genügen, was bei der Behandlung der Erbsünde gesagt wurde (81ff.). Ums erste gehen sechs Fragen:

Erster Artikel

Ist das ewige Gesetz die höchste Vernunft (summa ratio) in Gott? (Vgl. 91, 1)

Abhandlung. 1. Scheinbar ist das ewige Gesetz nicht die höchste in Gott vorhandene Vernunft. Das ewige Gesetz ist nämlich nur eins. Der Dinggründe gibt es aber in Gott eine Mehrzahl; es sagt nämlich Augustinus 83 Quaest. (46): »Gott hat das Einzelne je mit eigenen Wesensgründen (rationibus) gemacht.« Also scheint das ewige Gesetz nicht ein und dasselbe mit der im göttlichen Geist (mente) vorhandenen Vernunft (ratio) zu sein.

2. *Ferner,* es gehört zum Wesen des Gesetzes, daß es mit Worten verkündigt wird, wie oben (90, 4; 91, 1 zu 2) gesagt wurde. Das WORT wird nun aber bei Gott persönlich verstanden, wie I (34, 1) sich ergab; Vernunft aber wird wesenhaft gebraucht. Es ist also das ewige Gesetz nicht ein und dasselbe mit der göttlichen Vernunft.

3. *Ferner,* Augustinus sagt De Vera Relig. 30: »Über unserm Geiste tritt ein Gesetz ins Licht, das Wahrheit heißt.« Nun ist aber das über unserm Geiste liegende Gesetz das ewige Gesetz. Also ist die Wahrheit das ewige Gesetz. Nun ist aber das Berede von Wahrheit und das von Vernunft nicht ein und dasselbe. Also ist das ewige Gesetz nicht ein und dasselbe, was höchste Vernunft ist.

Aber dagegen spricht, was Augustinus 1. De Lib. Arbitr. 6 sagt: »Das ewige Gesetz ist die höchste Vernunft, der man immer gehorchen muß.«

Ich antworte: Wie in jedem Werkschöpfer der Gedanke von dem, was durch die Werkkunst in Bestand tritt, vorher da ist, so gehört sich auch, daß in jedem Regierenden der Gedanke der Ordnung dessen vorherbesteht, was durch die zu tun ist, die der Regierung unterliegen. Und gerade wie der Gedanke der Dinge, die durch die Werkkunst werden sollen, Kunst heißt, oder Muster der werkgeschaffenen Dinge, so nimmt auch der Gedanke des die Handlungen der Untergebenen Regierenden das Berede von Gesetz an, wobei im übrigen gewahrt bleibt, was wir oben (90) für das Wesen des Gesetzes gesagt haben. Nun ist aber Gott durch seine Weisheit der Begründer der Dinge allzumal, er tritt zu ihnen in den Vergleich des Kunstwerkers zum Kunstgeschaffenen, wie I 14, 8 erörtert. Er ist auch der Regierer aller Handlungen und Wegungen, die in den einzelnen Geschöpfen angetroffen werden, wie ebenfalls I 103, 5 (vgl. I 22, 2) sich ergab. Gerade wie das Berede der göttlichen Weisheit, insofern durch sie das Gesamte erschaffen ist, das Berede von Kunst oder Muster oder Denkbild hat, so gewinnt das Berede der göttlichen, alles zum Sollziel hinwegenden Weisheit das Berede von Gesetz. Und demgemäß ist das ewige Gesetz nichts anderes als die Vernunft der göttlichen Weisheit, sonach sie auf die Richthaltung aller Handlungen und Wegungen abgestellt ist.

Also zu 1. Augustinus spricht an dieser Stelle von den denkbildlichen Wesensgründen, die eine Zukehrung zu den eigentümlichen Naturen der einzelnen Dinge haben; deswegen ist in ihnen eine gewisse Unterschiedlichkeit und Mehrzähligkeit nach den verschiedenen Hinsichten auf die Dinge zu finden, wie I 15, 2 erörtert. Gesetz hingegen heißt die Richtführung der Handlungen in Hinordnung auf das Gemeingut, wie oben (90, 2) gesagt wurde. Das aber, was in sich verschiedenartig ist, tritt als eines ins Auge, demnach als es auf ein Gemeinsames beordnet ist. Und deswegen ist das ewige Gesetz nur eins, es ist die Vernunft dieser Ordnung.

Zu 2. Bei Wort läßt sich allweg zweierlei ins Auge fassen: nämlich das Wort selbst und das, was mit dem Wort ausgedrückt wird. Das Wort ist nämlich eine Art des Stimmlichen, das der Mund des Menschen hervorbringt; aber mit diesem Wort wird ausgedrückt, was mit den menschlichen Worten bezeichnet wird. Und dieselbe Bewandtnis hat es mit dem inneren Wort (mentali) des Menschen, das nichts anderes ist als eine Art Empfängnis im Gedanken, womit der Mensch besinnhaft (mentaliter) das ausdrückt, worüber er denkt.[352] In solcher Weise wird also im Göttlichen das WORT selbst, das die Empfängnis des väterlichen Verstandes ist, persönlich gebraucht: es wird aber alles, was es nur immer im Wissen des Vaters gibt, mag es wesenhaft oder persönlich oder auch Gottes Werke sein, durch dieses WORT zum Ausdruck gebracht, wie durch Augustin 15. De Trin. (14; vgl. 6, 10) klar ist. Und unter dem übrigen, was durch dieses WORT zum Ausdruck kommt, findet auch das ewige Gesetz selbst seinen Ausdruck eben durch das WORT. Aber deswegen folgt doch nicht, daß das ewige Gesetz in der Gottheit persönlich genommen wird.

Es wird aber dem Sohne zugeeignet wegen der Übereinstimmung, die die Vernunft mit dem Wort hat.

Zu 3. Die Vernunft des göttlichen Verstandes steht anders zu den Dingen als die Vernunft des menschlichen Verstandes. Der menschliche Verstand nimmt nämlich sein Maß von den Dingen, so daß also die Begriffsempfängnis im Menschen nicht ihrer selbst wegen wahr ist, sondern daher wahr heißt, daß sie mit den Dingen zusammenstimmt; denn »daher, daß ein Ding ist oder nicht ist, gibt es die wahre oder die falsche Meinung« (Arist. Categor. 3 n 22). Der göttliche Verstand hingegen ist das Maß der Dinge: denn ein und jedes Ding hat soviel von der Wahrheit, als es den göttlichen Verstand nachahmt, wie im ersten Teil (16, 1) gesagt worden ist. Deswegen ist der göttliche Verstand sich gemäß wahr. Daher ist sein Wesen die Wahrheit selbst.[353]

Zweiter Artikel

Ist das ewige Gesetz allen kund? (Vgl. 19, 4 zu 3)

Abhandlung. 1. Scheinbar ist das ewige Gesetz nicht allen bekannt. Denn wie der Apostel 1. Kor. 2, 11 sagt, »hat niemand das erkannt, was Gottes ist, außer der Geist Gottes«. Nun ist aber das ewige Gesetz eine gewisse in Gott vorhandene Vernunft. Also ist es allen, nur Gott allein nicht, unbekannt.

2. Ferner, wie Augustinus De Lib. Arbitr. (1, 6) sagt, »ist es das ewige Gesetz, durch das zu Recht besteht, daß alles bestgeordnet ist«. Nun aber lernen nicht alle kennen, in welcher Weise alles bestgeordnet ist. Also lernen nicht alle das ewige Gesetz kennen.

3. Ferner, Augustinus sagt De Vera Relig. (31): »Es ist das ewige Gesetz, über das die Menschen nicht urteilen können.« Nun aber »beurteilt ein jeder gut, was er erkennt«, wie es 1. Ethic. (3 n 5) heißt. Also ist das ewige Gesetz uns nicht kund.

Aber dagegen spricht, was Augustinus De Lib. Arbitr. (a. a. O.) sagt: »Die Kenntnis des ewigen Gesetzes ist uns eingeprägt.«

Ich antworte: Man kann in zweierlei Weise etwas kennen lernen: auf die eine in sich, auf die andere in seiner Wirkleistung, worin irgend eine Ähnlichkeit mit ihm anzutreffen ist; gerade wie einer, der die Sonne nicht gegenständlich (in sua substantia) sieht, sie in ihrer Aufstrahlung erkennt. In dieser Weise gilt die Behauptung, daß keiner das ewige Gesetz demnach, was es in sich ist, erkennen kann, außer bloß die Seligen, die Gott wesenhaft schauen. Jedes vernünftige Geschöpf hingegen erkennt es irgend einer seiner Ausstrahlungen, sei es einer größeren oder einer kleineren, nach. Jede Erkenntnis von Wahrheit nämlich ist eine gewisse Einstrahlung und Teilhabe am göttlichen Gesetz, das die unwandelbare Wahrheit ist, wie Augustinus De Vera Relig. (31) sagt. Irgendwie erkennen aber alle die Wahrheit, zum wenigsten in bezug auf die gemeinsamen Ursätze des Naturgesetzes[354] Im übrigen wird einigen mehr und anderen weniger Erkenntnis der Wahrheit zuteil und erkennen sie demgemäß mehr oder weniger das ewige Gesetz.

Also zu 1. Das, was Gottes ist, kann zwar von uns nicht in sich selbst erkannt werden, wird uns aber doch in seinen Wirkleistungen kund, gemäß Röm. 1, 20: »Das, was unsichtbar an Gott ist, wird durch das, was gemacht ist, klar erkannt.«

Zu 2. Wenn auch ein jeder nach seinem Fassungsvermögen in der besagten Weise das ewige Gesetz erkennt, so kann es doch keiner erschöpfend erfassen: es kann sich nämlich nicht völlig durch seine Wirkleistungen kund tun. Und deswegen braucht nicht, wer auch immer das ewige Gesetz der besagten Weise gemäß erkennt, die ganze Dingordnung zu erkennen, durch die alles bestgeordnet ist.

Zu 3. Etwas beurteilen kann zwiefach verstanden werden. Einmal derweise, wie die Erkenntniskraft über den ihr eigenen Gegenstand ein Urteil fällt; gemäß dem Worte bei Hiob 12, 11: »Sitzt nicht das Ohr über die Worte zu Gericht und der Gaumen des Essenden über den Geschmack?« Von dieser Urteilsweise sagt der Philosoph: »Ein jeder beurteilt das gut, was er erkennt«, indem er nämlich das Urteil fällt, ob das, was ihm vorliegt, wahr ist. In der zweiten Weise urteilt ein Höherer über ein Niedrigeres mit einer Art wirktulichem Urteil, das heißt, ob es so sein soll oder nicht so. Derartig kann keiner über das ewige Gesetz ein Urteil abgeben.

Dritter Artikel

Wird jedes Gesetz vom ewigen Gesetz hergeleitet?

Abhandlung. 1. Scheinbar wird nicht jedes Gesetz vom ewigen Gesetz hergeleitet. Es gibt nämlich auch ein Gesetz der Zündlichkeit (lex fomitis), wie oben (91, 6) gesagt wurde. Das wird aber nun nicht von dem göttlichen Gesetz hergeleitet, das das ewige Gesetz ist: zu ihm nämlich gehört die Klugheit des Fleisches, von welcher der Apostel Röm. 8, 7 sagt: »Sie kann nicht dem Gesetze Gottes unterliegen.« Also geht nicht jedes Gesetz vom ewigen Gesetz aus.

2. Ferner, vom ewigen Gesetz kann nichts Verwerfliches ausgehen, weil, wie (vor. Art.) gesagt, »es das ewige Gesetz ist, gemäß dem zu Recht besteht, daß alles bestgeordnet ist«. Es gibt aber nun gewisse unbillige Gesetze, nach dem Wort bei Jes. 10, 1: »Wehe denen, die verwerfliche Gesetze aufrichten.« Also geht nicht jedes Gesetz vom ewigen Gesetz aus.

3. Ferner, Augustinus sagt 1. De Lib. Arbitr. (5): »Das Gesetz, das einem regierten Volk vorgeschrieben wird, duldet mit Recht vieles, was die göttliche Vorsehung ahndet.« Nun aber ist die Vernunft der göttlichen Vorsehung das ewige Gesetz, wie (Art. 1) gesagt worden ist. Also geht auch nicht jedes rechte Gesetz vom ewigen Gesetz aus.

Aber dagegen spricht, was Spr. 8, 15 die göttliche Weisheit sagt: »Durch mich herrschen die Könige und entscheiden die Gesetzgeber das Gerechte.« Die Vernunft der göttlichen Weisheit ist nun aber das ewige Gesetz, wie es oben hieß. Also gehen alle Gesetze vom ewigen Gesetz aus.

Ich antworte: Wie früher (90, 1f.) gesagt wurde, bedeutet jedes Gesetz eine Art Richtführung der Handlungen auf das Ziel. Bei allen Wegenden aber, die in einer Ordnung stehen, gehört sich, daß die Wirkkraft des Zweitwegenden von der Wirkkraft des Erstwegenden sich herleitet; denn das Zweitwegende wegt nur, insoweit es vom Ersten gewegt wird. Deswegen finden wir auch in allen Regierenden dasselbe, daß das Grundwesen von Regierung sich vom Erstregierenden auf die Zweiteiligen herableitet: gerade wie das Grundwesen von dem, was im Staate zu tun ist, vom König durch Gebot auf die

Unterbeamten sich weiterleitet. Und im Kunstwerklichen wird auch der Gedanke des werklichen Tuns von dem Baumeister auf die nachstehenden Werkleute hingeleitet, die mit der Hand wirken. Da das ewige Gesetz die Regierungsvernunft im Oberstregierenden ist, so müssen notwendig alle Regierungsgründe, die es in den tieferstehenden Regierenden gibt, vom ewigen Gesetz herfließen. Derartige Gründe nachgeordneter Regierender stellen nun die Gesetze dar, die es neben dem ewigen Gesetz irgendwie sonst gibt. Daher leiten sich alle Gesetze, insoweit sie an der rechten Vernunft teilhaben, vom ewigen Gesetz her. Und deswegen sagt Augustinus 1. De Lib. Arb. (6): »Im zeitlichen Gesetz gibt es nichts Gerechtes und Gesetzmäßiges, was sich nicht die Menschen aus dem ewigen Gesetz herleiteten.«

Also zu 1. Die Zündlichkeit (fomes) hat im Menschen das Gewese eines Gesetzes, insofern sie Strafe zufolge der göttlichen Gerechtigkeit ist; und es liegt auf der Hand, daß sie in dem Betracht vom ewigen Gesetz herfließt. Insoweit sie aber zur Sünde hinbiegt, steht sie als Gegnerin zum göttlichen Gesetz auf und hat nicht das Gewese von Gesetz, wie aus dem früher Gesagten (91, 6) klar ist.

Zu 2. Das menschliche Gesetz hat insoweit das Gewese von Gesetz, als es der rechten Vernunft gemäß ist: und sonach leitet es sich offenkundig vom ewigen Gesetz her. Insoweit es dagegen von der Vernunft abweicht, heißt es ungerechtes Gesetz und hat nicht das Gewese eines Gesetzes, sondern eher das einer Gewaltsamkeit. – Und doch leitet sich selbst im ungerechten Gesetz, insoweit es etwas von Ähnlichkeit mit Gesetz wahrt, wegen der Verordnung der Gewalt an den, der das Gesetz erläßt, eben dies auch vom ewigen Gesetz ab; denn »alle Gewalt ist von dem Herrn, dem Gott«, wie es Röm. 13, 1 heißt.

Zu 3. Vom menschlichen Gesetz sagt man, es dulde etwas, nicht als ob es das billige, sondern daß es das nicht in Richtung halten kann. Vieles aber wird durch das göttliche Gesetz in Richt gehalten, was durch das menschliche Gesetz nicht richtgeführt werden kann: der höher stehenden Ursache ist nämlich mehr Untertan als der tiefer stehenden. Eben daß das menschliche Gesetz sich nicht zwischen das einschließt, was es nicht in die Richte zu bringen vermag, rührt aus der Ordnung des ewigen Gesetzes her. Anders läge der Fall, wenn es das billigte, was das ewige Gesetz mißbilligt. Aber hieraus folgt nicht, daß das menschliche Gesetz nicht vom ewigen Gesetz sich herleitet, sondern daß es dieses nicht vollkommen erreichen kann.

Vierter Artikel

Ist das Notwendige und Ewige dem ewigen Gesetz unterworfen?

Abhandlung. 1. Scheinbar ist das Notwendige und Ewige dem ewigen Gesetz unterworfen. Alles nämlich, was vernunftlich ist, unterliegt der Vernunft. Nun ist aber der göttliche Wille vernunftlich: da er gerecht ist. Also ist er der Vernunft untergeben. Nun ist aber das ewige Gesetz die göttliche Vernunft. Also ist der göttliche Wille unter das ewige Gesetz gegeben. Nun ist aber der Wille Gottes etwas Ewiges. Also unterliegt auch das Ewige und das Notwendige dem ewigen Gesetz.

2. Ferner, was nur immer dem König botmäßig ist, unterliegt dem Gesetz des Königs. Nun aber ist der Sohn, wie es 1. Kor. 15, 24 u. 28 heißt, »Gott und dem Vater unterworfen, da er ihm das Königreich übergibt«. Also unterliegt der Sohn, der ewig ist, dem ewigen Gesetz.

3. Ferner, das ewige Gesetz ist die Vernunft der göttlichen Vorsehung. Nun aber ist viel Notwendiges der göttlichen Vorsehung unterworfen; wie das Bleibende der unkörperlichen Wesen und der Himmelskörper. Also ist auch das Notwendige unter das ewige Gesetz gegeben.

Aber dagegen kann sich, was notwendig ist, unmöglich anders verhalten: weswegen es der Zaumführung bei ihm nicht bedarf. Nun wird aber das Gesetz den Menschen auferlegt, um sie vom Bösen zurückzuhalten, wie aus dem früher Gesagten (92, 2) klar ist. Also ist das, was notwendig ist, nicht unter das Gesetz gegeben.

Ich antworte: Wie vorhin (Art. 1) gesagt, ist das ewige Gesetz die Vernunft der göttlichen Regierung. Was also nur immer unter die göttliche Regierung gegeben ist, ist auch dem ewigen Gesetz unterworfen; was hingegen nicht unter die ewige Regierung gegeben ist, ist auch nicht unter das ewige Gesetz gegeben. Nun läßt sich der Unterschied hierzwischen aus dem gewahr werden, was es um uns herum gibt. Unter menschliche Regierung ist nämlich das gegeben, was durch die Menschen geschehen kann. Was dagegen in den Bereich der Menschennatur fällt, ist nicht unter menschliche Regierung gegeben, daß nämlich der Mensch eine Seele hat oder Hände oder Füße. So ist also unter das ewige Gesetz alles gegeben, was es in den von Gott erschaffenen Dingen gibt, sei es nun freifällig oder notwendig; was hingegen in den Bereich der göttlichen Natur oder Wesenheit fällt, ist nicht unter das ewige Gesetz gegeben, sondern ist dinglich das ewige Gesetz selbst.

Also zu 1. Vom Willen Gottes kann in doppelter Weise die Rede sein. In der einen, soweit sie den Willen selbst anlangt: und so unterliegt der Wille Gottes, da er dessen Wesenheit selbst ist, nicht der göttlichen Regierung, und auch nicht dem ewigen Gesetz, sondern ist ein und dasselbe mit dem ewigen Gesetz. In der zweiten Weise kann vom göttlichen Willen in Anlangung eben dessen die Rede sein, was Gott betreffs der Geschöpfe will: das ist nämlich dem ewigen Gesetz unterworfen, insoweit seine Berechnung (ratio) in der göttlichen Weisheit vorhanden ist. Und auf Grund (ratione) dessen heißt der Wille Gottes vernunftlich (rationabilis). Im übrigen hieße er hinsichtlich seiner selbst besser Vernunft (ratio).

Zu 2. Gottes Sohn ist nicht von Gott gemacht, sondern naturhaft von ihm gezeugt. Und deswegen ist er nicht unter die göttliche Vorsehung oder das ewige Gesetz gegeben, sondern eher ist er selbst das ewige Gesetz durch eine Art von Zueignung, wie durch Augustinus De Vera Relig. (31) sich ergibt. Dem Vater unterworfen heißt er aber auf Grund der menschlichen Natur, der nach auch der Vater größer heißt (Jo. 14, 28) als er.

Zu 3. Zugegeben: denn es dreht sich um das erschaffene Notwendige.

Zum Gegeneinwand. Wie der Philosoph 5. Metaph. (Did. 4, 5 n 5) sagt, hat etliches Notwendige eine Ursache seiner Notwendigkeit: und hat, eben daß es unmöglich anders ist, von einem andern. Und gerade das ist die wirksamste Zaumführung: denn was auch immer am Zaum geführt wird, heißt insofern gezügelt, als es nichts anderes machen kann, als man über es verfügt.

Fünfter Artikel

Steht das natürliche Freifällige unter dem ewigen Gesetz?

Abhandlung. 1. Scheinbar steht das natürliche Freifällige (contingentia) nicht unter dem ewigen Gesetz. Die Verkündung nämlich gehört zum Begriff von Gesetz, wie es oben (90, 4) hieß. Nun kann aber eine Verkündung nur an vernünftige Geschöpfe geschehen, denen man etwas anzeigen kann. Also unterstehen bloß die Vernunftgeschöpfe dem ewigen Gesetz. Nicht also das Freifällige in der Natur.

2. Ferner, »was der Vernunft gehorcht, hat irgendwie Teil an Vernunft«, wie es 1. Ethic. (13, 17f.) heißt. Nun ist aber das ewige Gesetz höchste Vernunft, wie es vorhin (Art. 1) hieß. Da das Freifällige in der Natur keineswegs mit Vernunft beteilt, sondern vollständig unvernunftlich ist, so scheint es also nicht dem ewigen Gesetz zu unterliegen.

3. Ferner, das ewige Gesetz ist von höchster Wirksamkeit. Nun aber tritt beim Freifälligen in der Natur auch Versagung ein. Es ist also nicht unter das ewige Gesetz gegeben.

Aber dagegen spricht, was Spr. 8, 29 gesagt wird: »Als er das Meer mit seinen Enden umgab und den Wassern zum Gesetz machte, ihre Grenzen nicht zu überschreiten.«

Ich antworte: Es verhält sich anders mit Menschengesetz, als mit dem ewigen Gesetz, das Gottes Gesetz ist. Menschengesetz bereicht nur die vernünftigen Geschöpfe, die dem Menschen unterworfen sind. Der Grund hierfür ist der, daß das Gesetz Richtführung der Handlungen ist, die für die einer Regierung Unterworfenen taugen: weswegen im eigentlichen Sinne keiner seinen Handlungen ein Gesetz gibt. Was es nun aber auch immer an Handlungen bei dem Gebrauch der unvernünftigen, dem Menschen unterworfenen Dinge gibt, geschieht eben durch Tun vom Menschen, der solche Dinge wegt: denn solcherart Geschöpfe ohne Vernunft treiben sich nicht selbst, sondern haben den Antrieb von anderen, wie früher schon (1, 2) festgestellt. Deswegen kann der Mensch nicht den unvernünftigen Dingen ein Gesetz auflegen, wie sehr sie ihm auch unterworfen sind. Den vernünftigen, ihm unterworfenen Dingen aber kann er ein Gesetz auflegen, insoweit er mit seinem Gebot oder irgend welcher Ankündigung ihrem Besinn eine Art Richtschnur einprägt, die Handlungsurheit ist.

Gerade wie nun aber der Mensch mit einer Kundgebung eine gewisse innere Handlungsurheit dem ihm untergebenen Menschen einprägt, so prägt auch Gott der ganzen Natur die Urheiten für die Eigenhandlungen ein. Das ist die Weise, in der man deswegen von Gott sagt, er gebe der ganzen Natur ihr Gebot, Ps. 148, 6 gemäß: »Ein Gebot hat er erlassen, und es wird nicht vergehen.« Und aus dem Grunde unterstehen auch alle Wegungen und Tätigkeiten der ganzen Natur dem ewigen Gesetz. In anderer Weise als die Vernunftgeschöpfe unterstehen daher die unvernünftigen Geschöpfe dem ewigen Gesetz, insofern sie von der göttlichen Vorsehung, nicht aber durch das Verstehen des göttlichen Gebots angewegt werden.

Also zu 1. Die Einprägung einer auf das Tun abgestellten Innenurheit verhält sich zu den Naturdingen in der nämlichen Weise, wie die Gesetzverkündung den Menschen gegenüber dasteht: denn durch die Gesetzesverkündung wird, wie gesagt, den Menschen eine Art Richturheit für die menschlichen Handlungen eingeprägt.

Zu 2. Die vernunftlose Schöpfung hat keine Teilhabe an der menschlichen Vernunft und gehorcht ihr nicht; sie ist aber über den Weg des Gehorsams mit göttlicher Vernunft beteilt. Denn die Wirkkraft der göttlichen Vernunft dehnt sich auf ein Mehreres hinaus, als die Wirkkraft der menschlichen Vernunft. Und gerade wie die Glieder des menschlichen Körpers sich nach Vernunftbefehl bewegen, indessen an Vernunft nicht teilhaben, weil sie nicht eine vernunftbeordnete Wahrnehmung haben, so wird auch die vernunftlose Schöpfung von Gott bewegt und ist deswegen doch nicht vernünftig.

Zu 3. Wiewohl die Versagungen, welche in den natürlichen Dingen eintreten können, außer der Ordnung der Einzelursachen liegen, so treten sie doch nicht aus der Reihe der alleinslichen Ursachen; und zumal nicht der Erstursache, die Gott ist, dessen Vorsehung sich nichts heimlich entziehen kann, wie im ersten Teil (22, 2) gesagt wurde. Und weil, wie gesagt, das ewige Gesetz die Vernunft in der Vorsehung ist, so untersteht darum die Versagung bei den Naturdingen dem ewigen Gesetz.

Sechster Artikel

Sind alle menschlichen Dinge dem ewigen Gesetz unterworfen? (Vgl. I 22, 2)

Abhandlung. 1. Scheinbar sind nicht alle menschlichen Dinge dem ewigen Gesetz unterworfen. Es sagt nämlich der Apostel Gal. 5, 18: »Wenn ihr vom Geiste geführt werdet, seid ihr nicht unter dem Gesetz.« Nun treibt aber die Gerechten, die Kinder Gottes durch Annahme sind, der Geist Gottes, gemäß Röm. 8, 14: »Alle, die durch den Geist Gottes getrieben werden, die sind Gottes Kinder.« Also stehen nicht alle Menschen unter dem ewigen Gesetz.

2. Ferner, der Apostel sagt Röm. 8, 7: »Das Sinnen des Fleisches ist Feindschaft gegen Gott; denn dem Gesetze Gottes unterordnet es sich nicht.« Nun gibt es aber viele Menschen, in denen die Klugheit des Fleisches Herr ist. Also sind dem ewigen Gesetz, welches das Gesetz Gottes ist, nicht alle Menschen unterworfen.

3. Ferner, Augustinus sagt 1. De Lib. Arb. (6): »Es ist das ewige Gesetz, durch das die Bösen das Elend, die Guten das ewige Leben verdienen.« Nun sind aber die bereits Seligen und die schon Verdammten nicht mehr im Verdienststande. Also unterstehen sie nicht dem ewigen Gesetz.

Aber dagegen spricht, was Augustinus 19. De Civ. Dei (12) sagt: »In keinerlei Weise läßt sich etwas den Gesetzen des höchsten Schöpfers und Ordners entziehen, der den Frieden der All-Einheit verwaltet.«

Ich antworte: Wie aus dem vorhin Gesagten klarsteht, gibt es eine zweifache Weise, in der etwas dem ewigen Gesetz untersteht: die eine, insofern das ewige Gesetz auf dem Wege der Erkenntnis zuteil gegeben wird; die andere, eine Tu- und Leideweise, insoweit es in der Form der inneren Wegungsurheit zuteil wird. In dieser zweiten Weise unterstehen, wie gesagt, die vernunftlosen Geschöpfe dem ewigen Gesetz. Weil nun aber die Vernunftnatur zusammen mit dem, was allen Geschöpfen gemeinsam ist, etwas ihr Eigenbehöriges hat, insoweit sie vernünftig ist, so untersteht sie nach beiderlei Art dem ewigen Gesetz: denn sie hat einerseits in irgend einer Weise die Kunde vom ewigen Gesetz, wie oben (Art. 2) gesagt, und anderseits wohnt jedem vernünftigen Geschöpf die vernünftige Neigung zu dem inne, was zum ewigen Gesetz stimmt; wir sind nämlich »dazu geboren, Tugenden zu haben«, wie es 2. Ethic. (1, 3) heißt.

Indessen ist freilich jede von beiden Weisen bei den Bösen unvollkommen und in gewisser Weise verdorben; in ihnen wird sowohl die natürliche Neigung zur Tugend durch die lasterhafte Verhabung verschlechtert, als auch wieder gerade die natürliche Erkenntnis von Gut in ihnen durch die Leidenschaften und die Sündenverhabungen verdunkelt wird. Bei den Guten aber findet sich beiderlei Weise vollkommener; denn es wird ihnen sowohl über die natürliche Erkenntnis von Gut hinaus die Erkenntnis des Glaubens und der Weisheit als Zubesserung gegeben, als auch über die natürliche Neigung zu Gut das innere Wegende an Gnade und Tugend hinzugetan.

So stehen also die Guten vollkommen unter dem ewigen Gesetz als solche, die immer nach ihm handeln. Die Bösen aber stehen zwar unter dem ewigen Gesetz, indessen unvollkommen in Anbetracht ihrer Tätigkeiten, wie sie ja ein unvollkommenes Erkennen haben und eine unvollkommene Neigung zu Gut; was aber auf der Seite des Tuns abgeht, wird auf der Leidensseite ergänzt, wie ja das ewige Gesetz an Leiden soviel über sie verhängt, als sie im Tun dessen versagen, was dem ewigen Gesetz entspricht. Deshalb sagt Augustinus 1. De Lib. Arbitr. (15): »Ich bin der Meinung, daß die Gerechten unter dem ewigen Gesetz handeln.« Und De Catechizandis Rudibus (18) sagt er: »Gott weiß aus dem gerechten

Elend der Seelen, die ihn verlassen, nach ganz richtigen Gesetzen die niedriger stehenden Teile seiner Schöpfung zu regeln.«

Also zu 1. Dies Wort des Apostels kann doppelt verstanden werden. Einmal so, daß der unter dem Gesetz steht, der widerwillig unter der Gesetzverpflichtung steht wie unter einer Last. Darum sagt dazu die Glosse: »Unter dem Gesetz ist, der aus Furcht vor der Strafe, die das Gesetz androht, nicht aus Liebe zur Gerechtigkeit, des bösen Werks sich enthält.« In dieser Weise stehen die Geistigen nicht unter dem Gesetz: weil sie durch die Liebe, die der Heilige Geist ihren Herzen eingießt, willig, was zum Gesetz gehört, erfüllen. – Die Stelle kann auch anders dahin verstanden werden, daß die Werke des Menschen, der vom Heiligen Geist getrieben wird, mehr die Werke des Heiligen Geistes als des Menschen selber heißen. Da der Heilige Geist nicht unter dem Gesetz steht, wie auch nicht der Sohn, wie oben (Art. 4 zu 2) gesagt, so folgt deswegen, daß solche Werke, insoweit sie des Heiligen Geistes sind, nicht dem Gesetz unterstehen. Zeugnis legt dafür auch das Wort des Apostels 2. Kor. 3, 17 ab: »Wo der Geist des Herrn, da ist Freiheit.«

Zu 2. Die Klugheit des Fleisches kann auf Seiten des Tuns nicht dem Gesetz Gottes unterworfen sein; denn sie biegt zu Handlungen hin gegen Gottes Gesetz. Von der Leidensseite her ist sie aber dem Gesetz Gottes unterworfen; denn sie verdient nach dem Gesetz der göttlichen Gerechtigkeit, Strafe zu leiden. – Nichtsdestoweniger herrscht indessen in keinem Menschen die Fleischesklugheit so, daß sie das ganze Gut der Natur verdirbt. Und deshalb bleibt im Menschen die Neigung zu tun, was ewiggesetzlich ist. Es ergab sich ja oben (85, 2), daß die Sünde nicht das ganze Gut der Natur aufhebt.

Zu 3. Wodurch etwas im Ziel sich hält und wodurch es zum Ziel sich wegt, ist ein und dasselbe: gerade wie der Schwerkörper durch die Schwere am tieferen Ort zur Ruhe kommt, durch die er auch eben zu der Stelle bewegt wird. Es ist also so: gerade wie nach dem ewigen Gesetz etwelche Seligkeit oder Elend verdienen, so werden sie durch dasselbe Gesetz in der Seligkeit oder dem Elend gehalten. Demgemäß unterstehen sowohl die Seligen als auch die Verdammten dem ewigen Gesetz.

94. Untersuchung

DAS NATURHAFTE GESETZ

Erster Artikel

Ist das Naturgesetz eine Verhabung?

Abhandlung. 1. Scheinbar ist das Naturgesetz eine Verhabung. Denn wie der Philosoph sagt 2. Ethic. (5, 1), »gibt es dreierlei in der Seele: Vermögen, Verhabung und Leidewegung«. Nun ist aber das naturhafte Gesetz nicht eins von den Seelenvermögen und auch nicht eine von den Leidewegungen: wie ersichtlich wird, wenn man sie einzeln aufzählt. Also ist das Naturgesetz eine Verhabung.

2. Ferner, Basilius (Damascenus, De Fide orth. 4, 22) sagt, daß das Gewissen oder der Gewissensurschatz (synderesis)[355] »das Gesetz unseres Verstandes« ist, was nur vom Naturgesetz verstanden werden kann. Nun ist aber der Gewissensurschatz eine Art Verhabung laut I 79, 12. Also ist das Naturgesetz eine Verhabung.

3. Ferner, das Naturgesetz bleibt im Menschen immer, wie sich unten (Art. 6) herausstellen wird. Nun aber ist die Vernunft des Menschen, in deren Bereich das Gesetz fällt, mit ihren Gedanken nicht immer beim Naturgesetz. Also ist das natürliche Gesetz nicht ein Tun, sondern eine Verhabung.

Aber dagegen spricht, was Augustinus De Bono Coniugali (21) sagt: »Verhabung ist das, womit man etwas tut, wann es sich gehört.« Nun ist das aber nicht mit dem Naturgesetz der Fall; es findet sich nämlich bei den kleinen Kindern und in den Verdammten, die mit ihm nicht handeln können. Also ist das Naturgesetz nicht eine Verhabung.

Ich antworte: In zweierlei Weise kann etwas Verhabung heißen. Einmal im eigentlichen und wesenhaften Sinne: und in dieser Weise ist das Naturgesetz nicht eine Verhabung. Es hieß oben (90, 1 zu 2), daß das naturhafte Gesetz etwas durch die

Vernunft Aufgestelltes ist: gerade wie auch ein Aussagesatz ein gewisses Werk der Vernunft ist. Wer tut und womit einer tut, ist aber nicht ein und dasselbe: es gebraucht nämlich einer durch die Verhabung der Grammatik den angemessenen Redeausdruck. Da die Verhabung das ist, womit einer tut, so kann also nicht der Fall sein, daß irgend ein Gesetz eine Verhabung im eigentlichen und wesenhaften Sinne ist.

In einer zweiten Weise kann Verhabung das heißen, was durch die Verhabung festgehalten wird: gerade wie Glaube das heißt, was man mit dem Glauben festhält. Da die Vorschriften des Naturgesetzes bisweilen wirkgeschehlich von der Vernunft ins Auge gefaßt werden, bisweilen in ihr aber nur verhabungsweise da sind, so kann in dieser Weise das Naturgesetz Verhabung heißen. Gerade so sind auch die unbeweisbaren Ursätze im Einsichtlichen nicht die Verhabung der Ursätze, sondern stehen als Ursätze da, von denen es eine Verhabung gibt.

Also zu 1. Dort hat der Philosoph vor, die Tugendgattung ausfindig zu machen; und da die Tugend offenkundig eine Art Handlungsurheit ist, so führt er nur das an, was Urheit menschlicher Handlungen ist, das heißt Vermögen, Verhabungen und Leidewegungen. Neben diesen dreien gibt es aber etliches andere in der Seele: wie Wirkgeschehungen; so ist das Wollen im Wollenden und auch das Erkannte ist im Erkennenden; und auch die natürlichen Eigenbehörigkeiten der Seele wohnen ihr inne, wie Unsterblichkeit und anderes Derartige.

Zu 2. Gewissensurschatz heißt das Gesetz unseres Verstandes, insoweit es die Verhabung ist, die die Gebote des Naturgesetzes enthält, welche die ersten Urheiten der menschlichen Werke sind.

Zu 3. Diese Begründung ist dahin schlüssig, daß das Naturgesetz verhabungsweise festgehalten wird; und das geben wir zu.

Zum Gegeneinwand. Was verhabungsweise innewohnt, kann einer zuweilen wegen eines Hindernisses nicht gebrauchen: gerade wie ein Mensch die Wissensverhabung von Schlafenswegen nicht ausnutzen kann. Ähnlicherweise kann auch das Kind keinen Gebrauch von der Verhabung des Ursätzeverstandes machen oder auch nicht vom Naturgesetz, das ihm verhabungsweise innewohnt, weil ihm das Alter fehlt.

Zweiter Artikel

Enthält das Naturgesetz mehrere Gebote oder nur eins?

Abhandlung. 1. Scheinbar enthält das Naturgesetz nicht mehrere Gebote. Das Gesetz nämlich gehört in die Gattung des Gebots, laut 92, 2. Wenn es nun viele Gebote des Naturgesetzes gäbe, so würde also folgen, daß es auch viele Naturgesetze gäbe.

2. Ferner, das naturhafte Gesetz folgt der Menschennatur. Nun ist aber die menschliche Natur dem Ganzen nach eine, mag sie auch vielfältig den Teilen nach sein. Also gibt es entweder nur ein Gebot des Naturgesetzes wegen der Einheit des Ganzen, oder es gibt deren viele gemäß der Vielheit der Teile in der menschlichen Natur. Und so gehörte es sich, daß auch das, was es von der Neigung des Begehrmuts her gibt, auf das Naturgesetz entfällt.

3. Ferner, wie früher (90, 1) bemerkt, ist das Gesetz etwas aus dem Bereiche der Vernunft. Nun gibt es aber nur eine Vernunft im Menschen, also gibt es auch nur ein Gebot des Naturgesetzes.

Aber dagegen spricht, daß sich die Gebote des natürlichen Gesetzes im Menschen so in bezug auf das Werktuliche verhalten, wie es die ersten Ursätze beim Beweistümlichen tun. Nun sind aber die ersten unerweislichen Ursätze in der Vielzahl da. Also gibt es auch der Gebote des Naturgesetzes mehrere.

Ich antworte: Wie bereits (91, 3) erörtert, haben die Gebote des Naturgesetzes zur Wirkvernunft die gleiche Stellung, welche die ersten Beweisursätze zur Einsichtvernunft haben; beides sind nämlich gewisse an sich bekannte Ursätze. An sich bekannt heißt aber etwas in zweifacher Weise, einmal sich selber nach, sodann in bezug auf uns. Sich selber nach bekannt heißt nämlich jeder beliebige Satz, dessen Aussage Gewese vom Gegenstand an sich hat; es tritt indessen der

Fall ein, daß ein solcher Satz einem, der die Begriffsbestimmung des Satzgegenstandes nicht kennt, nicht an sich kund ist. Gerade wie folgender Satz: »Der Mensch ist vernünftig«; an sich seiner Natur nach kund ist; denn wer Mensch sagt, meint ein Vernünftiges; und doch ist dem, der nicht weiß, was Mensch ist, dieser Satz nicht an sich bekannt. Daher rührt, wie Boethius De Hebdomad. sagt, daß es gewisse an sich insgemein allen bekannte Geltungs- oder Hauptsätze gibt; und dahin gehören jene Sätze, deren Begriffe allen bekannt sind, wie: »Jedes Ganze ist größer als sein Teil« und: »Mehreres, das ein und demselben gleich ist, ist unter sich gleich.« Etliche Sätze hingegen sind allein den Einsichtigen an sich bekannt, die von den Satzbegriffen verstehen, was sie bezeichnen sollen; gerade wie dem, der versteht, daß der Engel nicht ein Körper ist, an sich bekannt ist, daß er nicht einen raumumschriebenen Ort hat, etwas, das nicht den Ungebildeten offenkundig ist, die es nicht fassen.

In dem aber, was in die Wahrnehmung aller fällt, trifft man eine gewisse Ordnung an. Denn das, was zuerst in die Wahrnehmung fällt, ist Seiend, das bei allem, was einer wahrnimmt, mit verstanden wird.[356] Deswegen ist der erste unbeweisbare Ursatz: »Ja und Nein sind nicht gleichzeitig«, was auf dem Gewese von Seiend und Nichtseiend beruht: und auf diesen Ursatz gründen alle anderen, wie es 4. Metaph. (Did. 3, 3 n 9) heißt. Gerade wie aber Seiend das Erste ist, das in die Wahrnehmung schlechthin fällt, so ist Gut das Erste, das in die Wahrnehmung der Wirkvernunft fällt, die werkbeordnet ist: jedes Tuende tut nämlich wegen eines Zweckes, er hat das Berede von Gut. Deswegen ist erster Ursatz bei der Wirkvernunft das, was auf den Begriff von Gut sich gründet, nämlich: »Gut ist, wonach alles begehrt.« Es ist also erstes Gesetzesgebot: »Gut ist zu tun und ihm nachzutrachten und Übles zu meiden.«[357]

Und hierauf gründen alle anderen Gebote des Naturgesetzes; sodaß also alljenes zu Tuende und zu Meidende in den Bereich der Gebote des Naturgesetzes fällt, wovon die Wirkvernunft wahrnimmt, daß es menschliche Güter sind.

Weil aber Gut das Berede von Zweck hat, Übel aber das Berede des Gegenteils, so kommt es, daß die Vernunft alles, wozu der Mensch eine natürliche Neigung hat, naturhaft als gut wahrnimmt und folgehaft als werkwürdig, das Gegenteil davon aber als übel und zu meiden.[358] Der Ordnung der natürlichen Neigungen entlang also verläuft die Geboteordnung des Naturgesetzes. Einmal wohnt nämlich dem Menschen der Hang zu Gut inne gemäß der Natur, in der er mit allen Wesen in einer Gemeinschaft steht; angesichts dessen nämlich, daß jedes Wesen die Erhaltung seines naturgemäßen Seins begehrt. Gemäß dieser Neigung fällt das in den Bereich des natürlichen Gesetzes, womit das Leben des Menschen erhalten und das Gegenteil verhindert wird. – Sodann wohnt dem Menschen die Neigung zu etwas mehr Besonderem inne, jener Natur nach, durch die er eine Gemeinsamkeit mit den übrigen Seelwesen aufweist. Diesem gemäß rechnet zum natürlichen Gesetz, »was die Natur alle Seelwesen lehrt« (1ff. De Iustitia et Iure), wie es die Verbindung von Männlich und Weiblich, die Aufzucht der Nachkommen und ähnliches ist. – Drittens wohnt dem Menschen die Neigung zu Gut gemäß der Natur der Vernunft inne, die ihm eigenbehörig ist: wie der Mensch einen natürlichen Hang dazu hat, daß er die Wahrheit über Gott kennen lernt, und dazu, daß er in Gesellheit lebt. Demgemäß fällt das in den Bereich des Naturgesetzes, was auf eine solche Neigung Bezug hat, wie: daß der Mensch Unwissenheit meidet, daß er die anderen, mit denen er verkehren muß, nicht stößt und anderes derart, was sich hierauf bezieht.

Also zu 1. Alle jene Gebote des Naturgesetzes haben, insofern sie auf das eine erste Gebot sich zurückbeziehen, das Gewese eines einzigen naturhaften Gesetzes.

Zu 2. Alle Neigungen, bei welchen Teilen der menschlichen Natur sie auch auftreten mögen, zum Beispiel Begehr und Zornmut, fallen demnach, daß sie ihre Richtschnur an der Vernunft haben, in den Bereich des Naturgesetzes und lassen sich auf das eine erste Gebot, wie gesagt, zurückführen. Demnach gibt es in sich gesehen viele Gebote des Naturgesetzes, sie kommen indes in einer Wurzel gemeinschaftlich zusammen.

Zu 3. Obwohl die Vernunft in sich nur eine ist, so ist sie doch die Ordnerin von allem, was auf die Menschen Bezug hat. Und demgemäß ist unter das Gesetz der Vernunft alles beschlossen, was mit der Vernunft richtgemessen werden kann.[359]

Dritter Artikel

Sind alle Tugendhandlungen naturgesetzlich?

Abhandlung. 1. Scheinbar haben nicht alle Tugendhandlungen mit dem Naturgesetz zu tun. Denn, wie früher gesagt (90, 2), liegt im Gesetzgewese, daß es die Hinordnung auf das Gemeingut hat. Aber nun sind gewisse Tugendhandlungen auf das Eigentumsgut hingeordnet: wie sich hauptsächlich bei den Handlungen der Mäßigung herausstellt. Es unterstehen also nicht alle Tugendhandlungen dem Naturgesetz.

2. Ferner, alle Sünden stehen zu irgend welchen tugendhaften Handlungen im Gegensatz. Wenn also alle Tugendhandlungen naturgesetzlich sind, scheinen folgerichtig alle Sünden gegen die Natur zu sein. Das heißt es indessen besonderartig von etlichen Sünden.

3. Ferner, in dem, was naturgemäß ist, stimmen alle überein. Nun sind aber bei den Tugendhandlungen nicht alle einig: dem einen ist nämlich etwas tugendhaft, was dem anderen lasterhaft ist. Also gehören nicht alle Tugendhandlungen ins Naturgesetz.

Aber dagegen spricht, was Johannes von Damaskus 3. De Fide orth. 3, 14 sagt: »Die Tugenden sind naturhaft.« Also sind auch die tugendhaften Handlungen dem Naturgesetz unterworfen.

Ich antworte: Von tugendhaften Handlungen kann in zweierlei Weise die Rede sein; einmal, insofern sie tugendhaft sind; dann, insoweit sie als Handlungen bestimmter Beschaffenheit in ihren eigenen Arten ins Auge gefaßt werden. Sprechen wir nun von den Tugendhandlungen, insoweit sie tugendhaft sind, so gehören alle tugendhaften Handlungen in den Bereich des Naturgesetzes. Vorhin wurde ja gesagt, daß alles das in den Bereich des Naturgesetzes schlägt, wozu der Mensch seiner Natur gemäß neigt. Es neigt aber jeweilen etwas naturhaft zu der Tätigkeit, die zu ihm seiner Wesensform nach taugt: gerade wie das Feuer zum Warmmachen. Da die Vernunftseele die eigenbehörige Wesensform des Menschen ist, so ist deswegen jedwedem Menschen die naturhafte Neigung dazu inne, daß er vernunftgemäß handelt. Und das heißt tugendgemäß handeln. Dementsprechend kommen deswegen alle Tugendhandlungen vom Naturgesetz her: jedem gibt nämlich naturhaft die eigene Vernunft zu Befehl, daß er tugendhaft handle. – Hingegen, wenn wir von den tugendhaften Handlungen sich selber nach reden, d. h., wie sie in eigenen Arten ins Auge treten, so sind nicht alle tugendhaften Handlungen naturgesetzlich. Vieles geschieht nämlich tugendgemäß, wozu die Natur zunächst nicht neigt; vielmehr haben es die Menschen mit Vernunftforschen als nützlich erfunden, um das Leben gut zu führen.

Also zu 1. Die Mäßigung hat es mit den natürlichen Begierlichkeiten nach Speise und Trank und Geschlechtlichem zu tun; das hat indessen eine Bezugsordnung auf das Gemeingut der Natur, gerade wie auch das Gesetzliche sonst die Ordnung zum sittlichen Gemeingut hat.

Zu 2. Menschennatur kann heißen, die dem Menschen eigenbehörig ist: und demgemäß sind alle Sünden, insoweit sie gegen die Vernunft sind, auch gegen die Natur, wie durch Johannes von Damaskus 2. De Fide orth. (4 u. 30; vgl. 4, 20) klar ist. Oder auch die, die dem Menschen und den anderen Seelwesen gemeinsam ist: und demgemäß heißen etliche besonderartige Sünden solche gegen die Natur; wie gegen die Vereinigung von Mann und Weib, die allen Seelwesen naturhaft ist, der Mannverkehr geht, der besonderartig das Laster gegen die Natur heißt.

Zu 3. Diese Beweisführung geht von den Handlungen aus, wie sie sich selber nach betrachtet werden. So ist nämlich der Fall, daß wegen der verschiedenartigen Bedinglichkeiten der Menschen etwelche Handlungen für einige als im Anmaß und Einklang mit ihnen stehend tugendhaft sind, die indes für andere als ihnen nicht angemessen fehlerhaft sind.

Vierter Artikel

Ist das Naturgesetz bei allen eins? (Vgl. 2 II 57, 2 zu 1)

Abhandlung. Scheinbar ist das Naturgesetz nicht bei allen eins. Es heißt nämlich in Decret. dist. 1: »Es ist naturhaftes Recht, was Gesetz und Evangelium enthalten.« Nun ist das aber nicht allen gemeinsam: denn wie es Röm. 10, 16 heißt: »Nicht alle gehorchen dem Evangelium.« Also ist das Naturgesetz nicht bei allen eins.

2. *Ferner,* »was dem Gesetze entspricht, heißt gerecht«, wie es 5. Ethic. (1 n 12) heißt. Nun aber heißt es darin auch (7 n 4f.): nichts ist bei allen so gerecht, daß es nicht bei einigen verschieden auftritt. Also ist auch das Naturgesetz nicht bei allen ein und dasselbe.

3. *Ferner,* zum Naturgesetz gehört das, wozu der Mensch seiner Natur nach hinneigt, wie oben (Art. 2, 3) gesagt wurde. Nun aber neigen verschiedene Menschen naturhaft zu Verschiedenem: die einen nämlich zur Begehrlichkeit nach Vergnügen, die anderen zum Verlangen nach Ehren, andere zu sonst was. Also ist das naturhafte Gesetz nicht bei allen eins.

Aber dagegen spricht, was Isidor sagt Etymol. 5, 4: »Das naturhafte Recht haben alle Völkerschaften gemeinsam.«

Ich antworte: Wie oben (Art. 2f.) gesagt, gehört zum Naturgesetz, wozu der Mensch naturhaft neigt; darunter ist dem Menschen eigen, daß er dazu neigt, vernunftgemäß zu handeln. Zur Vernunft aber gehört, daß man vom Gemeinsamen zum Eigentümlichen vorrückt, wie es sich aus 1. Physic. (1) ergibt. Indessen verhält sich dabei anders die Einsichtvernunft, anders die Wirkvernunft: weil nämlich die Einsichtvernunft sich vorwiegend mit dem Notwendigen beschäftigt, das sich unmöglich anders verhalten kann, so läßt sich ohne Fehl die Wahrheit in den zugehörigen Schlüssen so wie in den gemeinsamen Ursätzen antreffen. Aber die Wirkvernunft ist befaßt mit dem Freifälligen, worin sich auch die menschlichen Tätigkeiten bewegen: deswegen begegnet man, mag es auch im Gemeinsamen eine Notwendigkeit geben, um so mehr der Fehle, je mehr man auf das Eigentümliche herabgeht. In dieser Weise gibt es also im Einsichtlichen ein und dieselbe Wahrheit bei allen sowohl in den Ursätzen wie in den Schlußfolgerungen, mag auch die Wahrheit nicht bei allen in den Schlußfolgerungen, sondern bloß in den Ursätzen erkannt werden, die »Gemeinbegriffe« (communes conceptiones) heißen. Im Wirktulichen aber gibt es nicht ein und dieselbe Wahrheit oder Wirkrichte bei allen im Belang des Eigentümlichen, sondern bloß in dem des Gemeinsamen; und die Wirkrichte ist bei denen, bei welchen sie im Eigenbehörigen dieselbe ist, nicht gleicherweise allen kund.

So kommt also zum Vorschein, daß in bezug auf die gemeinsamen Ursätze in der Vernunft, sei sie nun auf Einsicht oder auf Wirken abgestellt, die Wahrheit oder Rechtheit bei allen ein und dieselbe und gleich kund ist. Was aber die der Einsichtvernunft eigenen Schlußfolgerungen angeht, so ist die Wahrheit ein und dieselbe bei allen, indessen nicht allen gleich kund: bei allen ist nämlich wahr, daß das Dreieck drei Winkel gleich zwei Rechten hat, obwohl dies nicht allen bekannt ist. Aber was die ihr eigentümlichen Schlußfolgerungen der Wirkvernunft angeht, so ist nicht die Wahrheit oder Richte bei allen ein und dieselbe, und sie ist auch nicht, bei denen sie ein und dieselbe ist, gleich kund. Bei allen ist nämlich das richtig und wahr, daß man vernunftgemäß handeln soll. Aus diesem Ursatz folgt aber gewissermaßen als eigentümliche Schlußfolgerung, daß das Anvertraute zurückgegeben werden muß. Dies ist freilich in den überwiegenden Fällen wahr; es kann aber in irgendeinem Falle eintreten, daß es schädlich und folglich unvernünftig ist, wenn das Anvertraute zurückgegeben würde, nimm an, wenn es einer verlangt, um das Vaterland zu bekämpfen. Und hierin kommt es umsomehr zu einer Fehle, je mehr man auf das Teilbestimmte herabgeht, nimm an, daß die Rede davon ist, das Anvertraute mit einem solchen und solchen Vorbehalt oder auf solche Weise zurückzugeben: Je mehr Einzelbedingungen nämlich dazugesetzt werden, umsomehr Fehlweisen kann es geben, so daß das Rechte weder in der Rückgabe noch in der Nichtrückgabe liegt.

So muß man also sagen: In bezug auf die ersten gemeinsamen Ursätze ist das Naturgesetz bei allen ein und dasselbe der Richte sowohl wie der Kunde nach. Aber in Anlangung des gewissen Eigenen, das sozusagen die Schlußfolgerung der gemeinsamen Ursätze ist, ist es ein und dasselbe bei allen, wenigstens meistenfalls, sowohl der Richte als auch der Kunde nach: aber so, daß es in wenigen Fällen sowohl in bezug auf die Richte wegen irgend welcher besonderen Hindernisse versagen kann (wie auch die fortpflanzlichen und zerfälligen Naturen in einer geringeren Anzahl Hindernisse halber versagen), als auch in bezug auf die Kunde; und dies ist deswegen der Fall, weil etliche eine aus Leidenschaft oder aus schlechter Gewohnheit oder aus schlechtem Naturverhalten verdorbene Vernunft haben; wie bei den Deutschen in alter Zeit der Raub nicht für Unrecht galt, obgleich er doch ausdrücklich gegen das Naturgesetz ist; so berichtet Julius Cäsar De Bello Gallico (6, 23).

Also zu 1. Der Satz ist nicht so zu verstehen, als ob alles, was Gesetz und Evangelium enthalten, zum Naturrecht gehöre, da dort auch von vielem Übernatürlichen gehandelt wird, sondern so, daß das Naturgesetzliche dort ausführlich zur Sprache kommt. Nachdem deshalb Gratian gesagt hat: »Was Naturrecht ist, enthalten Gesetz und Evangelium«, fügt er sofort als ein Beispiel hinzu: »Worin jedem befohlen wird, den anderen zu tun, wovon er will, daß es ihm geschieht.«

Zu 2. Das Wort des Philosophen ist von dem zu verstehen, was naturhaft gerecht ist, nicht in Form gemeinsamer Ursätze, sondern in der gewisser aus ihnen abgeleiteter Schlußfolgerungen: sie haben in der Mehrheit der Fälle ihre Richtigkeit und versagen in einer geringeren Zahl.

Zu 3. Wie die Vernunft im Menschen über die anderen Vermögen die Herrschaft und den Befehl führt, so gehört sich, daß alle zu den anderen Vermögen rechnenden Neigungen der Vernunft gemäß in Ordnung gehalten werden. Daher ist bei allen gemeinsam richtig, daß alle Neigungen der Menschen der Vernunft gemäß zu leiten seien.

Fünfter Artikel

Kann das Naturgesetz verändert werden?
(Vgl. 97, 1 zu 1; 2 II 57, 2 zu 1)

Abhandlung. 1. Scheinbar kann das Naturgesetz geändert werden; denn über Eccli. 17, 9: »er gab ihnen Zucht und ein Lebensgesetz«, sagt die Glosse: »Das schriftliche Gesetz wollte er, soweit es zur Verbesserung des Naturgesetzes diente, aufgezeichnet haben.« Nun wird aber das geändert, was verbessert wird. Also kann das natürliche Gesetz verändert werden.

2. Ferner, gegen das natürliche Gesetz geht die Tötung des Unschuldigen und auch Ehebruch und Diebstahl. Nun aber findet man darin Änderungen von Gott: z. B. als Gott dem Abraham vorschrieb, daß er den unschuldigen Sohn töten solle, wie Gen. 22, 2 steht; und als er den Juden befahl, daß sie das geborgte Geschirr der Ägypter entwenden sollten, wie Ex. 12, 35ff. steht; und als er dem Hosea befahl, eine Frau der Buhlerei zu nehmen,[360] wie Hosea 1, 2 steht. Also kann das natürliche Gesetz Veränderung erleiden.

3. Ferner, Isidor sagt Etymol. (5, 4): »Gemeinsamer Besitz von allem und einheitliche Freiheit liegt im naturhaften Recht.« Nun sehen wir aber das durch menschliche Gesetze verwandelt. Es scheint also, daß das natürliche Gesetz wandelbar ist.

Aber dagegen spricht, was Decret. dist. 5 gesagt wird: »Das naturhafte Recht nimmt mit dem vernünftigen Geschöpf seinen Urausgang. Es unterliegt nicht dem Wechsel der Zeit, sondern hat unveränderlich Dauer.«

Ich antworte: Daß das natürliche Gesetz sich ändert, kann zwiefach verstanden werden, einmal, daß dies durch die Hinzufügung von etwas der Fall ist. Solcherweise steht nichts der Änderung des Naturgesetzes im Wege: vieles nämlich ist über das natürliche Gesetz hinaus hinzugetan worden, von Nutzen für das menschliche Leben, sowohl durch das göttliche Gesetz als auch durch die menschlichen Gesetze.

Sodann läßt sich die Veränderung des natürlichen Gesetzes als Wegnahme verstehen, so daß nämlich etwas aufhört, naturgesetzlich zu sein, was früher naturgesetzmäßig war. Und solcherweise ist das Naturgesetz in bezug auf die ersten naturgesetzlichen Ursätze völlig unwandelbar. Was aber die zweitstelligen Gebote angeht, von denen wir sagten, sie seien sozusagen gewisse eigentümliche den ersten Ursätzen verwandte Schlußfolgerungen, so erleidet das natürliche Gesetz keine Veränderung, ohne daß nicht für die Mehrheit der Fälle immer richtig wäre, was das Naturgesetz hat. Es kann freilich in einem Einzelfall eine Veränderung erleiden, und das ist die geringere Zahl, wegen irgendwelcher besondersartiger Ursachen, welche der Beobachtung solcher Gebote im Wege stehen, wie oben gesagt worden ist.

Also zu 1. Wenn es heißt, das geschriebene Gesetz sei zur Verbesserung des Naturgesetzes gegeben worden, so sagt man das entweder, weil durch das geschriebene Gesetz ergänzt worden ist, was dem Naturgesetz fehlte, oder weil das Naturgesetz in irgend welchen Herzen in bezug auf etliches verfallen war, insofern sie für gut hielten, was naturhafterweise übel ist, und ein solcher Verfall der Verbesserung bedurfte.

Zu 2. Des Todes zu sterben, ist für alle miteinander natürlich sowohl für die Schuldigen wie für die Unschuldigen. Diesen natürlichen Tod nämlich hat die göttliche Gewalt wegen der Erbsünde eingeführt, nach dem Wort 1. Kön. 2, 6: »Der Herr tötet und macht lebendig.« Deswegen kann, fern von irgend einer Ungerechtigkeit, dem Auftrag Gottes gemäß der Tod jeglichem Menschen, schuldig oder unschuldig, zugefügt werden. – In ähnlicher Weise ist es Ehebruch, einer fremden Frau beizuwohnen, die doch [ihrem Manne] nach dem von Gott überkommenen Gesetze zugewiesen ist. Tritt also einer aus göttlichem Auftrag an was auch immer für ein Weib heran, so ist das nicht Ehebruch und nicht Buhlerei.[361] – Die gleiche Bewandtnis hat es mit dem Diebstahl, der die Wegnahme einer fremden Sache ist. Was immer nämlich auch nur einer nimmt im Auftrage Gottes, der von allem miteinander Herr ist, nimmt er nicht (was Stehlen wäre) ohne des Herrn Willen weg. – Und nicht bloß in menschlichen Dingen ist Gott geschuldet, was auch immer er aufträgt, sondern auch in den natürlichen Dingen ist, was immer von Gott geschieht, in gewisser Weise naturhaft, wie I 105, 6 zu 1 gesagt worden ist.

Zu 3. Naturgesetzlich heißt etwas in doppelter Weise. Einmal, weil dazu die Natur neigt: wie daß dem anderen kein Unrecht angetan werden darf. Sodann, weil die Natur nicht das Gegenteil mit sich gebracht hat: wie wir sagen könnten, daß der Mensch nackt ist, ist naturgesetzlich, weil nicht die Natur ihm ein Kleid gegeben hat, sondern die Werkkunst es erfand. Und in dieser Weise heißt »der gemeinsame Besitz von allem und die eine Freiheit aller« naturrechtlich, weil nämlich die Unterschiedlichkeit im Besitz und die Hörigkeit nicht von der Natur, sondern durch die Vernunft der Menschen dem menschlichen Leben zum Nutzen eingeführt sind. Solcherweise ist hierin das Naturgesetz nicht verändert, es sei denn durch eine Zutat.[362]

Sechster Artikel

Kann das Naturgesetz im Menschenherzen abgeschafft werden? (Vgl. 1 II 4 u. 99, 2 zu 2)

Abhandlung. 1. Scheinbar kann das Naturgesetz im Menschenherzen abgeschafft werden. Denn zu Röm. 2, 14: »Da die Völker, welche das Gesetz nicht haben, usw.« sagt die Glosse: »In den inneren durch die Gnade erneuerten Menschen wird das Gesetz der Gerechtigkeit eingeschrieben, das die Schuld vernichtet hatte.« Nun ist aber das Gerechtigkeitsgesetz das Naturgesetz. Also kann das Naturgesetz getilgt werden.

2. Ferner, das Gesetz der Gnade ist wirkkräftiger als das Gesetz der Natur. Nun wird aber das Gesetz der Gnade durch die Schuld getilgt. Also kann um viel mehr das Naturgesetz getilgt werden.

3. Ferner, was mit Gesetz aufgestellt wird, kommt gewissermaßen als gerecht zur Einführung. Nun ist aber vieles von den Menschen gegen das Naturgesetz in Satzungen gebracht worden. Also kann das Naturgesetz in den Herzen der Menschen abgeschafft werden.

Aber dagegen spricht, was Augustinus 2. Conf. (4) sagt: »Dein Gesetz ist in die Herzen der Menschen geschrieben, und keinerlei Frevel wischt es aus.« Nun ist aber das in den Menschenherzen aufgeschriebene Gesetz das natürliche Gesetz. Also kann das natürliche Gesetz nicht gelöscht werden.

Ich antworte: Wie oben (Art. 4f.) gesagt, gehören zum naturhaften Gesetz zunächst zwar gewisse allgemeinste Gebote, die allen kund sind, aber auch gewisse zweitstellige mehr eigenbehörige Gebote, die gewissermaßen die den Ursätzen verwandten Folgerungen sind. Was also jene allgemeinen Ursätze anlangt, so kann das naturhafte Gesetz auf keine Weise aus den Herzen der Menschen ausgelöscht werden, wenn man alles in einem nimmt (in universali). Ausgelöscht wird es indessen beim einzelnen Wirkbaren insofern, als die Vernunft behindert wird, den allgemeinen Ursatz an das besonders Wirkbare anzulegen, wegen der Begierlichkeit oder sonst einer Leidenschaft, wie oben (77, 2) gesagt worden ist. – Was hingegen des anderen die zweitstelligen Gebote angeht, so kann das naturhafte Gesetz aus den Herzen der Menschen gelöscht werden, entweder durch schlechte Zureden, auf welche Weise es auch in dem Einsichtlichen in den notwendigen Schlußfolgerungen zu Irrtümern kommen kann, oder auch durch verkehrte Gewohnheiten und verdorbene Verhabungen; wie bei Etlichen Räubereien nicht für Sünden galten (vgl. Art. 4) oder auch die Laster gegen die Natur, wie auch der Apostel Röm. 1, 24 sagt.[363]

Also zu 1. Die Schuld verwischt das Naturgesetz im Sonderfall, nicht aber alleinslich gesehen, außer etwa hinsichtlich der zweitstelligen Gebote des Naturgesetzes in der erwähnten Weise.

Zu 2. Wenn auch die Gnade wirkkräftiger als die Natur ist, so ist doch die Natur dem Menschen wesungshafter und deswegen mehr im Verbleib.

Zu 3. Diese Beweisführung geht von den nachgeordneten Geboten des Naturgesetzes aus, gegen welche einige Gesetzgeber etwelche Satzungen gemacht haben, die unbillig sind.

95. Untersuchung

DAS MENSCHLICHE GESETZ

Nun ist das menschliche Gesetz zu erwägen (vgl. 93, Vorw.), und zwar zunächst dieses Gesetz an und für sich; sodann seine

Macht (96); drittens seine Veränderlichkeit (97). Zunächst steht viererlei zur Frage:

Erster Artikel

War es nützlich, daß die Menschen etwelche Gesetze gaben? *(Vgl. 91, 3)*

Abhandlung. 1. Scheinbar war es nicht nützlich, daß irgend welche Gesetze von den Menschen gegeben worden sind. Jedes Gesetz ist nämlich darauf angelegt, daß die Menschen durch dasselbe gut werden, wie oben (92, 1) gesagt worden ist. Nun lassen sich aber die Menschen mehr freiwillig durch Mahnungen als gezwungen durch Gesetze zum Guten führen. Also war es nicht notwendig, Gesetze zu geben.

2. Ferner, wie der Philosoph 5. Ethic. (4 n 7) sagt: »nehmen zum Richter die Menschen ihre Zuflucht wie zu dem beseelten Gerechten«.[364] Nun ist aber die beseelte Gerechtigkeit besser als die unbeseelte, die in den Gesetzen enthalten ist. Es wäre also besser gewesen, die Durchführung der Gerechtigkeit dem Spruch der Richter anheimzustellen, als darüber hinaus irgend welches Gesetz zu erlassen.

3. Ferner, jedes Gesetz ist Richte für menschliche Handlungen, wie aus dem (90, 1f.) Gesagten erhellt. Da nun aber die menschlichen Handlungen in Einzahlheiten bestehen, die ins Unendliche gehen, so kann das, was zur Richtleitung der menschlichen Handlungen gehört, hinreichend nur von irgend einem Weisen erwogen werden, der Einblick ins Einzelne nimmt. Es wäre also besser gewesen, die menschlichen Handlungen würden durch den Richtspruch der Weisen geleitet als durch irgend ein festgelegtes Gesetz. Es war also nicht notwendig, menschliche Gesetze zu geben.

Aber dagegen spricht, was Isidor Etymol. (5, 20) sagt: »Gemacht sind die Gesetze, damit die Furcht vor ihnen den menschlichen Mutwillen einschränkt, die Unschuld inmitten der Frevelmütigen sicher steht und bei den Frevlern selbst das Ergrausen vor der Strafpein die Möglichkeit, Schaden zu stiften, im Zaume hält.« Nun ist das alles aber dem Menschengeschlecht höchst notwendig. Also war es notwendig, menschliche Gesetze zu geben.

Ich antworte: Wie aus dem früher Gesagten (63, 1; 94, 3) klar ist, wohnt dem Menschen naturhafter Weise eine gewisse Eignung zur Tugend inne; aber die Vollendung der Tugend muß dem Menschen erst durch irgend eine Zucht beigebracht werden. So sehen wir auch, daß der Mensch an irgend welcher gewerklichen Betriebsamkeit in seinen Bedürfnissen, z. B. in Speise und Kleidung, eine Hilfe hat, obwohl er gewisse Anfänge dazu von Natur hat, nämlich die Vernunft und die Hände, nicht aber die Ergänzung dazu, wie die Seelwesen sonst, denen die Natur hinreichend Decke und Speise gab. Nun wird aber nicht leichterdings der Mensch als für diese Zucht sich selbst genügend befunden. Denn die Tugend Vollendung besteht vor allem darin, den Menschen von ungehörigen Erfreuungen zurückzuhalten, zumal ihnen die Menschen zuneigen und am meisten die Jugendlichen, bei denen eine Zucht sich kräftiger auswirken kann. Deswegen gehört sich, daß eine derartige Zucht, die den Weg zur Tugend bahnt, den Menschen anderswoher zuteil wird. Nun genügt zwar bei den Jugendlichen, die aus guter Naturbereitschaft oder Gewohnheit oder besser aus Gottesgabe, zu Tugendhandlungen geneigt sind, die väterliche Zucht, die durch Mahnungen geht. Weil man aber etliche Freche und zu Schädigungen Neigende antrifft, die mit Worten nicht leicht zu bewegen sind, so war es nötig, sie mit Gewalt und Drohung vom Üblen zurückzuhalten, sodaß sie wenigstens, vom Übeltun abstehend, sowohl die anderen ruhig leben ließen als auch selbst am Ende durch die gleiche Gewöhnung dahingebracht wurden, daß sie willentlich täten, was sie vorher aus Furcht erfüllten, und in dieser Weise tugendhaft würden. Eine derartige Zucht, die mit der Furcht vor Strafe zwingt, ist nun aber die Gesetzeszucht. Deswegen war es zum Frieden und zur Tugend der Menschen notwendig, daß Gesetze gegeben wurden; denn, wie der Philosoph sagt 1. Politic. (2 n 12): »Geradeso wie der Mensch, wenn er vollkommen in der Tugend ist, das beste der Seelwesen ist, geradeso ist er das schlimmste von allen, wenn er sich von Gesetz und Gerechtigkeit trennt«; denn der Mensch hat zur Bekämpfung der Begierlichkeiten und Wildheiten die Waffen der Vernunft, welche nicht im Besitz der anderen Seelwesen sind.

Also zu 1. Menschen mit guter Bereitschaft haben an Willensmahnungen eine bessere Führung zur Tugend als am Zwang, aber gewisse mit schlechter Zurüste werden nur gezwungen zur Tugend gebracht.

Zu 2. Wie der Philosoph sagt 1. Rhetor. (1 n 7): »wird besser alles durch Gesetz geordnet als dem Ürteil der Richter anheimgegeben«. Und zwar wegen dreierlei. Zuerst einmal, weil man leichter wenige Weise findet, die genügen, rechte Gesetze zu geben, als viele, die erforderlich wären, über das Einzelne recht zu richten. – Zweitens, weil die Gesetzgeber lange Zeit erwägen, was gesetzlich festzulegen ist: die Urteile über die Einzeltaten ergehen aber aus plötzlich eingetretenen Fällen. Aus vielem Erwogenen kann aber der Mensch leichter ersehen, was recht ist, als bloß aus irgend nur einer Tat. – Drittens, die Gesetzgeber urteilen alleinslich und für die Zukunft, die Menschen aber, die einem Gericht vorsitzen, fällen ein Urteil über Gegenwärtigkeiten, zu denen sie Liebe oder Haß oder irgend eine Begierde anfällt und so ihr Urteil verdirbt.

Weil also die beseelte Gerechtigkeit des Richters nicht in Vielen angetroffen wird und weil sie biegbar ist, deswegen war es notwendig, worin es nur immer möglich ist, als Gesetz festzulegen, was richterlich zu urteilen ist, und das allerwenigste dem Entscheid der Menschen zu überlassen.

Zu 3. Gewisse Einzelheiten, die nicht mit dem Gesetz erfaßt werden können, »sind notwendig den Richtern zu überlassen«, wie ebenda (n 8) der Philosoph sagt: nimm an, »was Geschehen oder Nichtgeschehen angeht« und anderes derart.[365]

Zweiter Artikel

Wird jedes in der Menschheit erfließende Gesetz von dem naturhaften Gesetz abgeleitet?

Abhandlung. 1. Scheinbar wird nicht jedes in der Menschheit erfließende Gesetz von dem naturhaften Gesetz abgeleitet. Es sagt nämlich der Philosoph 5. Ethic. (7 n 1): »Das ist gesetzlich Recht, bei dem ursprünglich es keinen Unterschied macht, ob es so oder anders geschieht.«[366] Nun aber macht es bei dem, was dem naturhaften Gesetz entspringt, ein anderes aus, ob es so oder anders geschieht. Also wird nicht alles, was mit menschlichen Gesetzen zur Satzung kommt, aus dem Naturgesetz abgeleitet.

2. *Ferner*, gesetztes Recht steht in der Einteilung naturhaftem Recht gegenüber, wie durch Isidor Etymol. (5, 4) und den Philosophen 5. Ethic. (a. a. O.) klar ist. Nun aber gehört, wie oben (94, 4) gesagt, zum Naturrecht, was aus den gemeinsamen Ursätzen des Naturrechtes wie Schlußfolgerungen abgeleitet wird. Was also menschengesetzlich ist, wird nicht vom Naturrecht abgeleitet.

3. *Ferner*, das Naturgesetz ist ein und das nämliche bei allen; es sagt nämlich der Philosoph 5. Ethic. (a. a. O.): »Das natürliche Gerechte ist das, was überall ein und dieselbe Kraft hat.« Wenn also die menschlichen Gesetze vom natürlichen Gesetz abgeleitet würden, so folgte, daß sie auch selber ein und die nämlichen bei allen wären. Das ist offenbar falsch.

4. *Ferner*, für das, was vom natürlichen Gesetz abgeleitet wird, kann man irgend welchen Grund anführen. Nun läßt sich aber »nicht für alles, was von den Vorfahren in Gesetzessatzung gebracht worden ist, ein Grund erweisen«, wie der »Rechtsgelehrte«[367] (1ff. De Legib. et Senatus cons.) sagt. Also werden nicht alle menschlichen Gesetze von dem natürlichen Gesetz abgeleitet.

Aber dagegen spricht, was Tullius Rhetor. (2, 53) sagt: »Die von der Natur hergekommenen und von der Gewohnheit gebilligten Dinge hat Gesetzesfurcht und Gottverbundenheit (religio) heilig und unverbrüchlich gemacht (sanxit).«

Ich antworte: Wie Augustinus 1. De Lib. Arbitr. (5) sagt: »scheint ein Gesetz, das nicht gerecht ist, kein Gesetz zu sein«. Soviel es deswegen an Gerechtigkeit hat, geradesoviel hat es an Gesetzeswirkkraft. Nun heißt aber in menschlichen Dingen etwas daher gerecht, daß es der Richtschnur der Vernunft nach recht ist. Die erste Richtschnur der Vernunft ist aber das Naturgesetz, wie aus dem oben Gesagten (91, 2 zu 2) klar ist. Daher hat jedes in der Menschheit zur Aufstellung kommende Gesetz soviel vom Gesetzberede, als es vom Naturgesetz abgeleitet wird. Wenn es dagegen in etwas mit dem naturhaften Gesetz nicht übereinstimmt, ist es nicht mehr Gesetz, sondern Gesetzesverderbnis.

Man muß aber wissen, daß etwas vom naturhaften Gesetz zwiefach abgeleitet werden kann: in der einen Weise wie Schlußfolgerungen aus Ursätzen, in der anderen wie eine Art Bestimmung etwelches Allgemeinen. Die erste Weise ist nun der ähnlich, in welcher man wissenschaftlich aus Ursätzen beweisführende Schlußfolgerungen hervorbringt. In der zweiten Weise aber ist ähnlich, daß im Kunstschaffen die allgemeinen Formen ihre Bestimmung auf etwas Besonderartiges bekommen: wie der Baukünstler die allgemeine Hausform notwendig auf hier-diese oder dort-jene Hausgestalt festlegt. Das eine wird also von den gemeinsamen Ursätzen des Naturgesetzes auf dem Wege der Schlußfolgerungen abgeleitet: wie »man darf nicht töten« als eine Art Schlußfolgerung davon abgeleitet werden kann, daß »niemand Übles getan werden darf«. Das andere aber auf dem Wege der eingrenzenden Bestimmung: wie man im Naturgesetz hat, daß, wer sündigt, bestraft wird, daß er aber mit hier einer solchen Strafe belegt wird, eine Art eingrenzender Bestimmung des Naturgesetzes ist.

Beides ist also in menschlicher Gesetzessatzung anzutreffen. Aber was von der ersten Weise da ist, wird im menschlichen Gesetz nicht so enthalten, als ob es bloß durch Gesetz festgelegt ist, sondern so, daß es auch etwas Lebenskraft aus dem naturhaften Gesetz hat. Aber was der zweiten Weise angehört, hat bloß aus menschlichem Gesetz Lebenskraft.

Also zu 1. Der Philosoph spricht von dem, was mit Gesetz durch eingrenzende Bestimmung oder eine gewisse arthafte Besonderung der Gebote des Naturgesetzes festgelegt ist.

Zu 2. Diese Begründung geht von dem aus, was vom Naturgesetz als Schlußfolgerungen abgeleitet wird.

Zu 3. Die allgemeinen Ursätze des Naturgesetzes können nicht in ein und derselben Weise auf alle angewandt werden, wegen der vielfachen Abwechslung der menschlichen Dinge. Daher kommt die Verschiedenheit der Gesetzgebung bei Verschiedenen.

Zu 4. Der Ausspruch des »Rechtsgelehrten« ist für das verständlich, was die Vorfahren an teilbesonderen Bestimmungen des naturhaften Gesetzes eingeführt haben; und zwar verhält sich das Urteil der Erfahrenen und Klugen zu diesen genaueren Bestimmungen wie zu gewissen Ursätzen; insofern sie nämlich sofort sehen, was am angemessensten als einzelne Sonderbestimmung zu treffen ist. Deswegen sagt der Philosoph 6. Ethic. (11 n 6): Bei solchen »gehört es sich, auf die unbeweisbaren Aussprüche und Meinungen von erfahrenen und älteren oder klugen Leuten nicht weniger achtzugeben als auf Beweisführungen«.

Dritter Artikel

Beschreibt Isidor die Beschaffenheit des gegebenen Gesetzes richtig?

Abhandlung. 1. Scheinbar beschreibt Isidor die Beschaffenheit des gegebenen Gesetzes unrichtig, wenn er sagt (Etymol. 5, 21; vgl. 2, 10): »Ein Gesetz soll sein: ehrenmaßlich, gerecht, der Natur nach möglich, dem Landesgebrauch gemäß, Zeit und Ort sich anpassend, notwendig, nützlich; auch offenkundig, damit es nicht im Zwielicht einen Fallstrick berge; eine Vorschrift, die nicht zum Nutzen eines sondereigenen Vorteils, sondern zum Gemeinnutzen der Bürger erlassen ist.« Vorher (Kap. 3) hat er nämlich die Beschaffenheit des Gesetzes in drei Bedingungen auseinandergelegt, denn er sagte: »Gesetz ist alles, was mit Vernunft festgelegt wird, wenn es sich nur mit der Religion deckt, zur Zucht taugt, dem Wohl dient.« Überflüssigerweise vervielfacht er also nachträglich die Bedingungen für ein Gesetz.

2. Ferner, die Gerechtigkeit ist ein Teil der Ehrenmaßlichkeit, wie Tullius 1. De Offic. (7) sagt. Sagt man also »ehrenmaßlich«, so ist überflüssig, »gerecht« hinzuzufügen.

3. Ferner, das geschriebene Gesetz tritt nach Isidors Einteilung (Etymol. 2, 10; 5, 3) der Gewohnheit gegenüber. Man durfte also nicht bei der Begriffsumgrenzung von Gesetz feststellen, daß es »dem Landesbrauch gemäß« sei.

4. Ferner, von Notwendig redet man in doppelter Weise. Nämlich von dem, was schlechthin notwendig ist, das sich unmöglich anders verhalten kann: derart Notwendiges unterliegt nicht menschlichem Urteil; daher gehört eine solche Notwendigkeit nicht zum menschlichen Gesetz. Es ist aber auch etwas notwendig um des Zweckes willen: und eine solche Notwendigkeit ist ein und das nämliche, was Nützlichkeit ist. Also wird überflüssigerweise beides gesetzt, »notwendig« und »nützlich«.

Aber dagegen spricht die Gewähr von Isidor selbst.

Ich antworte: Bei jedem Ding, das um eines Zweckes willen da ist, muß jeweils notwendig die Wesungsform ihre Abgrenzbestimmung nach ihrem Zweckverhältnis haben; gerade wie die Form einer Säge so beschaffen ist, wie sie für die Sägung paßt, wie es 2. Physic. (9 n 2) klar wird. Es gehört sich auch, daß jedes gerade und abgemessene Ding die seiner Richtschnur und seinem Maß verhältnistreue Wesungsform hat. Nun hat aber das menschliche Gesetz beides: denn es ist etwas auf einen Zweck Hingeordnetes, und es ist auch eine Art Regel oder Maß, geregelt oder gemessen durch ein gewisses höheres Maß; und zwar ist dieses doppelt, nämlich im göttlichen Gesetz und im Gesetz der Natur, wie aus dem oben (Art. 2; 93, 3) Gesagten klar ist. Nun ist aber Zweck des menschlichen Gesetzes der Nutzen der Menschen, wie auch der »Rechtsgelehrte« (a. a. O. 1ff.) sagt. Deswegen hat Isidor unter die Bedinglichkeit eines Gesetzes zunächst zwar dreierlei hereingenommen: nämlich daß es sich »mit der Religion deckt«, insofern es nämlich im Anmaßverhältnis zum göttlichen Gesetz steht; daß es »zur Zucht taugt«, insofern es ein Anmaßverhältnis zum Naturgesetz hat; daß es »dem Wohl dient«, insofern es ein Anmaßverhältnis für den menschlichen Nutzen hat.

Auf diese drei Bedingungen werden alle anderen, die er nachher ansetzt, zurückgeführt. Denn daß es »ehrenmaßlich« genannt wird, wird darauf zurückgeführt, daß es sich mit der Religion deckt. – Der Zusatz »gerecht, der Natur nach möglich, der vaterländischen Gewohnheit gemäß, Ort und Zeit angepaßt«, wird dazu gemacht, daß es zur Zucht stimmen soll. Es wird nämlich an die menschliche Zucht zunächst einmal im Betracht der Vernunftordnung gedacht, die damit hereingebracht wird, daß man von »gerecht« spricht. Zum zweiten im Betracht der Vermöglichkeit, welche die Tuenden haben. Es soll nämlich die Zucht jedem seiner Möglichkeit nach angepaßt sein, unter Wahrung auch der Möglichkeit der Natur (man darf nämlich nicht ein und dasselbe den Kindern aufladen, was den fertigen Männern aufgelegt wird); und der menschlichen Gewohnheit nach; es kann nämlich nicht der Mensch allein in der Gesellschaft leben, indem er anderen in der Sitte nicht Rechnung trägt. Zum dritten sagt er, im Betracht der gehörigen Umstände: »zu Ort und Zeit passend«. – Der Zusatz »notwendig, nützlich« usw. führt sich darauf zurück, daß es dem Wohl dient: wie Notwendigkeit auf die Entfernung der Übel geht, Nutzen auf die Erlangung von Gütern, Offenkundigkeit aber auf die Verhütung von Unheil, das gerade aus dem Gesetz kommen könnte. – Und weil, wie oben (90, 2) gesagt worden ist, das Gesetz die Hinordnung auf das Gemeinbeste hat, so wird eben hierauf im letzten Teil der bestimmenden Umgrenzung hingewiesen.

Zu den Einwänden ergibt sich hieraus die Antwort.

Vierter Artikel

Gibt Isidor eine richtige Einteilung der menschlichen Gesetze?

Abhandlung. 1. Scheinbar gibt Isidor eine unrichtige Einteilung der menschlichen Gesetze (Etymol. 5, 4ff.) oder des menschlichen Rechts. Er faßt nämlich unter dieses Recht das Völkerrecht (jus gentium), das deswegen so genannt wird, wie er selber sagt (Kap. 6), weil »sich seiner fast alle Völker bedienen«. Nun aber sagt er selber (Kap. 4): »Naturhaftes Recht ist das, was allen Volkheiten (nationum) gemein ist.« Also ist das Völkerrecht nicht unter dem menschlichen Satzungsrecht, sondern mehr unter dem naturhaften Recht enthalten.

2. Ferner, das, was ein und dieselbe Kraft hat, scheint sich nicht wesungsförmlich, sondern bloß stofflich zu unterscheiden. Nun haben aber Gesetze, Volksbeschlüsse, Senatsbeschlüsse und anderes Derartige, das er anführt (Kap. 9ff.), ein und dieselbe Kraft. Es scheint also, daß sie sich nur stofflich unterscheiden. Nun soll man sich aber um eine solche Unterscheidung im Lehrbetrieb (in arte) nicht kümmern, da sie ins Unendliche gehen könnte. Es ist also nicht richtig, eine derartige Einteilung der menschlichen Gesetze vorzubringen.

3. Ferner, wie es im Staate Fürstlichkeiten und Priester und Krieger gibt, so gibt es darin auch noch andere Ämter für die Menschen. Es scheint also, daß man, so wie (Kap. 7f.) ein gewisses »Kriegerrecht« und ein »Beamtenrecht« angenommen wird, das unter den Priestern und den Behörden seinen Standort hat, auch noch andere Rechte annehmen muß, die sich auf andere Ämter im Staate erstrecken.

4. Ferner, was beischaftlich ist, ist außer acht zu lassen. Es geschieht nun aber beischaftlich für ein Gesetz, daß dieser oder jener Mensch es in Vorschlag bringt. Man kommt also zu einer unrichtigen Einteilung der menschlichen Gesetze aus dem Namen der Gesetzgeber her, daß nämlich eins das Cornelische, das andere das Falzidische usw. heißt.

Dagegen genügt die Gewähr von Isidor.

Ich antworte: Jedwedes kann an sich nach dem eingeteilt werden, was in seinem Begriff enthalten ist. Gerade wie im Begriff von Seelwesen Seele enthalten wird, die vernünftig oder vernunftlos ist: und deswegen wird Seelwesen eigentlich und an sich nach vernünftig und vernunftlos eingeteilt; nicht aber nach weiß oder schwarz, die gänzlich außer seinem Begriff liegen. Nun gibt es aber vieles im Berede von menschlichem Gesetz, je wonach das menschliche Gesetz eigenbehörig und an und für sich eingeteilt werden kann. Zunächst liegt nämlich im Begriff des menschlichen Gesetzes, daß es vom Naturgesetz abgeleitet ist, wie aus dem Gesagten (Art. 2) klar ist. Und hiernach wird das Satzungsrecht in »Völkerrecht«[368] und »Bürgerrecht« eingeteilt, je nach den zwei Weisen, auf welche etwas vom Naturgesetz abgeleitet wird, wie vorhin (dort) gesagt worden ist. Denn zum Völkerrecht gehört das, was aus dem Naturgesetz wie die Schlußfolgerungen aus den Ursätzen abgeleitet wird: wie gerechte Käufe, Verkäufe und anderes derart, ohne das die Menschen gegenseitig nicht zusammenleben könnten; was von Natur Gesetz ist, denn der Mensch ist naturhaft ein gesellhaftes Seelwesen, wie 1. Politic. (1 n 8f.) dargetan wird. Was aber vom Naturgesetz durch das Verfahren besonderer Einzelbestimmung hergeleitet wird, gehört zum Bürgerrecht, je nachdem jeder Staat etwas, was sich für ihn schickt, festsetzt.

Sodann liegt im Begriff von menschlichem Gesetz, daß es die Hinordnung auf das Gemeinwohl des Staates hat. Demgemäß kann das menschliche Gesetz nach der Verschiedenheit derer eingeteilt werden, die sich in besonderartiger Weise um das Gemeingut Mühe geben: wie die Priester, indem sie für das Volk zu Gott beten; die Fürsten, indem sie das Volk regieren; und die Soldaten, indem sie für das Wohl des Volkes kämpfen. Und deswegen wird diesen Menschen eine Art besonderes Recht angepaßt.

Drittens liegt im Begriff von menschlichem Gesetz, daß seine Einrichtung von dem getroffen wird, der die Staatsgemeinschaft regiert, wie oben (90, 3) gesagt worden ist. Demgemäß werden die menschlichen Gesetze nach den verschiedenartigen Regierungen der Staaten unterschieden. Davon ist eine dem Philosophen nach 3. Politic. (5 n 2, 4; vgl. 6 n 12) das Königtum, dann nämlich, wenn der Staat regiert wird von nur einem: und demgemäß ergeben sich »die Verordnungen der Fürsten«.[369] Eine andere Regierung ist die Adelsherrschaft (aristocratia), das ist die Führschaft der Besten oder Bestgesinnten (optimatum): ihr gemäß redet man von den »Bescheiden der Kundigen« (responsa prudentum)[370] oder auch den »Senatsbeschlüssen«. Eine andere Regierung ist die Kleingruppenherrschaft (oligarchia), das ist das Herrschtum von wenigen Reichen und Mächtigen: und demgemäß nimmt man ein »Anführer-Recht« (jus praetorium) an, das auch das »ehrenamtliche« (honorarium) heißt. Eine andere Regierung ist die des Volkes, welche Volksherrschaft (democratia) genannt wird: ihr gemäß gibt es »Volksbeschlüsse« (plebiscita). Eine andere aber ist die alleinherrliche (tyrannicum), die gänzlich verderbt ist: deswegen spricht man ihretwegen nicht von irgend einem Gesetz. Es gibt aber auch eine Regierung, die aus jenen gemischt ist, sie ist die beste.[371] Und ihr nach spricht man von Gesetz, »das die Älteren zusammen mit dem Volk heilig und unverbrüchlich erließen«, wie Isidor (a. a. O. 10 und 2, 10) sagt.

Viertens aber gehört zum Begriff des menschlichen Gesetzes, daß es richtleitend für die menschlichen Handlungen ist. Dementsprechend unterscheidet man die Gesetze nach dem Verschiedenen, über das sie erlassen werden; zuweilen werden sie auch nach ihren Urhebern benannt, wie man einteilt: das »Julische Gesetz über die Ehebrüche«, das »Cornelische Gesetz über die Meuchelmörder« und so nach anderen, nicht der Urheber wegen, sondern der Dinge wegen, auf die sie gehen.

Also zu 1. Das Völkerrecht ist zwar in irgend einer Weise dem Menschen gemäß dem, daß er vernünftig ist, naturhaft, insoweit es vom naturhaften Gesetz auf dem Wege einer Schlußfolgerung abgeleitet wird, die nicht weit von den Ursätzen entfernt liegt. Deswegen kamen die Menschen in Derartigem leicht zu einer Übereinstimmung. Es wird indessen vom naturhaften Gesetz unterschieden, zumal aber davon, was allen Seelwesen gemeinsam ist.

Zum übrigen ergibt sich die Antwort aus dem Gesagten.

96. Untersuchung

DIE MACHT DES MENSCHLICHEN GESETZES

Nun kommt die Gewalt des menschlichen Gesetzes zur Erwägung (vgl. 95, Vorw.), um die sechs Fragen gestellt werden:

Erster Artikel

Soll das menschliche Gesetz mehr für das Allgemeine als für das Besondere erlassen werden?

Abhandlung. 1. Scheinbar darf das menschliche Gesetz nicht für das Allgemeine, sondern muß mehr für das Besondere erlassen werden. Es sagt nämlich der Philosoph 5. Ethic. (7 n 1): »Gesetzhaft ist alles, für was man jeweils ein auf Einzelfälle bezügliches Gesetz gibt, und auch das Spruchhafte (sententialia)«, das auch einzelfällig ist, weil Sprüche über einzelne Taten ergehen. Also erfließt das Gesetz nicht allgemein (in communi), sondern auch für den Einzelfall.

2. Ferner, das Gesetz ist richtleitend für die menschlichen Handlungen, wie es oben (90, 1f.) hieß. Nun bestehen aber die menschlichen Handlungen in Einzelfälligem. Es dürfen also die menschlichen Gesetze nicht alleinslich, sondern müssen mehr für den Einzelfall erlassen werden.

3. Ferner, das Gesetz ist Richtschnur und Maß der menschlichen Handlungen, wie oben (a. a. O.) gesagt. Nun muß aber ein Maß höchstsicher sein, wie es 10. Metaph. (Did. 9, 1 n 9) heißt. Da es nun in den menschlichen Handlungen nicht ein sicheres Alleinsliches geben kann, das nicht im Besonderen zu einer Fehle käme, so scheinen also notwendig die Gesetze nicht alleinslich, sondern einzelfällig gegeben zu werden.

Aber dagegen spricht, was der »Rechtsgelehrte« (a. a. O. 1ff.) sagt: »Gesetze gehören für das begründet, was öfter vorkommt; aus dem aber, was von Ungefähr nur in einem Fall geschehen kann, lassen sich Gesetze nicht aufbauen.«

Ich antworte: Jedwedes, das um eines Zweckes willen da ist, muß notwendig dem Zwecke verhältnißmäßig sein. Nun ist aber der Zweck des Gesetzes das gemeine Gut; denn wie Isidor (Etymol. 2, 10; 5, 21) sagt, »darf das Gesetz keine Vorschrift zu sondereigenem Vorteil, sondern muß für den allgemeinen Nutzen der Bürger sein«. Deswegen gehört sich, daß die menschlichen Gesetze ein Anmaßverhältnis zum allgemeinen Gut haben. Das allgemeine Gut besteht aber aus vielen (Gut). Deswegen gehört sich für das Gesetz die Rücksicht auf Vieles, sowohl den Personen nach als auch dem Handel und Wandel (negotia) und den Zeiten nach. Die Gemeinschaft eines Staates wird nämlich aus vielen Personen gebildet; und Gut wird für jene durch vielfältige Tätigkeiten besorgt; und sie wird nicht bloß dafür eingerichtet, daß sie eine kleine Zeitweile dauert, sondern daß sie für alle Zeit durch die Geschlechterfolge der Bürger fortbeharre, wie Augustinus 22. De Civ. Dei (6) sagt.

Also zu 1. Der Philosoph nimmt 5. Ethic. (a. a. O.) für das gesetzhafte Gerechte, das das gegebene Recht (ius positivum) ist, drei Teile an. Es gibt nämlich einiges, das schlechthin allgemein aufgestellt wird. Das sind die allgemeinen Gesetze. In Anbetracht dessen sagt er: »Gesetzhaft ist das, was ursätzlich (ex principio) zwischen So und Anders keinen Unterschied macht, sobald es aber gegeben ist, erhebt es ihn«: nimm an, daß die Gefangenen zu einem festgesetzten Preis zurückgekauft werden sollen. – Es gibt aber anderes, das in einer Hinsicht allgemein und in einer Hinsicht einzelfällig ist. Und derartiges heißt »vorzugsrechtlich« (privilegia), es sind sozusagen »Gesetze zu Sondereigentum« (leges privatae); denn sie kehren sich auf die einzelnen Personen, und trotzdem erstreckt sich ihre Kraft auf Vieles im Handel und Wandel. Und in Anlangung dessen fügt er hinzu: »Noch dazu, für was man auch immer ein auf Einzelfälle bezügliches Gesetz gibt.« – Es heißt auch einiges gesetzhaft, nicht weil es Gesetz ist, sondern wegen der Anwendung allgemeiner Gesetze auf irgend welche teilbezügliche Taten; so gibt es die Sprüche, die für ein Recht gehalten werden, und in Anbetracht dessen fügt er hinzu: »Und das Spruchhafte.«

Zu 2. Vom Richtleitenden gehört sich, daß es für eine Mehrzahl richtleitend ist: deswegen sagt 10. Metaph. (Did. 9, 1 n 7) der Philosoph, daß alles, was der einen Gattung zugehört, sein Maß an dem einen hat, das das erste in dieser Gattung ist. Wenn es nämlich so viel Richtschnuren oder Maße gäbe, als es Gemessenes oder Gerichtetes gibt, hörte die Nützlichkeit der Richtschnur oder des Maßes auf, welche die ist, daß aus dem Einen Vieles erkannt werden kann. Und es gäbe so keine Nützlichkeit für das Gesetz, wenn es sich nur auf das eine einzelne Tun erstreckte. Zur Richtleitung der einzelnen Handlungen nämlich werden die einzelnen Gebote der Sachkundigen (prudentum) gegeben: das Gesetz aber ist das »Gemeingebot« wie oben (92, 2) gesagt worden ist.

Zu 3. »Ein und dieselbe Gewißheit ist nicht in allem zu verlangen«, wie es 1. Ethic. (3 n 1) heißt. Deswegen genügt bei den freifälligen Dingen, wie es die natürlichen und die menschlichen Dinge sind, solche Gewißheit, daß etwas wahr ist in der Mehrzahl der Fälle, mag auch zuweilen in geringerer Zahl eine Fehle eintreten.[372]

Zweiter Artikel

Gehört zum Bereich des menschlichen Gesetzes, alle Laster (vitia) abzuhalten?
(Vgl. 91, 4; 93, 3 zu 3; 96, 3 zu 1; 98, 1; 2 II 69, 2 zu 1; 77, 1 zu 1; 78, 1 zu 3)

Abhandlung. 1. Scheinbar gehört zum menschlichen Gesetz, alle Laster abzuhalten. Es sagt nämlich Isidor (Etymol. 5, 20): »Die Gesetze sind gemacht, damit aus Furcht vor ihnen der Mutwillen Schranken bekomme.« Der würde aber nicht hinreichend eingeschränkt, wenn nicht alle möglichen Übel durch das Gesetz abgehalten würden. Also muß das menschliche Gesetz jegliche Übel abhalten.

2. *Ferner,* es ist die Absicht des Gesetzgebers, die Bürger tugendhaft zu machen. Nun kann aber einer nur tugendhaft sein, wenn er vor allen Lastern im Zaume gehalten wird. Es gehört also zum menschlichen Gesetz, alle Laster im Zaume zu halten.

3. *Ferner,* das menschliche Gesetz wird vom natürlichen Gesetz abgeleitet, wie oben (95, 2) gesagt worden ist. Nun aber widerstreiten alle Laster dem Naturgesetz. Das menschliche Gesetz muß also alle Laster abhalten.

Aber dagegen spricht, was 1. De Lib. Arbitr. (5) gesagt wird: »Mir scheint jenes Gesetz, das erlassen wird, ein Volk zu regieren, mit Recht dergleichen zu dulden und es der göttlichen Vorsehung zur Sühne zu überlassen.« Nun aber zieht die göttliche Vorsehung nur Lasterhandlungen zu strafender Verantwortung. Also duldet mit Recht das menschliche Gesetz etwelche Lasterhandlungen, ohne sie abzuhalten.

Ich antworte: Wie bereits (90, 1f.) gesagt, wird das Gesetz als eine Art Richtschnur oder Maß der menschlichen Handlungen gegeben. Nun soll aber das Maß dem Gemessenen gleichgattig sein, wie es 10. Metaph. (Did. 9, 1 n 13) heißt: Verschiedenhaftes wird nämlich mit verschiedenhaften Maßen gemessen. Deswegen gehört sich, daß auch die Gesetze den Menschen ihrer Lage (conditionem) nach auferlegt werden; denn, wie Isidor sagt (Etymol. 2, 10; 5, 21), soll das Gesetz »sowohl der Natur nach wie der vaterländischen Gewohnheit nach möglich sein«. Nun geht aber die Macht oder die Vermöglichkeit des Werktuns aus der inneren Verhabung oder Bereitschaftsstellung aus: es ist nämlich nicht ein und dasselbe dem möglich, der keine Tugendverhabung hat, und dem Tugendhaften; geradeso ist auch nicht ein und dasselbe dem Kind und dem fertigen Manne möglich. Und dessentwegen wird nicht ein und das nämliche Gesetz den Kindern gegeben, was den Erwachsenen gegeben wird: vieles wird nämlich für die Kinder geduldet, was bei den Erwachsenen im Gesetz bestraft oder auch getadelt wird. Und ähnlicherweise ist vieles für nicht tugendfertige Menschen zu dulden, was an tugendhaften Menschen nicht zu ertragen wäre.

Nun wird aber das menschliche Gesetz für die Vielheit der Menschen gegeben, worin es zum größeren Teil nicht tugendfertige Menschen gibt. Deswegen werden durch das menschliche. Gesetz nicht alle Laster[handlungen] verhindert, deren sich die Tugendhaften enthalten, sondern bloß die schwereren, deren sich zu enthalten auch dem größeren Teil der Vielheit möglich ist; und vorzüglich jener, die zum Schaden der anderen gehen, ohne deren Verhinderung die menschliche Gemeinschaft nicht gewahrt werden könnte, wie durch das menschliche Gesetz Mord und Diebstahl und derartiges verhindert wird.

Also zu 1. Mutwille scheint in den Bereich des Angriffs auf andere zu gehören. Deswegen gehört er hauptsächlich zu den Sünden, mit welchen ein Unrecht den Nächsten angetan wird; es wird durch das menschliche Gesetz, wie gesagt, verboten.

Zu 2. Das menschliche Gesetz ist bestrebt, die Menschen zur Tugend zu führen, nicht jählings, sondern stufenweise. Und deshalb legt es nicht sogleich der Vielheit von Unvollkommenen das auf, was sich für die schon Tugendhaften gehört, daß sie nämlich von allen Übeln sich enthalten. Sonst würden die Unvollkommenen im Unvermögen, derartige Gebote zu tragen, in schlimmere Übel fortgerissen werden: wie es Spr. 30, 33 heißt: »Wer zu heftig schneuzt, lockt das Blut heraus«; und Matth. 9, 17 heißt es: »Wenn neuer Wein«, d. h. die Gebote des vollkommenen Lebens, »in alte Schläuche getan wird«, d. h. in unvollkommene Menschen, »so reißen die Schläuche und der Wein fließt heraus«, d. h. die Gebote werden mißachtet und die Menschen werden aus Nichtachtung zu schlimmeren Übeln fortgerissen.

Zu 3. Das naturhafte Gesetz ist eine gewisse Teilhabe in uns am ewigen Gesetz; das menschliche Gesetz fällt aber gegen das ewige Gesetz ab. Es sagt nämlich Augustinus 1. De Lib. Arbitr.: »Jenes Gesetz, das für die Staaten gegeben wird, die zu regieren sind, sieht vieles nach und läßt es ungestraft, was durch die göttliche Vorsehung zur Verantwortung gezogen wird. Und doch ist nicht, weil es nicht alles macht, das zu mißbilligen, was es macht.« Deswegen kann auch das menschliche Gesetz nicht alles verhüten, was das Naturgesetz verhütet.

Dritter Artikel

Schreibt das menschliche Gesetz Handlungen aller Tugenden vor? (Vgl. 100, 2)

Abhandlung. 1. Scheinbar schreibt das menschliche Gesetz nicht Handlungen aller Tugenden vor. Zu den Handlungen der Tugenden stehen nämlich die lasterhaften Handlungen in Gegensatz. Nun aber verhütet das menschliche Gesetz, wie gesagt, nicht alle Laster. Also gebietet es auch nicht Handlungen aller Tugenden.

2. Ferner, die Tugendhandlung geht von der Tugend aus. Nun ist aber die Tugend Zweck des Gesetzes: und es kann so, was aus Tugend ist, nicht unter das Gebot des Gesetzes fallen. Also schreibt das menschliche Gesetz nicht Handlungen aller Tugenden vor.

3. Ferner, das Gesetz ist auf das gemeine Gut hingeordnet, wie (90, 2) gesagt worden ist. Nun aber sind gewisse Tugendhandlungen nicht auf das Gemeingut, sondern auf das sondereigene Gut hingeordnet. Also schreibt das Gesetz nicht Handlungen aller Tugenden vor.

Aber dagegen spricht, was der Philosoph 5. Ethic. (1 n 14) sagt: »Das Gesetz gebietet, sowohl Werke des Tapferen zu tun, als auch solche des Selbstbeherrschten und solche des Sanftmütigen; ähnlich ist es auch mit den anderen Tugenden und

Lastern, indem es nämlich die einen befiehlt, die anderen aber verwehrt.«

Ich antworte: Die Tugendarten werden nach dem Gegenstand unterschieden, wie aus dem früher Gesagten (54, 2; 60, 1; 62, 2) sich ergibt. Nun können aber alle Tugendgegenstände entweder auf das sondereigene Gut irgend einer Person oder auf das gemeine Gut der Vielheit zurückgeführt werden: gerade wie einer das, was Sache der Tapferkeit ist, entweder um der Erhaltung des Staates willen oder zur Wahrung des Rechts seines Freundes vollführen kann; und sonst ist es ähnlich. Das Gesetz aber ist, wie gesagt (90, 2), auf das gemeine Gut hingeordnet. Und deswegen gibt es keine Tugend, über deren Ausübung das Gesetz nicht Vorschriften geben könnte.[373] Freilich gibt nicht für alle Handlungen aller Tugenden das menschliche Gesetz ein Gebot, sondern bloß für die, die der Hinordnung auf das gemeine Gut fähig sind, entweder unmittelbar, wie dann, wenn etwas gradweg um des Gemeinguts willen geschieht, oder mittelbar, wie dann, wenn etwas vom Gesetzgeber verordnet wird, was zu der guten Zucht taugt, durch die die Bürger dahin gestaltet werden, daß sie das gemeine Gut der Gerechtigkeit und des Friedens bewahren.

Also zu 1. Das menschliche Gesetz verhütet nicht alle lasterhaften Handlungen der Gebotsverpflichtung nach, gerade wie es auch nicht alle tugendhaften Handlungen vorschreibt. Es verwehrt indessen etwelche Handlungen einzelner Laster,[374] gerade wie es auch gewisse Handlungen einzelner Tugenden gebietet.

Zu 2. Eine Handlung kann in doppelter Weise Tugendhandlung heißen. Auf die eine daher, daß der Mensch Tugendhaftes wirkt: wie es Gerechtigkeitswirke ist, das Rechte zu tun, und Tapferkeitshandlung, das Tapfere zu tun. In der Art gebietet das Gesetz einige Tugendhandlungen. – In der zweiten Weise heißt etwas Tugendhandlung, weil einer in der Weise Tugendhaftes wirkt, in welcher der Tugendhafte wirkt. Und eine solche Handlung geht immer von der Tugend aus und fallt nicht unter das Gebot eines Gesetzes, sondern ist der Zweck, zu dem der Gesetzgeber hinzuführen im Sinne hat.

Zu 3. Es gibt nicht irgendwelche Tugend, deren Handlungen nicht der Hinordnung auf das Gemeingut, wie gesagt, entweder mittelbar oder unmittelbar fähig wären.

Vierter Artikel

Nötigt das menschliche Gesetz den Menschen vor den Richterstuhl des Gewissens?

Abhandlung. 1. Scheinbar legt das menschliche Gesetz dem Menschen nicht eine Notwendigkeit vor dem Richterstuhl des Gewissens auf. Eine tiefer stehende Macht kann nämlich nicht ein Gesetz für das Gericht einer höheren Macht auferlegen. Nun aber steht die Macht des Menschen, welche das menschliche Gesetz gibt, unterhalb der göttlichen Macht. Also kann das menschliche Gesetz nicht ein Gesetz auferlegen in Anlangung des göttlichen Gerichts, das der Richterstuhl des Gewissens ist.

2. Ferner, das Gericht des Gewissens hängt zumeist von den göttlichen Geboten ab. Nun werden aber ab und zu die göttlichen Gebote durch menschliche Gesetze ausgehöhlt; nach dem Wort Matth. 15, 6: »Ihr habt das Gebot Gottes für ungültig erklärt um eurer Überlieferungen willen.« Also legt das menschliche Gesetz dem Menschen nicht eine Notwendigkeit in Anlangung des Gewissens auf.

3. Ferner, die menschlichen Gesetze fügen häufig Schmähung und Unrecht Menschen zu, nach Jes. 10, 1f.: »Wehe denen, welche unrechte Gesetze machen und Ungerechtigkeiten schriftlich festgelegt haben, um im Gerichte die Armen zu unterdrücken und Gewalt anzutun der Rechtssache der Bedrängten meines Volkes.« Nun ist es aber jedwedem erlaubt, Unterdrückung und Gewalttat auszuweichen. Es auferlegen also die menschlichen Gesetze dem Menschen keine Notwendigkeit in Anlangung des Gewissens.

Aber dagegen spricht, was 1. Petr. 2, 19 gesagt wird: »Das ist die Gnade, wenn einer um des Gewissens willen Trübsale aushält, indem er ungerecht leidet.«

Ich antworte: Menschenbestellte Gesetze sind entweder gerecht oder ungerecht. Wenn sie nun gerecht sind, haben sie die Kraft, vor dem Richterstuhl des Gewissens zu verpflichten, vom ewigen Gesetz, von dem sie abgeleitet werden, Spr. 8, 15 gemäß: »Durch mich führen die Könige die Herrschaft und entscheiden die Begründer der Gesetze das Gerechte.« Es heißen aber Gesetze sowohl aus dem Zweck gerecht, wann sie nämlich auf das Gemeingut hingeordnet sind, als auch aus dem Urheber, wann nämlich das gegebene Gesetz nicht die Macht des Gebers überschreitet; und aus der Form, wann nämlich nach der Billigkeit des Verhältnisses den Untergebenen die Lasten für das gemeine Gut auferlegt werden. Da nämlich der Mensch in der Einzahl ein Teil der Vielheit ist, so ist jedweder Mensch das, was er ist und was er hat, im Behör der Vielheit: gerade wie auch jeder beliebige Teil das, was er ist, im Behör des Ganzen ist. Deswegen fügt auch die Natur dem Teil Schaden zu, um das Ganze zu retten. Hiernach sind derartige Gesetze, die Lasten im Anmaß mitbringen, gerecht und verpflichten vor dem Richterstuhl des Gewissens und sind rechtmäßige Gesetze.

Ungerecht sind aber Gesetze in doppelter Weise. In der einen, durch Gegensätzlichkeit zum menschlichen Gut, im Widerspiel zu dem eben Gesagten: entweder aus dem Zweck, wie dann, wenn ein Vorsteher den Untergebenen belastende Gesetze auflegt, die nicht den gemeinen Nutzen bereichen, sondern mehr eigene Begierde oder Ruhm; oder auch aus dem Urheber, wie dann, wenn einer ein Gesetz über die ihm anvertraute Gewalt hinaus gibt; oder auch aus der Form, nimm an, wenn einer ungleich die Lasten über die Vielheit verteilt, auch wenn sie auf das gemeine Gut hingeordnet sind. Das sind mehr Gewalttaten als Gesetze; denn wie Augustinus De Lib. Arbitr. (1, 5) sagt, »scheint ein Gesetz, das nicht gerecht ist, kein Gesetz zu sein«. Deswegen verpflichten solche Gesetze nicht vor dem Richterstuhl des Gewissens: es sei denn etwa wegen Vermeidung von Ärgernis oder Verwirrung, dessentwegen auch ein Mensch sein Recht aufgeben soll, dem Worte Matth. 5, 40f. gemäß: »Wenn dich einer eine Meile weit zum Frondienste nötigt, mit dem geh zwei Meilen weit; Und dem, der dir den Leibrock nimmt, gib ihm auch den Mantel.« In der anderen Weise können Gesetze ungerecht sein durch die Gegensätzlichkeit zu dem göttlichen Gut: wie die Gesetze der Alleinherrscher, die zu Götzendienst verleiten, oder zu irgend etwas anderem, das gegen das göttliche Gesetz ist. Und solche Gesetze zu beobachten ist keineswegs erlaubt; denn, wie es Apostelg. 5, 29 heißt, »man muß Gott mehr gehorchen als den Menschen«.

Also zu 1. Wie der Apostel Röm. 13, 1 sagt, »ist alle menschliche Gewalt von Gott, und deswegen widersteht, wer der Gewalt sich widersetzt«, in dem was zum Gewaltbereich gehört, »der Anordnung Gottes«. Und demgemäß wird er in Anlangung des Gewissens schuldig.

Zu 2. Diese Beweisführung geht von den menschlichen Gesetzen aus, die gegen das Gebot Gottes verordnet werden. Und darauf dehnt sich die Machtordnung nicht aus. Deswegen ist in solchem dem menschlichen Gesetz nicht zu gehorchen.

Zu 3. Diese Begründung geht von dem Gesetz aus, das eine ungerechte Beschwer für die Untergebenen mit sich bringt: auch darauf erstreckt sich nicht der von Gott her eingeräumte Machtkreis. Deswegen wird auch in solchem der Mensch nicht verpflichtet, daß er dem Gesetze gehorcht, wenn er ohne Ärgernis oder größeren Abtrag sich widersetzen kann.

Fünfter Artikel

Sind alle dem Gesetze unterworfen?

Abhandlung. 1. Scheinbar sind nicht alle dem Gesetze unterworfen. Bloß die sind nämlich dem Gesetze unterworfen, für die das Gesetz gegeben wird. Nun aber sagt der Apostel 1. Tim. 1, 9: »Für einen Gerechten ist ein Gesetz nicht bestimmt.« Also sind die Gerechten dem menschlichen Gesetz nicht unterworfen.

2. *Ferner,* Papst Urban sagt, wie es auch in den Dekreten 19, 2 heißt: »Gar kein Grund erheischt, daß einer, der seine Führung an einem sondereigenen Gesetz hat, Verbindlichkeiten durch ein öffentliches erfährt.« Nun aber werden durch ein sondereigenes Gesetz des Heiligen Geistes im Geistlichen

alle geleitet, die Gotteskinder sind, nach Röm. 8, 14: »Die durch den Geist Gottes getrieben werden, die sind Gottes Kinder.« Also sind nicht alle Menschen dem menschlichen Gesetz unterworfen.

3. Ferner, der »Rechtsgelehrte« (a. a. O. 1, 31) sagt: »Der Fürst ist von den Gesetzen befreit.« Wer aber vom Gesetz befreit ist, ist dem Gesetz nicht untergeben. Also sind nicht alle dem Gesetz untergeben.

Aber dagegen spricht, was der Apostel Röm. 13, 1 sagt: »Jede Seele sei Untertan den obrigkeitlichen Gewalten.« Nun scheint aber keiner einer Gewalt Untertan zu sein, der nicht dem Gesetz Untertan wird, das von der Gewalt gegeben wird. Also müssen alle Menschen dem menschlichen Gesetz unterworfen sein.

Ich antworte: Wie aus dem oben (90, 1f.; 3 zu 2) Gesagten klar ist, hat das Gesetz zweierlei in seinem Berede: nämlich zunächst, daß es eine Richtschnur für die menschlichen Handlungen ist; sodann, daß es zwingende Kraft hat. In zweifacher Weise kann also ein Mensch dem Gesetz unterworfen sein. In einer Weise, wie das Gerichtete der Richtschnur; und auf diese Weise sind alle jene dem Gesetz Untertan, die der Gewalt Untertan sind, von welcher das Gesetz erfließt. Daß aber einer der Gewalt nicht Untertan ist, kann in doppelter Weise der Fall sein. Einmal, weil er schlechthin von der Unterwerfung unter sie frei ist. Deswegen sind die, welche zu dem einen Staate oder Königreich gehören, nicht den Gesetzen des Fürsten in einem zweiten Staat oder Königreich untergeben, wie sie auch nicht zu seiner Gebotschaft gehören. Zum anderenmal sonach, daß er durch ein höheres Gesetz regiert wird. Nimm an, es ist einer einem Statthalter (proconsuli) unterworfen, so muß ihm dessen Gebot Richtschnur sein, freilich nicht in dem, worin ihm der Kaiser gebietet: in Bezug hierauf nämlich bindet ihn nicht das Gebot des Tieferstehenden, da er am höheren Gebot seine Richtleitung hat. Und demgemäß tritt der Fall ein, daß einer, der schlechthin einem Gesetz unterworfen ist, in gewissen Beziehungen, in denen er von einem höheren Gesetz regiert wird, dem Gesetz nicht verbunden ist.

In der anderen Weise aber heißt einer wie gezwungen gegenüber dem Zwingenden dem Gesetz Untertan. Und in dieser Weise sind die tugendhaften und gerechten Menschen nicht dem Gesetz Untertan, sondern bloß die schlechten. Was nämlich gezwungen und gewaltsam ist, steht im Gegensatz zum Willen. Nun aber steht der Wille der Guten mit dem Gesetz im Einklang, wovon der Wille der Bösen abweicht. Gemäß dem sind deswegen die Guten nicht unter dem Gesetz, sondern bloß die Bösen.

Also zu 1. Diese Begründung geht von der Unterwerfung aus, die zwangsweise der Fall ist. Dergestalt »ist für die Gerechten ein Gesetz nicht gegeben«, da sie »sich selber Gesetz sind«, indem sie »das in ihr Herz geschriebene Werk des Gesetzes zeigen«, wie der Apostel Röm. 2, 14f. sagt. Deswegen hat auf sie das Gesetz nicht die zwingende Kraft, wie es sie auf die Ungerechten hat.

Zu 2. Das Gesetz des Heiligen Geistes steht oberhalb jedes vom Mensch her gegebenen Gesetzes. Und deswegen sind die Geistesmänner, sonach sie durch das Gesetz des Heiligen Geistes geleitet werden, dem Gesetz in bezug auf das nicht untertan, was der Leitung des Heiligen Geistes widerstreitet. Es behört aber freilich eben das zur Führung des Heiligen Geistes, daß die Geistesmenschen den menschlichen Gesetzen untertan sind, gemäß 1. Pet. 2, 13: »Unterordnet euch jeder menschlichen Schöpfung um Gottes willen.«

Zu 3. Ein Fürst heißt vom Gesetz entbunden, insoweit es auf die zwinghafte Kraft des Gesetzes ankommt: keiner wird nämlich im eigentlichen Sinne von sich selber gezwungen; ein Gesetz aber hat nur aus der Macht des Fürsten eine zwinghafte Kraft. Man spricht also in der Art davon, daß der Fürst vom Gesetz entbunden ist, daß keiner gegen ihn ein Verdammungsurteil [aufgrund des Gesetzes; wohl aber aus anderen Gründen, z. B. der Unordnung, der Häßlichkeit, des Ärgernisses usw.] fällen kann, wenn er gegen das Gesetz handelt.[375] Darum sagt über das Psalmwort 50, 6: »Vor dir allein habe ich gesündigt usw.«, die Glosse (Ord. Cassiod.): »Der König hat nicht einen Menschen, der über seine Taten urteilen soll.« – Aber was die Richtkraft des Gesetzes angeht, so ist der Fürst dem Gesetz mit eigenem Willen Untertan; gemäß dem, was Extra de Constitutionibus, cap. Cum omnes steht: jeder soll selber sich des nämlichen Rechtes bedienen, was er als solches für den anderen aufgestellt hat. Und das Gewährswort sagt (Dionys. Catonis Distich. de Moribus ad Filium, sentent. prelim. 53): »Trage ein Gesetz, das du selbst gegeben hast.« … Es wird ja auch vom Herrn ein Vorwurf gegen die erhoben, die »sagen und nicht tun«; und gegen die, welche »anderen schwere Lasten auflegen und selber nicht einen Finger rühren, sie zu wegen«, wie es Matth. 23, 3f. heißt. Deswegen ist in Anbetracht von Gottes Gericht der Fürst vom Gesetze nicht in Anlangung seiner Richtkraft entbunden; er soll vielmehr freiwillig, nicht gezwungen, das Gesetz erfüllen. – Es steht aber auch der Fürst über dem Gesetz, insoweit er nach Ort und Zeit, wenn es förderlich ist, das Gesetz ändern und Entbindungen von ihm aussprechen kann.

Sechster Artikel

Ist es einem Untertanen des Gesetzes erlaubt, am Wortlaut des Gesetzes vorbei zu handeln?
(Vgl. 2 II 60, 5 zu 2 u. 3; 120, 1; 147, 4)

Abhandlung. 1. Scheinbar ist es keinem Untertanen eines Gesetzes erlaubt, am Wortlaut des Gesetzes vorbei zu handeln. Es sagt nämlich Augustinus De Vera Relig. (31): »Wiewohl die Menschen über die zeitlichen Gesetze, wenn sie sie einrichten, zu Gericht sitzen, so dürfen sie doch, sobald sie fest eingerichtet sind, nicht mehr über sie urteilen, sondern müssen nach ihnen richten.« Wenn aber nun einer über den Wortlaut des Gesetzes wegsehend sagt, er wahre die Absicht des Gesetzgebers, so scheint er sich über das Gesetz zum Richter aufzuwerten. Es ist also einem Gesetzuntertanen nicht erlaubt, den Wortlaut des Gesetzes außer acht zu lassen, um die Absicht des Gesetzgebers zu wahren.

2. Ferner, bloß dem gehört die Auslegung des Gesetzes, dessen Amt es ist, Gesetze aufzustellen. Nun haben aber dem Gesetz unterworfene Menschen keine Gesetze aufzustellen. Also ist es auch nicht ihres Amtes, die Meinung des Gesetzgebers auszulegen, sondern sie sollen immer den Worten des Gesetzes gemäß handeln.

3. Ferner, jeder Weise hat gelernt, seine Absicht mit Worten auseinanderzulegen. Nun sollen aber die als Weise gelten, die Gesetze gegeben haben: es sagt nämlich die Weisheit Spr. 8, 15: »Durch mich führen die Könige die Herrschaft und entscheiden die Gründer der Gesetze das Gerechte.« Also ist über die Meinung des Gesetzgebers nur mittels der Gesetzesworte ein Urteil zu fällen.

Aber dagegen spricht, was Hilarius 4. De Trin. (14) sagt: »Das Verständnis des Gesagten ist aus den Gründen, es zu sagen, herzunehmen: denn das Ding soll nicht der Rede, sondern die Rede soll dem Ding unterworfen sein.« Also ist das Augenmerk mehr auf die Ursache zu richten, die den Gesetzgeber bewogen hat, als auf die Gesetzesworte selber.

Ich antworte: Wie oben (Art. 4) gesagt, ist jedes Gesetz auf das gemeine Heil der Menschen hingeordnet und gewinnt insoweit die Kraft und das Wesen eines Gesetzes; sonach es aber dagegen abfallt, hat es nicht die Wirkkraft zu verpflichten. Deswegen sagt der »Rechtsgelehrte« (a. a. O. 25): »Keine Auffassung des Rechts oder Milde der Billigkeit leidet, daß wir, was zum Nutzen der Menschen heilsam eingeführt wird, in härterer Auslegung gegen deren Vorteil zur Strenge treiben.« In so vielen Fällen tritt aber nun ein, daß in deren Mehrzahl etwas für das gemeinsame Heil nützlich beobachtet wird, was indessen in einigen Fällen höchst schadenbringend ist. Weil also der Gesetzgeber nicht alle einzelnen Fälle vor Augen haben kann, so stellt er ein Gesetz auf gemäß dem, was sich in den meisten Fällen zuträgt, indem er seine Absicht auf den gemeinen Nutzen richtet. Taucht deswegen ein Fall auf, in dem die Beobachtung eines solchen Gesetzes für das gemeine Heil schädlich wäre, so ist es nicht zu beobachten. Geradeso wie, wenn in einer belagerten Stadt das Gesetz aufgestellt wird, daß die Stadttore geschlossen bleiben sollen, dies in den meisten Fällen für das gemeinsame Heil nützlich ist; ereignet sich freilich der Fall, daß die Feinde einige Bürger verfolgen, durch welche die Stadt erhalten wird, so ergäbe sich für die Stadt der größte Schaden, wenn ihnen nicht die Tore geöffnet würden: und so wären in einem solchen Falle die Tore aufzuschließen, gegen den Wortlaut des Gesetzes, damit der gemeine Nutzen gewahrt würde, den der Gesetzgeber im Auge gehabt hat.

Es ist aber freilich folgendes zu erwägen: Wenn die Beobachtung des Gesetzes dem Wortlaut nach nicht eine jähe Gefahr hat, der sofort zu begegnen ist, so geht es nicht jeden Beliebigen an, die Auslegung zu geben, was der Stadt nützlich und was ihr nicht nützlich ist: sondern das fällt bloß in den Bereich der Oberen, die wegen solcher Art Fälle die Gewaltsame haben, Entbindungen von den Gesetzen auszusprechen. Ist aber die Gefährdung jäh und duldet sie nicht einen so großen Verzug, daß zum Oberen gegangen werden kann, so hat gerade die Notwendigkeit die Entbindung schon in sich: denn die Notwendigkeit ist nicht dem Gesetz unterworfen.

Also zu 1. Wer im Falle einer Notwendigkeit an den Worten des Gesetzes vorbei handelt, wirft sich nicht über das Gesetz selber zum Richter auf; sondern er gibt ein Urteil über den einzelnen Fall ab, in welchem er sieht, daß der Wortlaut des Gesetzes nicht zu beobachten ist.

Zu 2. Wer der Absicht des Gesetzgebers nachkommt, legt das Gesetz nicht schlechthin aus; sondern er tut es in dem Fall, in welchem am Schaden offen in die Augen springt, daß der Gesetzgeber ein anderes im Sinn gehabt hat. Ist nämlich ein Zweifel gegeben, so soll er entweder den Worten des Gesetzes gemäß handeln oder die Höhergestellten zu Rate ziehen.

Zu 3. Keines Menschen Weisheit ist so groß, daß sie alle einzelnen Fälle sich ausdenken könnte; und deswegen kann sie nicht zur Genüge durch ihre Worte das ausdrücken, was für den beabsichtigten Zweck sich schickt. Und wenn der Gesetzgeber alle Fälle erwägen könnte, so gehörte es sich nicht, daß er alle zum Ausdruck brächte, wegen der Vermeidung von Durcheinander; sondern er müßte das Gesetz dem gemäß geben, was in der Mehrzahl der Fälle eintrifft.

97. Untersuchung

DIE ABÄNDERUNG DER GESETZE

Feststellungen

1. Gebührt sich irgend welche Abänderung für das menschliche Gesetz? (Vgl. 104, 3 zu 2)

Da das menschliche Gesetz eine Sollvorschrift der Vernunft ist, an der die menschlichen Handlungen ihre Richtleite haben, so tritt eine Abänderung im Gesetz ein, wenn angesichts der wechselnden Verhältnisse von Menschen und Zeiten das Unvollkommene eine Zubesserung erfährt.[376]

2. Muß sich das menschliche Gesetz immer abändern, wenn ihm etwas Besseres begegnet?

Da ja die Gesetzesänderung für das Gemeinwohl einen Nachteil zu bringen pflegt, so ist das Gesetz nicht immer abzuändern, sobald etwas Besseres in Sicht tritt, es läge denn eine einleuchtende Notwendigkeit oder die höchste Nützlichkeit für das Gemeinwesen vor.[377]

3. Kann die Gewohnheit Gesetzeskraft erlangen? (Vgl. 2 II 79, 2 zu 2)

Da jeder das als gut zu wählen scheint, was er durch die Tat vollführt, so ist sicher, daß nicht bloß nur Worte, sondern auch Werke bzw. Handlungen, die sehr viel gesetzt werden (sie stellen eine Gewohnheit her), ein Gesetz verursachen, so daß es mit Recht von der Gewohnheit heißt, sie habe Gesetzeskraft.

4. Können, die eine Vielheit zu leiten haben, bei menschlichen Gesetzen Entbindungen geben? (Vgl. 96, 6; 100, 8; 2 II 88, 10; 89, 9; 147, 4)

Es geht die Leiter einer Vielheit an, Entbindung von den Gesetzen zu geben, sofern sie nur klug und nicht ohne Ursache geschieht.[378]

98. Untersuchung

DAS ALTE GESETZ[379]

Feststellungen

1. War das Alte Gesetz gut?

Da das Alte Gesetz rechter Vernunft gemäß überliefert worden ist und die Menschen durch es sich der Begierlichkeiten und der Sünden enthielten, so war es gut, obwohl nicht dem vollkommenen Berede von Güte gemäß, denn das Gesetz hat nichts ans Vollkommene herangeführt.[380]

2. Gab es das Alte Gesetz von Gott her?

Da ja das Alte Gesetz den Menschen auf Christus hinführte, durch den der Teufel vertrieben werden mußte, so war es nicht vom Teufel, sondern von Gott gegeben.[381]

3. War das Alte Gesetz durch die Engel gegeben?

Gerade wie es richtig war, daß das Neue Gesetz als vollkommener denn das Alte den Menschen unmittelbar von Gott gegeben ward, so ziemte es sich für das Alte, daß Engeldienst es den Menschen offenbarte.

4. Gebührte sich, daß das Alte Gesetz allein dem Judenvolk gegeben wurde?

Da die Verheißungen über Christus den Vätern bei den Juden gemacht worden sind und sich für das Volk, aus dem Christus geboren werden sollte, vor den übrigen Völkerschaften eine gewisse besondere Heiligungskraft ziemte, so gebührte sich allein für das Judenvolk, daß ihm das Alte Gesetz gegeben wurde. [»Wenn aber gefragt wird, warum Gott gerade dieses Volk erwählte, damit Christus aus ihm hervorgehe, und nicht ein anderes, so wird die Antwort Augustins (tr. 26 super Joan.) am Platze sein: Warum Gott diesen zieht und jenen nicht, das sollst du nicht entscheiden wollen, wenn du nicht irren willst«. Aus d. Antw.].

5. Waren alle Menschen verpflichtet, das Alte Gesetz zu beobachten?

Da ja das Alte Gesetz zum Naturgesetz gewisse den Juden beeignete Zubesserungen gab, so war das jüdische Volk auf alle Vorschriften des Alten Gesetzes verpflichtet, die übrigen Völkerschaften aber nur bloß auf die, die das Naturgesetz betrafen.

6. Wurde das Alte Gesetz passenderweise zur Zeit des Moses gegeben?

Es schickte sich, zu Moses Zeiten den Menschen das Alte Gesetz zu geben, damit die Menschen dadurch ihre Schwäche erkännten und sich vollkommener auf die Aufnahme der göttlichen Gnade vorbereiteten.

99. Untersuchung

DIE GEBOTE DES ALTEN GESETZES[382]

Feststellungen

1. Ist im Alten Gesetz bloß ein Gebot enthalten?

Im Bezug auf den einen Gesetzeszweck, der die Liebe zu Gott und zum Nächsten ist, gibt es nur ein Gebot des Alten Gesetzes; viele hingegen der Verschiedenheit dessen nach, was Hinordnung auf den Zweck hat.

2. Enthält das Alte Gesetz sittliche Gebote? (Vgl. Art. 4)

Es gehörte sich, daß im Alten Gesetz zur Heiligung des Volkes Gebote von Tugendhandlungen gegeben wurden, das sind sittliche Gebote. [»Wie die hauptsächliche Absicht des menschlichen Gesetzes auf die Freundschaft der Menschen untereinander geht, so die Absicht des göttlichen Gesetzes darauf, vor allem die Freundschaft des Menschen zu Gott herzustellen. Da aber Ähnlichkeit der Wesensgrund der Liebe ist … so kann es unmöglich Freundschaft des Menschen geben zu Gott, der der Allerbeste ist, wenn die Menschen nicht gut werden … Die Gutheit des Menschen aber ist die Tugend … Darum gehörte sich's usw.« Aus d. Antw.][383]

3. Enthält das Alte Gesetz neben den sittlichen gottesdienstliche Gebote? (Vgl. Art. 4f.; 101, 1; 103, 3; 104, 1; 2 II 122, 1 zu 2)

Da der Mensch durch das Alte Gesetz eine Ordnung auf Gott hin bekam, was nicht bloß mit inneren, sondern auch mit äußeren Wirken geschieht, so mußten notwendig in ihm außer sittlichen noch andere gottesdienstliche Gebote gegeben werden, wonach er Gott die schuldige Verehrung erweisen sollte. (Nachtrag S. 543)

4. Gibt es außer den sittlichen und den gottesdienstlichen auch gerichtliche Gebote? (Vgl. 103, 1; 104, 1; 2 II 87, 1; 122, 1 zu 2)

Neben den sittlichen und den gottesdienstlichen Geboten des Gesetzes sind dazu noch gerichtsbezügliche gegeben worden, wie eine Art Gerechtigkeitsbestimmungen, die unter den Menschen zu beobachten waren.

5. Sind etwa noch andere Gebote im Alten Gesetz enthalten außer den sittlichen, den gerichtlichen und den gottesdienstlichen?

Jegliche Gebote des Gesetzes sind entweder sittlich oder gottesdienstlich oder rechtsbezüglich: findet man aber etwa in ihm noch andere, so gehen sie auf jene zurück oder beziehen sich auf die Beobachtung der Gebote.

6. Gebührte sich für das Alte Gesetz, mit zeitlichen Versprechungen und Drohungen zur Beobachtung der Gebote anzuleiten? (Vgl. 91, 5; 107, 1 zu 2)

Es war wesensgemäß, daß das Alte Gesetz mit zeitlichen Verheißungen und Drohungen Menschen an der Hand nahm, um sie zu Gott zu führen, deren Gemutung auf Zeitliches und Irdisches stand.[384]

100. Untersuchung

DIE SITTLICHEN GEBOTE DES ALTEN GESETZES

Feststellungen

1. Fallen alle Sittengebote in den Bereich des Naturgesetzes? (Vgl. 104, 1)

Da es die sittlichen Gebote über das gibt, was, soweit es die guten Sitten angeht, mit der menschlichen Vernunft übereinstimmt, deren Urteil sich irgendwie von der naturhaften Vernunft herleitet, so gehören sie alle notwendig irgendwie zum Naturgesetz.

2. Gehen die sittlichen Gebote des Gesetzes auf alle Tugendhandlungen? (Vgl. 2 II 140, 2)

Da die sittlichen Gebote die menschliche Vernunft auf Gott hin beordnen und das durch die Wirken aller Tugenden eintritt, so gehen sie den Vollzug aller Tugenden an; mag es auch sein, daß Gewisses, ohne das die Tugendordnung beobachtet werden kann, bloß unter die Mahnung eines Rates fällt.

3. Lassen sich alle sittlichen Gebote des Alten Gesetzes auf die Zehngebote zurückführen? (Vgl. 2 II 122, 6 zu 2)

Alle sittlichen Gebote können sich auf die zehn der Zehngebote irgendwie begründet zurückführen lassen.

4. Werden die Zehngebote richtig unterschieden?

Von den Zehngeboten ordnen drei den Menschen auf Gott, die sieben übrigen dagegen auf den Nächsten hin.

5. Ist die Anzahl der Zehngebote richtig getroffen?

In zutreffender Anzahl sind den Menschen im Alten Gesetz zehn Gebote überliefert, durch die sie die rechte Verfassung gegenüber Gott und den Nächsten erhalten sollten.[385]

6. Ist die Reihe der Zehngebote richtig geordnet? (Vgl. 2 II 122, 2ff.)

Die Zehngebote sind in gehöriger und richtiger Ordnung nebeneinandergestellt.

7. Sind die Zehngebote in richtiger Weise gefaßt? (Vgl. 2 II 122, 2ff.)

In der richtigsten Weise sind die Zehngebote gefaßt, da sie aus der göttlichen Weisheit hervorgegangen sind.

8. Sind die Zehngebote erläßlich? (Vgl. 94, 5 zu 2; 2 II 104, 5 zu 2)

Da die Zehngebote den Menschen auf Gut schlechthin und auf den Nächsten in derselben Weise [der Gerechtigkeit] ordnen, so sind sie schlechthin unerläßlich.

9. Fällt das Gemaß der Tugend unter das Gebot des Gesetzes? (Vgl. 96, 3 zu 2; 2 II 44, 4 zu 1)

Das Gemaß der Tugend, das den Verstand und den Willen in Betracht zieht, fällt unter die Gebote des göttlichen Gesetzes, nicht aber das Gemaß, das sich auf die Verhabung bezieht.[386]

10. Fällt das Gemaß der Teuerliebe unter das Gebot des göttlichen Gesetzes?

Das Gemaß der Liebe fällt unter jenes Gebot des göttlichen Gesetzes, das in besonderartiger Weise über das Liebhaben Gottes und des Nächsten vorliegt; nicht aber unter die übrigen Gebote; darum wird mit dem Gebot: »Ehre den Vater«, nicht geboten, der Vater solle aus Liebe geehrt werden, sondern bloß, daß der Vater geehrt werde.

11. Werden richtiger Weise neben den Zehngeboten noch andere sittliche Gebote unterschieden?

Da Gewisses in den Bereich von guten Sitten fällt, dessen Sinn und Sage nicht sofort jedermann im breiten Volke, sondern bloß den tiefer Gebildeten offenbar ist, so ist es in richtiger Weise den Zehngeboten über sie hinaus noch angefügt worden (auf die es irgendwelchen Bereden nach zurückgeht).

12. Brachten die sittlichen Gebote des Alten Gesetzes die Rechtfertigung? (Vgl. 98, 1)

Die sittlichen Gebote des Gesetzes brachten nicht im eigentlichen Sinne die Rechtfertigung, mit der die Gerechtigkeit bewirkt wird, die einen aus einem Ungerechten zum Gerechten bei Gott macht, sondern eine im uneigentlichen Sinne, dadurch, daß sie als Zeichen für sie auftraten und eine Rüste für sie gaben.

101. Untersuchung

DIE GOTTESDIENSTLICHEN GEBOTE AN SICH

Feststellungen

1. Besteht das Gewese der gottesdienstlichen Gebote darin, daß sie in den Bereich der Gottesverehrung fallen? (Vgl. 99, 3; 104, 1)

Da es den gottesdienstlichen Geboten eigenbehörig ist, die Sittengebote in ihrer Ordnung auf Gott näher zu bestimmen, so ist sicher, daß jene im eigentlichen Sinne gottesdienstlich genannt gehören, die in den Bereich der Gottesverehrung fallen.

2. Sind die gottesdienstlichen Gebote sinnbildlich (figuralia)? (Vgl. 103, 1 u. 3; 104, 2)

Da die göttlichen Geheimnisse den Menschen nur ihrer Fassungskraft gemäß anvertraut werden dürfen, damit sie nicht verächtlich ansehen, was sie nicht begreifen können, so sind die gottesdienstlichen Vorschriften des Alten Gesetzes dem ungebildeten Volke ihrer Zeit unter dem Schleier sinnenfälliger Bilder mitgeteilt worden.[387]

3. Gebührte sich, daß es der gottesdienstlichen Gebote viele gab?

Eine Vielheit von gottesdienstlichen Geboten war für das Alte Gesetz ganz zutreffend, damit in den Bösen der knechtische Götzendienst, zu dem das Volk völlig hinneigte, zurückgedrängt wurde und in den Guten die Liebe zu Gott ein Wachstum erfuhr (indem ihr Besinn häufiger auf Gott zurückgewandt wurde).[388]

4. Werden die Gottesdienstlichkeiten des Alten Gesetzes richtig geteilt in Opfer, Verheiligungen, Heiligtümer und Bräuche?

Die Gottesdienstlichkeiten (caeremoniae) des Alten Gesetzes sind entweder Opfer (sacrificia), in denen die Verehrung Gottes besonderartig besteht; oder Heiligtümer (sacra), in deren Bereich die Geräte der Gottesverehrung fallen; oder Verheiligungen (sacramenta), welche die Heiligmachung des Volkes oder der Priester im Auge hatten; oder endlich Bräuche (observantiae), wodurch sich die Verehrer Gottes von denen unterschieden, die ihn nicht verehrten.

102. Untersuchung

DIE URSACHE DER GOTTESDIENSTLICHEN GEBOTE

Feststellungen

1. Haben die gottesdienstlichen Gebote eine Ursache?

Da ja nach dem Zeugnis des Apostels, was von Gott ist, Ordnung hat, so müssen notwendig die gottesdienstlichen Gebote auf irgend einen Zweck hinbeordnet sein, aus dem sich ihre vernünftigen Ursachen aufzeigen lassen.

2. Haben die gottesdienstlichen Gebote eine Ursache wörtlichen oder nur bildlichen Sinnes?

Da aus dem Zweck der Grund für das entnommen gehört, was dem Zwecke dient, so ist für die Gottesdienstlichkeiten des Alten Gesetzes, wie sie auf die Verehrung Gottes gehen, der wörtliche Sinn anzunehmen: wie sie aber Christus versinnbilden, muß nach der geheimnisvollen Sinntragung gesucht werden.

3. Läßt sich ein richtiger Sinn für die Dienstlichkeiten angeben, die zu den Opfern gehören?

Bei allen Opfern, wie sie auf die Gottesverehrung (ad cultum Dei) hingeordnet sind, läßt sich als Ursache annehmen, daß sie entweder den Besinn des Menschen auf Gott hinordnen oder ihn vom Götzendienst (ab idololatria) entfernen; wie sie aber Christus versinnbilden, war ihre Ursache die Sinnbildlichkeit für das willentliche Leiden und die Hinopferung Christi.[389]

4. Läßt sich ein sicherer Grund für die Gottesdienstlichkeiten angeben, die sich auf die Heiligtümer beziehen?

Da die ganze äußere Gottesverehrung ihre Hinordnung vornehmlich darauf hat, daß die Menschen Gott Ehrerbietung erweisen, so gehörten auf die Gottesverehrung hingeordnet gewisse besonderartige Zeiten, ein besonderes Zelt, besondere Gefäße und besondere Diener.

5. Kann es für die Verheiligungen des Alten Gesetzes eine zutreffende Ursache geben? (Vgl. III 70, 1 u. 3)

Für alle Verheiligungen des Alten Gesetzes gab es vernünftige Ursachen, sowohl im wörtlichen Sinne, insoweit sie für die Gottesverehrung jener Zeit verordnet wurden, als auch sinnbildlich, insoweit sie die Hinordnung auf die Versinnbildlichung Christi hatten.

6. Gab es eine vernünftige Ursache für die gottesdienstlichen Bräuche? (Vgl. 2 II 86, 3 zu 1ff.)

Für alle gottesdienstlichen Bräuche des Alten Gesetzes ist die Begründung entweder in der Beziehung auf das Leben der Christen oder in der Bezüglichkeit auf die Gottes Verehrung zu suchen.

103. Untersuchung

DIE DAUER DER GOTTESDIENSTLICHEN GEBOTE

Feststellungen

1. Gab es die Gottesdienstlichkeiten des Gesetzes vor dem Gesetz? (Vgl. III 60, 5 zu 3; 61, 3 zu 2; 70, 2 zu 1)

Es gab auch vor dem Gesetz (von heiligen Vätern zur Leistung der schuldigen Gottesverehrung aufgestellte) Dienstlichkeiten, sie waren aber nicht solche gesetzlicher Art, weil sie nicht durch irgendwelche Gesetzgebung begründet wurden.[390]

2. Hatten die Gottesdienstlichkeiten des Alten Gesetzes die Wirkkraft, zu Zeiten des Gesetzes die Rechtfertigung herbeizuführen? (Vgl. 100, 12; 102, 5 zu 4; III 62, 6)

Die Gottesdienstlichkeiten brachten im Alten Gesetz nur die Entsühnung von einigen leiblichen Unreinheiten; von der Sünde nur in Verbindung mit dem Glauben an Christus als Bekundungen innerer Rechtfertigung.

3. Hörten die Gottesdienstlichkeiten des Alten Gesetzes bei der Ankunft Christi auf?

Wie mit der Ankunft Christi das Geheimnis der menschlichen Erlösung bloß begann, das durch die Gottesdienstlichkeiten des Alten Gesetzes versinnbildlicht wurde, mit dem Leiden aber vollendet worden ist, geradeso haben auch die Gottesdienstlichkeiten mit der Ankunft Christi zwar aufzuhören begonnen, fanden aber passend ihr Ende erst mit dem Leiden.

4. Kann nach Christi Leiden das Gesetzhafte ohne Todsünde beobachtet werden? (Vgl. 104, 3; 107, 2 zu 1; 2 II 93, 1)

Gerade wie es geschieht, daß man tote Menschen vor der Bestattung noch etwas aufbewahrt, so hat man auch das Gesetzgemäße (das als lebend nach Christi Leiden nicht ohne Todsünde gewahrt werden konnte) mit Recht als tot vom Leiden Christi an bis zur Verbreitung der Frohbotschaft gewahrt, damit die tote Mutter, die Judenkirche, mit Ehren bestattet werde.

104. Untersuchung

DIE RECHTSGEBOTE

Feststellungen

1. Besteht das Wesen der Rechtsgebote darin, daß sie eine Ordnung in bezug auf den Nächsten aufstellen? (Vgl. 99, 4)

Rechtsgebote nennt man die, welche die Ordnung für die Menschen zueinander geben und entweder aus göttlicher oder menschlicher Aufstellung Verpflichtungskraft haben.

2. Sind die Rechtsgebote Sinnbilder für etwas? (Vgl. 2 II 87, 1)

Wenngleich die Rechtsgebote des Alten Gesetzes nicht, um etwas zu versinnbilden, aufgestellt worden sind, sondern um in jenem Volke einen Stand der Ordnung gemäß Gerechtigkeit und Billigkeit herzustellen, so hatten sie doch als Folge und Beischaft irgendwelche Sinnbildlichkeit, wie ja der ganze Dastand jenes Volkes ein sinnbildlicher war.[391]

3. Haben die Rechtsgebote des Alten Gesetzes immerwährende Verbindlichkeit? (Vgl. 108, 2; 2 II 87,1)

Mit der Ankunft Christi (durch den der Zustand der Kirche gewandelt wurde) wurden die Rechtsgebote des Alten Gesetzes hohl: so jedoch, daß ihre Beobachtung auch jetzt noch von den Vorgesetzten der Kirche vorgeschrieben werden könnte: anders verhält es sich mit den gottesdienstlichen Geboten.

4. Können die Rechtsgebote irgend eine sichere Einteilung bekommen?

Da nun einmal Durcheinander den Nutzen des Gesetzes aufzuheben pflegt, so ist festzustellen, daß sicher in irgend einer Weise (nämlich der vierfachen Ordnung nach, die man bei den Menschen antrifft) die Rechtsgebote des Alten Gesetzes zu unterscheiden sind.[392]

105. Untersuchung

DAS WESEN DER RECHTSGEBOTE

Erster Artikel

Hat das Alte Gesetz richtige Anordnungen bezüglich der Fürsten getroffen?

Aus der Abhandlung. Ich antworte: Bei der Bestellung einer guten Fürstenordnung in einem Staat oder einer Volksschaft ist auf zweierlei zu achten. Das eine davon ist, daß alle irgend einen Teil in der Führschaft bekommen; dadurch nämlich wird der Friede des Volkes gewahrt und lieben alle eine solche Ordnungseinrichtung und stehen für sie auf der Wacht, wie es 2. Politic. (6 n 15) heißt. Ans andere aber denkt man bei der Art, welche die Regierung oder die Einrichtung der Führschaftenordnung hat. Wenn es davon auch verschiedene Arten gibt, wie sie der Philosoph 3. Politic. (5 n 2 u. 4) anführt, so sind die vorzüglichsten doch folgende: das Königtum, worin Einer der Tugend gemäß die Führschaft hat; und die Adelsherrschaft, d. h. die Gewalt der Besten, worin etliche wenige der Tugend nach in Führschaft treten. Die beste Fürstenordnung in einem Staate oder in einem Reiche ist daher die, worin Einer der Tugend gemäß an die Spitze gestellt wird, der allen vorsteht; und unter ihm stehen etliche, die der Tugend gemäß Führschaft haben; und doch gehört eine solche Führschaft an alle, sowohl weil sie aus allen erwählt werden können, als auch weil sie ja aus allen erwählt werden. Das ist nämlich die beste Staatsbestellung, daß sie ein gutes Miteinander aus Königtum hat, insoweit Einer an der Spitze steht, und aus der Bestherrschaft (aristocratia), insoweit viele der Tugend gemäß in Führschaft stehen; und aus der Volksherrschaft (democratia), insoweit aus dem Volk die Fürsten erwählt werden können und die Wahl der Fürsten ans Volk gehört.

Diese Einrichtung wurde dem göttlichen Gesetz nach getroffen. Denn Moses und seine Nachfolger regierten das Volk, indem sie gleichsam in Alleinstellung allen als Fürsten vorstanden, was eine gewisse Art von Königtum ist. Erwählt wurden aber 72 Älteste der Tugend gemäß ...: das war aristokratisch. Demokratisch aber war, daß diese aus allem Volke ausgewählt wurden … und daß sie auch das Volk erwählte.[393]

Feststellungen

2. Sind die richtigen Rechtsgebote für das Zusammenleben der Menschen eines Volkes gegeben worden?

Da das Gesetz hinreichende Vorsorge trifft bezüglich allen Verkehrs der Menschen untereinander, sowohl dessen, der unter der Gewaltsame der Fürsten vor sich geht, als auch dessen, der auf dem eigenbehörigen Willen der unbeamteten Personen beruht, so ist sicher, daß die zutreffenden Rechtsgebote für das Zusammenleben des Volkes gegeben wurden.

3. Sind in bezug auf die Auswärtigen richtige Rechtsgebote gegeben worden?

In bezug auf die Auswärtigen sind die gegebenen Rechtsgebote richtig, da ja das Gesetz gebot, mit dem nichtfeindlichen Ausland friedsam zu verfahren, und mit den Feinden den Krieg in gerechter Weise einzugehen, den übernommenen mit festem Vertrauen auf Gott tapfer durchzuführen und von dem Sieg einen maßvollen Gebrauch zu machen.

4. Hat das Alte Gesetz richtige Gebote bezüglich der Hauspersonen ausgegeben?

Über die Hauspersonen, als da sind entweder Sklave und Herr oder Mann und Weib oder endlich Vater und Sohn, hat das Alte Gesetz die richtigen und zutreffenden Gebote für die Erhaltung des menschlichen Lebens gegeben.

106. Untersuchung

DAS GESETZ DER FROHBOTSCHAFT, DAS NEUE GESETZ GEHEISSEN, AN SICH

Feststellungen

1. Ist das Neue Gesetz ein geschriebenes Gesetz?
(Vgl. 107, 1 zu 2f.; 108, 1)

Das Neue Gesetz ist allermeist die in die Herzen der Gläubigen eingeschriebene Gnade des Heiligen Geistes selbst. An zweiter Stelle ist es aber ein geschriebenes Gesetz angesichts dessen, daß in ihm übermittelt wird, was entweder auf die Gnade zurüstet oder sich auf den Gebrauch der Gnade selber richtet.[394]

2. Macht das Neue Gesetz gerecht?

Da das Gesetz der Frohbotschaft die Gnade des Heiligen Geistes selbst ist, so macht es notwendig den Menschen gerecht; das Schrifttum[395] kann aber den Menschen nicht gerecht machen.

3. Gebührte es sich, das Neue Gesetz vom Anfang der Welt an zu geben? (Vgl. 91, 5 zu 2)

Da das Neue Gesetz das Gesetz der Gnade ist, ja sogar hauptsächlich die Gnade des Heiligen Geistes selbst, so durfte es nicht überreichlich gegeben werden, bevor mit der durch Christus vollbrachten Erlösung das Hindernis der Sünde behoben war.

4. Wird das Neue Gesetz Dauer haben bis zum Ende der Welt?

Da das Neue Gesetz allerwegs vollkommen ist, so wird ihm kein anderes Gesetz folgen, sondern es wird dauern bis zum Abschluß der Weltzeit.[396]

107. Untersuchung

DAS NEUE GESETZ IM VERGLEICH ZUM ALTEN GESETZ

Feststellungen

1. Ist das Neue Gesetz ein anderes als das Alte Gesetz? (Vgl. 91, 5)

Da das Neue Gesetz das Gesetz der Liebe ist und näher zu Gott führt als das Alte, das ein Zuchtmeister ist, so unterscheiden sie sich voneinander, wenn auch nicht an Art: denn beide streben zum gleichen Ziel, nämlich zur Gottuntergebenheit.

2. Erfüllt das Neue Gesetz das Alte Gesetz?

Das Neue Gesetz erfüllt das Alte, insofern es herstellt, was dieses versprach und versinnbildete; auch ist das Alte Gesetz sowohl durch Christi Werk erfüllt worden (da er das Alte Gesetz wahrte) als auch durch seine Lehre (da er es erklärte[397] und die Räte der Vollkommenheit als Zubesserung gab).

3. Ist das Neue Gesetz im Alten Gesetz enthalten?

Da ja alle Gebote des Neuen Gesetzes im Alten steckten oder unter dem Sinnbild verborgen waren, so heißt es mit Recht vom Neuen Gesetz, es sei im Alten wie die Frucht in der Hülse oder der Baum im Samen enthalten.[398]

4. Ist das Neue Gesetz schwerer als das Alte?

Das Alte Gesetz ist schwerer als das Neue an Menge (und Zahl) der Gebote; aber in bezug auf die (ausdrückliche) Zügelung der inneren Wegungen, die am schwierigsten ist, ist das Neue Gesetz schwerer als das Alte.

108. Untersuchung

DER INHALT DES NEUEN GESETZES

Feststellungen

1. Gebührt sich für das Neue Gesetz, irgendwelche äußeren Wirken zu gebieten oder zu verbieten?

Es ziemte sich für das Neue Gesetz, äußere verheiligende Handlungen zur Aufnahme der Gnade einzusetzen und äußere Handlungen der Tugenden zu gebieten und die der Laster zu verbieten, auf daß wir durch die Gnade gerechtfertigt mit (dem in uns wirkenden) Christus zusammenwirken, das ewige Leben zu verdienen.[399]

2. Hat das Neue Gesetz die äußeren Wirken hinreichend beordnet?

Das Neue Gesetz hat die äußeren verheiligenden und sittlichen Handlungen, die von sich aus in das Berede von Tugend schlagen, mit Gebot und Verbot hinreichend bestimmt; von den übrigen äußeren Handlungen hingegen hat es die einen dem Wahlentscheid der einzelnen Menschen, die anderen dem der Vorsteher (der Kirche) anheim gestellt.[400]

3. Hat das Neue Gesetz dem Menschen bezüglich der inneren Wirken eine genügende Ordnung gegeben?

Da nach dem Zeugnis des heiligen Augustinus selbst die eine Predigt, die der Herr vom Berge hielt, den ganzen Unterricht über das christliche Leben enthält und eine vollkommene Ordnung für die inneren Wegungen im Menschen trifft, so muß man vom Neuen Gesetz sagen, es bestelle eine hinreichende Ordnung für die inneren Wirken des Menschen.

4. Ist es für das Neue Gesetz richtig, gewisse bestimmte Räte vorzulegen?

Da das Neue Gesetz das Gesetz der Freiheit ist und der Rat in das freie Belieben dessen gestellt bleibt, der ihn erhält, so war es für das Neue Gesetz richtig, den Menschen Ratschläge vorzustellen, mit denen sie besser und geschwinder die Seligkeit gewinnen sollen.

109. Untersuchung

DIE NOTWENDIGKEIT DER GNADE

Folgerichtig ist die äußere Urheit der menschlichen Handlungen zu erwägen, also Gott, anso wir von ihm durch die Gnade zum guten Tun unterstützt werden (vgl. 90, Vorw.). Und deswegen geht die erste Erwägung auf die Gnade Gottes; die zweite auf ihre Ursache (112); die dritte auf ihre Wirkungen (113).

Die erste Erwägung aber wird in drei Teile zerfallen: denn zuerst werden wir die Notwendigkeit der Gnade ins Auge fassen; sodann die Gnade selbst in bezug auf ihre Wesenheit (110); zum dritten ihre Einteilung (111). Das erste wird in zehn Fragen behandelt:

Erster Artikel

Kann der Mensch ohne Gnade irgend ein Wahr erkennen?

Feststellung. Da der Mensch natürlicherweise eine vernünftige und verstandhafte Natur hat, so steht fest, daß er auch die natürlichen Wahrheiten ohne übernatürliches Gnadengeschenk erkennen kann.

Zweiter Artikel

Kann der Mensch ohne Gnade das Gute wollen und tun?

Aus der Abhandlung. Ich antworte: Die Natur des Menschen kann man zwiefach ins Auge fassen: einmal in der Unversehrtheit des Ihrigen, wie sie in den Ersteltern vor der Sünde da war; in der anderen Weise demgemäß, als sie in uns nach der Sünde der Ersteltern verdorben ist. Jedem dieser beiden Stände nach bedarf die menschliche Natur der göttlichen Hilfe als des ersten Wegenden, wie (im vor. Art.) gesagt worden ist, um das Gute zu tun oder zu wollen, was für eins es auch immer sein mag. Im Stande der unversehrten Natur, soweit die Genüge des tätigen Vermögens in Frage kommt, konnte aber nun der Mensch durch sein natürliches Mitgeführ das seiner Natur verhältnistreue Gute sowohl wollen wie tun, solcherart ist das Gute der erworbenen Tugend: nicht aber das jenes überschreitende Gute, solcherart das Gute der eingegossenen Tugend ist. Im Stande der verdorbenen Natur aber versagt der Mensch auch in dem, was er seiner Natur gemäß kann, so daß er nicht das ganze derartige Gute durch sein natürliches Mitgeführ zu vollführen vermag. Weil indes die menschliche Natur durch die Sünde nicht gänzlich verdorben ist, so daß also der Mensch des ganzen Naturguts bar wäre, so kann er zwar auch im Stande der verderbten Natur durch die Wirkkraft seiner Natur irgend ein teilbesonderes Gute tun, wie Häuser bauen, Weinberge bepflanzen und anderes derart; er kann aber doch nicht das ganze ihm naturgleiche Gute dergestalt tun, daß er in keinem von ihm versagt. Gerade wie der kranke Mensch durch sich selber irgend eine Bewegung haben kann; er kann sich aber nur vollkommen mit der Bewegung eines gesunden Menschen bewegen, wenn er mit Hilfe der Arznei gesund wird.

Dergestalt bedarf also der Mensch im Stande der unversehrten Natur einer gnadenhaft als Zubesserung zur Wirkkraft der Natur hinzugegebenen Wirkkraft in nur einer Beziehung, nämlich zum Wirken und Wollen des übernatürlichen Guten. Dahingegen im Stande der verdorbenen Natur in zwei Beziehungen: nämlich, daß er gesundet, und weiterhin, daß er das Gute der übernatürlichen Tugend zu Werk bringt, das verdienstlich ist. Darüber hinaus aber bedarf der Mensch in jedem von beiden Ständen der göttlichen Hilfeleistung, daß er von ihr zum guten Tun angewegt wird.

Feststellungen

3. Kann der Mensch Gott über alles lieben allein aus seinem natürlichen Mitgeführ ohne die Gnade? (Vgl. I 60, 5; 2 II 26, 3)

Im Stande der unversehrten Natur bedurfte der Mensch nicht der freigeschenkten Hilfe der Gnade, um natürlicherweise Gott über alles zu lieben, obwohl er die Hilfe Gottes als des Wegers dazu brauchte: aber im Stande der verderbten Natur hat er die (gerade die Natur innerlich) heilende Gnade notwendig.

4. Kann der Mensch ohne die Gnade durch sein Naturgeführ die Gebote des Gesetzes erfüllen?

Der Mensch konnte im Stande der unversehrten Natur alle Gesetzesauflagen in bezug auf das Wesen der Werke selbst beobachten, nicht aber im Stande der verderbten Natur; in Bezug aber auf das Gemaß des Tuns, d. h. daß er es aus Liebe wirken konnte, bedurfte er in beiderlei Stand der göttlichen Gnade.

5. Kann der Mensch ohne die Gnade das ewige Leben verdienen? (Vgl. 114, 2)

Da das ewige Leben des Menschen Endzweck ist, der über seine natürliche Wirkkraft hinausgeht, so kann er es nicht durch sein Naturgeführ ohne die Hilfe der göttlichen Gnade erlangen oder verdienen.

6. Kann sich der Mensch von sich aus auf die Gnade vorbereiten ohne Gnadenhilfe von draußen? (I 62, 2)

Von sich aus vermag der Mensch nicht, sich auf die Aufnahme des Lichts der göttlichen Gnade vorzubereiten, sondern er hat dazu die gnadenhafte Hilfe Gottes nötig, der ihn innerlich anwegt und ihm den guten Vorsatz einspricht; um aber verdienstlich zu wirken und würdig den Freuungsgenuß an Gott zu haben, bedarf er dessen verhablichen Gnadengeschenks, das die Urheit eines so großen Werkes ist.

Aus der Abhandlung: Da jedes Tätige wegen des Zweckes tätig ist, muß notwendig jede Ursache ihre Wirkungen auf ihren Zweck hinkehren. Also: da der Ordnungsreihe des Tätigen und Bewegenden die Ordnungsreihe der Zwecke entspricht, ist es notwendig, daß der Mensch auf den Endzweck durch die Wegung vom Erstwegenden hingekehrt wird, auf den nächsten Zweck aber durch die Wegung von untergeordneten Bewegursachen her: wie die Seele des Soldaten zur Erringung des Sieges vom Feldherrn her gerichtet wird, aber der Fahne einer bestimmten Truppe infolge der Anordnung eines Unterführers folgt. Da nun Gott das Erstwegende schlechthin ist, so kommt es von seinem Anstoß, daß alles auf ihn sich wendet gemäß der allgemeinen Absicht auf Gut, durch welche jegliches darauf geht, nach seiner Art und Weise Gott sich anzuähnlichen. Darum sagt Dionysius (De div. nom. 4, 11), daß »Gott alles zu sich kehrt«. Aber die gerechten Menschen kehrt er auf sich als den artbesonderen Zweck, den sie suchen, und dem sie als dem eigenbehörigen Gut anzuhangen streben, gemäß dem Wort (Ps. 72, 27): »Gut ist mir, Gott anzuhangen.« Und darum kann die Hinwendung des Menschen auf Gott nicht geschehen, ohne daß Gott ihn wendet. Das aber ist die Vorbereitung auf die Gnade: zu Gott gewendet werden; so wie einer, der sein Auge vom Sonnenlicht abgewandt hält, zur Aufnahme des Sonnenlichtes dadurch sich bereitet, daß er seine Augen gegen die Sonne kehrt. So ist es klar, daß der Mensch sich zur Aufnahme des Gnadenlichtes nicht bereiten kann, es sei denn kraft der ungeschuldeten Hilfe Gottes, der ihn innerlich bewegt.

Zu 4. Des Menschen ist es, seine Seele zu bereiten, weil er dies durch den freien Willen vollbringt. Er vollbringt es aber nicht ohne die Hilfe Gottes, der den Anstoß gibt und ihn zu sich zieht.

7. Kann der Mensch von der Sünde wieder aufstehen ohne Hilfe der Gnade? (Vgl. 113, 2)

Da nicht die natürliche Vernunft im Menschen die hinreichende Urheit für die geistige Gesundheit ist, sondern gerade die Gnade, die durch die Sünde weggenommen wird, so kann sich der Mensch unmöglich von selber ohne die Hilfe der Gnade von den Sünden erheben, das heißt in das wieder eingesetzt werden, was er mit Sündigen verloren hat.

8. Kann der Mensch ohne die Gnade frei von Sünde bleiben? (Vgl. 63, 2 zu 2; 74, 3 zu 2)

Im Unschuldsstand konnte der Mensch (weil seine Natur vollkommen war) nur mit dem allgemeinen göttlichen Beistand alle und einzelne Sünden, sowohl läßliche wie tödliche, vermeiden. Im Stand der verdorbenen Natur aber kann er die tödlichen sowohl einzeln wie alle, die läßlichen aber einzeln, dagegen nicht alle, vermeiden, falls die Natur durch die (eingegossene) Gnade wiederhergestellt ist; sonst vermag er auch nicht einmal alle Todsünden (besonders für längere Zeit) zu meiden.[401]

9. Kann, wer die [zuständliche] Gnade bereits gewonnen hat, von selber das Gute wirken und die Sünde vermeiden ohne die Hilfe der Gnade?

Da Zweitursächliches nur kraft der ersten Ursache handelt[402] und das Fleisch wider den Geist dauernd im Aufstand ist, so vermag der Mensch nicht, habe er auch schon die Gnade gewonnen, von selber das Gute zu tun und die Sünde zu meiden ohne neue Hilfe von Gott, der ihn anwegt, in Richt und Schutz hält, obwohl er eine andere zuständliche Gnade dazu nicht notwendig hat.

10. Bedarf der Mensch im Stand der Gnade zur Beharrung der Gnadenhilfe? (Vgl. 2 II 137, 4)

Der Mensch im Stand der Gnade bedarf dazu, daß er bis zu seinem Lebensende im Guten verharrt, zwar nicht eines verhablichen Geschenkes an göttlicher Gnade, sondern einer (gewissen besonderartigen) göttlichen Hilfe, die ihn gegen die Anstürme der Versuchungen schützt.

110. Untersuchung

DIE GNADE GOTTES IN BEZUG AUF IHRE WESENHEIT

Erster Artikel

Gründet die Gnade etwas in der Seele?

Aus der Abhandlung. Ich antworte: Der allgemeinen Redeweise nach pflegt man gratia (Gnade) in dreifachem Sinne zu nehmen. In dem einen, daß jemand gern gesehen wird; so sind wir gewohnt, zu sagen: der Kriegsmann da hat die Gnade des Königs, d. h. der König hat ihn gern (gratum). In einem zweiten Sinne wird sie für irgend ein unverdient gegebenes Geschenk genommen, wie wir zu sagen pflegen: »dies Geschenk (hanc gratiam) mache ich dir«. In der dritten Weise wird sie genommen für die Wiedervergeltung der aus Gunst gespendeten Wohltat: demgemäß wir für die Wohltaten Dank (gratias) sagen. Von diesen drei Bedeutungen hängt die zweite von der ersten ab: aus der Zuneigung (amore) nämlich, mit der jemand einen gern hat (gratum habet), geht hervor, daß er etwas aus Gunst (gratis) für ihn aufwendet. Aus der zweiten geht aber die dritte hervor: denn zufolge der aus Gunst erwiesenen Wohltaten ist man bewogen, Dank zu sagen.

Was nun die beiden letzten Bedeutungen angeht, so liegt auf der Hand, daß gratia (Geschenk und Dank) etwas in den innelegt, der die gratia empfängt: beim ersten nämlich eben das aus Gunst gegebene Geschenk, beim zweiten die Anerkennung für dieses Geschenk. Was hingegen das oben erstgenannte angeht, ist auf den Unterschied zu achten zwischen der gratia Gottes und der gratia des Menschen. Weil nämlich das Gut des Geschöpfes aus dem göttlichen Willen herkommt, so erfließt aus dem Gernhaben bei Gott, mit dem er dem Geschöpf das Gut will, irgend ein Gut im Geschöpf. Der Wille des Menschen aber wird aus dem in den Dingen vorher vorhandenen Gut angewegt: und daher rührt, daß das Gernhaben seitens des Menschen nicht gänzlich die Gutheit des Dings verursacht, sondern sie voraussetzt, entweder teilweise oder ganz. Es tritt also zutage, daß auf jede Liebe von Gott irgend ein Gut im Geschöpf folgt, das derweilen verursacht, nicht jedoch gleichewig mit der ewigen Liebe ist. Gemäß dem Unterschied eines derartigen Gut wird die Liebe Gottes zum Geschöpf als unterschiedliche betrachtet. Sie ist nämlich einmal eine allgemeine, der gemäß »er alles liebt, was da ist«, wie es Weish. 11, 25 heißt; ihr gemäß spendet er den erschaffenen Dingen das natürliche Sein. Die andere aber ist eine besondere Liebe, der gemäß er das vernünftige Geschöpf über die Naturbedingung hinaus zur Teilhabe am göttlichen Gut heranzieht. Dieser Liebe gemäß sagt man von ihm schlechthin, daß er liebt: denn dieser Liebe gemäß will Gott schlechthin für das Geschöpf das ewige Gut, das er selber ist.

Dergestalt wird also ein übernatürliches Etwas, das von Gott in dem Menschen hervorkommt, bezeichnet, wenn es vom Menschen heißt, er habe die Gnade Gottes. – Zuweilen wird freilich auch die ewige Liebe Gottes selber Gnade Gottes genannt; demgemäß spricht man auch von der Gnade der Vorherbestimmung, insoweit Gott von Gnaden wegen, nicht aus Verdiensten, irgend welche vorausbestimmt oder erwählt hat; es heißt nämlich Eph. 1, 5: »Er hat uns vorausbestimmt für die Annahme als Kinder zum Lobe der Herrlichkeit seiner Gnade.«

Feststellungen

2. Ist die Gnade eine Beschaffenheit der Seele?

Neben der besonderartigen Hilfe, mit der Gott den Menschen zum guten Tun anwegt, ist auch noch in der Seele der Gerechtfertigten die Verhabung der Gnade, d. h. eine gewisse übernatürliche Beschaffenheit, anzunehmen, die ihn mit weicher und leichter Hand anwegen soll, das ewige Gut zu gewinnen.[403]

3. Ist Gnade und Tugend das nämliche?

Wie die natürliche Leuchte der Vernunft etwas neben den erworbenen Tugenden ist, geradeso ist auch das übernatürliche Licht (oder Geschenk) der Gnade etwas neben den eingegossenen Tugenden, durch die der Mensch für den Wandel vollendet wird, der mit dem Lichte der göttlichen Gnade übereingeht.

4. Ist die Gnade in der Wesenheit der Seele als in ihrer Trage oder in irgend einem der Vermögen?

Weil jede Vervollkommnung eines Vermögens der Seele das Wesen von Tugend hat, die Gnade aber keine Tugend ist, sondern ein Ersteres gegenüber der Tugend, so ist notwendig nicht irgend ein Vermögen, sondern gerade die Wesenheit der Seele der Träger der Gnade.[404]

III. Untersuchung

DIE EINTEILUNG DER GNADE

Feststellungen

1. Wird die Gnade richtig eingeteilt in die liebmachende Gnade (gratum facientem) und in die Gnade des Gunstgeschenks (gratis datam)?

Da es die Gnade ist, durch welche die Menschen die Hinordnung und Heimführung zu Gott bekommen (was in einer gewissen Ordnung vor sich geht), so wird sie zutreffend in die liebmachende Gnade geteilt, die den Menschen selber mit Gott verbindet, und die des reinen Gunstgeschenks, durch die der eine Mensch dem anderen zum Heil behilflich wird.

2. Ist die Einteilung der Gnade in wirkende (operantem) und mitwirkende (cooperantem) richtig?

Da die Einteilung der Gnade den verschiedenen Wirkleistungen nach in wirkende und mitwirkende vom Apostel in die Worte gekleidet wird, die er den Philippern schreibt: »Gott ist es, der in uns wirkt das Wollen sowohl wie das Vollbringen«, so wird offenbar richtig die (liebmachende) Gnade so eingeteilt.

3. Ist die Teilung der Gnade in die zuvorkommende und die nachfolgende richtig?

Wegen der Vielfältigkeit der Gnadenwirkungen, die im unterschiedlichen Vergleich bald frühere bald spätere heißen können, wird die Gnade mit Recht in die voraufgehende und die nachfolgende eingeteilt.

4. Wird die Gnade des Gunstgeschenks richtig vom Apostel eingeteilt?

Mit Recht teilt der Apostel die Gnade des Gunstgeschenks ein: die eine nämlich geht auf die Vollkommenheit der Erkenntnis (wie der Glaube, die Rede der Weisheit und die Rede der Wissenschaft), die andere auf die Befestigung der Lehre (wie die Gnade der Heilungen, das Wirken von Kräften, die Weissagung, die Unterscheidung der Geister), wieder eine andere auf die Fähigkeit der Verkündigung (wie die Gabe der Zungen und die Auslegung der Sprachen).[405]

5. Ist die Gnade des Gunstgeschenks von höherer Würde als die liebmachende Gnade?

Da die liebmachende Gnade den Menschen unmittelbar mit Gott verbindet, die des Gunstgeschenks aber (wie die Gnade der Prophezeiung oder der Wunder usw.) dazu bloß vorbereitet oder rüstet, so ist sie von viel größerer Erhabenheit, Vornehmheit und Würde als die Gnade jeglichen Gunstgeschenks.

112. Untersuchung

DIE URSACHE DER GNADE

Feststellungen

1. Ist allein Gott die Ursache der Gnade?

Da die Gnade alle Vermöglichkeit der erschaffenen Natur damit überschreitet, daß sie nichts anderes ist, als eine gewisse Teilhabe an der göttlichen Natur, die über jede andere Natur hinausgeht, so kann sie nur von Gott verursacht werden.

2. Wird eine Vorbereitung und Zurüste auf die Gnade seitens des Menschen erheischt?

Sofern sie ein verhabliches Geschenk in der Seele ist, hat die Gnade eine Vorbereitung auf Seiten des Menschen notwendig (sie ist nämlich dergestalt eine gewisse Form, die es nur in einem zugerüsteten Wesungsstoff geben kann). Sofern die Gnade aber die Hilfe Gottes besagt, der die Seele zu Gut anwegt, ist das nicht der Fall; denn welcherart Vorbereitung es auch immer im Menschen geben kann, sie ist die Folge jener Hilfe des anwegenden Gottes.

3. Wird die Gnade notwendig dem gegeben, der sich auf die Gnade vorbereitet oder tut, was an ihm liegt?

Beim Menschen, der tut, was an ihm liegt, folgt die Eingießung der Gnade notwendig, d. h. unfehlbar, auf die Vorbereitung, angesichts dessen, daß die Vorbereitung von Gottes Anwegung herrührt, dessen Absicht nicht zu versagen vermag; nicht aber angesichts dessen, daß sie eine Wirke des freien Wahlentscheids ist, über dessen Vermöglichkeit die Gnade hinausgeht.

4. Gibt es in dem einen größere Gnade als im andern?

Die liebmachende Gnade ist in einem größer als im andern, nicht von der Zweckseite her (denn jedwede Gnade eint das Herz unmittelbar mit dem Endzweck), sondern auf Seiten des mehr gerüsteten Trägers: weil nämlich der mehr vorbereitete Mensch eine vollere und größere Gnade empfängt.

5. Kann der Mensch wissen, ob er die Gnade hat?

Wenngleich einer aus Zeichen und Mutmaßungen in irgend welcher Weise wissen kann, daß er die Gnade besitzt (insoweit nämlich der Mensch, ohne das Bewußtsein einer Todsünde, gewahrt, daß er Freuung an Gott hat und die weltlichen Dinge geringschätzt), so kann er es doch nicht gewißsicher wissen, wenn es ihm nicht geoffenbart wird.

113. Untersuchung

DIE WIRKUNGEN DER GNADE ZUERST DIE RECHTFERTIGUNG DES SÜNDERS

Feststellungen

1. Ist die Rechtfertigung des Sünders (impii) der Nachlaß der Sünden?

Diejenige Rechtfertigung, welche in Weise einer einfachen Wandlung statthat, ist kein Sündennachlaß, sondern bloß Erwerbung der Gerechtigkeit. Da man aber von Rechtfertigung des Sünders (von ihr ist hier die Rede) dann spricht, wenn eine Art Bewegung von einem geraden Gegensatz zum andern vor sich geht, so ist sie Nachlaß der Sünden mit Erwerbung der Gerechtigkeit.

2. Ist zum Nachlaß der Schuld, der die Rechtfertigung des Sünders ist, das Eingießen der Gnade erforderlich?

Da es der Gerechtigkeit Gottes widerstreitet, die Strafe nachzulassen, indes die Schuld noch in Kraft ist, aber die Strafwürdigkeit keines Menschen, solcher Beschaffenheit, wie er jetzt zur Welt kommt, weggenommen werden kann, ohne daß es mit Gnade etwas zu tun hätte, so ist offenbar zur Nachlassung der Schuld des Menschen, wie er jetzt geboren wird, die Eingießung der Gnade erforderlich.

3. Ist zur Rechtfertigung des Sünders die Wegung des freien Wahlentscheids erforderlich?

Da die Rechtfertigung des Sünders dadurch geschieht, daß Gott ihn auf die Gerechtigkeit hinwegt, und da Gott das Einzelne dessen eigenbehöriger Natur nach wegt, so muß man sagen, daß zur Rechtfertigung des Sünders (sofern er eben den Gebrauch der Vernunft gehabt hat) die Wegung des freien Wahlentscheids erheischt wird, womit er das Geschenk der Gnade annimmt.

4. Ist zur Rechtfertigung des Sünders die Wegung des Glaubens erforderlich?

Da zur Rechtfertigung des Sünders die Hinkehr des Besinns auf Gott erheischt wird, seine erste Bekehrung zu Gott aber durch den Glauben geschieht, so liegt auf der Hand, daß die Rechtfertigung des Sünders eine Glaubenswegung verlangt [»die nur vollkommen ist, wenn die Liebe sie beformt«. Antw. zu 1].

5. Ist zur Rechtfertigung des Sünders eine Wegung des freien Wahlentscheids gegen die Sünde erforderlich?

Da die Rechtfertigung des Sünders eine Art Umwandlung von der Sünde her zur Gerechtigkeit ist, so ist bei seiner Rechtfertigung (falls er den Vernunftgebrauch hat) eine Wegung des freien Wahlentscheids notwendig, nicht bloß, damit sein Gemüt durch Sehnsucht und Liebe sich der Gerechtigkeit nähert, sondern auch durch Haß von der Sünde zurückweicht.

6. Ist der Sündennachlaß unter das zu rechnen, was zur Rechtfertigung erforderlich ist?

Da unter anderem auch der Bewegungsabschluß zu dem gehört, was zu einer Bewegung erforderlich ist, so wird mit Recht der Sündennachlaß (der bei der Rechtfertigung gewissermaßen das Verhalten eines Abschlusses hat), unter das gerechnet, was die Rechtfertigung des Sünders bereicht.

7. Geschieht die Rechtfertigung des Sünders in einem Augenblick oder allmählich?

Da die Rechtfertigung des Sünders von Gott geschieht (dem nichts Widerstand zu leisten vermag), deswegen aber etwas in Zeit geschieht, weil die Leide dem Tuenden widersteht, so ist sicher, daß die

Rechtfertigung selbst in einem Augenblick geschieht (wenn wir sie als die Eingießung der Gnade nehmen, die augenblicklich vonstatten geht).

8. Ist die Eingießung der Gnade das Erste in der natürlichen Reihe bei dem, was zur Rechtfertigung des Sünders erforderlich ist?

Da die Tätigkeit gerade des Anwegers natürlicherweise bei jeder Bewegung den ersten Platz hat, zu ihr aber die Eingießung der Gnade rechnet, so wird diese mit Recht in der Naturordnung bei dem, was zur Rechtfertigung des Sünders erforderlich ist, zuerst gestellt.

9. Ist die Rechtfertigung des Sünders das größte Gotteswerk?

Soweit die Rechtfertigung des Sünders das ewige Gut der göttlichen Teilhabe zum Ziel hat, das das größte Gut ist, soweit ist auch sicher das Werk der Rechtfertigung das größte.[406]

10. Ist die Rechtfertigung des Sünders ein wunderhaftes Werk? (Vgl. I 105, 7 zu 1)

Die Rechtfertigung des Sünders kann man ein wunderhaftes Werk nennen angesichts dessen, daß es von Gott allein geschehen kann und zuweilen am gemeinen Naturlauf vorbei geschieht, indem er nämlich dem Menschen dergestalt mit der Gnade zuvorkommt, daß dieser sofort eine gewisse Vollkommenheit der Gerechtigkeit erreicht.[407]

114. Untersuchung

DAS VERDIENST

Die Erwägung geht nun an das Verdienst, das eine Wirkung der mitwirkenden Gnade ist [die Rechtfertigung ist die Leistung der wirkenden Gnade; vgl. 111, 2]. Hiervon handeln zehn Fragen:

Erster Artikel

Kann der Mensch etwas von Gott verdienen? (Vgl. 21, 4)

Aus der Abhandlung. Ich antworte: Verdienst und Lohn werden auf ein und dasselbe bezogen; das nämlich heißt Lohn, was einem beglichen wird zum Rückerweis eines Werks oder einer Mühe gewissermaßen als eine Art Preis dafür. Gerade wie daher die Rückleistung eines gerechten Preises für das von einem angenommene Ding eine Wirke der Gerechtigkeit ist, so ist auch die Lohnbegleichung für ein Werk oder eine Mühe ein Wirkgeschehen der Gerechtigkeit. Die Gerechtigkeit ist aber eine Art von Gleichheit, wie durch den Philosophen 5. Ethic. (3 n 3) klarsteht. Und darum gibt es schlechthin Gerechtigkeit zwischen denen, bei denen es schlechthin Gleichheit gibt; bei dem aber, worin nicht schlechthin Gleichheit da ist, gibt es nicht schlechthin Gerechtigkeit, sondern kann ein gewisses Gemaß von Gerechtigkeit da sein, wie man von einem Vaterrecht oder Herrenrecht spricht, wie der Philosoph a. a. O. (6 n 4) sagt. Diesethalben gibt es auch schlechthin ein Berede von Verdienst und Lohn in dem, worin es schlechthin das Gerechte gibt. Worin es aber das Gerechte in gewisser Hinsicht und nicht schlechthin gibt, darin gibt es auch nicht schlechthin das Berede von Verdienst, sondern in gewisser Hinsicht, insofern dabei das Wesen der Gerechtigkeit gewahrt wird: derartig verdient nämlich sowohl der Sohn etwas vom Vater wie auch der Sklave vom Herrn.

Es ist aber handgreiflich, daß es zwischen Gott und dem Menschen die größte Ungleichheit gibt: ins Unendliche stehen sie nämlich ab, und was des Menschen Gut ist, ist ganz von Gott. Es kann daher der unbedingten Gleichheit nach keine Gerechtigkeit von Mensch zu Gott geben, sondern einer Art von Verhältnisgleichmaß nach, d. h. insoweit jeder von beiden seiner Weise gemäß tätig ist. Weise und Maß der menschlichen Wirkkraft aber gibt es für den Menschen von Gott her. Und deswegen kann es nur ein Verdienst des Menschen bei Gott gemäß der Voraussetzung einer göttlichen Anordnung geben, d. h. dergestalt, daß der Mensch durch seine Werktätigkeit das gewissermaßen als Lohn gewinnt, wozu ihm Gott des Wirkens Kraft zugeteilt hat. Gerade so wie auch die natürlichen Dinge durch die eigenbehörigen Wegungen und Werkungen das erreichen, wozu sie von Gott beordnet sind. Unterschiedlich freilich, denn das vernünftige Geschöpf wegt sich selbst durch den freien Wahlentscheid zum Tun an, woher seine Tätigkeit das Berede von Verdienst hat; das gibt es nicht in den anderen Geschöpfen.

Feststellungen

2. Kann einer ohne die Gnade das ewige Leben verdienen? (Vgl. 109, 5)

Da das ewige Leben alle Naturvermöglichkeit überschreitet, so vermag es der Mensch weder im Stande der unversehrten Natur noch im Stande der verderbten Natur ohne Gnade und göttliche Wiederversöhnung von Gott für sich zu verdienen.

3. Kann der in der Gnade stehende Mensch das ewige Leben aus Wohlgebühr (ex condigno) verdienen?

So wie das Werk des gerechten Menschen von der Gnade des ihm innewohnenden Heiligen Geistes ausgeht (dessen Würde unendlich ist), verdient es aus Wohlgebühr das ewige Leben; es hat aber nicht das Verdienst der Wohlgebühr, wie es vom freien Wahlentscheid ausgeht, der allergrößten Ungleichheit wegen; mag es auch geziemend (congruum) sein, daß dem Menschen, der seiner Wirkkraft gemäß wirkt, Gott nach der Erhabenheit der seinigen vergilt.[408]

4. Ist die Gnade die Urheit des Verdienstes vornehmlicher durch die Teuerliebe als durch die anderen Tugenden?

Die Gnade erweist sich vornehmlicher durch die Teuerliebe (aus der das Werk am meisten willentlich und hauptsächlich auf die Seligkeit hingeordnet wird), denn durch die anderen Tugenden, als Urheit des verdienstlichen Werks.

5. Kann sich der Mensch die erste Gnade verdienen?

Es gebührt sich zu sagen: kein Mensch kann sich die erste Gnade verdienen, da sich der Mensch weder durch die voraufgehenden Werke die erste Gnade zu verdienen vermag (denn sie haben ja gar kein Gleichmaßverhältnis mit dem Gnadengeschenk), noch mit den hinterher folgenden Werken, darum, weil bei ihnen die Gnade nicht Zweck, sondern Urheit ist.

6. Kann ein Mensch dem anderen die erste Gnade verdienen?

Da nur deswegen das Gebührverdienst den menschlichen Werken zugeschrieben wird, weil sie aus Gottes Anwegung und Gnade geschehen, die allein Christus als dem Haupte der Kirche dergestalt gegeben wurde, daß er nicht nur für sich, sondern auch für die anderen das ewige Leben verdienen konnte, so hat allein Christus mit Wohlgebühr die erste Gnade für einen anderen verdienen können; (der Mensch kann es mit Billigkeitsverdienst).

7. Kann sich der Mensch die Wiederherstellung nach dem Fall verdienen?

Auf keinerlei Weise vermag einer (weder mit Gebührverdienst, noch mit Billigkeitsverdienst) sich nach dem Fall die Wiederherstellung zu verdienen, sondern er vermag dazu nur mit Gottes Barmherzigkeit zu kommen.

8. Kann der Mensch das Wachsen der Gnade oder der Liebe verdienen?

Da wir durch ein und dasselbe sowohl den Zweck wie auch das Vorrücken zum Zweck erreichen, der gerechte Mensch aber durch seine guten Werke, soweit sie unter Gottes Anwegung geschehen, das ewige Leben mit Wohlgebühr verdient, so ist zu sagen, daß er auch das Wachsen der Gnade und der Liebe verdient.

9. Kann der Mensch die Beharrlichkeit verdienen?

Aus der Abhandlung. Ich antworte: Da der Mensch von Natur den freien Wahlentscheid hat, der sich zu Gut und Böse neigen kann, so kann einer in doppelter Weise die Beharrlichkeit im Guten von Gott erlangen: in der einen Weise dadurch, daß der freie Wille durch die vollkommene Gnade seine Einbestimmung in das Gute findet, was in der himmlischen Herrlichkeit so sein wird; in der andern Weise von Seiten der göttlichen Anwegung, die den Menschen zum Guten neigt bis zum Ende. Wie aber aus dem Vorgesagten (Art. 6, 7, 8) klarsteht, fällt unter menschliches Verdienst dasjenige, was zur Bewegung des von Gott als dem Beweger ausgerichteten freien Entscheids sich wie die Zielgrenze verhält, nicht aber dasjenige, was zur genannten Bewegung sich wie der Wirkgrund (principium) verhält. So ist es klar, daß die Verharrlichkeit der Verklärung (perseverantia gloriae),[409] welche die Zielgrenze der genannten Bewegung ist, unter Verdienst fällt; die Beharrlichkeit des Erdenwegs (perseverantia viae) aber fällt nicht unter Verdienst, weil sie allein von der göttlichen Anwegung abhängt, welche der Wirkgrund jeglichen Verdienstes ist. Aber Gott verleiht das Gut der Beharrlichkeit unverdient, wenn immer er es verleiht.

10. Fallen die zeitlichen Güter unter das Verdienst?
(Vgl. 2 II 122, 5 zu 4)

Angesichts dessen, daß die zeitlichen Güter zu den Werken der Tugenden nützlich sind, durch die wir in das ewige Leben gelangen, fallen sie gerade so, wie man sie schlechthin Güter nennen kann, auch schlechthin und von vorneherein unter das Verdienst; sofern sie aber an sich betrachtet werden, fallen sie, wie sie ja nicht schlechthin Güter für den Menschen sind, so auch nicht schlechthin unter Verdienst, sondern nur in gewisser Hinsicht.

[Schlußsatz]

Diese Ausführungen mögen genügen über das Sittliche im allgemeinen.

Nachtrag

Texte und Anmerkungen

15, 1. Ist die Zustimmung eine Wirkheit der begehrhaften oder der wahrnehmigen Wirkkraft? (Vgl. 74, 7 zu 1; 2 II 1, 4) (Zu S. 99.)

Aus der Abhandlung. Ich antworte: Zustimmen (eonsentire) bedeutet die Ansetzung des Gesinns (applicationem sensus) an etwas. Es ist aber das Eigenbehörige des Gesinns, daß es erkennig für gegenwärtige Dinge ist: denn die Einbildekraft ist wahrnehmig für Ähnlichkeiten im Körperlichen, auch wenn die Dinge, zwischen denen sie bestehen, nicht da sind; der Verstand aber ist wahrnehmig für die alleinslichen Begriffe, die er, gleichgültig ob die Einzeldinge gegenwärtig sind oder nicht, erfassen kann. Und weil die Wirke der begehrigen Kraft eine gewisse Hinbiegung zum Ding selbst ist, nämlich gemäß etwelcher Ähnlichkeit, so erhält der Ansatz des begehrigen Vermögens an das Ding, sonach er diesem einhaftet, den Namen Gesinn, als gleichsam Erfahrung schöpfend von dem Ding, dem es innhängt, soviel es in ihm sich übereingefällt. Darum heißt es Weish. 1, 1: »Denket vom Herrn in der Gutheit.« Und demnach ist Zustimmen Wirke der begehrigen Kraft.

Zu 3. Vom Willen, dem das Streben nach dem Ding selber eigen ist, sagt man gehöriger »einwilligen« (consentire). Vom Verstand aber, dessen Tätigkeit sich nicht nach der Bewegung zum Ding richtet, sondern eher umgekehrt, wie (I 16, 1; 27, 4; 59, 2) schon gezeigt worden, sagt man gehöriger »zustimmen« (assentire), obzwar man das eine für das andere zu gebrauchen pflegt. Es kann auch gesagt werden, daß der Verstand zustimmt, sofern er vom Willen bewegt wird.

15, 2. Kommt Zustimmung den tierischen Seelwesen zu? (Zu S. 100.)

Abhandlung. 1. Scheinbar kommt den tierischen Seelwesen eine Zustimmung zu. Zustimmung bringt nämlich eine Eingrenzung der Begehrkraft auf Eines mit sich. Nun sind aber die Begehren der tierischen Seelwesen auf Eines eingegrenzt. Es findet sich also Zustimmung in den tierischen Seelwesen.

2. Ferner, nimmt man das Vorgängige weg, so fällt das Nachgängige. Nun geht aber die Zustimmung der Ausführung des Werkes vorauf. Wenn es also in den Tieren keine Zustimmung gäbe, so fände sich bei ihnen auch keine Werkvollführung, was offenbar falsch ist.

3. Ferner, von den Menschen sagt man manchmal, sie willigten in ein Tun aus irgend einer Leidenschaft heraus, nimm an aus Begierlichkeit oder Zorn. Nun handeln doch die Tiere aus Leidenschaft. Also gibt es in ihnen eine Zustimmung.

Aber dagegen spricht, daß (Johannes) von Damaskus De Fide Orth. (2, 22) sagt: »Nach der Beurteilung legt sich's der Mensch zurecht und faßt Liebe zu dem, was zufolge der Beratschlagung geurteilt ist, was man Spruchmeinung (sententia) nennt«, das heißt: Zustimmung. Nun gibt es aber in den tierischen Seelwesen keine Beratschlagung. Also auch keine Zustimmung.

Ich antworte: Eine Zustimmung, wie man eigentlich davon spricht, gibt es nicht bei den tierischen Seelwesen. Der Grund dafür ist: Zustimmung bringt den Ansatz der begehrigen Wegung an irgend ein Tun mit. Nun liegt aber das Ansetzen der begehrigen Wegung zu einem Tun bei dem, was Gewalt über die Begehrwegung besitzt. So kommt es zwar dem Stock zu, den Stein zu berühren, aber, den Stock zur Berührung mit dem Stein zu bringen, liegt bei dem, der es in seiner Gewalt hat, den Stock zu bewegen. Die tierischen Seelwesen haben aber die Begehrwegung nicht in ihrer Gewalt; vielmehr gibt es eine solche Bewegung in ihnen aus demlntrieb (instinctu) der Natur. Daher begehrt das tierische Seelwesen zwar, aber es setzt die Begehrwegung nicht an etwas an. Und deswegen sagt man nicht eigentlich von ihm, daß es zustimme, sondern bloß von einer vernunfthaften Natur, die die Begehrwegung in ihrer Macht hat und sie an dieses oder jenes anlassen oder nicht anlassen kann.

Also zu 1. In den tierischen Seelwesen trifft man die Einbestimmung der Begehr auf etwas nur in leidentlicher Weise an. Zustimmung aber besagt nicht bloß eine leidentliche Einbestimmung der Begehr, sondern mehr eine wirkige.

Zu 2. Nimmt man Vorgängiges weg (remoto priori), so fällt Nachgängiges (removetur posterius), das eigenbehörig aus ihm allein erfolgt. Wenn aber etwas aus Mehrerem erfolgen kann, so fällt nicht, wenn von Vorgängigem eins in Wegfall kommt, deswegen das Nachgängige dahin. Etwa so: Kann Härtung sowohl vom Warmen als vom Kalten her geschehen (denn Ziegel werden gehärtet vom Feuer, und Wasser härtet sich beim Gefrieren aus Kälte), so braucht nicht, wenn »Warm« in Wegfall kommt, auch »Härtung« wegzufallen. Die Ausführung einer Tätigkeit erfolgt nun aber nicht allein aus Zustimmung, sondern auch aus heftigem Begehrdrang, wie er in den tierischen Seelwesen da ist.

Zu 3. Menschen, die aus Leidenschaft handeln, können der Leidenschaft auch nicht-folgen; dagegen nicht die tierischen Seelwesen; daher ist die Begründung nicht ähnlich.

61, 4. Unterscheiden sich die vier Angeltugenden von einander? (Zu S. 357.)

Abhandlung. 1. Scheinbar sind die vier vorgenannten Tugenden nicht verschiedene Tugenden und von einander unterschieden. Es sagt nämlich Gregor (Moral. 22, 1): »Wahre Klugheit ist die nicht, die nicht gerecht und zuchtvoll und tapfer ist; und vollkommene Maßhaltung nicht die, die nicht tapfer, gerecht und klug ist; und volle Tapferkeit nicht die, die nicht klug, maßvoll und gerecht ist; und wahre Gerechtigkeit nicht die, die nicht klug, tapfer und in Zucht ist.« Das würde aber nicht zutreffen, wenn die vorgenannten vier Tugenden von einander unterschieden wären; denn die verschiedenen Arten derselben Gattung leihen sich nicht gegenseitig ihren Namen.[1] Also sind die genannten Tugenden nicht von einander unterschieden.

2. *Ferner,* bei Unterschiedenem schreibt man nicht dem einen zu, was dem anderen gehört. Nun wird aber, was an die Maßhaltung gehört, dem Starkmut zugeschrieben. Es sagt nämlich Ambrosius (De Offic. 1, 36): »Tapferkeit heißt man es mit Recht, wann einer sich selbsten besiegt, von keinen Ver-

lockungen erweicht und gebeugt wird.« Von der Maßhaltung sagt er zudem (24): »Sie wahrt das Maß und die Ordnung in allem, was wir meinen tun und sagen zu sollen.« Mithin scheinen dieserart Tugenden nicht von einander unterschieden zu sein.

3. Ferner, der Philosoph sagt (2. Ethic. 4 n 3), zur Tugend erheische es Folgendes: »Erstens, ob einer Bescheid weiß; sodann, ob einer eine Wahl trifft und sie eben deswegen trifft; drittens aber, ob er fest und unverweglich sich verhalte und am Werke sei.« Nun aber scheint das erste hiervon an die Klugheit zu gehören, welche als »die Rechtheit im werklich Vollbringbaren« dasteht; das zweite, das Wählen nämlich, in das Gebiet der Maßhaltung, so daß einer nicht aus Leidenschaft, sondern unter Zügelung der Leidenschaften auf Grund einer Wahl handelt; das dritte, nämlich »daß einer um eines gesollten Zieles willen am Werk ist«, enthält eine gewisse Geradheit, die in die Gerechtigkeit einzuschlagen scheint; das andere dabei, nämlich die Festigkeit und Unverweglichkeit, liegt im Bereich der Tapferkeit. Also steht jede dieser Tugenden in der Weise von Gattung zu allen Tugenden.[2] Sie werden also nicht von einander unterschieden.

Aber dagegen spricht, daß Augustinus (De Morib. Eccles. 15) sagt: »Vierig geteilt heißt die Tugend zufolge einer manchfachen Gemutung der Liebe selber«, und daß er dann von den vier genannten Tugenden handelt. Die genannten vier Tugenden sind also von einander unterschieden.

Ich antworte: Wie bereits (vor. Art.) gesagt, gibt es verschiedentlich eine doppelte Auffassung der genannten Tugenden. Die einen fassen sie nämlich auf als die Bezeichnung für gewisse gattliche Bedinglichkeiten des menschlichen Gemütes, die in allen Tugenden anzutreffen sind, so nämlich, daß die Klugheit nichts anderes sei als eine gewisse Rechtheit der Unterscheidung bei irgendwelchen Handlungen oder Stoffbereichen; die Gerechtigkeit aber soll eine gewisse Rechtheit des Gemütes sein, durch die der Mensch in irgend einem Stoffbereich tut, was er soll; die Maßhaltung dagegen soll eine gewisse Zurüste des Gemütes sein, die was immer für Leidenschaften oder Wirksamkeiten ein Maß auferlegt, daß sie nicht über das Soll schießen; die Tapferkeit aber soll eine gewisse Zurüste der Seele sein, durch die sie in dem gefestigt wird, was der Vernunft gemäß ist, gegen jedwede Anstürme der Leidenschaften oder der Mühsale bei den Werkhandlungen. Aber diese vier Unterschiedlichkeiten machen keine Verschiedenheit in den Tugendverhabungen aus, soweit die Gerechtigkeit, die Maßhaltung und die Tapferkeit in Betracht kommen. Denn jeder sittlichen Tugend kommt daraus, daß sie eine Verhabung ist, eine gewisse Festigkeit zu, so daß das Gegenteilige sie nicht bewegt; was, wie gesagt, zur Tapferkeit gehört. Aber (jede sittliche) Tugend hat es daraus, daß sie Tugend ist, an sich, zu Gut hinzuordnen, womit das Berede der rechten Richtung oder des Sollens gegeben ist; davon war beim Bereich der Gerechtigkeit die Rede. Darin jedoch, daß (jede sittliche Tugend eben) Sittentugend ist, (daher) vernunftbeteilt, hat sie das Vernunftmaß zu wahren und nicht darüber zu schreiten; das wurde als Bereich der Maßhaltung genannt. Nur das Eine: Unterscheidsamkeit (discretionem) zu haben, das der Klugheit zugeschrieben wurde, scheint gegen das dreierlei andere abgeschieden werden zu können, insofern es durch sein Wesen eben an die Vernunft gehört; während das dreierlei andere eine gewisse Beteiligung an der Vernunft bei sich hat, in der Weise einer gewissen Anwendung auf die Leidewegungen oder Tätigkeiten. Dergestalt wäre nach dem Gesagten die Klugheit zwar eine von den drei anderen unterschiedene Tugend; die drei anderen aber wären nicht gegenseitig geschiedene Tugenden. Denn es liegt auf der Hand, daß ein und dieselbe Tugend sowohl Verhabung ist als auch Tugend und sittliche Tugend ist.

Dagegen fassen andere und besser diese vier Tugenden in Gemäßheit dessen auf, daß sie sich auf besondere Stoffe eingrenzen, eine jede von ihnen nämlich auf das eine Stoffgebiet, auf welchem hauptsächlich jene gattliche Stellung zu Ehren kommt, von der sich der Name der Tugend herschreibt, wie bereits (vor. Art.) gesagt wurde. Danach sind offenbar die besagten Tugenden verschiedene Verhabungen, unterschieden nach der Verschiedenheit der Gegenstände.

Also zu 1. Gregor spricht von den genannten vier Tugenden der ersten Auffassung gemäß. Oder man kann auch sagen, daß jene vier Tugenden sich gegenseitig den Namen leihen im Wege einer Art Überströmung. Denn was der Klugheit gehört, strömt auf die anderen Tugenden über, insoweit sie von der Klugheit geleitet werden. Von den übrigen aber strömt jede auf die anderen über, wenn man erwägt, daß, wer das Schwierigere vermag, auch das weniger Schwierige kann. Wer daher die Begierden nach den Fühlenslüsten zu zügeln vermag, daß sie nicht das Gemaß überschreiten, es ist das sehr schwer, der wird eben dadurch auch verhablicher, den Wagemut in Todesgefahren ins Maß zu schränken, das er nicht überschreiten soll, was weit leichter ist; sonach spricht man von zuchtvoller Tapferkeit. Die Maßhaltung heißt auch tapfer aus der Rückwirkung der Tapferkeit in die Maßhaltung, insofern nämlich, wer festen Mut gegen die Todesgefahren hat, was das Schwierigste ist, verhablicher ist, die Gemütsfestigkeit gegen die Andränge der Lüste zu behalten. Denn, wie Tullius (De Offic. 1, 20) sagt, »stimmt es nicht zusammen, daß durch die Begierde gebrochen wird, wen die Furcht nicht bricht, und daß einer, der sich als unbesiegt von Mühe erwiesen, von der Wollust zuweilen besiegt werden könnte«.

Zu 2 liegt damit schon die Antwort zutage. Denn dergestalt wahrt die Zucht in allem das Maß und hält die Tapferkeit gegen die Verlockungen der Wollüste das Gemüt hoch, entweder insofern diese Tugenden gewissen allgemeinen Bedinglichkeiten der Tugenden ihren Namen geben oder zufolge des besagten Überströmens.

Zu 3. Die vier gattlichen Tugendbedingungen, die der Philosoph aufstellt, sind nicht den behandelten Tugenden eigentümlich, sondern können in der (in d. Antw.) angeführten Weise ihnen zugeeignet werden.

65, 4. Kann es Glaube und Hoffnung ohne die Liebe geben? (Zu S. 372.)

Abhandlung. 1. Scheinbar gibt es den Glauben und die Hoffnung niemals ohne die Liebe. Da sie Gott-Tugenden sind, so scheinen sie rangwürdiger zu sein als sogar die eingegossenen sittlichen Tugenden. Aber die eingegossenen sittlichen Tugenden kann es nicht ohne die Teuerliebe geben. Also auch nicht den Glauben und die Hoffnung.

2. Ferner, »keiner glaubt, er will es denn« sagt Augustin (Super Jo tr. 26). Nun gibt es aber die Teuerliebe im Willen als dessen Vervollkommnung, wie früher (62, 3) gesagt. Also kann es den Glauben nicht ohne die Teuerliebe geben.

3. Ferner, Augustin sagt (Enchir. 8): »Hoffnung kann es nicht ohne Lieben geben.« Die Teuerliebe ist aber Lieben, denn von diesem Lieben spricht er dort. Also kann es die Hoffnung nicht ohne die Teuerliebe geben.

Aber dagegen steht in der Glosse (interl.) zu Mt. 1, 2: »Der Glaube erzeugt die Hoffnung, die Hoffnung aber die Teuerliebe.« Nun ist aber der Erzeuger eher da als das Erzeugte und kann auch ohne dies sein. Also kann der Glaube ohne die Hoffnung sein und die Hoffnung ohne die Teuerliebe.

Ich antworte: Glaube und Hoffnung können wie auch die sittlichen Tugenden einer doppelten Betrachtung unterliegen, einmal der einer gewissen Anfänglichkeit nach, dann der nach dem vollkommenen Tugendsein. Da nämlich die Tugend ihre Hinordnung hat auf das Tun des guten Werks, so heißt eine Tugend vollkommen daher, daß sie mächtig ist zu einem vollkommen guten Werk. Das ist dann der Fall, wenn, was geschieht, nicht bloß gut ist, sondern auch gut geschieht. Ansonst ist das Gute, wenn es geschieht, aber nicht gut geschieht, kein vollkommen Gut; weshalb auch die Verhabung, welche die Urheit solchen Werks ist, nicht vollkommen das Berede von Tugend haben kann. Gerade so wie einer das Gute tut, wenn er Gerechtes ins Werk setzt: es wird aber kein Werk vollkommener Tugend sein, wenn er es nicht gut tut, das heißt gemäß rechter Wahl, die durch die Klugheit geschieht. Sohin kann die Gerechtigkeit ohne die Klugheit keine vollkommene Tugend sein.

Dergestalt kann es also Glauben und Hoffnung ohne Teuerliebe irgendwie geben; das Berede vollkommener Tugend haben sie aber ohne die Teuerliebe nicht. Da es nämlich das Werk des Glaubens ist, Gott (Deo) zu glauben, Glauben aber einem zustimmen heißt mit dem eigenen Willen, so wird, wenn der nicht in der gesollten Weise will, die Glaubenstat nicht vollkommen sein; daß er aber in der gesollten Weise will, kommt durch die Teuerliebe zustande, die den Willen vervollkommnet. Denn »jede rechte Wegung des Willens geht aus rechtem Lieben hervor«, wie Augustin De Civ. Dei (14, 9) sagt. So gibt es also den Glauben ohne die Teuerliebe, aber nicht in vollkommener Tugend, gerade wie auch die Maßhaltung oder die Tapferkeit ohne die Klugheit.

Ähnliches ist von der Hoffnung zu sagen. Denn Wirke (actus) der Hoffnung ist, die künftige Seligkeit von Gott zu erwarten. Diese Wirke ist vollkommen, wenn sie zufolge der Verdienste geschieht, die einer besitzt: was ohne die Teuerliebe nicht der Fall sein kann. Sollte er dies aber aus den Verdiensten erwarten, die er noch nicht hat, sich aber in Zukunft zu erwerben vornimmt, so ist das eine unvollkommene Wirke, und die kann ohne die Teuerliebe sein. Deshalb können der Glaube und die Hoffnung ohne die Teuerliebe sein; aber ohne die Teuerliebe sind sie nicht Tugenden, wie man davon eigentlich spricht. »Denn zum Berede der Tugend gehört, daß wir ihr gemäß nicht nur irgend ein Gutes tun, sondern auch gut tun«, wie es 2. Ethic. (6 n 2) heißt.

Also zu 1. Die sittlichen Tugenden hängen von der Klugheit ab. Die eingegossene Klugheit kann aber auch nicht das Berede von Klugheit haben ohne die Teuerliebe, da ihr ja dann das schuldige Gehaben gegen die erste Urheit abginge, die das Endziel ist. Glaube und Hoffnung aber hängen ihrer eigentümlichen Wesenheit nach weder von der Klugheit ab noch von der Teuerliebe. Darum kann es sie ohne die Teuerliebe geben,[3] mögen sie auch im (in d. Antw.) gesagten Sinne nicht Tugenden sein.

Zu 2. Die Begründung geht von dem Glauben aus, der die Vollwesenheit von Tugend hat.

Zu 3. Augustin spricht da von der Hoffnung, nach der einer die zukünftige Seligkeit durch die Verdienste erwartet, die er bereits besitzt; das gibt es nicht ohne die Teuerliebe.

65, 5. *Kann es die Liebe ohne den Glauben und die Hoffnung geben? (Zu S. 372.)*

Abhandlung. 1. Scheinbar kann es die Teuerliebe nicht ohne den Glauben und die Hoffnung geben. Denn die Teuerliebe ist das Gottlieben. Nun kann aber Gott von uns naturhaft geliebt werden, auch ohne daß der Glaube oder die Hoffnung auf die zukünftige Seligkeit vorausgesetzt werden. Also kann es die Teuerliebe ohne den Glauben und die Hoffnung geben.

2. Ferner, die Teuerliebe ist die Wurzel aller Tugenden gemäß Eph. 3, 17: »In Liebe gewurzelt und gegründet.« Nun kann die Wurzel auch zuweilen ohne Äste sein. Also kann auch dann und wann die Teuerliebe ohne den Glauben und die Hoffnung und die anderen Tugenden sein.

3. Ferner, in Christus war die vollkommene Teuerliebe, und doch hatte gerade er nicht den Glauben und die Hoffnung, denn er war vollkommener (Gott)Umfasser, wie später (im III. Teil) gesagt werden wird. Also kann es die Teuerliebe ohne den Glauben und die Hoffnung geben.

Aber dagegen spricht, daß der Apostel sagt (Hebr. 11, 6): »Ohne Glauben ist es unmöglich Gott wohlzugefallen«, was zuhöchst in den Bereich der Liebe gehört, wie gemäß Spr. 8, 17 klar ist: »Ich habe lieb die, die mich lieben.« Die Hoffnung ist es auch, die zur Teuerliebe hineinführt, wie früher (62, 4) gesagt wurde. Also kann man die Teuerliebe nicht besitzen ohne den Glauben und die Hoffnung.

Ich antworte: Teuerliebe bedeutet nicht bloß Liebe zu Gott, sondern auch eine gewisse Freundschaft zu ihm, die ja über das Lieben hinaus »die gegenseitige Wiederliebung mit einem gewissen gegenseitigen Verkehrsaustausch« dazugibt, wie es 8. Ethic. (2 n 3) heißt.[4] Und daß dies zur Teuerliebe gehört, steht durch das klar, was 1. Jo. 4, 16 gesagt wird: »Wer in der Liebe bleibt, bleibt in Gott und Gott bleibt in ihm«; und 1. Kor. 1, 9 heißt es: »Gott ist getreu, durch den ihr berufen seid zur Gemeinschaft seines Sohnes.« Nun nimmt diese Gesellung des Menschen zu Gott, die auch ein gewisser familienhafter Verkehr mit ihm ist, hinieden im Jetzt der Zeit (in praesenti) ihren Anfang durch die Gnade, wird aber in der

Zukunft durch die Herrlichkeit vollendet; dieses Beiderlei wird mit dem Glauben und der Hoffnung gefaßt und gehalten. Gerade so wie deswegen einer keine Freundschaft mit einem zu haben vermöchte, wenn er zweifelte oder verzweifelte, er könne mit ihm irgend welche Gemeinschaft oder familienhaften Verkehr haben, so kann auch einer keine Freundschaft zu Gott haben, was die Teuerliebe ist, wenn er nicht den Glauben hat, durch den er eine solche Gemeinschaft und Verkehrlichkeit des Menschen mit Gott für wahr hält, und hofft, zu dieser Gesellung zu gehören. Dergestalt kann es die Teuerliebe ohne den Glauben und die Hoffnung durchaus nicht geben.

Also zu 1. Die Teuerliebe ist nicht irgendwelches Gottlieben, sondern die Liebe zu Gott, mit der man ihn lieb hat als den Gegenstand der Glückgeborgenheit, zu dem uns Glaube und Hoffnung hinordnen.

Zu 2. Die Teuerliebe ist die Wurzel des Glaubens und der Hoffnung, insofern sie ihnen die Tugendvollkommenheit gibt. Aber Glauben und Hoffnung werden ihrem Eigenwesen nach zur Teuerliebe vorausgesetzt, wie bereits (62, 4) gesagt worden ist. Daher kann es die Teuerliebe ohne sie nicht geben.

Zu 3. Christus fehlte der Glaube und die Hoffnung wegen dessen, was an Unvollkommenheit in ihnen ist. Aber an Stelle des Glaubens hatte er das offene Schauen und an Stelle der Hoffnung die volle (Gott-)Umfassung: so war die vollkommene Teuerliebe in ihm.

67, 6. Verbleibt die Teuerliebe nach diesem Leben in der Herrlichkeit? (Zu S. 377.)

Abhandlung. 1. Scheinbar bleibt die Teuerliebe nach diesem Leben in der Herrlichkeit nicht. Denn es heißt 1. Kor. 13, 10: »Wenn aber das Vollendete kommt, dann wird das Stückwerk abgetan werden«, das heißt das Unvollkommene. Nun ist aber die Teuerliebe der Pilgerschaft unvollkommen. Sie wird also abgetan werden, wenn die Vollkommenheit der Herrlichkeit eintritt.

2. Ferner, die Verhabungen und die Wirkgeschehlichkeiten werden gemäß den Gegenständen unterschieden. Es ist aber der Gegenstand des Liebens das wahrgenommene Gut. Da nun die Wahrnehmung in diesem Leben eine andere ist als die Wahrnehmung im zukünftigen Leben, so scheint die Teuerliebe nicht beiderorts dieselbe zu bleiben.

3. Ferner, von dem, was unter Einen Begriff fällt, vermag das Unvollkommene zur Gleichheit mit der Vollkommenheit durch ununterbrochene Vermehrung zu gelangen. Nun vermag aber die Teuerliebe der Pilgerschaft niemals zur Gleichheit mit der Teuerliebe des Vaterhauses hinzukommen, wieviel immer sie sich mehrt. Es scheint also die Teuerliebe der Pilgerschaft in der Heimat im Himmel nicht zu bleiben.

Aber dagegen steht das Wort des Apostels (1. Kor. 13, 8): »Die Liebe fällt nie dahin.«

Ich antworte: Wann, wie bereits (Art. 3) gesagt, die Unvollkommenheit eines Dings nicht von seinem Artgewese herrührt, so steht nichts im Wege, daß der Zahl nach dasselbe, das erst unvollkommen ist, nachher vollkommen ist, so wie der Mensch sich durch Wachstum vervollkommnet und die Weißfärbung durch Verdichtung. Die Teuerliebe ist aber ein Lieben, zu dessen Gewese nicht irgendwelche Unvollkommenheit rechnet; es kann sich nämlich erstrecken auf das, was man besitzt, und das, was man nicht besitzt, und auf Geschautes und nicht Geschautes. Darum wird die Teuerliebe nicht geräumt durch die Vollkommenheit in der Herrlichkeit, sondern bleibt zahlig dieselbe.

Also zu 1. Die Unvollkommenheit an der Teuerliebe verhält sich beischaftlich zu ihr, weil es im Gewese des Liebens Unvollkommenheit nicht gibt. Fällt nun weg, was beischaftlich da ist, so bleibt nichtsdestoweniger der Wesensbestand des Dings. Durch die Wegräumung der Unvollkommenheit der Teuerliebe wird die Teuerliebe selbst nicht abgetan.

Zu 2. Die Teuerliebe hat das Erkennen selber nicht zum Gegenstande; dergestalt wäre sie nicht dieselbe auf der Wanderung und in der Heimat. Sondern sie hat zum Gegenstand das erkannte Ding selber – und das ist (dort wie hier) das nämliche – das heißt Gott selbsten.

Zu 3. Die Teuerliebe der Pilgerung vermag nicht durch Wachstum zur Gleichheit mit der Teuerliebe in der himmlischen Heimat zu gelangen wegen des Unterschiedes, den es auf Seiten der Verursachung gibt. Das Schauen ist nämlich eine gewisse Ursache des Liebens, wie es 9. Ethic. (5 n 3) heißt. Um wieviel vollkommener aber Gott erkannt wird, um soviel vollkommener wird er geliebt.[5]

80, 1. Ist der Teufel dem Menschen gradaus (directe) Ursache des Sündigens? (Zu S. 410.)

Abhandlung. 1. Scheinbar ist der Teufel für den Menschen gradweg Ursache des Sündigens. Die Sünde besteht ja schlechtweg in einer Gemutung. Nun sagt aber Augustin (4. De Trin. 12): »Der Teufel flößt seiner Gesellschaft böse Gemutungen ein«; und Beda (Zur Apg. 5): »Der Teufel zieht die Seele in die böse Gemutung«; und Isidor (2. De Summo Bono 41) sagt: »Der Teufel erfüllt die Herzen der Menschen mit dunklen Begierden.« Also ist der Teufel gradweg die Ursache der Sünde.

2. Ferner, Hieronymus sagt (Contra Jovin. 2, 3): »Wie Gott der Vollender des Guten ist, so ist der Teufel der Vollender des Bösen.« Aber Gott ist gradweg die Ursache unserer Gutheiten. Also ist der Teufel gradweg die Ursache unserer Sünden.

3. Ferner, Aristoteles sagt in einem Kapitel der Eudemischen Ethik (7, 14 n 20): »Es braucht für die Beratschlagung beim Menschen eine gewisse Außenurheit.« Nun geht aber der Mensch nicht nur über das Gute mit sich zu Rat, sondern auch für das Böse. Wie daher Gott zum guten Rat hinführt (movet) und so graderdings die Ursache des Guten ist, so bewegt der Teufel den Menschen, schlechten Rat zu halten und dadurch folgt, daß der Teufel gradaus die Ursache der Sünde ist.

Aber dagegen spricht, daß Augustin De Lib. Arb. (1, 11 u. 3, 1) beweist: »Durch kein ander Ding wird der Besinn des Menschen Diener der Wollust als durch den eigenen Willen.« Nun wird aber der Mensch nur durch die Sünde Knecht der Wollust. Also kann die Ursache der Sünde nicht der Teufel sein, sondern allein der eigene Wille.

Ich antworte: Die Sünde ist eine gewisse Wirke. Darum kann etwas graderdings Ursache der Sünde in der Weise sein, in der einer gradwegs Ursache irgend eines Wirkgeschehens ist. Das kann nur dadurch eintreten, daß die eigenbehörige Urheit dieser Wirke zum Tun hinwegt. Nun ist aber die eigenbehörige Urheit des sündigen Wirkgeschehens der Wille, weil jegliche Sünde willentlich ist. Deswegen kann nichts graderdings die Ursache der Sünde sein, es vermöge denn den Willen zum Tun zu bewegen. Nun kann der Wille, wie früher (9, 1; 4, 6) erörtert wurde, von zweierlei bewegt werden: einmal vom Gegenstande, wie man sagt: das wahrgenommene Begehrbare bewegt die Begehr; anders dann von dem, was innerlich den Willen zum Wollen hinbiegt, das aber ist nur entweder der Wille selber oder Gott, wie früher (9, 3) gezeigt worden ist. Gott aber kann nicht die Ursache der Sünde sein, das ist schon gesagt (79, 1). Von dieser Seite her bleibt also übrig, daß allein der Wille des Menschen die Ursache seiner Sünde sein kann. Auf Seiten des Gegenstandes aber läßt sich die Einsicht gewinnen, daß etwas den Willen in dreierlei Weise bewegen kann. In der einen der vorgehaltene Gegenstand selber, wie wir davon sprechen, daß die Speise das Verlangen des Menschen zum Essen erregt. In der anderen der Vorhalter oder Darbieter solch eines Gegenstandes. In der dritten, wer überredet, der dargebotene Gegenstand habe das Gewese von Gut; denn auch der legt dem Willen den eigenbehörigen Gegenstand vor, das ist das wahre oder anscheinende Vernunftgut. Auf die erste Weise bewegen die außen auftretenden sinnfälligen Dinge den Willen des Menschen zum Sündigen. Auf die zweite oder dritte Weise vermag entweder der Teufel oder auch der Mensch zur Sünde anzustacheln, entweder etwas Begehrbares dem Gesinn anbietend oder die Vernunft überredend. Aber auf keine dieser drei Weisen kann etwas die gradwegige Ursache der Sünde sein. Denn der Wille wird nicht aus Notwendigkeit von irgendeinem Gegenstande bewegt, es sei denn, wie früher (10, 2) gesagt, vom letzten Ziel. Zureichende Ursache der Sünde ist daher weder das von draußen angebotene Ding noch wer es vorlegt noch wer überredet. Somit folgt, daß der Teufel die Ursache der Sünde nicht graderdings oder zureichendermaßen ist, sondern bloß über die Weise des Überredenden oder eines, der das Begehrbare vorhält.

Also zu 1. Alle diese Gewährstellen, auch ähnliche, die sich finden lassen, sind darauf zu beziehen, daß der Teufel durch Zusprache oder Vorhaltung irgend welcher Begehrbarkeiten zur Gemutung der Sünde hinleitet.

Zu 2. Bei diesem Vergleich ist zu beachten: der Teufel ist gewissermaßen Ursache unserer Sünden gerade wie Gott auf irgend eine Weise Ursache unserer Gutheiten ist. Der Vergleich will aber nicht die Weise des Verursachens treffen. Denn Gott verursacht die Gutheiten, indem er innerlich den Willen bewegt, was dem Teufel nicht zukommen kann.[6]

Zu 3. Gott ist die auf eins und alles gehende Urheit jeglicher inneren menschlichen Wegung.[7] Daß aber der menschliche Wille auf einem schlechten Rat festliegt, rührt graderdings aus dem menschlichen Willen her und – über die Weise eines Überredenden oder Begehrbares Vorhaltenden – vom Teufel.

92, 1. Hat das Gesetz die Wirkung, die Menschen gut zu machen? Zu 3 u. 4. (Zu S. 446.)

Zu 3. (Es gibt doch schlechte Leute, die sich zum Gemeinwohl gut verhalten; wie verträgt sich das mit der behaupteten Gesetzeswirkung?) Bei einem und jedem Teil wird die Güte im Verhältnisanmaß zu seinem Ganzen gesehen, weshalb auch Augustin (Conf. 3, 8) sagt: »Häßlich sticht jeder Teil ab, der mit seinem Ganzen nicht übereinkommt.« Da nun jeder Mensch Teil des Staates ist, so kann ein Mensch unmöglich gut sein, wenn er nicht ein gutes Maßverhältnis zum Gemeinwohl hat, und auch das Ganze kann nicht wohlbestehen außer aus Teilen, die zu ihm ein gutes Anmaß tragen. Daher kann es um das Gemeinwohl unmöglich gut stehen, wenn nicht die Bürger Tugendmenschen sind, zum wenigsten die, welchen das Herrschen zukommt. Es reicht aber, soweit das Gut der Gemeinschaft in Betracht fällt, hin, daß die anderen insoweit Tugendmenschen sind, daß sie den Weisungen der Herrscher gehorchen. Deshalb sagt der Philosoph

(3. Pol. 2 n 6): »Die Tugend ist dieselbe beim Herrscher und beim guten Menschen; die Tugend ist aber nicht dieselbe beim Bürger jeder Art und beim guten Menschen.«

Zu 4. (Ein Tyrann hat aber doch wohl mit dem Gesetz sein Eigenwohl im Auge!) Da das gewaltherrscherliche Gesetz nicht der Vernunft gemäß ist, so ist es nicht schlechthin Gesetz, sondern mehr eine gewisse Gesetzesverkehrung. Und doch strebt es, insofern es etwas vom Wesen des Gesetzes besitzt, dahin, daß die Bürger gut seien. Es hat nämlich vom Wesen des Gesetzes nur demgemäß etwas, daß es als Befehl eines Vorsitzers bei den Untergebenen dasteht und dahin geht, daß die Untergebenen dem Gesetz gut vergehorsamt bleiben, das heißt, daß sie gut sind, nicht schlechthin, sondern in Hinordnung zu solcher Leitung.

99, 3. Enthält das Alte Gesetz neben den sittlichen gottesdienstliche Gebote? (Zu S. 502.)

Aus der Abhandlung. Ich antworte: Wie (im vor. Art.) gesagt, dient die Einrichtung eines göttlichen Gesetzes hauptsächlich der Hinordnung der Menschen auf Gott, die des menschlichen Gesetzes aber zur Hinordnung der Menschen aufeinander. Deswegen haben die menschlichen Gesetze auch nicht gesorgt, etwas betreffs der Gottesverehrung einzurichten, es sei denn in Hinordnung auf das allgemeine Gut der Menschen. Sie haben sich deswegen auch vielerlei im Bereich göttlicher Dinge ausgedacht, wofern es ihnen dienlich schien, die Sitten der Menschen zu bilden, wie sich aus dem Brauchtum der Heiden ergibt. Dagegen hat aber das göttliche Gesetz die Menschen zu einander in Ordnung bestellt, sonach es der Ordnung entsprach, die es zu Gott hin gibt: sie war sein hauptsächliches Anliegen. Der Mensch wird aber auf Gott hingeordnet nicht allein durch die inneren Wirken im Besinn, als da sind Glauben, Hoffen und Lieben, sondern auch durch gewisse äußere Werke, durch die der Mensch die gottbezogene Dienstbarkeit bekennt. Von diesen Werken sagt man, sie gehören zum Gottesdienst. Dieser Dienst heißt caeremonia, gleichsam als munia, was Geschenke bedeutet, der Ceres, die man die Göttin der Früchte nannte, weil anfänglich aus den Früchten Gott Spenden dargebracht wurden. Oder es ist, wie Maximus Valerius (1, 1 n 10) berichtet, die Benennung Caeremonia zur Bezeichnung des Gottesdienstes bei den Latinern eingeführt worden, genommen von einem gewissen bei Rom gelegenen Städtchen, das Caere hieß; denn dort hat man nach der Eroberung Roms durch die Gallier die Heiligtümer der Römer aufgestellt und in höchster Ehrerbietung gehalten. Solcher Weise heißen also jene Gebote, welche im Gesetz sich auf den Dienst an Gott erstrecken, sonderartlich die caeremonialen (gottesdienstlichen).

Also zu 1. (Die Handlungen, die das Gesetz regelt, sind die sittlichen; wieso nun noch die gottesdienstlichen?) Menschliche Handlungen[8] erstrecken sich auch auf die Gottesverehrung. Deswegen enthält das den Menschen gegebene Alte Gesetz auch darüber Gebote.

Zu 2. (Gottesdienst gehört zur Religion der Tugend, der Gottverbundenheit; den Tugenden sollen, wie (d. vor. Art.) sagt, die sittlichen Gebote dienen; gottesdienstliche sind davon nicht zu trennen.) Wie bereits früher (91, 3) gesagt, sind die Gebote des naturhaften Gesetzes allgemeine und bedürfen der Einbestimmung. Genauer festgelegt werden sie aber sowohl durch das menschliche Gesetz als auch durch das göttliche Gesetz. Und wie eben die Bestimmungen, welche das menschliche Gesetz trifft, nicht solche des naturhaften Gesetzes heißen, sondern gesatzten Rechts, so werden auch jene genaueren Festlegungen der Gebote des naturhaften Gesetzes, die durch göttliches Gesetz geschehen, von den sittlichen Geboten unterschieden, die an das Gesetz der Natur gehören. Gott zu verehren, was ja Tugendwirke ist, fällt nur in den Bezirk des Sittengebots. Aber die Einbestimmung dieses Gebots, daß Gott so und so mit Opfern und diesen und jenen Gaben verehrt werde, das gehört zum Bereich der gottesdienstlichen Gebote. Deswegen werden die Caeremonialgebote von den Moralgeboten unterschieden.

Zu 3. (Die Caeremonialgebote scheinen bildliche Bedeutung zu haben. Nach Augustin hat aber das Wort den Vorrang, sie waren also nicht nötig.) Wie Dionysius De Cael. Hier. (1) sagt, »kann das Göttliche den Menschen nur unter irgend welchen sinnfälligen Ähnlichkeiten faßlich kundgemacht werden«. Eben die Gleichnisse wegen aber das Gemüt mehr an, wenn sie nicht bloß mit dem Wort ausgedrückt, sondern auch dem Gesinn dargeboten werden. Darum wird uns das Göttliche in den Schriften nicht bloß auf dem Wege von Gleichnissen mit Wortausdruck überliefert, wie in den Bildreden zutage tritt, sondern auch durch Dinggleichnisse im Dinglichen, die sich an unser Sehen wenden, was in den Bereich der gottesdienstlichen Gebote fällt.[9]

Anmerkungen

Einführung

1 Rousselot in den Études, t. 28 (1911), 626.

2 Kr. d. pr. V. 91 (K. Vorländer, S. 117).

3 Z. B.: Nicolai Hartmann. Im Vorwort seiner »Ethik« (1926) liest man über »den Altmeister ethischer Forschung«: »Von allen Einsichten, die mir die neuere Problemlage gebracht hat, ist mir kaum eine erstaunlicher und zugleich überzeugender gewesen als diese, daß die Ethik der Alten bereits hochentwickelte materiale Wertethik war – nicht dem Begriff oder einer bewußten Tendenz nach, wohl aber der Sache nach und dem tatsächlichen Vorgehen nach ... Hier nun erweist sich bei näherem Zusehen die Nikomachische Ethik als eine Fundgrube ersten Ranges. Sie zeigt eine Meisterschaft der Wertbeschreibung, die offenkundig bereits Resultat und Höhepunkt einer ganzen Entwicklung gepflegter Methode ist.«

4 E. Howald, Ethik des Altertums (1926), 47.

5 Hans Naumann in Höfische Kultur (von H. Naumann und Günther Müller, 1929) 3. »So haben Antike, Germanentum und Christentum zusammengewirkt, um die höfische Idee zu bilden und das Zeitalter der höfischen Sonderkultur heraufzuführen. Jetzt erst scheint aus germanisch plus christlich plus klassizistisch wirklich deutsch geworden zu sein in unlöslicher Verschmelzung, die ihren Abglanz auf alle folgenden Jahrhunderte wirft.« Ebd. 14f.

6 Ein Beispiel die Verknüpfung von Teleologie und Gnadenlehre in diesem Bande (109, 6).

7 Bezeichnend sind gegenüber Thomas die Ausgangspunkte neuerer Philosophen in der Ethik. Spinoza z. B. beginnt mit dem Begriff der Allsubstanz, Kant mit den Grundsätzen der reinen praktischen Vernunft, Schopenhauer (in den beiden Preisschriften zur Ethik) mit der Analyse des menschlichen Willens und den Triebfedern des Handelns.

8 I 82, 1.

9 Vgl. I 18, 3 und 105, 5 in unserm 1. Bd., S. 153ff. und 364ff., auch die erhabenen Gedankengänge in der Philosophischen Summe III 17–25.

10 I 4, 3; 8, 1. Ein Gedanke, dessen ethische Konsequenzen schon bei Platon erscheinen, wenn er die Gottesnachfolge als individual- und sozialethische Forderung ausspricht (in den Gesetzen, übers. von O. Apelt [1916] I 132 u. ö.; auch schon im Theätet 176b).

11 1. Bd., S. LXVII.

12 I 5, 1. Die ganze 5. Untersuchung ist wichtig für unsere Frage.

13 Vgl. M. Grabmann, Die Kulturphilosophie des hl. Thomas v. Aquin (1925), S. 39ff.

14 Philosophische Summe III 3.

15 Diese Frage hat Franz Brentano wieder in ihr Recht gesetzt als die »eigentlichste und hauptsächlichste Frage der Ethik« (Vom Ursprung sittlicher Erkenntnis. 1889). Im modernen Ethos der Fülle, der Vereinigung der Werttendenzen, der allseitigen Breite der Wertmannigfaltigkeit verliert sie zugleich mit der Teleologie der Werte ihren Sinn. Nicolai Hartmann, Ethik (1926) S. 365f.

16 I 2, 8.

17 Goethe (Xenien): Wie einer ist, so ist sein Gott usw.

18 Vgl, 2.–5. Untersuchung dieses Bandes.

19 1 II 2, 6 Antwort.

20 1 II 3, 8.

21 I 105, 5.

22 I 6, 1; 26, 1; 1 II 3, 1.

23 Daraus erklärt sich auch die Verschiedenheit der Auffassung einzelner Lehrpunkte bei den Darstellern seiner Ethik. Vgl. den literarischen Sammelbericht »Thomas von Aquin als Ethiker« von M. Wittmann in den Literarischen Berichten aus dem Gebiete der Philosophie, hg. von A. Hoffmann-Erfurt, Heft 25 (1931).

24 Vgl. E. Przywara, Thomas v. Aquin als Problematiker. Stimmen der Zeit, 109. Bd. (1925), 9. Heft.

25 I 18, 1.

26 Philosophische Summe III 112.

27 1 II 96, 3.

28 Vgl. D. Daniels, Die Gemeinschaft bei Max Scheler und Thomas v. Aquin. 1926. – Th. Steinbüchel, Der Zweckgedanke in der Philosophie des Thomas v. Aquin. 1912. – S. Deploige, Le conflit de la morale et de la sociologie. 1925.

29 Vgl. im 1. Bd. die psychologischen Untersuchungen 75–83 und den Überblick im Anhang S. 446. Das dort Gesagte erlaubt uns hier die Beschränkung auf wenige Sätze.

30 Mit der alten Zweiteilung deckt sich heute wieder das Begriffspaar »Kenntnisnahme« und »Stellungnahme« der Phänomenologie.

31 Vgl. I 82. 83. 1 II 6, 1; 8, 1; 9, 1–3; 10, 1. 2; 17, 1.

32 Vgl. M. Meier, Die Lehre des Thomas v. Aquin »De passionibus animae« in quellenanalytischer Darstellung (1912).

33 Vgl. meinen Aufsatz Tragische Welt im »Hochland«, 31. Jahrg. (1933/34), Heft 6.

34 Bezüglich unserer Gotteserkenntnis I 12.

35 I 13, 11. Philos. Summe II 77.

36 I 93. 1 II 2, 8 zu 2.

37 2 II 2, 3.

38 M. Wittmann, Stellung und Bedeutung des Voluntarium in der Ethik des hl. Thomas v. Aquin. Festgabe Baeumker. 1923.

39 Vgl. O. Dittrich, Geschichte der Ethik, III (1926), S. 133f.

40 Vgl. M. Winckler, Die Tugendlehre des hl. Thomas v. Aquin nach ihren aristotelischen, platonischen und christlichen Bestandteilen. 1913

41 II 19, 4.

42 1 II 91, 3 zu 2.

43 1 II 19, 4 zu 3.

44 Thomas zum Römerbrief. – Als Friedrich Schiller es im Sinne Kants als das Ziel der nachreformatorischen Kulturentwicklung bezeichnete, aus Christen wieder Menschen zu machen, hat ihm sicherlich kein Christ von der Prägung des Aquinaten vor geschwebt.

45 Vgl. J. Piper, Die ontische Grundlage des Sittlichen nach Thomas v. Aquin. 1929.

46 Näheres in meiner Philosophischen Mystik des Mittelalters. 1922.

47 A. Usenicnik, Das Unbewußte bei Thomas v. Aquin. In der Festgabe Geyser, Philosophia perennis (1930) I 181ff.

Prima Secundae

1 Nach der üblichen Unterscheidung der actus humani, der nur dem Menschen eigentümlichen, mit Überlegung und Freiheit vollzogenen Handlungen, von den actus hominis, den bewußten oder unbewußten Tätigkeiten, die der Mensch zum Teil auch mit andern Lebewesen gemeinsam hat.

2 Die actus humani sind entweder eliciti, herausgelockte, vom Willen nicht nur gewollte, sondern in ihm auch vollzogene (z.B.

Liebe), oder imperati, befohlene, vom Willen zwar gewollte, aber von einer andern Fähigkeit vollzogene (z. B. Gehen, Lesen, Schreiben, Sprechen). Vgl. unten 6, 4 Antwort.

3 Nach dem Axiom: motus non habet rationem termini. Man strebt nach etwas, man strebt nicht nach dem Streben. Ein absoluter Dynamismus ist widersinnig.

4 Handeln kann verschiedentlich verursacht sein, äußerlich durch Zwang, innerlich durch Liebe, Reue u. a. Jede Handlung aber hat nach Thomas ihre erste Ursache im Zweck. Die Teleologie der aristotelischen Metaphysik bietet die Begründung dafür. Wesungsstoff braucht zur Formierung ein Agens, dieses wieder setzt Ziel voraus. (Vgl. I 44, 4 und Anm., auch I 103, 1. 2. 3.) In der Philosophischen Summe III 2 sagt Thomas: »Wenn Tätiges nicht auf etwelche bestimmte Wirkung hinstrebte, so wären ihm alle Wirkungen gleichgültig. Was aber gleichgültig gegenüber Vielem sich verhält, tut eines davon nicht mehr als anderes; darum erfolgt von einem auf keine Richtung hin bestimmten Nichtnotwendigen eine Wirkung nur auf Grund einer [ihm fremden] Bestimmung. Es wäre also unmöglich, daß es tätig wäre.« – Vgl. Sertillanges, Thomas von Aquin, S. 213ff.

5 Vgl. I 75, 3 und Anm.

6 »Der Zweckgedanke, der hierin zum Ausdruck gelangt, ist von besonderer Art; nicht etwa zur denkenden Vernunft, sondern zum Willen wird der Zweck in Beziehung gebracht, erscheint nicht als etwas Gedankliches oder Vernunfthaftes, sondern als etwas Gewolltes, deckt sich mit dem Gegenstand der Willenstätigkeit, mit dem Erstrebten oder Erstrebenswerten.« (M. Wittmann, Die Ethik des hl. Thomas v. Aquin. 1933. S. 23.)

7 Alles Wollen ist wesentlich Streben nach Zwecken (vgl. 1 II 28, 6), sein Gegenstand ist ein Gut, Gut aber hat die Natur von Zweck. (Vgl. 1 II 8, 1; 34, 2 zu 2; 56, 3 zu 2.) Im Bereich des Zwecklichen nun ist eine doppelte Ordnung, die der Absicht (intentiones) und die der Ausführung (executiones), und in beiden braucht es etwas Erstes. Ohne Beabsichtigtes, das für das Wollen das Erstbewegende, für das Tun das Letzte ist, könnte nichts gewollt werden, und für das Wirken gäbe es weder Anfang noch Ende. Die Natur des sittlichen Handelns schließt zweckliche Bestimmtheit, Begrenztheit und Gerichtetheit ein. (Schon in der Seinsordnung ist vorgebildet, daß Tätigkeit etwas vorgängiges festes Erstes voraussetzt. Kierkegaard: Wer nähen will, muß einen Knoten in den Faden machen.)

8 Die stoischen »prima naturae«, wie Gesundheit des Leibes und Geistes.

9 Vgl. I 41, 2 c.

10 Innerlich gestaltig, zu species bestimmt wird Handeln jeweils durch Zweck, hingegen seine Gattung wird, wie jede Gattung, durch ein einziges Erstes und Allgemeinstes bestimmt. Das ist nichts anderes als seine Finalität, und dieses gattungbestimmende Eine ist der notwendigerweise Eine Endzweck.

11 Alle Bewegungsursachen setzen einen ersten Beweger voraus (vgl. I 2, 3), und nur aus einem höchsten Zweck läßt sich begreifen, daß es überhaupt Zwecke gibt.

12 Z.B. Spiel und Scherz stehen in Beziehung zum Endzweck, weil dieser als das Voll-Gut (bonum consummatum) auch die Güter Freude und Ruhe in sich schließt.

13 »Das Wort beatitudo hat, wie das griechische eudaimonia, nicht den stark subjektiven, gefühlsmäßigen Klang des deutschen Wortes ›Seligkeit‹. Es bedeutet vielmehr die *reale Vollendung des Menschen*, die Steigerung seiner Lebenskräfte zur harmonischen, vollkommenen Tätigkeit, an welche sich die subjektive, lustvolle Befriedigung als Folge anschließt.« (Mausbach.)

14 Diese Unterscheidung von »ratio ultimi finis« und »in quo finis ultimi ratio invenitur« durchzieht Thomas' ganze Ethik. Formaliter ist endzweckliches Streben allgemeinsam, materialiter (vgl. I 1, 3) scheiden sich die Menschen in der Wahl des Gutes zu letzter Befriedigung.

15 Vgl. I 4, 1 Antw.; 14, 11 Antw.

16 Thomas beruft sich in diesem Artikel, wie öfter, auf die berühmte Definition des Boethius (De consolatione philosophiae III 2): Die Glückseligkeit ist der durch Vereinigung aller Güter vollkommene Zustand (beatitudo est status omnium bonorum aggregatione perfectus.

17 Principium hier im Sinne von Ausgangspunkt. Vgl. Aristoteles, Metaphysik, V 1. 17 (1012b 34–1013a 23; 1022a 4–13).

18 Hier der feste, reine Gegensatz zu aller naturalistischen Ethik und Politik.

19 Die sinnliche, nur an sinnlich faßbaren Gütern hervorgehende, und die geistige Lust sind im allgemeinen unterschiedlich durch voluptas (Wollust) und delectatio (Freuung) bezeichnet. Delectatio erscheint zuweilen synonym mit gaudium (1 II 25, 2), anderwärts ist gaudium wieder »quaedam species delectationis«, nämlich diejenige delectatio, die der Vernunft folgt (1 II 31, 3).

Im Umfang des Begriffes delectatio liegt auch, wie sogleich das Folgende zeigt, die voluptas. Vgl. 1 II 31–34.

20 Nur der das Körperliche überschreitende Intellekt erkennt das Gut, das vollkommen ist in dem Sinne, daß es unendlich viele Güter befaßt und so dem Erkennenden sich als das alle andern Güter spendende Gut vermittelt. Aber aus der Unendlichkeit des Erst-Guten ist nicht die Unendlichkeit der Welt zu folgern, als rufe Gott die Güter in unendlicher Zahl und in unendlicher Wertfülle hervor. Er hat in Zahl, Maß und Gewicht erschaffen (Sap. 11, 21). Es ist ein »certus modus« im Ausfluß der Güter aus dem nach einer causa certa hervorbringenden Verstande des Erst-Gutes, also schreitet die Ausgießung der Güter nicht ins Unendliche fort (1 II 1, 4 zu 1). H. Luckey, Die ethische Bedeutung der Glückseligkeit bei Thomas von Aquin. 1925. S. 21.

21 Vgl. 1 II 34, 1. 2.

22 Immer liegt im Begriff der Glückseligkeit das Moment der Freude und zwar einer bestimmten, ihrem Gegenstand entsprechenden. Aber Thomas strebt im Gegensatz zu jeder hedonistischen Auffassung des Lusthaften, das ihm nicht etwas Primäres, sondern Sekundäres ist: er führt die bewegende Kraft der Lustgefühle auf deren Gegenstand zurück. Auch betont er die teleologische Unterordnung der Lust als Mittel der Natur zu ihren Zwecken: die Tätigkeit z. B. ist nicht wegen der Lust da, sondern umgekehrt (Philos. Summe III 26). Ausführlich M. Wittmann, Die Ethik des hl. Thomas von Aquin. 1933. S. 34f. u. ö.

23 Bonum participatum im Gegensatz zu b. abstractum, dem abgelösten Gut, das nicht ein Zugeteiltes empfängt. Vgl. 1 II 34, 3 (2. Absatz).

24 In diesem und dem folgenden Artikel wird der vierte Weg des Gottesbeweises (I 2, 3) von der Betrachtung des menschlichen Seins her gestützt. Vgl. Garrigou-Lagrange, Dieu. 1923. S. 302ff.

25 Das beseligende Ding, die »res« Glückseligkeit, ist I 1, 8 von der Gewinnung oder Erlangung (consecutio, adeptio) unterschieden worden. Hier sagt er: in der ersten Hinsicht ist die Glückseligkeit das ungeschaffene Gut, nämlich Gott, in der zweiten aber, als Besitz und Genuß des teilhabenden Menschen (der ja nicht seine eigene sittliche Gutheit hervorbringen kann), etwas Geschaffenes.

26 Sie besteht aber, wie sich zeigen wird, nicht in menschlichem Leisten allein; für Thomas noch weniger als für Aristoteles (Nikomachische Ethik I c. 10), der sie auch schon (anders später die

Stoiker oder Kant) nicht ganz in die Macht des Menschen stellte.

27 Vgl. I 84, 7.

28 Der Vollendung des Menschen und seiner vollkommenen Tätigkeit in der beatitudo *folgt* die Beseligung. Dieses Glücksgefühl kann nicht ein Letztes, selbständig in sich Ruhendes sein, vielmehr setzt es einen geistigen Grund und Inhalt voraus.

29 Philos. Summe III 26: Bei Vermögen, die von ihren Gegenständen bewegt werden, sind die Gegenstände naturgemäß eher als die Akte dieser Vermögen. Derart ist auch der Wille. Darum kann nicht sein Akt sein Erstgewolltes sein. Das aber ist der Endzweck, die Glückseligkeit. Unmöglich also, daß diese ein Akt des Willens ist. Im Compendium theologiae, Kap. 107, sagt Thomas, das Endziel könne nicht Bewegung (Veränderung) sein, noch weniger Verlangen oder Liebe, da man sie schon vor der Erreichung des Zieles haben kann.

30 Dieser für die thomistische Ethik fundamentale Artikel hat zur Voraussetzung I 5, 2 (Seiend ist vorgängig vor Gut) und I 82, 3 (Schlechthin ist Verstand höher denn Wille, nämlich als Vermögen zur ganzheitlichen Seinshereinnahme). Nun führt Thomas aus, der Wille könne das Seiende darum nicht fassen und nicht es werden (nämlich so wie der es erkennende Verstand), weil er das abwesende nur erstrebt, nicht aber hat, das gegenwärtige und besessene aber als vom Verstand durchkanntes genießt.

31 Zur Unterscheidung von intellectus speculativus und i. practicus vgl. I 14, 16; 79, 11; auch 79, 2. Der praktische Intellekt gibt dem spekulativen eine weitere Zweckbeziehung auf bestimmte, willentlich zu vollführende Leistungen.

32 Das ist nicht hypothetisch gemeint, sondern nach dem schon in Art. 2 Gesagten feste Voraussetzung.

33 Die Beschauung zieht den Menschen höher. Im Umgang nur mit seinesgleichen unterbliebe diese Erhebung in der Richtung zur Vollendung. Vgl. unten Art. 8.

34 »Die spekulative Wissenschaft [von den sensibilia] ist bei ihrem Forschen an ihre Erkenntnisprinzipien gebunden und darum nicht imstande, in das metaphysische Sein weiter einzudringen als die Prinzipien ausreichen. Diese sind aber durch die sinnliche Erkenntnis gewonnen und gelten auch nicht weiter als die sinnliche Erkenntnis reicht.« (Luckey, a. a. O. S. 29f.)

35 Vgl. Bericht über die Engellehre in unserm 1. Bd., S. 219.

36 Vgl. I 77, 3; 79, 7.

37 Diese delectatio concomitans oder propria zu unterscheiden von der fremden, von außen kommenden (aliena, extranea) einer Verhabung oder Tätigkeit. Von der letzteren sogleich in Zu 3. Vgl. 1 II 33, 3. 4; 34, 1.

38 Später (1 II 33, 4; 34, 4) wird ausgeführt, daß die Freude am erlangten Gut und Ziel des Willens der sittlichen Würde des Handelns keinen Abbruch tut.

39 Sie ist »die rechte Vernunft für das Tuliche«. Vgl. 1 II 58, 4; 57, 5 zu 3.

40 Die Frage nämlich: »ob man wegen der Lust nach dem Leben, oder wegen des Lebens nach der Lust verlangt«. »Beides scheint verkettet und nicht trennbar zu sein, da ohne Tätigkeit keine Lust entsteht, alle Tätigkeit aber durch die Lust ihre Vollendung erhält.« In diesem hartnäckig festgehaltenen Hauptsatz seiner Lustlehre, der auf viele Arten von Lust nicht paßt, hat Aristoteles wohl nur die Lust aus dem beschauenden Leben im Auge gehabt, der Betrachtung des Göttlichen, die auch für ihn die Glückseligkeit hauptsächlich ausmacht.

41 Das ist eben die Schau als Tätigkeit des Verstandes.

42 Zusammenfassend läßt sich sagen: Tätigkeit ist ein Gut, Lust ist ein Gut. Doch nicht in gleicher Weise. Es besteht hier eine Ordnung, wonach Tätigkeit das Erste, Lust das Zweite ist. Indem die eine in einer Art Rückwendung auf sich ihrer Stimmigkeit innewird, ist sie, welche selber Vollendung des Seins ist, von der Lust als hinzukommendem Merkmal ihrer eigenen Vollendung begleitet. Es besteht das Rangverhältnis von Ursache und Wirkung. Da aber die Ursache über der Wirkung ist, so ist beim Seligsein die Schau das hauptsächlichere Gut als die ihr beifolgende Lust.

43 Finis intelligibilis, im Gegensatz zu f. sensibilis, wie vorhin (3, 4 Antwort) schon dargelegt.

44 Die comprehensio ist in der vom Relativsatz gezogenen Einschränkung zu verstehen. Gott kann ja von keinem erschaffenen Verstand begriffen werden (I 12, 7). Übrigens ist die gemeinte »Erfassung« nicht eine Tätigkeit neben dem Schauen, sondern ein Verhältnis zum Gegenstand, eben der erlangten Schau oder dem geschauten Ding (Obiger Art., Zu 3).

45 Vgl. I 22, 1 (bes. Schluß der Antwort). Auch I 115, 2 (siehe 1. Bd., Anm. 336).

46 Glückseligkeit erfordert also ein Wollen, das nicht nur Habenwollen, Erreichenwollen ist und Selbsterfüllung als Höchstes erstrebt, sondern ein Wollen in Unterordnung, unter Gott und

seine Herrlichkeit. »Wir langen zwar nach Gott als nach unserm Ziel, aber geliebt wird er über das hinaus, was wir von ihm erreichen« (In Sent. 2, 3, 3). Die beatitudo ist nur etwas im Endziel der Willen Einbefaßtes (finis sub fine). Vgl. auch 1 II 21, 4 zu 3. Also in natürlicher Verknüpftheit sind Streben, Lust und Gut. Aber naturwidrig ist das primäre Streben nach Lust in der selbstischen Sphäre. »Mag die Freude natürliche Frucht des Strebens sein, Blickpunkt darf sie nie werden.« (Luckey 48.)

47 Glück und Gutheit sind von ihrer Einen Quelle her in wesenhaftem Zusammenhang. Wo Gutheit, da auch das vollkommene Glück. Vgl. oben 3, 5 zu 2. Die Umkehrung, daß nur der Glückselige gut handelt, nur die Wesensgüte der Person Quelle des beglückenden, weil sittlich guten Wollens ist, bei M. Scheler, Der Formalismus in der Ethik, S. 373ff.

48 Der soziale Charakter der Glückseligkeit ist auch schon gewährleistet in der Gemeinschaft zwischen Mensch und Gott, dem allgenugsamen Gut, dessen Besitz ja andere Güter nicht entwertet, sondern in ihrem reinen, vollen Wert erst innewerden läßt. Augustinus nennt den himmlischen Frieden »die vollkommen geordnete und einträchtige Gemeinschaft (societas) des Gottgenusses und des Einander-Genießens in Gott«. (Gottesstaat 19, 17 gegen Schluß.)

49 Natürliche Gutheit des Willens disponiert zwar für die Gottschau, aber sie reicht aus eigener Kraft nicht an die übernatürliche Gutheit des höchsten Gutes.

50 Sie nennt Thomas I 76, 5 zu 4 organa organorum (nach Aristoteles, Über die Seele III 8), »die Werkzeuge aller Werkzeuge«, weil durch sie der Mensch sich Hilfsgeräte von unendlich vielen Formen und zu endlich vielen Wirkungen herstellen kann. Benjamin Franklin wird ein ähnliches Wort zugeschrieben: Homo est animal inerme sed instrumentificum (der Mensch ist ein unbewehrtes, aber Werkzeug machendes Lebenwesen). A. Kneller, Das Christentum und die Vertreter der neueren Naturwissenschaft. [4]1912. S. 236.

51 Die Glückseligkeit besteht in der operatio perfecta. Zu einer solchen ist z. B. im Erkenntnisleben die Gewißheit erforderlich, das Wissen, daß etwas sich anders nicht verhalten könne, als es sich verhält. Nicht von dieser Art ist etwa die Gotteserkenntnis auf Grund von Beweisen oder auch diejenige des Glaubens. Darum ist sie eine operatio imperfecta, also nicht ultima felicitas (Philos. Summe III 39. 40). Opus perfectum aber ist die Anschauung Gottes, die indes in den Grenzen dieses irdischen Le-

bens nicht möglich ist (ebd. III 63). Der im Schauen erfaßte Gegenstand Gott informiert den schauenden Intellekt anders als den nur von der Demonstration oder dem Glauben bewegten. Darum ist alsdann auch seine operatio von anderer species. Denn: actus speciem recipiunt ab objectis – der Gegenstand bestimmt die Art der Handlung. Näheres unter 18, 2. 5. 6. 7.

52 Das Erfordernis »gute Werke« zur Seligkeit findet also Thomas schon in der Rechtheit des menschlichen Willens eingeschlossen. Solche operatio praecedens ist für ihn das gleiche, was für die Dinge die erforderliche Bereitung zur Aufnahme der Form ist, oder das Heraustreten der formae ante rem in die formae in re, oder die Hervorführung aus der Möglichkeit in die Wirklichkeit (vgl. I 2, 3; 4, 1 zu 2; Einleitung im 1. Bd., S. LXXXVIII. Über die katholische Lehre von den guten Werken, zugleich über den Gegensatz zu reformatorischen Auffassungen, unterrichtet jedes Lehrbuch der Dogmatik. Auch Ph. Kneib, Die »Lohnsucht« der christlichen Moral, 1904. Für Thomas vgl. auch 1 II 109; 114, 1.

53 Vgl. I 82, 1. 2.

54 Der ihrem Ziele zustrebenden Natur kommt eine Sicherheit zu, die der Vernunft (nicht dem Verstand, als solchem nämlich, vgl. I 85, 6; 84, 6) fehlt.

55 Operationes *et* actus, nicht sive. Häufig bei Thomas synonym gebraucht, nämlich sofern jeder actus eine operatio ist, etwa die Wirklichung (actus) des Verstandes in der Tätigkeit (operatio) des Verstehens. Operatio aber ist actus quidam, sofern sie die Wirklichung des Dings im Hinblick auf das Vermögen als principium agendi erfaßt. Vgl. oben 3, 2; auch Einleitung im 1. Bd., S. LXXXIX.

56 Bei willentlich Tuendem geht das Absehen auf irgendwelches besondere Gut, wenn eine Handlung erfolgen soll. Das Alleinsliche bewegt nicht (universalia non movent), Tatwirklichkeit kommt nur am Einzelnen zustande. Darum hat beim Werktun nicht die scientia universalis, die an sich sicherste, sondern die sc. particularis den Vorrang. Vgl. 1 II 77, 2. Philos. Summe III 6.

57 Willentlich (voluntarium) nicht gleichbedeutend mit freigewollt (liberum), aus Überlegung und Wahl hervorgehend und auf erkanntes Ziel gerichtet. Das zweite schließt immer das erste ein, nicht umgekehrt. Gott will seine Gutheit, sie ist sein voluntarium (a voluntate sua), aber nicht ein liberum, weil er sie notwendig wollen muß (vgl. I 19, 3). Einteilungen des *voluntarium:* 1. *Vollkommen* (aus vollkommener Zielerkenntnis, nur bei der

vernünftigen Natur) und *unvollkommen* (aus mangelhafter Zielerkenntnis, beim Tier), worüber folg. Art.; 2. *frei* (beim Streben unter Möglichkeit zum Entgegengesetzten) und *notwendig* (beim Streben von solcher Bestimmtheit, daß keine Möglichkeit zum Entgegengesetzten, etwa in Triebakten, die jeder Überlegung zuvorkommen); 3. *positiv* oder direkt (was unmittelbar vom Willen ausgeht, so wie es und weil es so gewollt ist, etwa eine Handbewegung) und *negativ* oder indirekt (ein willentliches Nichttun, das Ursache einer Wirkung ist, wie Nichttätigkeit des Steuermanns das Sinken des Schiffes verursacht).

58 Ebenso unten 9, 4 zu 1.

59 Vgl. I 83, 1; 105, 4. 5.

60 Vgl. I 3, 7 ob. 2.

61 Wille als Begehr strebt immer zu Gut. Vgl. unten 8, 1. Eine andere Frage ist die Stellung seines Gegenstands in der sittlichen Ordnung. Darüber 18.

62 Ich kann jemand am Gehen hindern, nicht am Gehenwollen. Geht er gezwungen, so verursacht der Zwang etwas contra voluntatem.

63 Vgl. I 5, 1 zu 1.

64 Per timorem timidus agit ... Zur Unterscheidung von Furcht = metus (voriger Art.) und mit Rücksicht auf die unterschiedlichen Bestimmungen des timor 1 II 41, 4 betont die Übersetzung das Moment des stupor.

65 Hier das Willentlich im Sinn der vollkommeneren Zweckerkenntnis (und sittlichen Verantwortlichkeit) gemeint. Vgl. oben 6, 1, Antwort (und Anm.); 6, 2.

66 Platon, sagt Aristoteles (Met. VI, 2. 1026b 14), hat der Sophistik das Gebiet des Nichtseienden zugewiesen. Denn die Ausführungen der Sophisten drehen sich im Grunde, mehr als um alles andere, um das Zufällige (wovon es keine wissenschaftliche Erkenntnis geben kann).

67 Was nicht selbstverständliche Beischaft eines Dings ist (vgl. I 3, 6, drittes Argument), sondern accidens extraneum, rein zufälliges Nebenbei.

68 Nach der bekannten aristotelischen Bestimmung: die Tugend hält eine Mitte zwischen zwei Fehlern, die sich wie Übermaß und Mangel zueinander verhalten. Vgl. 1 II 64, 1. 2.

69 Die Begriffe Moralis, Rhetor, Politicus sind heute weder durch Moralist, Rhetor, Politiker noch durch Verdeutschungen richtig und erschöpfend wiederzugeben. Gemeint sind der Ethiker im Sinne des Moralphilosophen, der Theoretiker und Praktiker der

Kunst des Überzeugens und Glauben-Erweckens wie der dialektischen Bildung zu Einsicht und Urteil, endlich der über Gerecht und Nützlich im Staats- und Gemeinschaftsleben Entscheidende.

70 Voluntas als velle, Wollung, verstanden (vgl. Zu 1.)

71 Vgl. I 75, 6, gegen Ende der Antwort.

72 Vgl. I 1, 1, zweiter Einwand; 6, 3.

73 Die Weise der Tätigkeit richtet sich nach der Wesungsform, welche die Urheit der Tätigkeit ist. Und »nichts ist tätig, es sei denn in der Wirke, darum folgt bei jedem Ding die Weise der Tätigkeit der Weise seines Seiens«. I 89, 1 (1. Bd., S. 302f.).

74 Gegenstand des Willens ist das bonum apprehensum, Gut *in uns*, nicht Gut an sich.

75 Vgl. I 14, 8 Antwort.

76 Vgl. I 16, 3.

77 Vgl. I 77, 3 (und Anm.).

78 Darum »intellectus principiorum«. Vgl. I 19, 5 Antwort; 79, 12; 83, 4.

79 Immer aber ist Wollen, weil Bewegung, auf Zweck als seinen Grund gerichtet. Tota ratio movendi est finis (vgl. I 19, 2). Wollen um des Wollens, Bewegung um der Bewegung willen hat im thomistischen System keinen Rückhalt. Vgl. 1 II 19, 4.

80 Über die Zustimmung im sittlichen Wollen s. unten 15. Untersuchung.

81 Vgl. I 2, 3 Antwort (1. Bd., S. 23).

82 »Jede tiefere Betrachtung des Willenlebens wird ... dazu gedrängt, im Willen eine zweifache Tätigkeit zu unterscheiden: ... die *wertende* und die *vollziehende* Stellungnahme. In der ersten antwortet der Wille auf die vom Denken gebotenen Wertvorstellungen bejahend oder verneinend; in der zweiten ruft er in sich selbst und in den von ihm abhängigen Kräften die entsprechenden Akte hervor. Durch erstere bekommt das Wollen seine »species«, sein Sosein, seine Eigenart und Färbung, durch letzteres seine Wirklichkeit, seine psychologische Energie (nach Thomas specificatio actus und exercitium actus). U. s. w.« Mausbach, Thomas von Aquin als Meister christlicher Sittenlehre. 1925. S. 94.

83 Der Wille beherrscht und repräsentiert den *ganzen* Menschen. Augustinus: voluntates sumus. Gehen die andern Seelenvermögen in spezifischer Richtung, so trägt der Wille das Interesse des Gesamtwesens Mensch.

84 Vgl. I 1, 3 Antwort; 1 II 18, 2 (zweiter Einwand und Lösung).

85 Somit nicht als hinbeugende Wirkursache, sondern als zielweisende Formal- und Zweckursache.

86 Ut sit motio reciproca. Bewegt der Wille die sinnliche Begehr zum Gehorsam gegen die Vernunft, in der er seinen Sitz hat, so ist er im selben Betracht zugleich Bewegter und Bewegendes, was ein Widerspruch ist. (Vgl. 9, 1, dritter Einwand.)

87 »Das ist nicht so zu verstehen, als sei die Wollung des Zweckes die bewirkende Ursache für die Wollung der Mittel (denn auch die Zustimmung zu den Ursätzen ist ja nicht die wirkende Ursache dafür, daß man den Folgerungen zustimmt), sondern so, daß der Wille aus Begehr oder Verlangen nach dem Zweck sich selbst zur Begehrung der Mittel bewegt, die der Erreichung des Zweckes förderlich sind.« (Sylvius.) Unter dem Einfluß eines gewollten Zweckes fördert sich der Wille selbst von der Möglichkeit, ein Mittel zur Erreichung zu wollen, in die Wirklichung diese Wollens (vgl. zu 3), wie ja auch der Verstand durch seine eigenen Kräfte dank dem Ursatz, der ihm einsichtlich ist, zur Erkenntnis der Folgerung gelangt. (Gillet.) Im freien Willensakt liegt also eine Art von Selbstbewegung und Selbstursächlichkeit. Auch hier erscheint, wie im Denken, die geheimnisvolle Tatsache der (nicht nur absichtlichen) Reflexion alles Geisteslebens auf sich zurück. Aber jene Selbstbewegung von der Potenz zum Akt ist keine Durchbrechung des Kausalitätsgesetzes, weil sie keine absolute ist. »Auch der geistige Wille kann sich selbst nur Impulse geben bezüglich näherer Ziele, nachdem er durch aktuelles Wollen eines höheren, allgemeinen Zieles die lebendige Kraft dazu gewonnen hat. Und da der Mensch nicht beständig aktuell will, so steht am Anfang einer jeden Kette von Willensakten ein unreflektiertes, naturhaftes Wollen, das der Wille sich nicht selbst gegeben hat, sondern das einer höheren, allgemeineren Ursache entstammt (vgl. zu 1).« Mausbach, Grundlage und Ausbildung des Charakters ... S. 69. Auf welche Akte diese Selbstbewegung sich beschränkt und ob der Wille dabei auf äußere Ursachen angewiesen ist, darauf antworten die folgenden Artikel.

88 Alles Tätige ist tätig um eines Zwecks willen. Auch der Wille, als tätiger, ist von Zweck geregelt, und zwar vom vergegenwärtigten, dem Akte selbst inneseienden; sonst könnte man wohl sagen, der Wille werde vom Zweck bewegt, nicht aber, er bewege auf Zweck hin sich selbst. Das aber, wordurch und worin er sich selbst bewegt, ist das Zweckkennen, das ihn zum einsichtigen Willen macht, indem ihn der Verstand berät, durch dessen

Überlegung er für Zweck und Mittel sehend wird. So kann Thomas sagen: voluntas movet se consilio. »In dieser einander sich gegenseitig unterordnenden Zusammenarbeit leistet der Verstand das Sehen, der Wille aber das Tun. Es ist der Blinde, er sich des Lahmen bedient, um zu gehen und diesen selbst gehen zu lassen« (Sertillanges). – Von der Überlegung vor der Wahl handelt die 14. Untersuchung.

89 Die letzte Urheit, die den Willen anwegt von außen – nicht so wie der Gegenstand, der den Willensakt nur spezifiziert, sondern als die ursprüngliche Beweg- und Wirkursache – ist Gott (vgl. Art. 6). Auch hier also bringt der regressus in infinitum keine Lösung. Die letzte Ursache dafür, daß der Wille gewissermaßen selbst zum Akt sich fördert, ist das primum movens (vgl. I 105, 5), das reiner actus ist, also auch erhaben über den Bedingungszusammenhang von Überlegung und Wollen. Das ist Derjenige, der die Natur Mensch mit ihrem Ineinandergreifen von Verstand und Wille schlechthin setzt, nämlich als der durch sich selbst Seiende und Tuende, als das Ipsum suum esse. »Gott hat von Anfang den Menschen gegründet und ihn der Hand des eigenen Ratschlusses überlassen« (Ekkli. 15, 14, woran Thomas selbst des öfteren erinnert).

90 Vgl. I II 6, 1 zu 1. Auch I 4, 1.

91 Thomas gründet in diesen Ausführungen auf der aristotelischen Physik. In unserm veränderten Weltbild bleibt indes die Tatsache des Einflusses kosmischer und atmosphärischer Verhältnisse bestehen, nicht weniger aber der Grad von Freiheit unseres geistigen und seelischen Teils, den Thomas behauptet. Die Kausalität in der unstofflichen Welt ist (wie Zu 1 gesagt wird) von anderer Ordnung als die der materiellen. Die gegenseitige Berührung und Durchdringung des Physischen und Metaphysischen bedingt nicht ohne weiteres die Aufhebung oder Zerstörung der einen Ordnung durch die andere. Bezüglich der Astrologie – und gegen ihre Vertreter, wie Algazel, wendet sich Thomas hier – hat sich in der Glaubenswissenschaft nichts geändert. »Daß die heutige christliche Theologie, von vereinzelten Ausnahmen abgesehen, in diesem Punkte wie hinsichtlich des ganzen Verhältnisses zum kosmischen Geschehen überhaupt im allgemeinen mit dem Urteile der Naturwissenschaft völlig konform geht, darf der Naturwissenschaftler mit Dank konstatieren.« (B. Bavink, Ergebnisse usw. ^{4}1930. S. 272.)

92 Vgl. I 13, 5 zu 1; 115, 1 (1. Bd., S. 383).

93 Er ist ja die Voraussetzung für jedes geschöpfliche Agens. Vgl. I 4, 1 Antwort.

94 Vgl. I 105, 4. – Die Bewegtheit des Willens geht, wie alle Bewegtheit, auf den Ersten Beweger zurück. Aber es bleibt ihm die Selbstbewegung zu diesem oder jenem Tun, wobei die moralische Vernunft die vermittelnde Rolle spielt zwischen dem göttlichen Beweger und dem bewegten Geschöpf (vgl. 1. Bd., Anm. 328 zu S. 364, und Anm. 335 zu S. 385). Das Verhältnis ist analog demjenigen der göttlichen Bewegtheit des theoretischen Verstandes und seiner Selbstbewegung (vgl. I 105, 3).

95 Im Unterschied gegen freiwollend.

96 Vgl. die Lösung und unten 18, 10, Anfang und Anm.

97 Die forma materialis ist in ihrem Sein völlig an ihre Materie gebunden und nur in dieser Verbindung existent, wie Feuer nur am Brennstoff.

98 Beim Menschen z. B. Gelehrsamkeit auf Verstand, Gedächtnis usw.

99 Die metaphysisch psychologischen Grundlagen des vorliegenden Gedankengangs siehe I 82, 1 und 2. – Die Antwort nennt ein dreifaches »von Natur Gewollt«: Gut, Glückseligkeit, alles zu »Natur« Gehörige (z. B. die Tätigkeit unserer Sinne). Nicht notwendig werden gewollt die Güter, die nicht notwendig mit dem Endzweck, der beatitudo, verbunden sind, noch naturhaft zum Wesen des Menschen gehören, sie seien von der natürlichen oder übernatürlichen Ordnung.

100 Vgl. I 82, 2 (1. Bd., Anm. 245 zu S. 266).

101 Etwa ein Ding, das einseitig tief beschattet wäre.

102 Also nicht Allgut sind, weil sie in dieser oder jener Hinsicht von andern Gütern übertroffen werden.

103 Wenn z. B. ein Feldherr als auf das Allgemeine gerichtete Ursache der Kriegsoperation auf bestimmte einzelbesondere Wirkungen, wie die Bewegungen verschiedener Truppenteile, auch nur durch einzelbesondere Ursachen, etwa verschiedene Einzelweisungen an seine Offiziere abzweckt.

104 Die Sinnlichkeit steht in Mittelsrolle zwischen Wille, der Allgut zum Gegenstand hat, und einem Teilgut, gleichwie das praktische Urteil zwischen der ratio universalis (z. B. das Kind soll die Eltern ehren) und der ratio particularis (daß ich, dieser Sohn, jetzt meinem Vater hier diese Ehre zu erweisen habe).

105 Vgl. I 82, 1–3, Anmerkungen und Erläuterungen.

106 Vgl. 1 II 6, 2, Antwort; I 5, 4, Einwände.

107 Dazu die Abhandlung La notion d'»intentio« dans l'œuvre de S. Thomas d'Aquin in der Revue des Sciences Philosophiques et Théologiques 19 (1930), 445–463.

108 Es verhält sich wie mit der Bewegung von A über B zu C (vgl. 11, 3 Schluß der Antwort): auch B ist intendiert als ein terminus und finis, aber nicht als Letztes. Im Vorhaben eines Wanderers können Aufenthalte unterwegs zugleich mit dem Endpunkt bestehen.

109 Mit dem Objekt wird zugleich die ratio (sc. formalis) objecti erfaßt, dasjenige also, was am Gegenstand nach Weise einer Wesungsform da ist und in Betracht und Rede kommt (eben dieses letztere wird in ratio betont). Vgl. I 1, 3 Antwort. Vom Zwecke her hat es mein Wollen, daß es auch ein Wollen der Mittel ist, wie vom Lichte das Farbesehen gewirklicht wird.

110 Der Akt der Freiheit bleibt aber (vgl. den ersten Satz der Antwort) ein gemischter Akt, ein Akt des urteilenden Wollens wie des gewollten Urteils. Vernunft und Wille verbinden sich hier nach Art eines einzigen Vermögens. Sie begründen ein zusammengesetztes Eines gleichwie Materie und Form, aber so, daß die Rollen wechselnd ineinandergreifen. Vgl. I 82, 4; 83, 1. Letzlich aber ist das Ergreifen einer Haltung von zwei möglichen nicht ein Akt des urteilenden Verstandes, sondern des Willens. Vgl. Sertillanges, Thomas v. Aquin, S. 743–755.

111 Sie liegt innerhalb der voluntas (completa), nicht der velleitas: ich möchte wohl, wenn es möglich wäre.

112 Wie etwa das Schreiben des Schriftstellers ohne Überlegung des Buchstabenmachens vor sich geht.

113 Mit Aristoteles stellt Th. am Zwecke den eigentümlichen Sachverhalt fest: daß er die Zeitfolge der Naturkausalität umkehrt. Der Zweck, der den Primat unter den Ursachen behauptet (vgl. I 105, 5), ist etwas Letztes, wie schon »finis« besagt. Wie kann nun Zweck Ursache sein? Th. antwortet (1 II 1, 1, Einwand 1 und Zu 1): Ob auch der Zweck das Letzte in der Ausführung ist, so doch das Erste in der Überlegung, und solcherweise kommt ihm Ursächlichkeit zu. Das Letzte in causato, die Wirkung, ist das Erste in causando (I 5, 4). Dieses Verhältnis in der Zweckursächlichkeit ist ausgeschlossen bei der Wirkursächlichkeit, wo ja das ursachende Tun zeitlich so früher ist wie die verursachte Wirkung später. Wo hingegen der erst zu »verwirklichende« Zweck als Ursache da ist, präexistiert gleichsam die Wirkung dieser Zweckursache im Geiste des Handelnden. Das Handeln durch Verstand ist immer ein agere ex praeconceptione (Philos.

Summe III, 2). »Die Zukunft, die noch nicht da ist, regiert die Gegenwart. Das Verhältnis der wirkenden Ursache dreht sich geradezu um, und es verschwindet die Ordnung der Zeit, die sonst in der Kausalität als das Feste angeschauet und als die Ordnung der Dinge gepriesen wird; denn das Ende wird zum Anfange« (A. Trendelenburg, Logische Untersuchungen [3]II, 22). – Diesem Vorweg-haben des Zweckes und Noch-nicht-haben der erstrebten »Verwirklichung« (um das hier anfechtbare Wort zu gebrauchen – der Zweck als causa causarum, wie Th. ihn De principiis naturae nennt, ist ja eben selbst das Wirklichende) entsprechen im Bereich des vernünftigen Tuns die beiden sich entgegengesetzten Ordnungen des Überlegens vom Zwecke her und des Wirkens auf den Zweck hin. Etwa ein Kriegsrat geht vom vorgesetzten Zwecke Sieg, der das erste im Denken, das letzte im Sein ist, zerlegend, analytisch vom Ganzen ins Teilmäßige vor, die ausführende Kriegshandlung aber zusammensetzend, synthetisch, von Teilmäßigem ins aufzubauende Ganze.

114 Mehr zur Aktivität der Erkenntniskraft, des abstrahierenden und vergeistigenden Vermögens, gehört das assentire, das für Thomas ein ad aliud sentire ist; mehr zur Aktivität des Willens das consentire, das er als simul sentire erklärt. Hier wie dort ist sensus, sympathische Fühlung im wahrnehmenden Vermögen: beim assentire in gewisser Distanz des Intellekts zum Gegenstand, beim consentire im nahen Sichanlegen (applicatio) des Willens, dem ja »der Zug zur Sache selber« eigen ist.

115 Vgl. I 79, 9; 12.

116 Gebrauchen hier im Sinne von: ein Ding wegen etwas andern in die Wirklichkeit hereinziehen (wie der Mensch zum Reiten das Pferd gebraucht).

117 Vgl. unten 17, 9.

118 Was letzter, absoluter Zweck ist, wie dem Geizigen das Geld, hört auf, zweckdienlich zu sein, und wird End-Gut, Gegenstand des frui. Hier ist also das Ding Geld identisch mit dem finis ultimus. Faßt man aber das Besitzen als das End-Gut ins Auge, so eignet dem Besessenen der Charakter des Relativen, des »Mittels zu«, es ist im Gebrauch: sofern es nämlich der Besitzseligkeit dient.

119 Realiter, im Gegensatz zu intentionaliter, der gedanklichen Daseinsweise. Vgl. I 13, 7.

120 Vgl. I 83, 1.

121 Diese Lösung gestattet (nach M. S. Gillet) eine systematische Übersicht über alle Akte des Verstandes und des Willens, die

nach Thomas' Analyse sich als wesentliche Bestandteile einer vernünftigen, willentlichen, zweckhaften und zur Vollendung gelangenden Handlung ergeben. (Es braucht nicht gesagt zu werden, daß die Einheit der Dynamik im realen Handlungsverlauf etwas anderes ist als die Ganzheit eines Schemas theoretisch zergliederten Lebens.)

Die eine vollständige menschliche Handlung begründenden Akte

Akte des Verstandes	*Akte des Willens*
I. Bezüglich des Zweckes	
1. Der *Gedanke* von Gut, das appetibile und finale (ultimum) ist oder scheint.	2. Das *einfache Wollen* (volitio simplex) des End-Gut.
3. Das *Urteil* über die Möglichkeit, Gut und Zweck zu erreichen (von Th. nicht ausdrücklich behandelt, aber einbeschlossen im consilium).	4. Das auf die Erreichung *hinwirkende Wollen* (das habere imperfecte, sc. in intentione tantum).
II. Bezüglich der Mittel	
5. Die *Beratschlagung* (consilium).	7. Die *Zustimmung* des Willens zu den vom Verstande dargestellten Mitteln (consensus).
6. Das *praktische Urteil* über das geeignetste Mittel.	8. Der *Wahlentscheid* für das geeignetste Mittel (electio).
III. Bezüglich der Erreichung	
9. Die *Anordnung*, Befehlung dessen, was zu tun und anzuwenden ist (imperium = actus rationis ordinantis).	10. Die tatsächliche *Gebrauchung* der ausführenden Vermögen und der Mittel (usus eorum quae sunt ad finem).
	11. Die liebende, genießende *Freuung* an dem als Endzweck erstrebten und erreichten Ding (fruitio, beatitudo).

122 Nach dem folgenden Artikel ist der (vom Menschen sich selbst erteilte) Befehl eine Wirke der ordnend-anwegenden Vernunft. Wenn aber ein Vermögen das andere in Tätigkeit setzt, so ist

ihre Tätigkeit gewissermaßen nur eine, wie immer innerhalb eines Systems von Bewegendem und Bewegtem. Die Einheit, die hier vorliegt, ist das »eines wegen des andern«: die Bewegung der schenkenden Hand, die vom höheren, sie zu solchem Tun beformenden Vermögen der Liebe Befehl hat, tut auf grund und wegen des Befehls. Die Wirke von motor und mobile ist Eine.

123 Vgl. I 83, 1, Antwort.

124 Vgl. I 85, 2, Antwort (1. Bd., S. 288); 86, 1 (1. Bd., S. 295).

125 »Die Zustimmung des Wissens (der sichern Erkenntnis) steht nicht im freien Belieben, weil der Wissende zur Zustimmung durch die Wirkkraft des Beweises gezwungen wird« (2 II 7, zu 2). Denn »der Beweis (demonstratio) betrifft dasjenige, was an und für sich den Dingen innewohnt« (1 Anal. post. 35 b). Vgl. I 15, 3 und Einleitung zum 1. Bd., S. LXVff.

126 So z. B. bei der Glaubenshaltung gegenüber der göttlichen Wahrheit, wo eben die Freiheit des Entscheids die Verdienstlichkeit begründet. 2 II 2, 9.

127 Augustinus: Contra Julian. III 26.

128 Auf diese Unterscheidung des appetitus sensitivus vom appetitus intellectus, also des affektiven sinnlichen Dranglebens vom Willen ist in der Psychologie und Ethik des Thomas scharf zu achten. Seine voluntas ist nicht Schopenhauers Wille zum Leben. Voluntas in ratione est, das Wollen gründet im vernünftigen Teil der Seele (nach Aristoteles, Über die Seele III 9, 432 b bei Thomas I 81, 3; 82, 1; 1 II 9, 5). »Die sinnliche Begehr kann beim Menschen Wille genannt werden, sofern er der Vernunft gehorsam ist« (3 sent. 17, 1, 1, 2 c). Weil die Vernunftgebundenheit zu seiner Natur gehört, bezeichnet »Freiheit« (liberum arbitrium) nicht ein Freisein gegenüber Gut und Schlecht, sondern in der Richtung auf Vernunft (in ordine ad rationem). Darum zeigt Sündigen einen Defekt der Freiheit an.

129 Vgl. I 20, 1.

130 Vgl. 1 II 48, 2.

131 Vgl. 1 II 24, 2 zu 2. Das Herz ist in Wegung secundum locum, nämlich im Kreislaufsystem, worüber unten 9, zu 2. In seiner Schrift De motu cordis vertrat Thomas die (nicht aristotelische) Ansicht, daß die Herzbewegung nicht in der Wärme, sondern in der belebenden Seele ihren Grund habe. Die tiefgehende Bedeutung der Frage hatte sich vor Thomas etwa bei Alfredus Anglicus gezeigt. C. Baeumker, Des Alfred von Sareshel Schrift De motu cordis. 1923.

132 Vgl. I 6, 1 zu 2; 19, 1.

133 Vgl. I 44, 4.

134 Die Untersuchungen 18–21 werden kommentiert bei V. Cathrein, De bonitate et malitia actuum humanorum. Louvain 1926. Sie sind im folgenden benutzt.

135 Nämlich gemäß seiner Teilhabe an verschiedenen Vollkommenheiten. Vgl. I 4, 3; 6, 1 zu 2.

136 »Soweit jedes Seiende seiend ist, ist es gut usw.« (I 5, 3). Über das gehörige Vollkommensein I 5, 1 zu 3 und 5, 5.

137 Relatives, wie Bewegung, ist abhängig von seinem Zielpunkt (terminus). Menschliches Handeln aber ist gleichsam Bewegung zum Zielpunkt, und dieser ist Gegenstand.

138 Die Form ist Wirklichung des Stoffes (forma nihil aliud est quam actus). Z. B. I 105, 1 Antwort.

139 Also: was in der physischen Ordnung die wesengebende substantiale Form ist, das ist in der moralischen der Gegenstand, auf den das Handeln sich richtet: in dieser Richtung liegt der Wert oder Unwert sittlichen Strebens und Tuns. Im Guten wie im Bösen bekommt unser Handeln seine »species« vom Objekt, dem nächsten Zweck und Inhalt des Tuns: die Not des Nächsten macht das Geldausgeben zum Zwecke der Linderung gut, der Sinn und Zweck der Sprache machen das Lügen zu schlechtem Gebrauch, weil der Sprechende die innere Zweckordnung der Sprache, nämlich die wahrheitgemäße Äußerung, zerstört. – Daß Thomas neben dem Materialen und Objektiven in der Ethik auch dem Formalen und Subjektiven gerecht wird, wird sich weiterhin zeigen. Vgl. 19, 10; 50, 5.

140 Vgl. unten Art. 6. Materia ex qua: z. B. das Holz, aus dem der Stuhl gemacht wird; m. circa quam: z. B. die Tätigkeiten des Verstandes als Objekt der Logik.

141 Sittlich qualifizierende Umstände gründen in der Person, in Ort, Zeit, gebrauchten Mitteln zum Zweck usw.

142 Die erstgenannte Gutheit ist physischer Ordnung, die drei andern, die in Beziehungen bestehen, gründen als moralische in der Vernunftordnung. Von ihnen handeln die folgenden Artikel.

143 Auch der Zweck ist Gegenstand, Inhalt der Handlung, aber nur der inneren Willenswirke, während alle andern Gegenstände (als Materie oder Woran der Betätigung) nur solche des äußeren Tuns sind, die vom Gegenstand »Zweck« befohlen und geleitet werden. Der Zweck ist der »eigentlich« formgebende Gegenstand des Wollens, er bestimmt auch Wahl und Gebrauch der

dienlichen Mittel. Willensakt und äußere Handlung bilden eine sittliche Einheit, wie Farbe und Sonnenlicht die physische Einheit des unum visibile, weil die Farbe sichtbar ist wegen des Lichtes.

144 Das Almosen wäre hier die Wesensstufe »Gattung«, das Stehlen die vom Gegenstand moralisch bestimmte »Art«.

145 Nämlich das Individuelle als das Speziellste.

146 Diebstahl ist nicht an sich und von Natur auf Ehebruch hingeordnet, sondern beischaftlich aus der Absicht des Tuenden her.

147 Hat der 6. Art. gesagt, daß die sittliche Handlung ihren Charakter sowohl dem Objekt, dem ihr Form gebenden Moment, als auch dem Zweck, dem vom Willen Erstrebten, verdankt, so fragt der 7., wie diese verschiedenen Handlungscharaktere sich zueinander verhalten: ob in Koordination oder Subordination. – Das Verfahren der Antwort ist abermals weniger auf sachliche Analyse gerichtet als vielmehr darauf, »in die Konstitution der sittlichen Tatbestände mit Hilfe einer Einreihung unter ontologische Begriffe einzudringen« (M. Wittmann). Waren dies vorher die Begriffe Sein und Nichtsein, Substanz und Akzidens, Materie und Form, so hier vor allem Gattung und Art. Auf die Frage nun, wie die selbständigen Prinzipien des sittlichen Handlungscharakters, nämlich »Zweck« und »Gegenstand« (das Was oder Woran der Tätigkeit des Handelnden) zueinander stehen, antwortet Thomas. Wo Zweck und Gegenstand, Motiv und Vollführung sich decken (wie beim Kampf auf den Sieg hin), verhält sich der Zweck zum Gegenstand, das Motiv zur Handlung, wie Allgemeines zum Besondern, wie Gattung zu Art, weil ja der mit dem Zweck befaßte Wille der Beweger der seelischen Kräfte überhaupt ist; wo aber Wille und Handlung inhaltlich verschieden sind, wo Absicht und Tun auf verschiedene Gegenstände gehen (wie beim Stehlen zum Zwecke des Almosengebens), machen die Prinzipien keine Einheit aus, sie fallen auseinander, und mit ihnen auch die sittlichen Charaktere der Handlungen, so daß solch zwiespältiges Tun auch kein schlichtes sittliches Urteil gestattet. Hier besteht nicht im eigentlichen und logischen Sinn jenes Verhältnis von Gattung und Art, obgleich die eine Handlung Zweckursache der andern sein kann: wer Geschenke stiehlt für die Frau, mit der er ehebrechen will, ordnet zwar das Mittel Diebstahl auf den Zweck Ehebruch hin, aber dieses Ordnungsverhältnis ist nur sein subjektives, an sich ist das Stehlen nichts Spezifisches im Vergleich zu dem Generischen des Zweckes Ehebruch. Aber bei guten

und von gutem Zweck her verursachten Handlungen gilt, daß sie aus Gattung und spezifischer Differenz sich zusammensetzen. Die vom Zweck her bestehende Gutheit hat die generische, allgemeinere Bedeutung für den Charakter der Handlung, hingegen die Gutheit vom Gegenstand oder Inhalt her hat die engere, untergeordnete Bedeutung des Artlichen. Leiste ich gute Werke (Almosen, Gebet, Fasten usw.), um die Bekehrung eines Sünders zu erlangen, so intendiere ich zwei an sich verschiedene Akte, von denen aber der letztere und endzweckliche der befehlende, der andere der befohlene, der eine der generische, der andere der spezifische ist. Die innere und selbständige Gutheit z.B. des Almosens mit seinem an sich gleichfalls selbständigen Zweck Abhilfe wird zu einer species bonitatis unter der entfernteren und außerhalb liegenden Zwecklichkeit, der sie dient. – So läßt sich auf die Titelfrage antworten: der unterscheidende Wertcharakter einer sittlichen Handlung wird generell vom beabsichtigten Endzweck bestimmt; im Verhältnis zu diesem Endzweck ist das auf ihn gerichtete Tun etwas Spezifisches, unter das Generelle des Zwecklichen Fallendes. Jedem Akt kommt seine species aus dem eigenen Gegenstand zu (vgl. 1. Einwand), aber diese species fällt zugleich auch unter das genus des befehlenden und verursachenden Zwecks: das minus universale wird vom magis universale unter sich befaßt.

148 »Form« und »Stoff« sind hier natürlich nur analogisch gebraucht.

149 Oder: Gibt es im konkreten Handeln des menschlichen Individuums sittlich Indifferentes?

150 Vgl. oben 10, 1 zu 3. – Im ganzen Naturbereich herscht die Richtung auf Eins. Das Naturding ist Eines der Zahl nach, als das individuelle, Eine ist seine Art, Eine seine Gattung. Gehör bezieht sich auf das Eine Schall, Gesicht auf Farbe, das Auge des Einzelmenschen hat seine einmalige Besonderheit. Auch den unstofflichen Kräften Wille und Verstand entsprechen naturhaft auf sie bezügliche Einheiten, dem einen das Sittlich-Gut, dem andern das Wahr, das Seiend, das Ganze des Erkennbaren. Jeder ist eine una vis, der ein unum naturale objectum zugehört, aber diese ihre natürlichen Gegenstände sind Einheiten, die vieles Einzelbesondere umfassen, so wie unter Farbe alle Farben inbegriffen sind. Dem Willen als einem freien eignet der Bezug auf alles, was, objektiv oder subjektiv, unter Gut fällt, der endliche Verstand ist beziehungsweise unendlich, nämlich als empfänglicher Träger unendlich vieler Formen (I 14, 12; 86, 2): er kann

gewissermaßen alles werden. (Nach 1 II 10, 1 zu 3 und Philos. Summe II 83.)

151 Wie der Zweck und die Gegenstände des Handelns gründet für Thomas auch die sittlich spezifizierende Bedeutung gewisser Umstände auf den Primat der Vernunft. Der ordo rationis ist das Eine, worauf die Vielheit der Prinzipien zurückgeht, durch welche die actus humani spezifiziert werden. Er ist das nächste Fundament der Moral, das nun seinerseits Halt und Grund und Sanktion in der ewigen Vernunft Gottes hat. Denn Gott ist schließlich die Wirk- und Formal- und Zweckursache der Menschennatur. Vgl. 1 II 15, 4, auch I 79. Näheres 93. und 94. Untersuchung.

152 Vgl. 18, 6. Innere Wirken des Willens sind Wollen, Streben, Bezwecken, Zustimmen usw.

153 Vgl. I 3, 7, Einwand 2.

154 Natürlich ist hier von der Vernunft als praktischer, nicht spekulativer die Rede. Als praktische ist sie nicht nur Ding-erfassend, sondern auch ursachend (causativa). Vgl. I 79, 11; 1 II 91, 3 zu 3 und 94, 4 Antwort. Ihr Befehl ergeht im Gewissen.

155 Den Ursachen nämlich, die im Ordnungsverhältnis der Abhängigkeit voneinander stehen.

156 Über das ewige Gesetz besonders 1 II 94, 1 und die Unters. 93.

157 Das irrige Gewissen ist also dasjenige, das Falsch für Wahr befiehlt.

158 Man beachte: das Gewissen ist nicht identisch mit der recta ratio, der Norm des sittlichen Handelns. Nur in der Übereinstimmung mit dieser ist auch das Gewissen das rechte Gewissen. Verpflichtend aber ist das Gewissen eben als solches: nicht erst als rechtes, auch als (unverschuldet) irrendes. Überall hält Thomas daran fest, daß der Mensch in jedem Fall durch sein Gewissen gebunden ist. Seine Anschauung in diesem Punkt faßt M. Wittmann (Die Ethik des hl. Thomas von Aquin. 1933. S. 176f.) so zusammen: »Was den Willen gut oder schlecht macht, ist ausnahmslos das Objekt, nicht das Objekt an sich, in seiner tatsächlichen Beschaffenheit, sondern mit jenem Charakter, der ihm durch das Urteil der Vernunft zugeschrieben wird. Nur so wie das Objekt dem Willen durch die Vernunft dargestellt wird, kann es von ihm gewollt werden. Was der Vernunft als gut erscheint, macht den Willen gut, was ihr als schlecht gilt, macht ihn schlecht, auch wenn Vernunft und Gewissen im Irrtum sind; denn das eine Mal wird Gutes, das andere Mal Schlechtes gewollt. In dieser Hinsicht besteht zwischen indiffer-

enten, guten und schlechten Objekten kein Unterschied; auch in den letzteren Fällen bestimmt der Gegenstand den Willen so, wie er durch das Gewissen aufgefaßt und erkannt wird. Was als schlecht erkannt und als solches gewollt wird, macht den Willen schlecht, ohne Rücksicht darauf, ob es objektiv so oder so beschaffen, indifferent, gut oder schlecht ist. Jede Abweichung von der Vernunft ist daher unerlaubt, mag die Vernunft richtig oder falsch urteilen. Das Gewissen bindet unter allen Umständen, sowohl das richtige wie das falsche Gewissen. Nicht so freilich ist die bindende Kraft des Gewissens zu verstehen, als würde derjenige, der einem irrenden Gewissen folgt, (objektiv) richtig handeln, sondern so, daß die Mißachtung des Gewissens in jedem Fall Sünde ist, auch wenn der Inhalt der Gewissensvorschrift etwas Indifferentes oder etwas Schlechtes ist. Weil das Gewissen im Namen Gottes gebietet, so ist der Zuwiderhandelnde, soweit es auf ihn ankommt, bereit, das göttliche Gebot zu übertreten; und das ist Sünde. Ein Unterschied zwischen dem richtigen und irrenden Gewissen besteht nur insofern, als ersteres schlechthin und unmittelbar, absolut und für immer bindet, letzteres nur bedingungsweise und per accidens, d. h. nur solange, als es besteht.«

159 Auch das irrende Gewissen gebietet das, was es gebietet, als göttliches Gebot. Falls jemand zu dem irrigen, aber für ihn sicheren Urteil kommt, daß er zu einer Notlüge verpflichtet sei, so ist er nicht verpflichtet kraft eines Gesetzes zu lügen (denn das gibt es nicht und kann es nicht geben), aber durch das allgemeine Gesetz, das verlangt, dem sicheren Gewissensurteil zu folgen oder ein Übel zu verhindern, soweit es dem Menschen möglich ist.

160 Anders ausgedrückt: Entspricht die Quantität von Gut oder Bös im Tun des befohlenen Akts immer der Quantität von Gut oder Bös in dem befehlenden Akt der Beabsichtigung?

161 Dazu gehört auch die Gewolltheit eines guten Gegenstandes.

162 In 19, 4 wurde als Regel unseres Willens das ewige Gesetz genannt, das in unserer Vernunft als natürliches Gesetz gegeben ist. Hier nun ist die Frage, ob und wie der menschliche Wille dem göttlichen sich übereinformen soll, um gut zu werden. (Cathrein, a. a. O., 108). Unser Glückstreben, das fehlbar ist, begründet noch nicht die sittliche Gutheit, die selig macht. Dazu bedarf es, wie 5, 7 gesagt worden ist, eines auf Gott gerichteten, mit seinem Willen übereinstimmenden Vollbringens guter Werke. Wie nun das summum bonum der eigentlichste »Ge-

genstand« dieses göttlichen Willens ist, so ist auch der Wille des Menschen notwendig darauf gerichtet: das eben ist das unum primum in der Seinsgattung Mensch und als solches das Maß für alles in dieser Gattung. Das Wollen des höchsten Gutes gehört zu dem, »was bei Gott und den Geschöpfen gleicherweise sich findet« (quae in Deo et creaturis pariter inveniuntur, De verit. 23, 7). »Soviel hat jegliches vom Sein, als es in Weise der Ähnlichkeit (per similitudinem) Gott nahekommt, soweit es aber ihm unähnlich befunden wird, schreitet es ins Nichtsein« (ebd.). Das dem Menschen einerschaffene Höchste-Gut-wollen schließt demnach an sich schon ein, daß er mit dem göttlichen Willen übereinförmig werden muß. Das Maß dieser conformitas ist das Maß seines Gutseins. Sie besteht darin, daß wir immer den guten Willen haben, d. h. innerhalb des uns als Geschöpfen Zukömmlichen immer wollen, was die Vernunft uns als gut vorlegt. – Auch hier also die Verknüpfung der analogia entis mit »Gott das Maß der Dinge« (Deus mensura omnium entium).

163 Ein Sondergut will der Mensch nur dann mit rechtem Willen, wenn das göttliche Allgut endzwecklich die Wollung jenes Sonderguts so bestimmt, wie in der physischen Welt die Form die Materie bestimmt. Sachlich das nämliche wollen wie Gott, braucht an sich noch keine sittliche Konformität mit dem göttlichen Willen zu sein: die Juden und der Vater im Himmel wollten den Tod Christi, aber die ratio volendi war sehr veschieden. Beim rechten Willen ist zur Gleichförmigkeit mit dem göttlichen die Beformung der Zwecke und Motive durch das bonum commune divinum erfordert.

164 Vgl. 2 II 104, Einwand 3 und zu 3.

165 Vgl. auch 18, 6. Es ist nicht eine wechselseitige Zuordnung, sondern die der inneren Wirkung auf die äußere.

166 Die materia circa quam, der Betreff-Stoff, Gegenstand, um den sich eine Tätigkeit oder ein Vermögen mit seiner Tätigkeit bewegt. Vgl. 1 II 55, 4 Antwort.

167 Im Sittlichen kommt dem äußeren Handeln, wie Almosengeben oder Stehlen, die eigene Art vom Gegenstand oder den Umständen her zu, was aber vom Endzweck her der inneren Wirke zukommt, begründet daneben eine andere Art, so in dem öfter erwähnten Beispiel: Veruntreuung, um mit dem Veruntreuten eine Frau zum Ehebruch zu bewegen.

168 So, wenn gutes oder schlechtes Handeln nach einer Unterbrechung wieder aufgenommen, die Willenswirke also doppelt ge-

setzt wird; wenn von zwei Handelnden der eine wegen eines Hindernisses absteht, der andere es überwindet und das Werk vollendet (extensive Steigerung von Gut oder Schlecht); wenn der Lustwert eines äußeren Handelns den inneren Akt verstärkt oder eine Schwierigkeit die Willensanspannung erhöht (intensive Steigerung).

169 Also die sittliche Beschaffenheit des Willens entscheidet über den sittlichen Wert auch des äußeren Tuns. Dies macht Thomas unten 56, 3 besonders deutlich.

170 Nachdem das Sittlich-Konstitutionelle des Handelns aus Gegenstand, Umständen und Zweck her betrachtet worden ist, kommen einige Merkmale zur Erwägung, die mit jener moralischen Konstitution notwendig verbunden sind: Rechtheit und Verkehrtheit, Zurechenbarkeit im Sinne von Billigung und Mißbilligung, Verdienstlichkeit und Mißverdienstlichkeit.

171 Übel und Gut sind weitere Begriffe als Sünde und Rechtheit.

172 Der Gedankengang der letzten Sätze in erweiterter Form: Die Vernunft (wie auch die Kunst) folgt nachahmend der Natur (aus dem 1. Einwand). In beiden Bereichen waltet die Richtung auf Zweck, die als solche auf eine Regel angewiesen ist. Diese Regel ist im Naturhaften die zweckstrebige Naturkraft selbst, eben das Prinzip des Naturgeschehens. Wo diese Naturkraft in der Wirke ist, ist auch die Rechtheit (rectitudo) da, »denn das ist richtgrad, was mit der Urheit übereinstimmt« (I 16, 1 Antwort, gegen Ende). Indem nämlich der Akt die gerade Linie vom urheblichen Ausgang zum Endzweck einhält, ist er auch Mitte zwischen dem einen und andern Ende und geht als solche nicht aus der Linie dieser Extreme. Recht (rectum) wird ja eben das genannt, dessen Mitte die Linie zwischen den Extremen nicht verläßt (2 sent. 41, 1, 1). Da nun, wie gesagt, die Vernunft in Nachahmung der Natur sich tätigt (natürlich fährt in Gefahr die Hand deckend vors Gesicht, vernünftig schirmt der Bürger so das Vaterland), der Wille aber in ratione ist (1 II 9, 5 Antwort), gibt es auch im Handeln eine rectitudo, Rechtheit, von welcher abzuweichen Sünde ist.

173 Aristoteles sagt: Wer in der Kunst freiwillig fehlt, ist vorzüglicher als der, welcher unfreiwillig fehlt. (Mit Absicht einen Fehler machen, was etwa aus Übermut entspringt, setzt die höhere Meisterschaft voraus.) Bei der Klugheit und den in noch höherem Sinne sittlichen Tugenden ist es umgekehrt. Hier kommt willentliches Fehlen aus Mangel an sittlicher Widerstandskraft, ungewolltes Fehlen nur aus Mangel an Wissen.

174 Insofern der Handelnde sein Selbst auch als Repräsentanten der objektiven Ordnung anzusehen hat.

175 »Allem sittlichen Handeln haftet darnach ein sozialer Charakter an; und hierauf gründet sich das Verdienst. Lohn und Strafe werden nicht damit begründet, daß vom Guten eine befriedigende und beseligende Kraft ausgeht, durch das Böse aber entgegengesetzte Gefühle ausgelöst werden, daß sich *insofern* das Gute von Natur aus lohnt, das Böse sich seiner Natur gemäß straft; statt dessen wird der Grund von der sozialen Seite des sittlichen Handelns hergenommen, eine Auffassung, die unverkennbar nicht dem rein ethischen Gebiet entstammt, sondern an juristische Ideen anknüpft. Bei Aristoteles findet sie keine Anknüpfungspunkte, wohl aber dürfte eine Einwirkung des römischen Rechts vorliegen. Erst in zweiter Linie wird dem Gedanken auch eine religiöse Grundlage gegeben [im folg. Art.].« M. Wittmann a. a. O. S. 194f.

176 Man beachte »beziehbar«, es heißt nicht: bezogen. Die positive Folgerung des Satzes heißt: Wer eine nicht-schlechte, auf Gott beziehbare Handlung tut, wahrt die Ehre Gottes. Der actus non malus ist aber beim Individuum auch schon *gut*. Zu einem solchen ist also nicht erfordert, daß der Mensch jede Handlung auf den Endzweck beziehe; schon jene Beziehbarkeit ist Wahrung der Ehre Gottes.

177 Verdienstlich oder mißverdienstlich ist menschliches Handeln gemäß seinem Verhältnis zur sittlichen Ordnung, die zur nächsten Grundlage die Vernunft hat, zur tieferen das ewige Gesetz Gottes. Die Übereinstimmung mit ihnen, nicht der Blick auf Lohn und Strafe, soll alle menschliche Wirke bestimmen. Lohn und Strafe sind sanktionelle Folgen des Handelns, dessen sittlicher Wert aber nicht in der Rücksicht auf diese Folgen gelegen ist, sondern in der Richtung auf Gott als Ziel, der als Herr der Welt und Geber des Gesetzes auch das Gericht ist.

178 Es kann also nach Thomas, so tief er die Verantwortlichkeit des Einzelnen für das soziale Ganze faßt, nicht einen totalen Staat im Sinne des totalen Anspruchs auf den totalen Menschen geben. Deshalb nicht, weil der Mensch nach seinem Wesen, Können und Gaben schließlich nicht der communitas politica, sondern Gott gehört. Darum ist der Staat auch nicht das letzte Maß unseres Handelns noch die letzte Instanz für das Urteil über den Wert desselben.

179 *De passionibus* ist der vielgerühmte Abschnitt 22–48 überschrieben. Die Übersetzung durch »Leidenschaft« wäre der ur-

sprünglichen Wortbedeutung nach die treffendste, aber der heutige Gebrauch schließt das Tadelnswerte nicht aus, das gerade nach Thomas, dessen Begriff von passio sittlich Indifferentes enthält, fernzuhalten ist. Da die passio (die Leide, im Gegensatz zur Wirke) im weiteren wie engeren Sinne an der Wirklichkeit eines Bewegenden als Mitbewegtes leidentlich teilhat, empfiehlt sich ein deutsches Wort, das sowohl das moveri wie das pati aufnimmt. Wie schon I 20 und später, erscheint hier »Leidewegung«. Bei dem, was in der Seele »sich regt und sich wegt« (so noch bei Goethe), ist die Seele auch eine empfangende, tragende, erleidende. Regung und Wegung sind Tätigkeit, sofern sie *von* einem agens ausgehen, aber Leidung, sofern sie *im* Tragenden innesind (Expos. in 3 phys. 5 i).

180 Bei der compositio substantialis, etwa dem Verbund Leib-Seele. Vgl. oben 13, 1 Antwort. Zu »Umsetzung« (transmutatio) vgl. I 20, 1 zu 1.

181 So wenn die Gesundheit sich entfernt wegen der Krankheit.

182 Die Leide setzt ein Tuendes voraus, passio est ex impressione alicuius agentis.

183 Vgl. I 5, 4 zu 1; 20, 1 Antwort und zu 1.

184 Vgl. oben 13, 1 Antwort.

185 Vgl. oben 2, 7 und 8, die Antworten.

186 Zur Geschichte dieses Zitats und der leisen Verwischung seines ursprünglichen Sinnes durch Thomas vgl. M. Wittmann a. a. O. S. 209, Anm. 73.

187 Es gibt bei dem aus Leib und Seele Verbundenen eine Umsetzung (transmutatio, Veränderung) des stofflichen Sinnesorgans der Seele, wenn es durch das alterierende Objekt in Wirklichung kommt, in doppelter Weise: geistartig, den Tätigkeiten des Intellekts ähnlich, durch Aufnahme des bloßen Ding*bildes*, wie der Farbe durch das Auge, das hierbei keine stoffliche Veränderung erfährt (nicht farbig wird, vgl. aber im 1. Bd., Anm. 229 zu S. 248), und eine stoffliche Veränderung, die die natürliche Disposition des Organs ergreift, etwa wenn es Kalt oder Warm aufnimmt. Veränderung der ersten Art ist der spezifischen Natur des Organs angemessen, die der zweiten fällt dem Organ nur beischaftlich zu, etwa bei Ermüdung des Auges durch Überanstrengung. Wie unmittelbar unser Gemütsleben im Unterschied von rein geistigem Erkennen und Wollen mit der Phantasie und den organischen Funktionen zusammenhängt, wird 31, 5 noch einmal deutlich werden.

188 Das trifft nicht beim Deum pati der alttestamentlichen Propheten noch für die Erfahrung vieler Mystiker zu.

189 Vgl. I 81. Irascibilis (vis und passio) umfaßt die aus dem Nichthaben oder -habenkönnen der Güter des Begehrmuts erfolgenden Affekte, so Hoffnung und Verzweiflung, Furcht und Kühnheit, Zorn. Gegenstand ist stets ein arduum (Schwieriges). Das mittelhochdeutsche »zürnde« traf die ira und (griech.) ὀργή besser als unser »Zorn« und seine Komposita.

190 Zurückweichende Furcht und vorgehende Kühnheit, Gegensätze im Zornmütigen, sind gleicherweise auf Übel bezogen, also ihre Gegensätzlichkeit ist nicht die von Gut und Übel. Hingegen ist diese Gegensätzlichkeit von Gut und Übel die ausschließlich bestimmende für das Gegensatzverhältnis im Bezirk des Begehrmuts, z. B. von Liebe und Haß; sie können sich nicht einem und demselben Gegenstand liebend nähern und abgestoßen von ihm entfernen; die Gegensätzlichkeit ihrer Bewegung ist einförmig bestimmt, sie entspricht derjenigen der affizierenden Gegenstände.

191 Cicero verfehlt die Meinung des Aristoteles, gegen die er angeht. Diesem galt, wie den Pythagoreern, das Schlechte als unbegrenzt, also ohne solche Mitte, während ihm das Gute, als zum Begrenzten gehörig, eben die lobenswerte Mitte zwischen den Extremen Übermaß und Mangel war. Z. B. Nikomachische Ethik II 5 (gegen Schluß) und 7.

192 Nach M. Wittmann, a. a. O. S. 199, »entspricht es auch dem geschichtlichen Tatbestand, wenn Thomas mit Augustin feststellt, daß der Streit zwischen den Aristotelikern und den Stoikern auf einen Wortstreit hinauskommt. Beide Schulen verstehen unter Affekt nicht ein und dasselbe. Denken die Aristoteliker an den Affekt überhaupt, an seelische Regungen, die etwas moralisch Indifferentes sind, sowohl den Charakter des Guten als des Bösen annehmen können, so haben die Stoiker speziell die *Leidenschaften* im Auge, Affekte, die nicht mehr indifferent sind, sondern der Vernunft und dem Sittengesetz widerstreiten«.

193 Nämlich als dieser Ordnung sich Entziehendes.

194 Nach Thomas ist es also sittlich vollkommener, das Gute nicht nur mit dem Willen, sondern auch mit dem Affekt zu ergreifen. (Er ist hierin kein Stoiker noch Kantischer Rigorist, den die »leider mit Neigung« geübte Tugend wurmt.) Aber dem Urteil der Vernunft vorgreifend, mindern die Affekte den sittlichen Rang der Handlung.

195 Vgl. 1 II 59, 2. – Thomas stünde also zu Nietzsches Abwertung des Mitleids mit einem Distinguo. Die Theorie der passio consequens kehrt 59, 2. 3. 5 wieder. Ihre pädagogische Seite erörtert J. Mausbach, Grundlage und Ausbildung des Charakters usw. 1920. S. 113ff. Dort (117) auch der Hinweis auf die ignatianischen Exerzitien mit ihrer Aktivierung der Phantasie und des Affektlebens im Dienste des Geistigen und der höchsten sittlichen Ziele.

196 Die denkerische Betrachtung des tierischen Seins, die bei Thomas im Anschluß an Aristoteles so häufig wiederkehrt, ist bei der allgemeinen Vernächlässigung dieses Gegenstands in der christlichen Theologie doppelt erfreulich. Vgl. besonders I 78, 4; 83, 1; 1 II 12, 5; 15, 2; 40, 3 zu 1.

197 Gaudium vel delectatio. Die letztere, als der weitere Begriff, schließt die erstere ein. Vgl. unten 31, 3; 35, 2; auch I 20, 1. – Über die freuliche Ruhe im erreichten Gut 1 II 31, 1 zu 2; 32, 3; 32, 8 zu 2; 38, 1.

198 Also in der Ordnung der Natur, des Hergangs der Erreichung, ist die Folge: Liebe, Sehnsucht, Freude (beim Übel: Haß, Abkehr, Trauer); in der Ordnung der Erkenntnis ist sie umgekehrt. Wie schon I 20, 1 erscheint als tiefster Zug im Willen der Grundaffekt der Liebe, das reine Wohlgefallen am Guten.

199 Denn die Natur von Übel ist abstoßend, und nur ein hinzutretender Umstand macht es so anziehend (attractivum), wie Gut es von Natur ist.

200 Vgl. noch I 20, 1 zu 1; 49, 2; 82, 1; 1 II 10, 1; 17, 8.

201 Connaturalitas, als Voraussetzung alles Erkennens I 13, 1 zu 3 betrachtet, ist auch die Grundlage der affektiven Einigung.

202 Dies begründet die folgende Übersetzung von caritas durch Teuerliebe.

203 Zu dieser Berufung auf die ontologischen Grundverhältnisse vgl. I 5, 1, Antwort und zu 1.

204 Wie die Liebe zum Freund dem Freunde.

205 Wie die Begehrliebe zu einem Gut, das wir für den Freund wollen.

206 Thomas sagt nicht: Das Erkennen macht die Liebe, sondern: zu Liebe braucht es irgendwelches Kennen. Aber diese vorangehende Disposition genügt nicht, da nicht die Erkenntnis als solche, sondern das Gut selbst, das in der Erkenntnis als ein solches sich meldet, die Liebe erregt und bestimmt. Er bestreitet nicht, daß größere Erkenntnis größere Liebe verursacht, aber er bestreitet, daß die größere Liebe die größere Erkenntnis erfordert.

Die Erklärer pflegen hier einen Satz aus Thomas' De Caritate (4, zu 4) anzuführen: »Nicht aus dem Grunde wird etwas geliebt, weil es erkannt wird, sondern weil es Gut ist; so daß, was mehr ein Gut ist, auch mehr Liebesgut (diligibile) ist: obzwar es nicht auch mehr erkannt ist.« – Aufschlußreich die Lösung zu 2.

207 Der Begriff der seminalia rationis (auch rationes oboedientiales, alle den Dingen inneseiende Zurüstung für die Aufnahme der Verfügungen des göttlichen Willens) ist I 115, 2 bezüglich der Tätigkeit der körperlichen Schöpfung ausführlich erörtert worden. Er hat deshalb, weil die ratio nächster Grund und Maß des Sittlichen ist (voluntas in ratione est, 1 II 9, 5) Geltung auch in der Ethik. Vgl. 1 II 51, Schluß der Antwort; 63, 1 Antwort. Dazu O. Dittrich, Geschichte der Ethik III (1926), S. 121.

208 Vgl. I 12, 2, zweiten Einwand; 14, 2 Antwort.

209 Horaz (Od. I 3) von Vergil.

210 Secundum convenientiam amoris, das der Liebe ihrem Wesen nach Zupassende. Etwas anderes: daß die Liebe in einer convenientia besteht (29, 2).

211 Wohl zu beachten gegen die irrige Auffassung des thomistischen Intellektualismus.

212 Die Begehr wird vom konkreten Ding in seiner Ganzheit gezogen, die Vernunft zieht das Dingbild zu sich, das ihr als abstraktes zerleglich ist.

213 Etwa Vorzügen, wie Schönheit, Begabung.

214 Dispositive, in Weise der Zurüstung, Stimmung.

215 Das Gute ist ergießerisch mit seinem Sein. I 5, 4, zweiter Einwand.

216 Da vorwiegend sinnliche Phänomene auch die Gefühle sind, so ist die leibliche und nervöse Disposition des Handelnden, der wechselnde Zustand seiner sinnlichen Seite, die gegen ihre affizierenden Gegenstände rasch sich abstumpft und ins Wesentliche der Dinge überhaupt nicht vordringt (31, 5), nichts weniger als berechtigt, in Dingen des sittlichen Urteilens und Handelns den Ausschlag zu geben. So ist die obige Feststellung auch ein Argument gegen die grundsätzliche Gefühlsmoral ohne maßgebende Kontrolle durch höhere Prinzipien.

217 Vgl. I 78, 4 (1. Bd., S. 250).

218 Das ja der Gegenstand der Begehrkraft ist, darum auch der entsprechenden Leidewegung, freilich als abwesendes bonum delectabile, so wie das vergangene Sinnliche der Gegenstand des Gedächtnisses.

219 Irrationales, nicht einem Vernunfturteil folgend.

220 Infinita, was in diesem Artikel als unbegrenzt, unbeschränkt zu verstehen ist.

221 Wie z. B. unendlich viele Exemplare in dem »universale« Gattung möglichkeitlich enthalten sind, oder wie ein Satz der universaliter urteilenden praktischen Vernunft, etwa daß das Kind die Eltern ehren müsse, auf die Unzähligkeit der Fälle geht, wo sie particulariter so urteilen muß, so daß Unendlich zu ihr proportional ist.

222 Thomas hat I II 4 nach der Nikomachischen Ethik des Aristoteles die Lust hauptsächlich nach ihrem statischen Charakter als Befriedigung, als Bestandteil und Begleiterscheinung der Glückseligkeit erfaßt. Hier wird das Moment der seelischen Bewegung zur Herstellung des einer Natur gemäßen Zustandes betont, und zwar im Anschluß an des Aristoteles Rhetorik, wo der veränderte Gesichtspunkt eine Annäherung an den platonischen Lustbegriff mit seinen Bestimmungen des Affektiven, Beunruhigten, Werdemäßigen zuläßt. »Dennoch bleibt Thomas bei seiner früheren Lustidee, in der Meinung, die neue Definition trotz ihres platonisierenden Charakters so auslegen zu dürfen, daß die Lust wieder als Befriedigung und als Reflex naturgemäßer Lebenshaltung gedacht und der Einklang mit der früher entwickelten und spezifisch aristotelischen Lustauffassung hergestellt ist. Alle Dinge sind, so heißt es, zu einer naturgemäßen Vollkommenheit bestimmt. Auf der Stufe des animalischen Lebens verbinden sich mit einem solchen Zustande entsprechende Gefühle; der Eintritt der naturgemäßen Vollendung macht sich fühlbar, wird Gegenstand des Bewußtseins und löst das Gefühl der Freude oder Befriedigung aus, und es ist, so erklärt Thomas, jene seelische Bewegung, worin der aristotelischen ›Rhetorik‹ zufolge das Wesen der Lust besteht.« M. Wittmann a. a. O. S. 204.

223 Unten 34, 3, erster Einwand: Daher, daß etwas in seine Natur eingesetzt wird, hat es Freuung.

224 Auch die Lust in der Erfüllung ist noch eine Art Bewegung, weil auch jetzt noch das Strebevermögen durch sein Objekt in einer immutatio (Umsetzung), in Tätigkeit oder Regsamkeit erhalten wird.

225 Vgl. I 10, 1 und 6.

226 Thomas faßt die delectatio und ihre Gegenstände nicht nur sinnlich, wodurch er gegen die Platoniker zu stehen kommt, I II 34, 3. Darum wird auch (ebd. zu 1): Nicht jede Freuung folgt einem Werden.

227 Vgl. I 14, 2 zu 2; 18, 1; 18, 3 zu 1.

228 Nämlich, wie in der Antwort gesagt, mit Rücksicht auf das Sukzessive des wandelbaren Gut, das Gegenstand, Inhalt der Freuung ist.

229 Wie ein an Rauschgifte Gewöhnter.

230 Vgl. 30, 1 zu 2.

231 In der weiteren Ausführung dieses Satzes behandelt Aristoteles auch die vernunfthaften Strebungen, wie Erinnerung und Erwartung. Nicht in seinem Sinne ist der bei Thomas sogleich folgende Mittelsatz der Schlußfolgerung.

232 Vgl. Anm. 186 zu 22, 3. In seiner Übersetzung der aristotelischen Rhetorik hat Thomas den Sinn der im Einwand 1 zitierten Stelle richtig gedeutet: für Aristoteles beruhe alle Befriedigung auf *bewußter* Tätigkeit. Gleichwohl *hier* die andere Deutung, nach der die Lust der sinnlichen Begehr zuzuteilen ist. »Der historische Sinn eines Ausspruchs bedeutet für die Auslegung keine bindende Norm; die Dialektik wahrt sich das Recht, den Ausspruch auch anders zu verstehen.« (Wittmann a. a. O. S. 209, 73.)

233 Vgl. I 14 Vorwort; 14, 2. 4; 18, 3 zu 1.

234 Vgl. I 85, 2; 86, 1.

235 Vgl. I 14, 1; 16, 2; 84, 2; u. ö.

236 Secundum tactum, dem Tastsinn mit seinen Spezifikationen je nach der Reizungsweise der Objekte.

237 Lust und Unlust bedeuten im Seelenleben das, was in der leblosen Materie die natürliche und die widernatürliche Ruhe sind (vgl. 25, 1). Von den Elementen hat nach Aristoteles das Feuer seine Ruhe oben, wohin sein Zug geht, das Feste unten. Was für das Körperding die Ruhe an seinem natürlichen Ort, das ist für die Seele die Befriedigung, und zwar nach Thomas durch den Besitz eines gegenwärtig gewordenen Gut (vgl. 32, 6). Aber die Lustwirkungen der Güter können sich im Wege stehen und in Gegensatz geraten, etwa die Lust an Musik gegen die Lust an einem gleichzeitigen Gespräch (Aristoteles, Nikomachische Ethik 10, 5).

238 Die Antwort zeigt deutlich den Versuch, den biologischen Zweckgedanken des Aristoteles mit dem (stoischen) der Güterlehre zu verbinden. Der letztere, der in beherrschender Stellung bleibt, gliedert sich den andern ein. Naturmäßige Tätigkeit ist freulich; sie ist ein Fall von Freulichkeit deshalb, weil sie ein Gut ist. Es stillt uns als etwas, das wir besitzen, und als Besitz, dessen wir uns bewußt sind.

239 Aristoteles sagt Rhet. I 11 (woraus der Hauptsache nach diese Lösung zu 3 entnommen ist): Siegen bringt Lust, nicht nur den Siegeslustigen, sondern allen; denn es entsteht dadurch eine Vorstellung von Überlegenheit, wonach alle ein stärkeres oder schwächeres Verlangen haben. Dahin zählt er auch das Prozeßführen und Disputieren, woran das redarguere (Überführen), das Thomas zum malefacere rechnet, im abträglichen Sinne gemahnt.

240 Aus dieser Antwort (die 34, 4 eine gewisse Weiterung erfährt) folgt wiederum, daß die Befriedigung des sittlich Handelnden der inneren Würde seines Handelns keinen Abbruch tut. Mit Thomas deckt sich hier bis in Einzelheiten Friedrich Schiller in seinen philosophischen Aufsätzen.

241 Sinnliche Lust gehört zur Natur des animal. Diesem Gesetz kann sich auch der Rigorist, der theoretisch Lust als Lust verwirft, nicht entziehen. Wird er aber bei einer Lusterfahrung betroffen, so wird gerade Er, als der faktisch Lust Erfahrende, andern doppelt ein Anreiz werden, es nicht mit seinem Wort zu halten, sondern mit der Lust, der auch er nicht entrinnen kann.

242 Generatio, alle Veränderung im Sinne des »von Nichtsein zu Sein«.

243 Nach Aristoteles (Rhet. I 11): den seiner Natur vollgemäßen Zustand erlangt.

244 Vgl. I 85, 2; 86, 1.

245 Aristoteles spricht dort vom Denken als Tätigkeit des Absoluten. Es wäre, sagt er, geradezu widersinnig, sich gewisse geringwertige Gegenstände als Objekte der höchsten Vernunft vorzustellen. Ihr Objekt muß das Göttlichste und Herrlichste sein, nicht irgendwelches unter ihr. »Ist es nun Pflicht, gewisse Objekte lieber nicht zu denken – wie es ja von so manchen Dingen gilt, daß sie nicht zu sehen besser ist als sie zu sehen – so ergibt sich, daß nicht das Denken als solches schon, sondern erst das Denken als Denken des Besten das Höchste ist ...« – Thomas spricht von der Kontemplation der geschöpflichen Vernunft. Sie bereicht auch das Niedere und Üble, bleibt aber in seiner Betrachtung als betrachtende gut, weil sie in ihrer Tätigkeit, der Erwägung des Wahren (vgl. Zu 3), ihre Natur nicht verlassen kann.

246 Ebenso schon I 77, 3 zu 2: Beim Gegensätzlichen ist das Eine gewissermaßen der Grund des Andern – nämlich im auffassenden Verstand, in welchem una scientia contrariorum (unten zu 2). Vgl. I 75, 6 (1. Bd., S. 231).

247 »Als Newton eine Frucht fallen sah, kam ihm der Gedanke, daß das Gesetz der Fallbeschleunigung für alle Körper des Universums gelte. Thomas hat hierin den entfernten Abschein eines viel höheren Gesetzes gesehen, nämlich des von der natürlichen Bewegung (motus naturalis) aller Kreaturen und besonders der natürlichen oder naturangemessenen (connaturalis) Bewegung der geschaffenen Geister, die nach Gott gravitieren als dem Höchsten Gut, das sie alle anzieht.« Thomas faßt also die materielle Welt als einen Spiegel der spirituellen Ordnung. Darüber ausführlich R. Garrigou-Lagrange: L'attraction universelle. Saint Thomas et Newton. In Philosophia perennis, Festgabe für J. Geyser (1930), II S. 843ff.

248 Z. B. die erfreuende Auffüllung (repletio, Vollsatz) des Mangels Hunger, die betrübende Hemmung (incisio, Einschnitt) in der lustlichen Auffüllung.

249 Jedes Übel in Willensdingen ist entweder Schuld (malum culpae) oder Strafe (malum poenae). Vgl. I 48, 5. 6.

250 Dem höchsten Gut muß ein größeres Übel gegenüberstehen. Ist es der Schmerz? Nein. Jedem Schmerz ist das Gut »Widerstand des Willens« beigemischt. Schon darum kann er nicht das größte Übel sein. Aber die Ausschaltung dieses gutheitlichen Elementes würde das Übel steigern. Hingegen ist nicht gleichso in jeder Lust etwas Übles, dessen Beseitigung sie noch steigern könnte. Darum kann eine Lust das höchste Gut des Menschen sein, nicht aber ein Schmerz das größte Übel. (Nach 39, 1; 4 zu 2 und zu 1.)

251 Vgl. I 85, 5; 1 II 23, 1.

252 Der mit einem Körper verbundene Intellekt im Gegensatz zu den nicht (mit einem solchen) vermischten oder (von einem solchen) abgetrennten Formen oder Wesen (vgl. I 84, 4; 3, 8). Ungemischter Verstand ist Gott (wovon oben sogleich die Rede), der Gründer der Natur, der auch die Tiere durch ihren Instinkt leitet (I 83, 1, vgl. auch unsern 1. Bd., Anm. 328 zu S. 364).

253 Z.B. ist Gewitterfurcht verursacht vom objektiven Vorgang Gewitter und von der nervösen Disposition des Erlebenden. Vgl. 36, 2 und 46, 5 (Anfang der Antwort).

254 Gemeint sind ira et odium inimicitiae, Zorn und Haß im menschlichen Feindverhältnis.

255 Versteht sich der mit Vernunft verbundene Zorn (ira cum ratione).

256 Aristoteles (Rhet. 2, 2) definiert sie als »Eingriffe in Wünsche, nicht um etwas für sich selber zu erlangen, sondern damit es dem andern nicht zugute komme«.

257 Nachdem Thomas vom Endzweck des Menschen gehandelt hatte (1.–5. Unters.), ist er auf die Mittel zur Erfüllung übergegangen, die sittlichen Wirklichkeiten (actus humani), in deren Erörterung wir noch stehen. Auf die Analyse ihres Wesens (6.–48. Unters.) folgt nun die Lehre von ihren Prinzipien (49.–114. Unters.), dem inneren und dem äußeren (welch letzteres Gott als ewiges Gesetz ist). Das innere Prinzip ist zweifach: Vermögen (potentia) und Verhabung (habitus). Vom einen ist bereits I 77 gehandelt worden. So bleibt hier noch die Lehre von den natürlichen und übernatürlichen *Tugendverhabungen* mitsamt ihren Kontrasten in der Sünde zu erörtern (49.–89. Unters.).

258 Zum Terminus »habitus« sei zunächst an das (im 1. Bd., S. LXXXI und Anm. 31 zu S. 36) über die aristotelischen 10 Kategorien (praedicamenta) Gesagte erinnert. Die erste ist die Substanz, das das Sein in sich Habende (Mensch, Pflanze u. a.), die andern gelten vom Akzidentellen, also dem, was in einem andern, in einem Subjekt das Sein hat (Wärme, Tugend u. a.). Unter diese zählt auch die *Qualität*, dasjenige Akzidens, das die Substanz disponiert oder modifiziert, eine eigenschaftliche Besonderheit in ihre Seiensweise bringt: Wissen, Tugend, Farbe z. B. sind Qualitäten. Nun kann eine Substanz in viererlei Weise qualifiziert werden, so daß sich 4 *Arten von Qualität* ergeben: 1. Der Befestigung des Seins dienliche: habitus und dispositio (habitus die zuständliche, dauerhafte Verhabung, Anlage des Dings zu etwas, z. B. des Holzes zu Brand; dagegen dispositio als weniger wesentliche, mehr vorübergehende Zugerüstetheit oder Verfassung, z. B. erhöhte Brennbarkeit, wenn Holz etwa mit Benzin getränkt wäre). 2. Auf die Tätigkeit, Seinsäußerung bezügliche: potentiae und impotentiae, natürliche Vermögen und Unvermögen (Starksichtigkeit – Schwachsichtigkeit; Entschlossenheit – Unschlüssigkeit). 3. Seinsveränderung begründende: qualitates patibiles und passiones, also die Anlage zur Leidentlichkeit (wie Reizbarkeit der Sinne, chemische Veränderlichkeit) und das In-Leidung-Sein (z. B. die Affiziertheit der wachen Sinne). 4. Auf Ausdehnung und Größe bezügliche: forma und figura, die Gestaltlichkeit des künstlerisch Hervorgebrachten und die des Natürlichen (Figur eines Menschen, des gleichseitigen Dreiecks).

Habitus als eine *Art der Qualität* (vgl. Art. 1), in welchem Sinne sie in der Ethik gemeint ist, ist also etwas anderes als der habitus, der eine von den 9 Kategorien des Akzidentellen ist (hier = Anhaben, z. B. Kleidung, Waffen).

259 Die Postprädikamente (modi consequentes ad praedicamenta) sind Folgen aus der vollzogenen kategorialen Einteilung, die eigenschaftlich allen oder den meisten Prädikamenten zukommen. Die scholastische Logik zählt 5: Gegensatz (oppositio, jede Kategorie steht unterschiedlich gegen jede andere), Vorheit und Nachheit (prioritas – posterioritas, das zeitliche, ursächliche, logische, wert- und rangmäßige Vorher- und Nachhersein), Zugleichheit (simultas, als das Vor und Nach in jeder der genannten Hinsichten ausschließende Mitsammensein), Bewegung (motus, als jede Art von Tätigkeit und Veränderung), Haben (habitus, als Art und Weise, wie ein Ding mit dem andern verbunden ist). Vgl. Beat Reiser, Formalphilosophie oder Logik. 1920. S. 141ff.

260 Vgl. Shakespeare, Hamlet III, 4 über Gewohnheit.

261 Ausführlich hierüber I 5, 5.

262 Man denke hier und für das Folgende z. B. an die Verhabung Gesundheit im tragenden Subjekt Mensch (also im Gesunden) und in der entsprechenden Wirkheit (Körperfunktionen, Arbeit u. dgl.).

263 Darum: Die Verhabungen sind um der ihnen entsprechenden Tätigkeiten willen da (habitus propter actus sunt). Philos. Summe III 48.

264 So die äußeren Sinneskräfte, wie Gesicht und Gehör.

265 Die dem freien Willen gehorchende Bewegung des Körpers kann durch Übung bestimmte Fertigkeiten, technische und sportliche Geschicklichkeit gewinnen. Solche Habitus rechnet Thomas an sich zu denen der Seele.

266 Bei Haustieren kann unter der anleitenden menschlichen Vernunft zum Instinkt noch eine habitusähnliche Gewöhnung hinzukommen. Im sinnlichen Teil des Menschen können z. B. Gedächtnis und Phantasie als Organe der Vernunft habituell tätig werden.

267 Vgl. I 76, 2. Das Folgende beruht auf Voraussetzungen der aristotelisch-thomistischen Intellektlehre. Vgl. I 79, 2 (mit Bemerkungen Anhang S. 451ff.) und I 84–88.

268 Zur Unterscheidung und Bestimmung der intellektualen und moralischen Tugend vgl. unten 57. und 58. Untersuchung.

269 Diese Einschätzung des Habituellen im Willensleben zeigt wiederum, daß Thomas in seiner Ethik neben dem materialen Element, den mit dem Intellekt erkannten guten und schlechten Prinzipien des Gegenstands der Handlung, das formale der Wollensbeschaffenheit als auch einer Quelle des Sittlichen

durchaus nicht außer acht läßt. »Nur die polare Beziehung zwischen formaler und materialer Ethik bringt die wahre Lösung« (Koepgen).

270 Immer bedürfen sie äußerer Prinzipien, so auch der sogleich genannte Habitus des Verstandes für die Ursätze, des intellectus principiorum: weil seine Wirksamkeit die Sinneserfahrung voraussetzt.

271 Vgl. I 2, 1; 18, 3 (1. Bd., S. 155, auch Einleitung S. LXV bis LXXXI); 85, 1–3; 87, 1. 2.

272 Die geistige Seele als *solche* trägt *nur* die Züge der Art, nicht des Individuellen. Von den Vorzügen des Einzelmenschen kommt nur die allgemeine Vernünftigkeit, das Versehensein mit den ersten Denkprinzipien usw. auf das Konto der Geistigkeit, während hervorragende Kraft und Fülle des geistigen Lebens nur auf die besondere Lebendigkeit des Vitalen, zumal der Sinnlichkeit, zurückzuführen wäre. Man wird aber außer der leiblich begründeten Verschiedenheit noch eine tiefere, ursprünglichere anerkennen müssen, wenigstens eine solche in der aktiven Energie, im intellectus agens. Nach Thomas selbst darf man die obige Aufstellung ergänzen. Er sagt I 85, 7: Einer kann dasselbe besser als der andere verstehen, weil in ihm die Kraft des Verstehens die bessere ist: wie der mit gutem Auge besser sieht als der mit schwachem. Vom Verstand gilt das in doppelter Hinsicht: einerweise kann er selbst vollkommener, andrerweise können die niedern Kräfte, die der Verstand als Werkzeug gebraucht, von besserer Verfassung sein. Vgl. 1. Bd., Anm. 285 zu S. 295.

273 Vis cogitativa. Vgl. I 78, 4; 2 II 2, 1.

274 Zu den nicht nur die Tätigkeit beeinflussenden, sondern das ganze menschliche Sein erhöhenden eingegossenen (im Gegensatz zu erworbenen) Habitus gehören die heiligmachende Gnade, die aus der Übernatur entspringenden »theologischen« Tugenden Glaube, Hoffnung und Liebe (vgl. 62), die dem ganzen natürlich-sittlichen Leben eine neue Grundlage geben, und die Gaben des hl. Geistes. Nur im akzidentellen Sinne eingegossen heißen die Habitus, von denen im folgenden die Rede ist. In ihnen ist durch göttlichen Eingriff erzeugt, was der Mensch auch natürlich erwerben könnte.

275 Jede Zahl ist eine Zusammenfügung von Einheiten. Immer macht die zuletzt hinzutretende auch die Art der Zahl aus (die zu 5 hinkommende 1 begründet die species 6). So als species angesehen, ist jede Zahl eben das was sie ist, einzig in ihrer Art,

und hat insofern den Charakter unteilbarer Einheit und Ganzheit. Darin gleicht sie der Wesungsform. Auch bei ihr gibt es kein Mehr oder Minder. Und auch im Träger, der von ihr seine species empfängt, ist die Form nicht ein Mehr oder Minder (Form Mensch ist die gleiche bei Kind und Mann), ein Mehr oder Minder kann es in der Eignung der tragenden Stofflichkeit geben, so daß von ihr die Form mehr oder weniger vollkommen aufgenommen wird. Die Habitus aber, als auf den Träger sich beziehende, durch ihn spezifizierbare Qualitäten, sind selbst nicht von der Ordnung der species, sie geben nicht das esse specificum und sind nichts artlich Definierendes. Darum kann es bei ihnen ein Mehr oder Minder geben.

276 Vgl. I 76, 4.

277 Etwa das Verstehbild Weiß ist nicht ein zerstörendes contrarium für Schwarz, im Gegenteil erkenne ich Weiß intensiver durch den Gegensatz Schwarz.

278 Vgl. 2 II 47, 16.

279 Der Erörterungsschluß (syllogismus dialecticus) will nur etwas wahrscheinlich machen, der andere (s. demonstrativus) schließt von Notwendigem auf Notwendiges.

280 Vgl. 18, 6.

281 Die ratio agibilium, die Rechtheit in allem werklich Vollbringbaren, im Unterschied zur r. scibilium, dem rechten Verhalten im Theoretischen. Vgl. 57, 3. 4.

282 Vgl. I 20, 1 zu 1; 1 II 17, 8; I 77, 4; 80, 1.

283 Der spekulative oder theoretische Mensch ist nicht auch schon der Mensch der sittlichen Anwendung seiner Einsicht. Daher bei den Griechen die Unterscheidung des philósophos, des bloß Weisheitliebenden, vom sophós, dem Weisen, der sich von seiner Wissenschaft auch sittlich reinigen läßt. Vgl. Cicero, Tusc. V 3, 8. Im christlichen Begriff der vita contemplativa ist das innerliche Tätigsein zur Aneignung des in der theoria Erkannten eingeschlossen.

284 Das Nähere über dieses Verhältnis schon in der Gotteslehre I 2, 1.

285 Vgl. I 14, 1 zu 2; 1, 6. »Weisheit ist nicht irgendwie nur Wissenschaft, sondern Wissenschaft der ehrenhöchsten und göttlichen Dinge, gleichsam von der Bedeutung des Hauptes unter allen Wissenschaften. Wie unsere Sinneswahrnehmungen die Bewegungen unserer Glieder dirigieren, so die Weisheit alle andern, von ihr erst mit den rechten Prinzipien zu versehenden Wissenschaften.« Expos. in 10 l. eth. Arist. ad Nic. 6, 6a.

286 Kunst als Habitus des Taugens (der Tugend = Tucht) zu etwas, was gekonnt sein will, wird im nachfolgenden Art. noch kürzer bestimmt, als: recta ratio factibilium, die Vernunftgerechtheit im Machlichen, welches, als ins Stoffliche draußen übergehend (wie Bauen), im Gegensatz steht zu den agibilia, dem Gebiet der innebleibenden sittlichen Akte (wie Geduldhaben, Lieben, Wählen). Wie alle Tugend die Bestimmung auf Gut hin hat (55, 3. 4), so auch der Habitus Kunst. Gut der Kunst aber ist die Gutheit des Werks, nichts anderes. Aber die zu seiner Gutheit erforderliche *Rechtheit* der Vernunft begründet insofern einen Zusammenhang mit der Moral, ja eine Abhängigkeit von ihr, als auch für das *Machen* (facere) Ausgangspunkt und Richter das innere *Handeln* (agere) ist, jene Akte der Freiheit, der rechten Willensverfassung, die es braucht, um ein opus fidele zu machen, ein den äußern und innern Bedingungen (den »wahren Regeln«, Aristoteles, Nik. Eth. 6, 4) der Arbeit gerechtes und getreues Werk (zu 1).

287 Vgl. oben 56, 3 (letzter Absatz d. Antw.).

288 Diese Begriffsbestimmung der prudentia zeigt die Unzulänglichkeit unserer »Klugheit«. Die prudentia hängt mehr noch von der guten Willensrichtung als von den Einsichten des Intellekts ab, ist aber auch nicht identisch mit dem Gewissen. Nach 2 II 47, 8. 13 lehrt und bewirkt sie den *Gehorsam* gegen das Gewissen, sie ist Gewissenhaftigkeit, Bindung an die Weisheit im sittlich Praktischen. Das Wahre, der Gegenstand der Vernunft, bleibt im ganzen Bereich des Moralischen immer dasselbe, und soweit besteht nur *eine* Tugend, die dahin leitet, nämlich die prudentia (nach 1 II 60 zu 1). »Der bezeichnendste Ausdruck für die so notwendige Herrschaft des Geistes im Tugendleben ist die zentrale Stellung, die Thomas der Prudentia zuerkennt. In ihr durchdringen sich Denken und Wollen, sittliche Einsicht und Tätigkeitsdrang; sie prüft alles Einzelne im Lichte der sittlichen Grundsätze, sie verleiht den wiederholten Einzelakten die Kraft, eine sittlich feste und doch elastische Richtung in den übrigen Seelenkräften zu erzeugen, weil durch sie ein Hauch des Geistes die spröden Einzelzwecke durchdringt und lebendig zusammenschmelzt ... Ja sie ist im besten Sinne *Selbstgesetzgebung*, Selbstleitung im Lichte der höchsten Grundsätze, indem sie das Einzelne, Persönliche, Nächste vorschauend, rückschauend, um sich schauend selbständig würdigt, durch eigene praktische Vernunft dem Willen befiehlt. In wirksamer Weise, so daß der Wille folgt, geschieht das freilich nur, wenn das Willens- und Gemüts-

leben selbst sittlich erzogen, durch eigene Tugendhabitus veredelt ist. Die Wichtigkeit der geistigen Durchleuchtung auch der edelsten Affekte durch jene Tugend drückt M. v. Ebner-Eschenbach in dem schönen Worte aus: ›Wie weise muß der Mensch sein, um beständig gut zu sein‹.« (J. Mausbach, Grundlage und Ausbildung des Charakters nach dem hl. Thomas von Aquin. 1920. S. 93f.)

289 Vgl. I 14, 13.

290 »Moral«, sagt Thomas, kommt von mos (ἦθος und ἔθος), was bald äußere Gewohnheit und Übung, bald innere Verfassung und sittliche Neigung der Seele besage. Als gewisser Gegensatz zum Naturhaften liege diese innere Neigung wesentlich im Willen, im freien Streben und Lieben.

291 Von Platon bestätigt im Protagoras 352 C (vgl. 345 D). Sokrates sagt: Tut jemand unrecht, so muß er ja wohl als Opfer seiner Unwissenheit irren; denn Böses tun gegen das Wissen, daß es böse ist, ist undenkbar, weil man so sich den Weg zur Glückseligkeit, dem Ziel alles menschlichen Trachtens, versperrt. Im Menon (77 C ff.) argumentiert er: Jeder weiß, daß das Böse Schaden bringt und elend macht; begehrt also jemand das Böse, so tut er es in der Meinung, es sei für ihn etwas Gutes, Beglükkendes, und darum ist sein böses Tun lediglich ein Kind seines Irrtums. – Nach Thomas hat die sittliche Klugheit als ein Organ der praktischen Vernunft, also des allgemeinen Vermögens der Wertabschätzung, eine Führerrolle über das sittliche Leben, aber Hand in Hand mit den andern, dem Wollen und Begehren Kraft und Adel verleihenden »Kardinaltugenden« Gerechtigkeit, Mäßigung und Starkmut.

292 Angeborene, organische Dispositionen, wie Sanftmut und Weichheit, Kühnheit und Tatendrang, können, wie nach Thomas alles sinnliche Begehren und Fühlen, Träger sittlicher Tugend sein, aber nicht ohne Leitung der Vernunft, ohne stetiges Einströmen geistiger Kräfte, die dem Naturhaften Ziel, Weg und Maß vorschreiben. Die dispositio muß geistig befestigt (firmata), die Anlage eine gesiegelte, geprägte Form (forma sigillata et impressa a ratione) werden. (De virtutibus in comm. 9.)

293 Vgl. 2 II 47, 13 zu 2.

294 Dies der wesentliche Gedanke der Untersuchung. Das Leidenschaftsleben soll nicht die Führung im Sittlichen haben, aber der Seinsordnung entspricht seine *begleitende* Rolle, in der es unter dem Vorgang der Vernunft seine Energie und Eigentätigkeit erst recht entfaltet. Bleibt das sittlich-praktische Urteil dem

Geist vorbehalten, so wächst gerade mit seiner Ausdehnung und Lichtgebung über das Sinnliche als sein Herrschaftsbereich der sittliche Wert des Menschen. In dieser Ordnung von Führendem und Geführtheit des Führbaren wird sowohl der heiße, naturalistisch gemeinte Heroismus, den Augustin in Pelagius bekämpfte, als die Totenkälte der stoischen Vernünftigkeit überwunden. »Der schönste Sieg – auch im geistig-sittlichen Kampfe – besteht eben darin, den Feind nicht einfach zu entwaffnen, sondern ihn zum Bundesgenossen zu machen.« (Mausbach, a. a. O. S. 115.)

295 Vgl. 64, 3; 2 II 124, 1 (Antw.), 141, 6 (Antw.).

296 Vgl. 31, 3. 4 (bes. zu 2).

297 Makrobius nennt (a. a. O.) als politische Tugenden den Schutz der Städte, die Liebe der Eltern zu ihren Kindern, die Achtung des Nächsten, die Bestellung des Gemeinwohls durch umsichtige Verwaltung und gerechte Freiheitlichkeit (iusta liberalitate).

298 Schon die theokratischen Entwürfe Platons in den »Gesetzen« enthalten den Gedanken »Gott das eigentliche Maß der Dinge« und die individual- wie sozialethische Forderung der Nachfolge Gottes (716 BCD). Die eigenartige Einteilung der Tugenden in bürgerliche, reinigende, gereinigte und vorbildliche hat ihre lange Geschichte von Platon und Aristoteles bis auf Plotin, Porphyr und Augustinus. Für das Mittelalter war Makrobius die unmittelbare Quelle. Die ganze Vorgeschichte dieses Artikels behandelt H. van Lieshout, La Théorie Plotinienne de la vertu … 1926.

299 Außer der Gnade im weitesten Sinn, dem allgemeinen Beistand Gottes, ohne den kein Geschöpf bestehen kann, gibt es Gnade im engeren Sinn, die geheimnisvolle Hilfe und Ausstattung, ohne die wir nicht übernatürlich sein, leben und wirken können. Demnach ist auch die natürliche Tugend als erworbene Verhabung des Guten zu unterscheiden von der christlichen Tugend als eingegossener, vom Hl. Geiste mitgeteilter Lebenskraft. Aber das Übernatürliche, das als Ordnung neben und über der Naturordnung anzusehen nur vom Menschen aus, nicht von Gott aus Sinn hat, ist auch nicht ein »zweites Stockwerk«, das äußerlich an die Natur sich ansetzt, nicht der Einbruch von etwas Wesensfremdem in den Menschen. Denn als Ebenbild Gottes ist er von Natur »der Gnade fähig« (Augustin: capax Dei), wie es 113, 10 heißt. Die eingegossenen Tugenden »gehören sich« als »Zubesserung« (oportet quod superaddantur), um das tragische Mißverhältnis zwischen der natürlichen Anlage des

Menschen und der Herrlichkeit des Jenseitszieles in ein rechtes Verhältnis (proportio) zu verwandeln.

300 Inwiefern man von »Tugenden in Gott« sprechen könne: I 21, 1 zu 1.

301 Den göttlichen Exemplartugenden (vgl. 61, 5) nachgeformte. Zum Exemplarismus vgl. 1. Bd., Anm. 44 zu S. 47.

302 Vgl. Einleitung, 1. Bd., S. LXVff.

303 Die credibilia sind das Glaubwürdige im theologischen Sinne: nämlich Gott und göttliche Dinge als durch übernatürliche Offenbarung bezeugte Gegenstände einer vom freien Willen befohlenen, »über alles festen Zustimmung« des Verstandes, die auf den gnadenhaft wirkenden Beweggrund hin zustande kommt, daß der allwissende und allwahrhaftige Gott selbst die Wahrheit jener Offenbarungsinhalte bezeugt. »Der Mensch würde nicht glauben, wenn er nicht sähe, daß dies glaubwürdig sei (ea esse credenda), sei es wegen der Evidenz der Zeichen [Wunder] oder wegen etwas dergleichen« (2 II 1, 4 zu 2).

304 Diese Übersetzung von caritas berücksichtigt den Sinn des »carus«. 1 II 26, 3 sagte Thomas: die caritas fügt zu amor etwas Vollendendes hinzu, nämlich die hohe Wertschätzung. Wiederum unten 65, 5: caritas bezeichnet nicht nur den amor Dei, sondern auch eine gewisse Freundschaft zu ihm, die über den amor hinaus ein Wechselverhältnis, liebendes Ineinanderwohnen, besagt.

305 Nach Avicenna, wenigstens in scholastischer Auffassung, ist das aktive Prinzip des Erkennens der Eine, außerhalb der individuellen Seele auf alle menschlichen Seelen gemeinsam wirkende tätige Verstand. Erkenntnis kommt unabhängig von den Sinnen zustande. Ihr passives Prinzip ist die seelische Fähigkeit, übersinnliche Bilder aufzunehmen. In dieser Angewirktheit unter dem Einfluß des universalen Verstandes erfährt der individuelle passive Intellekt seine Entwicklung und Wirklichung. Unschwer ergibt sich aus diesen Voraussetzungen die starke Betonung des determinierten Charakters auch aller Willenstätigkeit. Vgl. M. Horten, Die Philosophie des Islam. 1924. S. 95. (Auch für die Verwendung Avicennas in der Scholastik mag indessen die Bemerkung Hortens S. 338f. gelten: »Vor der Benutzung der lateinischen Übersetzungen ohne Kontrolle des arabischen Originales ist zu warnen.«)

306 Vgl. I 3, 2 zu 3; 85, 7 (und 1. Bd., Anm. 285 zu S. 295).

307 Vgl. 61, 1.

308 Als von Gott eingegossene.

309 Vgl. 58, 3.

310 Das Sittliche ist im Sein selbst fundiert. Das Regulativ Klugheit hat nicht wiederum eine Mitte-weisende Tugend zum Regulativ, sondern die ipsa res, die Wirklichkeit selbst. (Zu 3.)

311 An sich gibt es in Glauben, Hoffen und Lieben gegenüber Gott, der unendlichen Wahrheit, Allmacht und Güte, kein Zuviel, immer nur ein Zuwenig. Aber von unsern Verhältnissen in der Endlichkeit wird ein Maß gesetzt: so für das Glauben die Wahrheitsmitte zwischen zwei häretischen Extremen, oder für das Hoffen die Mitte zwischen der Verzweiflung über die eigene Sünde und vermessentlich auf Gottes Erbarmung vertrauendem Sündenleben.

312 Vgl. I 45, 8; 1 II 57, 4.

313 So hat z. B. die Freigebigkeit zum Fundament und Rahmen die Gerechtigkeit, welche Mein und Nicht-Mein unterscheidet. Gerechtigkeit kann ohne Freigebigkeit sein, aber nicht umgekehrt. Ihr fundamentaler Charakter als virtus communior macht sie größer als Freigebigkeit, welche ihrerseits aber als Zier und Supplement der Gerechtigkeit wiederum größer ist als diese.

314 althd. zadal, eig. Gebrechen, Mangel.

315 Propter quod unumquodque tale, et illud magis est. Eines der wichtigsten Axiome der Scholastik, für Thomas auch der Nerv seines Schlusses von der Welt auf Gott, besonders prägnant Philos. Summe III 16. Vgl. Rousselot in der Zeitschrift Études, 1911, S. 624. Der Satz stammt aus den Analytica posteriora des Aristoteles (I 2, 72, a. 29 sq): dasjenige, weswegen oder um dessentwillen etwas dies oder jenes ist, ist es selbst umso mehr oder doch nicht weniger, vorausgesetzt freilich, daß beides zu derselben Ordnung oder Gattung von Ursachen gehört. Z.B., ist Holz hitzig von Feuer, so muß Feuer noch hitziger sein. Oder: ist Gesundheit begehrenswert wegen des Lebens, so muß Leben noch begehrenswerter sein. Oder in der Erkenntnisordnung: Sind Ursätze der Grund dafür, daß schlußweise etwas anderes richtig erkannt wird, so muß Wahrheit den Ursätzen in noch höherem Grade eigen sein. Oder im Sittlichen: Der Charakter eines Habitus kommt in höherem Grade den ihn begründenden Akten zu. Abgeleiteterweise Vorhandenes weist auf erhöhte Wirklichkeit des Gleichen im Begründenden zurück. Vgl. I 16, 1, Einwand 3 und Lösung.

316 Vgl. 19, 4; 91, 1; 93, 1. Siehe Anm. 162, S. 570.

317 Nach der bekannten Definition Augustins, die Sünde sei »factum vel dictum vel concupitum aliquid contra aeternam legem« (C. Faust 22, 27).

318 Vgl. oben zu Sokrates, S. 348.

319 Wie Ehrsucht, Herrschsucht, Neid, Haß.

320 Auch an die geistige Verführung darf man hier denken. »Der Teufel hat an einer einzigen falschen Idee mehr Freude, als an allen Verbrechen eines Jahrhunderts.«

321 So wird der sündhafte Genuß einer Vorstellung, eines Gedankens genannt nicht wegen der langen Dauer, sondern weil die Vernunft, statt abzuweisen, sich mit dergleichen beschäftigt, es »festhält und wohlgefällig wälzt« (zu 3).

322 Die Eine Vernunft ist superior oder inferior je nach ihrer Blickrichtung auf Ewig oder Zeitlich. Vgl. I 79, 9; 1 II 15, 4.

323 Vgl. I 85, 2 (1. Bd., S. 288 oben).

324 Vgl. 2 II 71, 3 (Antw.).

325 Vgl. oben S. 587, Anm. 291.

326 In uns, d. h. in unserer Gewalt oder in unserer Entscheidung: ob oder nicht.

327 Ex certa malitia, aus Bosheit, die unbezweifelbar eine solche ist, weil mit Wissen, Absicht und aus freier Wahl geschehend, im Gegensatz zur Sünde aus Leidenschaft, Schwäche, Unwissenheit.

328 Vgl. 2 II 156, 3.

329 Vgl. I 103, 6; I 22, 3 (Anm.).

330 Der Artikel ist auch eine Antwort gegen reformatorische Lehren von Gott als dem Verursacher des Moralisch-Bösen (zusammengefaßt bei J. A. Möhler, Symbolik, § 4) und ebensolchen Sätzen des Pantheismus (Schleiermacher) oder der Hegelschen Dialektik.

331 Vgl. I 49, 2 zu 2.

332 Pelagius (gest. nach 418), britischer Mönch, seit etwa 400 in Rom, war der Typ des Selfmademan gegenüber Gott und Übernatur. Er leugnete die Erbsünde, den Urstand der übernatürlichen Gerechtigkeit, die Notwendigkeit der Gnade für ein sündloses Leben, der Taufe als Mittels zum ewigen Heil. Gegen die Lehren seines robust selbstischen Vertrauens auf Menschenkraft und Natur – sie sind mit ihrem Urheber nicht gestorben – führte Augustinus einen hartnäckigen Kampf.

333 Vgl. I 118, 2 zu 2, Anm. 343.

334 Eine Gegenüberstellung der katholischen und reformatorischen Lehren von der Erbsünde bei Möhler, Symbolik, §§ 5–9.

335 Auch hier steht Thomas weitab vom reformatorischen und jansenistischen Pessimismus, ebenso wie im folgenden vom pelagianischen Optimismus.

336 Man beachte auch die Unterscheidung 73, 5. – Hat die läßliche Sünde den Charakter der Nachlässigkeit (neglectio), durch die der Akt der »caritas«, die Vollwirklichkeit grundsätzlicher Gottesliebe, gehemmt wird, so die Todsünde den des bewußten, verachtenden Widerspruchs gegen Gottes Gesetz. Die katholische Theorie der Moral pflegt auf einen Satz Augustins (Gottesstaat XXI 27, 5) hinzuweisen: »Welches diese Sünden sind, die den Zutritt zum Reiche Gottes versperren, das zu finden ist sehr schwierig, es zu bestimmen sehr gefährlich.«

337 »Das was an sich schlecht ist, kann durch keinen Zweck gut werden« (zu 3). Vgl. oben 19, 7 zu 3. Also: Der Zweck heiligt nicht die Mittel.

338 Nämlich: insofern es die erste Pflicht des zum Vernunftgebrauch Gelangenden ist, sich in die rechte Beziehung zu Gott zu setzen und Nachlaß der Erbsünde zu erlangen – was zu unterlassen an sich schon Todsünde wäre. Hiezu Mausbach, a. a. O. S. 140: »Der Sittlichkeitsgedanke schlägt die Brücke *hinauf* zur Übernatur; wo immer ein Mensch das sittliche Endziel erfaßt und sich ihm rückhaltlos hingibt, da senkt sich sogleich das Licht höherer Belehrung und rechtfertigender Gnade auf ihn herab. In kühner Weise wendet Thomas diesen Grundsatz auch auf den im Heidentum heranwachsenden Menschen an.«

339 Die Untersuchungen 90–97 haben grundlegende Bedeutung für die thomistische Behandlung der Sozialethik, deren Einzelfragen (Recht, Staat, Gesellschaft usw.) später noch erörtert werden. – Die 90. Untersuchung bestimmt das Gesetz als das Werk einer Vernunft, näherhin als die zugunsten des irdischen Gemeinwohls (bonum commune) getroffene Anordnung einer Obrigkeit und macht die Geltung abhängig von der Verkündigung. Nach den Forschungen von O. Lottin in der Revue Néo-Scolastique de philosophie 1925 (Mai, August) verbinden sich in dieser Definition zwei geschichtliche Ströme. Der eine, mit dem Merkmal des Sozialen, kommt über Cicero, Isidor von Sevilla und Gratian aus dem römischen Recht, der andere, mit dem Merkmal des Vernunfthaften, von der Stoa her. – Für das Mittelalter aufschlußreich M. Grabmann, Mittelalterliches Geistesleben (1926), S. 64ff. (Das Naturrecht der Scholastik von Gratian bis Thomas v. Aquin.) Ebenso der Gesamtüberblick von J. P. Steffes, Das Naturrecht im Rahmen einer religionsphilosophischen Weltbetrachtung. In Philosophia perennis (Festgabe Geyser. 1930. Bd. II, S. 1017ff.).

340 »Gesetz« schließt hier auch die idealen Prinzipien (z.B. die logischen und sittlichen Ursätze) ein. Die Lösung zu 1 belehrt darüber, daß dieses im höchsten Sinn Gesetzhafte den Charakter von Bindeglied und Bindegewalt zwischen Regelndem und zu Regelndem hat. Ruht hier vorerst der Nachdruck auf dem immanent Eingezeichneten, so im später Folgenden auf dem transzendent Vorgezeichneten alles unverrückbar Prinzipiellen.

341 Vgl. I 104, 2.

342 Der Akt der sittlichen Vernunft lautet nicht: Das Gute ist das Seinsollende, sondern: Das Gute soll sein. Dieser Akt ist das natürliche Gesetz. Der dynamische Charakter des Gewissensurteils kommt von voraufgehenden Willensakten der Liebe zum Guten im allgemeinen. Vgl. 9, 4. – J. Pieper, Die ontische Grundlage des Sittlichen nach Thomas von Aquin. 1929. S. 37f.

343 Societas perfecta. Der Grad der Vollkommenheit einer Gemeinschaft hängt davon ab, inwieweit sie alle zur Erfüllung ihres Zweckes erforderlichen Mittel in sich selbst trägt oder aber hierfür auf andere Gemeinschaften angewiesen ist. Demnach ist nach Thomas die Familie (familia domestica, 2 II 65, 2 zu 2) eine unvollkommene Gesellschaft, die vollkommenste der Staat.

344 Das Gesetz ist von der Vernunft ausgehende Hinordnung des Einzelnen auf ein überragendes Gemeingut (vgl. 90, 4). Es ist leitend, richtend, indem es zeigt, wie die dem Endzweck angemessene Handlung beschaffen sein muß (In Sent. 1. 2, d. 41, qu. 1, 1 zu 4). Man erinnere sich, was oben 63, 1 über das natürliche Streben des im Willen liegenden Begehrens nach vernunftgemäßem Gut gesagt ist, anderseits der 19, 10 erörterten Forderung, daß der Wille zum Einzelgut, wenn er Rechtgewilltheit sein soll, auch vom bonum commune divinum beformt sein muß. »Das höchste Gut, welches Gott ist, ist das Allgut, da von ihm das Gut für Alljegliches (universorum) abhängt« (Philos. Summe III, 17). Diese Zielerfassung ist notwendig, damit das Gesetz sein könne, was allein es sein soll: Vernunft und Regel für das Handeln (ratio et regula operandi, ebd. III, 114). – Jenes »göttliche Gemeingut« ist augustinisches Lehrstück (Gottesstaat XII 1; vgl. unsern Augustinusband in Kröners Taschenausgabe S. 244ff.). Es meint die Gravitation aller gottfähigen Schöpfung nach dem durch sich selber seienden Geber ihres verliehenen und partikulären Seins.

345 Isidor von Sevilla (gest. 636) war mit Boethius und Cassiodor einer der großen Vermittler der untergehenden römischen Kultur an die aufkommende germanische Welt. Dem Mittelalter wur-

de er eine Quelle der antiken Staatsweisheit. Seine Etymologiae waren ein enzyklopädisches Mosaik des Zeitwissens. – Gratian (Mitte des 12. Jh.s in Bologna) ist der Vater der kirchlichen Rechtswissenschaft. Von Geist und Methode des römischen Rechts sind auch seine Decreta beeinflußt, ein monumentales Lehr-, Verwaltungs- und Quellenbuch. Vgl. A. Schmekel, Isidorus v. Sevilla. 1914.

346 Ordinatio activa. Thomas faßt also Gesetz nicht in unserm gewohnten Sinn als Gesetztes, als Objektives zwischen Geber und Empfänger, sondern als Akt der Gebung, Setzung, des bejahenden Beitritts zur innersten Natur und Ordnung des Wirklichen selbst.

347 Das Sittliche gründet also auf einer Ordnung des Wirklichen, »die nicht mehr eine bloße Vorstellung meines Geistes oder die Spiegelung irgendeiner namenlosen Idealität ist, sondern *absoluten* Wert hat, weil sie die schöpferische Idee darstellt, das erste Ideal und das erste Recht, das der Grund jedes Ideals und jedes Rechtes ist« (Sertillanges).

348 Die unerbittlichen Prinzipien unserer sittlichen Natur sind auch den positiven, kirchlichen und staatlichen Satzungen übergeordnete Instanz. Von dieser ursprünglichen Gewissensmacht muß der Gehorsam gegen sie gebilligt werden. Vgl. 96, 4.

349 Unser Erkennen ist ein Mensuriert-werden, Maß-empfangen durch die Dinge, die Tätigkeit der sittlichen Vernunft ist ein Maßgeben nach den ihr inneseienden Prinzipien, deren Maß sie selber freilich nicht ist, weil sie ihr zugemessen sind vom göttlichen Verstande. Platon: Gott ist das Maß der Dinge. – Vgl. die klassische Formulierung 93, 1 zu 3; auch I 3, 5 zu 2.

350 Die göttliche Vorsehung schließt von den Dingen das Übel nicht aus. Diesen Gedanken hat Thomas in der Philos. Summe (III 71) eine tiefe Betrachtung gewidmet. Hat Gott das Gute des Feuers gewollt, dann hat er auch das Übel der Zerfälligkeit brennbarer Stoffe gewollt (malum quod est corruptio rerum combustibilium). »Viele Güter sind in der dinglichen Welt, die keinen Platz hätten, wenn nicht Übel wären. So wären nicht die Geduld der Gerechten, wäre nicht die Bosheit der Verfolger. Es wäre kein Platz für die strafende Gerechtigkeit, wenn es nicht Vergehen gäbe … Wenn also das Übel ganz von der Allheit der Dinge durch die göttliche Vorsehung ausgeschlossen würde, müßte auch die Menge der Güter (Werte) abnehmen. Das aber darf nicht sein, weil lebensreicher (virtuosius, seinskräftiger) das Gute in der Gutheit ist als das Schlechte in der Schlechtigkeit …

Darum heißt es Jes. 45, 7: Er macht den Frieden und schafft das Übel; und bei Amos 3, 6: Geschieht in der Stadt wohl ein Unheil, das nicht der Herr getan?« Soll man nun wegen der Übel in der Welt sagen, es gebe keinen Gott? Boethius führt in seinem »Trost der Philosophie« (prosa 4) einen Philosophen mit der Frage ein: Wenn Gott ist, woher das Übel? Es wäre aber umgekehrt zu folgern: Wenn Übel ist, ist Gott. Denn es gäbe kein Übel, nähme man die Ordnung des Guten hinweg, dessen Fehle ja das Übel ist: diese Ordnung aber wäre nicht, wenn Gott nicht wäre.

351 Eigentlich das Gesetz des Zunders, jener habituellen ungeordneten Disposition der Sinnlichkeit, die im Widerstreit mit dem Befehl der sittlichen Vernunft zum Schlechteren hinzieht. Oder einfach: das Gesetz des Fleisches.

352 Das verbum mentis ist bei Augustinus viel erörterter Begriff und die Wurzel seiner Sprachphilosophie oder besser Metaphysik der Sprache. Seine Geschichte ist noch zu schreiben. Bei Thomas meint der Ausdruck die innere Artikulation einer gedanklichen Tätigkeit, manchmal auch nur die Vorstellung des ungesprochenen Worts.

353 Vgl. 91, 3 zu 2. Der Begriff des Maßes (mensura) bei Thomas ist scharf analysiert bei J. Pieper a. a. O., S. 14ff. Er bestimmt ihn als »dasjenige außerhalb des Dinges, wodurch es ist, was es ist«. Sagt also Thomas: »Gott ist alles Seienden Maß« (Philos. Summe II 12), so heißt das: Gott, der göttliche Intellekt, ist das den Dingen äußerliche Etwas, wodurch alle sind, was sie sind. In Gott haben alle Dinge ihre Vor-Form. Die Entelechien aller Wesen sind als »Ideen« in Gott. (Pieper 16.) Vgl. auch I 15, 1–3; 44, 3. – Die ganze Stelle ist lehrreich für den, der Thomas mit Hegel vergleicht oder mit den so nahe an Hegel reichenden Begriffen Universalvernunft und Gattungsvernunft im französischen Traditionalismus.

354 Vgl. I 84, 5: Die ewigen Dinggründe in Gott sind das Prinzip unserer intellektuellen Erkenntnis, wie die Sonne dasjenige unserer sinnlichen. Vgl. auch im 1. Bd., Anm. 263 zu S. 279.

355 Siehe 1. Bd., Anm. 237 zu S. 260. Wesen und Funktion der synderesis im Ganzen der Ethik des Thomas erörtert scharf J. Pieper, a. a. O., S. 27ff. Anderwärts (In Sent. 2 d 24, qu. 3, 3 ad 3) sagt Thomas: »In der Seele ist etwas, was von immerwährender Rechtbeschaffenheit (perpetuae rectitudinis) ist, nämlich die synderesis.« Die Lehre von ihr betrachtet nichts anderes als den Akt der mit der lex naturalis versehenen praktischen Vernunft.

356 Vgl. Einleitung zum 1. Bd., S. LXIVf.

357 »Das Prinzip im Bereich des Spekulativen ist ein Aussageurteil; das Prinzip im Bereich des Wollens ist das Gute; das Prinzip im Bereich des Sittlichen, d. i. des vernunftdirigierten Wollens, ist also notwendig etwas, das zwischen Aussage und Wollen steht: ein Imperativ.« Pieper, a. a. O. S. 36. Ist »Gut« identisch geworden mit dem es erkennenden Intellekt (vgl. I 14, 2 und dazu Anm. 103; I 82, 3), so wird es im (sittlichen) Urteil der synderesis ohne weiteres weisend, befehlend = directivum (nach 1 II 84, 3 = ductivum, führend für anderes durch das Herrsein und Befehlen nach Art des Feldherrn). Schon im Begriffe des Seienden, dem ersten, den der tätige Verstand erzeugt, liegt virtuell auch das Urteil: das Seiende ist und kann nicht zugleich nicht-sein. Ähnlich eröffnet der im Begriff »Gut« beschlossene Denkinhalt ohne weiteres das Urteil: Das Gute ist zu erstreben und zu tun. Die spekulative wie die praktische Vernunft haben ihr Identitätsprinzip: »Das Seiende ist seiend« und »Gut ist gesollt«. – Über Einteilung und Rangordnung von Gut vgl. I 5, 6, auch 1 II 19, 4; 87, 1.

358 Die Werdebewegung des Wirklichen hat von Natur die Zielneigung zu Gut. »Jede Natur begehrt ihr Sein und ihre Vollkommenheit. Deshalb: Sein und Vollkommenheit haben das Wesen von Gut« (I 48, 1). Das Gesetz aber *folgt* der Wesensneigung. (Darin liegt einerseits eine totale Bejahung des Sinnes der Welt, anderseits für das Handeln die Forderung der bewußten Selbsteinordnung in die Zweckbewegung der Gesamtwirklichkeit. Pieper, a. a. O. S. 42f.)

359 Der Artikel gilt als einer der schwierigsten, aber auch inhaltreichsten der ganzen Summa. Er ist historisch kommentiert von P. Lottin, Le droit naturel chez saint Thomas et ses prédécesseurs. Bruges 1929.

360 Thomas setzt hier voraus, daß der Prophet die gesetzwidrige Verbindung mit einer Hure eingegangen und im Konkubinat mit göttlichem Dispens gelebt habe. Diese Ansicht ist als irrig und »verwerflich« längst verlassen worden (Rohling in der Theol. Quartalsschrift 1867, S. 570). Im übrigen ist die ganze »Tatprophetie« Oseas (Kap. 1–3) dunkel und strittig bis heute.

361 Weil nämlich der göttliche Auftrag dann das positive Gesetz aufheben würde. S. Anm. 360.

362 Zum Gegenstand dieses Artikels vgl. W. Stockums, Die Unveränderlichkeit des natürlichen Sittengesetzes in der scholasti-

schen Ethik (1911); F. Wagner, Das natürliche Sittengesetz nach der Lehre des hl. Thomas von Aquin (1911).

363 Die ethischen Ergebnisse der Völkerkunde dürften dieses Urteil mehr bekräftigen als erschüttern. Ein sittliches Grundbewußtsein findet sich auch bei verkommenen Völkern. Daß Thomas Entschuldigungen gelten lassen will, beirrt ihn nicht in der Überzeugung von der Objektivität des sittlichen Naturgesetzes.

364 Als Neutrum, *das* beseelte Gerechte zu verstehen. Aristoteles hat a. a. O. das zwischen Schädigung und Genugtuung ausgleichende, gleichsam an beiden lebendig anteilnehmende Gerechte (δίκαιον ἔμψυχον) im Auge, das der Richter sein soll. »Die Streitenden … suchen den in der Mitte stehenden Richter, und manche nennen ihn den Mittler, weil sie, wenn sie das Mittlere erreichen, das Gerechte erlangt haben.« Auch Cicero (De legibus III 1) nennt das Gericht das redende Gesetz, das Gesetz aber das stumme Gericht.

365 Also die quaestio facti, die Frage nach dem Tatbestand.

366 Bei Aristoteles heißt die Stelle: »Das staatliche Recht ist teils ein natürliches, teils ein gesetzliches, und zwar ein natürliches, weil es überall dieselbe Kraft hat und nicht von dem Belieben abhängt, und ein gesetzliches, bei dem es zwar ursprünglich gleichgültig ist, ob es so oder so bestimmt werde, aber nicht mehr dann, wenn das Gesetz erlassen ist.

367 Der Jurisperitus, eine Quellensammlung des Römischen Rechts.

368 Das jus gentium, das bei allen Völkern vorkommende, durch Gewohnheit oder Verträge festgestellte Recht der einer Volksgemeinschaft angehörenden Staaten. Nicht zu verwechseln mit dem Völkerrecht (jus inter gentes) im modernen Sinne. Für dieses war im Mittelalter die Voraussetzung, nämlich die Anerkennung selbständiger, souveräner Staaten, nicht vorhanden. Vgl. O. Schilling, Das Völkerrecht nach Thomas v. Aquin. 1919.

369 Aus eigener Machtvollkommenheit der Kaiser erlassene Gesetze (constitutiones principum). Diese und die folgenden Bezeichnungen nennen Gesetzsammlungen des Römischen Rechts. Thomas war mit Rechtsbegriffen vertrauter als andere Scholastiker. Vgl. B. C. Kuhlmann, Der Gesetzesbegriff beim hl. Thomas v. Aquin (1912), S. 98ff. Dazu F. Heyer in der Zeitschrift der Savignystiftung für Rechtsgeschichte. 23. Bd., Kan. Abt. II (1912), S. 389ff.

370 Gutachten der mit dem jus respondendi ausgestatteten Juristen, des Kollegiums der Respondenten, dessen Votum zur Urteils-

grundlage zu nehmen die Richter in der Kaiserzeit verpflichtet waren.

371 Vgl. unten 105, 1.

372 Gemeint sind die Einzelfälle, in denen die der Billigkeit entsprechende Auslegung des Gesetzes zugunsten des Betroffenen am Platze ist (Epikie). Vgl. 96, 6.

373 Weil es keine Tugend gibt, deren Verwirklichung nicht dem gemeinen Gut förderlich werden könnte. Vgl. zu 3.

374 Auch jede Lasterausübung kann ja irgendwie sich gegen das gemeine Gut wenden.

375 In Rede steht der absolute Monarch.

376 Es scheint, sagt Thomas, der Vernunft natürlich zu sein, sowohl im Theoretischen wie im Praktischen, also auch im Institutionellen, schrittweise (gradatim) vom Unvollkommenen zum Vollkommenen fortzugehen. Das natürliche Gesetz hat aus seiner Teilhabe am ewigen, dem Gesetz der immergleichen Vernunft Gottes, seine unbewegliche Dauer. »Aber die menschliche Vernunft ist veränderlich und unvollkommen; darum ist auch ihr Gesetz veränderlich.«

377 Einerseits: mit dem Fortgang der Zeiten kann sich Besseres finden, und die Vergangenheit ist eine Lehre für die Zukunft. Anderseits das Gewicht der Gewohnheit, gegen die sich Neues, selbst wenn es leichter ist, viel schwerer Eingang verschafft. »Änderung des Gesetzes schwächt seine Macht soweit, als die Gewohnheit dahinfällt.« (So auch Rousseau in der Vorrede zu seinem Discours sur l'origine etc.)

378 Zum Begriff Dispens: sie darf dem Gemeinwohl nicht widerstreiten, sie soll ihm dienen. Das für das Ganze nützliche Gebot kann für diesen Menschen oder diese Situation Hindernis des Besseren oder gradweg Übel sein.

379 »Die Quästionen 98–105, schon auffallend durch ihre Länge, gehören zu den meisterlichsten der ganzen Summa. Hier verrät sich der Hohenstaufenenkel und große Systematiker. Der Staat ist ihm in richtiger Anordnung der Staatszwecke Rechts-, Wohlfahrts- und Kulturstaat zugleich. Thomas macht einen Versuch der Rechtssystematik nach der Soziologie der staatlichen Beziehungen (104, 4), er bestimmt die beste Staatsform, weit über Aristoteles hinaus, aus der Verbindung von Monarchie, Aristokratie und Demokratie als Volksgewalt des allgemeinen aktiven und passiven Wahlrechts (105, 1). Er verbindet Autorität und Freiheit, Lehen und Eigentum und sucht so das Ideal der gesellschaftlichen Beziehungen (105, 2). Er sucht

die Idealität des Völkerrechts zu bestimmen und zuletzt die der hausväterlichen Gewalt (105, 3. 4) ... Völlig neu aber auch im Rahmen der mittelalterlichen Symbolik sind seine Überlegungen über das Zeremonialgesetz (101–103), wobei er sich weitgehend auf Moses Maimonides stützt. Sie sind nicht weniger als eine vollständige *Religionsphilosophie* unter kulturphilosophischen Gesichtspunkten ... Diese Religionsphilosophie behandelt nun wirklich die Eigenständigkeit der religiösen Sitten, wiederum ausgehend vom empirischen Material des Alten Testaments, aber immer vordringend bis zur abstrakten Gesetzlichkeit.« (A. Dempf, Die Ethik des Mittelalters. 1927. S. 99. Im Handbuch der Philosophie von Baeumler und Schröter.)

380 Thomas gebraucht hier als entwicklungstheoretisches Prinzip die Unterscheidung von »Gut vollkommenerweise« und »Gut beziehungsweise«. Das eine führt durch sich selbst zum Ordnungszweck, das andere leistet dazu seinen Beitrag. Das eine ist wie die Medizin, die die Heilung bringt, das andere nur wie ein stärkendes Mittel. So unterscheidet Thomas im Geschichtlichen das relative und das absolute Entwicklungsziel und gibt hiermit auch das Prinzip, um die relative Bedeutung einer Epoche zu erfassen.

381 Als Disposition auf Christus hin war das Alte Gesetz beziehungsweise vollkommen für eben diese Zeitlage (secundum temporis condicionem) ähnlich den an sich nicht vollkommenen, aber den Verhältnissen angemessenen Vorschriften für das Kind.

382 Thomas scheidet, wie üblich, die Vorschriften des alttestamentlichen Gesetzes in moralische, kultische und richterliche (auf das menschliche Zusammenleben bezügliche).

383 Man kann fragen: Reichte das Gewissensurteil nicht aus? Thomas antwortet: Konnte auch die Vernunft in den sittlichen Ursätzen nicht irren, so doch, verdunkelt von der Gewohnheit der Sünde, in der Anwendung und Folgerung bezüglich der Einzelfälle des Lebens. Darum griff hier das göttliche Gesetz ein; wie ja auch der Glaube nicht nur das Geheimnis zum Gegenstand hat, sondern auch Wahrheiten, die der Vernunft auffindbar sind, wie das Dasein Gottes (vgl. I 1, 1 und 2).

384 Wieder betont Thomas, daß die Unvollkommenheit des mosaischen Gesetzes relativ war, angemessen der für das Spirituelle noch wenig erschlossenen Sinnesweise des Volkes und das künftige Vollkommene nur vorbereitend. So richtet sich der Lehrer

nach der Fassungskraft des Schülers und gewinnt man Kinder durch kindliche Mittel.

385 Der umfangreiche Artikel geht aus von dem Satze: »Die Gebote des menschlichen Gesetzes ordnen den Menschen auf eine menschliche Gemeinschaft hin; so ordnen die Gebote des göttlichen Gesetzes den Menschen auf eine Gemeinschaft oder ein Staatswesen (rempublicam) der Menschen unter Gott.« Zum Wohle innerhalb der Gemeinschaft ist erfordert die rechte Stellung zum Haupte und die zu den Mitbürgern. Dem Leiter schuldet man Treue, Ehrfurcht, Dienst (die 3 ersten Gebote des Dekalogs), den Mitbürgern die Enthaltung von jeder materiellen und sittlichen Schädigung (die 7 andern).

386 Thomas begründet: Niemand kann auf dieselbe Weise wie der Tugendhafte handeln, wenn er nicht die Verhabung der Tugend hat. Wer aber ein Gebot des Gesetzes übertrit, verdient Strafe. Es würde daraus folgen, daß der Mensch in allem Tun, das nicht aus Tugendverhabung kommt, Strafe verdiente. Das aber ist gegen die Meinung des Gesetzes, das ja durch Gewöhnung an gutes Tun zur Tugend anleiten will. Also fällt das innere Maß der Tugend nicht unter das Gesetz. Unter das Urteil des menschlichen Gesetzes fallen nur die Handlungen, die nach außen in die Erscheinung treten.

387 Als aus Leib und Seele Zusammengesetztes schuldet der Mensch Gott innere und äußere Verehrung. Aber wie der Leib die Ordnung auf Gott durch die Seele hat, so muß der äußere Kult seine Ordnung vom innern empfangen, der in der Verbindung des Verstandes und Gemütes mit Gott besteht. Die kultischen Symbole des Alten Testaments waren eine Einschleierung von Geheimnissen gemäß einer Fassungskraft, die anders der Gefahr des Sturzes in die Gottlosigkeit ausgesetzt war.

388 Gerade wegen seiner Unvollkommenheit war das Zeremonialgesetz kompliziert.

389 In diesem wie den folgenden Artikeln dient als Quelle besonders auch der Dux errantium des Moses Maimonides (deutsch neuerdings von A. Weiß 1924 unter dem Titel »Führer der Unschlüssigen«).

390 Sie entsprangen nur dem Willen und der Frömmigkeit gottverehrender Menschen.

391 Nach 1 Kor. 10, 11.

392 »Das Gesetz ist eine gewisse Kunst, das menschliche Leben einzurichten oder zu ordnen.« Nun sind in jeder Kunst die zugehörigen Regeln auseinanderzuhalten. Auch das Rechts-

leben hat seinen ordo vom Zweck und Gegenstand her. Danach ergibt sich die Vierteilung: Ordnung des Fürsten zum Volk, der Untergebenen untereinander, der Volksgenossen zu den Ausländischen, der Hausgenossen und Familienglieder unter sich.

393 Auch in seiner staatstheoretischen Schrift De regimine principum empfiehlt Thomas, der erklärte Gegner jeder Gewaltherrschaft, als beste Staatsform eine das monarchische, aristokratische und demokratische Prinzip verbindende »gemischte Verfassung«.

394 Im Anschluß an Paulus (Röm. 3, 27; 8, 2) und Augustinus die stärkste Betonung der Gnade als des Wesentlichen und der Grundkraft im Neuen Bunde (und in der Kirche). »Id autem quod est potissimum in lege novi Testamenti, et in quo tota virtus eius consistit, est gratia Spiritus sancti, quae datur per fidem Christi.« Das Neue Gesetz ist hauptsächlich ein eingepflanztes (indita), in zweiter Linie ein geschriebenes.

395 Der Buchstabe des Evangeliums ohne die innerlich heilende Gnade.

396 Auch für die unter dem Gesetz des Neuen Testaments stehende Geschichte nimmt Thomas Entwicklung und Veränderung an. Nicht aber so, wie Joachim von Fiore, als würde das Neue Gesetz je von einem andern abgelöst: »es führt ja selbst schon unmittelbar in den Endzweck hinein«, in das wahre dritte Reich (tertius status succedit non in hac vita, sed in futura, scilicet in patria). Aber Entwicklung gibt es infolge des Wechsels im geschichtlichen Verhalten der Menschen zum an sich vollkommenen und gleichdauernden Neuen Gesetz (status hominum variari potest). Wie oftmals der Stand des Alten Gesetzes solcherweise gewechselt hat, so ändert sich auch der Stand des Neuen nach Ort, Zeit und Personen, »sofern die Gnade des Heiligen Geistes mehr oder weniger vollkommen von den Menschen innegehabt wird.«

397 Indem er das Gute und Böse auch in den inneren Akten aufdeckte.

398 Über den katholischen Begriff der Lehrentwicklung handeln, auch in bezug auf Thomas, aufschlußreich: R. Schultes, Introductio in historiam dogmatum (1922) und Marin-Sola, L'évolution homogène du dogme catholique. ^{2}1924.

399 Zum Verhältnis Gnade und Freiheit sagt Thomas (zu 2): Frei ist, wer seiner selbst wegen da ist und aus sich selbst handelt, so der naturgemäß handelnde Mensch. Die eingegossene

Verhabung der Gnade aber neigt uns zum Rechthandeln. So heißt das Neue Gesetz in doppeltem Sinne das Gesetz der Freiheit: einmal, weil es uns im Tun und Meiden nicht beengt, außer bei dem an sich zum Heile Notwendigen oder Widerstrebenden, was dann unter Gebot oder Verbot des Gesetzes fällt, dann aber, weil es uns kraft des Innenantriebs seiner Gnade (ex interiori instinctu gratiae) solche Gebote und Verbote frei erfüllen macht. Aus beiden Gründen heißt nach Jak. 1, 25 das Neue Gesetz »das Gesetz der vollkommenen Freiheit«.

400 Das Neue Gesetz durfte an Außenwerken nur gebieten und verbieten, was uns zur Gnade führt oder notwendig zu ihrem rechten Gebrauch gehört. »Da wir nun zur Gnade nicht aus uns, sondern allein durch Christus gelangen können, darum hat der Herr selbst durch sich selbst Sakramente eingesetzt, durch die wir Gnade erlangen.« »Aber in heiligen Sachen wird keine Gnade gegeben, so in der Weihe von Tempel und Altar oder selbst in gottesdienstlichen Feiern. Und weil dergleichen nicht an sich schon zur Notwendigkeit der inneren Gnade gehört, darum hat der Herr die Einrichtung solcher Dinge den Gläubigen nach ihrem Gutdünken überlassen.«

401 Über die Unmöglichkeit, den aus der Sinnlichkeit entspringenden läßlichen Verfehlungen zu entgehen, sagt Thomas: Solche Regungen kann die Vernunft einzeln unterdrücken, und deswegen haben sie den Charakter von Sünde und Willentlichkeit, aber sie vermag es nicht bei allen insgesamt, denn während sie gegen eine angeht, erhebt sich vielleicht eine andere. Auch kann die Vernunft, um dergleichen zu vermeiden, nicht immer auf der Wache stehen. Vgl. oben 74, 10.

402 Vgl. I 22, 3; 103, 6.

403 Wirkt Gott schon in der Naturordnung nicht von außen stoßend und treibend, sondern als Spender innerer Formen und Kräfte, von denen die Tätigkeiten bestimmt werden, so begründet er umsomehr in der Seele, die ja zur ewigen Gottesgemeinschaft berufen ist, einen das innere Sein erhöhenden Tätigkeitsgrund, einen Quell des höheren Lebens, eine bleibende Form und Qualität, denen gemäß sie »liebsam und leichtwillig« (suaviter et prompte) dem Zuge zur Übernatur folgt. Diese neue, die Natur über sich erhebende Zuständlichkeit ist die heiligmachende Gnade.

404 Der Mensch schließt sich nach dem Erkenntnisvermögen durch die Tugend des Glaubens an das Erkennen Gottes an,

nach dem Willensvermögen durch die Tugend der caritas an die Liebe Gottes; »so nimmt er kraft einer Art von Neugeburt oder Neuschöpfung gewissermaßen am Wesen Gottes teil«.

405 Nach 1. Kor. 12, 8–10.

406 »Das Gut des Weltalls ist größer als das Teilgut eines Einzelwesens, wenn man beides in der Gattung gleichnimmt. Aber das Gut der Gnade eines Einzigen ist größer als das Gut der Natur des ganzen Weltalls«. (Zu 2.) Derselbe Gedanke in Pascals Pensées, éd. Havet, art. XVIII 1.

407 So bei der Bekehrung des Paulus. Aber Rechtfertigung und Heiligung sind nicht Wunder im strengsten Sinne, denn »die Seele ist von Natur aufnahmefähig für die Gnade, weil sie nach dem Ebenbild Gottes erschaffen ist«.

408 Vgl. I 8, 1 zu 1; 12, 4 zu 2.

409 Das Nicht-mehr-abfallen-können vom Guten in der Seligkeit.

Nachtrag

1 Etwa bei der Gattung Lebewesen die Namen Mensch und Tier.

2 Vgl. 2 II 58, 5.

3 Die Teuerliebe oder gotthafte Liebe ist nicht die innere, bewesende Form des Glaubens (hierüber 2 II 4, 3), sondern die ihm äußerlich gegenüberstehende, exemplarische oder beischaftliche Form, die ihm eine nichtwesentliche Seinsbestimmung verleiht. Zu dieser Unterscheidung von forma substantialis und accidentalis vgl. I 76, 4, auch 3, 6 Einwand 1.

4 Vgl. 26, 4. Zum Folgenden über die Freundschaftsliebe zu Gott vgl. 2 II 23, 1 u. ö.

5 Über Erkenntnis als Ursache der Liebe oben 27, 2.

6 Was von den Engeln überhaupt gilt, I 111.

7 Dazu auch I 105, 4f., 1 II 6, 1 zu 3; über den freien Wahlentscheid I 83, 1. Bezüglich der Freiheit gegenüber dämonischen Einflüssen besteht eine gewisse Analogie zu den astralen. Vgl. I 115, 4.

8 Die spezifisch menschlichen Handlungen (actus humani, 1 II 1, 3) sind als sittliche schon ihrer Natur nach auf den Einen Endzweck, das göttliche Gut, gerichtet. 1 II 1, 5ff.

9 Vgl. I 101, 2; 102, 2.